창의 Programming Logic

자바스크립트로 쉽게 풀어쓴

컴퓨터 프로그래밍 문제해결기법

수정판

최명복 지음

생능출판

국립중앙도서관 출판시도서목록(CIP)

자바스크립트로 쉽게 풀어쓴 컴퓨터 프로그래밍 문제해결기법 / 최명복 지음.
-- 파주 : 생능출판사, 2014
p. ; cm

ISBN 978-89-7050-790-3 93000 : ₩23000

자바 스크립트[JavaScript]
컴퓨터 프로그래밍[computer programming]

005.138-KDC5
005.2762-DDC21 CIP2013028655

머리말

이 책은 프로그램을 처음 배우는 사람들을 위해 만들어졌다. 프로그래밍을 배우기 위해 가장 먼저 알아야 하는 기초 중의 기초 내용을 다루고 있으며, 어떻게 프로그램을 작성해야 하는지를 처음부터 하나하나 알려 주는 책이다.

현재 대부분의 교육기관에서는 C언어와 C++언어 및 자바 언어를 컴퓨터 프로그램을 위한 주요 언어로 배우고 있다. 가장 큰 이유는 이들 언어가 현재 산업체에서 가장 많이 사용되고 있기 때문이다. 그러나 필자가 20여 년간 학생들을 가르친 경험에 의하면 학생들은 C언어와 C++언어 및 자바 언어 등을 처음부터 바로 배우는 것에 대해 적지 않은 부담을 느끼고 있다는 것이다. 이러한 부담은 학생들에게 프로그램이 어렵고 지루하다는 느낌을 갖게 만든다. 이러한 느낌이 드는 제일 중요한 이유는 프로그램을 잘할 수 있는 기초 연습이 부족하기 때문으로 파악되었다. 이러한 점은 프로그램을 처음 접하게 되는 일반인들에게도 예외는 아니라고 본다.

다시 말해 C언어와 C++언어 및 자바 언어 등과 같은 프로그램 언어를 이용하여 프로그램을 자신있고 재미있게 작성하려면 프로그램을 잘할 수 있는 기초 연습이 먼저 이루어져야 한다.

프로그램을 잘하기 위해서는 먼저 주요한 2가지에 대한 지식이 필요하다고 본다. 첫째는 프로그램을 작성하기 위한 컴퓨터에 대한 기초 지식이다. 이 지식은 컴퓨터에 대한 다양한 지식이 아니라 프로그램을 작성하는 데 반드시 알고 있어야 하는 컴퓨터 프로그램을 위한 기초 지식을 말한다. 가장 중요한 지식 중 하나는 컴퓨터 기억장치가 프로그램에서 어떻게 사용되는지를 아는 것이다. 많은 유명한 실무 프로그래머(programmer: 전문 프로그램을 작성하는 사람)들은 컴퓨터 프로그램을 작성하는 데 있어 메모리를 아는 것은 프로그램의 80%를 완성하는 것이라고 주장하고 있다. 이만큼 컴퓨터 메모리가 중요하다. 이 책은 컴퓨터 기억장치가 프로그램에서 어떻게 사용되는지에 대해 매우 상세하게 기초부터 설명하고 있어 컴퓨터 프로그램을 작성하는 데 초석이 되도록 하였다.

둘째는 컴퓨터 프로그램 논리를 습득하는 것이다. 컴퓨터 프로그램 논리란 어떤 문제가 주어졌을 때 그 문제를 해결하기 위해 그 문제를 컴퓨터 프로그램으로 표현하는 절차로 문제해결 논리라고도 부른다. 이 책은 이러한 프로그램 논리를 확실하게 익혀 정립할 수 있도록 프로그램의 기본 논리들인 순차논리, 선택논리, 반복논리에 대해 하나하나 명확하고 자세한 설명을 일상생활에서의 예제를 곁들여 학습할 수 있도록 구성하였다. 따라서 컴퓨터 프로그램 논리를 쉽고 확실하게 익힐 수 있다.

이 책에서는 프로그램 언어로 자바스크립트 언어를 사용한다. 그러나 이 책은 자바스크립트 언어 자체를 익히는 목적으로 만들어진 책이 아니므로 자바스크립트 언어의 문법 중에서 프로그램 논리를 익히는 데 반드시 필요한 문법만을 짧고 명확하게 설명한다.

이 책이 프로그램 논리를 익히는 데 자바스크립트 언어를 선택한 이유는 자바스크립트가 주요한 3가지의 장점을 가지고 있기 때문이다. 첫째는 자바스크립트가 매우 배우기 쉬우며 실행하기에도 쉽다는 것이다. 자바스크립트 프로그램을 작성하고 실행하기 위해 단지 윈도우즈에서 기본으로 제공하는 메모장 프로그램과 인터넷 익스플로러와 같은 웹 브라우저만 있으면 된다. 둘째는 자바스크립트 언어는 C언어와 C++언어 및 자바 언어와 문법에 있어 많은 부분이 거의 같은 구조를 가지고 있기 때문에 이후 C언어와 C++언어 및 자바 언어를 익혀 본격적으로 프로그램을 작성하는 데 매우 쉽게 접근할 수 있게 된다는 것이다. 셋째는 자바스크립트는 현재 가장 널리 사용되고 있는 웹 프로그램 언어라는 것이다. 따라서 컴퓨터 관련 종사자라면 기본적으로 알고 있어야 하는 프로그램 언어라고 할 수 있다. 이상 설명된 장점들에 따라 자바스크립트는 프로그램 논리를 익히는 데 가장 적합한 프로그램 언어라고 생각한다.

이 책은 생 기초 프로그램 작성을 위한 기초적인 책이다. 이 책을 선택한 학습자들이 이후 전문적인 프로그램 개발자로 발돋움하는 데 큰 도움이 되기를 간절히 소망한다. 끝으로 이 책이 나오기까지 애써주신 출판사 및 관계자 여러분들께 진심으로 감사드린다.

2013년 가을 연구실에서 창밖을 바라보며…

최명복

이 책의 구성

이 책은 이론보다는 실습 위주로 프로그램을 어떻게 하면 쉽고 재미있게 작성할 수 있는가에 주안점을 두고 만들어 졌다. 이러한 목적을 달성하기 위해 이 책은 7단계의 반복 학습을 통해 완벽하게 프로그램 논리를 습득하여 프로그램의 작성 방법을 익힐 수 있도록 다음과 같은 단계로 구성하였다.

본문

- 핵심적인 이론을 가급적 이미지 및 그림으로 표현하고 자연스런 일상 예제와 실례를 곁들여 쉽고 간단명료하게 설명함으로써 이해도를 극대화 시킨다.

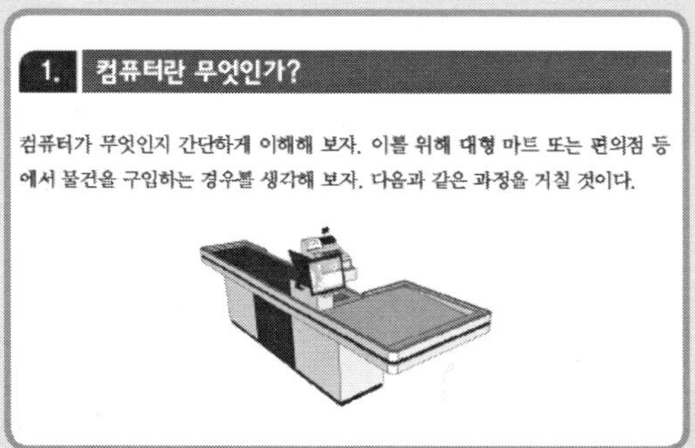
1. 컴퓨터란 무엇인가?

컴퓨터가 무엇인지 간단하게 이해해 보자. 이를 위해 대형 마트 또는 편의점 등에서 물건을 구입하는 경우를 생각해 보자. 다음과 같은 과정을 거칠 것이다.

실습예제

- 비교적 쉽고 간단한 실습예제를 통해 이론에서 학습한 내용을 좀 더 확고히 이해하고 프로그램으로 연결시킨다.
- 대부분의 실습예제마다 문제해결 논리를 제공하여 문제를 어떻게 프로그램으로 작성해야 하는지에 대한 실마리(idea)를 전문가의 생각을 통해 얻을 수 있도록 하였다.

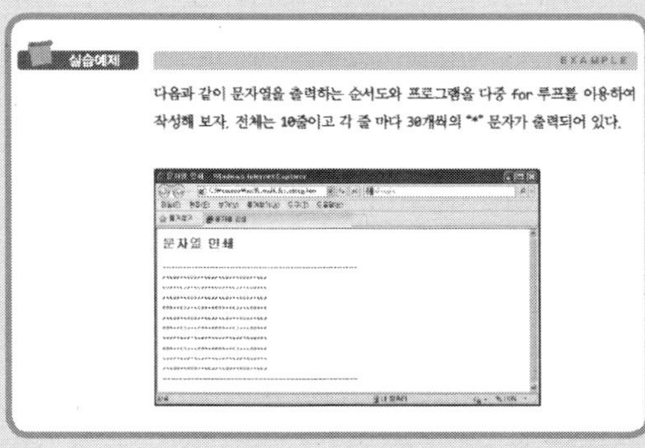
실습예제 EXAMPLE

다음과 같이 문자열을 출력하는 순서도와 프로그램을 다중 for 루프를 이용하여 작성해 보자. 전체는 10줄이고 각 줄 마다 30개씩의 "*" 문자가 출력되어 있다.

확인문제

- 이론과 실습예제를 통해 학습한 내용을 기반으로 좀 더 복잡한 문제들을 확인문제로 해결해 봄으로써 프로그램 작성 방법을 다양하게 경험하여 프로그램 논리에 대한 전문가로 가는 다리역할을 하도록 하였다.
- 실습예제와 마찬가지로 대부분의 확인문제 마다 문제해결 논리를 제공하여 문제를 어떻게 프로그램으로 작성해야 하는지에 대한 실마리(idea)를 전문가의 생각을 통해 얻을 수 있도록 하였다.

확인문제 사용자로부터 입력된 숫자의 2배 만큼의 행에 "A"라는 문자를 출력하는 순서도와 프로그램을 다중 for 루프를 이용하여 작성하여라. 만약 사용자로부터 5를 입력 받으면 다음의 출력 예와 같이 행이 증가할 때마다 "A"의 출력개수가 1개씩 증가하여 5행을 출력한 후, 다시 5개의 행은 행이 증가할 때마다 "A"의 출력개수를 한 개씩 감소시킨다.

출력 예

```
A
A A
A A A
A A A A
A A A A A
A A A A A
A A A A
A A A
A A
A
```

Level Up 문제

- 프로그램 논리를 완성할 수 있는 중고급 수준의 Level Up 문제를 제공하였다. 이 문제들은 각 장에서 종합문제의 성격을 가지고 있으며 이 문제들에 적용된 프로그램 논리는 대부분의 어떤 다른 문제들에 적용 및 응용하여 풀 수 있도록 중고급의 논리들로 구성되어 있다.
- 이 또한 대부분의 Level Up 문제 마다 문제해결 논리를 제공하여 문제를 어떻게 프로그램으로 작성해야 하는지에 대한 실마리(idea)를 전문가의 생각을 통해 얻을 수 있도록 하였다.

Level Up 문제 전기요금 명세서를 출력하기 위한 순서도와 프로그램을 다중 while문을 이용하여 작성하여라. 입력은 다음과 같이 집 번지수, 구분코드, 월사용량 3가지를 입력으로 받는다.

집 번지수	구분코드	월사용량

이 프로그램은 다음과 같은 처리 조건을 만족시켜야 한다.

- 집 번지수가 "g" 또는 "Q"가 입력되면 프로그램을 종료한다.
- 집 번지수는 예로 1-0001, 1-0002, 1-0003 등과 같은 형식으로 입력한다.
- 구분코드는 "1", "2", "3" 중 하나이며 만약 다른 값이 입력되면 구분코드만을 다시 입력받는다.
- 구분코드에 따른 기본요금과 할인율을 다음과 같이 적용하여 계산한다.

구분코드	1	2	3
구분의미	가정용	영업용	공공용
기본요금	1000	2000	3000
할인율	20%	10%	50%

요약

- 각 장에서 배운 내용들을 요약하여 정리함으로써 배운 내용을 마무리하고 한 번 더 되새길 수 있도록 하였다.
- 이 요약들은 그 장에서 배운 내용들의 관련성과 반복 학습이 이루어지도록 하는데 주안점을 두고 구성하였다.

요약 SUMMARY

1. 다중 반복문
   다중 반복문이란 하나의 반복문 내에 다른 반복문이 포함되어 있는 것을 말한다. 예로 for문내에 다른 for문이 있다든지, while문내에 do-while문이 있다든지 또는 for문내에 while문이 있는 것과 같은 구조를 말한다.
2. 다중 for문
   다중 for문은 for 루프가 여러 개 중첩되어 있는 for문을 말한다.
3. 다중 반복문을 쓰는 주요 이유
   복잡한 논리를 쉽게 표현하여 문제 해결을 좀 더 쉽게 하기 위함이다.

연습문제(이론)

- 각 장에서 배운 내용들을 단답형 및 OX문제로 풀어봄으로써 학습한 내용들을 이론적으로 테스트하고 머릿속에 되새겨 반복 효과를 극대화하도록 하였다.
- 이 문제들은 이론에 관련된 내용들이기 때문에 지루하지 않도록 간단한 단답형 또는 OX형식의 문제들로 구성하였으며 요약 부분만 읽어도 쉽게 풀 수 있도록 구성하였다.

연습문제 EXERCISE

1. 다음에 설명하는 내용이 무엇인지 간단히 답하시오.

설명	답
하나의 반복문 내에 다른 반복문이 포함되어 있는 것을 무엇이라고 부르는가?	
for 루프가 여러 개 중첩되어 있는 for문을 무엇이라고 부르는가?	
for, while, do-while 루프 3가지를 조합하여 2개의 중첩된 다중 반복문을 사용하는 경우, 총 몇 가지의 중첩된 다중 반복문이 만들어 질 수 있는가?	
다중 반복문을 사용하는 주요 이유를 하나 들으시오.	
2개의 루프가 중첩되어 있을 때, 바깥쪽 루프가 1부터 n까지 수행하고 내부 루프가 1부터 (m - 1)까지 수행 한다면 2개의 중첩된 루프가 수행하는 총 루프의 수행 횟수는 몇 번인가?	

연습문제(실습)

- 각 장에서 배운 실습예제, 확인문제, Level Up 문제와 비슷한 수준의 다양한 응용 프로그램 작성 문제들을 단계별로 제공하여 어떠한 도움없이 스스로 해결해 볼 수 있도록 하였다.
- 이 문제들은 간단한 문제부터 복잡한 중고급의 문제들까지 제공하였으며 어떠한 실마리(idea)도 제공하지 않아 모든 문제 해결 논리를 학습자들 스스로 찾아내어 프로그램을 작성할 수 있도록 하였다.

3. 자동 분류 기계의 테이블 위에 오렌지를 올려놓는다. 그러면 자동 분류 기계가 무게를 측정하고 그 측정된 무게에 따라 과일을 자동으로 분류하여 종이 상자로 옮겨 담는다. 이 자동 분류 기계가 분류하는 무게 기준과 처리 조건 및 실행결과는 다음과 같다. 이 분류 기계가 수행하는 순서도와 프로그램을 switch문을 사용하여 작성하여라.

무게기준

입력받은 값 (오렌지의 무게(weight) : 단위 gram)	출력할 문자열
weight < 50	1번 박스로 이동
50 <= weight < 70	2번 박스로 이동
70 <= weight < 90	3번 박스로 이동
weight >= 90	4번 박스로 이동

차례

CONTENTS

CHAPTER 13 2차원 배열

C O N T E N T S

CHAPTER 01

컴퓨터의 소개

1. 컴퓨터란 무엇인가?
2. 컴퓨터의 주요 특징
3. 컴퓨터의 구성과 기능
4. 사용자와 컴퓨터의 상호작용

01 CHAPTER 컴퓨터의 소개

학습목표

- 컴퓨터가 무엇인지 정의할 수 있다.
- 컴퓨터의 특징을 알 수 있다.
- 컴퓨터의 구성과 역할을 말할 수 있다.
- 사용자와 컴퓨터가 어떻게 대화하는지에 대해 이해할 수 있다.
- 컴퓨터 프로그래밍 언어의 역할을 알 수 있다.
- 프로그램 번역 기법들을 이해할 수 있다.

1. 컴퓨터란 무엇인가?

컴퓨터가 무엇인지 간단하게 이해해 보자. 이를 위해 대형 마트 또는 편의점 등에서 물건을 구입하는 경우를 생각해 보자. 다음과 같은 과정을 거칠 것이다.

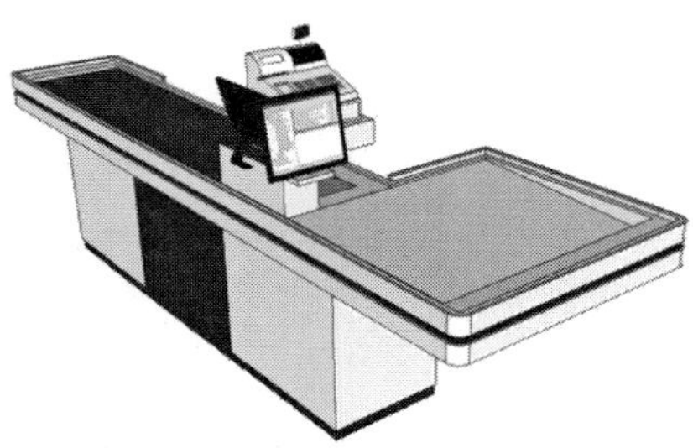

① 구매할 물건들을 고른다.
② 계산대에서 바코드기를 이용하여 가격을 컴퓨터로 입력한다. 여기서 가격이란 컴퓨터가 처리할 내용으로 하나의 데이터가 된다(데이터 입력과정).
③ 컴퓨터는 구매할 물건들의 합계, 개수, 거스름돈 등을 계산한다(데이터 처리과정).
④ 계산된 내용을 화면과 종이로 인쇄한다(출력과정).

이와 같이 기본적으로 컴퓨터는 데이터를 입력 받아 계산 · 처리한 후 처리된 결과를 출력해 주는 장치라고 할 수 있다.

여기서 데이터를 입력하는 바코드 인식기 또는 계산대의 모니터 앞에 붙어 있는 키보드는 입력 장치라고 부르며 모니터와 계산서 출력기란 영수증을 화면 및 종이로 인쇄해주는 것으로 출력(인쇄)장치라고 부른다.

또한 데이터를 입력하면 그 입력된 데이터를 이용하여 물건 값을 자동으로 계산해주는 무엇인가가 있어야 하는데 이를 프로그램이라고 부른다.

그러므로 **컴퓨터는 데이터를 입력받아 프로그램으로 그 입력된 데이터를 처리한 후 그 처리 결과를 출력해주는 것들(바코드 입력 장치, 모니터, 키보드, 프로그램 등)의 모임**이 되는 것이다.

2. 컴퓨터의 주요 특징

현대의 컴퓨터는 입력된 데이터를 처리하여 출력결과를 알려줌으로써 사람의 의사 결정을 다양하게 돕고 있다. 이는 컴퓨터가 많은 양의 데이터를 자동으로 신속 · 정확하게 처리해 주기 때문이다. 컴퓨터는 다음과 같은 특징을 가지고 있다.

① 컴퓨터는 입력된 데이터를 프로그램에 의해 자동으로 처리한다.

② 컴퓨터는 입력된 데이터를 산술연산, 비교 및 논리연산 등의 연산에 의해 처리한다.

③ 컴퓨터는 수치 데이터, 문자 데이터, 음성 및 영상 데이터 등의 다양한 멀티미디어 데이터를 처리할 수 있다.

④ 컴퓨터는 대량의 데이터를 저장하고 검색할 수 있다.

⑤ 컴퓨터는 인터넷 및 네트워크의 기술 발전에 따라 여러 사용자가 서로 멀티미디어 정보를 쉽고 빠르게 교환할 수 있어 시간을 절약하고 공간의 한계를 극복할 수 있다.

3. 컴퓨터의 구성과 기능

컴퓨터의 구성과 기능을 쉽게 이해하기 위해 사람의 신체에 대해 생각해 보자. 인간은 어떤 기능을 가지고 일(업무)을 처리하는가 생각해보자.

사람들은 일을 처리하기 위해 눈으로 보고 귀로 들으며, 때로는 촉감과 같은 느낌을 이용하여 처리할 일을 파악하고 이를 머릿속에 기억시킨다. 기억된 자료는 머릿속에서 처리되어 입이나 몸짓, 글 등을 통해 처리 결과를 밖으로 표현하게 된다. 또한 이러한 전 과정은 인간의 두뇌에 의해 제어된다.

컴퓨터도 이러한 인간의 일처리 과정과 비슷하게 일을 처리한다. 이러한 일 처리 과정을 위해 컴퓨터는 하드웨어(H/W: Hardware)와 소프트웨어(S/W: Software)로 구성되어 있다. 하드웨어는 컴퓨터의 기계 및 전자적인 장치들 자체를 말하며 소프트웨어는 기계 및 전자적인 장치들을 동작시키는 프로그램을 의미한다.

3.1 하드웨어

컴퓨터 하드웨어는 컴퓨터를 구성하는 모든 물리적인 기계 및 전자적 장치들을 말하며, 이 장치들은 소프트웨어에 의해 동작된다. 컴퓨터 하드웨어는 다음 그림과 같이 구성된다.

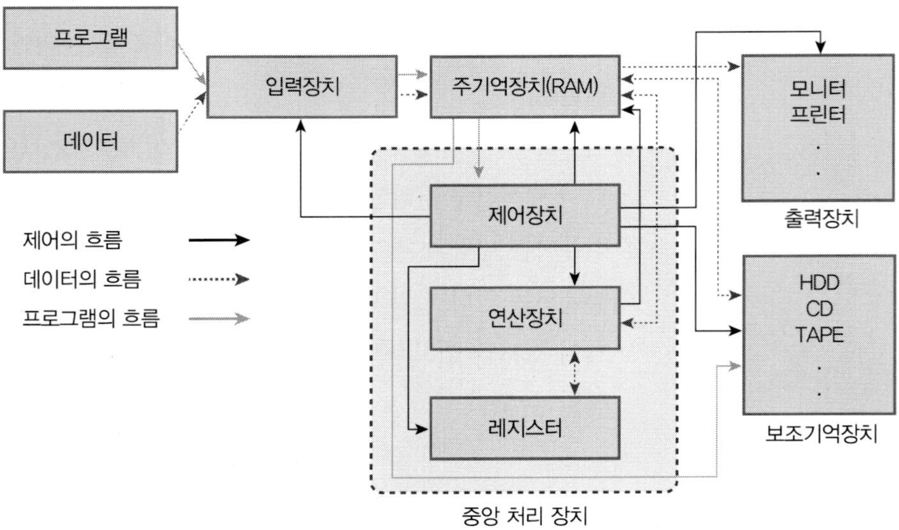

① 입력기능

처리하고자 하는 데이터 또는 프로그램을 입력하는 기능으로 입력 장치를 통해 입력하게 된다. 대표적인 입력 장치로는 키보드, 마우스, 터치스크린, 마이크, 카메라, 스캐너 등이 있다.

② 기억기능

입력된 데이터 또는 프로그램을 저장하는 기능으로 저장장치에 저장된다. 저장장치는 저장된 내용을 임시로 기억하는 주기억장치(Main Memory)와 영구적으로 기억하는 보조기억장치(Secondary Memory)로 분류한다.

주기억장치는 중앙처리장치와 직접 연결되어 처리하고자 하는 데이터나 프로그램을 임시로 저장하는 RAM(Random Access Memory)과 컴퓨터가 처음 실행되는데 기본적으로 필요한 프로그램이 미리 저장된 ROM(Read Only Memory)으로 분류된다. 보통 ROM에는 컴퓨터를 제조할 당시 제조공장에서 그 컴퓨터가 처음 작동하는 데 반드시 필요한 데이터와 프로그램이 저장된다. 이 ROM은 컴퓨터가 출시된 후에는 사용자가 별로 관심을 가질 필요가 없는 기억장치이다. 일반 개인용 컴퓨터 등에서 ROM에 저장된 내용은 사용자에 의해 변경할 수 없다. 즉, ROM에는 사용자가 데이터를 저장할 수 없다.

실제로 우리가 프로그램을 작성하는데 잘 알고 있어야 하는 주기억장치는 RAM이 된다. 따라서 앞의 그림에서 ROM은 생략하였으며 일반적으로 주기억장치라고 하면 RAM을 말하는 것으로 생각하면 된다. 보조기억장치로는 하드디스크, USB메모리, CD 등을 들 수 있다.

③ 처리기능(제어 및 연산기능)

중앙처리장치(CPU: Central Processing Unit)는 제어기능과 연산기능 및 레지스터(Register) 등을 하나의 반도체 칩(Chip)으로 만들어 놓은 것으로 프로그램의 실행과 데이터의 처리를 담당하는 컴퓨터의 주요 장치이다. 중앙처리장치는 중앙연산처리장치라고도 부르며 개인용 컴퓨터에서는 마이크로프로세서라고도 부른다.

제어장치는 데이터를 입력받아 기억장치에 기억시키는 일, 기억장치의 내용을 가져다가 연산하는 일, 연산결과를 출력하는 일 등과 같은 컴퓨터에서 일어나는 모든 동작을 제어하는 기능을 담당하는 장치이다.

연산장치(ALU: Arithmetic & Logic Unit)는 두 가지의 연산을 수행하는 장치이다. 하나는 기본적인 사칙연산(덧셈연산, 뺄셈연산, 곱셈연산, 나눗셈연산)을 수행하는 것이고 두 번째는 계산 결과가 참 또는 거짓이 되는 비교 판단을 수행하는 것이다. 여기서 비교 판단을 수행하는 것을 논리연산(Logical Operation)을 수행한다고 말한다.

중앙처리장치 내에 있는 레지스터는 주기억장치 RAM으로부터 연산을 위해 가져온 데이터나 연산결과를 임시로 기억시켜 놓는 용도로 사용되는 소용량 기억장치로 주기억장치에 비해 훨씬 더 빠르게 작동하는 임시기억장치이다.

④ 출력기능

처리된 결과(정보)를 문서나 소리 등으로 외부에 표시하는 기능으로 모니터, 프린터, 스피커 등의 출력 장치를 이용하게 된다.

처리할 데이터 및 프로그램은 모두 입력 장치를 통해서 입력되어 주기억장치(RAM) 또는 보조기억장치에 보관된다. 주기억장치에 저장된 데이터는 처리를 위해 연산 장치로 옮겨져서 계산된 후 그 결과를 다시 주기억장치에 저장하게 된다. 주기억장치인 RAM은 데이터 및 프로그램을 임시로 저장하는 저장장치이며, 영구적으로 장기간 보관하기 위해서는 보조기억장치에 저장해야 한다. 즉, 주기억장치 RAM에 저장된 내용은 전원이 공급되어 있는 경우만 보관되며 보조기억장치에 저장된 내용은 전원이 공급되지 않아도 보관되므로 이후 필요할 때 다시 주기억장치로 가져와 사용하게 된다.

⑤ 프로그램과 데이터

컴퓨터에서 사용되는 모든 프로그램과 데이터는 입력장치를 통해 입력된 후 우선 보조기억장치에 저장된다. 예로 MS-office나 혼글 응용 프로그램을 설치하면 보통 이들 프로그램들은 모두 보조기억장치인 하드디스크에 설치된다. 또한 Windows XP나 Windows 7과 같은 운영체제 프로그램도 하드디스크에 설치 및 저장된다.

그런데 이렇게 하드디스크와 같은 보조기억장치에 저장된 프로그램과 데이터는 컴퓨터의 중앙처리장치에 의해 바로 실행되거나 처리될 수 없다. 컴퓨터의 중앙처리장치에 의해 보조기억장치에 저장된 프로그램이나 데이터가 실행 또는 처리되려면 우선 보조기억장치에 저장된 프로그램과 데이터를 주기억장치인 RAM에 가져다 놓아야 한다. 이렇게 **보조기억장치에 저장되어 있는 프로그램이나 데이터를 실행 또는 처리를 하기 위해서 주기억장치로 가져다 놓는 것, 즉 주기억장치에 가져다 저장해 놓는 것을 로딩(Loading)**이라고 부른다.

주기억장치로 로딩된 프로그램은 이후 하나의 명령단위로 제어장치에 의해 이동되고 해석되어 제어신호로 변경된다. 이들 제어신호에 의해 주기억장치에 저장된 데이터가 처리된다. 그러면 이해를 돕기 위해 숫자 1과 2를 더하는 과정이 중앙처리장치에서 어떻게 수행되는지를 간단히 예로 살펴보면 다음의 그림과 같이 표현할 수 있다.

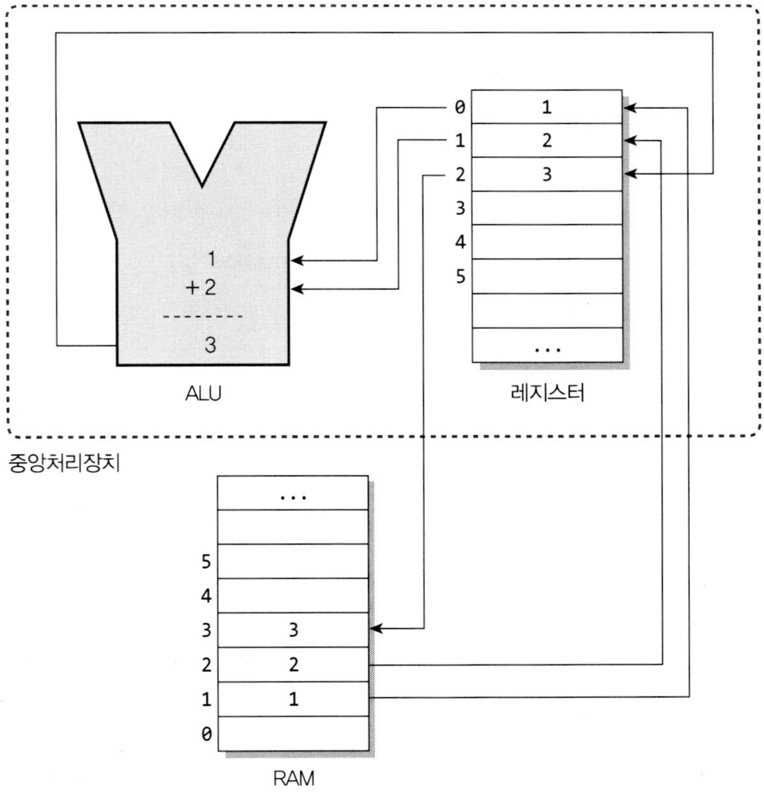

즉 덧셈과정은 그림에서 보는 것과 같이 다음과 같은 순서로 행해진다.

① 메모리(RAM)의 1번지에 저장된 내용(숫자 1)을 레지스터 0번지에 가져다 저장한다.
② 메모리의 2번지에 저장된 내용(숫자 2)을 레지스터 1번지에 가져다 저장한다.
③ 레지스터의 0번지에 저장된 내용(숫자 1)과 1번지에 저장된 내용(숫자 2)을 더한다.
④ 결과 값 3을 레지스터 2번에 저장한다.
⑤ 레지스터 2번지 내용(숫자 3)을 메모리의 3번지에 가져다 저장한다.

이상의 설명에서와 같이 컴퓨터는 인간의 일 처리 과정과 비슷하게 일을 처리하며 인간의 물리적인 면보다는 인간의 지적인 면을 돕기 위해 개발된 발명품이다. 이에 컴퓨터는 인간과 비슷하게 입력기능, 출력기능, 기억기능, 연산기능, 제어기능이라는 5대 기능을 가지고 있다.

3.2 소프트웨어

소프트웨어는 컴퓨터의 기계 및 전자적인 장치를 작동시키는 모든 프로그램을 의미한다. 즉, 컴퓨터 하드웨어 상에서 실행되는 모든 프로그램을 총칭하는 말이다. 컴퓨터에서 하드웨어를 제외한 나머지 모든 것을 소프트웨어라고 보면 된다.

프로그램은 컴퓨터의 하드웨어에 '어떤 일을 어떻게 처리하라'는 내용을 적어놓은 것으로 명령 또는 명령어 또는 프로그램 명령이라고도 부른다. 즉, 프로그램은 컴퓨터 하드웨어에게 '어떤 일을 이러저러하게 처리해 주시오'라고 하는 명령들을 모아 놓은 것이다.

우리가 사용하는 소프트웨어는 쓰이는 역할에 의해 크게 시스템 소프트웨어(System Software)와 응용 소프트웨어(Application Software)로 분류된다.

시스템 소프트웨어는 컴퓨터 하드웨어를 응용 소프트웨어가 쉽고 효율적으로 사용할 수 있도록 도와주는 소프트웨어로 응용 소프트웨어에 비해 상대적으로 컴퓨터 하드웨어와 가까이에 있다.

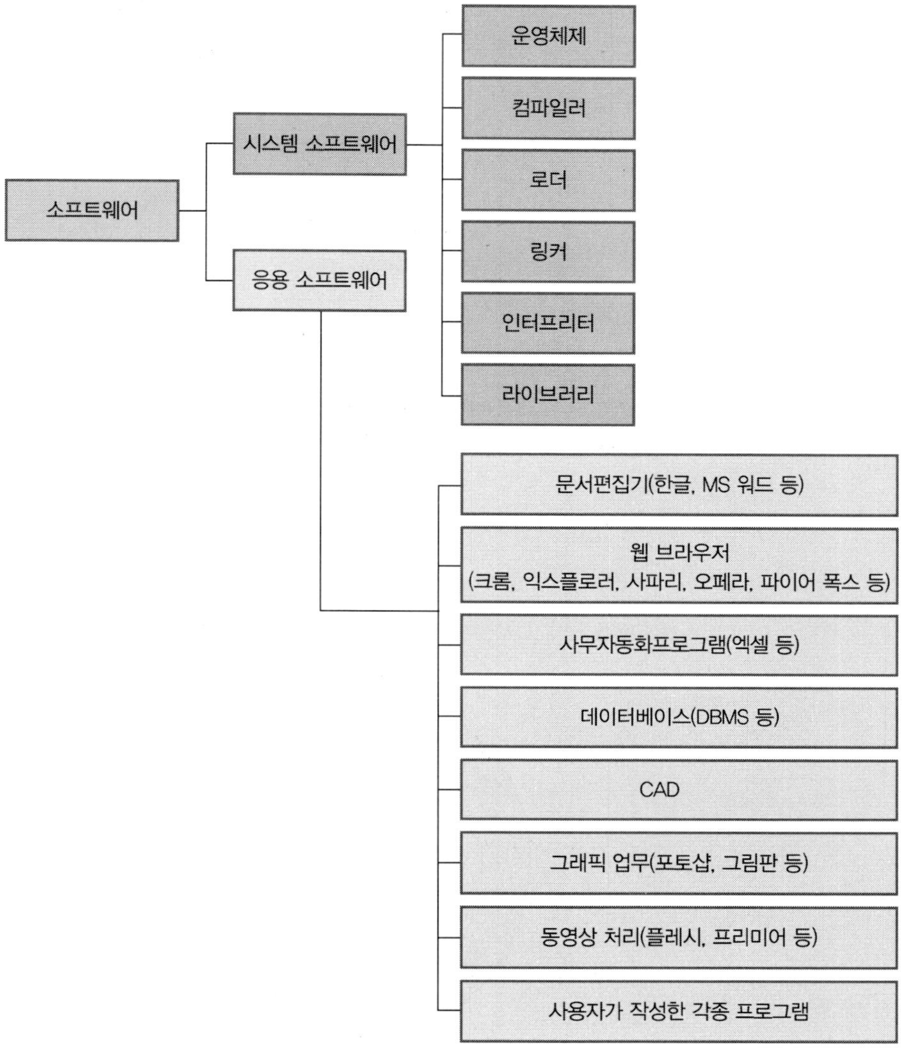

대표적인 시스템 소프트웨어로는 하드웨어를 관리 및 운영하는 운영체제(OS: Operating System) (예로 Windows XP, Windows 7, Windows 10, Linux, Unix, 스마트 폰의 안드로이드 등), 프로그램을 변역하는 변역기(Language Translater)들(어셈블러(Assembler), 컴파일러(Compiler), 인터프리터(Interpreter) 등), 프로그램 작성 시간과 노력을 줄이고 업무 처리 능률을 높일 목적으로 작성된 몇몇 프로그램들(연계 편집기(Linkage Editor), 정렬/병합(Sort/Merger), 유틸리티(Utility), 라이브러리(Library) 등)이 있다.

응용소프트웨어는 특정한 업무를 처리할 목적으로 개발된 소프트웨어로 운영체제와 같은 시스템 소프트웨어의 도움을 받아 실행된다. 대표적으로 소프트웨어 전문 업체에서 업무 처리를 쉽게 할 수 있도록 만든 응용 패키지(문서 편집기, 웹 브라우저 등)와 일반 사용자가 자기만의 특정한 문제를 해결하기 위해 직접 만든 각종의 많은 다양한 소프트웨어들이 존재한다.

4. 사용자와 컴퓨터의 상호작용

여기서 사용자와 컴퓨터 간에 상호작용이 어떻게 일어나는지 살펴보자. 컴퓨터 사용자, 응용 소프트웨어, 시스템 소프트웨어, 하드웨어의 관계를 그림으로 표시하면 다음 그림과 같다.

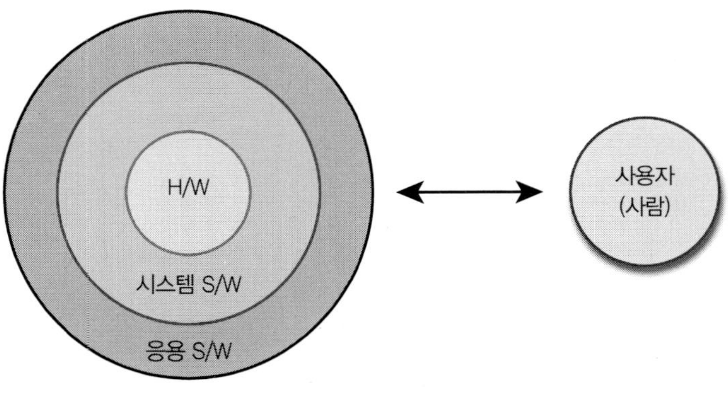

그림에서와 같이 사용자는 컴퓨터 하드웨어와 상호작용(대화)하기 위해 중간에 시스템 소프트웨어와 응용 소프트웨어를 통해야 한다. 즉, 사용자는 응용 소프트웨어의 도움을 받으며 응용 소프트웨어는 시스템 소프트웨어의 도움을 받아 하드웨어와 상호작용을 하게 된다.

이 그림에서와 같이 사용자는 컴퓨터를 이용해 무엇인가를 처리한다. 이는 사용자가 컴퓨터에 '어떤 일을 처리해서 결과를 돌려달라고 요청 또는 명령하는 것'으로 볼 수 있다. 이렇게 사용자가 컴퓨터에 어떤 일을 어떻게 처리해서 결과를 보여 달라고 명령하면 컴퓨터는 그 처리된 결과를 사용자에게 알려주게 된다. 이러한 과정을 사용자와 컴퓨터가 서로 상호작용한다고 한다.

4.1 자연언어와 프로그래밍 언어

'언어'란 무엇이라고 생각하는가? 우리 인간은 서로의 생각을 전달하기 위해 '자연언어(예로 한국어, 영어 등)'라는 중간 매개체를 만들어 사용하고 있다. 즉, 인간이 사용하는 자연언어는 사람과 사람이 상호작용하기 위한 하나의 수단이다.

그렇다면 사람과 컴퓨터가 상호작용하기 위해서는 어떻게 해야 하나? 즉, 사람이 컴퓨터에게 어떤 일을 처리해 달라고 명령하기 위해 무엇이 필요한가? 실제로 현재의 컴퓨터는 2진수(0과 1로 구성된 수)밖에 알지 못한다. 그러니 2진수밖에 모르는 컴퓨터에게 사람이 사용하는 자연언어를 이용하여 명령을 내린다면 어떻게 되겠는가? 컴퓨터는 무슨 의미인지 알지 못하므로 아무것도 하지 못하게 된다.

이를 해결하기 위해 컴퓨터 프로그래밍 언어가 개발되었다. 컴퓨터 프로그래밍 언어는 간단히 프로그래밍 언어(Programming Language) 또는 프로그램 언어(Program Language)라고도 부른다. 결국 프로그래밍 언어란 사람과 컴퓨터가 대화(상호작용) 할 수 있도록 만든 언어이다. 이러한 프로그래밍 언어를 이용하여 프로그램을 작성하는 것을 프로그래밍 한다고 부르며 작성된 것을 프로그램이라고 부른다. 프로그래밍에 대한 방법은 뒤에서 상세히 배우게 된다. 또한 프로그램을 작성하는 사람을 프로그래머(Programmer)라고 부른다.

4.2 컴퓨터 프로그래밍 언어

앞에서 설명한 것과 같이 프로그래밍 언어는 사람과 컴퓨터 간에 대화 할 수 있도록 개발된 언어이다. 사람들이 사용하는 자연언어가 문법 규칙을 가지고 있듯이 프로그래밍 언어도 프로그램을 작성하기 위한 문법 규칙(표기법)들이 있다.

다시 말해서 사람이 컴퓨터로 수행하고자 하는 것을 글로 써야 하는데, 이 글을 아무렇게나 쓰면 컴퓨터가 알지 못하니 일정한 규칙을 미리 정해놓고 이 규칙에 맞게 글을 씀으로써 컴퓨터가 이해할 수 있도록 하겠다는 것이다. 이러한 정해진 규칙에 의해 쓰여 진 글, 즉 컴퓨터 프로그래밍 언어의 규칙에 맞게 쓰여진 글을 [컴퓨터 프로그램] 문장 또는 명령문이라고 부른다.

결국 컴퓨터 프로그래밍 언어는 컴퓨터가 알 수 있는 명령문들을 작성할 수 있도록 만든 특정 규칙을 가지고 있는 언어이다. 또한 이러한 프로그래밍 언어를 이용하여 만들어진 명령문들의 집합이 프로그램인 것이다.

이러한 컴퓨터 프로그래밍 언어는 언어의 발전 단계에 따라 다음과 같이 분류할 수 있다.

① 1세대 언어

1세대 언어는 1950년대의 언어로 2진수를 이용한 기계어를 말한다. 기계어는 0과 1로만 구성된 언어로 기계(컴퓨터)가 사용하는 언어이다. 기계어로 프로그램을 작성하려면 기계에 대한 깊은 지식이 필요하기 때문에 기계어를 이용하여 프로그래밍을 하는 것은 매우 어렵다.

② 2세대 언어

2세대 언어란 어셈블리 언어를 말한다. 어셈블리 언어는 기계어의 어려운 점을 해결하기 위해 기계어 명령 하나 하나에 대응되는 문자나 기호를 만들어 놓고 이 기호나 문자를 사용하여 프로그램을 작성하게 된다. 그러나 어셈블리 언어가 기계어보다 좀 더 프로그래밍을 쉽게 할 수 있게 하기는 하지만 여전히 기계에 대한 많은 이해가 있어야 프로그래밍이 가능하다. 현재 기계에 의존적인 부분만을 어셈블리 언어를 이용하여 프로그래밍하고 있으며 이외에는 어셈블리 언어는 거의 사용되지 않는다.

③ 3세대 언어

기계어와 어셈블리 언어의 단점을 해결하기 위해 개발된 3세대의 언어들은 주로 절차 지향 중심의 언어들로 베이직(BASIC), 포트란(FORTRAN), 코볼(COBOL), 파스칼(PASCAL), C 언어 등이 있다. 이 3세대 언어들 중에서 C 언어는 현재까지도 매우 광범위하게 사용되고 있다.

④ 4세대 언어(4th–Generation Propramming Language: 4GL)

1980년대 이후 컴퓨터 하드웨어의 발전으로 개인용 컴퓨터가 많이 보급되고 기업 등에서 컴퓨터로 처리하고자 하는 데이터가 크게 증가함에 따라 기존의 3세대 언어만으로는 이들 데이터를 처리하는 프로그램을 개발하고 유지 보수하는 데 어려움이 나타나게 되었다. 이러한 어려움을 해결하기 위해 4세대 언어인 PowerBuilder, Delphi, Visual C++, Visual BASIC 등이 출현 하였다. 이러한 4세대 언어들의 몇 가지 주요 특징은 다음과 같다.

- 종전의 명령을 입력하는 방식을 탈피하여 시각적으로 프로그래밍할 수 있는 환경을 제공한다.
- 온라인 작업용으로 설계되어 있다.
- 다른 사람이 작성한 프로그램을 이해하기 쉽다.
- 프로그램 개발 시간을 단축할 수 있다.
- 다량의 데이터를 처리하기 위한 데이터베이스(DB: DataBase) 관련 프로그램을 개발할 수 있는 언어들이다.
- 대부분 윈도우(Windows) 상에서 쉽게 프로그램을 작성할 수 있다.
- 3세대 언어보다 좀 더 자연어에 가깝게 표현할 수 있다.
- 단점으로는 실행프로그램의 사이즈(Size)가 크고 처리속도가 느리다.

4세대 언어를 문제 해결형 언어(Problem Solving Language) 또는 비절차적언어(Nonprocedural Language)라고 부른다. 일반적으로는 4GL(4th-Generation Programming Language)이라고 한다.

4.3 저급언와 고급언어

앞에서 세대별 프로그래밍 언어를 살펴보았다. 이들 언어들은 형태와 기능에 따라 저급언어(Low Level Language)와 고급언어(High Level Language)로 다음 그림과 같이 분류한다.

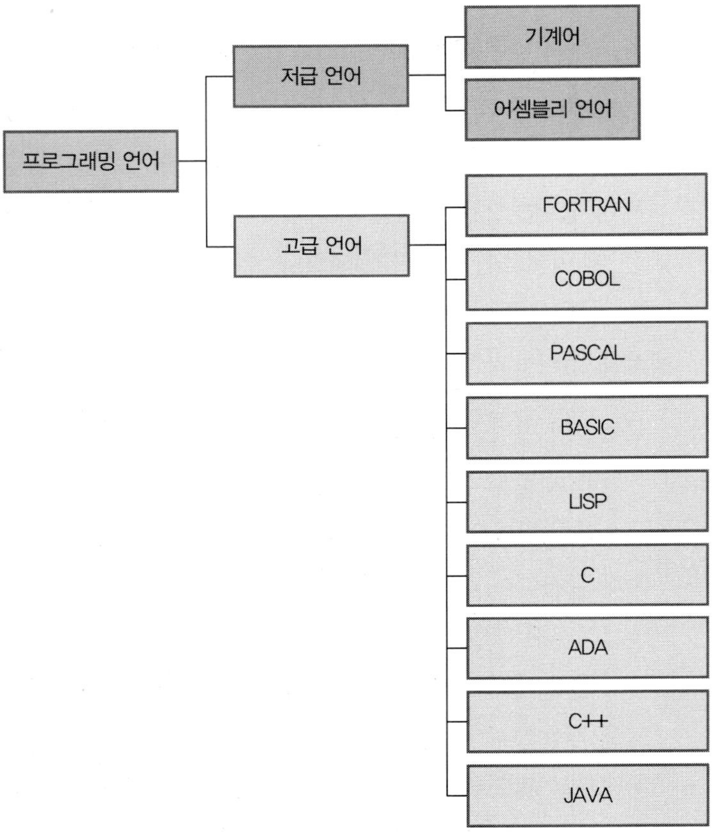

저급언어와 고급언어의 차이는 '컴퓨터가 이해하기 쉬운가?' 아니면 '사람이 이해하기 쉬운가?'에 있다. 즉, 저급언어는 컴퓨터가 이해하기 쉽게 만들어진 언어들로 기계어와 어셈블리 언어가 있다. 앞에서도 설명한 것 같이 이들 저급언어를 이용하여 프로그램을 작성하는 것은 기계에 대한 깊은 지식을 요구하기 때문에 어렵다. 단, 실행속도는 빠르다. 반면에 고급언어는 저급언어인 기계어와 어셈블리 언어를 제외한 대부분의 언어들로 사람이 이해하기 쉽게 만들어진 언어들이다. 즉, 고급언어를 이용하면 프로그래머가 하드웨어에 관련된 깊은 지식을 많이 가지고 있지 않아도 프로그래밍을 쉽게 할 수 있다. 이들 고급언어들을 이용하여 프로그램을 작성하는 것은 저급언어에 비해 매우 쉬우며 개발 시간도 단축된다. 단, 실행속도는 느리다.

4.5 프로그램의 번역기법

지금까지 앞에서 설명한 것과 같이 사람은 컴퓨터와 상호대화하기 위해 컴퓨터 프로그래밍 언어를 사용한다. 또한 컴퓨터라는 하드웨어는 0과 1로 구성된 2진수밖에 알지 못한다.

그렇다면 프로그래머가 프로그래밍 언어(기계어 제외)를 사용하여 작성한 프로그램을 어떻게 컴퓨터 하드웨어가 인식할 수 있도록 할 수 있을 것인가? 그것은 바로 작성된 프로그램을 0과 1로 구성된 2진수로 변환해주면 된다. 즉, 사람에 의해 작성된 프로그램을 2진수로 변환해주는 무엇인가를 이용하여 변환한 후 변환된 결과를 컴퓨터 하드웨어에 전달해 주면 되는 것이다. 여기서 작성된 프로그램을 2진수로 변환해 주는 소프트웨어를 언어 번역 프로그램(Language Translator Program) 또는 번역기 또는 해석기라고 부른다.

또한 프로그래머에 의해 작성된 프로그램을 원시 프로그램(Source Program) 또는 원시 파일(Source File)이라고 부르며 이 원시 프로그램을 번역기 또는 해석기에 의해 2진수로 변환된 프로그램을 기계어라고 부른다. 즉, 기계어는 0과 1로만 구성되어 컴퓨터가 이해할 수 있는 언어이므로 어떤 프로그램이든지 그 프로그램이 컴퓨터에서 이해(실행)되려면 반드시 2진수로 변환되어야 한다. 여기서 2진수로 변환된 프로그램을 이진 파일(Binary File) 또는 실행 파일(Execution File)이라고도 부른다.

원시 프로그램을 2진수인 기계어로 변환하여 실행시키는 방법에는 컴파일러 방식, 인터프리터 방식, 그리고 하이브리드 방식의 3가지가 있다.

① 컴파일러 방식

작성된 원시 프로그램을 컴파일러(Complier)라는 번역기에 의해 2진수로 변환하는 방식을 컴파일러 방식이라고 한다. 여기서 번역기인 컴파일러는 프로그램 전문가에 의해 만들어진 시스템 프로그램의 한 종류이다.

컴파일러는 프로그래밍 언어마다 각각 존재한다. 즉 C언어 프로그램으로 작성된 원시 프로그램은 C언어 컴파일러로, 그리고 JAVA 언어로 작성된 원시 프로그램은 JAVA 컴파일러로 번역해야 한다. 다음의 그림은 C언어로 작성된 원시 프로그램을 컴퓨터가 실행할 수 있는 2진수로 번역해서 컴퓨터가 실행하는 과정을 보여주는 예이다.

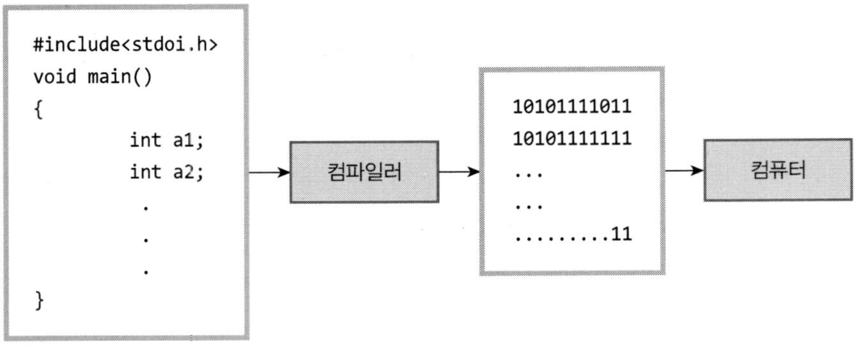

컴파일러 방식은 원시프로그램 전체를 처음부터 끝까지 한 번에 번역하여 실행파일을 만든다. 따라서 한번 번역되어 만들어진 실행파일은 이후 실행 시 다시 번역할 필요가 없으므로 실행 시간상의 효율성이 존재한다는 장점을 갖는다.

단점으로는 하나의 시스템에서 번역된 실행파일은 보통 다른 시스템에서는 실행되지 않는다. 예로 윈도우즈 시스템에서 번역된 실행파일은 리눅스나 유닉스 시스템에서 실행되지 않는다. 리눅스나 유닉스 시스템에서 실행되게 하려면 리눅스나 유닉스 시스템에서 다시 컴파일을 수행해야 한다. 이렇게 하나의 시스템에서 번역된 실행파일이 서로 다른 시스템에서 실행되지 않는 것을 이식성이 부족하다고 말한다.

또한 원시 프로그램의 일부를 수정했을 경우 다시 원시프로그램 전체를 컴파일해야 하는 단점이 있다. 대표적인 컴파일 방식의 프로그래밍 언어로는 C, FORTRAN, PASCAL, COBOL, ADA, C++, VC++ 등이 있다.

여기서 컴파일러는 보통 링커(Linker)를 내포하고 있다. 링커는 단위 프로그램들을 연결시켜주는 역할을 담당한다.

② 인터프리터 방식

작성된 원시 프로그램을 인터프리터(Interpreter)라는 해석기에 의해 2진수로 변환하는 방식을 인터프리터 방식이라고 부른다. 인터프리터 방식에서는 원시프로그램 전체를 한번에 2진 파일로 변환하는 것이 아니라 원시 프로그램을 한 줄씩 변환한 다음에 즉시 실행시켜 결과를 표시하게 된다. 즉, 실행시키고자 하는 프로그램을 한 줄씩 행(Row) 단위로 변환하여 한 줄씩 즉시 실행시킨다. 따라서 이 방식은 컴파일러 방식과 다르게 실행 파일을 만들지 않는다.

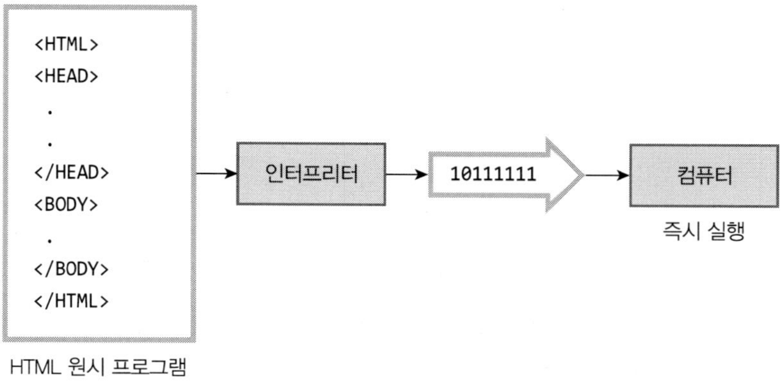

이 방식의 장점은 컴파일러 방식에 비해 배우기가 쉽고 이식성이 뛰어나다. 단점으로는 반복문이 많은 경우 매번 반복할 때마다 계속 그 반복문을 2진수로 변환해야 한다든지, 실행 파일을 만들지 않으므로 실행할 때마다 다시 변환과정을 거쳐야 하므로 속도가 느리며 원시 프로그램 자체가 공개된다. 대표적인 인터프리터 언어로는 HTML, 자바스크립트(JAVA Script), ASP, PHP, Perl, Lisp, Prolog 등이 있다.

③ 하이브리드 방식

하이브리드(Hybrid) 기법은 컴파일 기법과 인터프리터 기법의 장점들을 이용하기 위해 두 기법을 모두 사용하는 기법이다. 이 방식에는 다음의 그림과 같이 원시프로그램을 컴파일러에 의해 중간코드를 만들어 낸다. 이 중간코드는 컴퓨터에서 바로 실행할 수 있는 실행파일이 아니다.

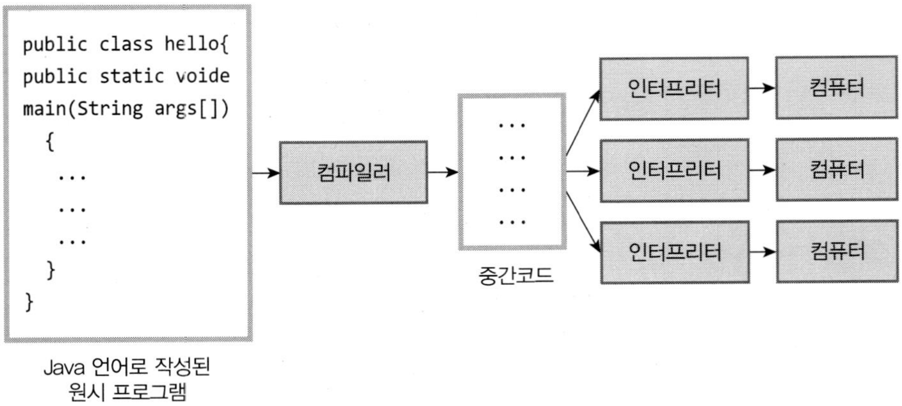

중간코드는 특정의 부호로 변환되어 있는 코드로 서로 다른 컴퓨터 시스템에 있는 인터프리터에 의해 한줄씩 2진수로 변환해 실행하게 된다. 따라서 중간코드의 생성은 인터프리터 방식의 단점인 원시 프로그램의 공개를 막는다. 또한 중간코드를 서로 다른 시스템의 인터프리터에 의해 변환하여 실행함으로써 컴파일러 방식의 단점인 이식성의 부족을 해결할 수 있다.

그러므로 이 방식은 서로 다른 종류의 시스템에서 중간코드를 해석하는 인터프리터만 있다면 바로 실행할 수 있고 만들어진 중간코드가 있어 다시 번역과정이 필요 없으므로 인터프리터 방식에 비해 속도가 빠르다. 그러나 컴파일러 방식보다는 속도가 느리며 시스템별로 적절한 해석기가 필요하다. 대표적인 언어로는 현재 매우 많이 사용되고 있는 JAVA 언어가 있다.

요약

SUMMARY

1. 컴퓨터의 정의

컴퓨터는 데이터를 입력 받아 프로그램에 의해 계산 · 처리한 후 처리된 결과를 출력해 주는 장치이다.

2. 컴퓨터의 주요 특징

- 프로그램에 의한 데이터의 자동 처리 기능 보유
- 산술연산, 비교 및 논리연산을 수행하는 기능 보유
- 수치, 문자, 음성 및 영상 데이터 등의 다양한 멀티미디어 데이터를 처리하는 기능 보유
- 대량의 데이터를 저장하고 검색하는 기능 보유
- 네트워크를 이용한 데이터의 전송 기능 보유

3. 컴퓨터의 주요 5대 기능

- 입력기능: 데이터 및 프로그램을 입력장치를 통해 입력하는 기능
- 출력기능: 처리된 결과(정보)를 문서나 소리 등으로 외부에 표시하는 기능
- 연산기능: 입력된 데이터를 연산하는 기능
- 기억기능: 입력된 데이터 또는 프로그램을 저장장치에 저장(보관)하는 기능
- 제어기능: 컴퓨터에서 일어나는 모든 동작을 제어 하는 기능

4. 컴퓨터의 중앙처리장치

컴퓨터의 중앙처리장치는 제어장치, 연산장치, 레지스터 등으로 구성되며 하나의 반도체 칩으로 만들어져 있다.

5. 저장장치의 분류

저장장치는 저장된 내용을 임시로 기억하는 주기억장치(Main Memory)와 영구적으로 기억하는 보조기억장치(Secondary Memory)로 분류한다.

6. 연산장치

연산장치(ALU: Arithmetic & Logic Unit)는 두 가지의 연산을 수행하는 장치이다. 하나는 기본적인 사칙연산(덧셈연산, 빨셈연산, 곱셈연산, 나눗셈연산)을 수행하는 것이고 두 번째는 계산 결과가 참 또는 거짓이 되는 비교 판단을 수행하는 것이다. 여기서 비교 판단을 수행하는 것을 논리연산(Logical Operation)을 수행한다고 말한다.

7. 레지스터

중앙처리장치 내에 있는 레지스터는 주기억장치 RAM으로부터 연산을 위해 가져온 데이터나 연산결과를 임시로 기억시켜 놓는 용도로 사용되는 소용량 기억장치이다.

8. 로딩

컴퓨터에서 사용되는 모든 프로그램과 데이터는 입력장치를 통해 입력된 후 우선 보조기억장치에 저장되며 저장된 프로그램과 데이터는 중앙처리장치에 의해 바로 실행되거나 처리될 수 없다. 중앙처리장치에 의해 실행되거나 처리되기 위해서는 보조기억장치에 저장된 프로그램이나 데이터를 RAM으로 가져다 놓아야 한다. 이를 로딩(Loading)라고 부른다.

9. 프로그램

프로그램은 컴퓨터 하드웨어에게 "어떤 일을 이러저러 하게 처리해 주시오" 라고 하는 명령들을 모아 놓은 것이다.

10. 시스템 소프트웨어와 응용 소프트웨어

시스템 소프트웨어는 컴퓨터 하드웨어를 응용 소프트웨어가 쉽고 효율적으로 사용할 수 있도록 도와주는 소프트웨어로 응용 소프트웨어에 비해 상대적으로 컴퓨터 하드웨어와 가까이에 있다. 반면에 응용 소프트웨어는 특정한 업무를 처리할 목적으로 개발된 소프트웨어로 운영체제와 같은 시스템 소프트웨어의 도움을 받아 실행된다.

11. 상호작용

사용자는 컴퓨터 하드웨어와 상호작용(대화)하기 위해 중간에 시스템 소프트웨어와 응용 소프트웨어를 통해야 한다. 즉, 사용자는 응용 소프트웨어의 도움을 받으며 응용 소프트웨어는 시스템 소프트웨어의 도움을 받아 하드웨어와 상호작용을 할 수 있다.

12. 명령문

컴퓨터 프로그래밍 언어의 규칙에 맞게 쓰여진 글을 컴퓨터 프로그램 문장 또는 명령문이라고 부른다.

13. 원시 프로그램의 번역 방식

원시 프로그램을 2진수인 기계어로 변환하여 실행시키는 방법에는 컴파일러 방식, 인터프리터 방식 그리고 하이브리드 방식의 3가지가 있다.

- 컴파일러 방식: 작성된 원시 프로그램을 컴파일러(Complier)라는 번역기에 의해 2진수로 변환하는 방식
- 인터프리터 방식: 작성된 원시 프로그램을 인터프리터(Interpreter)라는 해석기에 의해 2진수로 변환하는 방식
- 하이브리드 방식: 컴파일 기법과 인터프리터 기법의 장점들을 이용하기 위해 두 기법을 모두 사용하는 기법으로 중간코드를 만들어 사용하는 방식

연습문제 EXERCISE

1. 컴퓨터가 무엇인지 정의해 보시오.

2. 컴퓨터의 주요 특징 5가지를 말해 보시오.

3. 컴퓨터 하드웨어의 구성요소를 그림으로 그려 보시오. 또한 제어, 데이터 및 프로그램의 흐름 관계를 화살표로 표기해 보시오.

4. 다음의 설명하는 내용이 무엇인지 간단히 답하시오.

설명	답
컴퓨터의 분류에서 기계 및 전기적인 장치 자체를 무엇이라고 부르는가?	
컴퓨터의 하드웨어 장치들을 동작시키는 프로그램을 무엇이라고 부르는가?	
중앙처리장치의 주요 3가지 구성요소는 무엇인가?	
중앙처리장치와 직접 연결하여 처리하고자 하는 데이터나 프로그램을 임시로 저장하는 장치로 보조기억장치에 대비되는 장소는?	
컴퓨터가 처음 실행되는 데 기본적으로 필요로 되는 프로그램을 미리 공장에서 제조할 당시에 저장해 놓는 메모리는?	
중앙처리장치 내에 있는 것으로 주기억장치 RAM으로부터 연산을 위해 가져온 데이터나 연산결과를 임시로 기억시켜 놓는 용도로 사용되는 소용량 기억장치는?	
중앙처리장치에 의해 실행되거나 처리되기 위해서 보조기억장치에 저장된 프로그램이나 데이터를 RAM으로 가져다 놓는 작업을 무엇이라고 부르는가?	
컴퓨터의 하드웨어에게 '어떤 일을 어떻게 처리하라'는 내용을 적어놓은 것으로 명령어의 집합이라고 부르는 것은?	

운영체제는 시스템 소프트웨어인가? 아니면 응용 소프트웨어인가?	
컴퓨터 프로그래밍 언어의 규칙에 맞게 쓰여진 글로 컴퓨터 프로그램 문장이라고도 부른다. 무엇인가?	
작성된 프로그램을 2진수로 변환해 주는 소프트웨어를 무엇이라고 부르는가?	
프로그래머에 의해 작성된 번역(해석) 이전의 프로그램을 무엇이라고 부르는가?	

5. 다음의 설명하는 내용이 무엇인지 간단히 답하시오.

설명	답
2진수로 변환된 프로그램을 무엇이라고 부르는가?	
작성된 원시 프로그램을 컴파일러(Compiler)라는 번역기에 의해 2진수로 변환하는 방식은?	
작성된 원시 프로그램을 인터프리터(Interpreter) 라는 해석기에 의해 2진수로 변환하는 방식은?	
컴파일 기법과 인터프리터 기법의 장점들을 이용하기 위해 두 기법을 모두 사용하는 기법으로 중간코드를 만들어 사용하는 방식은?	

6. 컴퓨터 사용자, 응용 소프트웨어, 시스템 소프트웨어, 하드웨어의 관계를 그림으로 그려보시오.

CHAPTER 02

컴퓨터에서 데이터의 표현

02 CHAPTER

컴퓨터에서 데이터의 표현

학습목표

- 비트와 바이트의 개념을 이해한다.
- 진법을 이해하고 상호 변환할 수 있다.
- 정수와 실수가 표현되는 방법을 이해하고 설명할 수 있다.
- 부동소수점 오차가 무엇인지 이해할 수 있다.
- 문자 데이터의 표현을 이해한다.
- ASCII 코드와 유니코드의 인코딩을 이해한다.

1. 비트와 바이트

현재 컴퓨터는 0과 1만을 인식할 수 있다. 따라서 컴퓨터는 데이터를 저장하고 사용하기 위해서 0과 1만의 조합으로 저장하고 사용한다. 즉 **컴퓨터는 모든 데이터를 0 또는 1로 구성된 2진수로 표현한다.**

데이터의 표현이란 말은 컴퓨터 하드웨어 측면에서 볼 때 데이터의 상태 표현 또는 간단히 상태 표현이라고 볼 수 있다. 즉 데이터의 표현이란 말은 데이터가 컴퓨터의 기억장치에 저장된 상태라고 볼 수 있다.

컴퓨터의 기억장치는 반도체로 구성되어 있으며, 반도체는 여러 개의 핀(Pin)을 가지고 있다. 각각의 핀은 0볼트 또는 5볼트의 전압을 가지게 되는데 0볼트의 전압을 가지는 핀은 2진수 0을 저장하고 있는 상태로 볼 수 있다. 또한 5볼트의 전압을 가지고 있는 핀은 2진수 1을 저장하고 있는 상태로 간주된다. 즉 컴퓨터가 **2진수인 0 또는 1 중 하나를 저장하기 위해서는 1개의 핀을 필요로 한다.** 이 핀에 대한 저장 공간 하나 하나를 비트(Bit)라고 부른다. 따라서 **비트는 컴퓨터에서 데이터를 표현하는 최소 단위가 되는 것이다.**

그렇다면 바이트란 무엇인가? **바이트(Byte)는 비트들을 모아놓은 것을** 말한다. 그렇다면 몇 개의 비트들의 모임을 하나의 바이트로 정했는가? 바로 8비트이다. 다시 말해서 다음 그림과 같이 8개의 비트 모임을 1바이트로 정해 놓았다. 그림에서 각 비트에 저장된 2진수는 임의로 부여하였다. 다음 그림과 같이 비트를 그림으로 나타낼 때 보통 작은 사각형으로 표현한다.

0	1	0	0	1	1	1	1	1	0	1	1	0	0	1	1
1bit	1bit	1bit	1bit	1bit	1bit	1bit	1bit	1bit	1bit	1bit	1bit	1bit	1bit	1bit	1bit
1바이트(8비트)								1바이트(8비트)							

그렇다면 컴퓨터에서 데이터의 상태를 표현할 때 1비트, 2비트, 또는 3비트로 몇 가지의 상태를 표현할 수 있을까? 그것은 바로 1비트(2^1=2), 2비트(2^2=4), 그리고 3비트(2^3=8)로 다음과 같다. 만약 n비트라면 2^n가지를 표현할 수 있게 된다.

1비트로 표현할 수 있는 상태 수	2비트로 표현할 수 있는 상태 수	3비트로 표현할 수 있는 상태 수
0	00	000
1	01	001
	10	010
	11	011
		100
		101
		110
		111

한편 컴퓨터에서 비트나 바이트의 개념을 바탕으로 크기 단위를 정해 놓았는데 이는 다음의 그림과 같다. 1024바이트의 모임을 1킬로 바이트(KB)라 하며 1024킬로 바이트를 1메가 바이트(MB)라고 부른다. 이와 같은 방법으로 기가 바이트(GB), 테라 바이트(TB) 등의 단위가 정해졌다.

단위	크기
bit	1bit
1byte	8bits
1KB(Kilo Byte)	1024Bytes
1MB(Mega Byte)	1024KB
1GB(Giga Byte)	1024MB
1TB(Tera Byte)	1024GB
1PB(Peta Byte)	1024TB

2. 진법과 상호변환

숫자 데이터란 사칙연산의 대상이 되는 모든 데이터를 말한다. 이러한 숫자 데이터들이 컴퓨터에 어떻게 저장되는 것일까? 그렇다. 컴퓨터는 0과 1로 구성된 2진수만을 인식하므로 2진수로 변환하여 저장할 수밖에 없다.

2.1 진법

우리는 일상생활에서 10진수를 사용한다. 앞에서 설명한 것과 같이 컴퓨터는 2진수(0과 1)만을 이해한다. 즉, 컴퓨터는 모든 데이터를 2진수로 표현하고 2진수 연산만을 수행한다. 그렇다면 10진수를 컴퓨터가 알 수 있는 2진수로 어떻게 변환할 수 있을까? 우선 여기서 진법의 의미를 살펴보자.

우선 잘 아는 10진수를 살펴보자. 10진수란 무엇인가? 10진법에 의해 만들어진 수들을 말한다. 그렇다면 10진법이란 무엇인가? 10진법이란 10보다 1작은 9부터 0까지의 10개 문자(숫자도 하나의 문자이다)만을 조합하여 10배마다 위 자리로 올려나가는 표기법이다. 즉 0부터 9까지의 문자들만을 조합하여 무한대의 수를 만들어 내는 것을 의미하지 않는가? 그렇다.

이와 마찬가지로 n진법이란 n개의 문자들을 이용하여 무한대의 수를 만들어 낼 수 있게 된다. 이에 따라 2진법이란 1보다 1작은 1과 0만의 조합으로 무한대의 수를 만들어 내게 된다. 이렇게 만들어진 수들을 2진수라고 부르게 된다.

이과 관련하여 컴퓨터 시스템을 이해하는데 자주 사용되는 진법들이 있다. 바로 8진법과 16진법이다. 8진법은 0부터 7까지의 8개의 문자들을 조합하여 수들을 만들어 낸다. 16진법은 0부터 15까지 16개의 문자들을 사용하여 수들을 만들어 낸다. 그런데 16진수의 경우에는 조합된 수들을 만들어 내기 위해 16개의 문자들이 필요하다. 이를 위해 0부터 15까지의 문자들을 사용할 수 있는가? 답은 '아니다'이다. 왜냐하면 하나의 예로 문자 '10'은 문자 1과 0의 조합이므로 문자 '10'과 각 문자 '1' 또는 '0'을 구분하는 데 다소 어렵기 때문이다.

다시 말해서 10진수에서 기본 단위 문자들은 서로 서로 구분이 가능한 0부터 9까지의 10개 문자를 사용한다. 16진법에서도 이와 같이 서로 서로 구분이 가능한 기본단위 문자 16개가 필요하다. 그래서 16진법에서는 0부터 9까지의 문자와 A, B, C, D, E, F의 문자 6개를 사용한다. 즉 16진법에서 A는 10진수 10에, B는 10진수 11에, C는 10진수 12에, D는 10진수 13에, E는 10진수 14에 F는 10진수 15에 대응하는 문자로 사용된다. 다음의 표는 2진법, 8진법, 10진법, 16진법에서 사용되는 문자들을 정리한 것이다.

0	1	2	3	4	5	6	7	8	9	A	B	C	D	E	F
2진법에서 사용되는 문자들															
8진법에서 사용되는 문자들															
10진법에서 사용되는 문자들															
16진법에서 사용되는 문자들															

그렇다면 진법에 따라 자리수가 증가하는 규칙을 살펴보자. 10진법은 9보다 하나 큰 수가 되면, 즉 10배가 되면 자리수가 올라간다. 2진법에서는 1보다 하나 큰 수가 되면, 8진법에서는 7보다 하나 큰 수가 되면, 16진법에서는 F보다 하나 큰 수가 되면 자리수가 올라간다. 이렇게 자리수가 올라가는 것을 올림수가 발생한

다고 말한다. 이와 같은 규칙을 적용하여 10진수 0~20까지를 나타내 보면 다음과 같이 각 진법에 따라 대응된다.

10진법	2진법	8진법	16진법
0	0	0	0
1	1	1	1
2	10	2	2
3	11	3	3
4	100	4	4
5	101	5	5
6	110	6	6
7	111	7	7
8	1000	10	8
9	1001	11	9
10	1010	12	A
11	1011	13	B
12	1100	14	C
13	1101	15	D
14	1110	16	E
15	1111	17	F
16	10000	20	10
17	10001	21	11
18	10010	22	12
19	10011	23	13
20	10100	24	14

그렇다면 왜 16진수나 8진수 등을 알아야 하는가? 설명하였듯이 2진수로의 표현은 컴퓨터가 이해할 수 있는 표현이다. 그런데 사람의 입장에서 볼 때 데이터를 2진수로 표현하면 길이가 길어지고 0과 1의 조합으로 구성되어 있으므로 수의 크기를 쉽게 파악하기가 어렵다. 그러나 8진법이나 16진법은 이와 같은 파악의 어

려움을 많이 덜어주며 길이도 짧다. 따라서 우리는 컴퓨터가 사용하는 2진법뿐만 아니라 8진법 또는 16진법도 이해하고 있어야 한다.

2.2 진법간의 상호변환

진법 변환에 대해 살펴보자. 몇 가지의 규칙을 알고 있으면 쉽게 진법 변환을 할 수 있다. 진법 변환은 10진수와 2진수간의 상호 변환, 8진수와 2진수간의 상호 변환, 16진수와 2진수간의 상호 변환에 대해 알고 있어야 프로그램을 작성할 때 유용하다.

컴퓨터에서 수는 크게 정수(고정소수점)와 실수(부동소수점)의 2가지로 분류한다. 정수는 소수점이 없는 수를 말하며 실수는 소수점을 가지고 있는 수를 말한다.

2.2.1 10진 정수와 2진 정수의 상호 변환

(1) 10진 정수를 2진 정수로 변환

우선 10진 정수를 2진 정수로 변환하는 방법부터 살펴보자. 10진 정수를 2진 정수로 변환하기 위해 다음과 같은 그림을 이용하면 쉽다.

2^{10} =1024	2^9 =512	2^8 =256	2^7 =128	2^6 =64	2^5 =32	2^4 =16	2^3=8	2^2=4	2^1=2	2^0=1	2진 자리의 10진수 값
0	0	0	0	0	0	1	1	0	0	0	= 24_{10}
0	0	0	0	1	0	0	0	1	1	1	= 71_{10}

이 그림에서 보면 오른쪽부터 2^0=1, 2^1=2, 2^2=4 등과 같이 왼쪽으로 진행된다. 만약에 10진 정수 24와 71을 2진 정수로 변환하기를 원한다면 그림에 있는 숫자들을 합하여 24 또는 71을 만들어 보라. 숫자 24 또는 71을 만드는 데 사용된 숫자들 아래에 1로 표기하고 그렇지 않은 숫자 아래에는 0을 표기한다. 표기된 값이 바로 2진 정수가 된다. 즉 그림의 2행과 3행에 있는 것과 같이 다음과 같이 된다.

$00000011000 = 11000 = 24_{10}$

$00001000111 = 1000111 = 71_{10}$

(2) 2진 정수를 10진 정수로 변환

반대로 2진 정수를 10진 정수로 변환은 어떻게 되겠는가? 그렇다. 10진 정수를 2진 정수로 변환한 방법의 반대 방법을 이용하면 된다. 즉 예를 들어 다음의 그림에서 2진수가 1로 되어 있는 부분에 대응되는 10진수의 숫자들의 합을 계산하면 된다.

2^{10} =1024	2^9 =512	2^8 =256	2^7 =128	2^6 =64	2^5 =32	2^4 =16	2^3=8	2^2=4	2^1=2	2^0=1	2진 자리의 10진수 값
0	0	0	0	0	0	1	1	0	0	0	$= 24_{10}$
0	0	0	0	1	0	0	0	1	1	1	$= 71_{10}$

다음의 변환 과정에서 보는 것과 같이 2진 정수는 오른쪽부터 왼쪽으로 가면서 2진 정수 각 자리에 2진 자리에 대응되는 10진수 값을 곱한 결과의 전체 합계가 된다. 그러나 2진 정수 각 자리의 값이 1이 아닌 0인 경우는 곱했을 때 0이 되므로 생략해도 결과는 동일하게 된다. 즉, 다음의 두 예제에서 밑줄 부분은 생략해도 된다.

$00000011000=11000$

$=1\times2^4+1\times2^3\underline{+0\times2^2+0\times2^1+0\times2^0}$

$=2^4+2^3$(2진수의 각 자리가 1로 되어 있는 부분만 계산)

$=24_{10}$

$00001000111=1000111$

$=1\times2^6\underline{+0\times2^5+0\times2^4+0\times2^3}+1\times2^2+1\times2^1+1\times2^0$

$=2^6+2^2+2^1+2^0$(2진수의 각 자리가 1로 되어 있는 부분만 계산)

$=71_{10}$

2.2.2 8진 정수와 2진 정수의 상호변환

(1) 2진 정수를 8진 정수로 변환

그러면 이제 2진수를 8진수로 변환해 보자. 우선 8진수와 2진수간에 다음의 규칙을 기억하자.

8진수와 2진수간의 규칙
8진수 1자리는 2진수 3자리에 해당된다.

2진 정수 00001000111을 변환해 보자. 2진 정수 00001000111은 다음과 같이 10진 정수로 71이다.

$00001000111 = 1000111 = 71_{10}$

8진수와 2진수간의 규칙에 의해 다음과 같이 오른쪽부터 왼쪽으로 가며 3자리씩 분리시키고 왼쪽에 모자라는 자리는 0으로 채워주면 된다.

001	000	111	← 3자리씩 분리한다.
1	0	7	← 8진수로 변환한다.

그리고 다음의 그림을 참조하여 각 분리된 값을 변환하면 된다. 예로 다음의 그림에서 2진수 1로 설정되어 있는 2진 자리에 대응되는 값을 합하면 오른쪽부터 1+2+4=7이 된다. 즉 8진 정수 7이 된다.

$2^2=4$	$2^1=2$	$2^0=1$	← 2진 자리의 8진수 값
1	1	1	$=7_8$

그러므로 다음과 같이 된다.

$00001000111=1000111=71_{10}=107_8$

(2) 8진 정수를 2진 정수로 변환

8진 정수를 2진 정수로 어떻게 변환 되겠는가? 그렇다. 2진 정수를 8진 정수로 변환한 방법의 반대 방법을 이용하면 된다. 예로 8진 정수 107을 2진 정수로 변환하려면 다음의 그림과 같이 8진수 각 자리의 숫자를 2진 정수 3자리로 변경한다.

1	0	7	← 8진 정수 각 자리의 수
001	000	111	← 2진 정수 3자리로 변환한다.

이를 위해 예로 다음의 그림과 같이 8진 정수 7은 2진 자리의 숫자들을 합하여 7을 만드는데 사용된 숫자들 아래에 1로 표기하고 그렇지 않은 숫자 아래에는 0을 표기한다. 이렇게 표기된 값이 바로 8진 정수 7에 해당하는 2진 정수가 된다.

$2^2=4$	$2^1=2$	$2^0=1$	← 2진 자리의 8진수 값
1	1	1	$=7_8$

2.2.3 16진 정수와 2진 정수의 상호 변환

(1) 2진 정수를 16진 정수로 변환

2진 정수를 16진 정수로 변환해 보자. 우선 16진 정수와 2진 정수간의 다음의 규칙을 기억하자.

16진수와 2진수간의 규칙
16진수 1자리는 2진수 4자리에 해당된다.

2진 정수 00111110111을 변환해 보자. 16진수와 2진수간의 규칙에 의해 다음의

그림과 같이 오른쪽부터 왼쪽으로 가며 4자리씩 분리시키고 가장 왼쪽에 모자라는 자리는 0으로 채워주면 된다. 이 예에서는 가장 왼쪽의 굵은 숫자 0이 채워졌다.

0001	1111	0111	← 4자리씩 분리한다
1	F	7	← 16진수로 변환한다.

그리고 다음의 그림을 참조하여 분리된 각 자리에 대응되는 16진수를 찾아내면 된다. 예로 다음 그림의 2행에서 2진수 1로 설정되어 있는 2진 자리의 16진수 값을 합하면 오른쪽부터 1+4=5가 된다. 즉 0101은 16진 정수 5가 된다. 또한 예로 그림의 3행에서 2진수 1로 설정되어 있는 2진 자리의 16진수 값을 합하면 오른쪽부터 2+8=10=A가 된다. 즉 1010은 16진 정수 A가 된다.

2^3=8	2^2=4	2^1=2	2^0=1	← 2진 자리의 16진수 값
0	1	0	1	$=5_{16}$
1	0	1	0	$=A_{16}$

그러므로 2진 정수 00111110111은 16진수로 다음과 같이 변환된다.

00111110111=0001 1111 0111=$1F7_{16}$

(2) 16진 정수를 2진 정수로 변환

이제 16진 정수를 2진 정수로 변환해 보자. 2진 정수를 16진 정수로 변환한 방법의 반대 방법을 이용하면 된다.

예로 16진 정수 2A9를 2진 정수로 변환하려면 다음의 그림과 같이 16진수 각 자리의 숫자를 2진 정수 4자리로 각각 변경하면 된다.

2	A	9	← 16진 정수 각 자리의 수
0010	1010	1001	← 2진 정수 4자리로 변환한다.

이를 위해 다음의 그림을 참조한다. 예를 들어 16진 정수 A는 다음의 그림에서 2진 자리의 16진수 값을 합하여 A를 만드는 데 사용된 숫자들 아래에 1로 표기하고 그렇지 않은 숫자 아래에는 0을 표기한다. 표기된 값이 바로 2진 정수가 된다. 즉, 16진 정수 A를 만드는 데 사용된 2진 자리를 1로 설정하면 16진 정수 A는 2진 정수로 1010이 된다.

2^3=8	2^2=4	2^1=2	2^0=1	← 2진 자리의 16진수 값
1	0	1	0	=A_{16}

3. 정수와 실수의 표현

앞에서 우리는 컴퓨터가 2진수를 이용하여 모든 데이터를 표현한다는 것을 알았다. 그렇다면 컴퓨터가 기억장소 내부에 표현된 숫자들을 어떻게 구분하는지 궁금하지 않은가? 예로 양수인지 또는 음수인지? 이에 대해 좀 더 구체적으로 살펴보자. 이러한 내용들은 프로그램을 작성하는 데 필수적으로 알고 있어야 한다.

3.1 정수의 표현

우선 정수를 표현하는 방법부터 익혀보자. 정수는 다시 2가지로 분류한다. 그것은 양의 정수와 음의 정수이다. 실제적으로 컴퓨터 내부적으로 어떤 임의의 정수를 저장할 때 시스템에 따라 조금 다르지만 2바이트 또는 4바이트에 저장한다. 그러나 우리가 정수의 저장 방식을 이해하는 데에는 2바이트든 4바이트든 동일하다. 이에 따라 여기서는 2바이트를 기준으로 설명할 것이다.

결론부터 이야기하면 컴퓨터는 내부적으로 정수를 저장할 때 2가지의 규칙을 이용하여 저장한다. 첫 번째 규칙으로 정수가 저장된 가장 왼쪽 비트는 그 저장된 수가 양수인지 음수인지를 나타내는 부호 비트이다. 여기서 가장 왼쪽 비트를 MSB(Most Significant Bit)라고 부른다. 다시 말해서 MSB는 값의 크기를 표현하는데 사용되는 비트가 아니라 부호를 표현하는 비트로 사용된다는 것이다. 만약 부호 비트인 MSB가 0이라면 그 저장된 수는 양의 정수가 되는 것이고, 그렇지 않고 1이라면 저장된 수는 음수라는 의미가 된다.

예를 들어 10진수 20이 컴퓨터의 저장 장소에 어떻게 저장되는지 살펴보자. 이를 위해 우선 20을 2진수로 변환한다.

$$20 = 10100_2$$

이 수는 양의 정수이므로 MSB가 0으로 채워진다. 그리고 가장 오른쪽 비트부터 2진수 값을 채운다. 그러면 다음 그림과 같이 표현된다. 그림에서 0~15까지의 숫자들은 비트 번호이며 오른쪽부터 시작한다. 예로 0은 0번 비트, 15는 15번 비트를 의미한다. 15번 비트는 번호가 0부터 시작했으므로 16번째 비트가 된다.

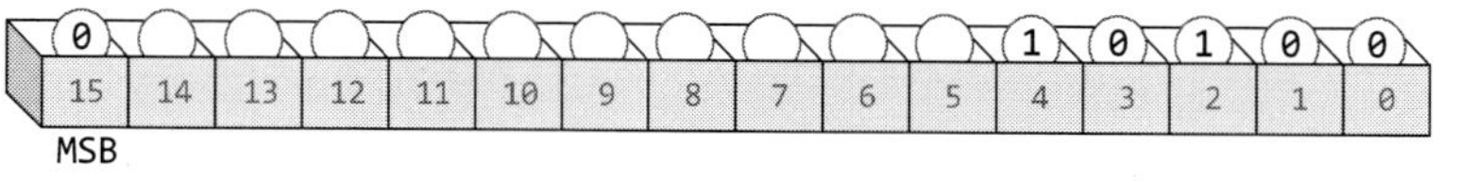

이 상태에서 나머지 비트들은 0으로 채운다. 왜냐하면 숫자 10100_2의 앞부분에 0을 여러 개 넣어도 값의 크기에 영향을 주지 않기 때문이다. 그러면 다음과 같이 양의 정수 20을 컴퓨터 내부적으로 저장한 결과가 나온다.

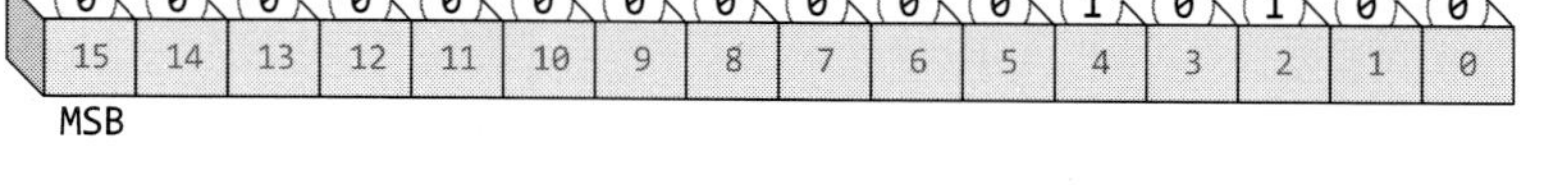

이제는 음의 정수를 저장하는 방법을 살펴보자. 컴퓨터에서 음의 정수는 2의 보수로 저장된다. 예를 들어 10진수 -20을 저장하는 예를 살펴보자. 우선 다음과 같이 양수 20은 2진수로 표현된다.

$20 = 10100_2$

이 상태에서 10100이란 2진수는 다음 그림과 같이 1의 보수와 2의 보수로 변경할 수 있다. 다시 말해서 2진수를 1의 보수로 변경하려면 0은 1로, 1은 0으로만 바꾸어 주면 된다. 간단하지 않는가? 1의 보수로 변경된 값을 2의 보수로 변경하려면 1의 보수로 표현된 값에 2진수 1을 더하기만 하면 된다. 이러한 과정으로 다음 그림과 같은 결과가 얻어진 것이다. 앞으로 이러한 과정으로 2진수에 대한 2의 보수를 구하면 된다.

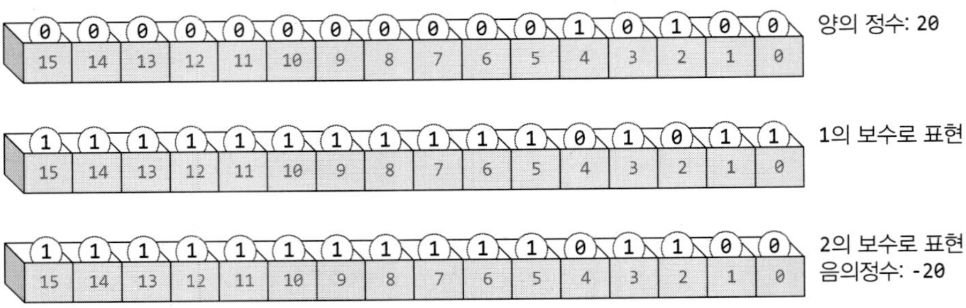

결국 컴퓨터는 앞 그림에서와 같이 2의 보수로 얻어진 결과를 내부적으로 저장한다. 즉, 컴퓨터는 10진수 -20을 2의 보수로 변경하여 내부적으로 저장한다. 이처럼 컴퓨터는 모든 음수를 2의 보수로 변환하여 저장하고 관리한다.

그렇다면 이러한 양의 정수 20과 음의 정수 -20을 더하면 어떻게 될까? 당연히 0이 되어야 맞다. 그러면 더해보면 될 것이 아닌가? 다음 그림과 같이 덧셈의 결과는 0이 된다. 올림수(Carry)는 버려진다. 이제 양의 정수와 음의 정수를 컴퓨터가 저장하는 방식을 이해하겠는가? 처음에는 약간 어려울 수도 있지만 몇 번이고 계산을 직접 해 보기 바란다. 그렇게 해서 확실히 이해하고 있어야 한다.

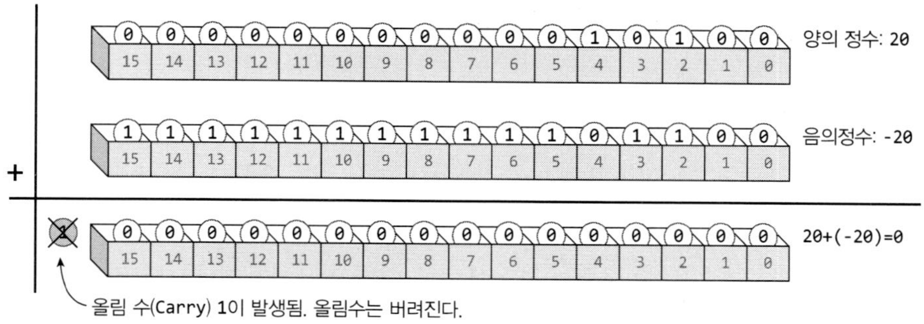

다른 예를 하나 더 살펴보자. -20+1=-19를 계산해 보자. 다음의 그림과 같이 된다. 결과에서 MSB가 1이므로 결과 값은 음수가 됨을 알 수 있다.

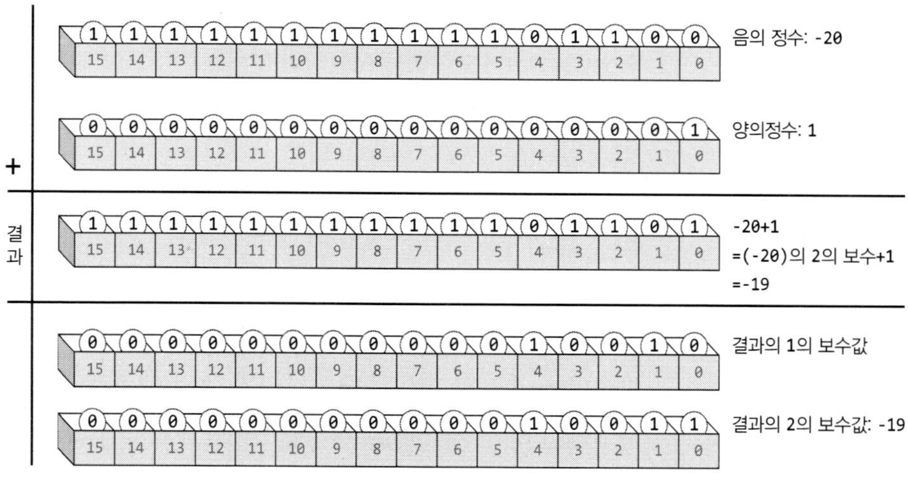

이상에서 살펴본 것과 같이 정수의 뺄셈은 음수를 2의 보수로 만들어 덧셈 연산을 수행하여 결과를 얻게 됨을 알 수 있다.

-20 + 1 = 1-20 = 1+(-20)의 2의 보수 = -19

3.2 실수의 표현

이번에는 컴퓨터에서 실수를 표현하는 방법을 살펴보자. 이전에 설명한 것과 같이 실수는 소수점을 포함하고 있는 숫자로 부동소수점수라고도 부른다. 그런데 실수가 소수점이하의 자리수를 몇 자리까지 가지고 있는가? 이론적으로 단순 계산하면 정수의 2배 이상이 되지 않을까? 왜냐하면 정수에서 사용되는 모든 수가 실수의 소수점 이하 자리에도 올 수 있기 때문이다. 왜 이런 이야기를 하는가? 그것은 이렇다. 컴퓨터의 기억장소는 한정되어 있는데 표현하고자 하는 실수는 너무 많지 않는가? 그렇다. 이 때문에 컴퓨터가 적은 비트로 가급적 넓은 범위의 실수를 표현할 수 있도록 하기 위해 국제적인 표준으로 부동소수점 형식을 표현하는 IEEE 754 표준이 마련되어 있다. 즉 컴퓨터는 실수를 표현하기 위해 부동소수점(Floating Point) 표기법을 사용하며 부동소수점 표현 방식은 소수점의 위치를 고정시켜 표현하는 방식이다.

IEEE 754 표준에는 32비트, 64비트, 43비트, 79비트에 대한 형식을 정의하고 있으며 현재 많은 프로그래밍 언어에서 실수형 데이터를 표현할 때 이 표준을 따르고 있다. 예로 C, C++ 등의 언어는 실수형의 한 가지인 float형 데이터의 저장을 위해 IEEE 754의 32비트 표준안을 사용하고 있으며, 실수형 데이터의 또 다른 한 가지인 double형 데이터를 저장하기 위해 64비트 표준안을 사용하고 있다. 여기서 float형 데이터를 단정도 실수형 그리고 double형 데이터를 배정도 실수형이라고도 부른다.

IEEE 754 표준에는 있는 실수를 저장하기 위한 단정도 실수형과 배정도 실수형의 형식을 살펴보자. 32비트인 단정도 실수형의 표준안은 다음 그림과 같은 형식으로 실수형 데이터를 표현한다. 다음의 그림에서 0~31은 비트 번호이다.

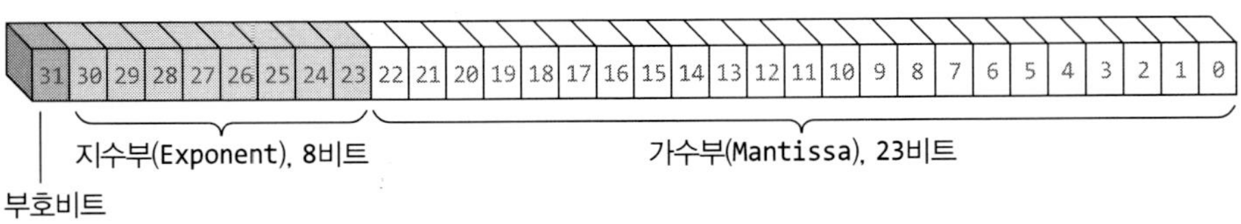

또한 실수형 데이터를 표현하기 위한 64비트인 배정도 실수형의 표준안은 다음

그림과 같다. 다음의 그림에서 0~63은 비트 번호이다.

그림에서 가수부(Mantissa)에는 실수의 유효 자리의 숫자들을 고정소수점으로 표현하게 되며 지수부(Exponent)에는 실제 소수점의 위치를 지수 승으로 하여 표현한다. 부호 비트에는 표현하고자 하는 숫자의 실제 부호가 표현된다. 여기에서는 이 중에서 32비트 표준안을 중심으로 설명할 것이다.

그러면 실제로 10진수 127.35라는 실수 값이 32비트의 부동소수점 표현 방식에 의해 어떻게 저장되는지 살펴보자. 이를 위해서 10진수 127.35를 2진수로 변환해야 한다. 다음과 같은 순서로 진행하면 된다.

① 10진수 127.35를 2진수로 변환하기 위해 정수부 127과 소수부 0.35를 분리해서 생각한다.

② 우선 정수부 127을 2진수로 변환한다. 다음과 같이 변환된다. 정수의 변환 과정은 이미 앞에서 이미 자세히 살펴보았으므로 여기서는 생략한다.

$$127 = 1111111_2$$

③ 그런 다음 소수부 0.35를 2진수로 변환한다. 소수부는 다음의 규칙에 의해 변환하면 된다.

10진 정수에서 소수부를 2진수로 변환하는 규칙
ⓐ 변환하고자 하는 소수부 값에 2를 곱한다. 여기서 곱한 결과 값을 R이라고 가정하자. ⓑ - 만약 R 값이 1미만이면 0이라고 기록한다. 그리고 ⓒ로 간다. - 만약 R 값이 1이상이면 1이라고 기록하고 R = R - 1을 한다. 즉 R에서 1을 뺀 결과를 새로운 R 값으로 한다. 그리고 ⓒ로 간다. - 만약 여기서 R 값이 1.0이 나오면 ⓓ로 간다. - 만약 여기서 이제까지 기록된 값을 확인하여 동일한 값이 반복되는 순환 소수가 되었을 때도 ⓓ로 간다. ⓒ R 값에 2를 곱한다. 여기서 곱한 결과 값을 새로운 R이라고 가정하자. 그리고 ⓑ로 간다. ⓓ 가장 먼저 기록된 숫자를 첫 번째 숫자로 하여 순서대로 적어주면 그 값이 2진수로 변환된 값이 된다. 여기서 멈춘다.

이 규칙을 적용하여 소수부 0.35를 2진수로 변환해 보자.

변환 과정	설명	기록된 값
0.35 × 2 = 0.70, R = 0.70	R이 1 미만이므로 0이라고 기록한다.	0
0.70 × 2 = 1.40, R = 1.40 R = R-1 = 1.40 - 1 = 0.40	R이 1 이상이므로 1이라고 기록한다. R에서 1을 뺀 결과를 새로운 R 값으로 한다.	1
0.40 × 2 = 0.80	R이 1 미만이므로 0이라고 기록한다.	0
0.80 × 2 = 1.60 R = R-1 = 1.60 - 1 = 0.60	R이 1 이상이므로 1이라고 기록한다. R에서 1을 뺀 결과를 새로운 R 값으로 한다.	1
0.60 × 2 = 1.20 R = R-1 = 1.20 - 1 = 0.20	R이 1 이상이므로 1이라고 기록한다. R에서 1을 뺀 결과를 새로운 R 값으로 한다.	1
0.20 × 2 = 0.40	R이 1 미만이므로 0이라고 기록한다.	0
0.40 × 2 = 0.80	R이 1 미만이므로 0이라고 기록한다.	0
0.80 × 2 = 1.60 R = R-1 = 1.60 - 1 = 0.60	R이 1 이상이므로 1이라고 기록한다. R에서 1을 뺀 결과를 새로운 R 값으로 한다.	1
0.60 × 2 = 1.20 R = R-1 = 1.20 - 1 = 0.20	R이 1 이상이므로 1이라고 기록한다. R에서 1을 뺀 결과를 새로운 R 값으로 한다.	1
0.20 × 2 = 0.40	R이 1 미만이므로 0이라고 기록한다.	0
0.40 × 2 = 0.80	R이 1 미만이므로 0이라고 기록한다.	0
0.80 × 2 = 1.60 R = R-1 = 1.60 - 1 = 0.60	R이 1 이상이므로 1이라고 기록한다. R에서 1을 뺀 결과를 새로운 R 값으로 한다.	1
0.60 × 2 = 1.20 R = R-1 = 1.20 - 1 = 0.20	R이 1 이상이므로 1이라고 기록한다. R에서 1을 뺀 결과를 새로운 R 값으로 한다.	1

	기록된 값을 보면 0011이 반복되는 순환소수가 되므로 여기서 멈춘다.	

이상의 계산 결과에 따라 기록된 값들을 위에서부터 순서적으로 쓰면 다음과 같이 소수부 0.35를 2진수로 변환한 결과가 된다.

$0.35=0101100110011..._2$

따라서 127.35라는 값을 이진수로 변환하면 다음과 같다. 즉, 지금까지 정수부와 소수부를 각각 계산한 내용을 소수점 좌우에 적어주면 된다.

$127.35=1111111.0101100110011..._2$

④ 2진수로 변환된 값을 32비트 부동소수점 표현방식에 맞게 변환하기 위해 부호를 결정한다. $127.35=1111111.0101100110011..._2$에서 이 값은 양수이므로 부호비트는 0이 된다.

⑤ 2진수로 변환된 값 $1111111.0101100110011...._2$를 가수부와 지수부로 나누기 위해서 이 값을 아래의 수식과 같이 2의 지수승 형태로 표현한다. 현재 수의 표현방법이 2진법이므로 2의 지수승으로 표시한다.

$$\pm(1.m) \times 2^{e-127}$$

다시 말해서 2진 실수를 앞의 수식 형태로 표현하는 것은 2진 실수를 가수부와 지수부로 나눈다는 의미이다. 이 수식에서 e는 '127+2의 지수승 값'이다. 또한 m은 가수부에 저장되는 부분이고, e는 지수부에 저장되는 부분이다.

사실 모든 부동소수점수는 컴퓨터에 저장되기 위해 이 수식 형태로 변경되어 저장된다. 이와 같이 어떤 수를 동일한 형식으로 만들기 위해서 정해진 형식으로 바꾸어주는 것을 정규화(Normalization)라고 부른다.

여기서는 2진수로 변환된 값 $1111111.0101100110011..._2$에서 소수점을 이동시켜 1.m의 형태로 만든다. 즉 정수부의 첫 번째 자리가 1이 되도록 소수점을 이동시킨다. 지수 부분은 이동한 자릿수만큼 증가 또는 감소시킨다. 결국 앞의 수식에 의해 정규화하면 다음과 같이 표현된다.

$$
\begin{aligned}
1111111.0101100110011\ldots_2 &= 1.1111110101100110011\ldots_2 \times 2^{6} \\
&= 1.1111110101100110011\ldots_2 \times 2^{(127+6)-127} \\
&= 1.1111110101100110011\ldots_2 \times 2^{(133)-127}
\end{aligned}
$$

소수점이 오른쪽에서 왼쪽으로 1칸 이동하면 2를 곱한 것과 같아진다. 여기서는 소수점이 오른쪽에서 왼쪽으로 6칸 이동했으므로 2^6을 곱해야 소수점 이동 이전의 원래 값과 같은 값이 된다.

⑥ ⑤의 표현에 따라 가수는 1.1111110101100110011...이고 e는 133이 된다.

⑦ 가수와 지수 값이 결정되었으니 이들을 부동소수점 표현방식에 따라 가수부와 지수부에 저장하면 된다.

여기서 지수부를 살펴보자. 현재 지수는 6이다. 6을 2진수로 변환하면 0110이 된다. 그러면 앞에서 살펴본 것과 같이 float형 데이터의 저장을 위해 IEEE 754의 32비트 표준안에서 지수부로 8비트가 주어졌다. 이 지수부 8비트에 6을 2진수로 변환한 값 0110=0000 0110을 바로 저장하면 된다. 그러나 이렇게 바로 저장하지 않는다. 왜냐하면 지수가 음수가 나올 수 있기 때문이다. 즉, 단계 ⑤에서 정수부의 첫 번째 자리가 1이 되도록 소수점을 이동시킬 때에 소수점이 오른쪽으로 이동되면 지수가 음수가 나오게 된다.

이에 따라 8비트 공간에 음수 또는 양수 형태의 지수를 저장하기 위해 이 8비트의 공간을 양수와 음수를 위해서 절반으로 나누게 된다. 다시 말해서 8비트의 저장 공간이 0~255 사이의 값을 저장할 수 있는 크기이므로 절반으로 나누어 127을 중간 값으로 정하게 된다.

즉, 지수 0이 127을 의미하게 된다. 이와 같이 32비트 부동소수점 표현 방법에서 이 중간 값 127을 바이어스(Bias)라고 부른다. 이러한 127바이어스에 의해 e값은 우리가 계산해온 지수 값 6과 바이어스 127을 더해 133으로 계산이 된다. 133을 2진수로 변환하면 1000 0101이 되고 이 값이 지수부 8비트에 저장된다.

⑧ 이제 가수부를 살펴보자. 가수는 앞의 수식에서와 같이 항상 1.m 형태로 표현되기 때문에 1. 은 제외한 나머지 부분만 저장하게 된다. 앞에서 계산된 가수는 1.1111110101100110011...이다. 여기서 1.을 제외한 1111110101100110011...를 가수부 23비트에 저장하면 된다. 생략된 부분을 23자리까지 표시하면 다음과 같이 된다.

가수부 : 111 1110 1011 0011 0011 0011

이상에서 설명한 것과 같이 10진 실수 값 127.35를 32bit 부동소수점 형식으로 저장하면 다음 그림과 같이 표현된다.

3.3 부동소수점 오차

지금까지 우리는 컴퓨터 내부적으로 기억공간에 정수와 실수를 저장하는 방법을 살펴보았다. 특히 실수형 데이터를 저장하는 32비트 부동소수점 저장 방식에 대해 살펴보았다. 비록 부동소수점 저장 방식이 넓은 범위의 실수 데이터를 저장할 수 있다는 면에서 효율적이라고 할 수 있다. 그러나 앞에서 살펴본 예에서와 같이 부동소수점 저장방식은 앞에서 제시한 수식으로 변환, 즉 정규화하여 저장되기 때문에 오차가 발생하게 된다. 예로 앞의 수식을 이용하여 0.0을 만들어 낼 수 있는가? 답은 없다가 아니가? 그렇다. 왜냐하면 2의 지수승은 절대 0이 될 수 없기 때문이다. 그렇다면 앞의 수식 형태인 부동소수점 형식으로는 0.0을 표현 할 수 없으니, 컴퓨터는 실수 0.0을 정확히 저장 공간에 저장할 수 없다는 이야기가 된다. 단지, 컴퓨터는 우리가 표현하고자 하는 모든 실수 값을 정확하게 표현하는 것이 아니라 아주 가까운 근사치로 표현하게 된다. 그러므로 컴퓨터에서 모든 실수는 아주 정확하게 표현되지 못하고 오차가 발생하게 되는데, 이러한 오차를 부동소수점 오차라고 부른다. 이러한 부동소수점 오차는 프로그래밍 언어의 문제가 아니라 지금까지 살펴본 것과 같이 컴퓨터가 부동소수점을 표현하는 방식에 의해 발생된 문제이다.

3.4 부동소수점 2진수를 10진수로 변환

앞의 3.2절에서 우리는 소수점을 가지고 있는 10진 실수(부동소수점수)를 2진 실수로 변환하여 표현하는 방법을 살펴보았다. 여기에서는 반대로 소수점이 있는 2진 실수를 10진 실수로 변환하는 방법을 살펴보자.

소수점을 가지고 있는 2진 실수를 10진 실수로 변환하는 방법은 다음의 그림과 같이 3단계를 거쳐 변환하면 된다. 즉, 예로 2진수 1101.0111은 10진수로 다음과 같이 변환할 수 있다.

단계	변환 과정	설명
1	$1101=1\times2^3+1\times2^2+\underline{0\times2^1}+1\times2^0$ $=8+4+0+1=13$	정수부 1101을 계산한다.
2	$0111=\underline{0\times2^{-1}}+1\times2^{-2}+1\times2^{-3}+1\times2^{-4}$ $=0+0.25+0.125+0.0625$ $=0.4375$	소수부 0111을 계산한다.
3	13+0.4375=13.4375	두 계산 값을 합한다.

우선 단계 1에서와 같이 2진 정수 부분을 10진수로 변환하는 방법은 2.2.1절에서 설명한 것과 동일하다. 즉, 오른쪽부터 왼쪽으로 가면서 2진 정수 각 자리에 2진 자리에 대응되는 10진수 값을 곱한 결과의 전체 합계가 된다. 단, 단계 1에서 2진 정수 각 자리의 값이 1이 아닌 0인 경우는 곱했을 때 0이 되므로 생략해도 결과

는 동일하게 된다. 즉, 단계 1에서 밑줄 부분은 생략해도 된다.

단계 2는 2진수의 소수점 이하 자리 부분을 10진수로 변경하는 방법이다. 2진수의 소수점 이하 자리 부분을 10진수로 변경하는 방법은 이렇다. 왼쪽에서 오른쪽으로 가면서 2진수의 소수 이하의 각 자리에 2^{-1}, 2^{-2}, 2^{-3}, 2^{-4}, …와 같은 순서로 곱한 후 합을 계산하면 된다. 단, 이 단계에서도 2진수의 소수점 이하 각 자리의 값이 1이 아닌 0인 경우는 곱했을 때 0이 되므로 생략해도 결과는 동일하게 된다. 즉, 단계 2에서 밑줄 부분은 생략해도 된다.

마지막 단계 3에서 정수부에서 구해진 값과 소수부에서 구해진 값을 합하면 10진 실수가 구해지게 된다.

그러면 이제 앞에서 살펴보았던 것과 같이 다음과 같이 컴퓨터 기억장치에 저장된 부동소수점 수는 10진 실수로 얼마인가? 계산해 보자.

다음과 같은 단계로 계산할 수 있다. 우선 실수는 앞에서 살펴본 것과 같이 다음의 1단계에 있는 부동소수점 형식의 수식으로 정규화되어 저장된다는 것을 기억한다.

단계	변환 과정	설명
1	$\pm(1.m) \times 2^{e-127}$	부동소수점 형식으로 저장
2	1.111111 01011 0011 0011 0011	가수부를 복원한다.
3	$e=10000101=133_{10}$ 133-127=6(2의 지수승 값) ∴ 133=127+6	-지수부를 복원한다. -e는 '127+2의 지수승 값'이다. -실제 지수승 값을 얻기 위해 127을 빼주면 된다.
4	1111111. 01011 0011 0011 0011	소수점을 오른쪽으로 6개 이동한다.
5	$1111111=1\times2^6+1\times2^5+1\times2^4+1\times2^3+1\times2^2+1\times2^1$ $+1\times2^0$ =64+32+16+8+4+2+1=127	정수부 1111111을 계산한다.
6	01011 0011 0011 0011 $=0\times2^{-1}+1\times2^{-2}+0\times2^{-3}+1\times2^{-4}+1\times2^{-5}+0\times2^{-6}$ $+0\times2^{-7}+1\times2^{-8}+1\times2^{-9}+0\times2^{-10}+0\times2^{-11}$ $+1\times2^{-12}+1\times2^{-13}+0\times2^{-14}+0\times2^{-15}+1\times2^{-16}+1\times2^{-17}$ =0.25+0.0625+0.03125+0.00390625+ 0.001953125+0.000244140625+ 0.0001220703125+0.0000152587890625+ 0.00000762939453125 =0.3499984741	소수부 01011 0011 0011 0011을 계산한다.
7	127+0.3499984741=127.3499984741	두 계산 값을 합한다.
8	부호비트가 0이므로 양수임을 알 수 있다. 음수이면 7단계의 결과 값에 음수기호를 붙이면 된다.	부호 비트를 확인한다.

4. 문자 데이터의 표현

컴퓨터에서 사용하는 문자 데이터는 숫자, 영문자, 특수 문자, 한글, 한자 등이 있다. 이들 각각의 문자는 서로 구별되도록 하기 위해 여러 비트의 조합을 사용하여 컴퓨터에서 표현된다. 이들 문자 데이터들을 표현하기 위해 표준화된 여러 코드들이 만들어졌다. 일반적으로 ASCII(American Standard Coded for

Information Interchange), BCD(Binary Coded Decimal), EBCDIC(Extended Binary Coded Decimal Interchange Code), Unicode 등이 있다.

4.1 ASCII 코드

ASCII 코드(간단히 아스키)는 영문 알파벳을 사용하는 대표적인 표준화된 문자 코드(표)로 미국에서 정보 교환을 목적으로 만들어졌으며 컴퓨터와 통신 장비를 비롯한 문자를 사용하는 많은 장치에서 사용된다. 아스키는 1967년에 표준으로 제정되어 1986년에 마지막으로 개정되었다. 아스키는 7비트 인코딩(Encoding)으로, 33개의 출력 불가능한 제어 문자들과 공백을 비롯한 95개의 출력 가능한 문자들로 이루어진다. 출력 가능한 문자들은 52개의 영문 알파벳 대소문자와, 10개의 숫자, 32개의 특수 문자, 그리고 하나의 공백 문자로 이루어진다.

여기서 문자 코드(Character Code)란 각각의 문자에 하나의 숫자 값을 1대 1로 대응시켜 정해놓은 것(표)을 말한다. 또한 7비트 인코딩이란 7비트를 사용하여 각 문자를 컴퓨터가 이해할 수 있는 0과 1의 2진 값을 가지는 연속적인 비트 형태로 표현하는 것을 말하며 이때 당연히 인코딩을 위해 문자 코드(표)를 참조하여 각 문자에 대응되는 숫자 값을 찾아 이용하게 된다. 즉 인코딩이란 문자들을 컴퓨터가 이해할 수 있도록 문자 코드(표)을 참조하여 2진수의 연속적인 비트열로 만들어주는 것을 말한다.

결국 인코딩은 문자나 기호들의 집합을 컴퓨터에서 저장하거나 통신에 사용할 목적으로 부호화하는 방법을 가리킨다. 문자 인코딩을 통해 부호화되어 있는 것을 복호화(복원)하면 본래의 문자나 기호를 뜻하게 되는 부호인 문자들이 나오게 된다. 복호화 할 때도 당연이 문자 코드(표)을 참조하게 된다.

ASCII 코드의 특징은 앞의 3비트는 영문자, 숫자, 특수문자 등을 서로 구분하기 위해 사용되는 비트로 사용되고 있으며 컴퓨터 통신을 효율적으로 하기 위해 ASCII 코드에 패리티(Parity) 비트를 1비트 추가하여 8비트로 구성하여 사용하기도 한다. 이 패리티 비트는 패리티 비트를 포함하여 모든 비트열에 있는 1의 합이 항상 짝수 또는 홀수가 되도록 7개의 비트열에 추가한 검사 비트이다.

ASCII 코드는 7비트만을 사용하여 문자들을 인코딩하므로 ASCII 코드로 변환할 수 있는 문자들의 수는 128(=2^7)개뿐이다. 따라서 영문자, 특수 문자 및 제어문자들을 포함하여 127개의 문자들만 인코딩할 수 있으며, 그 외의 문자들인 한글 및 한자 등은 표현할 수 없다. 다음의 그림은 아스키 코드를 보여준다.

10진수	16진수	문자	Name(Meaning) <Text Reference>
0	00		NUL (used for padding) <NULL>
1	01	^A	SOH (start of header)
2	02	^B	STX (start of text)
3	03	^C	ETX (end of text)
4	04	^D	EOT (end of transmission)
5	05	^E	ENQ (enquiry)
6	06	^F	ACK (acknowledge)
7	07	^G	BEL (bell or alarm) <BELL>
8	08	^H	BS (backspace) <BS>
9	09	^I	HT (horizontal tab) <TAB>
10	0A	^J	LF (line feed) <LF> <NL>
11	0B	^K	VT (vertical tab)
12	0C	^L	FF (form feed new page) <FF>
13	0D	^M	CR (carriage return) <CR>
14	0E	^N	SO (shift out)
15	0F	^O	SI (shift in)
16	10	^P	DLE (data link escape)
17	11	^Q	DC1 (device control #1, XON)
18	12	^R	DC2 (device control #2)
19	13	^S	DC3 (device control #3, XOFF)
20	14	^T	DC4 (device control #4)
21	15	^U	NAK (negative acknowledge)
22	16	^V	SYN (synchronous idle)
23	17	^W	ETB (end transmission block)
24	18	^X	CAN (cancel)
25	19	^Y	EM (end of medium)
26	1A	^Z	SUB (substitute)
27	1B	^[	ESC (escape)
28	1C	^₩	FS (file separator)
29	1D	^]	GS (group separator)
30	1E	^^	RS (record separator)
31	2D	^_	US (unit separator)
32	2E		space or blank <SP>

33	1F	!	exclamation mark
34	20	“	quotation (double quotation)
35	21	#	number sign(hash mark)
36	22	$	dollar sign
37	23	%	percent sign
38	24	&	ampersand sign
39	25	‘	apostrophe (single quotation)
40	26	(	opening parenthesis
41	27	)	closing parenthesis
42	28	*	asterisk
43	29	+	plus sign
44	2A	,	comma
45	2B	-	hyphen or minus sign
46	2C	.	period (decimal point dot)
47	2F	/	slash
48	30	0	numeral zero
49	31	1	numeral one
50	32	2	numeral two
51	33	3	numeral three
52	34	4	numeral four
53	35	5	numeral five
54	36	6	numeral six
55	37	7	numeral seven
56	38	8	numeral eight
57	39	9	numeral nine
58	3A	:	colon
59	3B	;	semicolon
60	3C	<	less than sign
61	3D	=	equal sign
62	3E	>	greater than sign
63	3F	?	question mark
64	40	@	at sign
65	41	A	uppercase (capital) A
66	42	B	uppercase (capital) B
67	43	C	uppercase (capital) C
68	44	D	uppercase (capital) D
69	45	E	uppercase (capital) E
70	46	F	uppercase (capital) F
71	47	G	uppercase (capital) G
72	48	H	uppercase (capital) H
73	49	I	uppercase (capital) I
74	4A	J	uppercase (capital) J
75	4B	K	uppercase (capital) K

76	4C	L	uppercase (capital) L
77	4D	M	uppercase (capital) M
78	4E	N	uppercase (capital) N
79	4F	O	uppercase (capital) O
80	50	P	uppercase (capital) P
81	51	Q	uppercase (capital) Q
82	52	R	uppercase (capital) R
83	53	S	uppercase (capital) S
84	54	T	uppercase (capital) T
85	55	U	uppercase (capital) U
86	56	V	uppercase (capital) V
87	57	W	uppercase (capital) W
88	58	X	uppercase (capital) X
89	59	Y	uppercase (capital) Y
90	5A	Z	uppercase (capital) Z
91	5B	[	opening bracket
92	5C	₩	backward slash (backslash)
93	5D	]	closing bracket
94	5E	^	caret (uparrow)
95	5F	_	underscore
96	60	`	grave accent (back quotation)
97	61	a	lowercase a
98	62	b	lowercase b
99	63	c	lowercase c
100	64	d	lowercase d
101	65	e	lowercase e
102	66	f	lowercase f
103	67	g	lowercase g
104	68	h	lowercase h
105	69	i	lowercase i
106	6A	j	lowercase j
107	6B	k	lowercase k
108	6C	l	lowercase l
109	6D	m	lowercase m
110	6E	n	lowercase n
111	6F	o	lowercase o
112	70	p	lowercase p
113	71	q	lowercase q
114	72	r	lowercase r
115	73	s	lowercase s
116	74	t	lowercase t
117	75	u	lowercase u
118	76	v	lowercase v

119	77	w	lowercase w
120	78	x	lowercase x
121	79	y	lowercase y
122	7A	z	lowercase z
123	7B	{	opening brace
124	7C	|	vertical line
125	7D	}	closing brace
126	7E	~	tilde
127	7F		DEL (delete, rub out) <DEL

그림을 참조하여 'HELLO'라는 문자들을 아스키코드로 변환하면 다음과 같이 표현된다.

	H	E	L	L	O
10진수	72	69	76	76	79
16진수	48	45	4C	4C	4F
2진수	100 1000	100 0101	100 1100	100 1100	100 1111

4.2 유니코드

유니코드(Unicode)는 전 세계의 모든 문자를 컴퓨터에서 일관되게 표현하고 다룰 수 있도록 설계된 산업 표준으로 유니코드 협회(Unicode Consortium)에서 만들었다. 애플 컴퓨터, IBM, 마이크로소프트 등이 컨소시엄으로 설립한 유니코드(Unicode)가 1990년에 첫 버전을 발표하였고, ISO/IEC JTC1에서 1995년 9월 국제표준으로 제정하였다. 공식 명칭은 ISO/IEC 10646-1(Universal Multiple-Octet Coded Character Set)이다.

유니코드는 한 마디로 기존 언어의 인코딩 체계를 모두 포함할 수 있도록 설계되어 만들어진 문자 코드로 한국어, 영어, 기타 언어 등의 모든 국가의 언어를 표현할 수 있다. 이 유니코드는 사용 중인 운영체제 및 프로그래밍 언어와 관계없이 문자마다 고유한 값을 제공한다.

기존의 인코딩들은 그 규모나 범위 면에서 한정되어 있고, 다국어 환경에서는 서로 호환되지 않는 문제점이 있었다. 유니코드가 다양한 문자 집합들을 통합하는데 성공하면서 유니코드는 컴퓨터 소프트웨어의 국제화와 지역화에 널리 사용되게 되었으며, 비교적 최근의 기술인 XML, 자바, 그리고 최신 운영체제 등에서도 지원하고 있다.

다음의 사이트에서 유니코드에 대한 정보를 얻을 수 있다. 다음의 사이트에 접속하면 알파벳순으로 색인(Index)이 표시되므로 쉽게 국가별 유니코드 값을 확인할 수 있다.

http://www.unicode.org/charts/charindex.html

다음의 그림은 영문자, 숫자에 대한 유니코드를 보여준다. 가장 위쪽과 왼쪽의 행과 열에 유니코드를 위한 행 번호와 열 번호가 16진수로 붙어 있다. 이 번호가 바로 유니코드 값이다.

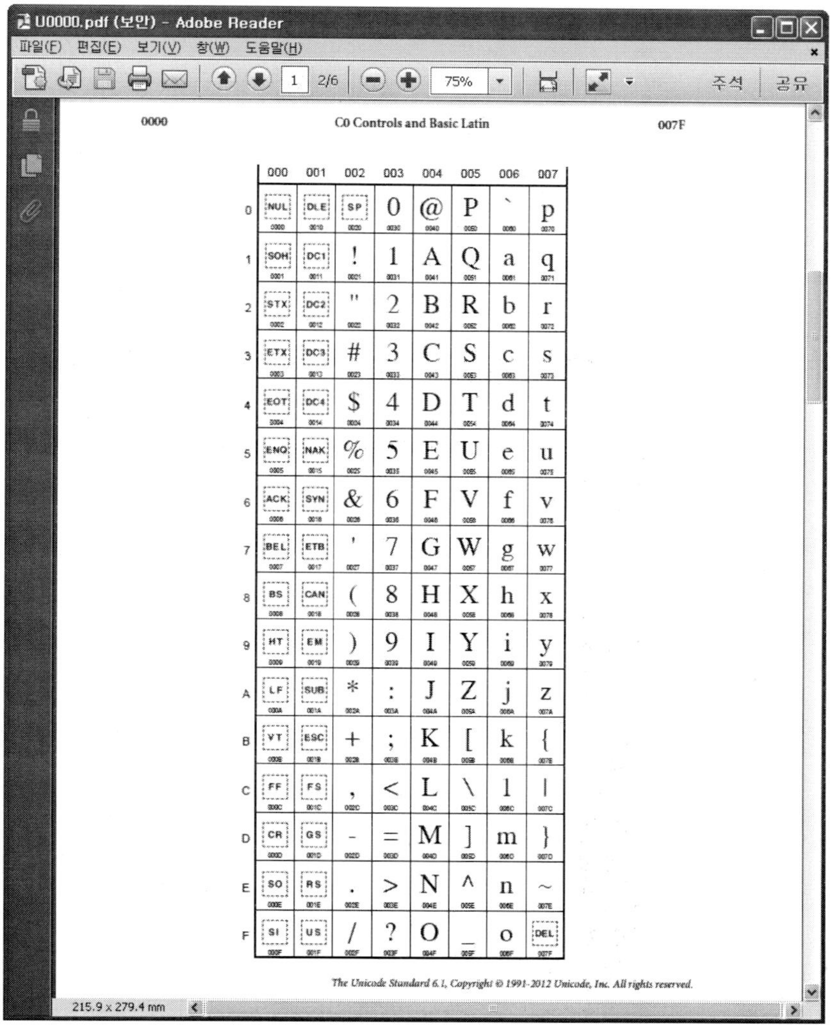

0000 C0 Controls and Basic Latin 007F

<table>
<tr><th></th><th>000</th><th>001</th><th>002</th><th>003</th><th>004</th><th>005</th><th>006</th><th>007</th></tr>
<tr><td>0</td><td>NUL</td><td>DLE</td><td>SP</td><td>0</td><td>@</td><td>P</td><td>`</td><td>p</td></tr>
<tr><td>1</td><td>SOH</td><td>DC1</td><td>!</td><td>1</td><td>A</td><td>Q</td><td>a</td><td>q</td></tr>
<tr><td>2</td><td>STX</td><td>DC2</td><td>"</td><td>2</td><td>B</td><td>R</td><td>b</td><td>r</td></tr>
<tr><td>3</td><td>ETX</td><td>DC3</td><td>#</td><td>3</td><td>C</td><td>S</td><td>c</td><td>s</td></tr>
<tr><td>4</td><td>EOT</td><td>DC4</td><td>$</td><td>4</td><td>D</td><td>T</td><td>d</td><td>t</td></tr>
<tr><td>5</td><td>ENQ</td><td>NAK</td><td>%</td><td>5</td><td>E</td><td>U</td><td>e</td><td>u</td></tr>
<tr><td>6</td><td>ACK</td><td>SYN</td><td>&</td><td>6</td><td>F</td><td>V</td><td>f</td><td>v</td></tr>
<tr><td>7</td><td>BEL</td><td>ETB</td><td>'</td><td>7</td><td>G</td><td>W</td><td>g</td><td>w</td></tr>
<tr><td>8</td><td>BS</td><td>CAN</td><td>(</td><td>8</td><td>H</td><td>X</td><td>h</td><td>x</td></tr>
<tr><td>9</td><td>HT</td><td>EM</td><td>)</td><td>9</td><td>I</td><td>Y</td><td>i</td><td>y</td></tr>
<tr><td>A</td><td>LF</td><td>SUB</td><td>*</td><td>:</td><td>J</td><td>Z</td><td>j</td><td>z</td></tr>
<tr><td>B</td><td>VT</td><td>ESC</td><td>+</td><td>;</td><td>K</td><td>[</td><td>k</td><td>{</td></tr>
<tr><td>C</td><td>FF</td><td>FS</td><td>,</td><td><</td><td>L</td><td>\</td><td>l</td><td>|</td></tr>
<tr><td>D</td><td>CR</td><td>GS</td><td>-</td><td>=</td><td>M</td><td>]</td><td>m</td><td>}</td></tr>
<tr><td>E</td><td>SO</td><td>RS</td><td>.</td><td>></td><td>N</td><td>^</td><td>n</td><td>~</td></tr>
<tr><td>F</td><td>SI</td><td>US</td><td>/</td><td>?</td><td>O</td><td>_</td><td>o</td><td>DEL</td></tr>
</table>

The Unicode Standard 6.1, Copyright © 1991-2012 Unicode, Inc. All rights reserved.

읽는 방법은 열 번호를 먼저 읽고, 이어서 행 번호를 읽는다. 예로 영문자 A에 대한 유니코드 값은 '0041'이라고 읽는다. 따라서 HELLO에 대한 유니코드 값은 다음과 같다.

문자	16진수	2진수
H	0048	0000 0000 0100 1000
E	0045	0000 0000 0100 0101
L	004C	0000 0000 0100 1100

L	004C	0000 0000 0100 1100
O	004F	0000 0000 0100 1111

유니코드에서 한글은 현재 표현 가능한 모든 한글 11,172자(초성 19개, 중성 21개, 종성 28개를 곱한 값)에 대한 코드 값을 지원한다. 코드 값은 다음의 그림에 있는 것과 같이 16진수로 AC00부터 D7AF까지이다.

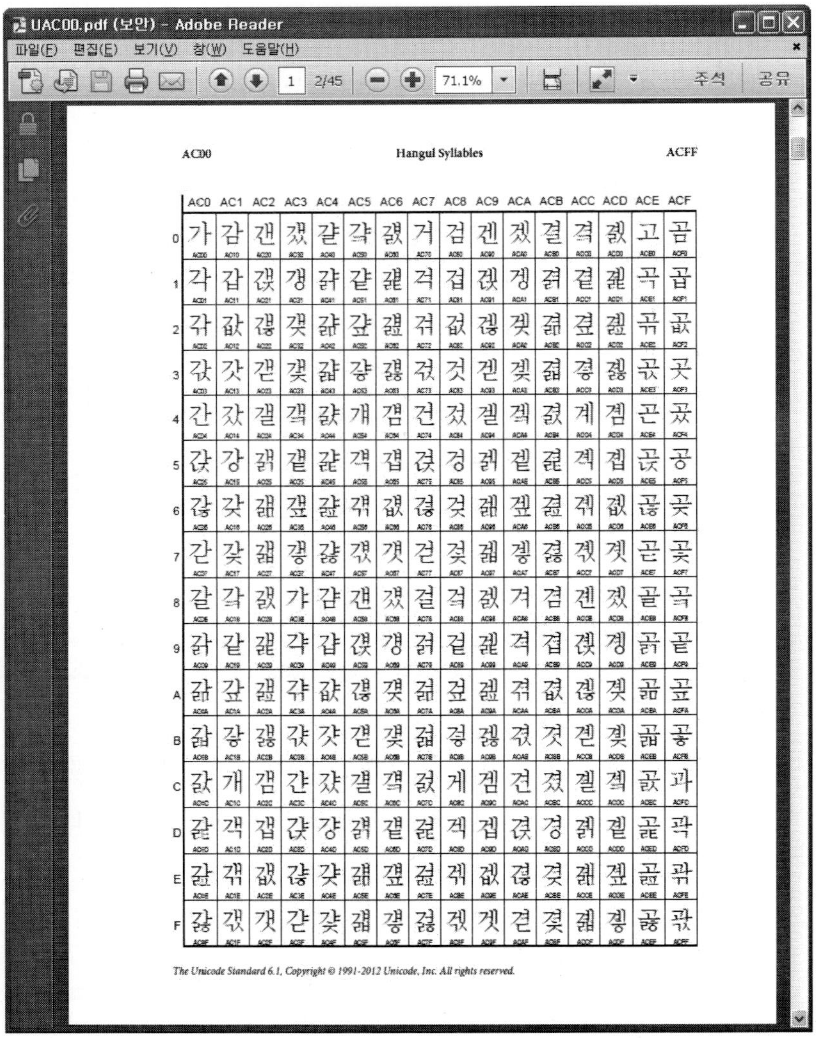

AC00 Hangul Syllables ACFF

	AC0	AC1	AC2	AC3	AC4	AC5	AC6	AC7	AC8	AC9	ACA	ACB	ACC	ACD	ACE	ACF
0	가	감	갠	갰	걀	걐	걠	거	검	겐	겠	결	곀	곐	고	곰
1	각	갑	갡	갱	걁	걑	걡	걱	겁	겑	겡	겱	곁	곑	곡	곱
2	갂	값	갢	갲	걂	걒	걢	걲	겂	겒	겢	겲	곂	곒	곢	곲
3	갃	갓	갣	갳	걃	걓	걣	걳	것	겓	겣	겳	곃	곓	곣	곳
4	간	갔	갤	갴	걄	걔	걤	건	겄	겔	겤	겴	계	곔	곤	곴
5	갅	강	갥	갵	걅	걕	걥	걵	겅	겕	겥	겵	곅	곕	곥	공
6	갆	갖	갦	갶	걆	걖	걦	걶	겆	겖	겦	겶	곆	곖	곦	곶
7	갇	갗	갧	갷	걇	걗	걧	걷	겇	겗	겧	겷	곇	곗	곧	곷
8	갈	갘	갨	갸	걈	걘	걨	걸	겈	겘	겨	겸	곈	곘	골	곸
9	갉	같	갩	갹	걉	걙	걩	걹	겉	겙	격	겹	곉	곙	곩	곹
A	갊	갚	갪	갺	걊	걚	걪	걺	겊	겚	겪	겺	곊	곚	곪	곺
B	갋	갛	갫	갻	걋	걛	걫	걻	겋	겛	겫	겻	곋	곛	곫	곻
C	갌	개	갬	갼	걌	걜	걬	걼	게	겜	견	겼	곌	곜	곬	과
D	갍	객	갭	갽	걍	걝	걭	걽	겍	겝	겭	경	곍	곝	곭	곽
E	갎	갞	갮	갾	걎	걞	걮	걾	겎	겞	겮	겾	곎	곞	곮	곾
F	갏	갟	갯	갿	걏	걟	걯	걿	겏	겟	겯	겿	곏	곟	곯	곿

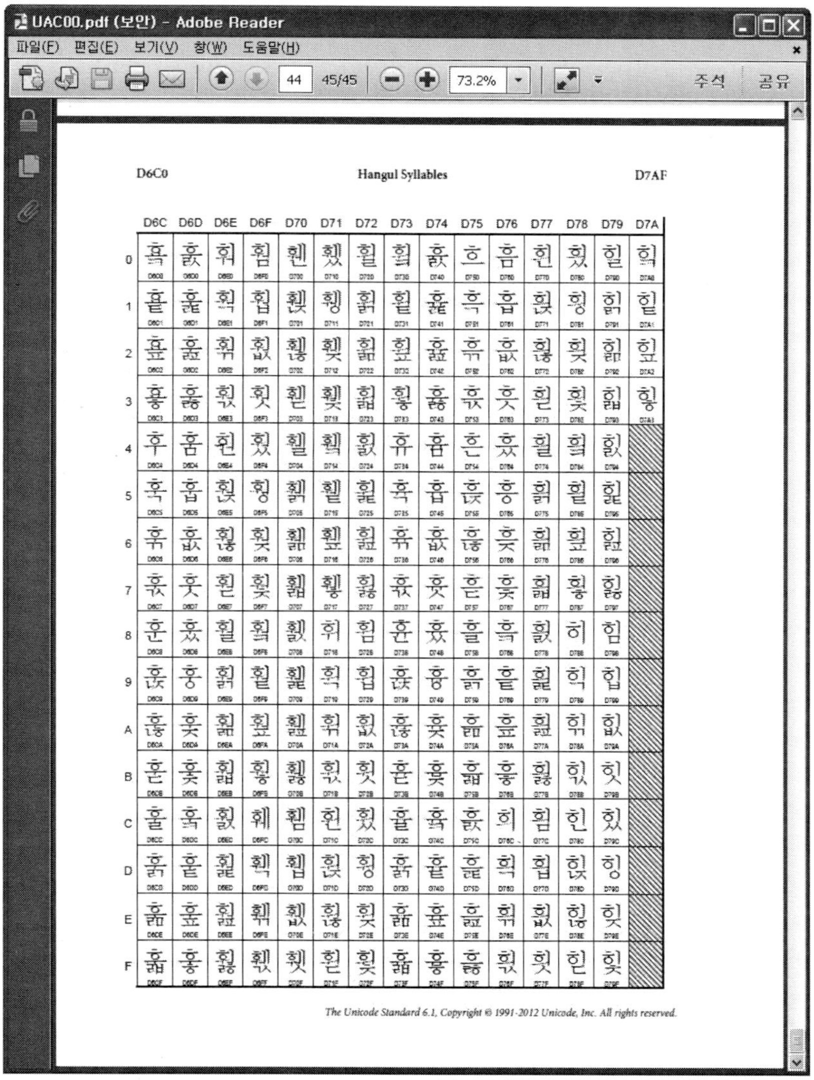

유니코드로 '대왕세종'이란 한글을 표현하면 다음 그림과 같다.

문자	16진수	2진수
대	B300	1011 0011 0000 0000
왕	C655	1100 0110 0101 0101
세	C138	1100 0111 0011 1000
종	C885	1100 1000 1000 0101

유니코드에는 대표적인 문자 인코딩이 있는데 UTF-8과 UTF-16이다. UTF-8은 파일 크기를 작게 만들기 위해 ASCII 문자 코드는 1바이트로 인코딩하고 다른 문자들은 2바이트나 그 이상으로 인코딩하는 방식을 사용한다. 이 방식에서 한글은 3바이트로 인코딩한다. ASCII 문자로 이루어진 파일은 ASCII 인코딩 체계 또는 UTF-8로 저장되었을 경우 동일하게 8비트 인코딩 체계를 사용하므로 서로 호환성 있게 된다.

UTF-8 방식은 기존의 ASCII 문자 코드와 그대로 호환되기 때문에 인터넷상의 문서를 교환하기 위한 기본적인 인코딩 방식으로 현재 널리 사용되고 있다.

UTF-16 방식은 2바이트(16비트)를 사용하여 모든 문자 코드를 표현한다. 즉 UTF-16 방식은 데이터의 교환을 원활하게 하기 위하여 문자 1개에 부여되는 값을 16비트로 통일하였다. 코드는 1문자 당 영어는 7비트, 비 영어는 8비트, 한글이나 일본어는 16비트의 값을 지니는데, 이를 모두 16비트로 통일한 것이다. ISO/IEC 10646-1의 문자판에는 전 세계에서 사용하고 있는 26개 언어의 문자와 특수기호에 대해 일일이 코드 값을 부여하고 있다. 16비트로 표현할 수 있는 문자의 개수는 65536개이다. 따라서 최대로 수용할 수 있는 문자수는 6만 5,536자가 된다. 이 가운데 3만 8,885자는 주요 국가의 언어를 구현하는 용도로 이미 할당되어 있고 6400자는 사용자 정의 영역으로, 나머지 2만여 자는 새로 추가될 언어 영역으로 비워두고 있다.

요약

SUMMARY

1. 데이터의 표현

컴퓨터는 모든 데이터를 0 또는 1로 구성된 2진수로 표현한다. 데이터의 표현이란 말은 컴퓨터 하드웨어 측면에서 볼 때 데이터의 상태 표현 또는 간단히 상태 표현이라고 볼 수 있다. 즉 데이터의 표현이란 말은 데이터가 컴퓨터의 기억장치에 저장된 상태라고 볼 수 있다.

2. 비트와 바이트

비트는 컴퓨터에서 데이터를 표현하는 최소 단위이며 8개의 비트 모임을 1바이트로 정해 놓았다.

3. n비트로 표현할 수 있는 가지수

n비트를 이용하여 컴퓨터는 2^n가지의 데이터 상태를 표현할 수 있다.

4. 2진수 표현과 연산

컴퓨터는 모든 데이터를 2진수로 표현하고 2진수 연산만을 수행한다.

5. 10진수와 2진수

10진법이란 10보다 1작은, 9부터 0까지의 10개 문자(숫자도 하나의 문자이다)만을 조합하여 10배마다 위 자리로 올려나가는 표기법이다. 즉 0부터 9까지의 문자들만을 조합하여 무한대의 수를 만들어 내는 것을 의미한다. 반면 2진법은 0과 1만을 조합하여 무한대의 수를 만들어 내며 2배마다 올림수가 발생한다.

6. 정수와 실수

컴퓨터에서 수는 크게 정수(고정소수점)와 실수(부동소수점)의 2가지로 분류한다. 정수는 소수점이 없는 수를 말하며 실수는 소수점을 가지고 있는 수를 말한다.

7. 음수의 표현

컴퓨터는 모든 음수를 2의 보수로 변환하여 저장하고 관리한다.

8. 단정도 실수형과 배정도 실수형

IEEE 754 표준에는 실수를 저장하기 위한 단정도 실수형과 배정도 실수형의 형식을 제정해 놓았다. 32비트인 단정도 실수형의 표준안은 다음 그림과 같은 형식으로 실수형 데이터를 표현한다.

가수부(Mantissa)에는 실수의 유효 자리의 숫자들을 부호화된 고정소수점으로 표현하게 되며 지수부(Exponent)에는 실제 소수점의 위치를 지수승으로 하여 표현한다. 부호 비트에는 표현하고자 하는 숫자의 실제 부호가 표현된다. 또한 지수부와 가수부에는 다음과 같은 수식으로 2진수를 정규화하여 저장하게 된다.

$$\pm(1.m) \times 2^{e-127}$$

e는 '127+2의 지수승 값'이다. 또한 m은 가수부에 저장되는 부분이고, e는 지수부에 저장되는 부분이다.

9. 부동소수점 오차

컴퓨터에서 모든 실수는 아주 정확하게 표현되지 못하고 오차가 발생하게 되는데, 이러한 오차를 부동소수점 오차라고 부른다. 이러한 부동소수점 오차는 프로그래밍 언어의 문제가 아니라 컴퓨터가 부동소수점을 표현하는 방식에 의해 발생된 문제이다.

10. 문자 코드(Character Code)

문자 코드(Character Code)란 각각의 문자에 하나의 숫자 값을 1대 1로 대응시켜 정해놓은 것(표)을 말한다.

11. 인코딩

인코딩이란 문자들을 컴퓨터가 이해할 수 있도록 문자 코드[표]을 참조하여 2진수의 연속적인 비트열로 만들어주는 것을 말한다.

결국 인코딩은 문자나 기호들의 집합을 컴퓨터에서 저장하거나 통신에 사용할 목적으로 부호화하는 방법을 가리킨다. 문자 인코딩을 통해 부호화되어 있는 것을 복호화(복원)하면 본래의 문자나 기호를 뜻하게 되는 부호인 문자들이 나오게 된다. 복호화 할 때도 당연이 문자 코드[표]을 참조하게 된다.

12. ASCII 코드

ASCII 코드는 7비트만을 사용하여 문자들을 인코딩하므로 ASCII 코드로 변환 할 수 있는 문자들의 수는 128(= 2^7)개 뿐이다. 따라서 영문자, 특수 문자 및 제어문자들을 포함하여 127개의 문자들만 인코딩할 수 있으며, 그 외의 문자들인 한글 및 한자 등은 표현할 수 없다.

13. 유니코드

유니코드는 한 마디로 기존 언어의 인코딩 체계를 모두 포함할 수 있도록 설계되어 만들어진 문자 코드로 한국어, 영어, 기타 언어 등의 모든 국가의 언어를 표현할 수 있다.

연습문제 EXERCISE

1. 다음의 설명하는 내용이 무엇인지 간단히 답하시오.

설명	답
1. 컴퓨터에서 데이터를 표현하는 최소 단위를 무엇이라고 부르는가?	
2. 3비트로 표현할 수 있는 데이터의 갯수는?	
3. 2GB는 몇 바이트인가?	
4. 모든 부동소수점수는 컴퓨터에 저장되기 위해 특정의 수식 형태로 변경되어 저장된다. 이 특정의 수식을 쓰고 수식에 있는 기호를 중심으로 간단히 설명하시오.	
5. 4번 문제의 특정 수식에 맞게 모든 부동소수점수를 동일한 형식으로 바꾸어주는 것을 무엇이라고 부르는가?	
6. 컴퓨터에서 모든 실수는 아주 정확하게 표현되지 못하고 오차가 발생하게 되는데, 이러한 오차를 무엇이라고 부르는가?	
7. 부동소수점 오차가 발생하는 이유는 무엇인가? 간단 명료하게 쓰시오.	
8. 컴퓨터가 실수를 정규화하여 부동소수점 형식으로 표현하는 이유는?	
9. 문자들을 2진수의 비트열로 표현하기 위해 각각의 문자에 대해 1대 1로 숫자 값을 연결시켜 놓은 것을 무엇이라고 부르는가?	
10. 문자들을 컴퓨터가 이해할 수 있는 0과 1의 2진 값을 가지는 연속적인 비트 형태로 대응시켜 주는 작업을 무엇이라고 부르는가?	

2. 다음의 10진수를 2진수로 변환하시오.

① 512 ② 1025 ③ 97

3. 다음의 2진수를 10진수로 변환하시오.

① 00110011 ② 01100111

4. 다음의 2진수를 8진수로 변환하시오.

① 00110011 ② 01100111

5. 다음의 2진수를 16진수로 변환하시오.

① 00110011 ② 01100111 ③ 10101001

6. 다음과 같이 16비트에 2의 보수로 저장되어 있는 2진수는 10진수로 얼마인가? 단, 0~15는 비트 번호를 의미한다. 10진수로 변환하는 과정도 보이시오.

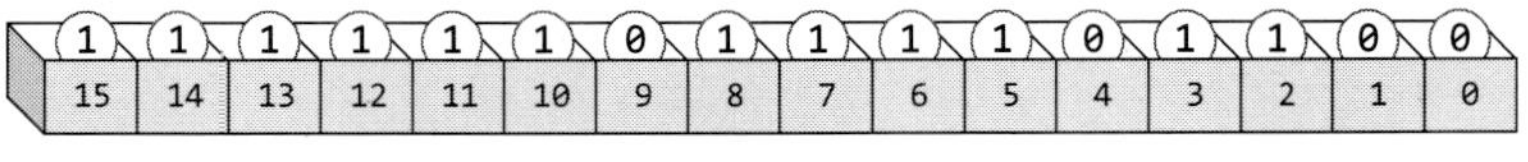

7. 다음과 같이 컴퓨터 기억장치에 저장된 부동소수점은 10진 실수로 얼마인가? 10진수로 변환하는 과정도 보이시오. 단, 0~31은 비트 번호를 의미한다.

CHAPTER 03

소프트웨어 개발 과정, 프로그램 작성, 순서도

CHAPTER 03

소프트웨어 개발 과정, 프로그램 작성, 순서도

학습목표

- 소프트웨어의 개발 과정을 개략적으로 이해할 수 있다.
- 프로그램의 작성과정을 이해한다.
- 순서도의 기호, 역할, 종류를 이해한다.
- 간단한 문제가 주어졌을 때, 상세 순서도를 만들 수 있다.

1. 소프트웨어 개발 과정

일반적으로 큰 규모의 소프트웨어를 개발하는 과정은 소프트웨어 공학적인 방법에 기반하여 개발되기 때문에 몇 가지의 소프트웨어 개발 단계를 거쳐 이루어진다. 여기에서 이 소프트웨어 개발 단계를 간단히 살펴본다.

1.1 요구사항 분석

어떤 문제가 주어졌을 때, 컴퓨터를 이용하여 해결하기 위해서는 첫째 그 문제를 명확하게 파악하고 둘째 문제 해결을 위한 설계가 필요하다.

여기서 첫 번째 사항인 문제파악 단계는 요구사항 분석 과정에 속한다. 이 요구사항 분석을 통해 시스템의 목표를 확립하게 된다. 즉, 시스템이 만족시켜야 할 요구사항을 발견하고 정제 및 모델링하여 명세화시키는 문제분석단계이다. 따라서 요구사항 분석에서는 시스템이 만족시켜야 할 기능, 성능, 그리고 다른 시스템과의 인터페이스(Interface) 등을 규명한다. 그러므로 요구사항 분석의 최종 산출물은 사용자 요구사항 명세서이다. 이 명세서를 기능 또는 목표 문서라고도 부른다.

(1) 요구사항 분석의 특징

- 어떻게(How to)가 아니라 무엇(What)에 초점을 맞추어 고객들과 협의를 통해 공동의 목표를 이끌어내야 한다.
- 요구사항 분석은 성공을 목표로 한다기보다는 실패나 실수를 방지하고 프로젝트(Project) 초기단계의 중대한 실수를 최소화하는데 그 목적이 있다.

(2) 요구사항 명세서

- 명확한 요구사항 명세서를 만드는 것은 프로젝트를 성공적으로 수행하는데 필수적이다. 왜냐하면 요구사항 분석이 잘못되었을 경우에는 추후 많은 시간과 노력의 비용이 추가로 요구되기 때문이다. 그러므로 요구사항 명세는 제안된 시스템이 수행해야 할 모든 기능과 시스템에 관련되어 있는 제약조건들을 명확하게 기술해야 한다.
- 요구사항 명세서는 개발자 및 고객이 모두 이해할 수 있도록 쉽게 만들어져야 하며 명시되어 있는 조건들은 고객과 개발자가 모두 동의한 내용이어야 한다. 또한 제안된 시스템이 수행할 모든 기능과 제안된 시스템에 영향을 주는 모든 제약 사항들이 명확하게 명세서에 들어있어야 한다.

1.2 시스템 설계

시스템 설계(System Design) 단계는 요구사항 분석(문제분석) 과정에서 밝혀진 문제에서 요구하는 사항(사용자의 요구사항)을 어떻게 소프트웨어(Software)의 모습으로 표현할 것인가에 대해 주안점을 두게 된다. 즉, 소프트웨어와 소프트웨어 엔지니어의 관점에서 문제해결을 위한 시스템을 기술(Description)하는 단계이다.

요구사항분석 단계와 마찬가지로 시스템 설계가 잘 이루어지지 않은 경우, 프로그램의 오류로 이어지고, 이 오류를 해결하는데 많은 비용이 들어갈 수 있다. 따라서 정확한 설계는 문제 해결 비용을 확실히 낮추게 된다.

문제분석 단계에서 밝혀진 요구사항은 무엇을 설계한 것인가에 대한 사용자의 요구사항이고, 설계는 이러한 목표를 컴퓨터에서 어떻게 실현할 것인가를 결정하는 과정으로 볼 수 있다. 그러므로 설계는 요구사항 분석과정에서 나온 추상화의 결과물인 무엇(What)을 어떻게(How to)로 바꾸는 과정으로 설계의 산출물은 요구사항을 어떻게 구현할 것인가를 기술해 놓은 문서로 이를 설계명세서(Design Specification)이라고 부른다.

시스템 설계는 사용자의 요구 분석을 만족시킬 수 있도록 하드웨어 부분과 소프트웨어 부분으로 나누어 생각할 수 있다. 하드웨어 부분은 하드웨어의 종류, 하드웨어 간의 네트워킹, 개발된 소프트웨어의 실행 등을 고려하여 구성된다. 이 하드웨어 부분을 제외한 부분이 바로 소프트웨어 부분에 해당된다. 소프트웨어 부분의 설계는 문제 해결을 위한 요구사항 분석을 만족시켜 프로그램의 코딩(Coding)이 가능한 상태로 표현하게 된다. 여기서 소프트웨어란 작은 의미로 프로그램을 의미하며 큰 의미로 프로그램과 프로그램을 개발하기 위하여 작성한 관련문서를 모두 포함한다.

1.3 코드의 생성

코드의 생성이란 소프트웨어의 설계 명세서를 기반으로 프로그램을 작성하는 단계로 프로그램의 구현단계라고도 부른다.

1.4 시험

하드웨어를 연결하고 프로그램 코드가 생성되었다면 프로그램의 테스트(Test)가 수행된다. 시험단계에서는 정해진 입력에 대해 올바른 작동으로 결과 값을 산출하는지, 성능에 있어 문제가 없는지 등과 같은 다양한 테스트를 진행하는 단계이다.

1.5 유지보수

시스템이 완성된 후에는 외부환경의 변화(새로운 운영체제 및 기기의 추가)에 의한 시스템의 오류가 발생 할 수도 있다. 또는 사용자의 요구사항이 추가될 수도 있다. 이러한 경우 유지 보수를 통해 문제를 해결하게 된다.

2. 프로그램 작성과 순서도

앞의 소프트웨어 개발 과정과 같이 일반적으로 큰 규모의 소프트웨어 개발은 소프트웨어 공학적인 방법에 의해 개발된다. 그러나 이 책은 프로그램의 작성원리에 주안점을 두고 만들어졌기 때문에 여기에서는 주어진 문제를 해결하기 위한 문제 해결 방법에 한정하여 설명한다. 여기서 문제 해결 방법이란 어떤 문제가 주어졌을 때 이를 컴퓨터 프로그램으로 어떻게 해결할 것인가를 생각하고 표현하는 것을 의미한다. 이러한 과정을 컴퓨터 프로그램 논리(Logic) 또는 간단히 프로그램 논리라고 부른다.

예로 논리적인 사람이란 사고나 추리에 능하여 어떤 문제를 해결하기 위해 사고나 추리 따위를 이치에 맞게 이끌어 내는 사람이라고 볼 수 있다. 그러므로 프로그램 논리란 어떤 문제가 주어졌을 때 그 문제를 해결하기 위해 해결하려는 문제를 명확히 파악하고 적절한 해결 방법을 찾아내며 이를 기반으로 문제의 해결 과정을 컴퓨터 프로그램으로 표현하는 전체 과정을 말한다. 프로그램 논리는 다른 말로 알고리즘(Algorithm)이라고도 말하며 이는 프로그램의 성능을 좌우하는 가장 중요한 부분이기도 하다.

여기서 컴퓨터 프로그램이란 주어진 문제를 해결하기 위하여 입력, 출력, 처리를 컴퓨터가 이해할 수 있는 언어로 표현된 것 자체를 의미한다. 요즈음 많이 사용되고 있는 프로그램 작성 언어로는 C, JAVA, Java Script 등의 언어들을 들 수 있다. 또한 프로그램을 작성하는 것을 프로그래밍(Programming)이라고 부르며, 프로그램을 작성하는 사람을 프로그래머(Programmer)라고 부른다.

2.1 프로그래밍 절차

컴퓨터를 이용하여 문제를 해결하는 프로그래밍 절차(순서)는 다음과 같이 그림으로 표현할 수 있다. 그림에서 기호의 의미는 2.2절에서 상세하게 살펴볼 것이다.

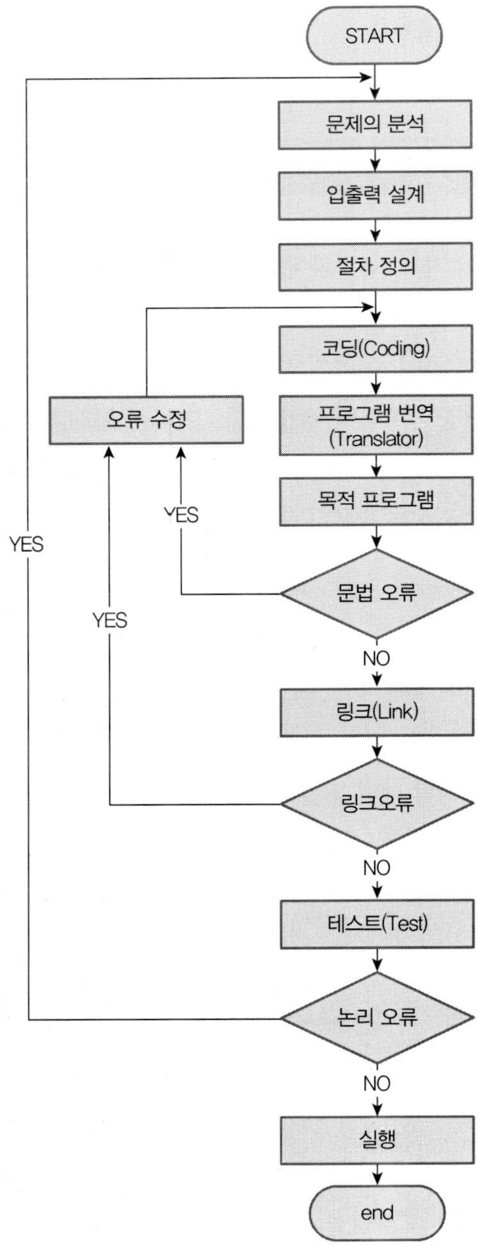

(1) 문제의 분석

컴퓨터를 이용하여 해결할 수 있는지와 같은 주어진 문제에 대한 타당성과 가능성을 검토하며 문제의 범위와 컴퓨터를 이용한 처리 범위를 정하는 단계이다.

(2) 입출력 설계

컴퓨터를 이용하여 해결하려는 문제의 입력과 출력을 정의하는 단계이다. 즉, 문제를 해결하기 위해 입력으로 주어져야 하는 것과 출력으로 생성되어야 하는 결과에 대해 명확하게 파악하고 정의하는 부분이다.

입력설계에는 자료의 종류, 자료구조(순서, 크기, 성격)를 정의하며 입력할 매체의 종류도 고려한다.

출력설계에서는 출력 정보를 이용하는 목적에 따라 적절한 출력 장치를 고려하며 어떤 항목을 어떤 형식으로 출력할 것인지 간격 및 자리 수 등을 정한다.

(3) 절차정의

프로그램이란 주어진 문제를 해결하기 위한 절차(Procedure)로 주어진 문제를 어떻게 컴퓨터에서 처리할 것인지, 그 처리방법과 순서를 정의하는 단계로 입 · 출력 설계를 기반으로 구체적으로 프로그램을 설계하는 가장 중요한 과정이다. 즉, 절차정의 단계는 프로그램의 논리를 명확히 표현하는 단계이다.

지금까지 설명한 입 · 출력 설계와 절차 정의 단계는 처리 방법 및 순서를 좀 더 명확하고 용이하게 표현하기 위하여 순서도(Flow Chart)나 N-S차트(Chart) 등을 이용하여 표현하게 된다.

(4) 코딩(Coding)

입 · 출력 설계와 절차 정의단계에서 작성된 순서도나 N-S차트 등의 도표나 문서를 보고 여러 프로그래밍 언어 중에서 주어진 문제를 해결하는데 가장 적합한 언어를 사용하여 처리할 내용에 따라 명령문을 기술하여 프로그램을 작성한다. 여기서 프로그래밍 언어를 이용하여 명령문을 작성하는 것을 코딩(Coding)이라고 말한다. 코딩은 주로 문서 편집기(Text Editor)등에 키보드로 직접 타이핑하여 완성된다. 이렇게 작성된 프로그램을 원시 프로그램(Source Program) 또는 원시 코드(Source Code)라고 부른다.

(5) 프로그램 번역

원시 프로그램은 컴퓨터가 직접 이해할 수 없기 때문에, 컴퓨터가 이해할 수 있는 2진수(0과 1)로 번역해주는 프로그램이 필요하다. 이 프로그램을 언어 번역 프로그램(Language Translator Program) 또는 번역기 또는 해석기라고 부른다. 여기서 언어 번역 프로그램에 의해 2진수로 변환된 프로그램을 목적 프로그램(Object Program) 또는 목적 코드(Object Code) 또는 기계어(Machine Language)라고 부른다.

(6) 문법 오류

번역 과정에서 프로그램 언어의 문법 규칙에 맞지 않은 명령문이 원시 프로그램 내에 있다면, 번역기는 해당 명령문이 잘못되었음을 출력해주어 오류를 수정하도록 한다. 여기서 명령문의 문법적 오류를 문법 오류(Grammar Error) 또는 구문 오류(Syntax Error)라고 부른다.

(7) 링크(Link)

하나의 프로그램은 여러 개의 작은 프로그램들로 구성되는 경우가 대부분이다. 이런 경우 각각의 작은 프로그램들을 처리되는 순서를 고려하여 서로 연결시켜 주어야 비로소 컴퓨터에서 실행할 수가 있다. 이와 같이 작은 프로그램들을 연결시켜주는 프로그램을 링커(Linker)라고 부르며, 연결시켜주는 과정을 링킹(Linking)이라고 부른다. 이 링킹과정이 오류 없이 진행되어야 비로소 컴퓨터는 프로그램을 실행할 수 있게 된다.

링크 오류가 발생되면 오류메시지가 표시되며 이를 확인하여 오류를 수정하고 다시 번역과 링크 과정을 거쳐야 한다. 링크에서 오류 없이 만들어진 프로그램을 실행 프로그램(Execution Program)이라고 부른다.

(8) 테스트(Test)

실행 프로그램이 만들어지면 모의 실험데이터를 입력하여 프로그램의 처리과정에서 발생할 수 있는 오류를 수정하는 단계가 필요하다. 즉, 이 과정은 **프로그램의 논리적 타당성을 검토하는 과정으로 다양한 모의 데이터를 구성하여 테스트하는 단계**이다. 이 과정에서 원하는 출력 결과를 얻지 못한다면 이것은 프로그램에 오류가 있다는 것으로 판단해야 한다. 이러한 오류를 논리적 오류(Logical Error)이라고 부른다.

논리적 오류가 발생되면 문제 분석 단계부터 자세한 검토가 다시 이루어져야 한다. 이러한 프로그램 모의 실행 과정을 거쳐 올바른 결과가 나오면 이제 실제 처리할 데이터를 가지고 프로그램을 수행하여 결과를 얻어내면 된다.

2.2 순서도

2.2.1 순서도란?

2.1절의 프로그래밍 절차에서 2단계와 3단계는 각각 입·출력 설계와 절차정의 단계로 **프로그래밍 절차의 가장 중요한 부분**이다. 이 책에서는 이 두 단계를 표현하기 위한 방법으로 순서도를 사용할 것이다.

순서도는 프로그램을 처음 배울 때 많이 사용하는 비교적 쉬운 표기법으로 프로그램의 처리 절차(처리 방법과 순서)를 미리 약속된 기호(도형)로 표시한 것이다. 이 약속된 순서도 기호는 국제 표준화 기구(ISO: International Standard Organization)에서 제정하여 사용되고 있다. ISO에서 제정한 순서도 기호 중에서 주로 사용되는 기호는 다음의 그림과 같다.

기호	이름	의미
	단말 기호 (Terminal)	순서도의 시작과 끝을 나타내기 위한 기호이다.
	준비(Ready)	변수와 배열의 선언과 초기화를 위해 사용되는 기호이다.

기호	이름	설명
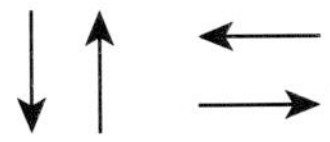	흐름선(Flow Line)	순서도 기호의 연결 및 실행의 흐름을 나타내는 기호이다.
	처리(Process)	모든 처리(연산 작업)를 나타내는 기호이다. 즉 프로그램으로 처리해야 할 일(Transitions)을 나타내기 위한 기호이다.
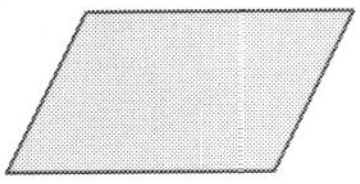	입출력 기호(Input/Output, Read/Write)	스크린으로 입 · 출력할 데이터를 나타내는 기호이다.
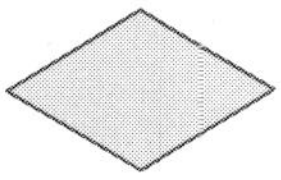	판단기호(Decision)	선택을 위한 조건을 표시하기위한 기호이다.
	주석 기호(Comment)	순서도의 기호들에 대해 추가로 설명을 붙일 때 표시하는 기호이다.
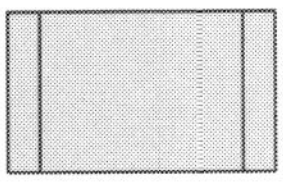	부 프로그램 기호(Sub Program)	특정기능을 수행하는 부 프로그램이나 함수를 호출할 때 사용하는 기호이다.
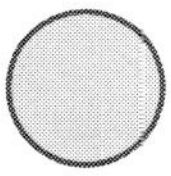	연결 기호(Link)	한 페이지에 있는 2개의 순서도를 연결하는 기호이다.
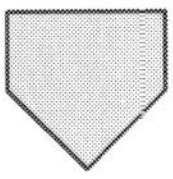	페이지 연결 기호(Page Link)	서로 다른 페이지에 존재하는 2개의 순서도를 연결하는 기호이다.
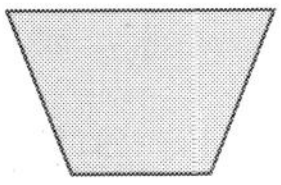	수동 조작(Manual Operation)	수작업을 통한 처리를 나타내기 위한 기호이다.
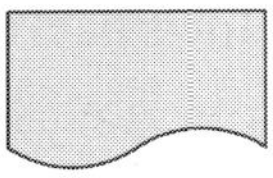	문서(Documents)	출력장치를 통한 출력을 위한 기호이다.
	병합(Merge)	2개 이상의 파일을 하나로 합치는 작업을 나타내는 기호이다.
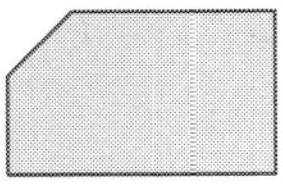	데이터 카드(Data Card)	데이터 카드를 통한 입력을 나타내기 위한 기호이다.
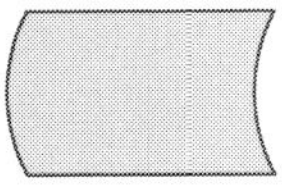	저장 데이터(Storage)	테이프, 디스크, 자기 드럼과 같은 각종 온라인 장치를 통한 입출력을 표시하기 위한 기호이다.

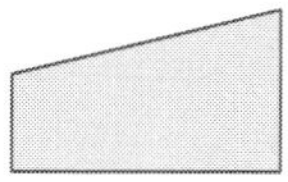	수작업(Manual Input)	수동적인 방법을 통해 입력한다는 의미의 기호이다.
	자기 테이프 (Magnetic Tape)	자기 테이프 매체를 통한 입출력을 나타내기 위한 기호이다.
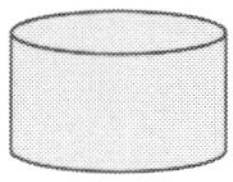	자기 디스크 (Magnetic Disk)	자기 디스크를 통한 입출력을 나타내기 위한 기호이다.
	화면 표시(Display)	결과나 소량의 데이터를 화면에 출력하기 위한 기호이다.
	정렬(Sort)	데이터의 정렬을 표시하기 위한 기호이다.

2.2.2 순서도의 기호

앞의 그림에 있는 순서도의 기호들 중에서 자주 사용되는 기호들에 대한 간단한 예를 살펴보고 이를 이해해 보자.

(1) 단말 기호(Terminal)

순서도의 시작과 끝을 나타내기 위한 기호이다.

기호	예1	예2
	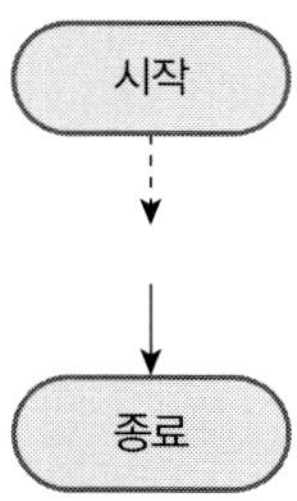	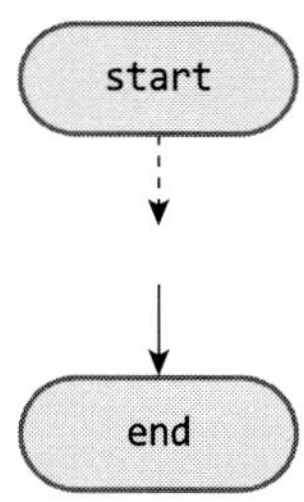

(2) 준비(Ready)

변수와 배열의 선언 및 초기화를 위해 사용되는 기호이다.

기호	예1	예2
	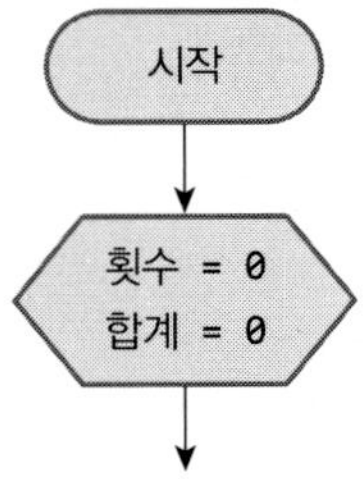	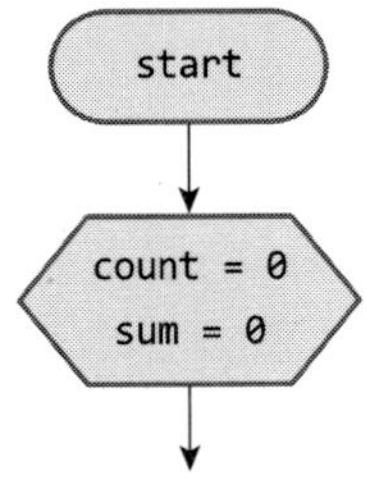

(3) 흐름선(Flow Line)

순서도 기호의 연결 및 실행의 흐름을 나타내는 기호로 연결선이라고도 부른다. 다음의 예들에서 화살표는 순서도의 기호들 간을 연결하는 흐름선들로 화살표 방향으로 실행의 흐름이 진행된다는 의미이다.

기호	예1	예2
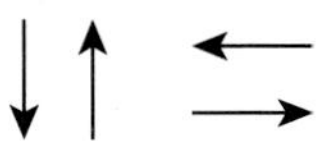	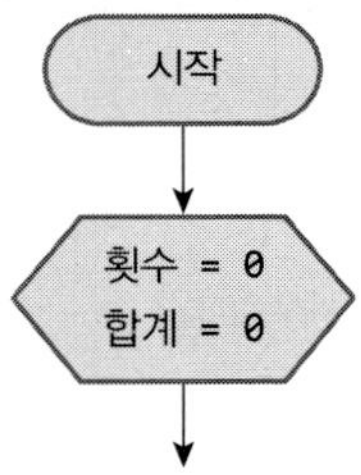	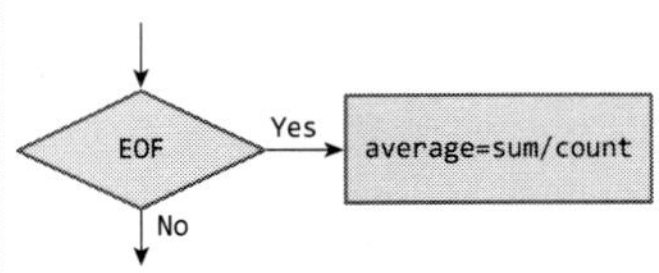

(4) 처리(Process)

모든 처리(연산 작업)를 나타내는 기호이다. 즉 프로그램으로 처리해야 할 일(Transitions)을 나타내기 위한 기호이다.

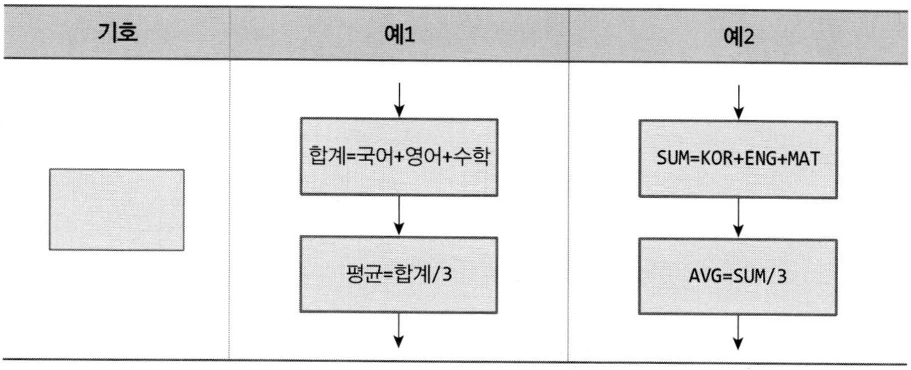

(5) 입출력 기호(Input/Output)

입 · 출력할 데이터를 나타내는 기호이다.

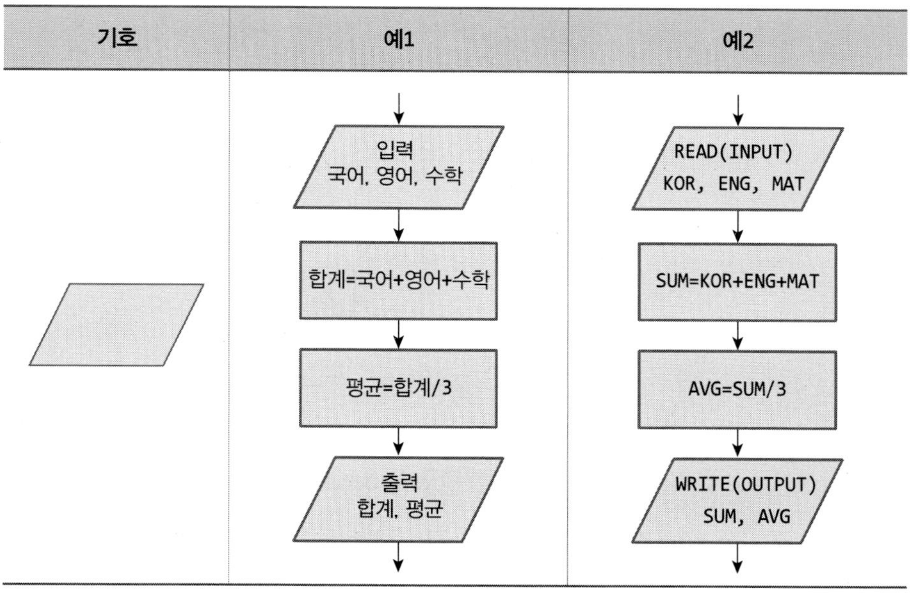

(6) 판단 기호(Decision)

선택을 위한 조건을 표시하기 위한 기호이다. 즉, 판단기호 내의 조건을 검사하여 참일 때와 거짓일 때 실행의 흐름 방향이 다르게 이동하게 된다.

기호	예1	예2
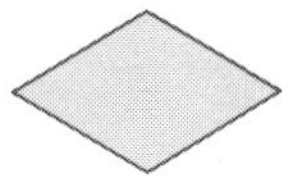	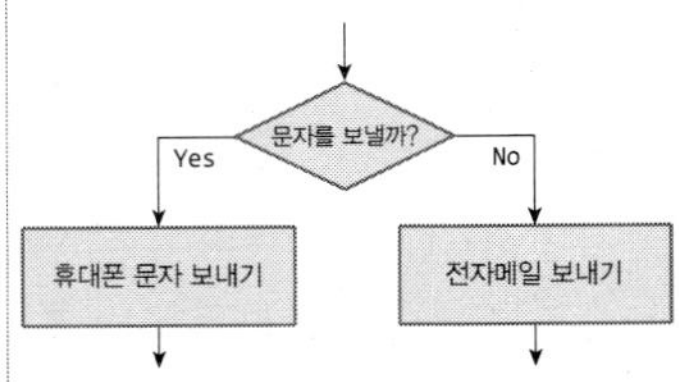	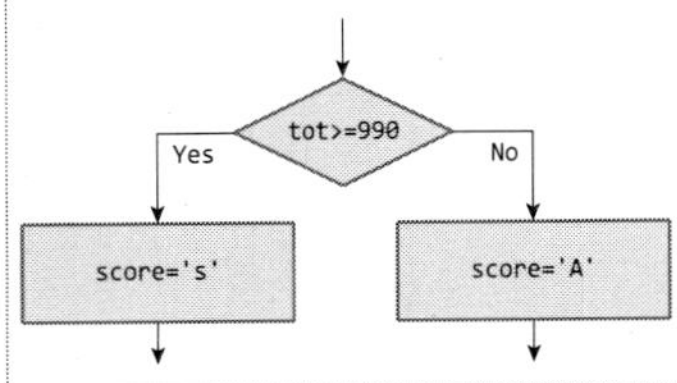

(7) 주석(Comment)

순서도의 기호들에 대해 추가로 설명을 붙일 때 표시하는 기호이다.

기호	예
	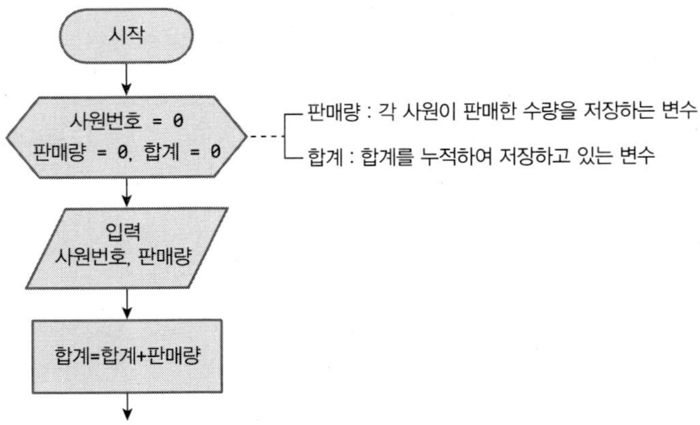

(8) 부 프로그램(Sub Program)

특정기능을 수행하는 부프로그램이나 함수를 호출할 때 사용하는 기호이다. 다음의 예에서 sort( )는 독립된 하나의 부 프로그램 또는 함수라고 가정한다. 이 부프로그램 또는 함수에 대해서는 실제 프로그램을 작성할 때 좀 더 자세하게 배우게 된다.

<table>
<tr><th>기호</th><th>예</th></tr>
<tr><td></td><td>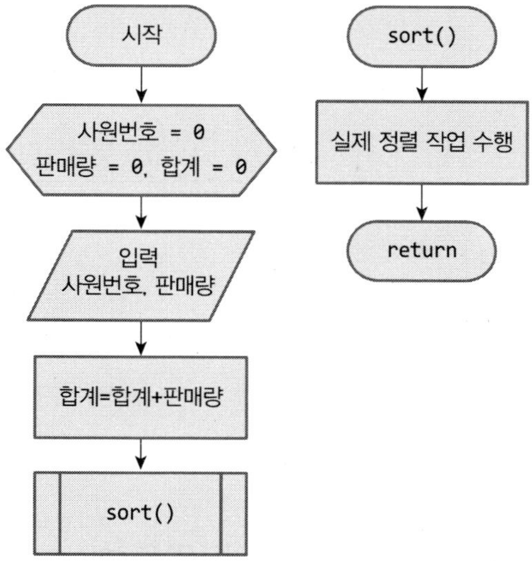
</td></tr>
</table>

(9) 연결 기호(Link)

한 페이지에 있는 2개의 순서도를 연결하는 기호이다.

<table>
<tr><th>기호</th><th>예</th></tr>
<tr><td></td><td>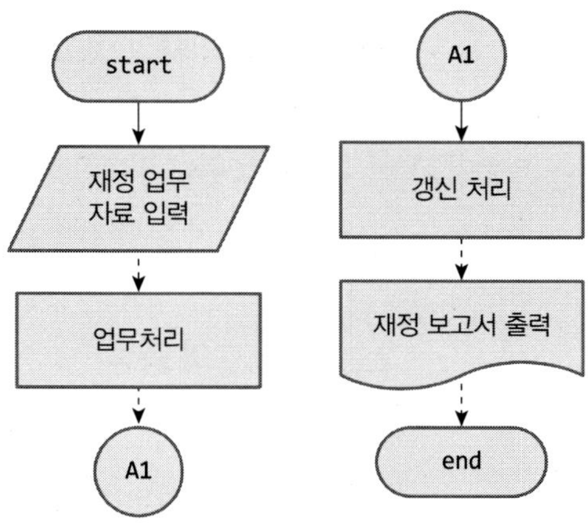
</td></tr>
</table>

(10) 문서(Documents)

출력장치를 통한 문서 출력을 위한 기호이다.

기호	예
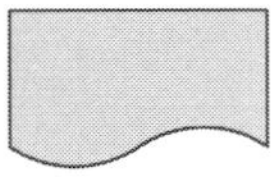	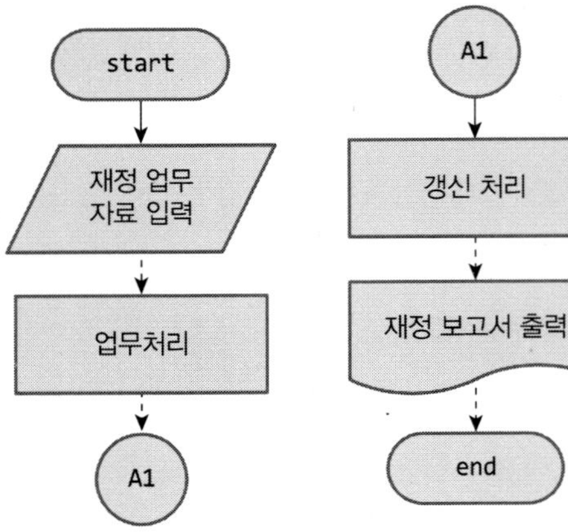

2.2.3 순서도의 역할

이러한 순서도는 프로그램의 처리 절차를 쉽게 파악할 수 있는 유용한 도구로 다음과 같은 역할을 수행한다.

① 프로그램의 처리 절차(순서)를 그림으로 표현하므로 이해하기 쉽다.
② 다른 사용자도 프로그램의 논리를 쉽게 파악할 수 있다.
③ 프로그램 언어에 관계없이 공통으로 사용할 수 있다.
④ 코딩(Coding)의 기초 자료가 되며 프로그램의 수정, 확장 및 프로그램의 오류 검색을 용이하게 한다. 여기서 코딩이란 프로그램의 처리 절차를 컴퓨터 프로그래밍 언어로 기술하는 것을 말한다.
⑤ 복잡한 문제를 나누어 표기할 수 있어 문제 해결을 용이하게 만든다.

2.2.4 순서도의 종류

순서도는 다음과 같이 시스템 순서도(System Flowchart, Process Flowchart)와 프로그램 순서도(Program Flowchart)의 2가지로 분류하며, 프로그램 순서도는 다시 개략 순서도(General Flowchart; Block Chart)와 상세 순서도(Detail Flowchart)로 분류된다.

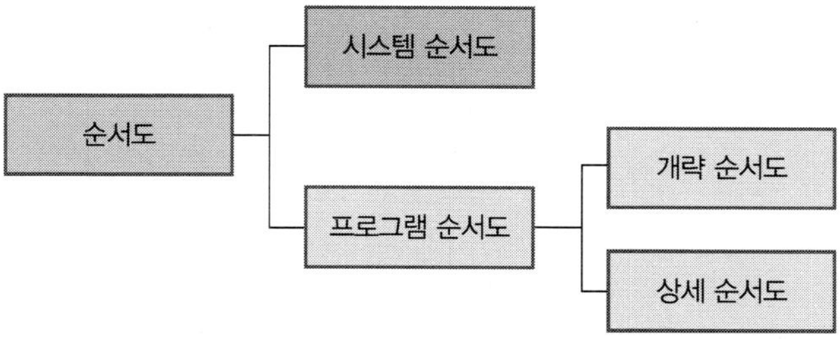

(1) 시스템 순서도

시스템 순서도는 처리할 업무에 대하여 종합적 상황을 나타낸 순서도이다. 즉, 업무의 전체적인 흐름을 중심으로 표현하며 내부의 상세 처리 과정은 생략되어 간결하게만 표현된다.

시스템 순서도는 대상 업무에 대한 전체적인 상호 관계를 파악하는데 목적이 있으며 대상 업무의 전체적인 시스템 분석에 용이하다. 이에 시스템 순서도는 시스템 전반에 걸친 내용을 자료의 흐름과 입출력에 중점을 두어 총괄적으로 나타내게 되며 시스템 순서도는 다음과 같은 특징을 갖는다.

① 데이터의 흐름을 중심으로 시스템 전체의 작업 내용을 총괄적으로 표기한다.
② 입출력의 관계를 명확히 표현하는데 주안점을 둔다.
③ 시스템 분석자가 시스템 설계나 분석할 때 작성한다.

(2) 시스템 순서도의 예

다음의 그림은 간단한 시스템 순서도의 예를 보여준다. 이 예는 여러 개의 데이터 카드로부터 데이터를 읽어 컴퓨터로 합을 계산한 후 합산 결과를 출력하는 시스템 순서도이다.

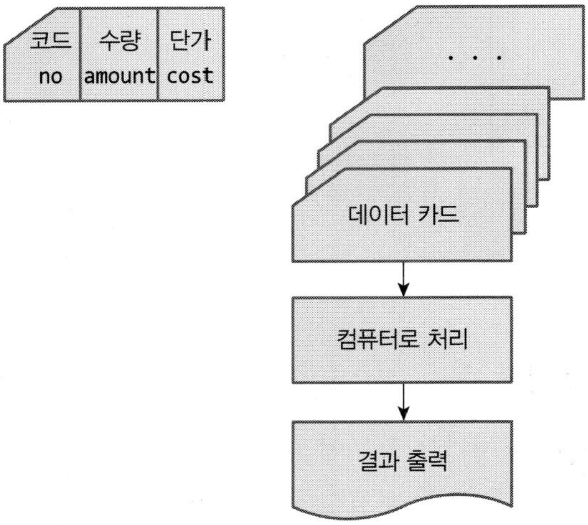

보통 데이터 카드의 마지막 카드에는 특별한 표식이 되어 있어 마지막 카드임을 프로그램에서 알 수 있도록 되어 있다.

또한 여기서 여러 개의 데이터 카드는 하나의 입력 수단이다. 이는 여러 가지 다른 방법으로 대체될 수 있다. 예를 들어 스마트 폰을 이용하여 한 나라의 대통령을 선출한다고 할 때, 전국의 모든 유권자들이 스마트 폰으로 선택한 인물 각각에 대해 합산 결과를 출력할 수 있다. 여기서 유권자들이 스마트 폰을 이용하여 선택한 인물은 데이터 카드에 해당된다고 보면 된다.

이 순서도는 시스템 순서도이므로 데이터의 입력, 컴퓨터로의 처리, 출력 관계만을 간단히 표현하였음을 알 수 있다. 예로 어떤 방식과 순서로 데이터 처리를 컴퓨터가 하는지, 출력 결과를 어떤 형식에 맞추어 출력할 것인지와 같은 상세한 내용은 표시하지 않았다.

다음의 그림은 좀 더 복잡한 시스템 순서도의 예를 보여준다. 이 예는 재정업무에 대한 자료를 입력하여 처리 후, 정렬과 갱신을 거쳐 정렬된 결과를 출력하는 시스템 순서도이다.

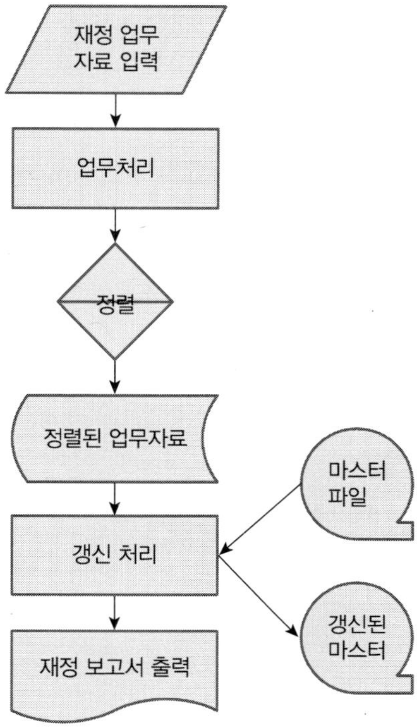

(2) 프로그램 순서도

프로그램 순서도는 프로그래밍 단계에서 작성하는 순서도로 컴퓨터 내부에서의 처리과정을 표현한다. 즉 프로그램의 논리적인 작업 순서를 나타내는 순서도이다.

시스템 순서도가 "어떤 작업을 하는가?(What)"를 표현하기 위한 것이라면 프로그램 순서도는 "각 작업을 어떻게 처리하는가?(How)"를 나타낸다. 다시 말해서 프로그램 순서도는 시스템 순서도에 표시된 각각의 단위 업무를 어떤 방법으로 어떤 논리적인 절차에 따라 처리할 것인지를 나타내는 순서도로 순서도의 구성 내용에 따라 개략 순서도와 상세 순서도로 분류된다. 일반적으로 프로그래머가 작성하는 순서도는 프로그램 순서도가 대부분이다.

● 개략 순서도

개략 순서도는 각각의 단위 업무를 어떻게 처리할 것인지에 대해 기본 구조만을 나타낸 순서도로 처리할 단위 업무의 전반적인 프로그램 논리를 일목 요연하게 표현하고자 할 때 사용되는 순서도이다. 다시 말해서 개략 순서도는 프로그램의 전체적인 처리 방법과 순서를 한 눈에 파악하기 용이하도록 프로그램을 큰 부분으로 나누어 개략적으로 나타낸 순서도로 단위 업무 처리에 대한 논리적 오류가 있는지 쉽게 파악할 수 있다. 개략 순서도는 상세 순서도의 기초 자료가 된다. 다음의 그림은 앞의 시스템 순서도의 그림을 개략 순서도로 표기한 것이다.

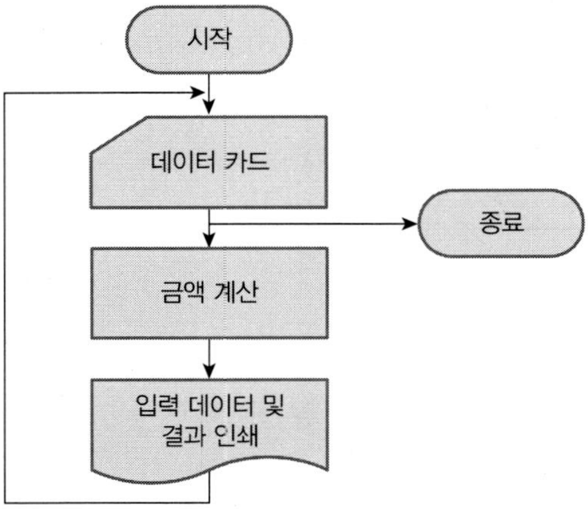

● 상세 순서도

상세 순서도는 각 업무 처리에 대해 세부적으로 처리 절차를 표현하는 순서도로 대부분 프로그램 설계 과정에서 작성된다. 즉 상세 순서도는 컴퓨터의 모든 조작과 데이터의 이동 과정을 상세하게 순서도로 나타낸다. 작성된 상세 순서도는 코딩과 프로그램 작성의 최종 검토 자료이며 프로그램의 논리적인 오류 검토 자료이기도 하다. 이 책에서는 앞으로 주어진 문제를 해결하기 위해 상세 순서도를 그리게 된다.

좀 더 명확한 이해를 하기 위해 은행 예금에 대한 개인별 원리금 합계를 계산하여 인쇄하는 개략 순서도와 상세 순서도를 비교하면 다음과 같다.

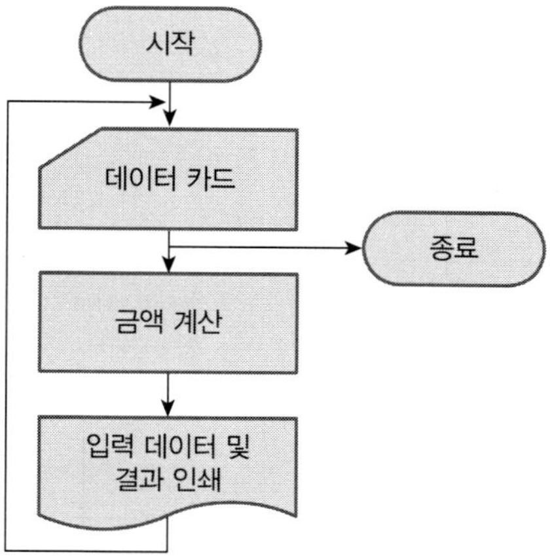

(a) 개략 순서도

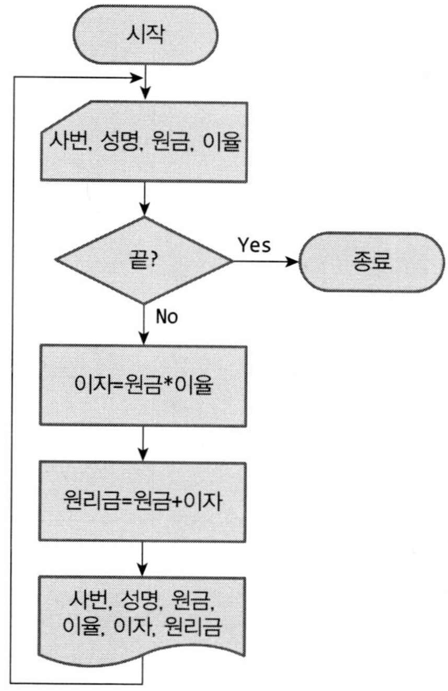

(b) 상세 순서도

그림에서와 같이 상세 순서도에는 입력 자료의 종류와 출력할 내용이 표시되어 있으며, 원리금 계산 과정을 상세하게 표현하고 있다. 프로그래머는 이러한 상세 순서도를 보고 코딩을 하게 된다. 이에 따라 상세 순서도는 프로그램이 작성될 수 있도록 세밀하게 문제 처리 과정을 표현하게 된다.

다음의 그림은 물품 판매액을 계산하여 출력하는 개략 순서도와 상세 순서도를 나타낸다. 순서도는 다음의 그림에 있는 상세 순서도와 같이 영문으로 표기하는 것이 일반적이다. 이 책은 문제 해결을 위한 프로그램 논리에 주안점을 두고 만들어졌기 때문에 앞으로 상세 순서도만을 작성하고 이용할 것이다.

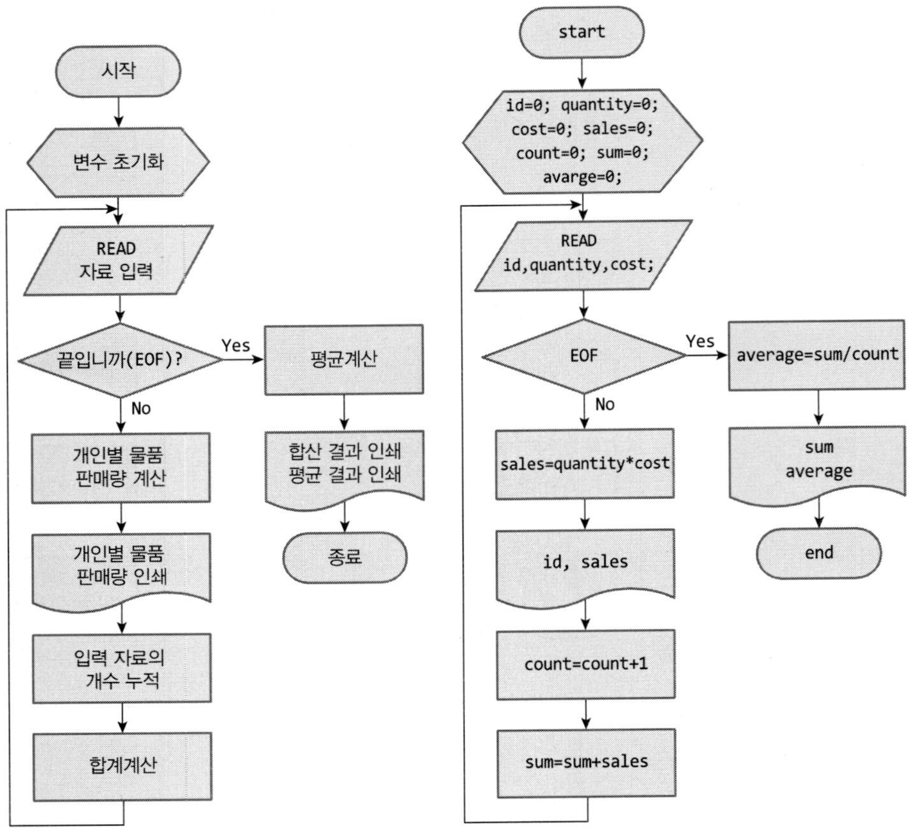

(a) 개략 순서도 (b) 상세 순서도

실습예제 EXAMPLE

2개의 수(s1, s2)를 읽어들여 두 수의 합과 차를 계산하여 구해진 합과 차를 출력하는 상세 순서도를 그려라. 단, 두 수의 합(sum)과 차(diff)는 각각 다음과 같이 계산한다.

sum = s1 + s2

diff = s1 - s2

순서도

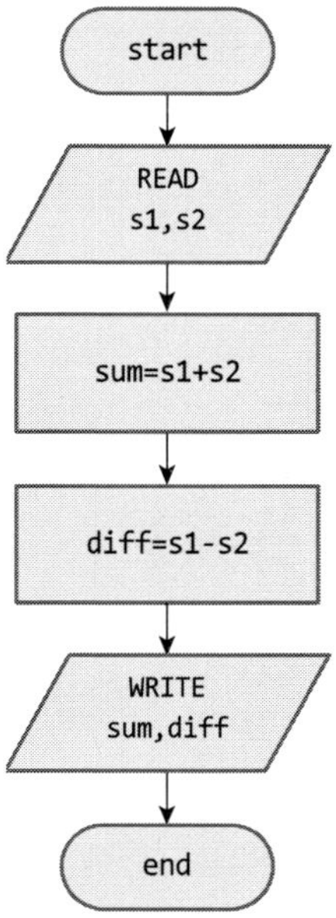

실습예제 EXAMPLE

2개의 수(s1, s2)를 읽어들여 두 수의 차가 0보다 크거나 같으면 "0보다 크거나 같다"라고 출력하고, 0보다 작으면 "0보다 작다"라고 출력하는 상세 순서도를 그려라. 단, 두 수의 차의 비교는 다음과 같이 표현한다.

diff = s1 - s2 (차를 구한다)

diff >= 0 (차가 0보다 크거나 같으냐? 라고 묻는 수식이다)

순서도

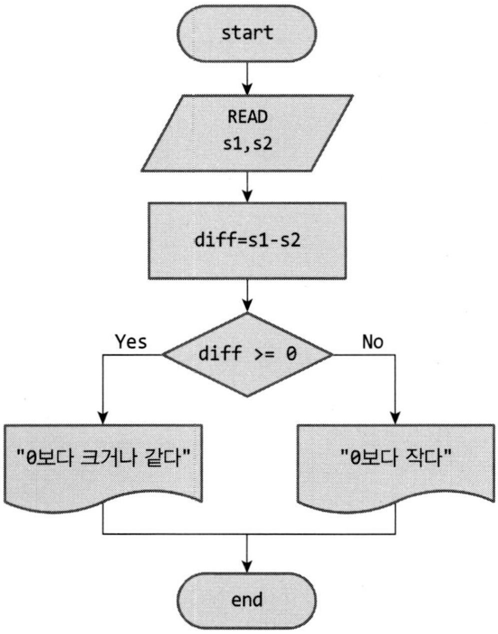

요약 SUMMARY

1. 소프트웨어를 개발하는 과정

큰 규모의 소프트웨어를 개발하는 과정은 크게 요구사항 분석과 시스템 설계로 나눌 수 있다. 요구사항 분석은 어떻게(How to)가 아니라 무엇(What)에 초점을 맞추어 고객들과 협의를 통해 공동의 목표를 이끌어내야 한다. 요구사항 분석의 최종 산출물은 사용자 요구사항 명세서이다.

시스템 설계 과정에서는 요구사항 분석(문제 분석) 과정에서 밝혀진 문제에서 요구하는 사항(사용자의 요구사항)을 어떻게 소프트웨어(Software)의 모습으로 표현할 것인가에 대해 주안점을 두게 된다. 그러므로 설계는 요구사항 분석과정에서 나온 추상화의 결과물인 무엇(What)을 어떻게(How to)로 바꾸는 과정으로 설계의 산출물은 요구사항을 어떻게 구현할 것인가를 기술해 놓은 문서로 이를 설계명세서(Design Specification)이라고 부른다.

2. 프로그램 논리

프로그램 논리란 어떤 문제가 주어졌을 때, 그 문제를 해결하기 위해 해결하려는 문제를 명확히 파악하고 적절한 해결 방법을 찾아내며 이를 기반으로 문제의 해결 과정을 컴퓨터 프로그램으로 표현하는 것을 말한다.

3. 컴퓨터 프로그램

컴퓨터 프로그램이란 주어진 문제를 해결하기 위하여 입력, 출력, 처리를 컴퓨터가 이해할 수 있는 언어로 표현된 것 자체를 의미한다. 또한 프로그램을 작성하는 것을 프로그래밍(Programming)이라고 부르며, 프로그램을 작성하는 사람을 프로그래머(Programmer)라고 부른다.

4. 입출력 설계와 절차정의 단계

프로그래밍 절차에서 입출력 설계는 컴퓨터를 이용하여 해결하려는 문제의 입력과 출력을 정의하는 단계이다. 절차정의 단계는 주어진 문제를 어떻게 컴퓨터에서 처리할 것인지, 그 처리방법과 순서를 정의하는 단계로 입 · 출력 설계를 기반으로 구체적으로 프로그램을 설계하는 가장 중요한 과정이다.

5. 순서도

순서도는 프로그램을 처음 배울 때 많이 사용하는 비교적 쉬운 표기법으로, 프로그램의 처리 절차(처리 방법과 순서)를 미리 약속된 기호(도형)로 표시한 것이다.

6. 시스템 순서도와 프로그램 순서도

시스템 순서도가 "어떤 작업을 하는가?(What)"를 표현하기 위한 것이라면 프로그램 순서도는 "각 작업을 어떻게 처리하는가?(How)"를 나타낸다. 즉, 프로그램 순서도는 시스템 순서도에 표시된 각각의 단위 업무를 어떤 방법으로 어떤 논리적인 절차에 따라 처리할 것인지를 나타내는 순서도로 순서도의 구성 내용에 따라 개략 순서도와 상세 순서도로 분류된다.

7. 개략 순서도와 상세 순서도

개략 순서도는 프로그램의 전체적인 처리 방법과 순서를 한 눈에 파악하기 용이하도록 프로그램을 큰 부분으로 나누어 개략적으로 나타낸 순서도이다. 상세 순서도는 각 업무 처리에 대해 세부적으로 처리 절차를 표현하는 순서도로 대부분 프로그램 설계 과정에서 작성된다.

연습문제

EXERCISE

1. 다음의 설명하는 내용이 무엇인지 간단히 답하시오.

설명	답
큰 규모의 소프트웨어를 개발하는 과정의 첫 번째 단계로 무엇(What)에 초점을 맞추어 고객들과 협의를 통해 공동의 목표를 이끌어내는 단계는?	
요구사항 분석의 최종 산출물은 무엇인가?	
큰 규모의 소프트웨어를 개발하는 과정의 두 번째 단계로 어떻게(How to)에 초점을 맞추어 문제에서 요구하는 사항(사용자의 요구사항)을 어떻게 소프트웨어(Software)의 모습으로 표현할 것인가에 대해 주안점을 두는 단계는?	
시스템 설계의 최종 산출물은 무엇인가?	
어떤 문제가 주어졌을 때, 그 문제를 해결하기 위해 해결하려는 문제를 명확히 파악하고 적절한 해결 방법을 찾아내며 이를 기반으로 문제의 해결 과정을 컴퓨터 프로그램으로 표현하는 것을 무엇이라고 부르는가?	
주어진 문제를 해결하기 위하여 입력, 출력, 처리를 컴퓨터가 이해할 수 있는 언어로 표현된 것 자체를 무엇이라고 부르는가?	
프로그램을 작성하는 것을 무엇이라고 부르는가?	
프로그램을 작성하는 사람을 무엇이라고 부르는가?	
프로그래밍 절차에서 컴퓨터를 이용하여 해결하려는 문제의 입력과 출력을 정의하는 단계는?	
주어진 문제를 어떻게 컴퓨터에서 처리할 것인지, 그 처리방법과 순서를 정의하는 단계로 입·출력 설계를 기반으로 구체적으로 프로그램을 설계하는 가장 중요한 과정은?	

2. 다음의 설명하는 내용이 무엇인지 간단히 답하시오.

설명	답
프로그램을 처음 배울 때 많이 사용하는 비교적 쉬운 표기법으로 프로그램의 처리 절차(처리 방법과 순서)를 미리 약속된 기호(도형)로 표시한 것을 무엇이라고 부르나?	
"어떤 작업을 하는가?(What)"를 표현하기 위한 순서도로 업무의 전체적인 흐름을 중심으로 표현하며 내부의 상세 처리 과정은 생략되어 간결하게만 표현되는 순서도는?	
"각 작업을 어떻게 처리하는가?(How)"를 나타내는 순서도로 시스템 순서도에 표시된 각각의 단위 업무를 어떤 방법으로 어떤 논리적인 절차에 따라 처리할 것인지를 나타내는 순서도는?	
각각의 단위 업무를 어떻게 처리할 것인지에 대해 기본 구조만을 나타낸 순서도로 처리할 단위 업무의 전반적인 프로그램 논리를 일목 요연하게 표현하고자 할 때 사용되는 순서도는?	
컴퓨터의 모든 조작과 데이터의 이동 과정을 상세하게 표기한 순서도로 코딩과 프로그램 작성의 최종 검토 자료이며 프로그램의 논리적인 오류 검토 자료로 사용되는 순서도는?	

3. 여러 개의 데이터 카드로부터 두 개의 값(v1, v2)을 읽어서 두 수의 합(sum)을 구하는 ① 시스템 순서도, ② 개략 순서도, ③ 상세 순서도를 그리시오.

4. 5개의 수(s1, s2, s3, s4, s5)를 읽어들여 합계와 평균을 구하고 합계와 평균을 출력하는 상세 순서도를 그리시오. 단, 합계(tot)와 평균(avg)은 각각 다음과 같이 계산한다.

```
tot = s1 + s2 + s3 + s4 + s5
avg = tot / 5
```

5. 2개의 수(s1, s2)를 읽어들여 두 수의 차가 -10보다 크거나 같으면 "-10보다 크거나 같다"라고 출력하고, -10보다 작으면 "-10보다 작다"라고 출력하는 상세 순서도를 그리시오. 단, 두 수의 차의 비교는 다음과 같이 표현한다.

diff = s1 - s2 (차를 구한다)

diff >= -10 (차가 -10보다 크거나 같으냐? 라고 묻는 수식이다)

CHAPTER 04

HTML과 자바스크립트 언어의 기본 요소

1. HTML과 자바스크립트

2. 자바스크립트 언어의 기본 요소

04 CHAPTER HTML과 자바스크립트 언어의 기본 요소

학 습 목 표

- HTML의 의미와 구조를 이해할 수 있다.
- 자바스크립트의 기본적인 구조를 이해한다.
- HTML에 자바스크립트를 위치시키는 방법을 이해한다.
- 자바스크립트에서 주석문을 만들 수 있다.
- 변수와 상수의 의미를 이해할 수 있다.
- 컴퓨터 주기억장치와 변수의 관계를 이해한다.
- 메모리의 주소와 값의 저장 상태를 이해한다.

1. HTML과 자바스크립트

상세 순서도가 완료되면 이제 적절한 프로그래밍 언어를 선택하여 코딩에 들어가게 된다. 즉 코딩은 순서도를 특정 프로그래밍 언어로 표기(표현, 변환)하는 것을 말한다. 프로그래밍 언어로 표기해 놓은 것을 소스 프로그램(Source Program)이라고 부르며, 이 소스 프로그램을 컴퓨터의 하드 디스크와 같은 외부 저장장치에 저장해 놓은 것을 소스 파일(Source File)이라고 부른다.

앞에서 설명한 것과 같이 프로그래밍 언어는 여러 종류가 있다. 이 책에서는 HTML(HyperText Markup Language)와 자바스크립트(JavaScript)라는 프로그래밍 언어를 사용한다. 그 이유는 이들 언어는 배우기가 비교적 쉬우며 웹 브라우저만 있으면 바로 작성된 프로그램을 실행해 볼 수 있기 때문이다. 또한 이 책은 프로그램 논리를 익히기 위한 목적으로 만들어 졌기 때문에 HTML과 자바 스크립트 언어에 대한 상세한 내용은 다루지 않으며 이들 언어에서 프로그램 논리를 익히기 위해 반드시 필요한 부분만을 설명할 것이다. 따라서 HTML 및 자바스크립트 언어에 대한 상세한 내용을 익히고자 한다면 이들 언어에 대한 전문 서적을 참조하여야 할 것이다.

1.1 HTML 언어

여기에서는 HTML언어의 개요와 HTML의 기본 구조를 간단히 설명한다. 설명되는 내용들은 프로그램 논리를 익히는데 반드시 필요한 내용들로만 살펴본다.

1.1.1 HTML이란 무엇인가?

HTML은 인터넷 서비스의 하나인 월드 와이드 웹(WWW: World Wide Web)을 통해 볼 수 있는 웹 문서를 만들 때 사용하는 컴퓨터 언어의 한 종류이다. 여기서 웹 문서를 간단히 홈 페이지 또는 웹 페이지라고도 부른다.

현재 HTML은 웹 문서를 작성하는데 가장 기본적인 언어로 사용되고 있으며 인터넷에서 웹을 통해 접근되는 대부분의 웹 문서들은 HTML로 작성된다. HTML은 문서의 글자크기, 글자색, 글자모양, 그래픽, 문서 간의 이동(하이퍼링크) 등을 정의하는 명령어들을 제공한다. 웹 문서 작성자는 이들 명령어들을 사용하여 웹 페이지를 비교적 빠르고 쉽게 작성할 수 있다.

HTML로 작성된 HTML 문서 파일을 실행하는 데에는 별도의 컴파일러가 필요하지 않다. 단지 웹 브라우저만 있으면 실행이 가능하다. 이유는 대부분의 웹 브라우저가 HTML 문서 파일을 해석하는 HTML 문서 해석기를 탑재하고 있기 때문이다. 즉, HTML은 스크립트 방식의 언어로 웹 브라우저에 탑재되어 있는 HTML 문서 해석기에 의해 한 줄씩 해석되어 실행된다.

최근에는 좀 더 기능을 대폭 보강한 HTML5가 개발되어 사용되고 있다. HTML5는 웹 문서를 만들기 위한 기본 프로그래밍 언어 HTML(Hyper Text Markup Language)의 최신규격으로 웹 브라우저(Web Browser)에서 화려한 그래픽 효과 등을 낼 수 있다.

1.1.2 HTML의 구조

(1) 기본 형식

HTML 문서의 기본 형식은 다음 그림과 같다. 다음 기본형식에 있는 것과 같이 HTML

문서는 반드시 <html>로 시작해서 </html>로 종료해야 한다. 그리고 <html>과 </html> 내에 <head>, <body>와 같은 여러 종류의 기호를 넣어서 웹 문서를 만들 수 있다.

```
<html>
  <head>
        <title>     </title>
  </head>
  <body>
   ⋮
  </body>
</html>
```

(2) 태그

앞의 HTML 문서의 기본 형식에 있는 것과 같이 HTML은 <html> 내에 <head>, <body>와 같은 기호를 사용하고 있다. 이 기호를 **태그(Tag)**라고 부른다. 우리말로는 **표식(Flag)**이라고 부른다.

태그는 HTML 문서를 작성하기 위해 사용하는 일종의 프로그램 명령어와 같은 역할을 한다. 따라서 이 태그를 태그 명령이라고도 부른다. 즉 태그는 일종의 명령으로 '어떻게 하라' 또는 '어떤 의미이다'라는 지시 사항을 나타낸다. 앞의 HTML 문서의 기본 형식에 사용된 태그는 다음과 같은 의미를 가지고 있다.

태그	설명
<html>과 </html>	HTML문서의 시작과 끝을 알려준다. HTML문서를 만들 때 반드시 필요하다.
<head>와 </head>	HTML 문서의 머리말에 해당하는 부분으로 <head>태그를 단독으로 사용하기보다는 보통 <title>태그와 함께 사용한다.
<title>과 </title>	HTML 문서의 내용을 쉽게 알아 볼 수 있도록 제목을 넣어 줄 때 사용할 때 사용한다. 이 태그 사이에 기록된 문자들은 문서의 제목으로 사용된다. 즉 웹 브라우저로 실행하면 이 제목은 브라우저의 제목 표시줄에 나타나게 된다.

<body>와 </body>	<body> 태그는 HTML 문서에서 본문의 시작과 끝을 알려주는 기호이다. 이 태그 내에 작성된 내용은 실행 시켰을 때 웹 브라우저를 통해 웹 브라우저 창(Window)에 출력된다.

(3) 태그의 시작과 종료

태그는 시작 태그와 종료 태그가 대부분 쌍을 이루어 나타나는데 종료 태그는 시작 태그 앞에 '/'를 넣어 사용한다.

시작 태그	종료 태그
<html>	</html>
<head>	</head>
<title>	</title>
<body>	</body>

(4) html문서의 저장과 실행

메모장(Notepad), 에디트플러스(EditPlus)와 같은 문서편집기를 이용하여 HTML문서를 작성하고 저장한다. 저장할 때는 확장자로 HTM(htm)이나 HTML(html)을 사용하여 저장한 뒤 인터넷 익스플로러, 크롬, 파이어폭스, 오페라, 사파리 등의 웹 브라우저에서 실행하여 결과를 바로 확인해 볼 수 있다. 이제 HTML 문서의 작성, 저장, 그리고 실행방법을 다음의 간단한 실습 예제를 따라 하면서 익혀보자.

실습예제 EXAMPLE

1. 먼저 메모장(Notepad)과 같은 편집기를 사용하여 다음과 같이 HTML 문서를 작성한다.

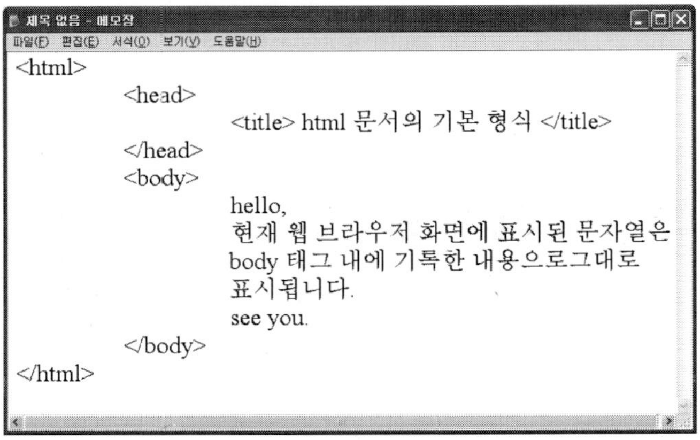

지식추가 HTML 문서가 작성된 것을 보면 들여쓰기가 되어 있는데 이는 컴퓨터 입장에서 볼 때 아무런 의미를 가지지 않는다. 단지 사람들이 이해하기 쉽도록 들여쓰기를 해 놓은 것으로 들여쓰기를 하지 않아도 된다. 예로 다음과 같이 작성해도 실행 결과는 동일하다.

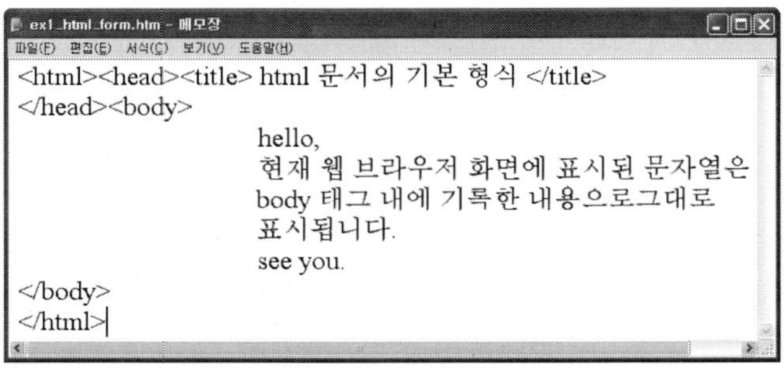

2. 메모장의 주메뉴에서 [파일(F)]/[저장(S)]을 선택한다.

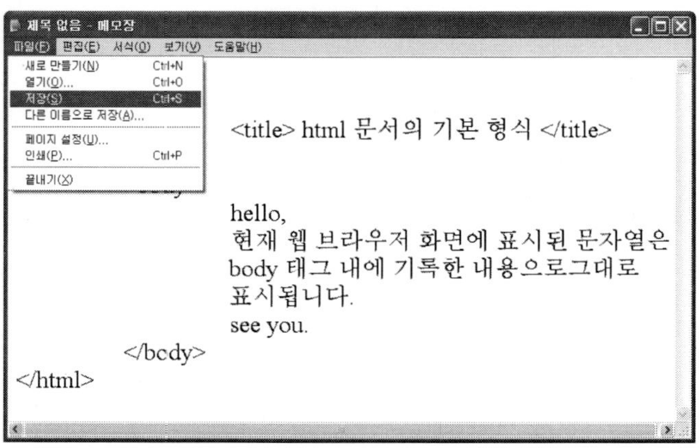

3. 다음의 다른 이름으로 저장 대화상자에서 [저장 위치(I)](저장할 위치)를 선택하고 [파일 이름(N)]을 적당히 부여한 후 [저장(S)] 버튼을 클릭하여 저장한다. 여기서는 source라는 폴더에 저장하였으며 파일 이름은 ex1_html_form으로 부여 하였다.

지식추가 HTML 문서의 작성에서 태그들은 대문자 또는 소문자로 입력할 수 있는데 실행 결과는 똑같다. 다만 소문자로 입력하는 것을 권장하고 있으며 대부분의 웹 문서들이 소문자를 사용하여 만들어지고 있다.

지식추가 HTML 문서를 입력하여 작성하는 문서 편집기로는 메모장(Notepad), 훈글, 마이크로소프트 워드, 나모 웹 에디터, 에디트플러스(Editplus) 등과 같은 여러 종류의 프로그램을 사용할 수 있다. 이들 중 메모장은 윈도우즈 운영체제에서 기본적으로 제공되는 프로그램으로 HTML 문서를 입력하고 작성할 때 쉽게 사용되는 편집기이다. 어떤 편집기를 사용해도 관계는 없다.

4. 다음 그림과 같이 윈도우 탐색기를 열고 source 폴더에 저장된 ex1_html_form를 더블 클릭한다.

지식추가 메모장보다 좀 더 편리하며 권장되는 편집기로 에디트플러스(Editplus) 및 HTML-kit 등이 있다.

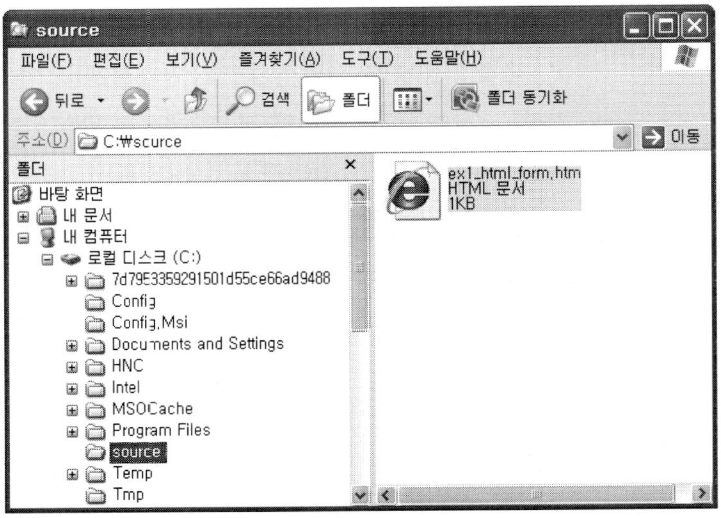

5. 그러면 다음과 같이 실행 결과가 표시된다. 실행 결과에서 보는 것과 같이 <title> 태그에 의해 작성된 HTML 문서의 제목은 웹 브라우저의 내용으로 출력되지 않고 웹 브라우저의 제목 표시줄에 나타났으며 <body> 내에 기록된 내용은 웹 브라우저의 창(Window) 내의 내용으로 출력되었음을 알 수 있다.

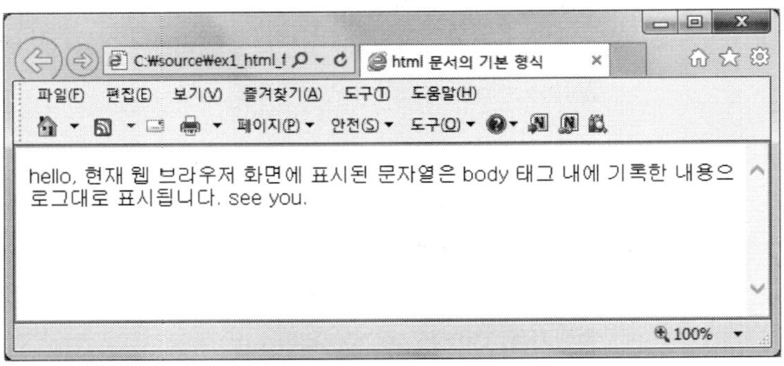

1.2 자바스크립트 언어

이제 자바 스크립트 언어의 기본 내용들을 익혀보자. 우선 간단한 자바스크립트 프로그램을 작성하여 자바스크립트가 HTML 문서에서 어떻게 사용되는지 배워보자. 그런 다음 자바스크립트의 기본적인 문법 구조들을 학습하자.

1.2.1 자바스크립트의 기본적인 구조

자바스크립트로 작성된 프로그램은 HTML 문서 내에 포함되어 실행된다. 이 때 자바스크립트는 보통 다음과 같은 구문형태를 이용하여 HTML 문서 내에 포함시킬 수 있다.

구문형태	<script type="text/javascript"> 자바스크립트 프로그램 코드 </script>
	<script language="javascript"> 자바스크립트 프로그램 코드 </script>
설명	• <script>와 </script>는 스크립트 프로그램을 HTML에 삽입할 수 있도록 만든 HTML 태그이다. 이 태그는 HTML에 삽입된 자바스크립트 프로그램의 시작과 끝을 나타낸다. • HTML 태그는 그 태그의 특징 또는 제약을 나타내는 속성을 가질 수 있다. • type="text/javascript"부분은 <script> 태그 내에서 작성되는 스크립트 언어의 종류를 지정하는 <script> 태그의 속성이다. • 속성은 태그에 따라 없을 수도 있으며 여러 개가 있을 수도 있다. • 속성은 속성 값을 가지며, 속성 값은 큰 따옴표 내에 넣어준다. • 예로 구문에서 type은 <script> 태그의 속성이다. • 스크립트 언어는 여러 가지의 종류가 있으며 여기서는 자바스크립트를 사용한다고 웹 브라우저에게 알려주고 있는 것이다. • type 속성 대신에 language 속성을 사용해도 결과는 동일하다.

1.2.2 자바스크립트의 위치와 개수

자바스트립트의 위치는 어디에 놓아야 하나? 크게 고민할 필요가 없다. 자바스크립트는 HTML 문서 내의 어느 위치에 놓아도 된다. 다만 자바스크립트는 HTML 문서 내에 포함되어 실행되므로 HTML 문서 내에 위치시켜 놓기만 하면 된다. 즉 자바스크립트는 HTML 문서의 <head> … </head> 또는 <body> … </body> 내에 위치시켜 놓으면 된다.

그러면 자바스크립트의 개수에는 제한이 있는가? 없다. 즉 HTML 문서 내에 자바스크립트의 시작과 끝을 의미하는 <script type="text/javascript"> … </script>가 여러 개 있을 수 있다. 이에 따라 다음과 같이 자바스크립트 코드가 배치될 수 있다.

<table>
<tr><td rowspan="2">구문형태</td><td><pre>
<html>
   <head><title>제목</title>
      <script type="text/javascript">

         자바스크립트 프로그램 코드 영역

      </script>
   </head>
   <body>
      ⋮
   </body>
</html>
</pre></td></tr>
<tr><td><pre>
<html>
   <head><title>제목</title>
   </head>
   <body>
         <script type="text/javascript">

            자바스크립트 프로그램 코드 영역

         </script>
   </body>
</html>
</pre></td></tr>
</table>

간단한 예제를 이용하여 자바스크립트 프로그램을 작성한 후 웹 브라우저에서 실행 결과를 확인해 보도록 하자. 자바스크립트 프로그램을 작성하여 실행 결과를 확인하려면 다음과 같은 순서를 따르면 된다.

실습예제 EXAMPLE

1. 우선 Windows 운영체제에서 제공되는 **메모장**을 실행시키고 다음과 같이 간단한 자바스크립트 프로그램을 입력하여 작성한다.

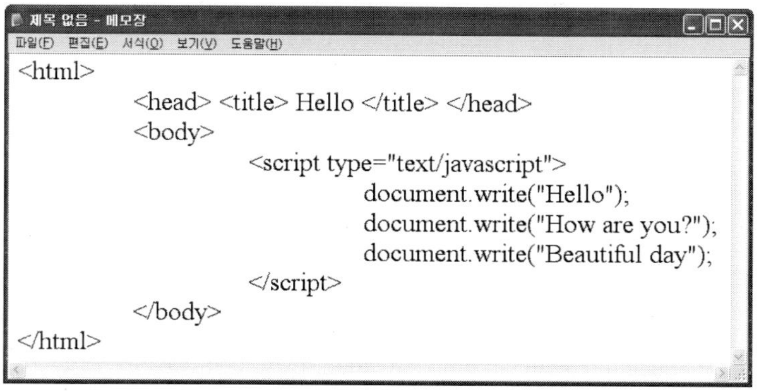


```
<html>
        <head> <title> Hello </title> </head>
        <body>
                <script type="text/javascript">
                        document.write("Hello");
                        document.write("How are you?");
                        document.write("Beautiful day");
                </script>
        </body>
</html>
```

지식추가 프로그램에서 document.write는 웹브라우저의 창(현재 문서)에 큰 따옴표 내에 있는 문자열을 인쇄하라는 명령이다. 뒤에서 좀 더 자세히 배우게 된다.

지식추가 자바스크립트에서 하나의 명령문이 끝나면 그 명령문이 끝났다는 의미로 세미콜론(;)을 붙여준다.

2. 그런 다음 **메모장의 주메뉴**에서 **[파일(F)]–[저장(S)]**을 선택한다. 다음과 같은 **대화상자**가 표시되면 임의의 폴더에 **파일 이름**을 적당히 부여하여 저장한다. 여기서는 예로 파일 이름을 **"ex2_hello.htm"**으로 하여 다음과 같이 저장하였다.

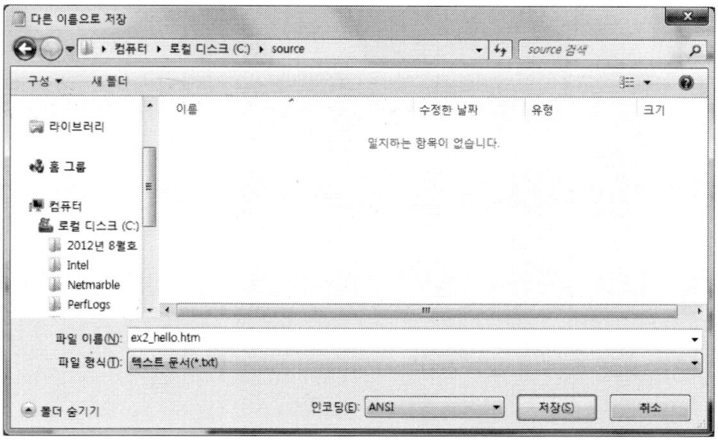

3. 저장된 자바스크립트 프로그램 파일을 웹 브라우저에서 확인하기 위해 인터넷 익스플로러를 실행시킨다. 그리고 인터넷 익스플로러의 주메뉴의 [파일(F)]–[열기(O)]를 선택한다. 그러면 다음과 같은 [열기] 대화상자가 표시된다.

4. [열기] 대화상자에서 [찾아보기(R)] 버튼을 마우스로 눌러 앞에서 저장한 자바스크립트 파일(**ex2_hello.htm**)을 다음과 같이 선택한다.

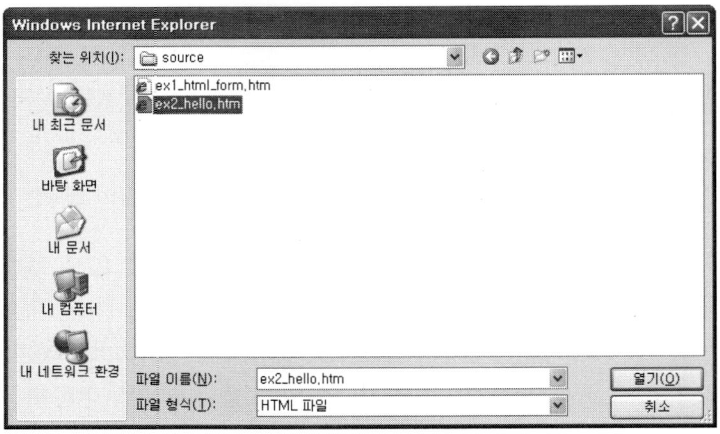

5. 그리고 [열기(O)] 버튼을 누른다. 다음과 같이 파일이 저장된 폴더 위치와 자바스크립트 파일이름이 표시된다.

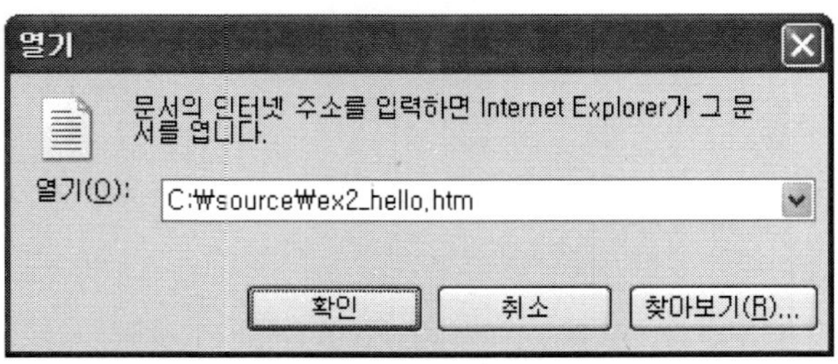

여기서 [확인] 버튼을 누른다. 그러면 다음과 같이 자바스크립트의 실행 결과가 웹 브라우저에 표시된다.

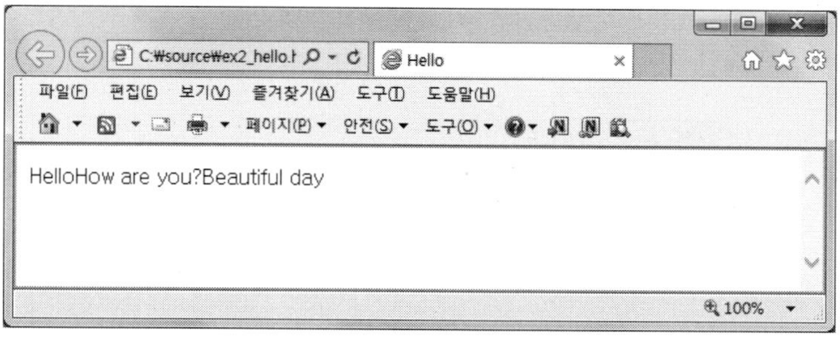

지식추가 만약 이상에서 설명된 순서대로 따라하였는데도 6번에 있는 것과 같이 결과가 나타나지 않으면 자바 스크립트 프로그램을 잘못 작성하였다든지 또는 프로그램 코드를 타이핑(Typing)할 때 잘못 타이핑했을 가능성이 크다. 이런 경우에는 메모장에서 작성된 자바스크립트 프로그램을 열기하여 자바스크립트 코드를 확인하여 수정하고 다시 저장한다. 그럼 다음 인터넷 익스플로러의 도구모음에 있는 새로 고침( ) 버튼을 누르면 된다. 또한 이상에서 설명된 과정은 이후부터는 생략할 것이다.

지식추가 자바스크립트로 프로그램을 작성할 때 대문자와 소문자는 구분되므로 대문자는 대문자로 소문자는 소문자로 정확하게 타이핑을 해야 한다. 예를 들어 위의 예제에서 "document"을 "Document", "DOCument", 또는 "DOCUMENT"등으로 입력하면 오류가 발생한다. 오류가 발생하면 실행 결과가 제대로 나타나지 않는다.

1.2.3 자바스크립트에서 주석문 작성

주석문(Comment)은 다른 말로 설명문이라고도 부른다. 주석문은 말 그대로 자바스크립트 프로그램을 작성한 후 그 프로그램을 간단히 설명하여 나중에 그 프로그램의 역할을 쉽게 알아볼 수 있도록 하기 위해 주로 사용된다. 주석문은 프로그램 실행에는 전혀 영향을 주지 않는다. 자바스크립트에서 주석문은 다음과 같이 2가지 방법을 사용할 수 있다.

주석문 형태1	// 주석문
설명	• 기호 // 뒤에 있는 모든 문자들은 주석문으로 간주된다. • 설명할 내용이 1줄로 구성될 때 주로 사용한다.

주석문 형태2	/* 주석문 */
설명	• 기호 /* 와 */ 사이에 있는 문자들은 모두 주석문으로 간주된다. • 설명할 내용이 많아서 여러 줄로 주석문을 입력해야 할 때 주로 사용한다.

다음의 예제를 메모장으로 작성하여 웹 브라우저에서 실행시켜 보자.

실습예제 ex3_comment.htm EXAMPLE

```
<html>
  <head> <title> 주석문 </title>
    <script language="javascript">
            /* 이 주석문(설명문)은 설명할 내용이 많아서 여러 줄이
            필요할 때 주로 사용한다. */

            // 다음 문장은 문자열을 화면에 인쇄하라는 명령이다.
            document.write("쉽게 배우는 자바스크립트");
    </script>
  </head>
  <body></body>
</html>
```

실행결과

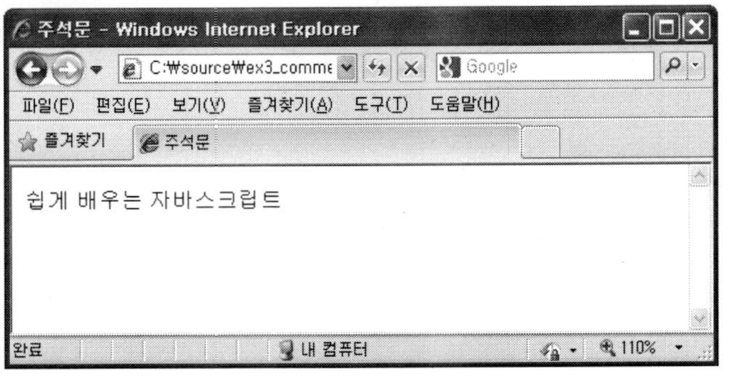

2. 자바스크립트 언어의 기본 요소

자바스크립트는 다른 컴퓨터 프로그램 언어들과 마찬가지로 자료형, 표현식 및 연산자들을 제공한다. 이 절에서는 자바스크립트 언어에서 기본적으로 제공하고 있는 자료형(Data Type)에 대해 살펴본다.

자료형이란 자바스크립트 언어에서 사용되는 자료들을 종류별로 분류한 것이다. 이러한 자료형은 모든 다른 프로그램 언어에서도 기본적으로 제공되며 그 내용이 거의 비슷하다. 자바스크립트 언어의 요소들 중에서 변수(Variable)와 상수(Constant)가 자료형에 해당된다.

2.1 변수

2.1.1 변수와 주기억장소

프로그램에서 사용되는 모든 값들은 컴퓨터의 메모리(Memory)에 저장되어야 한다. 여기서 컴퓨터의 메모리란 컴퓨터의 주기억장소(RAM)를 말한다. 이해를 돕기 위해 다음의 그림을 보자. 다음의 그림과 같이 주기억장소는 물리적인 번지(Address), 즉 주소를 가지고 있다. 이 물리적인 주소는 1바이트 단위로 부여되어 있으며 당연히 2진수로 되어 있다. 또한 번지는 0부터 부여되어 있다. 단, 여기서는 이해하기 쉽게 메모리의 번지를 10진수로 표기하였다.

메모리의 번지를 좀 더 쉽게 이해하기 위해 하나의 학교 건물을 생각해 보자. 이 건물의 평수가 2,000평이라고 가정하자. 이 건물은 여러 가지 용도로 사용하기 위해 벽을 만들어 여러 개의 공간으로 나누게 된다. 즉, 어떤 공간은 컴퓨터실, 어떤 공간은 강의실, 어떤 공간은 사무실과 같은 용도로 사용하게 된다. 그리고 각각의 나누어진 공간에는 101호, 102호 등과 같이 번호가 붙게 된다. 이 번호는 각 공간을 구분하기 위한 목적으로 사용된다. 이와 마찬가지라고 생각하면 된다. 기억장소의 번지도 기억장소를 1바이트 크기의 공간으로 나누어 번호에 해당하는 번지를 부여한 후 이후 필요한 용도로 구분하여 사용할 수 있게 되어 있는 것이다.

다시 강조하지만 여기서 반드시 알고 있어야 하는 것은 **컴퓨터의 주기억장소는 1바이트 마다 물리적인 주소를 가지고 있다는 것이다.** 이 내용은 앞으로 여러분이 컴퓨터 프로그램을 작성하는데 매우 중요한 사항이므로 반드시 기억하고 있어야 한다.

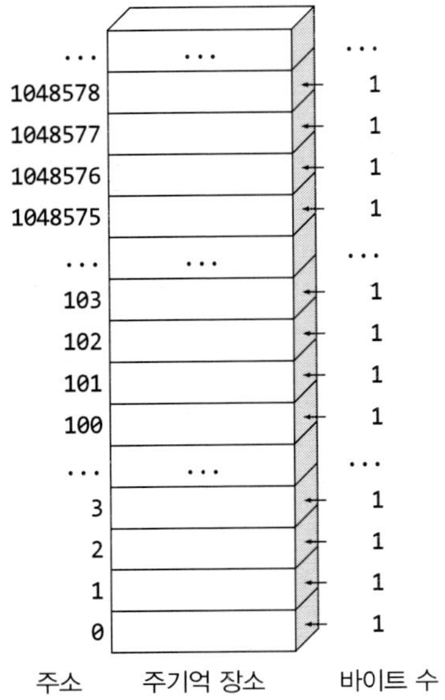

그러면 이제 실제적으로 메모리 주소 **1048576**과 **1048577**에 각각 **10**과 **20**을 저장해 보자. **프로그램에서 컴퓨터 메모리에 임의의 값을 저장하기 위해서는 기호, =을 사용한다.** 다음과 같이 쓰면 된다.

```
&1048576 = 10;
&1048577 = 20;
```

등호의 의미를 살펴보자. 수학에서 **x=10**은 문자 **x**와 **10**이 같다는 의미이다. 즉 수학에서 등호, **=**는 등호 좌측과 우측이 같다는 의미이다. 그러나 수학과는 다르게 컴퓨터 프로그램 언어에서 **=** 기호는 우측의 값을 좌측의 번지에 저장하라는 의미이다. 즉 **&1048576=10**은 우측의 **10**이란 숫자를 번지 **&1048576**에 저장하라는 의미이다. 여기서 **&**는 **&**뒤의 숫자 **1048576**이 메모리의 번지라는 의미로 붙인 것이다. 그러면 다음과 같이 두 값이 저장될 것이다.

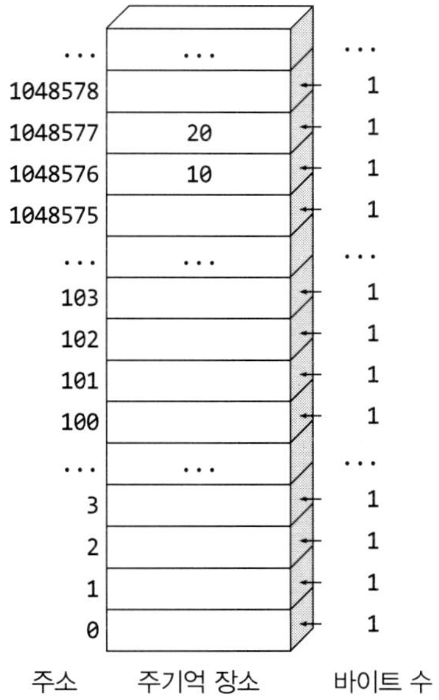

이 상태에서 번지 **&1048576**와 **&1048577**에 저장된 **10**과 **20**의 차를 계산하여 번지 **&1048578**에 저장하는 것을 표현하면 다음과 같이 쓸 수 있다.

```
&1048578 = &1048576 - &1048577;
```

즉 컴퓨터의 **CPU**는 **&1048576**와 **&1048577**에 저장된 **10**과 **20**를 읽어서 그 차이 값을 계산하여 번지 **&1048578**에 저장할 것이므로 다음과 같이 메모리의 상태가 변경될 것이다.

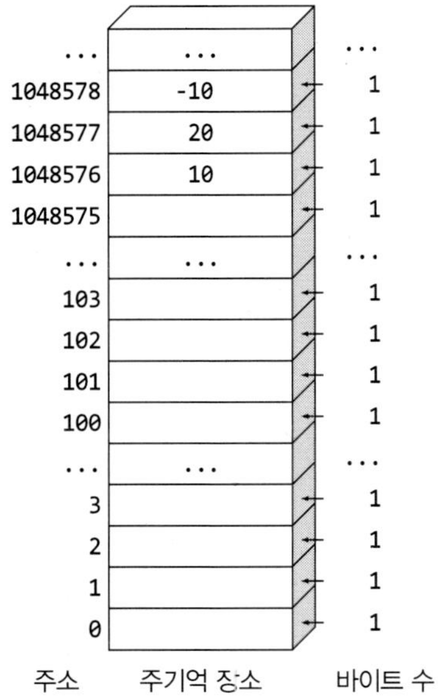

여기서 다음의 3개의 문장들은 무엇인가를 지시(명령)하는 프로그램 명령문들이다. 예로 첫 번째 문장은 "메모리 번지 &1048576에 값 10을 저장하라"는 프로그램 명령문이다. 이 프로그램 명령문을 간단히 문장 또는 명령문이라고 부른다. 또한 이들 명령문에서 세미콜론(;)은 하나의 명령문이 종료되었음을 나타내기 위해 붙인 기호이다.

```
&1048576 = 10;
&1048577 = 20;
&1048578 = &1048576 - &1048577;
```

여기서 문제가 하나 있는데 그것은 바로 명령문을 만들 때 메모리의 물리적인 번지를 일일이 프로그램 명령문 작성자가 외우고 있어야 한다는 것이다. 이것은 매우 어렵고 거의 불가능하다고 볼 수 있다. 왜냐하면 메모리는 운영체제에 의해 동적으로 관리되기 때문에 프로그램이 실행될 때 메모리의 상태를 확인하기 어렵기 때문이다.

이러한 문제점을 해결하는 방안으로 대부분의 프로그램 언어에서는 변수라는 도

구를 제공한다. 변수(Variable)는 한 마디로 말해서 프로그램에서 값(데이터)을 저장하기 위한 기억장소에 붙여진 이름을 말한다. 즉 다음과 같이 변수를 메모리에 부여할 수 있다.

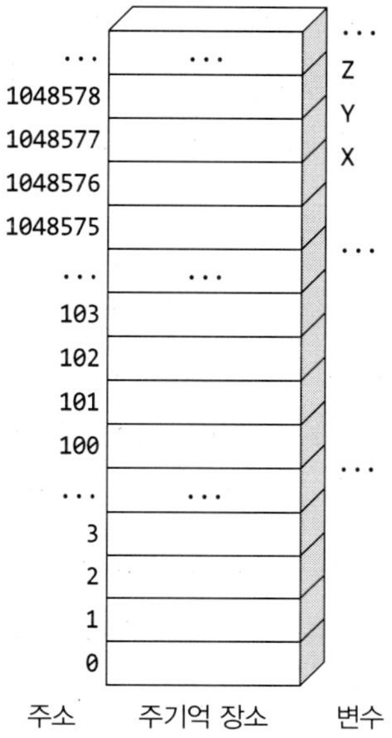

그림에서 보는 것과 같이 변수 x는 기억장소의 번지 1048576에, 변수 y는 기억장소의 번지 1048577에, 그리고 변수 z는 기억장소의 번지 1048578에 부여하였다. 이렇게 변수를 메모리에 부여하는 것을 '메모리에 변수를 붙인다' 또는 '메모리에 변수를 할당한다'라고도 말한다. 기억장소에 붙여진 이름, 즉 변수들을 사용하여 앞의 명령문들을 다시 쓰면 다음과 같이 쓸 수 있다.

명령문	의미
x = 10;	변수 x라는 이름이 붙어 있는 기억장소인 1048576번지에 값 10을 저장하라.
y = 20;	변수 y라는 이름이 붙어 있는 기억장소인 1048577번지에 값 20을 저장하라.
z = x - y;	변수 x라는 이름이 붙어 있는 기억장소인 1048576번지에 저장된 값 10과 변수 y라는 이름이 붙어 있는 기억장소인 1048577번지에 저장된 값 20을 읽어 차를 계산 한 후 변수 z라는 이름이 붙어 있는 기억장소인 1048578번지에 결과 값 -10을 저장하라.

변수를 사용하니 메모리의 번지를 사용하는 것 보다 프로그램 명령문을 쓰기가 매우 쉽다는 것을 알 수 있다. 이와 같이 변수는 프로그램에서 매우 중요한 역할을 하게 된다.

대부분의 프로그래밍 언어들은 이러한 변수를 사용할 수 있도록 하고 있다. 즉 변수를 사용하여 다양한 값을 저장하는 명령문들을 만들 수 있다. 이상에서 살펴본 것과 같이 변수는 기억장소에 붙여진 이름으로 변수명이라고도 부른다. 이에 따라 변수는 기억장소 자체를 의미하는 것으로 생각해도 된다.

여기서 한 가지의 의문을 가질 수 있다. 변수가 메모리의 '어느 번지에 할당되는가'이다. 사실 앞으로 여러분이 프로그램에서 사용하게 되는 모든 변수는 기억장소를 할당받는다. 이 사실도 중요하니 반드시 기억하고 있어야 한다. 그런데 각각의 변수가 주기억장소의 어느 부분, 즉 몇 번지의 주소를 할당받는가? 실제로 변수가 주기억장소의 어느 번지를 할당받느냐는 전적으로 컴퓨터 시스템에 의해 자동으로 결정된다. 다시 말해서 컴퓨터시스템은 프로그램에서 사용된 모든 변수에 적절한 위치의 주기억장소를 알아서 자동으로 할당해 준다. 즉 컴퓨터시스템에 의해 자동 할당되므로 각각의 변수가 어느 위치의 주기억장소를 할당받는지는 알 수 없다. 굳이 알고 싶으면 알 수 있는 방법이 있지만, 사실 프로그래머는 일반적으로 알 필요가 없다. 단지 프로그램 작성자는 작성된 프로그램이 컴퓨터에 의해 실행될 때, 자동적으로 프로그램에서 사용된 변수들이 어디인지(물리적으로 몇 번지인지)는 모르지만 변수마다 기억장소를 각각 할당받는다는 것만을 기억하고 있으면 된다. 다시 말해서 프로그래머는 프로그램을 작성할 때 '변수가 할당받는 기억장소가 어디인지 모르지만 주기억장소의 어느 한 부분을 할당받을 것이다'라고만 생각하고 프로그램을 작성하면 되는 것이다.

다시 한번 설명하면 다음의 그림에서 변수에 대한 기억장소 할당은 단지 하나의 예로 든 것이며, 반드시 다음 그림과 똑같이 주기억장소의 주소에 각각의 변수가 대응되는 것은 아니다. 즉, 프로그램에서 사용된 모든 변수 각각에 대해 어떤 번지의 기억장소를 할당할 것인지는 프로그램이 실행될 당시의 컴퓨터 상황을 고려하여 컴퓨터시스템에 의해 자동적으로 할당된다. 또한 프로그램에서 사용된 변수들이 기억장소를 할당받을 때, 각각의 변수에 할당된 기억장소의 주소는 다음 그림의 예와 같이 연속적이지 않는 경우가 대부분이다.

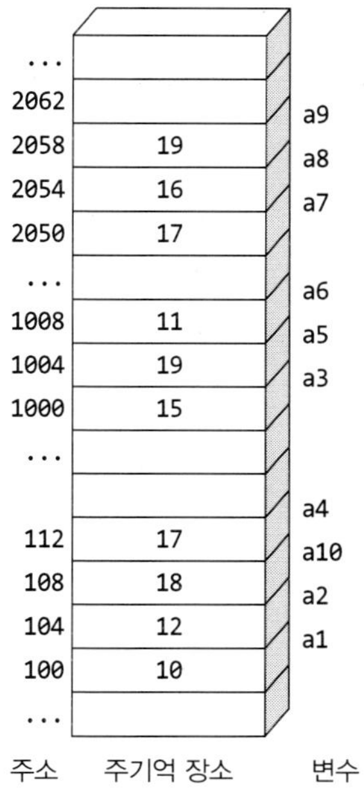

그림에서 각 기억장소인 사각형 1개는 4바이트로 간주한다. 즉 각 기억장소의 번지를 보면 4바이트 단위로 주소가 증가되어 표기되어 있다. 그 이유는 이렇다. 현재 대부분의 개인용 컴퓨터(데스크 탑 컴퓨터 및 노트북 컴퓨터 등)들이 32bits(4바이트) 컴퓨터들이며 또한 대부분의 프로그래밍 언어들이 사용하는 정수형 변수(정수형 변수는 정수 값을 저장하는 변수를 말한다)들이 32bits(4바이트)의 기억장소를 할당받기 때문이다.

이 그림에서 보는 것과 같이 a9라는 변수에 해당하는 기억장소에는 19가 저장되어 있다. 이 상태에서 다음과 같은 두 개의 명령문이 순서대로 수행되면 어떻게 메모리의 상태가 변하겠는가? 생각해 보자.

```
a9 = 28;
a9 = 31;
```

이전에도 설명한 것과 같이 프로그램 명령문은 위에서부터 순차적으로 실행된다. 따라서 우선 a9 = 28;라는 명령문이 실행될 것이다. 그런데 현재 메모리 a9에는 19가 저장되어 있다. 어떻게 되겠는가? 그렇다. a9에 28이 저장된다. 즉, 현재 메모리 a9에 저장된 값 19는 삭제되고 28이 저장된다. 다시 말해서 현재 메모리에 어떤 값이 저장되어 있든지 간에 새로운 값이 저장되면 이전 값은 보존되지 아니하고 사라진다. 메모리 상태는 다음과 같이 변한다.

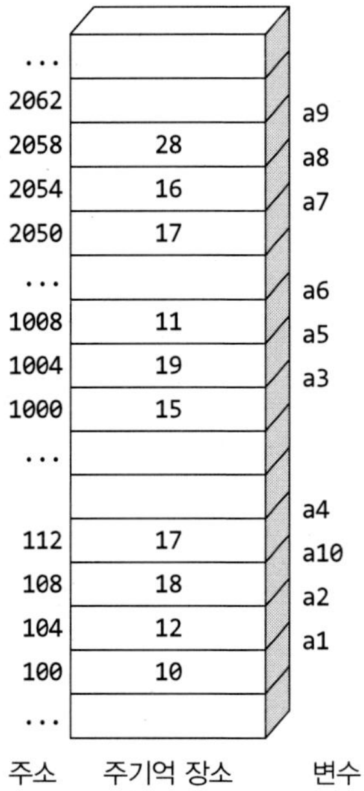

다시 두 번째 명령문 **a9 = 31;**이 실행되면 현재 저장된 값 **28**이 삭제되고 **31**이 저장되어 다음과 같이 메모리 상태가 변한다.

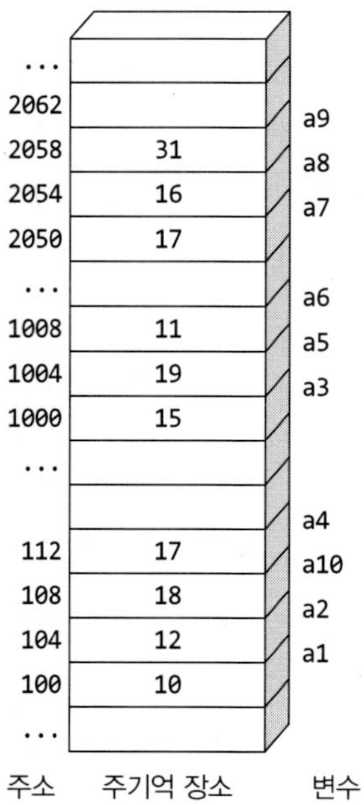

이상의 설명과 같이 변수는 프로그램에서 사용되는 값(이 값을 상수 또는 상수 값이라고 부름)을 저장하기 위한 기억장소의 이름을 말한다. 그러므로 변수는 상수와는 다르게 프로그램이 실행되면서 변수(기억장소)에 기억된 내용이 변경될 수 있다. 상수는 뒤에서 상세히 설명한다.

한번 더 강조하면, 이러한 변수와 메모리의 관계를 명확하게 알고 있는 것은 매우 중요하다. 우리가 이 책을 공부하는 이유가 어디에 있는가? 단지, 하나의 목적, 프로그램을 잘 작성하기 위한 기초를 다지는 데에 있다. 프로그램을 잘 작성하기 위해서는 변수와 메모리의 관계를 정확히 이해하고 있어야 한다. 왜냐하면 작은 프로그램부터 C 언어 프로그램, JAVA 프로그램, 더 나아가 요즈음 인기 있는 스마트폰(Smartphone) 앱 프로그램과 같은 복잡한 프로그램까지 변수와 메모리에 대한 관계는 끝까지 등장하기 때문이다. 이를 반대로 이야기하면 변수와 메모리의 관계를 머릿속에 잘 이해하고 그림으로 그릴 수 있으면 프로그램의 작성은 매우 쉬워진다는 의미가 된다. 그만큼 매우 중요하다. 저자의 생각이다. 이 책을 공부하는 여러분도 조만간 왜 그런지 좀 더 깊이 이해하게 될 것이다.

이상의 설명에서와 같이 변수는 값을 저장하기 위한 기억장소의 이름이라고 할 수 있다. 예를 들면 변수는 음식물을 담는 그릇이라고 할 수 있다. 하나의 그릇이 있다고 가정해 보자. 그 그릇에는 밥을 담을 수도 있고 때에 따라서는 야채를 담을 수도 있다. 여기서 그릇에 담기는 밥이나 야채는 변수에 저장되는 값(상수[값])으로 생각하면 된다.

2.1.2 변수명 만드는 규칙

자바스크립트 프로그램을 작성할 때 프로그램 작성자는 필요시 얼마든지 변수를 만들어 사용할 수 있다. 자바스크립트에서 변수를 만드는 규칙은 다음과 같다. 다음의 규칙은 자바스크립트 이외의 다른 대부분의 프로그래밍 언어들에서도 그대로 적용된다.

변수명을 만드는 규칙	예
변수명을 만들 때 사용할 수 있는 문자는 영문자(A-Z, a-z), 숫자(0-9), 밑줄(_)을 사용할 수 있다.	sum, aa78, _korea_1, _korea_2
변수명의 첫 글자는 반드시 영문자나 밑줄로 시작해야 한다.	k1, temp, _up, lib_book
자바스크립트에서 영문자의 대문자와 소문자는 서로 다른 것으로 간주된다.	Sum, sUM, sum, SUM 등은 모두 다른 변수명으로 간주한다.
자바스크립트에서 특별한 목적으로 사용하기 위해 미리 정해놓은 예약어(Reserved Word)는 변수명으로 사용할 수 없다.	var, document, write, if, for 등은 예약어이므로 변수명으로 사용할 수 없다.
변수명은 빈 공간을 포함할 수 없다.	sort value과 같이 변수명에는 빈 공간을 넣을 수 없다.

2.1.3 자바스크립트에서 변수의 선언

자바스크립트에서는 다음과 같이 변수 이름 앞에 var라는 키워드만을 붙여 사용하면 된다.

```
var a1 = 10;
```

var은 "var 다음에 나타나는 단어가 변수이다"라고 알리는 역할을 한다. 이렇게 알리는 것을 변수의 선언이라고 부른다. 다시 말해서 var 다음에 나오는 단어를 프로그램에서 변수로 사용할 것임을 번역기(해석기)에게 알린다.

변수의 선언 예	설명
var a1;	- 변수 a1을 선언한다.
var a1; a1 = 10;	- 변수 a1을 선언한 후 그 변수(기억장소)에 값 10을 저장한다.
var a1 = 10;	- 변수 a1을 선언과 동시에 그 변수(기억장소)에 값 10을 저장한다. - 이렇게 선언과 동시에 임의의 값을 저장할 수 있으며 이때 저장되는 값을 초기 값이라고 부른다. 즉, 변수 a1을 선언과 동시에 값 10으로 초기화 한다고 말한다. - 이 명령문은 var a1;와 a1 = 10; 두 명령문을 하나로 합쳐 놓은 것으로 결과는 동일하다.

var a1 = "js" var a1 = "12"	- 변수 a1을 선언과 동시에 문자열 js로 초기화하고 있다. - 변수 a1에 문자열 js가 저장된다. - 큰 따옴표 내에 들어 있는 내용을 문자열이라고 부른다. - 숫자 12는 큰 따옴표 내에 들어 있는 문자열로 간주되므로 사칙연산에 사용할 수 없다. 즉 계산을 위한 숫자로 간주되지 않으며 "문자열 일이"라고 읽는다.
var a1 = 1.125;	- 변수 a1을 선언과 동시에 실수 값 1.125로 초기화하고 있다. - 변수 a1에 값 1.125가 저장된다.
var a1 = false;	- 변수 a1을 선언과 동시에 부울 값 false로 초기화하고 있다. - 변수 a1에 부울 값 false가 저장된다.

이제 다음과 같이 실습예제를 작성하고 실행해 보자. 실습예제에서 보면 변수명들이 앞의 변수명 만드는 규칙에 의해 만들었으며 그 변수가 저장하는 값을 이해하기 쉽도록 변수명을 만들 때 의미 있는 이름을 부여하였다. 예로 사람의 이름을 저장할 변수명은 name으로, 학번을 저장할 변수명은 hakbun 또는 id 또는 idnum 등으로 부여하는 것이 좋을 것이다.

실습예제 ex5_variables.htm EXAMPLE

```
<html>
 <head> <title> 자바스크립트의 변수 선언 </title> </head>
 <body>
  <script type = "text/javascript">
        var temp;
        var valueInteger = 20;
        var stringKorea = "대한민국";
        var valueFloat = 1.125;
        var isMobile = true;

        temp = -10;

        document.write("temp = " + temp + "---");
        document.write("valueInteger = " + valueInteger + "---");
        document.write("stringKorea = " + stringKorea + "---");
        document.write("valueFloat = " + valueFloat + "---");
```

```
            document.write("isMobile = " + isMobile + "---");
        </script>
    </body>
</html>
```

실행결과

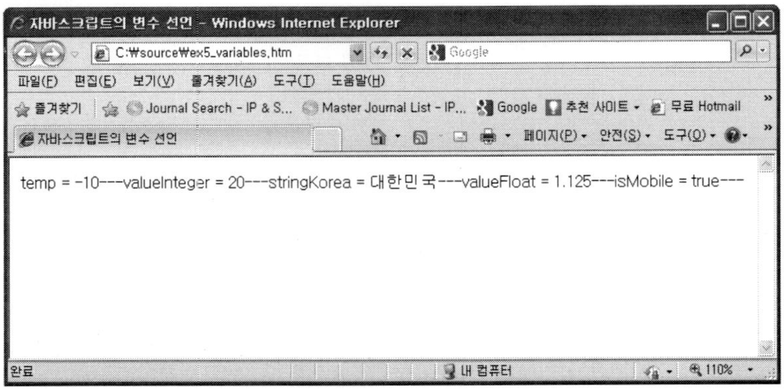

지식추가 의미 있는 변수명의 작성

두 단어 이상을 사용하여 변수명을 만들 때는 첫 번째 단어는 모두 소문자로, 두 번째 이상의 단어들의 첫 글자는 대문자로 표기하는 것이 변수명을 인식하는데 용이하다. 예를 들어 어떤 변수명이 학생들의 점수에 대한 평균을 저장하는 변수라면 averageOfStudents, averageValueOfStudents 등과 같이 만들면 될 것이다. 이러한 변수명의 표기법은 어디까지나 권장사항이며, 현재 JAVA와 같은 주요 프로그램 언어들과 실무 프로그램 작성자들이 실전에서 사용하는 표기법이다. 이 책을 공부하는 독자들도 변수명을 만들 때 이러한 습관을 들이는 것이 좋을 것이다.

지식추가 document.write( )의 사용법

자바스크립트에서 document.write( )는 값(숫자 값 또는 문자[열] 또는 변수 값)을 웹 브라우저 화면에 인쇄하기 위해 사용되는 명령문이다. document.write( )의 기본 사용법 및 특징은 다음과 같다.

document.write( )의 기본 사용법 및 특징

(1) 문자열을 인쇄하기 위해서는 인쇄할 문자열을 큰따옴표(" ")로 묶어준다.
(2) 2개 이상의 문자열 또는 값을 연속적으로 합하여 인쇄하려면 문자열 연산자 + 기호를 사용한다.
(3) 숫자 값 또는 변수 값을 인쇄할 때는 큰따옴표(" ")로 묶지 않고 그냥 숫자나 변수를 쓰면 된다.
(4) HTML 태그를 document.write( )문 내에 사용할 때에는 HTML 태그를 큰따옴표(" ") 또는 작은따옴표(' ')로 묶어준다. 이 경우, HTML 태그 내에 큰따옴표가 있다면 document.write( )문 내의 HTML 태그 전체를 작은따옴표로 묶어주고, 반대로 HTML 태그 내에 작은따옴표가 있다면 document.write( )문 내의 HTML 태그 전체를 큰따옴표로 묶어주면 된다. 이에 대한 내용은 곧 예제에서 만나볼 수 있다.

앞의 실행결과를 보면 모든 내용이 한 줄로 출력되었음을 알 수 있다. 여러 줄로 출력하기 위해 HTML의 태그인
 태그를 사용해 보자. 이
 태그는 커서를 다음 행으로 이동시키는 역할을 한다. 커서를 커서를 다음 행으로 이동시키긴다는 말은 출력 위치를 다음 행으로 이동시킨다는 의미이다. 만약
 태그가 5개 연속해서 나타나면 커서가 현재 위치하고 있는 행의 다음 행부터 시작해서 5번째 되는 행으로 커서를 이동(출력 위치를 5번째 되는 행으로 이동)시키게 된다. 즉, 다음의 그림과 같이 된다.

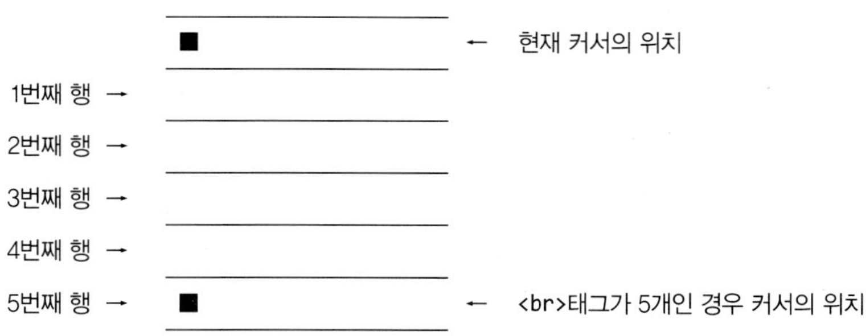

앞의 예제를 다음의 실습예제와 같이
 태그를 추가하여 실행해 보자. 출력결과가 훨씬 더 보기 좋게 변경됨을 알 수 있다.

실습예제 ex6_variables.htm EXAMPLE

```
<html>
  <head> <title> 자바스크립트의 변수 선언 </title>  </head>
  <body>
    <script type = "text/javascript">
          var temp;
          var valueInteger = 20;
          var stringKorea = "대한민국";
          var valueFloat = 1.125;
          var isMobile = true;

          temp = -10;

          document.write("temp = " + temp + "<br>");
          document.write("valueInteger = " + valueInteger + "<br>");
          document.write("stringKorea = " + stringKorea + "<br><br>");
          document.write("valueFloat = " + valueFloat + "<br>");
          document.write("isMobile = " + isMobile);

    </script>
  </body>
</html>
```

실행결과

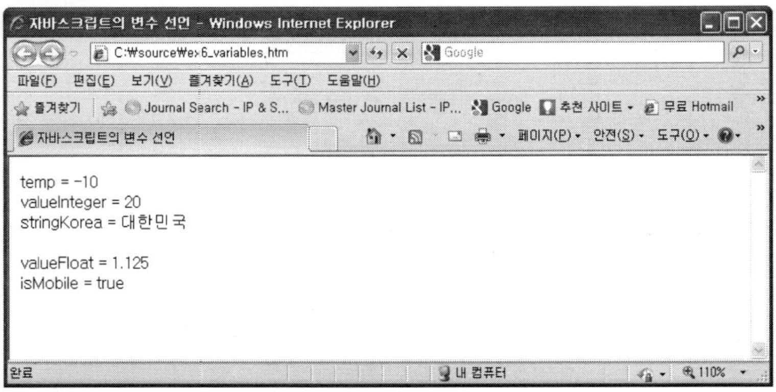

이제 다음의 문장을 편집하거나 추가하여 예제를 변경한 후 실행시켜 보자. 다음의 두 번째 문장에서 <font color = "blue"> 스크립트 </font>는 HTML의 <font> 태그로 글자의 색상을 변경시키는 태그이다. 여기서는 color 속성을 이용하여 글자의 색상을 파란색으로 변경시키고 있다. 또한 이 태그 내의 속성 값 blue는 큰 따옴표로 묶여 있다. 따라서 이 문장 전체를 document.write에 포함시키기 위해서 HTML 태그 전체를 작은따옴표로 둘러쌌다.

```
document.write("isMobile = " + isMobile + "<br>");
document.write('<font color = "blue"> 스크립트 </font>');
```

실습예제

ex7_html_tag.htm EXAMPLE

```
<html>
 <head> <title> html 태그의 사용 </title>  </head>
 <body>
  <script type = "text/javascript">
        var temp;
        var valueInteger = 20;
        var stringKorea = "대한민국";
        var valueFloat = 1.125;
        var isMobile = true;

        temp = -10;

        document.write("temp = " + temp + "<br>");
        document.write("valueInteger = " + valueInteger + "<br>");
        document.write("stringKorea = " + stringKorea + "<br><br>");
        document.write("valueFloat = " + valueFloat + "<br>");
        document.write("isMobile = " + isMobile + "<br>");

        document.write('<font color = "blue"> 스크립트 </font>');
  </script>
 </body>
</html>
```

실행결과

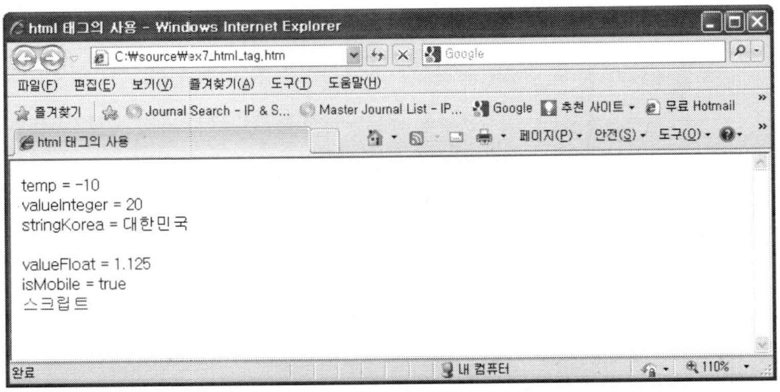

확인문제

다음의 결과와 같이 출력되도록 순서도를 작성하여라. 그리고 순서도를 바탕으로 프로그램을 작성하시오. 여기부터 앞으로 순서도라 함은 상세순서도를 의미하므로 상세순서도만을 작성하면 된다.

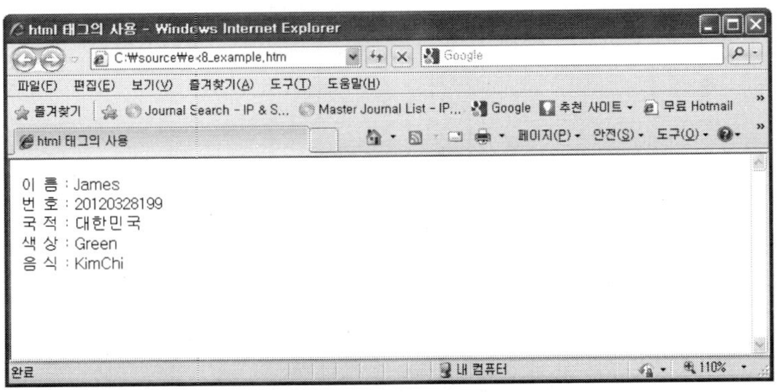

문제해결 논리

이 문제의 해결 절차는 앞의 실습예제에서와 같이 다음의 절차에 따라 해결한다.

① 먼저 의미있는 변수 이름들을 생각하고 변수 이름 앞에 var을 붙여 변수들을 선언한다. 화면에 출력된 것과 같이 변수는 5개가 필요하다.

② 선언된 변수의 값을 초기화시킨다.

③ `document.write()` 명령문을 이용하여 변수들에 저장된 값들을 출력한다. 출력은 여러 줄에 걸쳐 출력되었으므로 이를 위해
 태그를 사용한다.

이러한 문제해결 논리를 순서도로 그리면 다음과 같다.

순서도

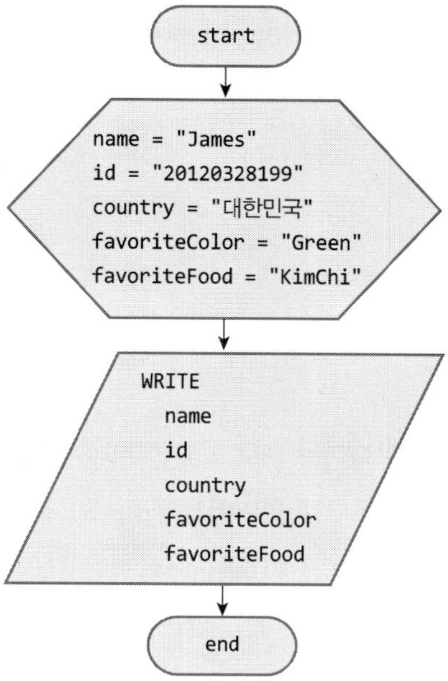

순서도를 보고 자바스크립트 언어를 사용하여 코딩하면 다음과 같이 코딩할 수 있다. 코딩이 끝나면 저장 후 실행시키면 된다.

실습예제 ex8_example.htm EXAMPLE

```
<html>
 <head> <title> html 태그의 사용 </title> </head>
 <body>
  <script type = "text/javascript">
        var name = "James";
        var id = "20120328199";
        var country = "대한민국";
        var favoriteColor = "Green";
        var favoriteFood = "KimChi";

        document.write("이    름 : " + name + "<br>");
        document.write("번    호 : " + id + "<br>");
        document.write("국    적 : " + country + "<br>");
```

```
            document.write("색      상: " + favoriteColor + "<br>");
            document.write("음      식: " + favoriteFood);
        </script>
    </body>
</html>
```

2.2 상수

이미 설명한 것과 같이 자료형이란 프로그램 언어에서 사용되는 자료(데이터)들을 종류별로 분류한 것이다. 즉, 프로그램 언어에서 처리하는 값이 문자인지 숫자인지 등에 따라 데이터를 분류한 것을 말한다. 이러한 자료형은 대부분의 프로그램 언어에서 기본적으로 거의 동일하게 제공된다. 여기서 자바스크립트의 자료형인 상수에 대해 살펴보자.

상수(Constants)는 그 값이 한번 정해지면 프로그램에서 변하지 않은 값을 말한다. 자바스크립트 언어에서는 숫자(정수형과 실수형) 자료형, 문자[열] 자료형, 논리 자료(논리 값), 널 값 자료 등의 상수 자료형을 지원한다. 다음의 표는 자바스크립트 언어에서 사용되는 상수 자료형을 정리한 표이다.

분류	종류		예	설명
숫자 자료형 (number)	정수형	10진법	10, 100, -20, 735	• 소수점이 포함되지 않는 10진수이다.
		8진법	020, 0232, 0127	• 0으로 시작하는 숫자로 0에서 7까지의 조합으로 구성된다.
		16진법	0xA7, 0x23F, 0xBBA	• 0x로 시작하는 숫자로 0에서 9까지의 수와 A부터 F까지의 문자 조합으로 구성된다.
	실수형	일반 실수형	0.325, 8.748, -100.02,	• 소수점을 포함하는 10진수를 말한다.
		지수 형태의 실수형	0.2781234e2, 27.58e-2	• 일반 실수형에서 소수점 이하 자리수가 많은 경우 지수형으로 간단히 표기하기 위해 사용한다. • 0.2781234e2는 0.2781234 × 10^{2}으로 계산하면 27.81234가 된다. • 27.58e-2는 27.58 × 10^{-2}으로 계산하면 0.2758이 된다.
문자[열] 자료형 (string)			"javascript", "정보", 'javascript', "", "123"	• 큰따옴표(")내에 있는 연속된 문자들을 문자열이라고 부른다. • 큰따옴표(")내에는 영문자, 숫자, 특수문자 등 키보드에서 입력할 수 있는 모든 문자가 올 수 있다. • 큰따옴표(") 대신 작은따옴표(')를 사용해도 된다. • 큰따옴표("") 또는 작은따옴표('')는 따옴표가 연속해 있는 것으로(즉, 따옴표 내에 빈 공간이나 어떤 문자도 들어 있지 않은 경우), 공백문자열이라고 부른다.
논리형 (boolean)			true, false	• 논리형(Boolean Type)은 참(true)과 거짓(false)의 두 값들 중 하나의 값만을 가질 수 있다. • true는 1로, false는 0으로 대신 표시해도 된다. • 숫자 변수의 값이 0이면 false로 간주된다. 0 이외의 숫자는 모두 true로 간주된다. • 문자 변수의 값이 null이거나 비어 있으면 false로 간주된다.

널(Null)값			null	• null은 변수의 값이 정의되지 않아서 변수에 아무 값도 현재 들어 있지 않다는 의미이다. • null은 특정한 유형을 지정하지 않고 변수를 초기화 할 때 많이 사용된다. • 또한 임의의 대화상자에서 취소(Cancel) 버튼을 눌렀을 때도 null 값이 반환된다. • 자바스크립트에서 prompt함수에 입력된 값이 없는 경우 null을 반환한다. prompt 함수는 뒤에서 배운다. • null은 불리언 문장에서 사용되면 false, 숫자 명령문에서는 0, 문자열 문장에서는 "null"로 자동 변환된다.

지식추가 문자열 자료형에서 일반 특수문자들은 영문자나 숫자와 같이 따옴표 내에 넣으면 되지만, 몇 가지 예외의 특수문자들이 있다. 이 예외의 특수 문자들은 다음의 표와 같이 역슬래시(\)와 함께 사용하게 된다. 이 예외의 특수 문자들은 표의 설명과 같이 특별한 역할을 수행한다. 또한 역슬래시(\)는 한글 모드에서 키보드를 눌렀을 때 ₩로 표기된다.

예외의 특수문자	설명
\₩ 또는 ₩₩	• 역슬래시(₩)를 화면에 인쇄한다.
\' 또는 ₩'	• 작은따옴표를 화면에 인쇄한다.
\" 또는 ₩"	• 큰따옴표를 화면에 인쇄한다.

실습예제 ex9_constant_string.htm EXAMPLE

다음의 프로그램을 분석해 보자. 문자열 자료형과 숫자 자료형의 차이점을 이해해보자.

```
<html>
  <head> <title> 자료형의 변환 이해 </title>  </head>
  <body>
    <script type = "text/javascript">
        var a1, a2, a3, a4, a5, a6, a7, a8, a9;
        a1 = 9 + 8;
        a2 = "9" + 8;
        a3 = 9 + "8";
        a4 = "9" + "8";
        a5 = 9 + 9 + "8";
        a6 = 9 + "9" + 8;
        a7 = "js" + 8;
        a8 = 8 + "js";
        a9 = 'js' + 'js';
        document.write("----------------------------------------------<br>");
        document.write("9 + 8 =  " + a1 + "로  데이터 유형은 number이다<br>");
        document.write(" '9' + 8 =  " + a2 + "로  데이터 유형은 string이다<br>");
        document.write("9 + '8' =  " + a3 + "로  데이터 유형은 string이다<br>");
        document.write(" '9' + '8' =  " + a4 + "로  데이터 유형은 string이다<br>");
        document.write("9 + 9 + '8' =  " + a5 + "로  데이터 유형은 string이다<br>");
        document.write("9 + '9' + 8 =  " + a6 + "로  데이터 유형은 string이다<br>");
        document.write(" 'js' + 8 =  " + a7 + "로  데이터 유형은 string이다<br>");
        document.write("8 + 'js' =  " + a8 + "로  데이터 유형은 string이다<br>");

        document.write(" 'js' + 'js' =  " + a9 + "로  데이터 유형은 string이다<br>");
        document.write("₩'js₩' + ₩'js₩' = " +  a9 + "로 데이터 유형은 string이다<br>");
        document.write("----------------------------------------------<br>");
    </script>
  </body>
</html>
```

실행결과

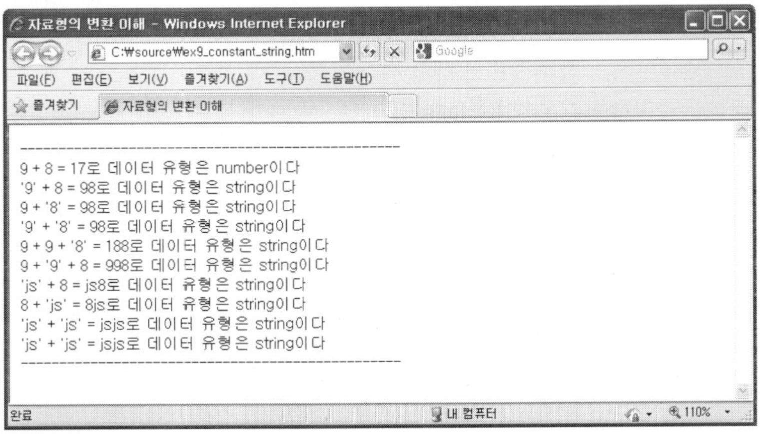

자바스크립트에서 문자(열) 자료와 문자(열) 자료의 덧셈은 두 문자(열) 자료를 앞에서부터 순서대로 나열하여 하나의 문자(열)로 만드는 것을 의미한다. 또한 자바스크립트에서 문자(열) 자료형과 숫자 자료형이 섞여있는 경우 최종 자료형은 문자(열) 자료형이 되며, 이 때 연산은 우선 숫자 자료형이 문자 자료형으로 변환된 후 연산이 진행된다. 실습예제에 있는 다음의 문장을 살펴보자.

```
a6 = 9 + "9" + 8;
```

이 문장은 숫자 9와 문자 9와 숫자 8을 덧셈하라는 명령문으로 2개의 숫자와 1개의 문자로 구성되어 있다. 이 경우 문자 9가 가운데 있기 때문에 산술 덧셈을 할 수가 없다. 그러므로 다음과 같이 변환된다. 즉, 숫자가 문자형으로 변환된다.

```
a6 = "9" + "9" + "8";
```

이제 모두 문자이므로 문자들을 덧셈하면 된다. 문자들 간의 덧셈은 문자들을 앞에서부터 순서대로 나열하여 하나의 문자열로 만드는 것이므로 다음과 같이 다시 쓸 수 있다.

```
a6 = "998";
```

그러므로 a6에는 문자열 998이 저장되며 a9의 자료형은 string이 되는 것이다.

하나의 문장을 더 보자. 다음의 문장은 어떠한가? 다음의 문장은 숫자가 두 개 연속해서 존재하며 문자 8이 뒤를 이어 표시되어 있다. 따라서 앞의 두 숫자 9와 9는 산술 덧셈을 할수 있다.

```
a5 = 9 + 9 + "8";
```

그러므로 다음과 같이 다시 쓸 수 있다.

```
a5 = 18 + "8";
```

이제 숫자 18과 문자 8을 더해야 하는데 서로 산술연산을 할 수 없으므로 숫자 18이 문자 18로 변경된다. 즉, 다음과 같이 변경된다. 그런 다음 문자와 문자를 더하게 된다.

```
a5 = "18" + "8";
```

결국 다음과 같이 연산되어 a5에는 문자 188이 저장되어 a5의 자료형은 문자 자료형(string)이 된다.

```
a5 = "188";
```

또한 다음의 두 문장에서와 같이 js 앞 뒤에 작은 따옴표를 출력하기 위해 두 가지 방법을 사용할 수 있음을 보여주고 있다. 즉 document.write() 문 내에서 다음의 첫 번째 문장처럼 큰 따옴표 내에 작은 따옴표를 찍어서 작은 따옴표를 출력하는 방법과 두 번째 문장처럼 예외의 특수문자(₩')를 사용해서 출력하는 방법을 사용하고 있다. 어느 방법을 사용하든 결과는 동일하다.

```
document.write(" 'js' + 'js' =  " + a9 + "로 데이터 유형은 string이다<br>");
document.write("₩'js₩' + ₩'js₩' = " + a9 + "로 데이터 유형은 string이다<br>");
```

확인문제

다음과 같이 변수 5개에 10진수 10, 16진수 0xA, 8진수 012, 지수형 실수 값 0.2781234e2, null 값으로 각각 초기화 시킨 후, 다음의 출력결과와 같이 출력되도록 순서도를 그린 다음 이를 바탕으로 프로그램을 작성하시오.

```
decimalValue = 10;
hexadecimalValue = 0xA;
octalValue = 012;
exponentValue = 0.2781234e2;
string = null;
```

출력결과

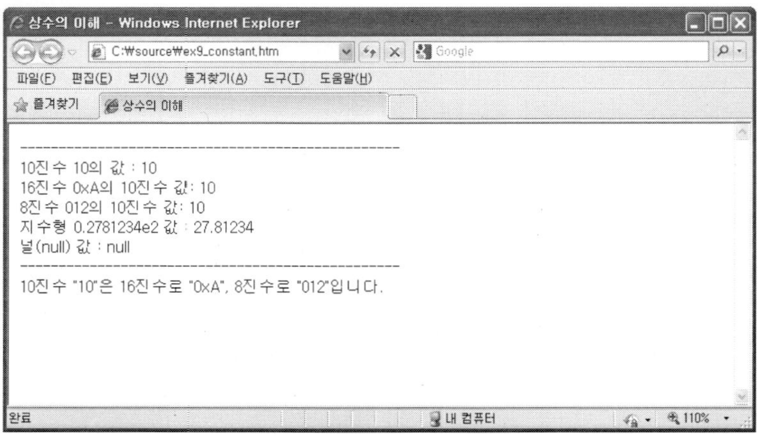

문제해결 논리 이 문제의 해결 절차는 다음의 절차에 따라 해결한다.

① 의미있는 변수 이름들이 이미 주어졌으므로 이들 변수 이름 앞에 var을 붙여 변수들을 선언한다.

② 선언된 변수의 값을 주어진 값으로 각각 초기화시킨다.

③ document.write() 명령문을 이용하여 변수들에 저장된 값들을 출력한다. 출력은 여러 줄에 걸쳐 출력되었으므로 이를 위해
 태그를 사용한다.

④ 출력에 모양을 내기 위해 점선을 출력하는 것을 생각한다.

⑤ 마지막 출력 문장과 같이 큰 따옴표의 출력을 위해 예외의 특수문자(₩")를 이용한다.

순서도

앞의 출력결과를 보면 첫 번째 줄과 마지막 줄 바로 이전 줄에 출력의 모양을 내기 위해 수평으로 점선을 출력하였다. 이러한 모양을 내기 위한 출력문들은 단지 모양과 이해를 돕기 위해 넣어 놓은 것으로 다음의 순서도와 같이 표시하면 된다.

그러나 이러한 출력문들은 프로그램 논리를 익히는데 별 영향을 주는 것이 아니기 때문에 이후부터 순서도를 그릴 때는 생략할 것이다. 따라서 이후 순서도에 표시되는 출력문들은 특별한 경우가 아니면 상수나 변수의 값을 출력하는 내용들을 위주로 표시할 것이다.

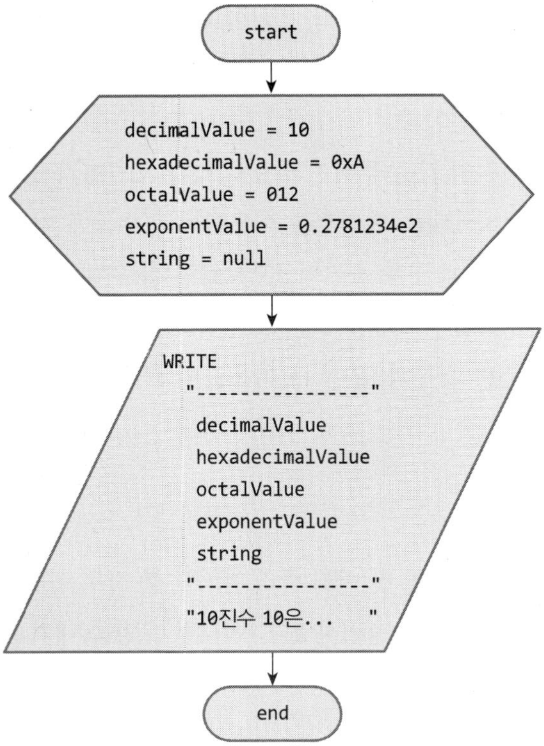

실습예제 **ex9_constant.htm** EXAMPLE

```
<html>
 <head> <title> 상수의 이해 </title>  </head>
 <body>
  <script type = "text/javascript">
     var decimalValue = 10;
     var hexadecimalValue = 0xA;
     var octalValue = 012;
     var exponentValue = 0.2781234e2;
     var string = null;

     document.write("--------------------------------------------<br>");
     document.write("10진수            10의 값 :  " + decimalValue + "<br>");
     document.write("16진수 0xA의 10진수 값:  " + hexadecimalValue + "<br>");
     document.write("  8진수 012의  10진수 값:  " + octalValue + "<br>");
```

```
        document.write("지수형 0.2781234e2  값: " + exponentValue + "<br>");
        document.write("널(null)                값: " + string + "<br>");
        document.write("---------------------------------------------<br>");
        document.write("10진수 ₩"10₩"은 16진수로 ₩"0xA₩", 8진수로 ₩"012₩"입니다.<br>");
      </script>
    </body>
  </html>
```

확인문제 다음의 프로그램을 분석하자. 다음 프로그램의 문장들이 실행된 후 주기억장소의 상태를 그림으로 표시해 보아라. 즉, 주기억장소에 할당된 변수들의 값의 상태 변화를 그림으로 표시해 보아라.

실습예제 ex9_1_memory_state_1.htm EXAMPLE

```
<html>
 <head> <title> 메모리 상태 </title> </head>
 <body>
  <script type = "text/javascript">
   var value1 = 0, value2 = 0, temp = 0;
   value1 = 1;   document.write("----------<br>value1 : " + value1 + "<br>");
   value1 = 2;   document.write("----------<br>value1 : " + value1 + "<br>");
   value1 = 3;   document.write("----------<br>value1 : " + value1 + "<br>");

   value2 = -1;  document.write("----------<br>value2 : " + value2 + "<br>");
   value2 = -2;  document.write("----------<br>value2 : " + value2 + "<br>");
   value2 = -3;  document.write("----------<br>value2 : " + value2 + "<br>");

   temp = value2;    document.write("----------<br>temp : " + temp + "<br>");
   value2 = value1;  document.write("----------<br>value2 : " + value2 + "<br>");
   value1 = temp;    document.write("----------<br>value1 : " + value1 + "<br>");
   document.write("----------");
  </script>
 </body>
</html>
```

문제해결 논리

프로그램에서 사용하는 모든 변수는 기억장소를 할당받는다. 그리고 컴퓨터시스템은 프로그램에서 사용된 모든 변수에 적절한 위치의 주기억장소를 알아서 자동으로 할당해 준다고 이미 설명하였다. 그러므로 주기억장소를 그림으로 그린 후 프로그램에서 사용된 변수들 value1, value2, temp을 임의의 기억장소 할당시킨다. 그런 다음 프로그램을 위에서부터 한 줄씩 아래로 내려가면서 실행시켜 변수의 값이 변할 때 마다 그 값을 주기억장소의 해당 변수가 할당된 위치에 저장시킨다.

문제풀이

다음과 같이 메도리를 그림으로 그린다. 그런 다음 프로그램에서 사용된 변수들 value1, value2, temp을 임의의 기억장소 할당시킨다. 여기서는 value1은 1000번지에, value2는 1004번지에, temp는 1008번지에 가상으로 할당시켰다.

주소											변수
...											단계
	(1)	(2)	(3)	(4)	(5)	(6)	(7)	(8)	(9)	(10)	
2058											
2054											
2050											
...											
1008	0	0	0	0	0	0	0	−3	−3	−3	temp
1004	0	0	0	0	−1	−2	−3	−3	3	3	value2
1000	0	1	2	3	3	3	3	3	3	−3	value1
...											
112											
108											
104											
100											
...											

주소 주기억 장소 변수

(1) 처음에 다음 문장이 실행되므로 변수들 value1, value2, temp에 각각 0이 저장된다.

```
var  value1 = 0, value2 = 0, temp = 0;
```

(2) 두 번째로 value1 = 1; 문장이 실행되어 value1이 1로 변경된다. 물론 value1에 저장되어 있는 값 0은 삭제된 후 1이 저장된다. 그러나 여기서는 모든 메모리의 상태를 보여주기 위해 이전 값을 삭제시키지 않고 그림과 같이 단계별로 왼쪽에서 오른쪽으로 가면서 표시하였다. 또한 이 단계에서 value1은 1로 변경되었지만, value2와 temp에는 새로운 값이 저장되지 않았으므로 계속 0이 저장된 상태를 유지한다.

계속해서 다음의 문장이 실행된다. 즉, 현재 메모리 value1에 저장되어 있는 값 1을 읽어 화면에 출력한다. 이 문장이 실행된 후 메모리는 변하지 않는다. 즉, 메모리의 상태는 이전 상태가 계속 유지된다.

```
document.write("----------<br>value1 : " + value1 + "<br>");
```

(3) 세 번째로 value1 = 2; 문장이 실행되어 value1이 2로 변경된다. 물론 value1에 저장되어 있는 값 1이 삭제된 후 2가 저장된다. 또한 이 단계에서도 value1은 2로 변경되었지만 value2와 temp에는 새로운 값이 저장되지 않았으므로 계속 0이 저장된 상태를 유지한다.

계속해서 다음의 문장이 실행된다. 즉, 현재 메모리 value1에 저장되어 있는 값 2를 읽어 화면에 출력한다. 이 문장이 실행된 후 메모리는 변하지 않는다. 즉, 메모리의 상태는 이전 상태가 계속 유지된다.

```
document.write("----------<br>value1 : " + value1 + "<br>");
```

(4) 네 번째로 value1 = 3; 문장이 실행되어 value1이 3으로 변경된다. 물론 value1에 저장되어 있는 값 2는 삭제된 후 3이 저장된다. 또한 이 단계에서도 value1은 3로 변경되었지만 value2와 temp에는 새로운 값이 저장되지 않았으므로 계속 0이 저장된 상태를 유지한다.

계속해서 다음의 문장이 실행된다. 즉, 현재 메모리 value1에 저장되어 있는 값 3를 읽어 화면에 출력한다. 이 문장이 실행된 후 메모리는 변하지 않는다. 즉, 메모리의 상태는 이전 상태가 계속 유지된다.

```
document.write("----------<br>value1 : " + value1 + "<br>");
```

(5) 다섯 번째로 value2 = -1; 문장이 실행되어 value2가 -1로 변경된다. 물론 value2에 저장되어 있는 값 0은 삭제된 후 -1이 저장된다. 또한 이 단계에서도 value2는 -1로 변

경되었지만 value1과 temp에는 새로운 값이 저장되지 않았으므로 이전 값이 저장된 상태를 유지한다. 즉, value1은 3이 저장된 상태로 temp는 0이 저장된 상태를 유지한다.

계속해서 다음의 문장이 실행된다. 즉, 현재 메모리 value2에 저장되어 있는 값 -1을 읽어 화면에 출력한다. 이 문장이 실행된 후 메모리는 변하지 않는다. 즉, 메모리의 상태는 이전 상태가 계속 유지된다.

```
document.write("----------<br>value2 : " + value2 + "<br>");
```

(6) 여섯 번째로 value2 = -2; 문장이 실행되어 value2가 -2로 변경된다. 물론 value2에 저장되어 있는 값 -1은 삭제된 후 -2가 저장된다. 또한 이 단계에서도 value2는 -2로 변경되었지만 value1과 temp에는 새로운 값이 저장되지 않았으므로 이전 값이 저장된 상태를 유지한다. 즉, value1은 3이 저장된 상태로, temp는 0이 저장된 상태를 유지한다.

계속해서 다음의 문장이 실행된다. 즉, 현재 메모리 value2에 저장되어 있는 값 -2를 읽어 화면에 출력한다. 이 문장이 실행된 후 메모리는 변하지 않는다. 즉, 메모리의 상태는 이전 상태가 계속 유지된다.

```
document.write("----------<br>value2 : " + value2 + "<br>");
```

(7) 일곱 번째로 value2 = -3; 문장이 실행되므로 value2가 -3으로 변경된다. 물론 value2에 저장되어 있는 값 -2는 삭제된 후 -3이 저장된다. 또한 이 단계에서도 value2는 -3로 변경되었지만 value1과 temp에는 새로운 값이 저장되지 않았으므로 이전 상태 값이 저장된 상태를 유지한다. 즉, value1은 3이 저장된 상태로 temp는 0이 저장된 상태를 유지한다.

계속해서 다음의 문장이 실행된다. 즉, 현재 메모리 value2에 저장되어 있는 값 -3을 읽어 화면에 출력한다. 이 문장이 실행된 후 메모리는 변하지 않는다. 즉, 메모리의 상태는 이전 상태가 계속 유지된다.

```
document.write("----------<br>value2 : " + value2 + "<br>");
```

(8) 여덟 번째로 temp = value2; 문장이 실행되므로 value2에 저장되어 있는 값 -3을 읽어 temp에 저장한다. 물론 temp에 저장되어 있는 값 0은 삭제된 후, -3이 저장된다. 또한 이 단계에서도 temp는 -3로 변경되었지만 value1과 value2에는 새로운 값이 저

장되지 않았으므로 이전 상태 값이 저장된 상태를 유지한다. 즉, value1은 3이 저장된 상태로 value2는 -3이 저장된 상태를 유지한다.

계속해서 다음의 문장이 실행된다. 즉, 현재 메모리 temp에 저장되어 있는 값 -3을 읽어 화면에 출력한다. 이 문장이 실행된 후 메모리는 변하지 않는다. 즉, 메모리의 상태는 이전 상태가 계속 유지된다.

```
document.write("----------<br>temp : " + temp + "<br>");
```

(9) 아홉 번째로 value2 = value1; 문장이 실행되므로 value1에 저장되어 있는 값 3을 읽어 value2에 저장한다. 물론 value2에 저장되어 있는 값 -3은 삭제된 후 3이 저장된다. 또한 이 단계에서도 value2는 3로 변경되었지만 value1과 temp에는 새로운 값이 저장되지 않았으므로 이전 상태 값이 저장된 상태를 유지한다. 즉, value1은 3이 저장된 상태로, temp는 -3이 저장된 상태를 유지한다.

계속해서 다음의 문장이 실행된다. 즉, 현재 메모리 value2에 저장되어 있는 값 3을 읽어 화면에 출력한다. 이 문장이 실행된 후 메모리는 변하지 않는다. 즉, 메모리의 상태는 이전 상태가 계속 유지된다.

```
document.write("----------<br>value2 : " + value2 + "<br>");
```

(10) 열 번째로 value1 = temp; 문장이 실행되어 temp에 저장되어 있는 값 -3을 읽어 value1에 저장한다. 물론 value1에 저장되어 있는 값 3은 삭제된 후 -3이 저장된다. 또한 이 단계에서도 value1는 -3로 변경되었지만 value2과 temp에는 새로운 값이 저장되지 않았으므로 이전 상태 값이 저장된 상태를 유지한다. 즉, value2는 3이 저장된 상태로 temp는 -3이 저장된 상태를 유지한다.

계속해서 다음의 문장이 실행된다. 즉, 현재 메모리 value1에 저장되어 있는 값 -3을 읽어 화면에 출력한다. 이 문장이 실행된 후 메모리는 변하지 않는다. 즉, 메모리의 상태는 이전 상태가 계속 유지된다.

```
document.write("----------<br>value2 : " + value2 + "<br>");
```

마지막 (8), (9), (10) 단계를 거치면서 value1과 value2의 값이 서로 교환된 것을 알 수 있다. value1과 value2의 값을 교환하면서 temp라는 기억장소 하나를 더 이용하였다. 여기서 temp라는 기억장소를 이용하지 않고 value1과 value2의 값을 교환할 수 있는가? 생각해 보라. 답은 교환할 수 없다라는 것이다. 그 이유는 컴퓨터의 메모리는 어떤 새로운 값이 저장되면 이전에 저장되어 있던 값은 삭제되기 때문이다.

앞의 그림은 다음과 같이 그릴 수도 있다. 즉 앞의 그림을 오른쪽으로 90도 회전시킨 후 변수 이름을 테이블의 상단에 써 넣는다. 또한 앞의 그림에서 메모리의 나머지 부분은 생략하고 value1, value2, temp 부분만을 그린다.

1000(value1)	1004(value2)	1008(temp)
0	0	0
1	0	0
2	0	0
3	0	0
3	-1	0
3	-2	0
3	-3	0
3	-3	-3
3	3	-3
-3	3	-3

이제 앞의 그림에서 메모리의 번지를 생략시켜 보자. 다음의 그림과 같이 표시된다. 메모리의 번지는 컴퓨터시스템에 의해 자동으로 할당되므로 우리는 변수들이 임의의 메모리 번지에 할당되었다고 가정하고 프로그램을 작성하면 된다. 이것은 그냥 메모리 어딘가에 변수들이 할당되었다고 생각만 하고 프로그램을 하는 것과 동일한 개념이다. 그러므로 메모리의 번지는 굳이 표기할 필요가 없는 것이다. 앞으로 이 책에서는 특별한 경우가 아니면 메모리를 다음과 같이 변수들만 들어가 있는 그림으로 표시할 것이다. 이 그림을 이 책에서는 변수들만 들어간 표로 만들어져 있는 상태이므로 간단히 변수테이블이라고 부를 것이다. 이 변수테이블은 결국 메모리에 할당된 변수들의 값의 변환 과정을 나타내므로 변수테이블은 메모리의 상태 변화를 한 눈에 쉽게 알아 볼 수 있는 표가 되는 것이다. 저자의 생각에 이 표는 프로그램을 작성하는데 매우 매우 중요하므로 잘 알아두어야 한다. 다음의 변수테이블에서 굵게 표시된 값들은 이전 상태의 값이 그대로 유지된 경우이다.

value1	value2	temp
0	**0**	**0**
1	0	0
2	0	0
3	0	0
3	**-1**	0
3	**-2**	0
3	**-3**	0
3	-3	**-3**
3	**3**	-3
-3	3	-3

다음의 변수테이블을 보라. 앞의 변수테이블에서 굵고 빨간색으로 표시된 값들을 빈 공간으로 표시하였다. 즉, 다음의 변수테이블에서 빈 공간은 해당되는 변수의 값이 변경되지 않고 이전 상태를 그대로 유지된 경우이다. 어느 변수테이블이 이해하는데 더 좋다고 생각하는가? 저자의 생각에 다음의 변수테이블이 이해하는데 좀 더 쉽다고 생각한다.

value1	value2	temp
0	0	0
1		
2		
3		
	-1	
	-2	
	-3	
		-3
	3	
-3		

문제해결 논리 이 변수테이블을 보고 프로그램이 어떤 역할을 하는지 생각해 보아라. 사실 변수테이블을 그려보면 그 프로그램이 무엇을 위한 프로그램인지를 확실히 알 수 있

게 된다. 이 책을 공부하는 독자는 이 시점에서 변수테이블의 중요성을 모두 이해하기 어려울 수 있다. 이에 대한 좀 더 깊은 이해는 이 책의 나머지 부분에서 계속 진행될 것이다. Don't worry.

확인문제

다음의 프로그램을 분석하자. 다음 프로그램의 문장들이 실행된 후 주기억장소의 상태를 그림으로 표시해 보아라. 즉, 주기억장소에 할당된 변수들의 값의 변화 상태(과정)를 나타내는 변수테이블을 그려라. 또한 다음 프로그램을 보고 순서도를 작성하여라.

실습예제

ex9_1_memory_state_2.htm EXAMPLE

```
<html>
<head> <title> 메모리 상태 </title> </head>
<body>
   <script type = "text/javascript">
      var value = 0, string = null, temp = null;
      value = 1; document.write("--------<br>value : " + value + "<br>");
      value = 2; document.write("--------<br>value : " + value + "<br>");
      value = 3; document.write("--------<br>value : " + value + "<br>");

      string = "A1"; document.write("--------<br>string : " + string + "<br>");
      string = "A2"; document.write("--------<br>string : " + string + "<br>");
      string = "A3"; document.write("--------<br>string : " + string + "<br>");

      temp = string; document.write("--------<br>temp : " + temp + "<br>");
      string = value; document.write("-------<br>string : " + string + "<br>");
      value = temp; document.write("--------<br>value : " + value + "<br>");
      document.write("--------");
   </script>
 </body>
</html>
```

문제해결 논리

프로그램에서 사용된 변수들은 value, string, temp 3개이다. 따라서 3개열을 가지는 표를 다음과 같이 그린 후 변수들을 왼쪽 열부터 써 넣는다.

value	string	temp

변수들의 순서는 바뀌어도 무관하다. 그런 다음 프로그램을 위에서부터 한 줄씩 아래로 내려가면서 실행시켜 변수의 값이 변할 때 마다 그 값을 해당 변수의 열에 써 넣는다.

문제풀이

결과의 변수테이블은 다음과 같다. 변수테이블에서 보는 것과 같이 value에는 0이 저장된다. 그리고 string과 temp에는 어떤 값도 저장되지 않고 비어 있는 상태가 된다. 여기서는 변수테이블에서 변수가 비어 있다는 의미로 null로 표기하였다. 왜냐하면 null은 이전에 설명한 것과 같이 변수의 값이 정의되지 않아서 변수에 아무 값도 현재 들어 있지 않다는 의미이기 때문이다.

또한 이 프로그램에서 알 수 있는 것과 같이 자바스크립트 언어는 어떤 변수(이 프로그램에서 string 변수에 해당됨)에 문자열을 저장했다가 숫자를 저장해도 되고 숫자를 저장했다가 문자열(이 프로그램에서 value 변수에 해당됨)을 저장해도 관계가 없다는 것을 알 수 있다. 예를 들어 C언어, JAVA 언어 등의 많은 다른 컴퓨터 언어에서는 이러한 편리성을 제공하지 않는다. 여기서 편리성이란 순전히 자바스크립트의 입장에서 말한 것이다.

value	string	temp
0	null	null
1	null	null
2	null	null
3	null	null
3	A1	null
3	A2	null
3	A3	null
3	3	A3
A3	3	A3

순서도

앞에서 우리는 순서도를 그린 후 그 순서도를 보고 코딩을 하였다. 이와 반대로 코딩 내용을 보고 순서도를 그릴 수도 있다. 순서도는 다음과 같다.

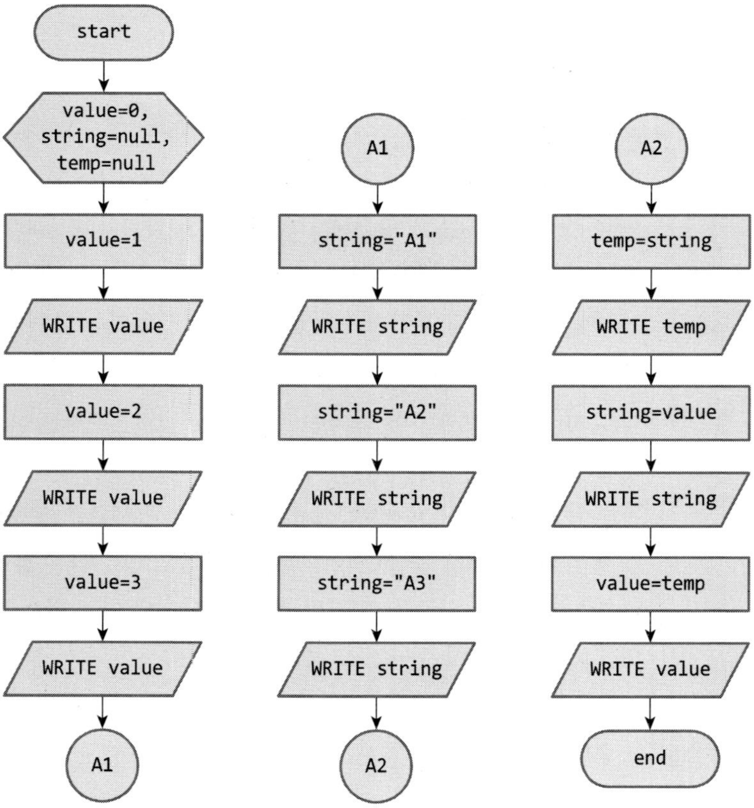

요약 SUMMARY

1. HTML이란?

인터넷 서비스의 하나인 월드 와이드 웹(WWW: World Wide Web)을 통해 볼 수 있는 웹 문서를 만들 때 사용하는 컴퓨터 언어의 한 종류이다.

2. HTML의 주요 특징

- 배우기가 쉬워서 웹 페이지를 비교적 빠르고 쉽게 작성할 수 있다.
- HTML은 문서의 글자크기, 글자색, 글자모양, 그래픽, 문서 간의 이동(하이퍼링크) 등을 정의하는 명령어들을 제공한다.
- HTML 문서 파일을 실행하는 데에 별도의 컴파일러가 필요하지 않다. 단지 웹 브라우저만 있으면 실행이 가능하다.
- HTML은 스크립트 방식의 언어로 웹 브라우저에 탑재되어 있는 HTML 문서 해석기에 의해 한 줄씩 해석되어 실행된다.

3. 태그 또는 태그 명령

- HTML 문서를 작성하기 위해 사용하는 일종의 프로그램 명령어로 기호(<)로 시작해서 기호(>)로 끝난다.
- 태그는 일종의 명령으로 "어떠 어떻게 하라" 또는 "어떤 의미이다"라는 지시 사항을 나타낸다.
- 태그는 시작 태그와 종료 태그가 대부분 쌍을 이루어 나타나는데 종료 태그는 시작 태그 앞에 "/"를 넣어 사용한다.

4. 자바스크립트를 HTML에 넣기 위한 태그

- HTML의 <script> … </script> 태그 내에 자바스크립트 코드를 직접 위치시키면 된다.

5. 자바스크립트에서 주석문

- 기호 // 뒤에 있는 모든 문자들은 주석문으로 간주된다.
- 기호 /*와 */ 사이에 여러 줄의 설명을 넣을 수 있다.

6. 자바스크립트의 자료형

- 자료형(Data Type)이란 자바스크립트 언어에서 사용되는 자료들을 종류별로 분류한 것이다.
- 자바스크립트 언어의 요소들 중에서 변수(Variable)와 상수(Constant)가 자료형에 해당된다.
- 자바스크립트는 저장하는 값의 종류에 따라 변수의 데이터 유형이 자동으로 변경된다. 따라서 자바스크립트에서는 변수의 형을 고려하지 않아도 된다.
- C언어, JAVA언어 등과 같은 언어들은 변수 선언시 변수 이름 앞에 자료의 형을 의미하는 int, long, float 등을 반드시 붙여야 한다. 이와는 다르게 자바스크립트에서는 변수를 선언할 때 자

료의 형을 의미하는 키워드를 붙이지 않으며 단지 var이라는 키워드만을 붙여 선언한 후 사용하면 된다.

7. 변수와 상수
   - 변수란 프로그램에서 값(데이터)을 저장하기 위한 기억장소에 붙여진 이름을 말한다.
   - 상수란 그 값이 한번 정해지면 프로그램에서 변하지 않은 값을 말한다.

8. 주기억장소와 변수
   - 주기억장소는 물리적인 번지(Address), 즉 주소를 가지고 있다.
   - 이 물리적인 주소는 1바이트 단위로 부여되어 있으며 0부터 시작한다.
   - 메모리는 운영체제에 의해 동적으로 관리되기 때문에 프로그램이 실행될 때 메모리의 상태를 확인하기 어렵다.
   - 프로그램에서 사용하는 모든 변수는 기억장소를 할당받는다.
   - 컴퓨터시스템은 프로그램에서 사용된 모든 변수에 적절한 위치의 주기억장소(RAM)를 알아서 자동으로 할당해 준다.

9. 변수이름 만드는 권장 사항
   - 변수에 저장될 값의 의미를 반영할 수 있는 변수이름을 사용하는 것이 권장된다.

10. document.write( )
   - 자바스크립트에서 document.write( )는 값(숫자 값 또는 문자[열] 또는 변수 값)을 웹 브라우저 화면에 인쇄하기 위해 사용되는 명령문이다.

11. HTML의
 태그
   -
 태그는 커서를 다음 행으로 이동시키는 역할을 한다. 즉 출력 위치를 변경시키게 된다.

연습문제 EXERCISE

1. 다음의 설명하는 내용이 무엇인지 간단히 답하시오.

설명	답
HTML 문서를 작성하기 위해 사용하는 일종의 프로그램 명령어로 기호(<)로 시작해서 기호(>)로 끝나는 것을 무엇이라고 부르는가?	
자바스크립트를 HTML에 넣기 위한 태그 명령을 쓰시오.	
자바스크립트의 주석문 기호 2가지를 쓰시오.	
자바스크립트 언어에서 사용되는 자료들을 종류별로 분류한 것을 무엇이라고 부르는가?	
자바스크립트에서는 변수를 선언할 때 변수명 앞에 붙여 사용하는 키워드는?	
프로그램에서 값(데이터)을 저장하기 위한 기억장소에 붙여진 이름을 무엇이라고 부르는가?	
그 값이 한번 정해지면 프로그램에서 변하지 않은 값을 무엇이라고 부르는가?	
주기억장소에 부여되어 있는 물리적인 번지(Address)는 몇 바이트마다 부여되어 있는가?	
HTML의 태그 중에서 커서를 다음 행으로 이동시키는 역할을 하는 태그는?	
이 태그 내에 작성된 내용은 실행 시켰을 때, 웹 브라우저를 통해 웹 브라우저 창(Window)에 출력된다. 이 태그는?	
이 태그 사이에 기록된 문자들은 문서의 제목으로 사용된다. 이 태그는?	
HTML문서의 시작과 끝을 알려주는 태그는?	
HTML 문서의 머리말에 해당하는 부분을 나타내는 태그는?	
자바스크립트에서 하나의 문장이 끝났음을 나타내는 기호는?	

2. 다음의 설명하는 내용이 참이면 ○로, 거짓이면 ×로 답하시오.

설명	답
HTML은 인터넷 서비스의 하나인 월드 와이드 웹(WWW: World Wide Web)을 통해 볼 수 있는 웹 문서를 만들 때 사용하는 컴퓨터 언어의 한 종류이다.	
HTML은 문서의 글자크기, 글자색, 글자모양, 그래픽, 문서 간의 이동(하이퍼링크) 등을 정의하는 명령어들을 제공한다.	
HTML은 스크립트 방식의 언어로 웹 브라우저에 탑재되어 있는 HTML 문서 해석기에 의해 번역된 실행 파일이 실행된다.	
태그는 일종의 명령으로 "어떻게 하라" 또는 "어떤 의미이다"라는 지시 사항을 나타낸다.	
HTML 태그는 시작 태그와 종료 태그가 항상 쌍을 이루어 나타난다.	
어떤 HTML 태그는 그 태그의 속성을 갖는다.	
자바스크립트는 HTML 문서의 <head>…</head> 또는 <body>…<body> 내에 어느 위치에 놓아도 된다.	
하나의 HTML 문서 내에 하나의 자바스크립트만 올 수 있다.	
자바스크립트 언어에서는 소문자와 대문자를 구분하지 않는다.	
프로그램에서 사용되는 모든 값들은 컴퓨터의 메모리(RAM)에 저장된다.	
주기억장소(RAM)는 물리적인 번지(Address), 즉 주소를 가지고 있다.	
컴퓨터의 주기억장소가 물리적인 번지로 나누어진 이유 중의 하나는 기억장소를 나누어 필요한 용도로 사용하기 위함이다.	
어떤 물리적인 주소의 기억장소에 저장된 값은 다른 값으로 변경될 수 있다.	
변수는 기억장소 자체를 의미하는 것으로 생각해도 무방하다.	
프로그램에서 사용하는 모든 변수는 기억장소를 자동으로 할당받는다.	
프로그램 작성자는 변수가 할당받은 기억 장소의 물리적 주소를 반드시 알아야 프로그램 작성을 할 수 있다.	
변수는 항상 기억장소를 연속적으로 할당받는다.	
변수와 메모리의 관계를 머릿속에 잘 이해하고 그릴 수 있으면 프로그램의 작성은 매우 쉬워질 수 있다.	
자바스크립트에서 미리 정해놓은 예약어는 변수명으로 사용할 수 없다.	
변수의 선언이란 프로그램에서 이러 이러한 변수를 사용할 것임을 번역기(해석기)에게 알려주는 역할을 한다.	
자바스크립트에서는 변수의 형을 고려하지 않아도 되므로 변수의 형을 나타내는 키워드를 붙이지 않는다.	

document.write( )를 사용하여 문자열 또는 변수 값을 인쇄하기 위해서는 인쇄할 문자열을 큰따옴표(" ")로 문자열을 묶어준다.	
document.write( )를 사용하여 2개 이상의 문자열 또는 값을 연속적으로 합하여 인쇄하려면 문자열 연산자 + 기호를 사용한다.	
자바스크립트에서 문자열은 큰따옴표(") 대신 작은따옴표(')를 사용해도 된다.	
프로그램 작성시에 변수이름을 만들 때 변수에 저장될 값의 의미를 반영할 수 있는 변수이름을 사용하는 것이 권장된다.	

3. 다음의 변수이름들 중 올바른 변수이름은 ○로, 잘못된 변수이름은 무엇이 잘못되었는지 말해보시오.

변수이름	답
average	
count	
index_	
_sum	
temp_2	
9_sum2	
var	
document	
for	
DOCUMENT	
SUM	
average values	
average_values	

4. 다음 변수이름 중에서 의미 있는 변수명이라고 볼 수 있는 것에 모두 ○로 답하시오.

변수이름	답
count	
index	

value	
firstValue	
secondValue	
abc	
a1	
kxz	
maxNumber	
average	
sum	
_bookAuthor	
_bookCost	

5. 다음과 같이 변수 7개의 변수에 각각의 값으로 초기화 시킨 후 다음의 출력 결과와 같이 출력되도록 순서도를 그리고 이를 바탕으로 프로그램을 작성하시오.

```
studentID = "A20120001001"
smartPhoneNumber = "010-1111-1234"
address = "GangWonDo"
height = "181cm"
favoriteFood = "Pizza"
favoriteSubject = "컴퓨터 개론"
favoriteAppGame = "AngryBird"
```

출력결과

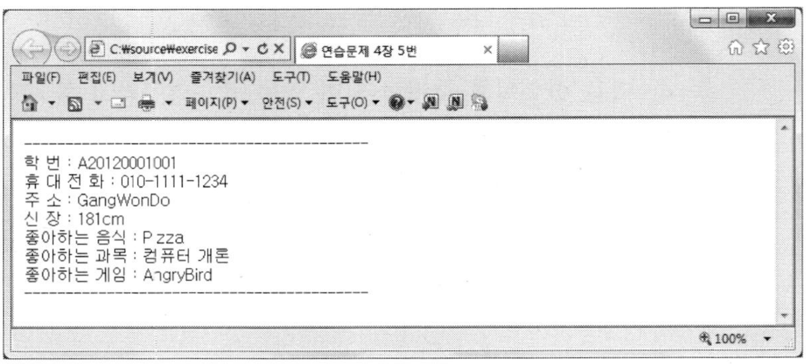

6. 다음의 프로그램을 분석하자. 다음 프로그램의 문장들이 실행된 후 주기억장소의 상태를 그림으로 표시해 보시오. 즉, 주기억장소에 할당된 변수들의 값의 상태 변화를 그림으로 표시하는 변수테이블을 그려라. 또한 다음의 프로그램을 보고 순서도를 그리시오.

프로그램

```
<html>
 <head> <title> 메모리 상태 </title> </head>
 <body>
  <script type = "text/javascript">
    var  value1 = 0, value2 = 0, temp = 0;
    value1 = 1; document.write("--------<br>value1 : " + value1 + "<br>");
    value1 = 2; document.write("--------<br>value1 : " + value1 + "<br>");
    value1 = 3; document.write("--------<br>value1 : " + value1 + "<br>");
    value1 = 4; document.write("--------<br>value1 : " + value1 + "<br>");
    value1 = 5; document.write("--------<br>value1 : " + value1 + "<br>");
    value1 = 6; document.write("--------<br>value1 : " + value1 + "<br>");
    value1 = 7; document.write("--------<br>value1 : " + value1 + "<br>");
    value1 = 8; document.write("--------<br>value1 : " + value1 + "<br>");
    value1 = 9; document.write("--------<br>value1 : " + value1 + "<br>");
    value1 = 10; document.write("--------<br>value1 : " + value1 + "<br>");

    value2 = 10; document.write("--------<br>value2 : " + value2 + "<br>");
    value2 = 20; document.write("--------<br>value2 : " + value2 + "<br>");
    value2 = 30; document.write("--------<br>value2 :“ + value2 + "<br>");
    value2 = 40; document.write("--------<br>value2 : " + value2 + "<br>");
    value2 = 50; document.write("--------<br>value2 : " + value2 + "<br>");

    temp = value2; document.write("--------<br>temp : " + temp + "<br>");
    value2 = value1; document.write("--------<br>value2 : " + value2 + "<br>");
    value1 = temp; document.write("-------->value1 : " + value1 + "<br>");
    document.write("--------");
  </script>
 </body>
</html>
```

7. 다음의 프로그램을 분석하자. (1) 다음 프로그램의 문장들이 실행된 후, 주기억장소의 상태를 그림으로 표시해 보아라. 즉, 주기억장소에 할당된 변수들의 값의 상태 변화를 그림으로 표시하는 변수테이블을 그리시오. (2) 변수테이블을 보고 무엇을 알 수 있는가? (3) 또한 다음의 프로그램을 보고 순서도를 그리시오.

프로그램

```
<html>
 <head> <title> 제4장 7번 </title> </head>
 <body>
  <script type = "text/javascript">

     var  string1 = null, string2 = null, string3 = null;
     var  string4 = null, string5 = null, temp = null;

     string1 = "A1";      document.write("----<br>string1 : "+string1 + "<br>");
     string2 = "A2";      document.write("----<br>string2 : "+string2 + "<br>");
     string3 = "A3";      document.write("----<br>string3 : "+string3 + "<br>");
     string4 = "A4";      document.write("----<br>string4 : "+string4 + "<br>");
     string5 = "A5";      document.write("----<br>string5 : "+string5 + "<br>");

     temp = string1;      document.write("----<br>temp : "+temp + "<br>");
     string1 = string2;   document.write("----<br>string1 : "+string1 + "<br>");
     string2 = string3;   document.write("----<br>string2 : "+string2 + "<br>");
     string3 = string4;   document.write("----<br>string3 : "+string3 + "<br>");
     string4 = string5;   document.write("----<br>string4 : "+string4 + "<br>");
     string5 = temp;      document.write("----<br>string5 : "+string5 + "<br>");

     document.write("----")
  </script>
 </body>
</html>
```

CHAPTER 05

자바스크립트의 연산자

1. 표현식과 연산자

2. 연산자 우선순위

05 CHAPTER 자바스크립트의 연산자

학습목표

- 표현식이 무엇인지 이해하고 만들 수 있다.
- 자바스크립트의 각종 연산자들의 종류와 사용법을 이해한다.
- 연산자의 우선순위와 결합규칙을 이해한다.
- 연산 결과 값이 저장되는 기억장소의 상태 변화를 좀 더 잘 이해할 수 있다.

1. 표현식과 연산자

이 부분에서는 자바스크립트에서 제공하는 기본적인 연산자들을 소개하고 이를 이용하여 프로그램을 작성하는 방법을 학습한다. 자바스크립트에서 제공하는 연산자들 대부분은 다른 프로그램 언어에서도 거의 동일하게 적용되므로 이들을 잘 익혀둔다면 차후 다른 프로그램 언어(C언어, JAVA 등)를 익히는데 많은 도움이 될 것이다.

1.1 표현식

우선 표현식이 무엇인지 알아보자. 표현식(Expression)은 상수, 변수, 문자, 문자열, 연산자 등을 적당하게 결합하여 연산을 수행하고 어떤 하나의 결과 값을 발생시킬 수 있도록 하는 수식을 말한다. 이것은 일반 수학에서의 수식을 만드는 것과 비슷하다고 볼 수 있다. 다시 말하면 프로그램 언어에서 수식은 연산자와 피연산자를 결합해 놓은 것을 말한다. 피연산자는 연산자가 연산하는 연산 대상이다. 가장 간단한 수식은 하나의 피연산자로 구성된다. 자바스크립트에서 표현식은 다음과 같이 만들 수 있다.

<table>
<tr><td rowspan="2">표현식</td><td>예</td><td>① 200;
② 200 + 700;
③ 10 + b1 + b2;
④ "A" + "B";</td></tr>
<tr><td>설명</td><td>• 예의 표현식(수식)에서 계산된 값은 각각 다음과 같다.
① 200
② 900
③ 10과 b1, b2의 내용을 더한 값(여기서 b1, b2는 변수들이다)
④ "AB"
• ①은 가장 간단한 수식으로 하나의 피연산자로 구성된다.
• ②는 1개의 연산자(+)와 2개의 피연산자(200, 700)로 구성된 수식이다.</td></tr>
</table>

1.2 연산자

이 절에서는 연산자들을 상세히 살펴보고 연산자들에 대한 간단한 실습예제를 작성해 본다. 이 실습예제들을 통해 연산자들의 의미를 이해하자. 연산자들이 좀 더 다양하고 구체적으로 어떤 프로그램에 적용되는지는 이후 좀 더 복잡한 예제를 통해 살펴볼 것이다. 프로그램 논리를 아직 학습하지 않았으므로 여기에서는 단지 어떤 연산자들이 있는지와 이들 연산자들이 수식에서 어떻게 쓰이는지를 이해만하면 된다.

1.2.1 대입 연산자 I

다른 프로그램 언어와 마찬가지로 대입 연산자는 기호 '='을 사용한다. 사실 이 기호는 수학에서 등호로 사용되는 기호와 동일하지만 이전에 간단히 설명한 것과 같이 그 의미는 다르다. 즉 수학에서의 등호는 등호 좌변과 우변의 값이 동일하다는 의미이지만 컴퓨터 프로그램 언어에서 등호는 그런 의미가 아니라 등호 우변의 값을 계산해서 등호 좌변의 변수에 저장하라는 의미가 된다. 그래서 이 등호를 컴퓨터 프로그램 언어에서는 대입 또는 할당 연산자라고 부른다.

대입 연산자를 사용하여 만들어진 식을 대입식(할당식)이라고 부른다. 대입 식은 다음과 같은 형식으로 만든다. 재차 설명하지만 대입(할당) 연산자 기호 '='는 우변의 값을 좌변에 대입(할당 또는 저장)하는 기능을 수행한다.

형식	변수 = 표현식(Expression)
예	① sum1 = 200; ② sum2 = 200 + 700; ③ result1 = 10 + b1 + b2; ④ result2 = "A" + "B";
설명	• sum1, sum2, result1, result2는 변수이름이다. • 대입 식의 의미는 "=" 오른쪽의 값 또는 연산 결과를 왼쪽의 변수에 대입(할당 또는 저장)하라는 의미가 된다. • 여기서 기호 "="을 대입(할당)연산자라고 부른다. • 예의 표현식에서 계산된 값은 각각의 변수에 대입(할당 또는 저장)된다. ① sum1에 200이 저장 ② sum2에 900이 저장 ③ result1에 10과 b1, b2의 내용을 더한 값(여기서 b1, b2는 변수들이다)이 저장 ④ result2에 문자열 "AB"가 저장

지식추가 **문장(Statement)**

컴퓨터 프로그램 언어에서 문장은 프로그램의 기본적인 요소이다. 문장은 컴퓨터가 처리할 하나의 완전한 하나의 명령어가 된다. 따라서 문장 하나하나를 명령문이라고도 부른다고 하였다. 자바스크립트에서 하나의 문장은 기호 세미콜론(;)[Semicolon]으로 끝난다. 즉 앞의 예에 있는 ①, ②, ③, ④는 각각 하나의 문장이 된다. 단, 기호 세미콜론(;)[Semicolon]은 생략이 가능하다. 그러나 문장이 끝났다는 것을 명확히 하기 위해서 세미콜론은 생략하지 않는 것이 좋다고 권장된다.

지식추가 **복문(Compound Statement)**

복문은 1개 이상의 문장이 중괄호({ })에 의해 둘러싸여 있는 것을 말한다. 복문은 블록(Block)이라고도 부른다. 다음의 표는 복문의 예를 나타낸다. 예에 있는 if문은 뒤에서 상세하게 배울 것이다

자바스크립트 if문에서의 복문의 예

```
if(x <= y) {
          max = y;
          s1 = "x는 y보다 작다";
          }
else {
     max = x;
     s1 = "x는 y보다 크다";
     }
```

1.2.2 산술연산자

산술연산자는 사칙연산(+, -, *, /)을 수행하고자 할 때 사용되는 연산자들이다. 산술연산자의 종류와 기능은 다음과 같다.

산술연산자	의미	예제(a=10, b=2인 경우)		설명
		연산식	결과 값	
+	덧셈연산	a+b	12	a와 b를 더함
-	뺄셈연산 (이항연산)	a-b	8	a에서 b를 뺌
*	곱셈연산	a*b	20	a와 b를 곱함
/	나눗셈연산	a/b	5	a를 b로 나눈 몫
-	부호변환	-a	-10	a의 부호를 변경함 이 연산을 단항연산이라고 부름
%	나머지연산	a%b	0	a를 b로 나눈 나머지

다음과 같이 실습예제를 작성하고 실행하여 결과를 확인하여 보자.

실습예제 **ex10_arithmetic_operator.htm** EXAMPLE

```
<html>
 <head> <title> 산술연산자 </title> </head>
 <body>
  <script type = "text/javascript">
       document.write("<h2>산술 연산자</h2>");
       var a = 10, b = 2;
       var result1 = null, result2 = null, result3 = null;
       var result4 = null, result5 = null, result6 = null;

       result1 = a+b;
       result2 = a-b;
       result3 = a*b;
       result4 = a/b;
       result5 = a%b;
       result6 = -a;
```

```
        document.write("---------------------------------<br>");
        document.write("a=10 : b=2" + "<br>");
        document.write("----------" + "<br>");
        document.write("a+b  : " + result1 + "<br>");
        document.write("a-b  : " + result2 + "<br>");
        document.write("a*b  : " + result3 + "<br>");
        document.write("a/b  : " + result4 + "<br>");
        document.write("a%b : " + result5 + "<br>");
        document.write("-a    : " + result6 + "<br>");
        document.write("---------------------------------<br>");
    </script>
  </body>
</html>
```

실행결과

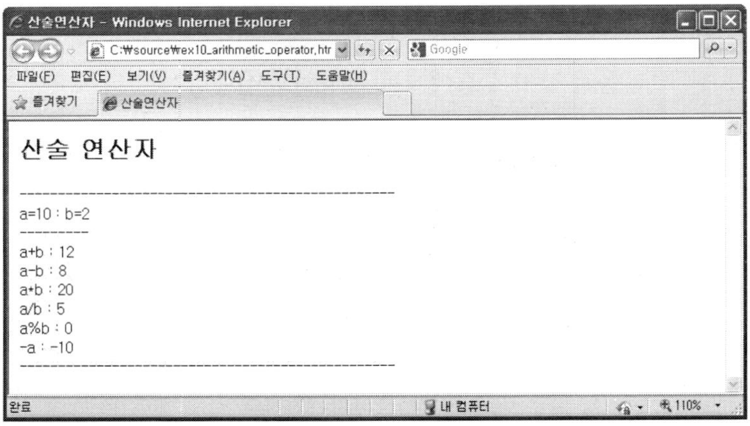

지식추가 html 태그 〈hn〉 … 〈/hn〉는 글자의 크기를 조정하는 태그로 h1~h6까지 6단계로 크기로 조정할 수 있다. 숫자가 작을수록 글자의 크기는 커진다.

앞의 프로그램은 각 수식을 계산한 뒤, 각 수식의 계산 결과를 result1~result6까지의 변수에 저장한 후 result1~result6의 변수들을 document.write()에서 참조하여 출력하였다. 이와는 좀 다르게 result1~result6의 변수들을 사용하지 않고 직접 document.write()에 수식 자체를 기록하여 출력할 수도 있다. 즉 다음 프로그램과 같이 작성할 수도 있다. 물론 결과는 앞의 프로그램과 동일하다.

프로그램 ex10_arithmetic_operator_2.htm

```
<html>
 <head> <title> 산술연산자 </title> </head>
 <body>
  <script type = "text/javascript">
        document.write("<h2>산술 연산자</h2>");
        var a = 10, b = 2;

        document.write("----------------------------------<br>");
        document.write("a=10 : b=2" + "<br>");
        document.write("-----------" + "<br>");
        document.write("a+b  : " + (a+b) + "<br>");
        document.write("a-b  : " + (a-b) + "<br>");
        document.write("a*b  : " + a*b + "<br>");
        document.write("a/b  : " + a/b + "<br>");
        document.write("a%b : " + a%b + "<br>");
        document.write("-a   : " + (-a) + "<br>");
        document.write("----------------------------------<br>");
  </script>
 </body>
</html>
```

실행결과

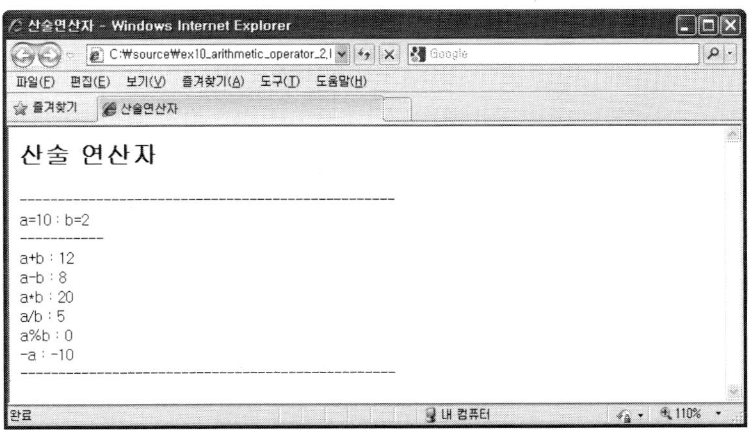

1.2.3 대입 연산자 II

대입(할당) 연산자는 앞에서 살펴본 '=' 연산자를 포함하여 다음과 같은 연산자들이 있다.

대입연산자	예제	설명
=	a=10	변수 a에 10을 대입(할당 또는 저장)한다.
+=	a+=b	변수 a에 a+b의 결과를 대입(a=a+b와 같음)한다.
-=	a-=b	변수 a에 a-b의 결과를 대입(a=a-b와 같음)한다.
*=	a*=b	변수 a에 a*b의 결과를 대입(a=a*b와 같음)한다.
/=	a/=b	변수 a에 a/b의 결과를 대입(a=a/b와 같음)한다.
%=	a%=b	변수 a에 a%b의 결과를 대입(a=a%b와 같음)한다.

실습예제 ex11_substitution_operator.htm EXAMPLE

```
<html>
 <head> <title> 대입연산자 </title> </head>
 <body>
  <script type = "text/javascript">
        document.write("<h2>대입 연산자</h2>");
        document.write("------------------------------<br>");

        var a = 5, b = 2;

        document.write("a=5 : b=2" + "<br>");
        document.write("---------" + "<br>");
        a+=b;
        document.write("a+=b  : " + a + "<br>");
        a-=b;
        document.write("a-=b  : " + a + "<br>");
        a*=b;
        document.write("a*=b  : " + a + "<br>");
        a/=b;
        document.write("a/=b  : " + a + "<br>");
```

```
            a%=b;
            document.write("a%=b : " + a + "<br>");
            document.write("------------------------------<br>");
        </script>
    </body>
</html>
```

실행결과

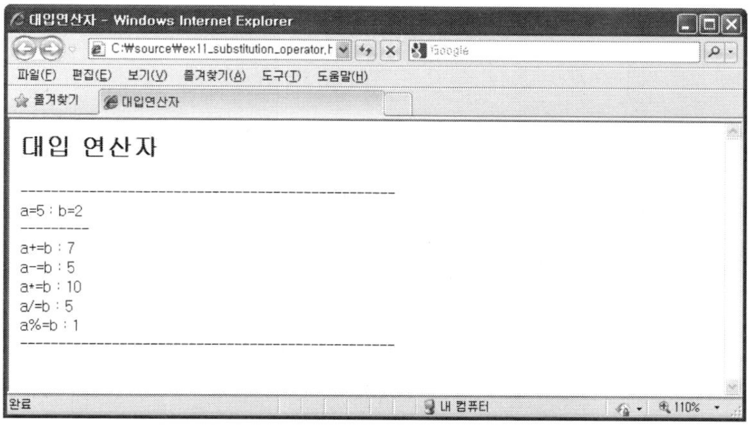

1.2.4 관계 연산자

관계연산자는 두 값의 크기를 비교하는 연산자로 비교연산자 또는 조건연산자라고도 부른다. 다음의 표는 관계연산자를 요약하여 보여준다.

관계연산자	기능설명	a=10, b=20인 경우의 예	결과 값
>	~보다 크다	h1=(a > b)	false
<	~보다 작다	h2=(a < b)	true
>=	~보다 크거나 같다	h3=(a >= 8)	true
<=	~보다 작거나 같다	h4=(a <= 10)	true
==	~와 같다	h5=(a == b)	false
!=	~와 같지 않다	h6=(a != b)	true

실습예제 ex12_relation_operator.htm

EXAMPLE

```
<html>
  <head> <title> 관계연산자 </title> </head>
  <body>
    <script type = "text/javascript">
          document.write("<h2>관계 연산자</h2>");

          var a = 10, b = 20;

          document.write("-----------------------------<br>");
          document.write("a=10 : b=20" + "<br>");
          document.write("------------" + "<br>");
          document.write("a &gt; b : " + (a > b) + "<br>");
          document.write("a &lt; b : " + (a < b) + "<br>");
          document.write("a &gt;= 8 : " + (a >= 8) + "<br>");
          document.write("a &lt;= 10 : " + (a <= 10) + "<br>");
          document.write("a == b : " + (a == b) + "<br>");
          document.write("a != b : " + (a != b) + "<br>");
          document.write("-----------------------------<br>");
    </script>
  </body>
</html>
```

지식추가

자바스크립트에서 〈 문자 또는 〉 문자 자체를 화면에 출력하기 위해서는 각각 <과 >이라는 특수문자를 사용하도록 되어 있다.

실행결과

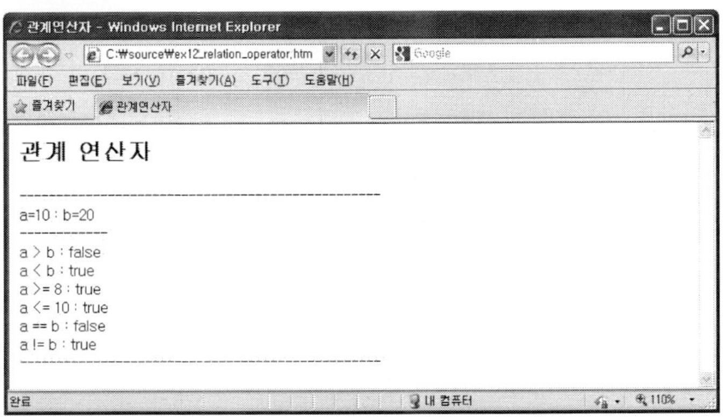

1.2.5 논리 연산자

논리연산자는 여러 개의 조건을 함께 연결할 때 사용되는 연산자들이다. 다음의 표는 논리연산자를 요약한다.

논리연산자	기능설명	a=10, b=20인 경우의 예	결과 값
&&	지정한 두 식간의 논리곱 (AND)을 구한다.	(a < b) && (b >= 20)	true
||	지정한 두 식간의 논리합 (OR)을 구한다.	(a > b) || (b >= a)	true
!	지정한 식의 논리부정 (NOT)을 구한다.	!(a >= b)	true

지식추가 두 논리연산자의 계산은 다음과 같이 행해진다.

논리곱

a	b	a && b
false	false	false
false	true	false
true	false	false
true	true	true

논리합

a	b	a || b
false	false	false
false	true	true
true	false	true
true	true	true

논리부정

a	!a
false	true
true	false

실습예제 ex13_logical_operator.htm EXAMPLE

```
<html>
  <head> <title> 논리연산자 </title> </head>
  <body>
    <script type = "text/javascript">
            document.write("<h2>논리연산자</h2>");

            var a = 10, b = 20;

            document.write("----------------------------<br>");
            document.write("a=10 : b=20" + "<br>");
            document.write("------------" + "<br>");

            h1 = (a < b) && (b >= 20);
            h2 = (a > b) || (b >= a);
            h3 = !(a >= b);

            document.write("(a &lt; b) && (b &gt;= 20)  : " + h1 + "<br>");
            document.write("(a &gt; b) || (b &gt;= a)  : " + h2 + "<br>");
            document.write("!(a &gt;= b) : " + h3 + "<br>");
            document.write("----------------------------<br>");
    </script>
  </body>
</html>
```

실행결과

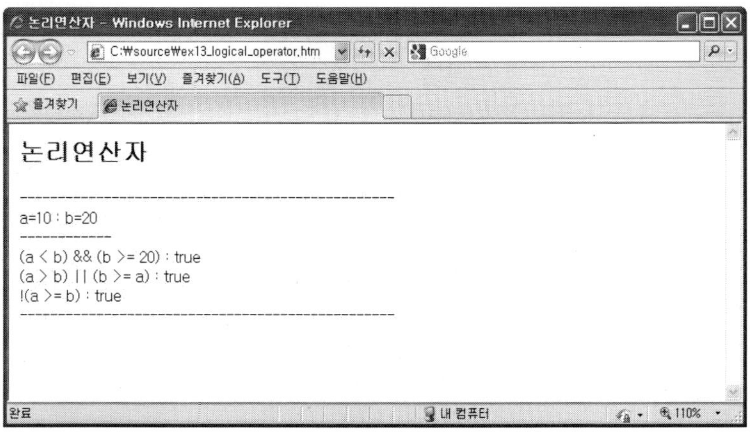

1.2.6 비트 연산자

자바스크립트에서 비트간의 연산을 수행할 수 있도록 비트 연산자(Bit Operator)를 제공한다. 다음의 표는 비트 연산자를 요약한다.

비트 연산자	기능 설명	a=4, b=8, c=12, d=12인 경우의 예 4 => $0100_{(2)}$ 8 => $1000_{(2)}$ 12 => $1100_{(2)}$	결과 값
&	비트끼리의 논리곱	h1 = a & b	0
|	비트끼리의 논리합	h2 = a | b	12
~	비트를 부정	h3 = ~(a) | b	-5
^	비트끼리의 배타적 논리합 (Exclusive-OR)	h4 = a ^ b	12
<<	비트를 좌측으로 이동시킴	h5 = c << 2	48
>>	비트를 우측으로 이동시킴	h6 = d >> 2	3

지식추가 비트 연산자의 계산은 다음과 같이 수행된다.

비트 &

a	b	a & b
0	0	0
0	1	0
1	0	0
1	1	1

비트 |

a	b	a | b
0	0	0
0	1	1
1	0	1
1	1	1

비트 부정(~)

a	~a
0	1
1	0

배타적 논리합

a	b	a ^ b
0	0	0
0	1	1
1	0	1
1	1	0

지식추가 예제의 결과 값은 다음과 같은 연산 과정을 통해 구해진 것이다. 단, 여기에서는 8비트로 가정하여 계산 과정을 보여준다.

변수 이름	변수가 가지고 있는 값(10진수)	변수가 가지고 있는 값(2진수)
a	4	00000100
b	8	00001000
c	12	00001100
d	12	00001100

(1) (h1 = a & b)의 연산

a	00000100
b	00001000
(a & b)의 결과	00000000
결과를 10진수로 변경한 값	$00000000_{(2)}$ = 0

(2) (h2 = a | b)의 연산

a	00000100
b	00001000
(a | b)의 결과	00001100
결과를 10진수로 변경한 값	$00001100_{(2)}$ = 12

(3) (h3 = ~(a) | b)의 연산

~(a)	11111011
b	00001000
(~(a) | b))의 결과	11111011
결과가 음수이므로 1의 보수로 변경	00000100
2의 보수로 변경	00000101
결과를 10진수로 변경한 값	$00000101_{(2)}$ = 5
결과가 음수였으므로 기호 "-" 추가	-5

(4) (h4 = a ^ b)의 연산

a	00000100
b	00001000
(a ^ b)의 결과	00001100
결과를 10진수로 변경한 값	$00001100_{(2)}$ = 12

(5) (h5 = c 〈〈 2)의 연산

c	00001100
c를 왼쪽으로 2bit만큼 이동시킨다 **((c << 2)의 결과)**	00110000
설명	• 오른쪽의 공백으로 남는 bit는 0으로 채워준다. • 왼쪽으로 1bit 이동시키는 것은 원래 값의 2배 크기가 된다.
결과를 10진수로 변경한 값	$00110000_{(2)}$ = 48

(6) (h6 = d 〉〉 2)의 연산

d	00001100
d를 오른쪽으로 2bit만큼 이동시킨다 **((d >> 2)의 결과)**	00000011
설명	• 가장왼쪽의 bit는 부호(Sign)로 채워준다. • 오른쪽으로 1bit 이동시키는 것은 원래 값을 2로 나눈 크기가 된다.
결과를 10진수로 변경한 값	$00000011_{(2)}$ = 3

실습예제 ex14_bit_operator.htm EXAMPLE

```
<html>
  <head> <title> 비트연산자 </title> </head>
  <body>
    <script type = "text/javascript">
         document.write("<h2>비트연산자</h2>");
         document.write("------------------------------<br>");

         var  a = 4, b = 8, c = 12, d = 12;
         var h1 = null, h2 = null, h3 = null;
         var h4 = null, h5 = null, h6 = null;

         h1 = a & b;
         h2 = a | b;
         h3 = ~(a) | b;
         h4 = a ^ b;
         h5 = c << 2;
         h6 = d >> 2;

         document.write("a=4 : b=8 : c=12 : d=12 " + "<br>");
         document.write("---------------------" + "<br>");
         document.write("(a & b) : " + h1 + "<br>");
         document.write("(a | b) : " + h2 + "<br>");
         document.write("((~a) | b) : " + h3 + "<br>");
         document.write("(a ^ b) : " + h4 + "<br>");
         document.write("(c &lt;&lt; 2) : " + h5 + "<br>");
         document.write("(d &gt;&gt; 2) : " + h6 + "<br>");
         document.write("------------------------------<br>");
    </script>
  </body>
</html>
```

실행결과

1.2.7 증감연산자

증감연산자는 변수의 값을 1 증가 또는 1 감소시키는 연산자를 말한다. 다음의 표는 증감연산자를 설명한다.

증감연산자	기능 설명	예	설명
++	증가연산자	h1 = ++a;	• 전치 연산자 • (a=a+1)을 수행한 후, a 값을 h1에 대입한다.
		h2 = a++;	• 후치 연산자 • a의 값을 h2에 대입한 다음, (a=a+1)을 수행한다.
--	감소연산자	h3 = --b;	• 전치 연산자 • (b=b-1)을 수행한 후, b 값을 h3에 대입한다.
		h4 = b--;	• 후치 연산자 • b의 값을 h4에 대입한 다음, (b=b-1)을 수행한다.

다음의 실습예제를 작성하여 실행시켜 결과를 확인하고 순서도를 작성하여 보자. 또한 변수테이블도 그려보자.

실습예제 ex15_increment_decrement_operator.htm EXAMPLE

```
<html>
  <head> <title> 증감연산자 </title> </head>
  <body>
    <script type = "text/javascript">
          document.write("<h2>증감연산자</h2>");
          document.write("--------------------------<br>");

          var a = 4, b = 8;
          var h1 = null, h2 = null, h3 = null, h4 = null;

          h1 = ++a;
          h2 = a++;
          h3 = --b;
          h4 = b--;

          document.write("a=4 : b=8" + "<br>");
          document.write("---------" + "<br>");

          document.write("(++a) : " + h1 + "<br>");
          document.write("(a++) : " + h2 + "<br>");
          document.write("(--b) : " + h3 + "<br>");
          document.write("(b--) : " + h4 + "<br>");

          document.write("(a의 최종값) : " + a + "<br>");
          document.write("(b의 최종값) : " + b + "<br>");
          document.write("--------------------------<br>");
    </script>
  </body>
</html>
```

실행결과

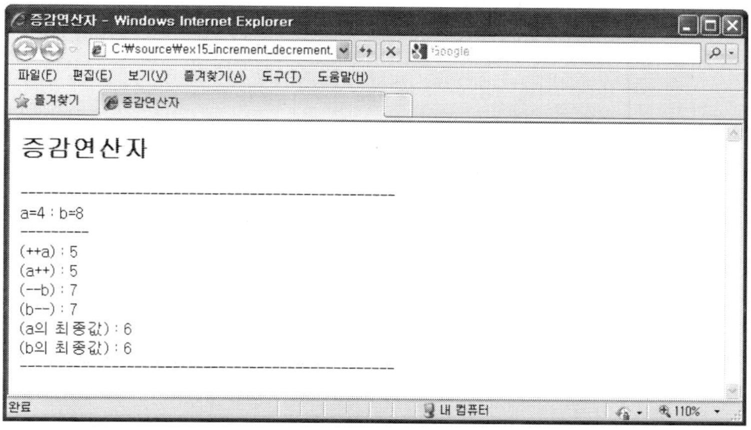

순서도

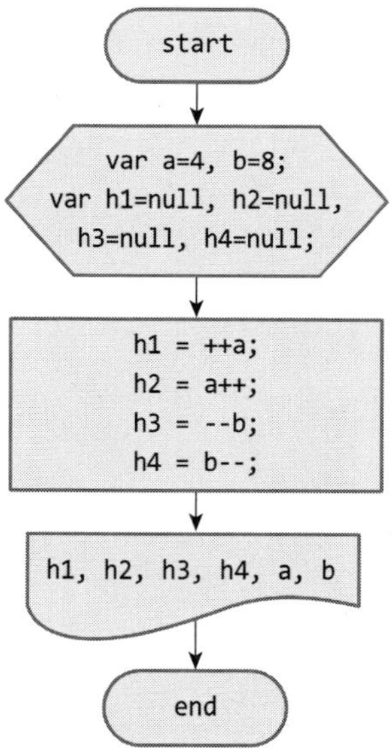

변수테이블

a	b	h1	h2	h3	h3	설명
4	8					초기 값
5		5	5			
6	7			7	7	
	6					

1.2.8 물음표 연산자

물음표(?) 연산자는 하나의 조건문과 두 개의 수식으로 구성되며 **if**문을 단순화 하고자 하는 경우에 주로 사용한다. **if**문은 나중에 자세히 배우게 된다. 물음표(?) 연산자의 형식은 다음과 같다.

형식	condition ? X : Y;
설명	(1) condition은 조건을 나타내는 식이 온다. (2) X는 조건 식(condition)이 참일 때 수행할 표현식(수식)이다. (3) Y는 조건 식(condition)이 거짓일 때 수행할 표현식이다.

실습예제 ex16_question_operator.htm EXAMPLE

```
<html>
  <head> <title> 물음표(?) 연산자 </title> </head>
  <body>
    <script type = "text/javascript">
          document.write("<h2>물음표(?) 연산자</h2>");
          document.write("-----------------------------------<br>");

          var a1 = null, a2 = null, abs1 = null, abs2 = null;

          a1 = 100;
          a2 = -100;
          abs1 = (a1 < 0) ? -(a1) : a1;
          abs2 = (a2 < 0) ? -(a2) : a2;

          document.write(a1 + "의 절대 값 : " + abs1 + "<br>");
          document.write(a2 + "의 절대 값 : " + abs2 + "<br>");
          document.write("-----------------------------------<br>");
    </script>
  </body>
</html>
```

실행결과

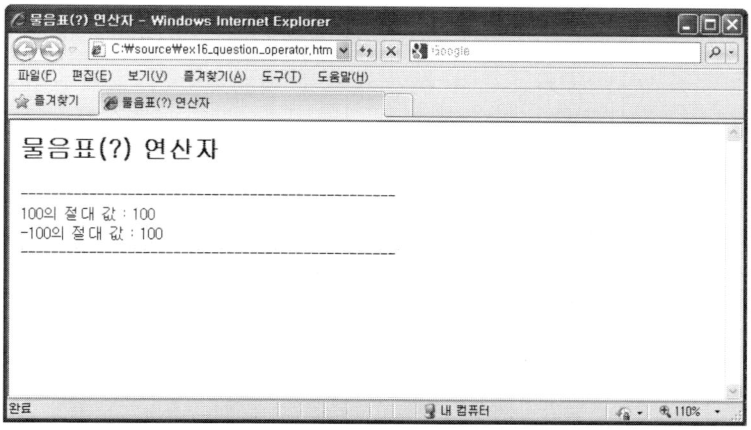

2. 연산자 우선순위

연산자 우선순위란 앞에서 설명된 자바스크립트 연산자들이 수식에서 동시에 사용될 때 어떤 연산자를 먼저 연산해야 하는지 또 어떤 연산자가 나중에 연산되어야 하는지에 대한 규칙을 말한다. 다음의 예를 살펴보자.

```
(1) h1 = 10 + 20 + 30 + 40
(2) h2 = 10 + 20 * 3
(3) h4 = (10 + 20) * 3
```

우선 일반 수학에서 연산하듯이 컴퓨터 프로그램에서도 괄호 안의 식을 가장 먼저 연산하게 된다. 그리고 괄호가 여러 개 겹쳐있는 경우 안쪽 괄호 내의 식을 먼저 연산하게 된다. 예의 (1)를 살펴보면 + 연산자가 연속되어 있는 수식이다. 이런 경우 + 연산자들은 같은 우선순위를 가지고 있기 때문에 가장 왼쪽의 + 연산자부터 연산이 수행되어 오른쪽으로 진행하게 된다. 따라서 (1)는 h1=(((10+20)+30)+40)과 같은 의미가 된다. 이렇게 +와 같이 왼쪽에서 오른쪽으로 진행하면서 연산을 수행하는 연산자들이 있는 반면에 그 반대인 연산자들도 있다. 여기서 연산의 방향이 왼쪽에서 오른쪽으로 또는 오른쪽에서 왼쪽으로 진행되는 것을 그 연산자의 결합규칙이라고 부른다.

(2)의 경우는 * 연산자가 + 연산자보다 우선순위가 높기 때문에 (2)는 h2=10+(20*3)과 같은 의미가 된다. 그러므로 (2), (3)의 경우 결과 값은 각각 70, 90이 된다.

다음의 표는 자바스크립트에서 사용되는 연산자들의 우선순위와 결합규칙을 요약한 표이다.

<table>
<tr><th>우선 순위</th><th>연산자</th><th>연산자를 부르는 명칭</th><th>결합규칙</th></tr>
<tr><td rowspan="14">↑
높다

낮다
↓</td><td>( ) [ ] ·</td><td>제1연산자(Primary)</td><td>왼쪽 → 오른쪽</td></tr>
<tr><td>++ -- ! ~</td><td>단항연산자(Unary)</td><td>왼쪽 ← 오른쪽</td></tr>
<tr><td>* / %</td><td>산술연산자(Arithmetic)</td><td>왼쪽 → 오른쪽</td></tr>
<tr><td>+ -</td><td>산술연산자(Arithmetic)</td><td>왼쪽 → 오른쪽</td></tr>
<tr><td><< >></td><td>이동연산자(Shift)</td><td>왼쪽 → 오른쪽</td></tr>
<tr><td>< <== > >=</td><td>비교연산자(Relational)</td><td>왼쪽 → 오른쪽</td></tr>
<tr><td>== !=</td><td>비교연산자(Equality)</td><td>왼쪽 → 오른쪽</td></tr>
<tr><td>&</td><td>비트 AND(Bitwise)</td><td>왼쪽 → 오른쪽</td></tr>
<tr><td>^</td><td>비트 XOR(Bitwise)</td><td>왼쪽 → 오른쪽</td></tr>
<tr><td>|</td><td>비트 OR(Bitwise)</td><td>왼쪽 → 오른쪽</td></tr>
<tr><td>&&</td><td>논리 AND(Logical)</td><td>왼쪽 → 오른쪽</td></tr>
<tr><td>||</td><td>논리 OR(Logical)</td><td>왼쪽 → 오른쪽</td></tr>
<tr><td>? :</td><td>조건(물음표)여산자
(Conditional)</td><td>왼쪽 ← 오른쪽</td></tr>
<tr><td>= += -= *= /= %=
&= ^= |= >>= <<=</td><td>대입연산자(Assignment)</td><td>왼쪽 ← 오른쪽</td></tr>
<tr><td></td><td>← 같은 우선 순위 →</td><td></td><td></td></tr>
</table>

확인문제 다음과 같은 두 수식의 연산 결과(a1, a2)는 얼마인가? 연산자 우선순위 규칙을 적용하여 단계별로 괄호로 묶어 보아라. 그리고 순서도를 작성한 후 자바스크립트 프로그램으로 작성하여 실행해 보아라. 결과 값이 수작업으로 계산한 것과 같

은 결과가 나오는지 확인하여라.

① a1 = -10 * 2 + 3 % 2 + (-11);

② a2 = 30*(-10) / 2 >= (-5 % 2);

문제해결 논리

앞의 연산자 우선순위 표를 확인하면서 우선순위에 따라 괄호를 묶어준다. 즉 산술연산자 *, /, %는 산술연산자 +, - 보다 연산자 우선순위가 높다. 또한 산술연산자는 관계연산자(>=)보다 연산자 우선순위가 높다. ( ) 내의 식은 가장 먼저 연산한다.

괄호로 묶기

① a1 = -10 * 2 + 3 % 2 + (-11);

단계	a1 = -10 * 2 + 3 % 2 + (-11);	
1	a1 = (-10 * 2) + 3 % 2 + (-11);	a1 = (-20) + 3 % 2 + (-11);
2	a1 = (-10 * 2) + (3 % 2) + (-11);	a1 = (-20) + (1) + (-11);
3	a1 = ((-10 * 2) + (3 % 2)) + (-11);	a1 = (-19) + (-11);
4	a1 = (((-10 * 2) + (3 % 2)) + (-11));	a1 = (-30);

② a2 = 30*(-10) / 2 >= (-5 % 2);

단계	a2 = 30*(-10) / 2 >= (-5 % 2);	
1	a2 = 30*(-10) / 2 >= (-5 % 2);	a2 = 30*(-10) / 2 >= (-1);
2	a2 = (30*(-10)) / 2 >= (-5 % 2);	a2 = (-300) / 2 >= (-1);
3	a2 = ((30*(-10)) / 2) >= (-5 % 2);	a2 = (-150) >= (-1);
4	a2 = ((30*(-10)) / 2) >= (-5 % 2));	a2 = false;

순서도

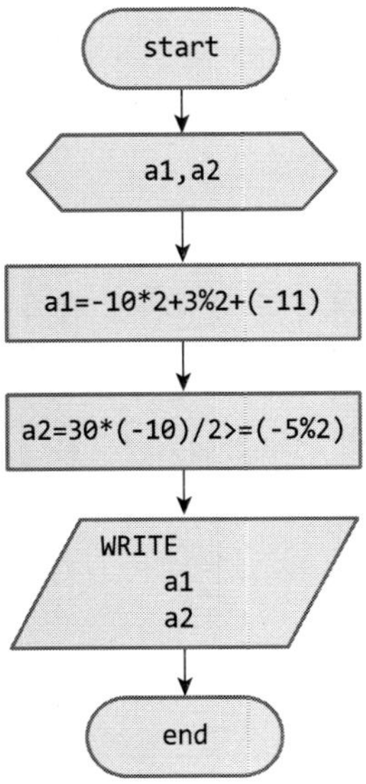

프로그램 ex17_operator_order_of_priority.htm

```
<html>
  <head> <title> 연산자 우선순위</title> </head>
  <body>
    <script type = "text/javascript">
          document.write("<h2> 연산자 우선순위 </h2>");
          document.write("---------------------------------<br>");

          var  a1 = null, a2 = null;

          a1 = -10 * 2 + 3 % 2 + (-11);
          a2 = 30*(-10) / 2  >= (-5 % 2);

          document.write("a1의 값 : " + a1 + "<br>");
          document.write("a2의 값 : " + a2 + "<br>");

          document.write("---------------------------------<br>");
    </script>
  </body>
</html>
```

실행결과

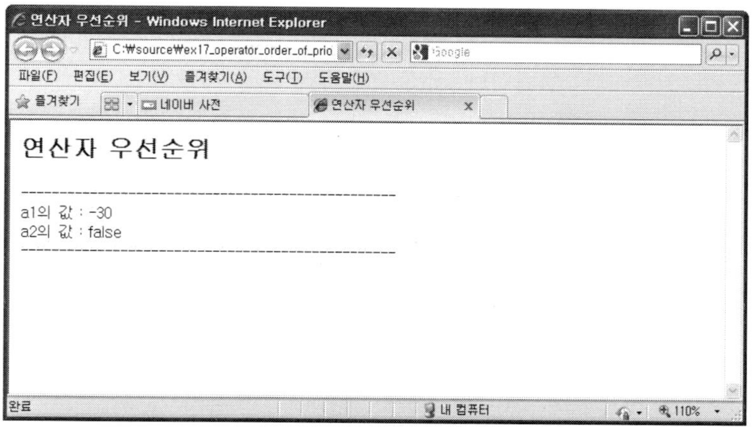

확인문제

원가가 1권당 1,000원인 공책을 1,300원에 20권을 판매하였다. 다음의 수식에 의해 공책의 총 판매액과 판매 이익을 구하여 다음의 실행결과와 같이 출력하는 순서도와 프로그램을 작성하여라.

```
총 판매액 = 1권당 판매액 * 수량;
판매 이익 = ( 1권당 판매액 - 1권당 원가 ) * 수량;
```

실행결과

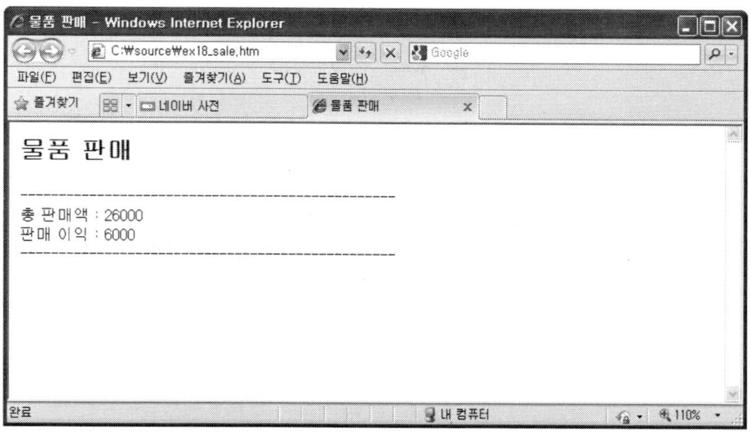

문제해결 논리

1권당 원가와 1권당 판매액, 그리고 판매량이 주어졌으므로 이들의 값을 저장할 변수 3개를 선언하고 초기화시킨다. 또한 총 판매액과 판매 이익을 저장할 2개의 변수도 선언한다. 이 2개의 변수들을 처음에는 총 판매액과 판매 이익이 없으므로 0으로 초기화시킨다. 물론 초기화를 시키지 않아도 문제가 되지 않지만 일반적으로 프로그램을 작성할 때 이와 같이 변수가 선언된 후 처음에 어떤 값도 갖지 않을 때 0 또는 null로 초기화하는 것이 일반적이다.

순서도

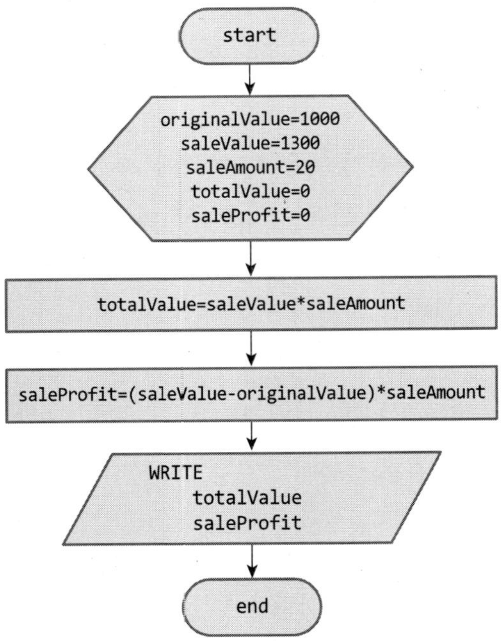

프로그램 ex18_sale.htm

```
<html>
 <head> <title> 물품 판매 </title> </head>
 <body>
  <script type = "text/javascript">
        document.write("<h2> 물품 판매 </h2>")
        document.write("----------------------------------------<br>");

        originalValue = 1000;
```

```
            saleValue = 1300;
            saleAmount = 20;
            totalValue = 0;
            saleProfit = 0;

            totalValue = saleValue * saleAmount;
            saleProfit = ( saleValue - originalValue ) * saleAmount;

            document.write("총 판매액 : " + totalValue + "<br>");
            document.write("판매 이익 : " + saleProfit + "<br>");
            document.write("----------------------------------------<br>");
        </script>
    </body>
</html>
```

확인문제

x의 값이 2, y의 값이 -2, z의 값이 3일 때 다음 수식의 계산 결과 값을 구하는 순서도와 프로그램을 작성하여라.

① $3x^5 + x^4 - x^3 + x^2 - 2x - 19$

② $2x^3 + 3y - 2 - z$

③ $(1/8)x^2y^3 / ((1/4)x^3y)^2$

④ $x + y + z$

문제해결 논리

x, y, z가 주어졌으므로 이들을 저장할 변수 3개와 결과 값 4개를 저장할 변수 4개를 선언하고 초기화시킨다. 그리고 수식을 계산한 후 결과 값을 인쇄한다. 특히 ③번의 수식을 작성할 때 주의를 기울여야 한다.

순서도

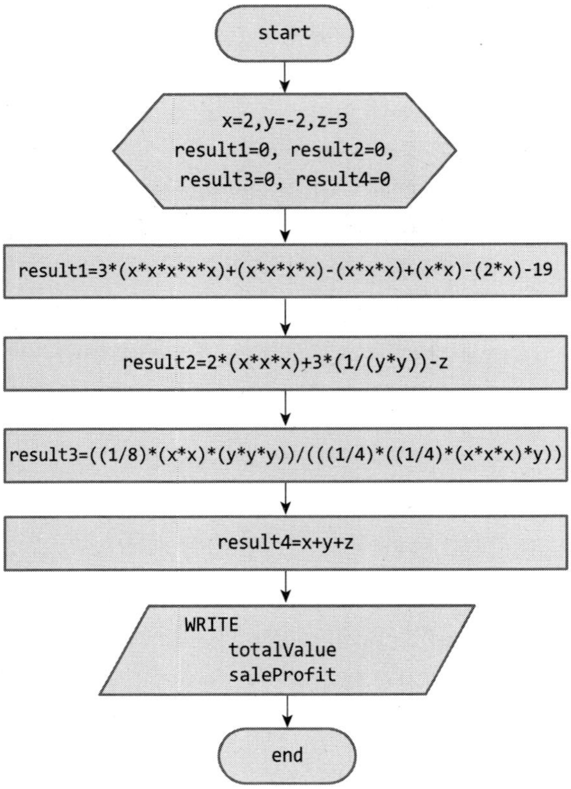

프로그램 ex19_arithmetic_expression.htm

```
<html>
  <head> <title> 수식의 계산 </title> </head>
  <body>
    <script type = "text/javascript">
          document.write("<h2> 수식의 계산 </h2>")
          document.write("------------------------------<br>");

          var  x = 2;
          var  y = -2;
          var  z = 3;

          var  result1 = 0, result2 = 0, result3 = 0, result4 = 0;
```

```
            result1 = 3*(x*x*x*x*x) + (x*x*x*x) - (x*x*x) + (x*x) - (2*x) - 19;
            result2 = 2*(x*x*x) + 3*(1/(y*y)) - z;
            result3 = ((1/8)*(x*x)*(y*y*y))
                        / (((1/4)*(x*x*x)*y) * ((1/4)*(x*x*x)*y));
            result4 = x + y + z;
            document.write("수식 1의 결과 : " + result1 + "<br>");
            document.write("수식 2의 결과 : " + result2 + "<br>");
            document.write("수식 2의 결과 : " + result3 + "<br>");
            document.write("수식 2의 결과 : " + result4 + "<br>");
            document.write("------------------------------<br>");
        </script>
    </body>
</html>
```

실행결과

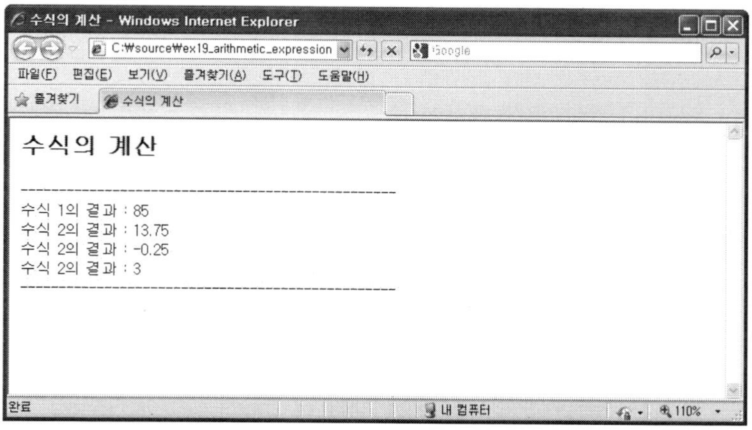

요약

SUMMARY

1. 표현식

표현식(Expression)은 상수, 변수, 문자, 문자열, 연산자 등을 적당하게 결합하여 연산을 수행하고 어떤 하나의 결과 값을 발생시킬 수 있도록 하는 수식을 말한다.

2. 대입연산자(=)

컴퓨터 프로그램 언어에서 대입연산자(=)는 수학에서 등호의 의미와 다르게 등호 우변의 값을 계산해서 등호 좌변의 변수에 저장하라는 의미이다.

3. 문장(Statement)

컴퓨터 프로그램 언어에서 문장은 프로그램의 기본적인 요소이다. 문장은 컴퓨터가 처리할 하나의 완전한 명령어가 된다. 따라서 문장 하나하나를 명령문이라고도 부른다. 자바스크립트에서 하나의 문장은 기호 세미콜론(;)[Semicolon]으로 끝난다.

4. 복문(Compound Statement)

복문은 1개 이상의 문장이 중괄호({ })에 의해 둘러싸여 있는 것을 말한다. 복문은 블록(Block)이라고도 부른다.

5. 자바스크립트의 연산자

자바스크립트를 비롯한 많은 컴퓨터프로그래밍 언어들(C언어, JAVA언어 등)은 대입연산자, 산술연산자, 관계연산자, 논리연산자, 증감연산자, 비트연산자 등을 제공하며 연산자들의 모양이 거의 동일하므로 자바스크립트에서 이들 연산자들의 의미를 잘 익혀놓는다면 다른 컴퓨터프로그래밍 언어들(C언어, JAVA언어 등)을 익히는데 매우 유리하다.

6. 연산자 우선순위와 결합규칙

우선순위란 자바스크립트 연산자들이 수식에서 동시에 사용될 때 어떤 연산자를 먼저 연산해야 하는지 또 어떤 연산자가 나중에 연산되어야 하는지를 나타낸다. 또한 왼쪽에서 오른쪽으로 진행하면서 연산을 수행하는 연산자들이 있는 반면에 그 반대인 연산자들도 있다. 여기서 연산의 방향이 왼쪽에서 오른쪽으로 또는 오른쪽에서 왼쪽으로 진행되는 것을 그 연산자의 결합규칙이라고 부른다.

연습문제 EXERCISE

1. 다음의 설명하는 내용이 무엇인지 간단히 답하시오.

설명	답
상수, 변수, 문자, 문자열, 연산자 등을 적당하게 결합하여 연산을 수행하고 어떤 하나의 결과 값을 발생시킬 수 있도록 하는 수식을 무엇이라고 부르나?	
컴퓨터 프로그램 언어에서 프로그램의 기본적인 요소로 컴퓨터가 처리할 하나의 완전한 명령어이다. 따라서 이것 하나 하나를 명령문이라고도 부른다. 이것은?	
컴퓨터 프로그램 언어에서 이것은 수학에서 등호의 의미와 다르게 등호 우변의 값을 계산해서 등호 좌변의 변수에 저장하라는 의미이다. 이 연산자의 이름과 기호를 써라.	
1개 이상의 문장이 중괄호({ })에 의해 둘러싸여 있는 것으로 블록(Block)이라고도 부르는 것은?	
자바스크립트 연산자들이 수식에서 동시에 사용될 때 어떤 연산자를 먼저 연산해야 하는지 또 어떤 연산자가 나중에 연산되어야 하는지를 나타내는 것을 무엇이라고 부르나?	
연산의 방향이 왼쪽에서 오른쪽으로 또는 오른쪽에서 왼쪽으로 진행되는 것을 무엇이라고 부르나?	

2. 다음의 '연산자 설명'에 해당되는 번호를 '연산자' 답란에 써 넣으시오.

연산자 설명	번호	연산자	답
비트끼리의 논리곱	1	!	
비트끼리의 논리합	2	&&	
비트의 부정	3	||	
비트끼리의 배타적 논리합	4	>=	
논리 부정	5	<	
두 식의 논리곱	6	--	
두 식의 논리합	7	++	
이상을 나타내는 관계연산자	8	==	
미만을 나타내는 관계연산자	9	^	

비트를 좌측으로 이동시킴	10	>>	
비트를 우측으로 이동시킴	11	<<	
자기 자신을 1 증가시키는 증가연산자	12	~	
자기 자신을 1 감소시키는 감소연산자	13	|	
'~와 같다'를 의미하는 관계연산자	14	&	
'~와 같지 않다'를 의미하는 관계연산자	15	=	
우측의 연산결과를 좌측의 변수에 저장하라는 대입연산자	16	!=	
몫을 구하는 나눗셈 연산자	17	( )	
나머지를 구하는 나눗셈 연산자	18	%	
연산의 우선 순위를 변경하기 위한 연산자	19	/	

3. 다음과 같은 두 수식의 연산 결과(value1, value2)는 얼마인가? 연산자 우선순위 규칙을 적용하여 단계별로 괄호로 묶어 보시오. 그리고 순서도를 작성한 후 자바스크립트 프로그램으로 작성하여 실행해 보시오. 결과 값이 수작업으로 계산한 것과 같은 결과가 나오는지 확인하시오.

① value1 = -101 * (12 + 30) % 5 + (-18) / 2;

② value2 = -300*(-10) / 2 > (-1000) % 2 * 2;

4. x의 값이 2, y의 값이 -3, z의 값이 -3일 때 다음의 수식의 계산 결과 값을 구하는 순서도와 프로그램을 작성하시오.

① $10x^5 + (2x^4 - 3x^3) - (x^2 - 8x - 19)$

② $2x^3 + 3xy^{-2} - xyz$

③ $(1/10)x^2y^3z \,/\, ((2z)/(19x^3y))^2$

④ $-8(xy + yz + xz)^2$

5. 다음 프로그램에서 각각의 문장이 실행되면서 메모리에 저장되는 값이 어떻게 되는지 메모리의 상태를 나타내는 변수테이블을 그리시오. 실행된 후 메모리의 최종 상태가 어떻게 되는가? 말해보시오. 또한 다음의 프로그램을 보고 순서도를 그리시오. 단, 순서도에 출력(document.write( ) 문)에 대한 내용은 편의상 생략해도 된다.

프로그램

```
<html>
 <head> <title> 연습문제_5장 5번 </title> </head>
 <body>
  <script type = "text/javascript">
     var  value1 = -20, value2 = 20, value3 = 0, value4 = null, value5 = null;
           document.write("------------------------<br>");
       value1 = value1 + 1; document.write("value1 : " + value1 + "<br>");
       value1 = value1 + 2; document.write("value1 : " + value1 + "<br>");
       value1 = value1 - 10; document.write("value1 : " + value1 + "<br>");
       value1 = value1 + 20; document.write("value1 : " + value1 + "<br>");
       value1 = value1 - 9; document.write("value1 : " + value1 + "<br>");
       value1 = value1 + 15; document.write("value1 : " + value1 + "<br>");
       value1 = value1 + 10; document.write("value1 : " + value1 + "<br>");
       value1 = value1 + 99; document.write("value1 : " + value1 + "<br>");
       document.write("------------------------<br>");
       value2 = value2 / 2; document.write("value2 : " + value2 + "<br>");
       value2 = value2 * 8 + 15;  document.write("value2 : " + value2 + "<br>");
       value2 = value2 % 2 * 100; document.write("value2 : " + value2 + "<br>");
       value2 += 5; document.write("value2 : " + value2 + "<br>");
       value2 *= 10; document.write("value2 : " + value2 + "<br>");
       value2 = ( value2 << 1 ); document.write("value2 : " + value2 + "<br>");
       document.write("------------------------<br>");
       value3 = ( value1 >= 0 ) && ( value2  >= 0 );
       document.write("value3 : " + value3 + "<br>");
       value4 = ( value1 == value2 ); document.write("value4 : " + value4 + "<br>");
       value5 = ( value1 - value2 ) != 0; document.write("value5 : " + value5 + "<br>");
       document.write("------------------------");
  </script>
 </body>
</html>
```

6. 다음 프로그램의 각각의 문장이 실행되면서 메모리에 저장되는 값이 어떻게 되는지 메모리의 상태를 나타내는 변수테이블을 그리시오. 실행된 후 메모리의 최종 상태가 어떻게 되는가? 말해보시오. 또한 다음 프로그램을 보고 순서도를 그리시오. 단, 순서도에 출력(document.write( ) 문)에 대한 내용은 편의상 생략해도 된다.

프로그램

```
<html>
 <head> <title> 연습문제 5장 6번 </title> </head>
 <body>
  <script type = "text/javascript">

     var value1 = 1, value2 = 0;

     document.write("----------------------------------------<br>");

     value2 = ++value1;
     document.write("value1 : " + value1 + "<br>");
     document.write("value2 : " + value2 + "<br>");
     document.write("----------------------------------------<br>");

     value2 = ++value1;
     document.write("value1 : " + value1 + "<br>");
     document.write("value2 : " + value2 + "<br>");
     document.write("----------------------------------------<br>");

     value2 = --value1;
     document.write("value1 : " + value1 + "<br>");
     document.write("value2 : " + value2 + "<br>");
     document.write("----------------------------------------<br>");

     value2 = --value1;
     document.write("value1 : " + value1 + "<br>");
     document.write("value2 : " + value2 + "<br>");
     document.write("----------------------------------------<br>");
```

```
        value2 = ++value1 * 2;
        document.write("value1 : " + value1 + "<br>");
        document.write("value2 : " + value2 + "<br>");
        document.write("------------------------------------------<br>");

        value2 = --value1 * 2;
        document.write("value1 : " + value1 + "<br>");
        document.write("value2 : " + value2 + "<br>");
        document.write("------------------------------------------<br>");

        value2 = (++value1) * 2;
        document.write("value1 : " + value1 + "<br>");
        document.write("value2 : " + value2 + "<br>");
        document.write("------------------------------------------<br>");

        value2 = (--value1) * 2;
        document.write("value1 : " + value1 + "<br>");
        document.write("value2 : " + value2 + "<br>");

        document.write("------------------------------------------");
    </script>
  </body>
</html>
```

7. 다음 프로그램의 각각의 문장이 실행되면서 메모리에 저장되는 값이 어떻게 되는지 메모리의 상태를 나타내는 변수테이블을 그리시오. 실행된 후 메모리의 최종 상태가 어떻게 되는가? 말해보시오. 또한 다음의 프로그램을 보고 순서도를 그리시오. 단, 순서도에 출력(document.write( ) 문)에 대한 내용은 편의상 생략해도 된다.

프로그램

```
<html>
  <head> <title> 연습문제 5장 7번 </title> </head>
  <body>
    <script type = "text/javascript">
```

```
        var  value1 = 1, value2 = 0;

        document.write("----------------------------------------<br>");

        value2 = value1++;
        document.write("value1 : " + value1 + "<br>");
        document.write("value2 : " + value2 + "<br>");
        document.write("----------------------------------------<br>");

        value2 = value1++;
        document.write("value1 : " + value1 + "<br>");
        document.write("value2 : " + value2 + "<br>");
        document.write("----------------------------------------<br>");

        value2 = value1--;
        document.write("value1 : " + value1 + "<br>");
        document.write("value2 : " + value2 + "<br>");
        document.write("----------------------------------------<br>");

        value2 = value1--;
        document.write("value1 : " + value1 + "<br>");
        document.write("value2 : " + value2 + "<br>");
        document.write("----------------------------------------<br>");

        value2 = value1++ * 2;
        document.write("value1 : " + value1 + "<br>");
        document.write("value2 : " + value2 + "<br>");
        document.write("----------------------------------------<br>");

        value2 = value1-- * 2;
        document.write("value1 : " + value1 + "<br>");
        document.write("value2 : " + value2 + "<br>");
        document.write("----------------------------------------<br>");

        value2 = (value1++) * 2;
        document.write("value1 : " + value1 + "<br>");
        document.write("value2 : " + value2 + "<br>");
        document.write("----------------------------------------<br>");
```

```
        value2 = (value1--) * 2;
        document.write("value1 : " + value1 + "<br>");
        document.write("value2 : " + value2 + "<br>");

        document.write("-----------------------------------------");
    </script>
  </body>
</html>
```

8. x의 값이 20보다 크거나 같고 30보다 작은 의미를 나타내는 조건식을 쓰시오.

9. x, y, z 값의 평균이 9.7 이상이면 참을 나타내는 조건식을 쓰시오.

10. 변수 x의 값을 2로 나눈 나머지가 0과 같지 않을 때 참을 나타내는 조건식을 쓰시오.

11. 성별을 나타내는 변수 x가 '남자'와 같을 때 참을 나타내는 조건식을 쓰시오.

12. 자동차의 색상을 나타내는 변수 color 가 'GREEN' 이든지 배기량을 나타내는 변수 cc 가 1500 미만이면 참인 조건식을 쓰시오.

13. TOEIC 점수를 나타내는 변수 jumsu가 950 이상이면 참인 조건식을 쓰시오.

14. 연도를 나타내는 변수 year이 4로 나누어지면 참인 조건식을 쓰시오.

15. 주차비를 나타내는 변수 parkingTime이 30분 미만이면 참을 나타내는 조건식을 쓰시오.

16. 어떤 수 x에 1을 더한 값이 y보다 크면 참인 조건식을 쓰시오.

17. 회원을 나타내는 변수 number가 150명 이상이면 참인 조건식을 쓰시오.

18. subject1, subject2, subject3라는 3과목의 점수가 모두 90 이상이면 참인 조건식을 쓰시오.

19. subject1, subject2, subject3라는 3과목의 점수 중 1과목이라도 95 이상이면 참인 조건식을 쓰시오.

20. 주소 address가 '서울' 또는 '경기도'인 경우 참인 조건식을 쓰시오.

21. 주소 address가 '서울'이 아니고 그리고 '경기도'도 아닌 경우 참인 조건식을 쓰시오.

22. 다음의 두 조건식이 논리적으로 같은 의미인가? 아니면 논리적으로 다른 의미인가?

조건식1 : (age == 25) || (address == "서울")

조건식2 : (age != 25) && (address != "서울")

CHAPTER 06

프로그램 논리와 순차논리

CHAPTER 06

프로그램 논리와 순차논리

학습목표

- 프로그램 논리가 무엇인지 이해할 수 있다.
- 순차 논리에 대한 일상생활에서의 예들을 말할 수 있다.
- 컴퓨터 프로그램에서 문제 해결을 위한 순차 논리를 이해하고 응용할 수 있다.

1. 프로그램 논리

이 부분에서는 프로그램 논리에 대해 간단히 설명한다. 그런 다음 가장 기본이 되는 논리인 순차 논리에 대하여 상세하게 학습한다.

앞에서 설명한 것과 같이 프로그램 논리란 어떤 문제가 주어졌을 때 그 문제를 해결하기 위해 컴퓨터 프로그램으로 표현하는 절차를 의미한다. 컴퓨터 프로그램으로 표현한다는 것은 해결하려는 문제를 컴퓨터가 인식하여 해결할 수 있도록 변환시키는 과정이라고 볼 수 있다.

이러한 변환을 위해서 보통 3가지 논리를 사용하게 된다. 이 3가지 논리는 순차 논리, 선택 논리, 반복 논리이다. 다시 말해서 어떤 문제를 해결하기 위해 그 문제를 프로그램으로 표현한다는 것은 순차 논리, 선택 논리, 반복 논리를 이용하여 그 문제를 표현하는 것이라고 볼 수 있다. 이제부터 좀 더 본격적으로 이러한 3가지의 순차, 선택, 반복 논리를 이용하여 해결하려는 문제를 어떻게 표현하는지 학습해 보자.

2. 순차 논리

세 가지의 논리 중에서 우선 순차 논리를 살펴보자. 순차 논리란 가장 기본적인 논리로 처리해야 할 업무를 순차적으로 처리하는 것을 말한다. 앞에서 설명한 것과 같이 프로그래머가 작성한 프로그램은 기본적으로 위에서부터 아래로 내려가면서 순차적으로 실행된다. 이와 같이 기본적으로 프로그램이 위에서 아래로 내려가면서 실행되는 실행 순서는 묵시적으로 정해져 있으며 이를 순차 논리라고 부른다. 따라서 이러한 순차 논리는 3가지 논리 중에서 가장 기본이 된다.

사실 앞의 4장과 5장에서 실습한 프로그램들은 거의 대부분 순차 논리의 예들이다. 왜냐하면 이 예들에서 모든 프로그램은 위에서부터 아래로 내려가면서 순차적으로 실행되기 때문이다. 그러므로 순차 논리의 중요성이란 프로그램 명령문의 실행에 있어서 어느 명령문이 먼저 또는 나중에 실행되어야 하는지를 정하는 작업의 선후 관계를 정하는 데 있다고 할 수 있다.

순차 논리는 일상생활에서도 쉽게 찾아볼 수 있다. 예를 들어 친구에게 편지를 붙이는 과정을 순차 논리로 생각하고 표현해 볼 수 있다. 편지를 붙이려면 우선 편지를 써야하며 우표를 붙이고 우체국으로 가서 우체통에 편지를 넣어야 한다. 여기서 편지를 쓰려면 편지지와 편지봉투, 볼펜이 준비되어야 하고 우표를 붙이기 위해 풀이 필요하다. 이러한 일련의 과정을 순서도로 표현하면 다음의 예제와 같이 순차 논리만으로 표현할 수 있다.

예제 친구에게 편지를 붙이는 과정에 대한 순차 논리 표현

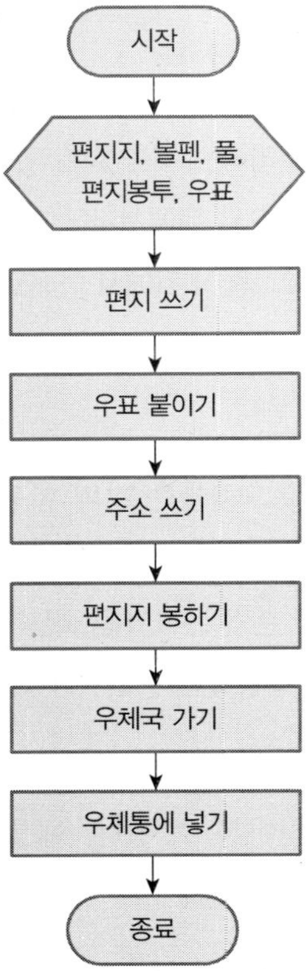

이 순서도에서 보는 것과 같이 편지지를 봉하기 전에 편지를 먼저 써야 하며 우체통에 넣기 이전에 편지지와 편지봉투, 볼펜을 준비하는 것부터 우체국으로 가는 것까지의 과정이 선행되어야 한다. 이것이 바로 순차 논리인 것이다. 순차 논리는 문제 해결 과정에서 먼저 선행되어야 하는 일과 나중에 수행되어야 하는 일을 순서적으로 위에서부터 아래로 내려가면서 순차적으로 표현하는 논리이다.

그림에서 우표 붙이기와 주소 쓰기는 어느 것이 먼저 수행되어도 관계가 없으므로 서로 수행 순서를 교환해도 관계가 없다. 이는 순서도를 작성하는 작성자의 마음이다. 그러나 편지지를 봉하기 전에 편지를 먼저 써야하는 것은 당연한 것으로 이들은 서로 순서를 교환할 수 없다. 만약 교환된 순서도를 그렸다면 문제 해결 과정이 잘못된 것이다. 즉, 논리에 오류가 있는 것으로 이를 논리적 오류라고 부른다.

친구에게 편지를 붙이는 과정에 대한 순차 논리 표현의 일상 예제와 마찬가지로 컴퓨터도 프로그램을 실행할 때 기본적으로 프로그래머가 작성한 프로그램을 위에서부터 아래로 내려가면서 순차적으로 실행한다. 즉, 순차 논리란 주어진 프로그램 명령들을 위에서부터 아래로 내려가면서 순차적으로 하나씩 수행해 나가는 논리를 말한다. 다음의 실습예제를 살펴보자.

실습예제 EXAMPLE

밑변의 길이가 각각 10, 10이고 높이가 5, 7인 두 직사각형의 전체 넓이를 다음의 식에 의해 출력하는 순서도를 작성하여라. 그리고 프로그램을 작성하여 실행시켜 보아라.

직사각형의 넓이 = 밑변 × 높이

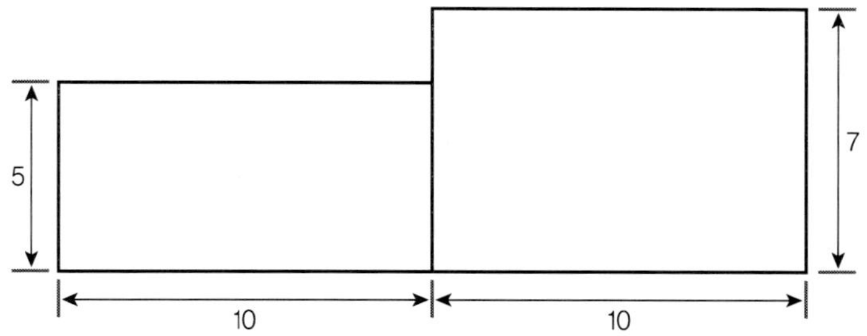

문제해결 논리

직사각형이 2개이므로 먼저 각각의 사각형에 대한 넓이를 구한 후 두 사각형에 대한 넓이를 더하여 전체 넓이를 구한다. 그리고 전체 넓이를 인쇄한다.

순서도

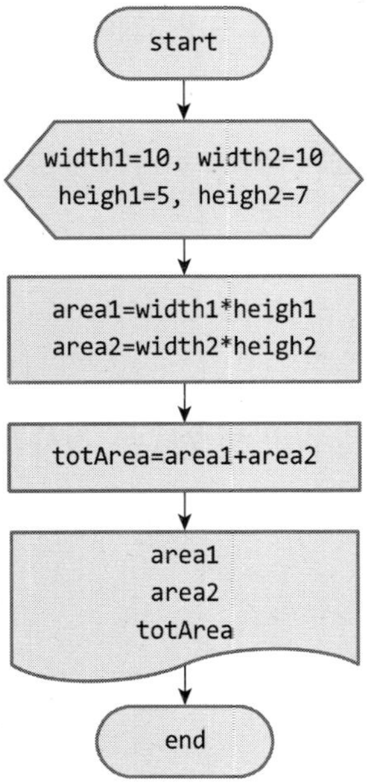

이 순서도에서 보는 것과 같이 **totArea**의 출력은 각각의 영역인 **area1**, **area2**를 계산한 후 얻을 수 있다. 그러므로 **totArea**를 계산하는 과정은 각각의 영역인 **area1**, **area2**를 계산하는 문장 이후에 위치해야 한다.

다시 말해서 이 실습예제의 문제를 해결하기 위해서는 하나의 예로 먼저 각각의 영역인 **area1**, **area2**를 계산한 후에 **totArea**를 계산해야 한다. 이러한 순서는 당연한 것으로 이들은 서로 순서를 교환할 수 없다. 만약 교환된 순서도를 그렸다면 문제 해결 과정이 잘못된 것으로 논리적 오류가 발생하게 되는 것이다.

결국 논리적 오류없이 어떤 문제를 해결하려면 처리해야 하는 작업의 수행 순서를 합리적으로 결정하여 위에서부터 아래로 내려가면서 위치시켜야 한다. 이러한 작업의 수행 순서를 결정하는 과정을 순차논리라고 보면 된다. 이 실습예제를 프로그램으로 작성하면 다음과 같다.

프로그램 ex20_area_of_rectangle.htm

```
<html>
 <head> <title> 사각형의 면적 구하기 </title> </head>
 <body>
  <script type = "text/javascript">
        document.write("<h2>사각형의 면적 구하기</h2>");

        var  width1 = 10, width2 = 10;
        var  height1 = 5, height2 = 7;

        area1 = width1 * height1;
        area2 = width2 * height2;
        totArea = area1 + area2;

        document.write("--------------------------------<br>");
        document.write("area1 = " + area1 + "<br>");
        document.write("area2 = " + area2 + "<br>");
        document.write("totArea = " + totArea + "<br>");
        document.write("--------------------------------<br>");
  </script>
 </body>
</html>
```

실행결과

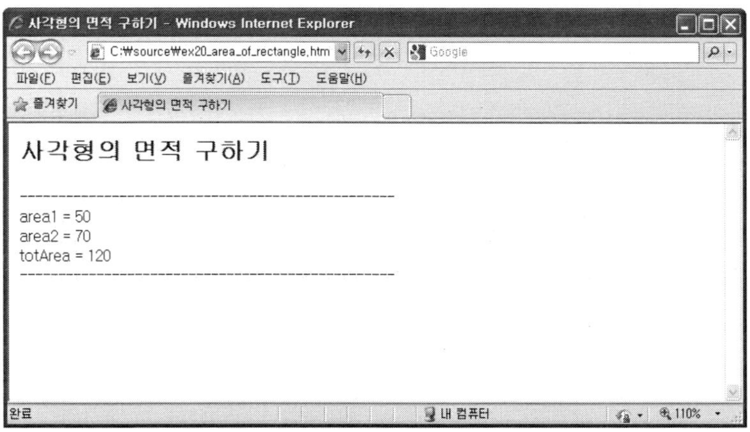

확인문제 두 개의 수 x와 y의 초기 값이 각각 10과 20으로 주어질 때 x와 y를 서로 교환하여 출력하는 순서도를 작성하여라. 그리고 프로그램을 작성하여 실행시켜 보아라.

문제해결 논리 컴퓨터는 동시에 값을 교환할 수 없다. 왜냐하면 한 순간에 하나의 명령만 수행할 수 있기 때문이다. 또한 컴퓨터는 기억장소를 이용하여 값을 저장하므로 x와 y를 서로 교환하려면 x와 y 중에서 하나의 값을 먼저 새로운 변수(기억장소)에 복사해 놓은 후 나머지 작업을 수행해야 한다.

순서도

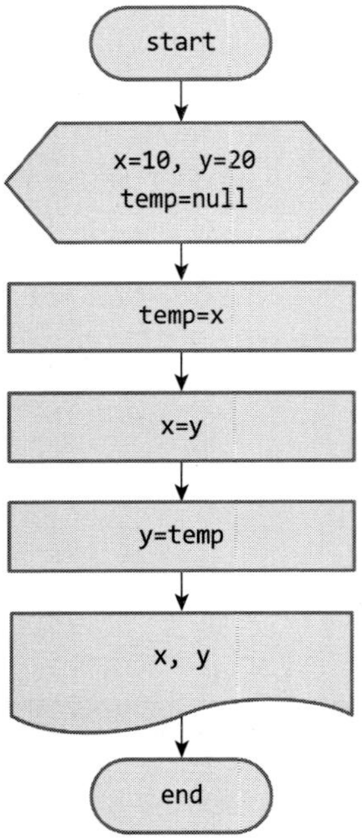

프로그램 ex21_exchange.htm

```
<html>
  <head> <title> 두 수 교환하기 </title> </head>
  <body>
    <script type = "text/javascript">
          document.write("<h2>두 수 교환하기</h2>");
```

```
            var x = 10; var y = 20; var temp = null;

            temp = x;
            x = y;
            y = temp;

            document.write("------------------------------<br>");
            document.write("x = " + x + "<br>");
            document.write("y = " + y + "<br>");
            document.write("------------------------------<br>");
        </script>
    </body>
</html>
```

실행결과

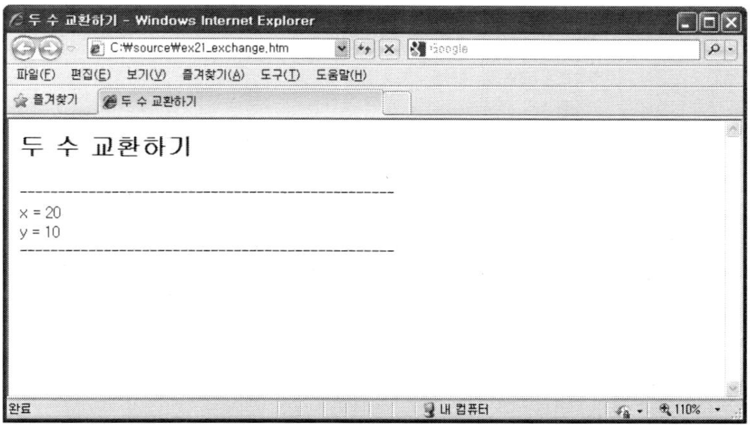

이 프로그램을 간단히 분석해 보자. x와 y의 두 수를 교환하기 위해서 어떻게 해야 할까? 우선 철수와 순이라는 두 사람이 색상이 다른 막대 사탕을 가지고 있다고 해 보자. 서로 이 두 막대 사탕을 바꾸어 먹을 수 있을까? 그렇다. 서로 맞바꾸어 먹으면 된다.

이와 비슷하게 컴퓨터에서도 x와 y의 두 수를 맞바꿀 수 있을까? 그럴 수 없다. 컴퓨터는 동시에 값을 교환할 수 없다. 왜냐하면 한 순간에 하나의 명령만 수행할 수 있기 때문이다. 이를 명확히 이해하기 위해서는 각각의 명령문이 수행된 후 메모리에 저장되는 값을 확인하면 명확하게 알 수 있다. 결국 앞의 두 수 교환 프로그램은 다음과 같은 단계를 거쳐 값을 교환하게 된다.

① 다음의 세 문장이 실행된 후 주기억 장치의 상태

```
var x = 10;
var y = 20;
var temp = null;
```

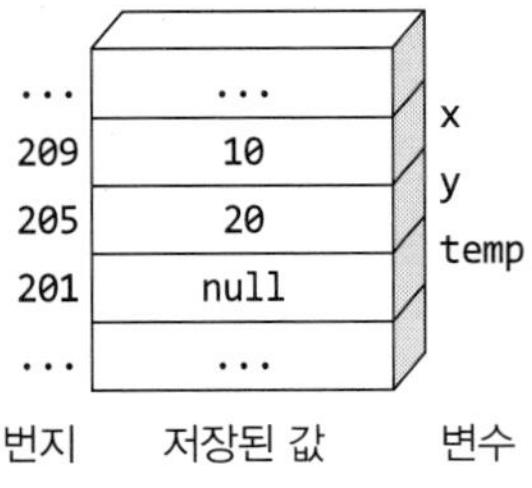

② 다음의 문장이 실행된 후 주기억 장치의 상태

```
temp = x;
```

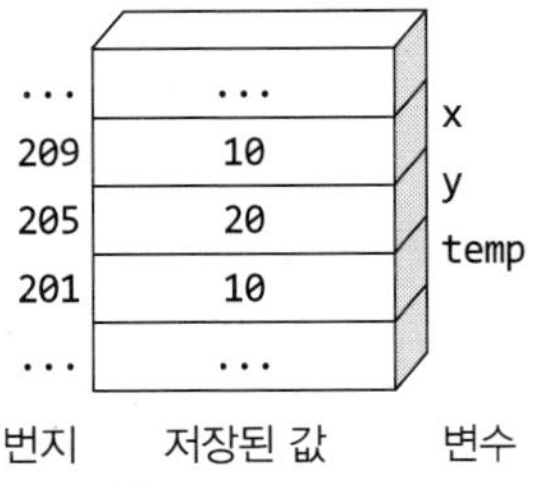

③ 다음의 문장이 실행된 후 주기억 장치의 상태

```
x = y;
```

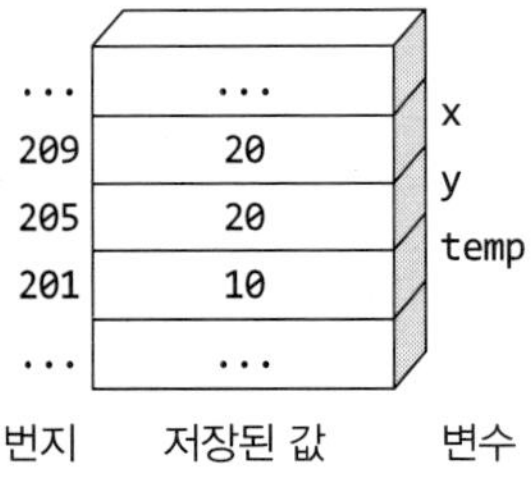

④ 다음의 문장이 실행된 후 주기억 장치의 상태

```
y = temp;
```

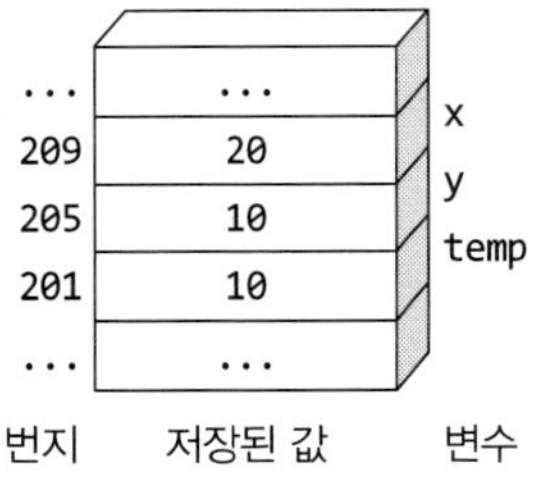

이러한 단계별 과정에서 보는 것과 같이 컴퓨터는 메모리를 사용하여 값을 변경한다. 또한 컴퓨터는 한 순간에 하나의 명령만 수행할 수 있기 때문에 동시에 값을 교환할 수 없다. 따라서 이 프로그램에서와 같이 두 값(x와 y)을 교환하기 위해서는 새로운 기억장소(temp)가 필요하고 이 temp를 이용하여 하나의 값(x)을 temp에 먼저 복사해 놓은 후 나머지 작업을 수행해야 원하는 결과를 얻을 수 있는 것이다.

확인문제 다음에 설명하는 내용을 읽고 작업의 진행 순서가 논리적 오류 없이 합리적으로 구성되도록 순차 논리만을 이용하여 순서도를 그려라.

> 스마트폰을 준비하였다. 스마트폰에 설치할 게임 앱(Application Program)을 찾은 후 다운로드 받았다. 30분간 게임을 한 후 친구로부터 전화가 온다. 통화 버튼을 눌러 통화를 하였다. 약속을 잡았다. 그 후 냉장고를 열고 아이스크림을 꺼내 먹었다. 잠시 후 TV를 켜고 영화를 한편 보았다. 친구와의 저녁 식사를 위해 레스토랑에 갔다. 스테이크 요리를 주문하였다. 저녁을 먹고 후식으로 커피를 마셨다. 식사 요금을 지불하고 레스토랑을 나와 친구와 작별인사를 하였다. 집으로 돌아왔다. 그리고 샤워를 한 후 잠자리에 들었다.

문제해결 논리 처리해야 하는 작업을 시간 순서에 따라 순차적으로 적어 내려가면 된다.

순서도

확인문제

다음과 같이 5개의 변수에 각각 숫자를 저장한 후 출력결과와 같이 바꾸어 출력하는 순서도를 작성하여라. 그리고 순서도를 이용하여 프로그램을 작성하고 실행결과를 보여라. 또한 작성된 순서도 또는 프로그램을 보고 변수테이블도 그려라.

초기 저장 값 : x1 = 10, x2 = 20, x3 = 30, x4 = 40, x5 = 50
초기 저장 값 : y1 = 60, y2 = 70, y3 = 80, y4 = 90, y5 = 100

출력결과 : x1 = 60, x2 = 70, x3 = 80, x4 = 90, x5 = 100
출력결과 : y1 = 10, y2 = 20, y3 = 30, y4 = 40, y5 = 50

문제해결 논리

컴퓨터 프로그램에서 두 값을 교환하기 위해서는 새로운 하나의 기억장소가 필요하다. 예로 새로운 기억장소의 이름을 temp라고 가정하자. 이 temp를 이용하여 교환하기 위한 두 값 중에서 하나의 값을 temp에 먼저 복사해 놓은 후 나머지 작업을 수행해야 원하는 결과를 얻을 수 있다.

순서도

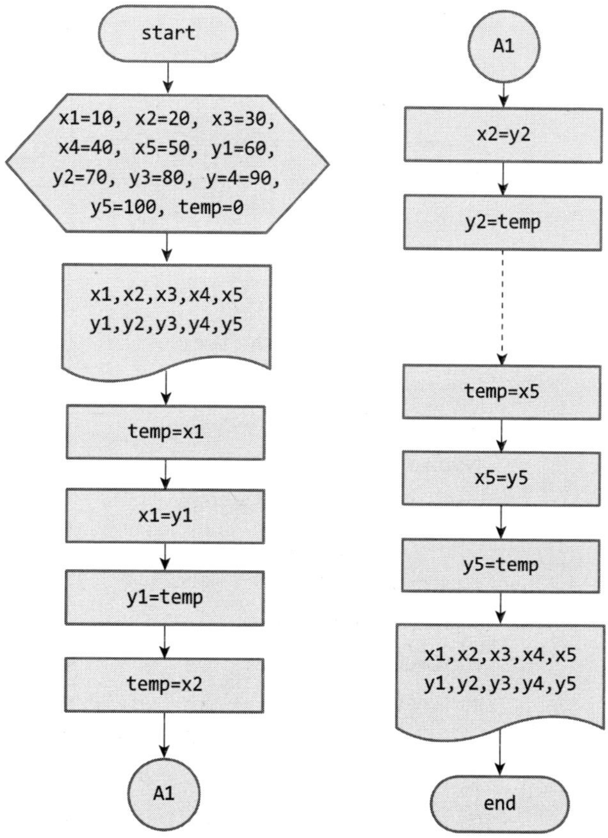

프로그램 ex21_exchange_2.htm

```
<html>
 <head> <title> 두 수 교환하기 </title> </head>
 <body>
  <script type = "text/javascript">
       document.write("<h2>두 수 교환하기</h2>");

       var x1 = 10, x2 = 20, x3 = 30, x4 = 40, x5 = 50;
       var y1 = 60, y2 = 70, y3 = 80, y4 = 90, y5 = 100;
       var temp = 0;

       document.write("<h2>교환 전</h2>");
```

```
        document.write("----------------------------------------<br>");
        document.write(" x1 = " + x1 + " x2 = " + x2);
        document.write(" x3 = “ + x3 + " x4 = " + x4);
        document.write(" x5 = " + x5 + "<br>");
        document.write(" y1 = " + y1 + "  y2 = " + y2);
        document.write(“ y3 = " + y3 + " y4 = " + y4);
        document.write(“ y5 = " + y5 + "<br>");
        document.write("----------------------------------------<br>");

        temp = x1;  x1 = y1;  y1 = temp;
        temp = x2;  x2 = y2;  y2 = temp;
        temp = x3;  x3 = y3;  y3 = temp;
        temp = x4;  x4 = y4;  y4 = temp;
        temp = x5;  x5 = y5;  y5 = temp;

        document.write("<br><br><h2>교환 후</h2>");
        document.write("----------------------------------------<br>");
        document.write(" x1 = " + x1 + " x2 = " + x2);
        document.write(' x3 = " + x3 + " x4 = " + x4);
        document.write(' x5 = " + x5 + "<br>");
        document.write(" y1 = " + y1 + " y2 = " + y2);
        document.write(" y3 = " + y3 + " y4 = " + y4);
        document.write(" y5 = " + y5 + "<br>");
        document.write("----------------------------------------<br>");
    </script>
  </body>
</html>
```

실행결과

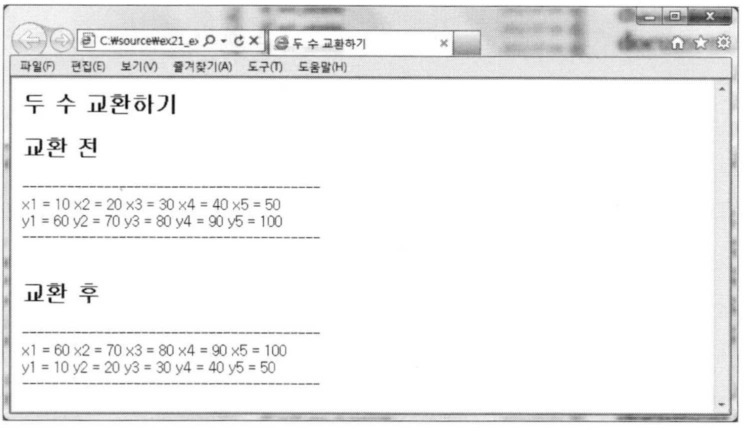

변수테이블

x1	x2	x3	x4	x5	y1	y2	y3	y4	y5	temp	설명
10	20	30	40	50	60	70	80	90	100	0	초기 값
60					10					10	
	70					20				20	
		80					30			30	값의 교환
			90					40		40	
				100					50	50	

요약

SUMMARY

1. 프로그램 논리

   프로그램 논리란 어떤 문제가 주어졌을 때 그 문제를 해결하기 위해 문제를 컴퓨터 프로그램으로 표현하는 절차를 말한다. 컴퓨터 프로그램으로 표현한다는 것은 해결하려는 문제를 컴퓨터가 인식하여 해결할 수 있도록 변환시키는 과정이라고 볼 수 있다.

2. 컴퓨터 프로그램에서 3가지 논리

   세 가지의 논리는 순차 논리, 선택 논리, 반복 논리이다. 어떤 문제를 해결하기 위해 그 문제를 프로그램으로 표현한다는 것은 순차 논리, 선택 논리, 반복 논리를 이용하여 그 문제를 표현하는 것이라고 볼 수 있다.

3. 순차 논리

   순차 논리는 문제 해결 과정에서 먼저 선행되어야 하는 일과 나중에 수행되어야 하는 일을 순서적으로 위에서부터 아래로 내려가면서 순차적으로 표현하는 논리로 세 가지 논리 중 가장 기본이 되는 논리이다.

   즉 순차 논리란 논리적 오류없이 어떤 문제를 해결하려면 처리해야 하는 작업의 수행 순서를 합리적으로 결정하여 위에서부터 아래로 내려가면서 위치시켜야 한다. 이러한 작업의 수행 순서를 결정하는 과정이다.

   그러므로 순차 논리의 중요성이란 프로그램 명령문들이 실행됨에 있어서 어느 명령문이 먼저 또는 나중에 실행되어야 하는지를 정하는 작업의 선후 관계를 논리적 오류없이 결정하는 데에 있다.

4. 순차 논리에서 논리적 오류

   처리해야 하는 작업의 수행 순서를 잘못 결정하여 문제 해결이 어렵게 되는 경우를 말한다.

연습문제 EXERCISE

1. 다음의 설명하는 내용이 무엇인지 간단히 답하시오.

설명	답
어떤 문제가 주어졌을 때 그 문제를 해결하기 위해 컴퓨터 프로그램으로 표현하는 절차를 무엇이라고 부르는가?	
컴퓨터 프로그램에서 일반적으로 사용하는 3가지 논리를 써라.	
문제 해결 과정에서 먼저 선행되어야 하는 일과 나중에 수행되어야 하는 일을 위에서부터 아래로 내려가면서 순차적으로 표현하는 논리로 세 가지 논리 중 가장 기본이 되는 논리는?	
처리해야 하는 작업의 수행 순서를 잘못 결정하여 문제 해결이 어렵게 되는 경우 어떤 오류가 발생하는가?	

2. 다음에 설명하는 3단계의 내용보다 수행 순서상 논리적으로 먼저 처리해야 하는 작업을 하나씩만 답하시오. 즉, 2단계는 3단계보다 먼저 처리해야 하는 작업을 1단계는 2단계보다 먼저 처리해야 하는 작업을 예로 하나씩 들어 보시오.

설명	답	
3단계	2단계	1단계
친구와 약속 시간에 만난다.		
스마트폰으로 전화를 건다.		
보고서를 제출한다.		
김치 볶음밥을 먹는다.		
영화를 본다.		
책을 읽는다.		
인터넷에서 옷을 구매한다.		
음식점에 간다.		
은행 ATM에서 현금을 인출한다.		
노래를 듣는다.		

3. 다음에 설명하는 내용을 읽고 작업의 진행 순서가 논리적 오류없이 합리적으로 구성되도록 순차 논리만을 이용하여 순서도를 그리시오.

> James는 오랫만에 친구와 테니스장에 가서 테니스를 치고 저녁을 먹은 후, 집으로 돌아왔다. James는 테니스장에 가기 전에 버스비 및 저녁 식사 비용(20,000원), 그리고 테니스채와 테니스공을 준비하였다. 테니스장은 버스로 20분 거리에 위치하고 있으며 집에 돌아와서 그날 사용한 비용을 계산하였다. 그리고 샤워 후에 잠시 휴식을 취한 후, 가볍게 음료수를 마시며 내일 할 일을 정리하였다. 친구에게 전화를 하여 10분정도 통화하였다. 'Good Night'이란 인사를 하고 스마트폰의 종료 버튼을 눌러 통화를 종료하였다. 스마트 폰을 탁자위에 올려놓고 TV를 켜 30여 분간 시청하였다. 그런 후 침실로 가서 잠자리에 들었다.

4. 직사각형의 가로가 9.5cm이고 높이가 7.0cm인 직사각형의 넓이와 둘레를 출력하는 순서도를 작성하되 순차 논리만을 이용하시오. 또한 순서도를 이용하여 프로그램을 작성하고 실행결과를 보이시오.

5. 두 변수(value1, value2)의 초기 값이 10과 20으로 주어질 때, 이 두 수의 차(10-20)와 몫(10/20)을 구하고, 구해진 차와 몫의 합을 계산하는 순서도를 작성하되 순차 논리만을 이용하시오. 출력은 차와 몫, 그리고 합, 3가지 모두를 출력하여야 한다. 또한 순서도를 이용하여 프로그램을 작성하고 실행결과를 보이시오.

6. 변수 x와 y의 초기 값이 각각 0으로 주어질 때, 변수 x는 1씩 더해나가고, 변수 y는 1씩 감소시켜, 변수 x는 5가 되고, 변수 y는 -5가 될 때까지 수행한 후, (x-y)를 계산하여 출력하는 순서도를 작성하되, 순차 논리만을 이용하여라. 또한 순서도를 이용하여 프로그램을 작성하고 실행결과를 보여라. 그리고 변수테이블도 그리시오.

7. 3개의 변수 x, y, z에 각각 10, 20, 30이 초기 값으로 저장될 때 x에 y값을 y에 z값을 z에 x값을 저장한 후 다음의 출력결과와 같이 출력하는 순서도를 작성하여라. 또한 순서도를 이용하여 프로그램을 작성하고 변수테이블을 그려라.

출력결과

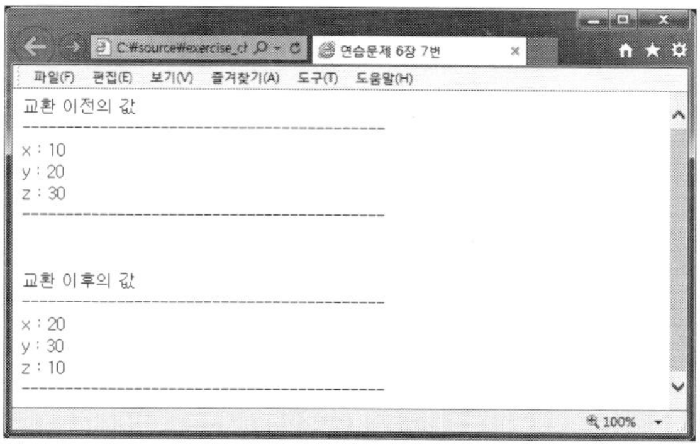

8. 다음과 같이 2개의 변수에 다음의 초기 저장값과 같이 각각 문자열을 저장한 후, 출력결과와 같이 바꾸어 출력하는 순서도를 작성하여라. 또한 순서도를 이용하여 프로그램을 작성하고 실행시켜 보아라.

초기저장 값 : str1 = "Korea"
초기저장 값 : str2 = "America"

출력결과

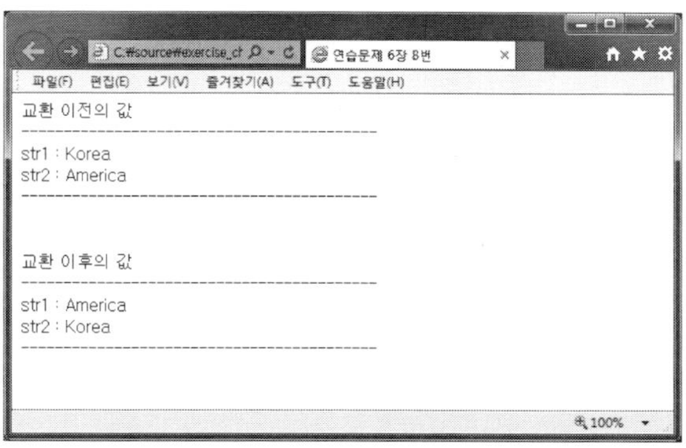

CHAPTER 07

프로그램 논리와 선택 논리

CHAPTER 07

프로그램 논리와 선택 논리

학습목표

- 선택 논리가 무엇인지 이해하여 설명할 수 있다.
- 선택 논리를 위한 if문을 이해한다.
- 선택 논리에 관련된 문제들을 if문을 이용하여 표현할 수 있다.
- 세 가지 if문의 차이점을 말할 수 있다.
- if문의 중첩을 이해하고 문제에 응용할 수 있다.

1. 선택 논리란?

이 부분에서는 선택 논리에 대해 상세히 설명한다. 여기서 선택이란 어떠한 판단 또는 조건을 의미한다. 대부분의 프로그래밍 언어에서는 선택 논리를 표현할 수 있도록 if문, switch(또는 select)문 등을 제공하고 있다. 또한 선택 논리의 조건을 표현하기 위해 앞에서 배운 관계연산자 및 논리연산자 등이 자주 사용된다.

그러면 선택 논리가 무엇인지 살펴보자. 우리는 앞에서 위에서 아래로 내려가면서 순차적으로 처리하는 순차 논리에 대하여 알아보았다. 여기에서는 선택 논리에 대해 살펴본다. 선택 논리는 어떤 값을 판단하여 그 판단된 결과에 따라 여러 경우 중 한 가지의 경우를 선택하여 수행하기 위한 논리이다. 순차논리와 마찬가지로 실생활의 문제들을 보면 매우 다양한 분야들에서 선택 논리가 존재하며, 이들을 컴퓨터 프로그램으로 해결하기 위한 논리가 바로 선택 논리라고 보면 된다. 사실 실생활의 문제들은 순차 논리만으로 해결할 수 없는 문제들이 매우 많다. 따라서 이러한 문제들을 처리하기 위해서는 선택 논리가 필요하게 된다.

다음의 그림은 실생활에서의 선택 논리에 대한 하나의 예를 보여준다. 친구와 영화를 보기 위해 영화관에서 영화 티켓을 구매하는 순서도이다. 순서도에서 보는 것과 같이 학생이면 20% 할인권을 이용할 수 있으며, 30세 미만이면 10% 할인권을 이용할 수 있다. 또한 학생도 아니고 30세 이상이면 할인권 혜택이 없다. 어쨌든 해당되는 티켓을 구매한 후 영화를 보고 집에 돌아오는 과정을 표현하고 있다. 이 순서도에서 학생인지? 또는 30세 미만인지?는 예, 아니오 중에서 하나만을 선택해야 하는 선택 논리인 것이다. 이러한 선택 논리는 일상생활에서 얼마든지 찾아볼 수 있다.

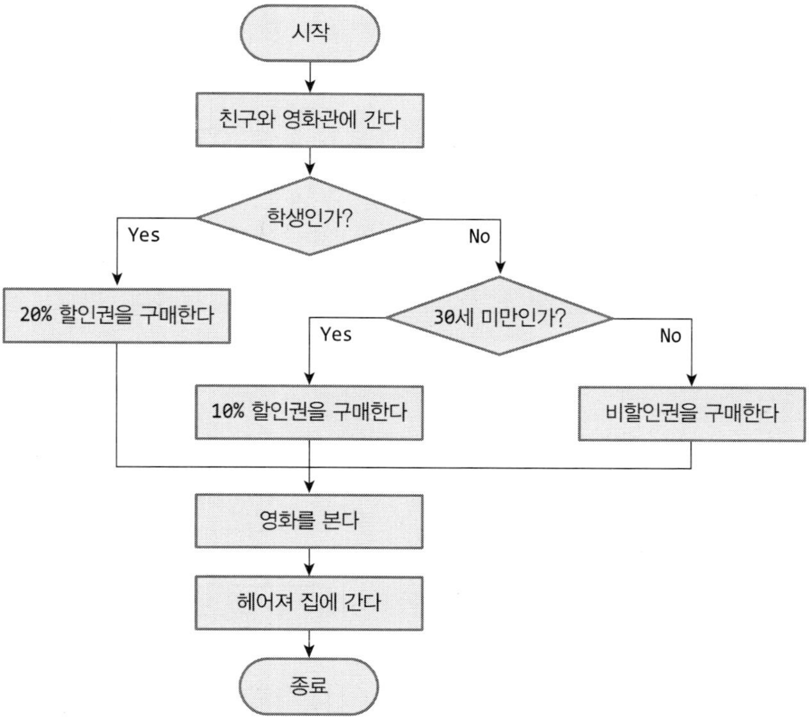

2. 선택 논리를 위한 제어문

대부분의 프로그램 언어에서 선택 논리를 표현할 수 있도록 if문, switch(또는 select)문 등과 같은 몇 가지의 제어문(Control Statement)을 제공하고 있다. 이러한 제어문은 컴퓨터 언어에서 프로그램을 작성하는 데에 매우 기본적이면서도 중요한 요소이며 대부분의 프로그램 언어에서 사용되는 방법이 것의 동일하다. 이 부분에서 자바스크립트에서 제공하는 제어문들 중에서 대표적인 if문을 상세하게 살펴본다.

if문은 조건식의 판별에 따라 해당되는 문장들을 실행시키고자 할 때 사용되는 제어문이다. 자바스크립트에서 if문은 3가지 형식을 사용할 수 있다.

2.1 단일선택 if문

단일선택 if문은 가장 간단한 형태의 if문으로 다음의 형식1과 같이 표현한다. 다음의 단일선택 if문에서 if 블록 안에 단지 하나의 문장만 나타난다면, 다음의 형식2와 같이 블록 기호({와 })를 생략해도 된다.

형식1	순서도

if(조건) {
    문장1;
    문장2;
    .
    .
}
    문장3;
    .
    .
    문장n;
	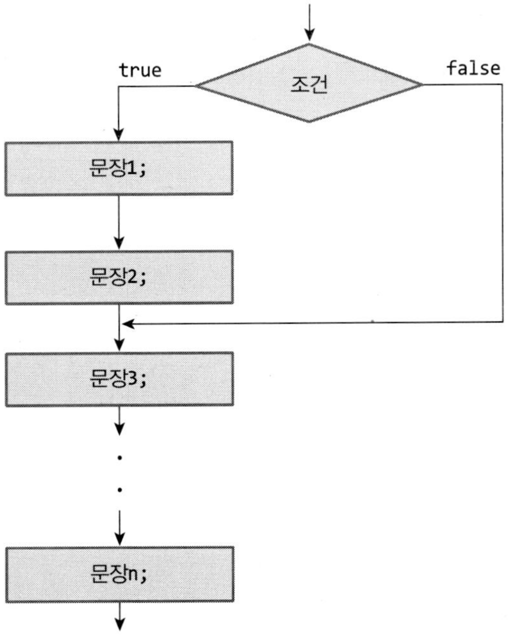

조건을 판별해서 조건이 참(true)이면 if 블록 안의 문장들(문장1, 문장2, …)을 수행하고 나서 문장3을 수행한다. 그렇지 않고 조건이 거짓(false)이면 if 블록 안의 문장들(문장1, 문장2, …)을 수행하지 않고 바로 문장3을 수행한다.

형식2	순서도

`if(조건) {`
`        문장1;`
`    }`
`    문장2;`
	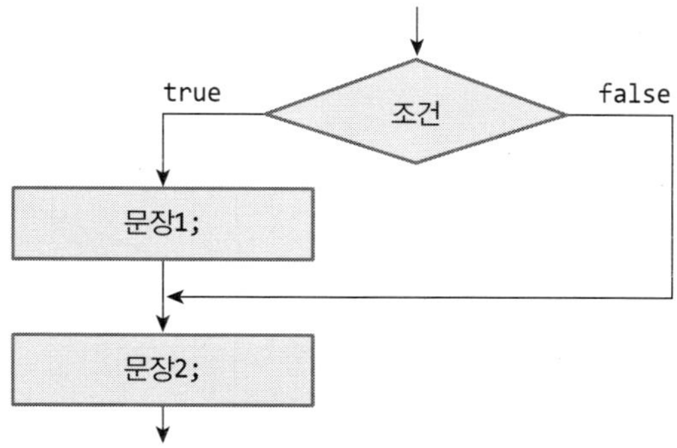

`if(조건) 문장1;` `        문장2;`	
조건을 판별해서 조건이 참(true)이면 문장1을 수행하고 나서 문장2를 수행한다. 그렇지 않고 조건이 거짓(false)이면 문장1을 수행하지 않고 바로 문장2를 수행한다.	

실습예제 EXAMPLE

oddEven이란 변수에 100이란 숫자가 저장되어 있다. 물론 다른 값이 저장될 수도 있다. 저장된 값이 홀수인지 짝수인지 알아내어 홀수이면 100은 '홀수입니다', 짝수이면 '짝수입니다'라고 출력하는 순서도와 프로그램을 작성해 보자.

문제해결 논리

어떤 숫자가 홀수인지 짝수인지는 '숫자 2로 나누어 나머지가 0이면 짝수이며 그렇지 않으면 홀수이다' 라는 생각에 착안한다. 여기서 '숫자 2로 나누어 나머지가 0인가?' 라는 부분이 바로 선택 논리로 표현해야 하는 부분이다. 즉, 이 부분을 선택 논리를 표현할 수 있는 단일선택 if문으로 나타내면 되므로 '숫자 2로 나누어 나머지가 0인가?' 라는 부분이 바로 단일선택 if 문의 조건으로 주어져야 한다. 그리고 이 조건이 참인 경우 실행되어야 할 문장들과 거짓일 경우 실행되어야 할 문장들이 무엇이 있어야 하는지 생각한다.

순서도

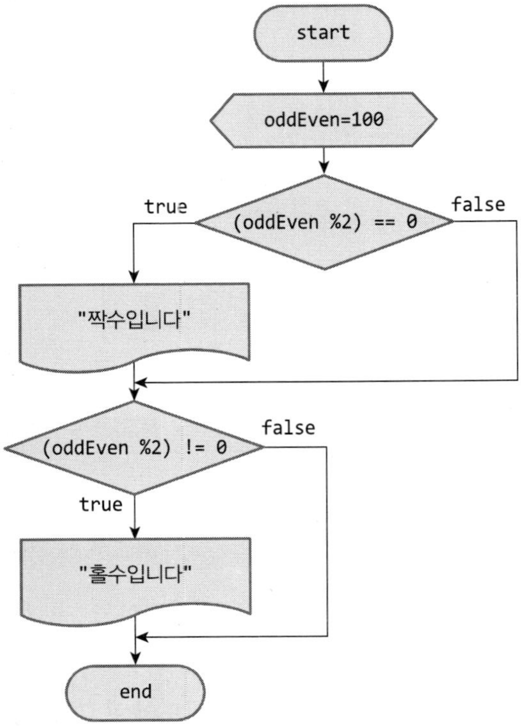

프로그램 ex22_oddEven.htm

```
<html>
  <head> <title> 홀수 짝수 판별하기 </title> </head>
  <body>
    <script type = "text/javascript">
          document.write("<h2>홀수 짝수 판별하기</h2>");
          document.write("--------------------------------------<br>");

          var oddEven = 100;
          if((oddEven % 2) == 0) {
              document.write(oddEven + "은 짝수입니다." + "<br>");
          }

          if((oddEven % 2) != 0) {
             document.write(oddEven + "은 홀수입니다." + "<br>");
          }
```

```
            document.write("------------------------------------<br>");
      </script>
    </body>
  </html>
```

실행결과

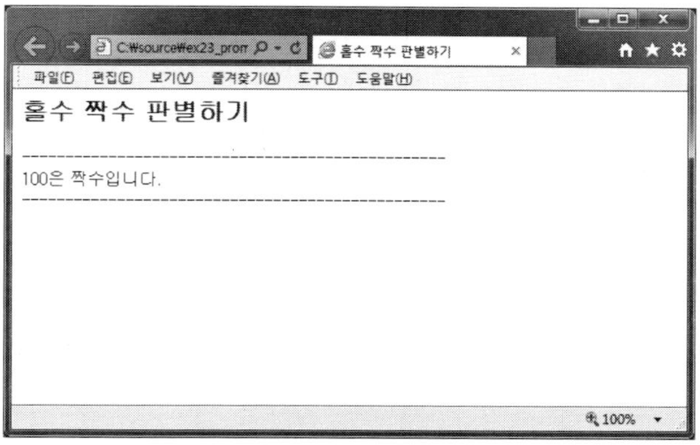

이 실습예제의 if문 블록 안에 단지 하나의 문장만 나타난다. 따라서 단일 if문의 형식2와 같이 블록 기호 ({와 })를 생략하여 다음과 같이 프로그램을 변경해도 된다. 실행해 보면 결과가 동일하다.

프로그램 ex22_oddEven_2.htm

```
<html>
  <head> <title> 홀수 짝수 판별하기 </title> </head>
  <body>
    <script type = "text/javascript">
          document.write("<h2>홀수 짝수 판별하기</h2>");
          document.write("------------------------------------<br>");

          var oddEven = 100;

          if((oddEven % 2) == 0) document.write(oddEven + "은 짝수입니다." +
          "<br>");
```

```
            if((oddEven % 2) != 0)
            document.write(oddEven + "은 홀수입니다." + "<br>");
            document.write("-----------------------------------<br>");
    </script>
  </body>
</html>
```

지식추가 **함수**

함수가 무엇인지 어느 정도 감을 잡아보자. 대부분의 프로그래밍 언어에서는 응용 프로그램을 작성할 때 공통으로 자주 사용되는 기능을 하나의 프로그램으로 미리 만들어 놓고 프로그램 작성자가 그 기능이 필요할 때 새롭게 작성할 필요가 없이 미리 만들어 놓은 프로그램을 가져다 쓸 수 있도록 하고 있다. 여기서 미리 만들어 놓은 프로그램을 함수(Function)라고 부르며 이 함수는 보통 프로그램 전문 개발자에 의해 만들어져 제공된다.

함수가 가지고 있는 생김새는 다음과 같다. 즉, 함수이름과 괄호, 그리고 괄호안의 인수들로 구성된다. 여기서 함수이름은 함수마다 부여한 고유 명칭이며, 괄호 내의 인수는 함수마다 그 개수가 정해져 있다. 어떤 함수는 인수의 개수가 0인 함수도 있으며, 이런 함수는 괄호만 존재한다.

함수이름(인수1, 인수2, …)

함수는 함수마다 하는 역할이 따로 있다. 가상의 예로 round 함수가 있다고 생각해 보자. 이 함수는 다음과 같은 생김새를 가지고 있다. 그리고 round 함수의 역할은 첫 번째 인수로 주어진 값을 반올림하는 역할을 한다. 반올림할 위치는 소수점 이하 자리수 중에서 두 번째 인수로 주어진 수의 위치이다.

round(인수1, 인수2)

만약 다음과 같이 round 함수에 인수가 주어졌다면 round가 계산한 결과 값은 얼마인가? 소수점 이하 6번째 자리에서 반올림하라는 의미이므로 결과 값은 1.257888이 된다. 다음의 round 함수에서 1.257879318은 첫 번째 인수이고, 6은 두 번째 인수이다.

rv = round(1.257879318, 6)

여기서 round 함수가 반올림한 값을 구하고 나면 이 반올림한 결과 값은 대입연산자 =에 의해 rv라는 변수에 저장된다. 저장된 값은 이후 필요에 따라 여러 용도로 사용할 수 있다. 이상에서 살펴본 round 함수와 같이 모든 함수는 무엇인가를 처리 및 계산한 후, 필요시 그 결과 값을 저장할 필요가 있는데, 이 때 사용하는 변수가 rv인 것이다. 여기서 함수의 결과 값을 그 함수의 반환 값이라고 부르며 그 반환 값이 저장되는 곳이 바로 rv 변수이다. 그러므로 rv란 변수는 말 그대로 변수이므로 프로그램 작성자 임의대로 변수명을 부여하면 된다. 어떤 함수는 반환 값을 갖지 않는 함수도 있는데 이 경우에는 rv란 변수가 필요없게 된다. 또한 round 함수와 같이 모든 함수에서 인수는 그 함수가 무엇인가를 처리 및 계산할 때 사용하게 되는 자료(정보)들인 것이다.

지식추가 **자바스크립트에서도 당연히 다양한 함수들이 미리 만들어져 제공된다. 여기서 2가지의 유용한 함수를 소개하고자 한다.**

① prompt( ) 함수

prompt( ) 함수는 사용자로부터 값을 입력받을 수 있는 대화상자를 만들어 주는 함수이다. 따라서 사용자로부터 입력받은 값을 가지고 어떤 일을 하고자 할 때 사용하면 편리하다. prompt 함수의 형식은 다음과 같다.

형식	rv = prompt("string1", "string2");
설명	(1) 첫 번째 인수 string1은 대화상자에 설명으로 표시시킬 문자열로 큰따옴표 내에 넣어준다. (2) 두 번째 인수 string2는 처음 실행했을 때 대화상자 내의 입력상자에 표시시킬 문자열로 큰따옴표 내에 넣어준다. (3) rv는 prompt 함수가 반환할 값이 저장될 변수이다. 반환 값은 사용자로부터 받은 문자열 값 또는 null 값 중의 하나이다. (4) 만약 사용자가 입력상자에 어떤 값도 입력하지 않고 확인 버튼을 누르면 null 값이 rv변수에 반환된다. (5) 사용자로부터 입력상자에 입력되는 값은 모두 문자열로 간주된다. (6) string2를 생략할 때에는 큰따옴표 2개를 연속해서 입력하면 된다. 그러면 처음 실행했을 때 입력상자에 아무런 문자도 표시되지 않는다. (7) string2를 생략하기 위해 아무 것도 없이 string1만을 입력하게 되면 처음 실행했을 때 입력상자에 undefined라는 문자열이 표시된다.

② eval( ) 함수

eval( ) 함수는 문자열로 입력된 값 또는 수식을 계산하여 실수형의 숫자 값으로 변환하여 그 변환된 결과 값을 반환하여 주는 함수이다. eval 함수의 형식은 다음과 같다.

<table>
<tr><th>형식</th><th colspan="2">rv = eval("string_expr")</th></tr>
<tr><td rowspan="4">설명</td><td colspan="2">(1) 인수 string_expr는 문자열로 하나의 값 또는 수식이다. 여기서 하나의 값은 모두 숫자로만 구성된 문자열이어야 한다. 즉, 문자가 포함될 수 없다.</td></tr>
<tr><td>올바른 예</td><td>value1 = eval("100"); //문자열 일공공이 숫자 100으로 변경되어 value1에 저장된다
eval("value2=20+30+value1"); //value2에 숫자 150이 저장된다</td></tr>
<tr><td>잘못된 예</td><td>eval("A" / 10); (문자가 포함될 수 없음)
eval("A10"); (문자가 포함될 수 없음)</td></tr>
<tr><td colspan="2">(2) rv는 eval 함수가 반환할 값을 저장할 변수이다. 반환 값은 실수형의 숫자 값이다.</td></tr>
</table>

실습예제

EXAMPLE

이번에는 앞의 실습예제인 홀수 짝수 판별하기 문제를 지금 막 소개한 **prompt** 함수, **eval** 함수들을 이용하여 좀 더 실용적인 프로그램으로 만들어 보자. 앞에서는 홀수 또는 짝수로 판별할 값이 미리 주어졌다. 이와는 다르게 이번에는 값을 미리 주지 말고 **prompt** 함수를 이용하여 프로그램 실행 중에 값을 입력받아 처리해 보자. 다음과 같이 다시 순서도와 프로그램으로 작성할 수 있다.

순서도

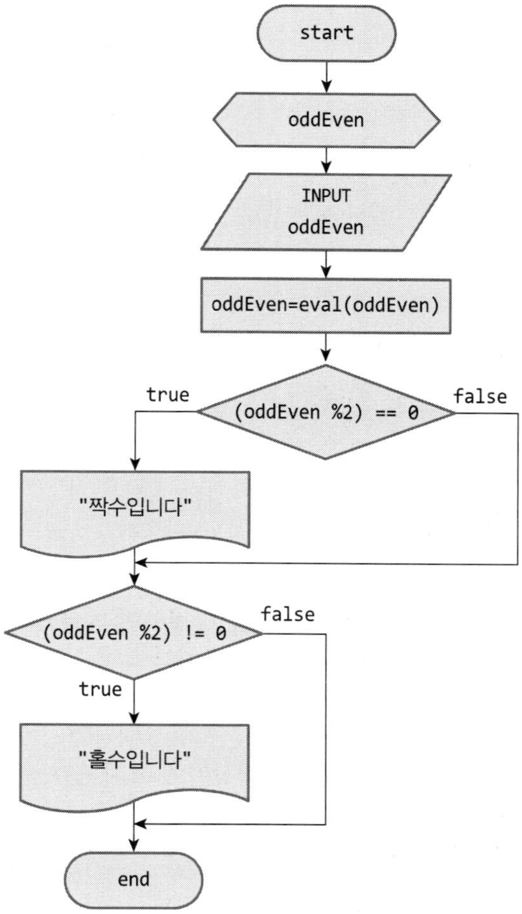

프로그램 ex23_prompt.htm

```
<html>
 <head> <title> 홀수 짝수 판별하기 </title> </head>
 <body>
  <script type = "text/javascript">
       document.write("<h2>홀수 짝수 판별하기</h2>");
       document.write("--------------------------------------<br>");

       var oddEven;

       oddEven = prompt("0부터 100 사이의 임의의 수를 입력하세요", "0");
```

```
            oddEven = eval(oddEven); //이 문장을 주석처리하고 실행해 보아라

            if((oddEven % 2) == 0) {
                document.write(oddEven + "은 짝수입니다." + "<br>");
            }

            if((oddEven % 2) != 0) {
                document.write(oddEven + "은 홀수입니다." + "<br>");
            }

            document.write("--------------------------------------<br>");
        </script>
    </body>
</html>
```

앞에서 설명한 것과 같이 프로그램을 실행하면 다음과 같이 사용자의 입력을 받을 수 있는 프롬프트 대화상자가 표시된다. 대화상자에 있는 것과 같이 **prompt** 함수의 첫 번째로 부여한 문자열이 대화상자에 설명으로 표시되어 있으며 두 번째로 부여한 **0**이 대화상자 내의 입력상자에 표시되었음을 알 수 있다.

여기서 다음과 같이 **100**이라고 입력하고 **확인** 버튼을 누른다. 그러면 실행결과가 표시된다.

여기서 입력된 **100**은 컴퓨터 시스템에 의해 자동으로 읽혀지고 처리 및 반환되어 **oddEven**이란 변수에 저장된다.

이 100은 비록 숫자로 입력되었지만 컴퓨터 시스템은 이 숫자 100을 숫자로 인식하지 않으며 문자열 '100'으로 받아들인다. 이유는 앞에서 설명한 것과 같이 prompt 함수의 입력상자에 사용자로부터 입력되는 값은 모두 문자열로 간주되기 때문이다. 따라서 oddEven이란 변수에는 문자열 '100'이 저장된다.

그렇다면 prompt 함수에 의하여 입력된 문자열을 수학적 산술연산을 위한 숫자 관련 연산자들(+, -, *, /, %, ++, --, -=, *=, /=, %=)의 피연산자로 사용할 수 있는가? 상식적으로는 사용할 수 없다. 그러나 자바스크립트 언어에서는 이러한 상식을 뒤엎는다.

다시 말해서 자바스크립트에서는 어떤 문자열도 덧셈연산자(+)를 제외한 숫자 관련 연산자들(–, *, /, %, ++, ––, –=, *=, /=, %=)의 피연산자로 사용할 수 있으며 올바른 산술연산의 결과가 계산된다. 그 이유는 자바스크립트에서 문자열을 덧셈연산자(+)를 제외한 나머지 숫자 관련 연산자들(–, *, /, %, ++, ––, –=, *=, /=, %=)의 피연산자로 사용했을 때 자동으로 문자열이 숫자로 변환되어 계산되기 때문이다.

앞의 프로그램에서 문장 oddEven = eval(oddEven);는 사용자로부터 입력되는 값인 문자열 '100'을 eval 함수에 의해 숫자 100으로 변환하여 다시 oddEven 변수에 저장하는 문장이다. 그러나 문장 oddEven = eval(oddEven);는 있으나 없으나 결과가 동일하다. 즉, eval 함수를 사용하여 문자열을 숫자로 변경하지 않아도 된다. 왜냐하면 이 문장 다음 문장인 if문 내에 있는 연산자가 덧셈연산자(+)가 아닌 나머지 연산자(%)이므로 나머지 연산을 수행하기 전에 자동으로 oddEven에 저장된 문자열이 숫자로 변환된 후 나머지 연산을 수행하기 때문이다.

```
if((oddEven % 2) == 0)
if((oddEven % 2) != 0)
```

결론적으로 예제에서 문자열 '100'을 eval() 함수에 의해 숫자 100으로 변환하지 않고 바로 숫자 관련 연산자들(-, *, /, %, ++, --, -=, *=, /=, %=)의 피연산자로 사용할 수 있다.

그러나 만약 문자열 '100'을 산술연산을 위한 덧셈연산자(+)의 피연산자로 사용하려면 문자열 '100'을 eval 함수에 의해 변환한 후 사용해야 원하는 수학적 연산 결과를 얻을 수 있다. 그렇지 않으면 덧셈연산자(+)의 피연산자로 사용된 문자열은 덧셈연산자(+)가 문자열 연산을 하게 한다.

그러므로 자바스크립트 프로그램을 작성할 때, 문자열을 산술관련 연산자의 피연산자로 사용하는 경우 오직 덧셈연산자(+)에 사용할 때만 eval 함수에 의해 문자열을 숫자로 변환한 후 사용하면 된다.

실행결과

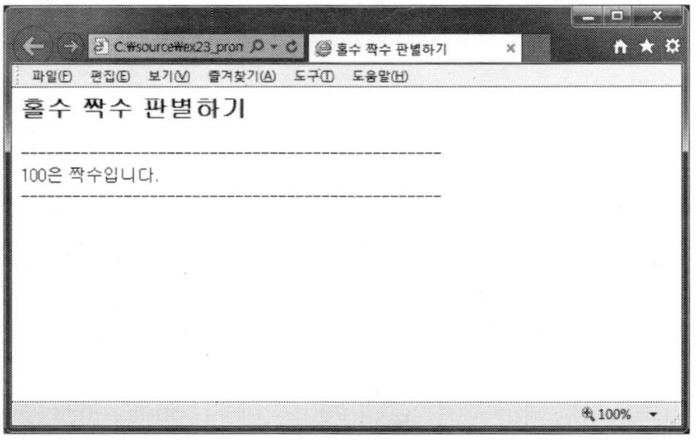

실습예제 EXAMPLE

예로 문자열을 숫자 관련 연산자들(+, -, *, /, %)의 피연산자로 사용하는 다음의 프로그램을 실행결과와 함께 분석해보자.

프로그램

```
<html>
 <head> <title> 문자열의 사칙연산 </title> </head>
 <body>
  <script type = "text/javascript">
```

```
            document.write("-------------------------------------<br>");
            document.write("<h2>변환 전의 결과</h2>");

            var value1 = 100, value2 = "100";
            var string1 = "100", string2 = "100";

            document.write("value1 + value2 : " + ( value1 + value2 ) + "<br>");
            document.write("value1 - value2 : " + ( value1 - value2 ) + "<br>");
            document.write("value1 * value2 : " + ( value1 * value2 ) + "<br>");
            document.write("value1 / value2 : " + ( value1 / value2 ) + "<br>");
            document.write("value1 % value2 : " + ( value1 % value2 ) + "<br>");

            document.write("string1 + string2 : " + ( string1 + string2 ) + "<br>");
            document.write("string1 - string2 : " + ( string1 - string2 ) + "<br>");
            document.write("string1 * string2 : " + ( string1 * string2 ) + "<br>");
            document.write("string1 / string2 : " + ( string1 / string2 ) + "<br>");
            document.write("string1 % string2 : " + ( string1 % string2 ) + "<br>");

            value2 = eval(value2);  string1 = eval(string1);  string2 = eval(string2);

            document.write("<br><br><h2>변환 후의 결과</h2>");

            document.write("value1 + value2 : " + ( value1 + value2 ) + "<br>");
            document.write("value1 - value2 : " + ( value1 - value2 ) + "<br>");
            document.write("value1 * value2 : " + ( value1 * value2 ) + "<br>");
            document.write("value1 / value2 : " + ( value1 / value2 ) + "<br>");
            document.write("value1 % value2 : " + ( value1 % value2 ) + "<br>");

            document.write("string1 + string2 : " + ( string1 + string2 ) + "<br>");
            document.write("string1 - string2 : " + ( string1 - string2 ) + "<br>");
            document.write("string1 * string2 : " + ( string1 * string2 ) + "<br>");
            document.write("string1 / string2 : " + ( string1 / string2 ) + "<br>");
            document.write("string1 % string2 : " + ( string1 % string2 ) + "<br>");

            document.write("-------------------------------------<br>");
      </script>
    </body>
  </html>
```

실행결과

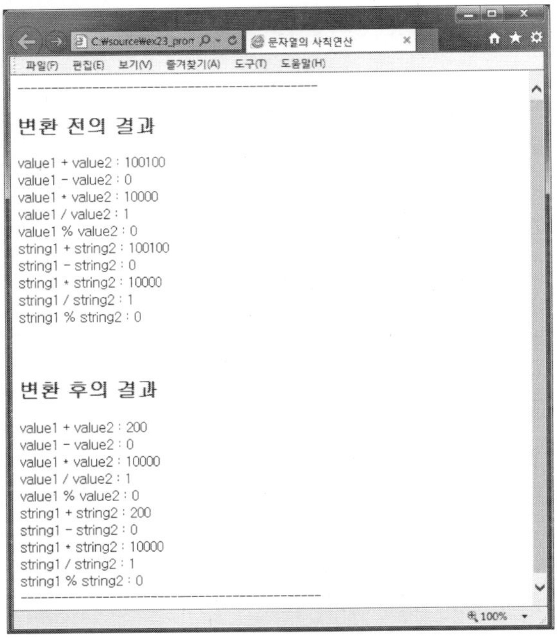

실행결과에서 보는 것과 같이 덧셈연산자(+)의 피연산자로 문자열로 된 숫자가 사용되었을 때는 문자열 연산을 하였음을 알 수 있다. 이 경우 결과는 '100100'이란 문자열이 출력되었다. 이와는 다르게 다음의 문장들과 같이 eval 함수에 의해 문자열을 숫자로 변경한 후, 연산한 결과를 보면 실제로 산술 덧셈을 하였음을 알 수 있다. 이 경우 결과는 200이 되었다.

```
value2 = eval(value2);  string1 = eval(string1);  string2 = eval(string2);
```

이와 같이 자바스크립트에서 덧셈연산자(+)는 2가지의 용도로 사용됨을 알 수 있다. 하나는 덧셈연산자(+)의 피연산자로 모두 숫자들이 오는 경우 실제 수학적인 산술연산을 하게 된다. 다른 하나는 덧셈연산자(+)의 피연산자로 하나 또는 모두가 문자열로 된 숫자가 오는 경우 문자열 연산을 수행한다.

또한 이 프로그램에서 덧셈연산자(+)를 제외한 다른 모든 연산자들은 피연산자들이 비록 문자열이라 할지라도 자동으로 숫자로 변환되어 산술연산이 수행되었음을 알 수 있다.

확인문제 사용자로부터 두 과목의 점수를 입력받아 합계와 평균값을 구한 후 평균값이 95 이상이면 "Very Good"이라고 출력하고 95 미만이면 "Just Good"이라고 출력하는 순서도와 프로그램을 단일선택 if문을 사용하여 작성하여라.

문제해결 논리 prompt 함수는 한 번에 하나의 값만을 입력받을 수 있다. 따라서 두 과목의 점수를 입력받기 위해 prompt 함수를 두 번 사용한다. 그리고 합계를 구하기 위해 입력받은 두 정수는 eval 함수에 의해 숫자로 변환한 후 계산에 사용해야 한다. 이유는 합계를 구하기 위해 덧셈 연산자(+)를 사용해야 하기 때문이다. 또한 '평균값이 95 이상이면'과 '95 미만이면'을 단일선택 if문의 조건으로 사용한다.

순서도

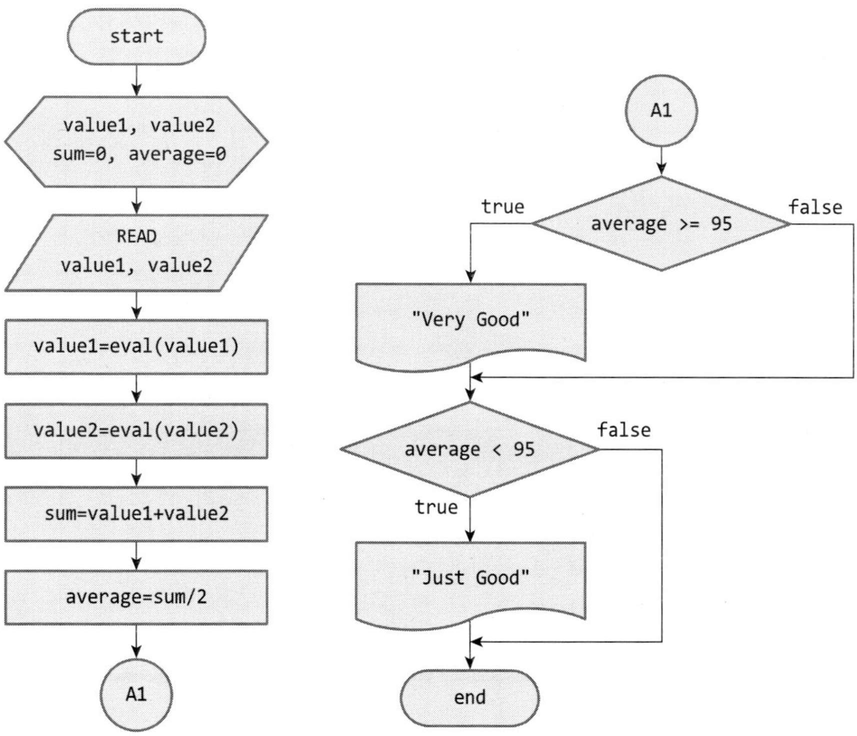

프로그램 ex23_prompt_3.htm

```
<html>
 <head> <title> 두 과목의 평균 값 판단 </title> </head>
 <body>
  <script type = "text/javascript">

        var value1, value2, sum = 0, average = 0;

        document.write("------------------------<br>");
        value1 = prompt("첫번째 과목 점수를 입력하세요", "0");
        value2 = prompt("두번째 과목 점수를 입력하세요", "0");

        value1 = eval(value1); value2 = eval(value2);
        sum = value1 + value2;
        average = sum / 2;

        if(average >= 95) document.write("Very Good" + "<br>");
        if(average <  95) document.write("Just Good" + "<br>");

        document.write("------------------------<br>");
  </script>
 </body>
</html>
```

실행결과

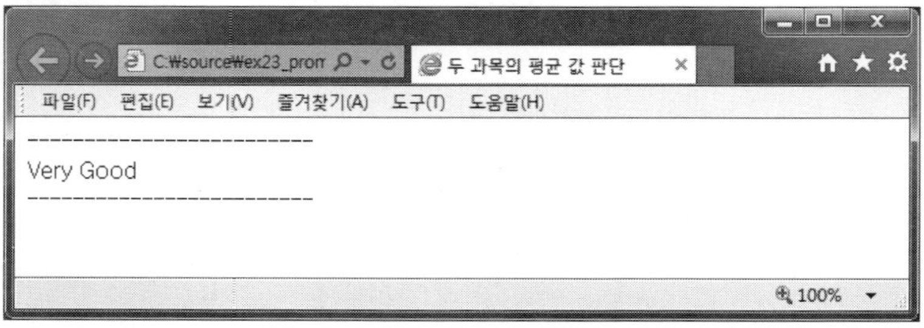

확인문제 사용자로부터 하나의 정수 값을 입력받아 변수 value에 저장한 후 그 값이 0보다 크면 'value는 0보다 큽니다', 0과 같으면 'value는 0입니다', 0보다 작으면 'value

는 0보다 작습니다'라고 출력하는 순서도와 프로그램을 단일선택 if문을 사용하여 작성하여라.

문제해결 논리 'value는 0보다 큽니다', 'value는 0입니다', 'value는 0보다 작습니다'를 단일선택 if문의 조건으로 각각 사용한다. 따라서 단일선택 if문 3개가 필요하다.

순서도

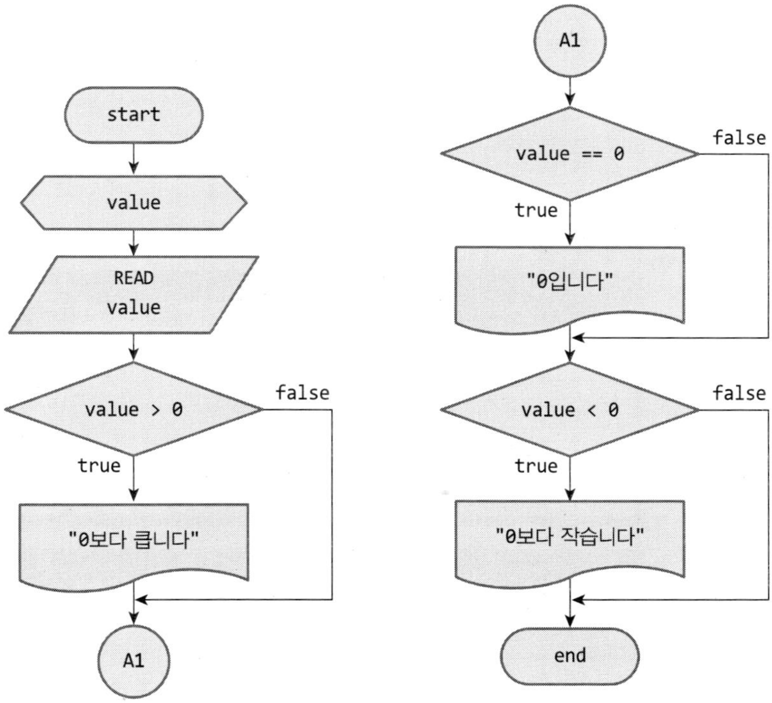

프로그램 ex23_prompt_4.htm

```
<html>
 <head> <title> 임의의 정수 값 판단 </title> </head>
 <body>
  <script type = "text/javascript">

       var value;
```

```
            document.write("------------------------<br>");

            value = prompt("임의의 정수값을 입력하세요", "0");

            if(value > 0)  document.write(value + "는 0보다 큽니다" + "<br>");
            if(value == 0)  document.write(value + "는 0입니다" + "<br>");
            if(value < 0)  document.write(value + "는 0보다 작습니다” + "<br>");

            document.write("------------------------<br>");
      </script>
    </body>
  </html>
```

실행결과

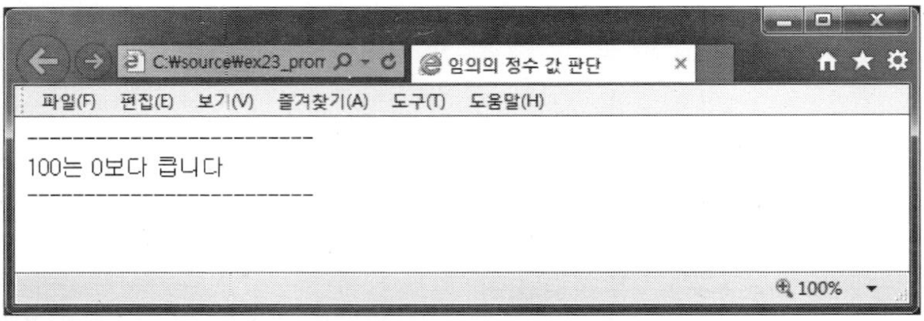

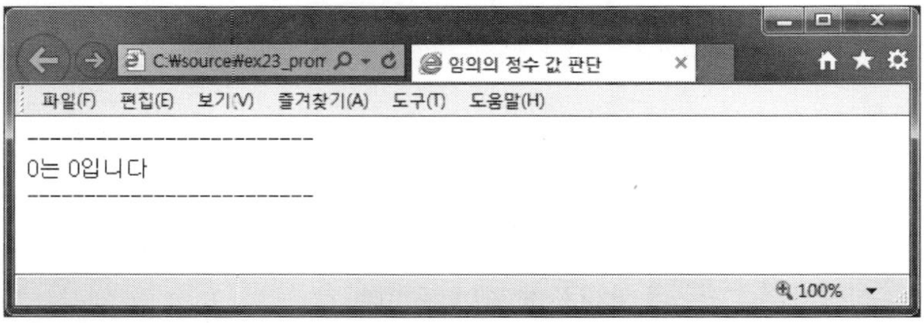

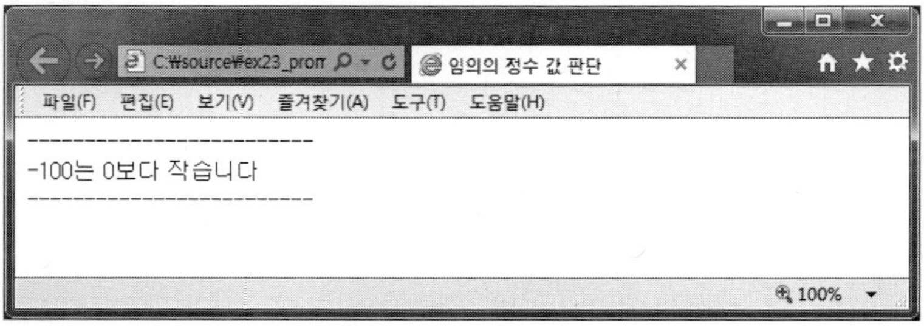

실행 결과를 보면 알 수 있는 것과 같이 프로그램에서 사용자로부터 입력된 문자열을 eval 함수에 의해 숫자로 변환하지 않고 3개의 if문 내에 관계연산자의 피연산자로 바로 사용하였다. 그리고 if문의 조건에 의해 올바른 결과가 출력되었음을 알 수 있다.

이와 같이 자바스크립트 언어에서는 관계연산자의 피연산자로 문자열을 사용하면 자동으로 숫자로 변경된 후 처리되어 연산 결과가 올바르게 계산된다는 것을 알 수 있다.

자바스크립트에서 관계연산자의 피연산자로 문자열 또는 숫자가 사용될 때 다음 표와 같은 규칙을 따른다. 다음의 표에서 “문자열”은 숫자를 포함하여 입력할 수 있는 어떤 문자라도 올 수 있는 문자열로 숫자로만 구성된 문자열은 제외함을 의미하며 “숫자”는 오직 숫자로만 구성된 문자열을 의미한다. 또한 숫자는 말 그대로 산술연산을 할 수 있는 숫자를 말한다.

9가지 경우			실제 연산	연산결과
"문자열"	관계연산자	"문자열"	- 문자열의 크기 비교 연산 수행 - 아스키코드 값으로 크기 비교	true 또는 false
"숫자"	관계연산자	"문자열"		
"문자열"	관계연산자	"숫자"		
"숫자"	관계연산자	"숫자"		
숫자	관계연산자	숫자	- 숫자끼리 크기 비교하는 연산 수행	
숫자	관계연산자	"숫자"	- 먼저 문자열 “숫자”가 숫자로 자동 변환 - 숫자끼리 크기 비교하는 연산 수행	
"숫자"	관계연산자	숫자	- 먼저 문자열 “숫자”가 숫자로 자동 변환 - 숫자끼리 크기 비교하는 연산 수행	
숫자	관계연산자	"문자열"	- 상식에 어긋남 - 연산할 수 없음 - 처리가 불가능	false
"문자열"	관계연산자	숫자	- 상식에 어긋남 - 연산할 수 없음 - 처리가 불가능	

실습예제 EXAMPLE

관계연산자의 피연산자로 문자열 또는 숫자가 사용될 때의 실습예제를 살펴보자. 다음의 프로그램을 분석하고 실행결과를 예측해 보자. 그리고 실행시켜 확인해 보자.

프로그램 ex23_relational_operator_1.htm

```
<html>
  <head> <title> 관계연산자 </title> </head>
  <body>
    <script type = "text/javascript">
            document.write("<h2>관계연산자</h2>");
            document.write("------------------------<br>");

            var  string1 = "AA",   string2 = "A200";
            var  string3 = "100",  string4 = "200";
            var  value1 = 100, value2 = 200;
            var  string5 = "200A"

            document.write(" 'AA' > 'A200' : " + ( string1 > string2 )  + "<br>");
            document.write(" '100' > 'AA'   : " + ( string3 > string1 )  + "<br>");
            document.write(" 'AA' > '100'   : " + ( string1 > string3 )  + "<br>");
            document.write(" '100' > '200'  : " + ( string3 > string4 )  + "<br>");
            document.write("------------------------<br>");

            document.write(" 100 > 200     : " + ( value1 > value2 )  + "<br>");

            document.write("------------------------<br>");
            document.write(" 100 > '100'    : " + ( value1 > string3 )  + "<br>");
            document.write(" ‘100' > 100    : " + ( string3 > value1 )  + "<br>");
            document.write(" 100 == '100'   : " + ( value1 == string3 )  + "<br>");
            document.write(" '100' <= 100   : " + ( string3 <= value1 )  + "<br>");

            document.write("------------------------<br>");
            document.write(" 100 > 'AA'     : " + ( value1 > string1 )  + "<br>");
            document.write(" 'AA' > 100     : " + ( string1 > value1 )  + "<br>");

```

```
            document.write(" 100 < 'AA'     : " + ( value1 < string1 )  + "<br>");
            document.write(" 'AA' < 100     : ' + ( string1 < value1 )  + "<br>");
            document.write(" 100 == 'AA'    : " + ( value1 == string1 )  + "<br>");
            document.write(" 'AA' == 100    : " + ( string1 == value1 )  + "<br>");

            document.write("-----------------------<br>");
            document.write(" 'A200' > 200    : " + ( string2 > value2 )  + "<br>");
            document.write(" '200A' > 200    : " + ( string5 > value2 )  + "<br>");
            document.write(" 'A200' < 200    : " + ( string2 < value2 )  + "<br>");
            document.write(" '200A' < 200    : " + ( string5 < value2 )  + "<br>");
            document.write(" 'A200' == 200    : " + ( string2 == value2 )  + "<br>");
            document.write(" '200A' == 200    : " + ( string5 == value2 )  + "<br>");

            document.write("-----------------------<br>");
        </script>
    </body>
</html>
```

문제해결 논리 앞의 표를 다시 정리한 다음의 내용을 숙지하고 프로그램과 실행결과를 한 문장씩 분석한다.

- 관계연산자의 비교 대상인 피연산자가 모두 "문자열" 또는 "숫자"인 경우는 아스키코드 값을 이용하여 크기를 비교한다.
- 관계연산자의 비교 대상인 피연산자 중 하나가 산술연산을 위한 숫자이고 또 다른 하나가 "숫자"인 경우는 숫자로만 구성된 문자열이 자동으로 숫자로 변환된 후, 산술적 크기 비교를 수행한다.
- 관계연산자의 비교 대상인 피연산자 모두가 산술연산을 위한 숫자이면 당연히 산술적 크기 비교를 수행한다.
- 관계연산자의 비교 대상인 피연산자 중 하나가 산술연산을 위한 숫자이고 또 다른 하나가 "문자열"인 경우는 상식적으로 비교할 수 없음을 알 수 있다.
- 만약 관계연산자의 비교 대상인 피연산자가 모두 "숫자"인 경우 산술적 크기 비교를 수행하기 위해서는 "숫자"를 다음과 같이 eval 함수를 이용하여 숫자로 변경한 후 산

술적 크기 비교를 해야 올바른 연산 결과를 얻을 수 있다.

```
eval("숫자");
```

실행결과

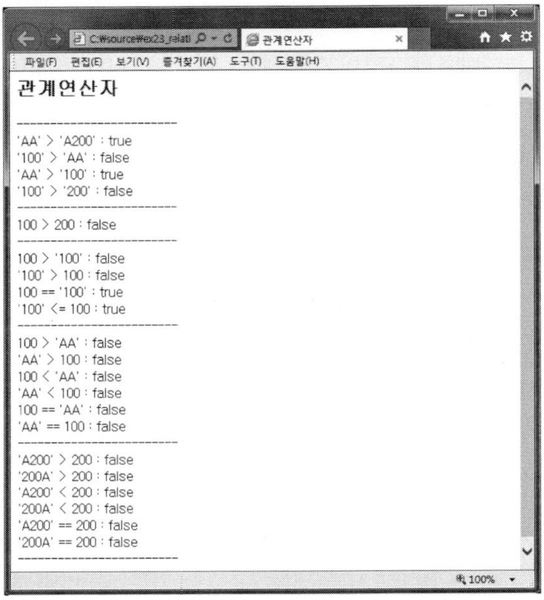

2.2 양쪽선택 if문

양쪽선택(양자선택) if문은 if-else로 구성된다. 이 if문은 조건의 참 또는 거짓에 따라 컴퓨터가 실행할 수 있는 문장들을 다르게 지정하고자 할 때 사용하는 제어문이다.

형식	순서도

if(조건) {
    문장1;
    문장2;
    .
    .
}
else {
    문장3;
    문장4;
    .
    .
}
문장5;
	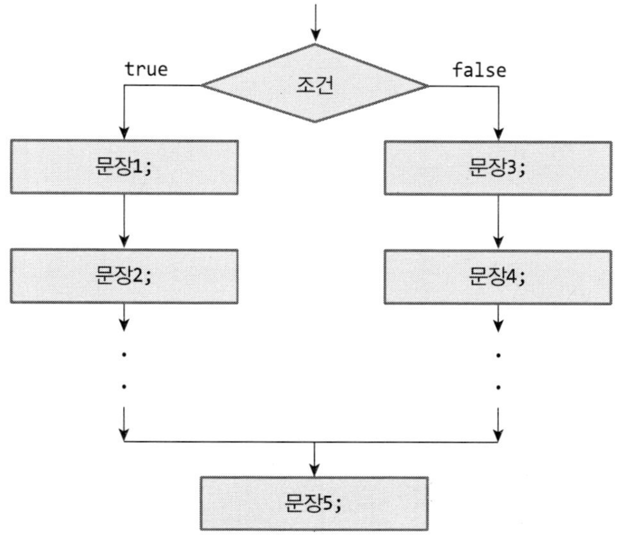

조건을 판별해서 조건이 참(true)이면 if 블록 안의 문장들(문장1, 문장2, …)을 수행하고 나서 문장5를 수행한다. 그렇지 않고 조건이 거짓(false)이면 else 블록 안의 문장들(문장3, 문장4, …)을 수행하고 나서 문장5를 수행한다. 만약 블록 안의 문장들이 단지 하나의 문장만 있다면 블록을 나타내는 기호 ({와 })는 생략해도 된다.	

실습예제 EXAMPLE

단일선택 if문에서 실습한 것과 같이 oddEven라는 변수에 100이란 숫자가 저장되어 있다. 물론 다른 값이 저장될 수도 있다. 저장된 값이 홀수인지 짝수인지 알아내어 홀수이면 100은 '홀수입니다', 짝수이면 '짝수입니다'라고 출력하는 순서도와 프로그램을 양쪽선택 if문으로 작성해 보자.

문제해결 논리

어떤 숫자가 홀수인지 짝수인지는 '숫자 2로 나누어 나머지가 0이면 짝수이며 그렇지 않으면 홀수이다'라는 생각에 착안한다. 여기서 '숫자 2로 나누어 나머지가 0인가?' 라는 부분이 바로 선택논리로 표현해야 하는 부분이다. 즉, 이 부분을 선택논리를 표현할 수 있는 양쪽선택 if문으로 나타내면 되므로 '숫자 2로 나누어 나머지가 0인가?' 라는 부분이 바로 양쪽선택 if문의 조건으로 주어져야 한다. 그리고 이 조건이 참인 경우 실행되어야 할 문장들과 거짓일 경우 실행되어야 할 문장들이 무엇이 있어야 하는지 생각한다.

순서도

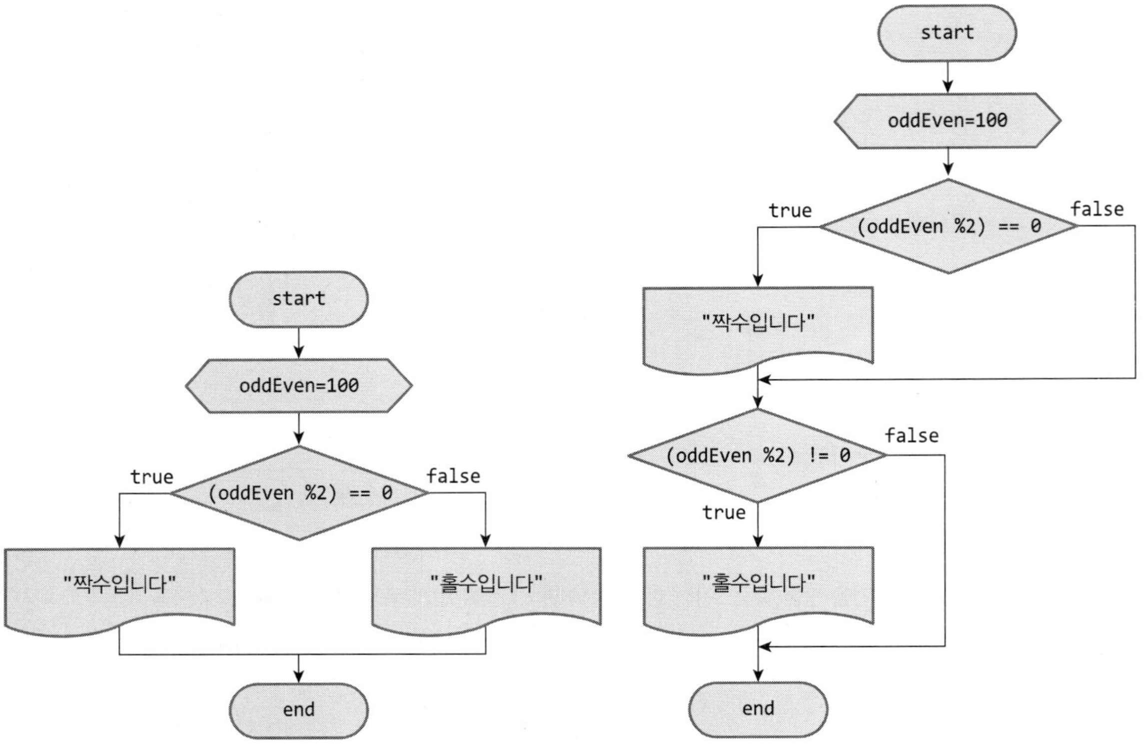

우선 순서도를 분석해 보자. 오른쪽의 순서도는 단일선택 if문으로 해결하기 위해 단일선택 if문의 실습예제에서 작성했던 그림이다. 왼쪽의 순서도는 양쪽선택 if문으로 해결하기 위해 작성된 것이다. 두 순서도를 비교해 보아라. 어떤 차이점이 있는가? 왼쪽의 순서도가 좀 더 간결해 보인다.

왼쪽의 순서도를 보면 oddEven을 2로 나눈 나머지가 0이면 "짝수입니다"라고 출력하고 그렇지 않으면 "홀수입니다"를 출력하고 바로 종료한다. 그러나 오른쪽의 순서도는 oddEven을 2로 나눈 나머지가 0인지에 관계없이 한 번 더 oddEven을 2로 나눈 나머지가 0이 아닌지를 판단하게 된다. 즉, 왼쪽의 순서도는 if의 조건이 하나이지만, 오른쪽의 순서도는 if의 조건이 두 번 나타나므로 프로그램에서도 당연히 2개의 if문이 존재하게 된다. 이러한 이유는 단일선택 if문과 양쪽선택 if문의 형식을 비교해 보면 쉽게 알 수 있다. 두 형식을 보면 단일선택 if문은 양쪽선택 if문에 있는 else 부분이 없다. 때문에 단일선택 if문에서는 이러한 종류의 실습예제 문제를 해결하기 위해서 if 조건이 두 번 나타나야 한다. 이에 이 실습문제를 컴퓨터로 수행하는데 단일선택 if문은 컴퓨터의 수행속도를 느리게 한다.

그렇다고 항상 양쪽선택 if문이 단일선택 if문보다 더 좋은 문법적 요소라고 보면 오해이다. 단일선택 if문과 양쪽선택 if문 중에서 어떤 if문을 사용할지는 해결하려는 문제의 유형에 따라 달라질 수 있기 때문이다.

프로그램 ex23_y_oddEven.htm

```
<html>
  <head> <title> 홀수 짝수 판별하기 </title> </head>
  <body>
    <script type = "text/javascript">
          document.write("<h2>홀수 짝수 판별하기</h2>");
          document.write("------------------------------<br>");

          var oddEven = 100;
          if((oddEven % 2) == 0) {
              document.write(oddEven + "은 짝수입니다." + "<br>");
          }
          else
          {
              document.write(oddEven + "은 홀수입니다." + "<br>");
          }

          document.write("------------------------------<br>");
    </script>
  </body>
</html>
```

실행결과

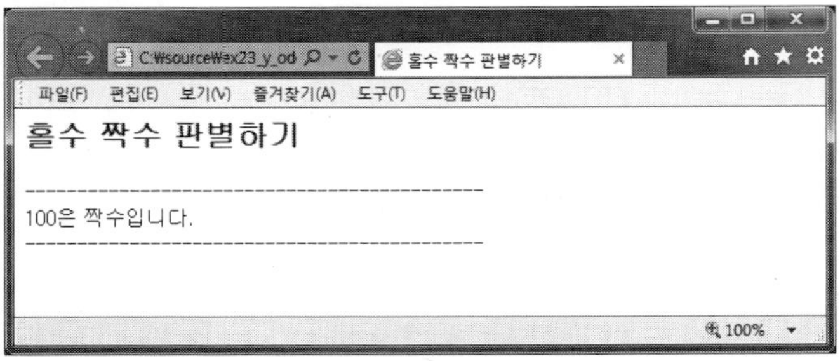

이 실습예제의 if문와 else 블록 안에 단지 하나의 문장만 나타난다. 따라서 양쪽선택 if문의 블록 기호 ({와 })를 생략하여 다음과 같이 프로그램을 변경해도 된다. 실행해 보면 결과가 동일하다.

프로그램 ex23_y_oddEven2.htm

```
<html>
<head> <title> 홀수 짝수 판별하기 </title>  </head>
<body>
   <script type = "text/javascript">
         document.write("<h2>홀수 짝수 판별하기</h2>");
         document.write("----------------------------<br>");

         var oddEven = 100;
         if((oddEven % 2) == 0) document.write(oddEven + "은 짝수입니다." + "<br>");
         else document.write(oddEven + "은 홀수입니다.” + "<br>");

         document.write("----------------------------<br>");
   </script>
  </body>
</html>
```

확인문제 사용자로부터 두 과목의 점수를 입력받아 합계와 평균값을 구한 후 평균값이 95 이상이면 “Very Good”이라고 출력하고 95미만이면 “Just Good”이라고 출력하는 순서도와 프로그램을 양쪽선택 if문을 사용하여 작성하여라.

문제해결 논리 prompt 함수는 한 번에 하나의 값만을 입력받을 수 있다. 따라서 두 과목의 점수를 입력받기 위해 prompt 함수를 두 번 사용한다. 그리고 합계를 구하기 위해 입력받은 두 정수는 eval 함수에 의해 숫자로 변환한 후 사용한다. 또한 '평균값이 95이상이면' 또는 '평균값이 95미만이면'을 양쪽선택 if문의 조건으로 사용한다.

순서도

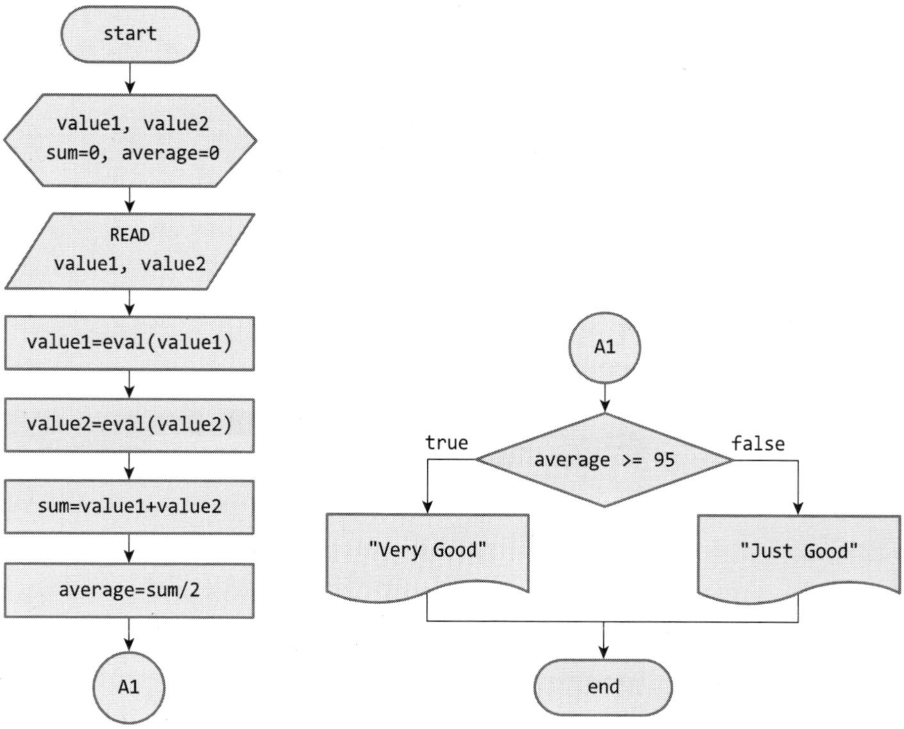

프로그램 ex23_prompt_3_y.htm

```
<html>
  <head> <title> 두 과목의 평균 값 판단 </title> </head>
  <body>
    <script type = "text/javascript">

          var value1, value2, sum = 0, average = 0;

          document.write("------------------------<br>");
```

```
            value1 = prompt("첫번째 과목 점수를 입력하세요", "0");
            value2 = prompt("두번째 과목 점수를 입력하세요", "0");

            value1 = eval(value1);  value2 = eval(value2);
            sum = value1 + value2;
            average = sum / 2;

            if(average >= 95)  document.write("Very Good" + "<br>");
            else     document.write("Just  Good" + "<br>");

            document.write("-------------------------<br>");
      </script>
   </body>
</html>
```

실행결과

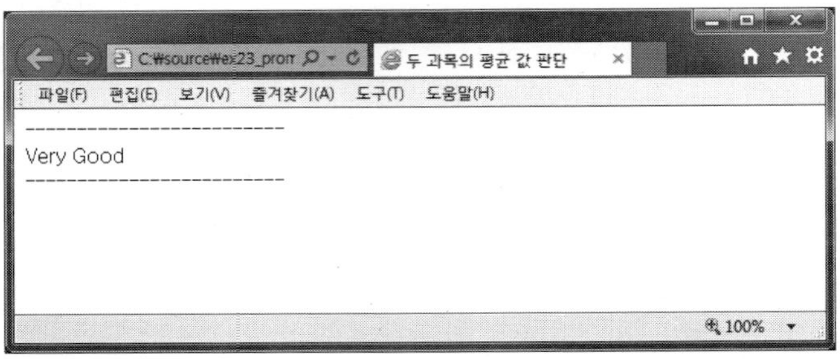

확인문제 사용자로부터 하나의 정수 값을 입력받아 변수 value에 저장한 후, 그 값이 0보다 크면 “value는 0보다 큽니다”, 0과 같으면 “value는 0입니다”, 0보다 작으면 “value는 0보다 작습니다”라고 출력하는 순서도와 프로그램을 양쪽선택 if문을 사용하여 작성하여라.

문제해결 논리 “value는 0보다 큽니다”, “value는 0입니다”, “value는 0보다 작습니다”를 양쪽 선택 if문의 조건으로 사용한다.

순서도

순서도는 다음과 같이 단일선택 if문의 순서도와 동일하다.

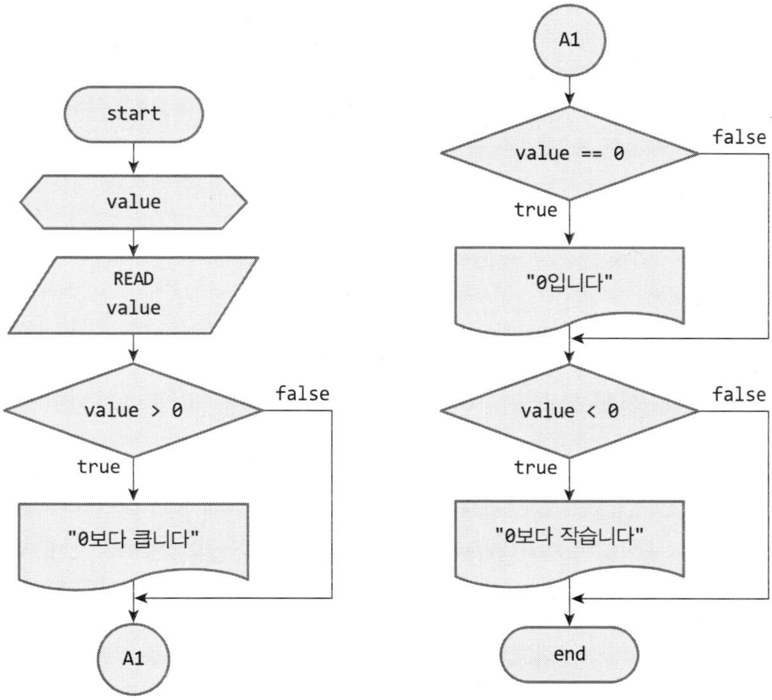

프로그램 ex23_prompt_4_y.htm

```
<html>
  <head> <title> 임의의 정수 값 판단 </title> </head>
  <body>
    <script type = "text/javascript">

        var value;

        document.write("------------------------<br>");

        value = prompt("임의의 정수값을 입력하세요", "0");

        if(value > 0)    document.write(value + "는 0보다 큽니다" + "<br>");
        else { }
```

```
        if(value == 0)  document.write(value + "는 0입니다" + "<br>");
        else { }
        if(value < 0)    document.write(value + "는 0보다 작습니다" + "<br>");
        else { }

        document.write("------------------------<br>");
    </script>
  </body>
</html>
```

프로그램에서 보는 것과 같이 단일선택 **if**문을 이용하여 작성한 것과 동일하며 실행 결과도 같다. 다만, **else** 블록이 세 개 추가되어 있을 뿐이다. 추가된 **else** 블록 내에는 아무런 문장도 존재하지 않는다. 즉, 없어도 되는 부분이다. 단지 이 문제를 양쪽선택 **if**문으로 해결하려고 양쪽선택 **if**문의 형식에 맞춘 것뿐이다. 어떤가? 이 문제를 양쪽선택 **if**문을 이용하되 다른 방법으로 풀 수 있는가? 잠시 생각해 보자. 이런 유형의 문제는 양쪽선택 if문 보다는 단일선택 if문으로 표현하는 것이 더 간결해 진다는 것을 알 수 있다.

실행결과

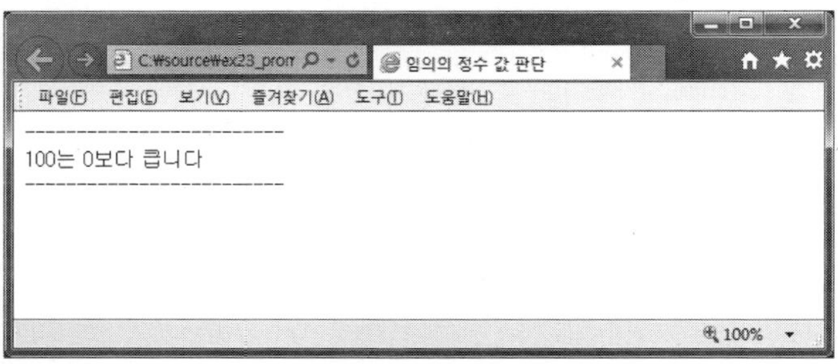

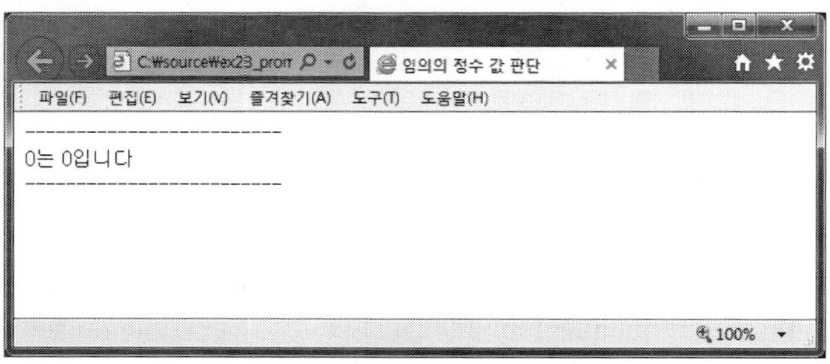

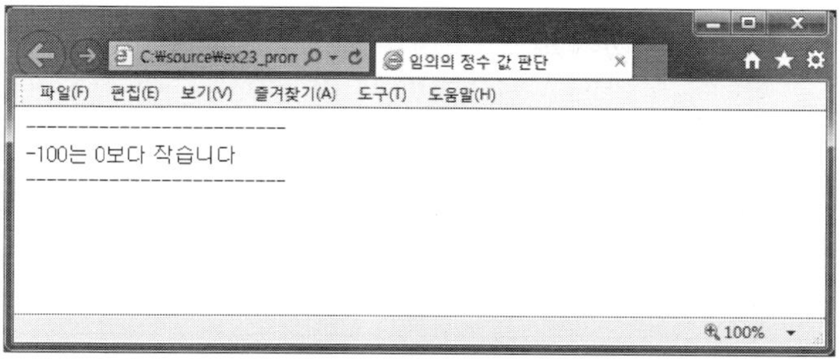

2.3 다중선택 if문

다중선택 if문은 여러 개의 조건을 두고 만족하는 조건이 나타나면 해당 명령문들을 실행시킬 때 사용되는 제어문이다.

<table>
<tr><th>형식</th><th>흐름도</th></tr>
<tr><td>

```
if(조건1) {
        문장1;
        문장2;
        .
        .
}
else if(조건2) {
        문장3;
        문장4;
        .
        .
}
else if(조건3) {
        문장5;
        문장6;
        .
        .
}
   ...
else {
     문장k1;
     문장k2;
}
문장n;
```

</td><td>

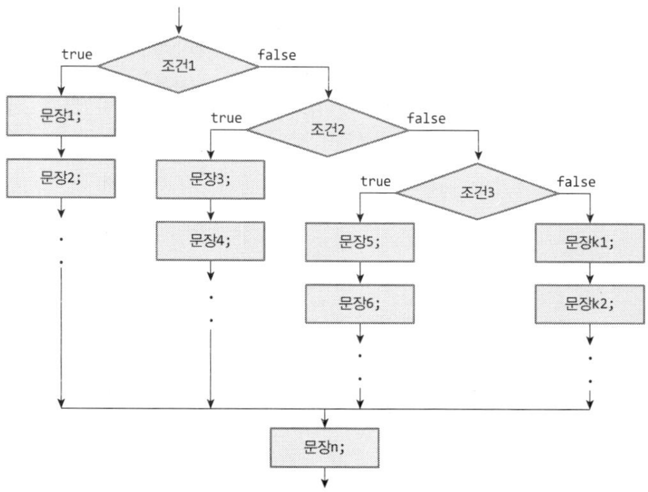

</td></tr>
</table>

조건1을 판별해서 조건1이 참(true)이면 if 블록 안의 문장들(문장1, 문장2, …)을 수행하고 나서 문장n을 수행한다. 그렇지 않고 조건1이 거짓(false)이면 다시 조건2를 판별한다. 판별해서 조건2가 참이면 else if 블록 안의 문장들(문장3, 문장4, …)을 수행하고 나서 문장n을 수행한다. 그렇지 않고 조건2도 거짓(false)이면 다시 조건3을 판별한다. 판별해서 조건3이 참이면 else if 블록 안의 문장들(문장5, 문장6, …)을 수행하고 나서 문장n을 수행한다. 그렇지 않고 조건3도 거짓이면 else 블록 내의 문장들(문장k1, 문장k2, …)을 수행하고 나서 문장n을 수행하게 된다. 이 형식에서 else if는 필요시 얼마든지 더 나타날 수 있다.

실습예제 EXAMPLE

0부터 100 사이의 임의의 숫자(과목 점수라고 가정)를 하나 읽어들여 이 점수의 학점이 무엇인지 판별하는 순서도와 프로그램을 작성하여라. 과목 점수와 학점의 관계는 다음과 같은 조건으로 한다.

조건

A학점: 점수 >= 90

B학점: 90 > 점수 >= 80

C학점: 80 > 점수 >= 70

D학점: 70 < 점수

문제해결 논리

학점별 조건이 다중선택 if문의 조건으로 표현되어야 하며, 각 조건이 만족되었을 때 해당되는 학점을 부여하면 된다. 또한 if문이 끝나면 입력된 점수와 부여된 학점을 인쇄하면 된다.

순서도

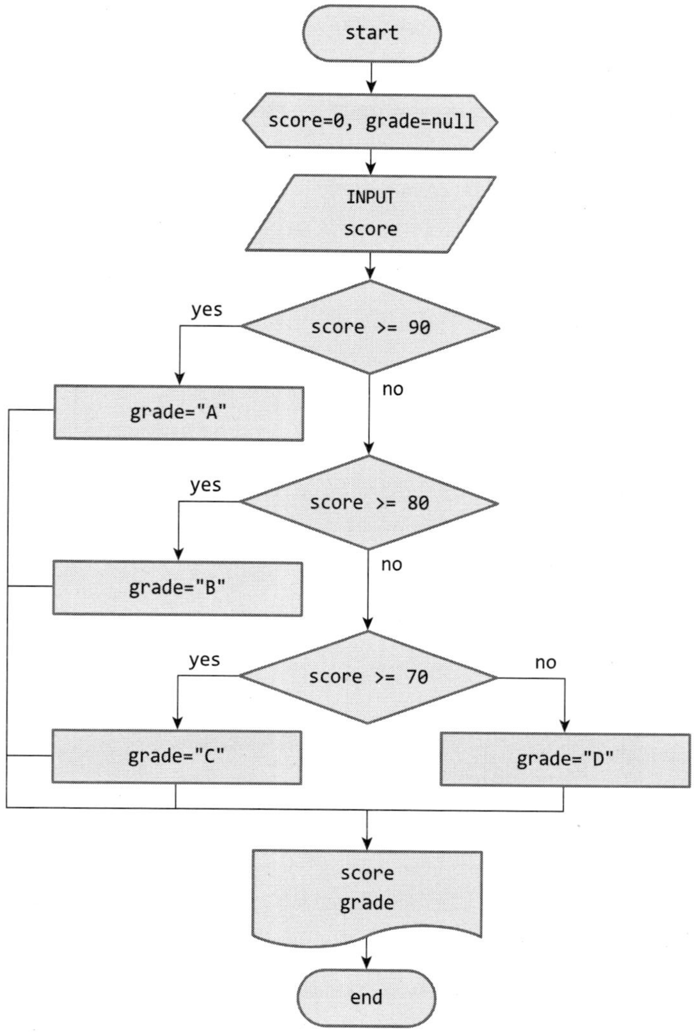

프로그램 ex26_grade.htm

```
<html>
 <head> <title> 학점 구하기 </title> </head>
 <body>
  <script type = "text/javascript">
        document.write("<h2>학점 구하기</h2>");
        document.write("------------------------------<br>");
```

```
            //점수에 대해 학점을 구하는 프로그램
            //100-90(A), 89-80(B), 79-70(C), 69-0(D)
            var score = 0; grade = null;
            score = prompt("점수를 입력하세요", "");

            if(score >= 90)      { grade = "A"; }
            else if(score >= 80) { grade = "B"; }
            else if(score >= 70) { grade = "C"; }
            else                 { grade = "D"; }

            document.write(score + "의 학점은 " + grade + "입니다.<br>");
            document.write("------------------------------<br>");
      </script>
    </body>
  </html>
```

실행결과

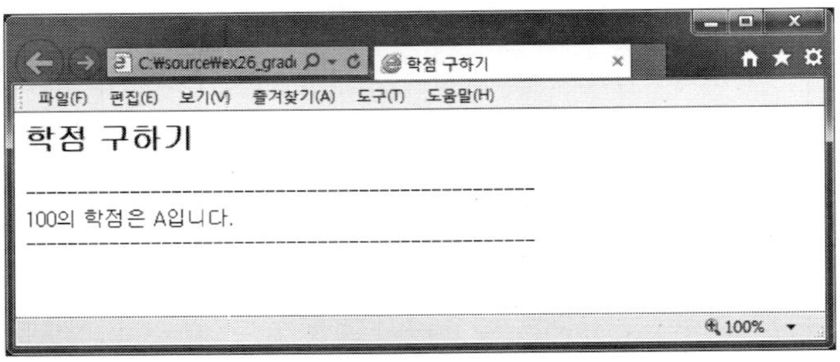

실습예제 EXAMPLE

하나의 영문자를 사용자로부터 읽어들여 그 문자가 영문자 대문자인지, 영문자 소문자인지, 숫자인지, 아니면 이 외의 문자인지를 알아내어 출력하는 순서도와 프로그램을 작성하여라. 단, 조건은 다음과 같다. 여기서 inputChar는 입력된 문자가 저장된 변수로 가정한다.

조건

"A" <= inputChar <= "Z" 이면 "ASCII 영문자 대문자입니다"라고 출력

"a" <= inputChar <= "z" 이면 "ASCII 영문자 소문자입니다"라고 출력

"0" <= inputChar <= "9" 이면 "ASCII 문자(숫자)입니다"라고 출력

그 외의 문자이면 "ASCII 기타 문자입니다"라고 출력

문제해결 논리

보통 문자의 크기 비교는 아스키 코드(ASCII Code) 값을 이용하여 비교한다. 아스키 코드는 2장에서 자세히 설명하였다. 간단히 살펴보면 다음과 같이 부여되어 있다. 즉, 프로그램 작성시 다음의 코드 값을 비교하면 된다.

ASCII 영문자 대문자	코드 값	ASCII 영문자 소문자	코드 값	ASCII 문자(숫자)	코드 값
A	65	a	97	0	48
B	66	b	98	1	49
C	67	c	99	2	50
...	...	...	...	...	...
Z	90	z	122	9	57

문제에서 주어진 조건을 if문의 조건으로 표현하면 되며 조건은 다음과 같이 관계연산자와 논리연산자를 조합하여 만들면 된다.

```
("A" <= inputChar) && (inputChar <= "Z")
("a" <= inputChar) && (inputChar <= "z")
("0" <= inputChar) && (inputChar <= "9")
```

순서도

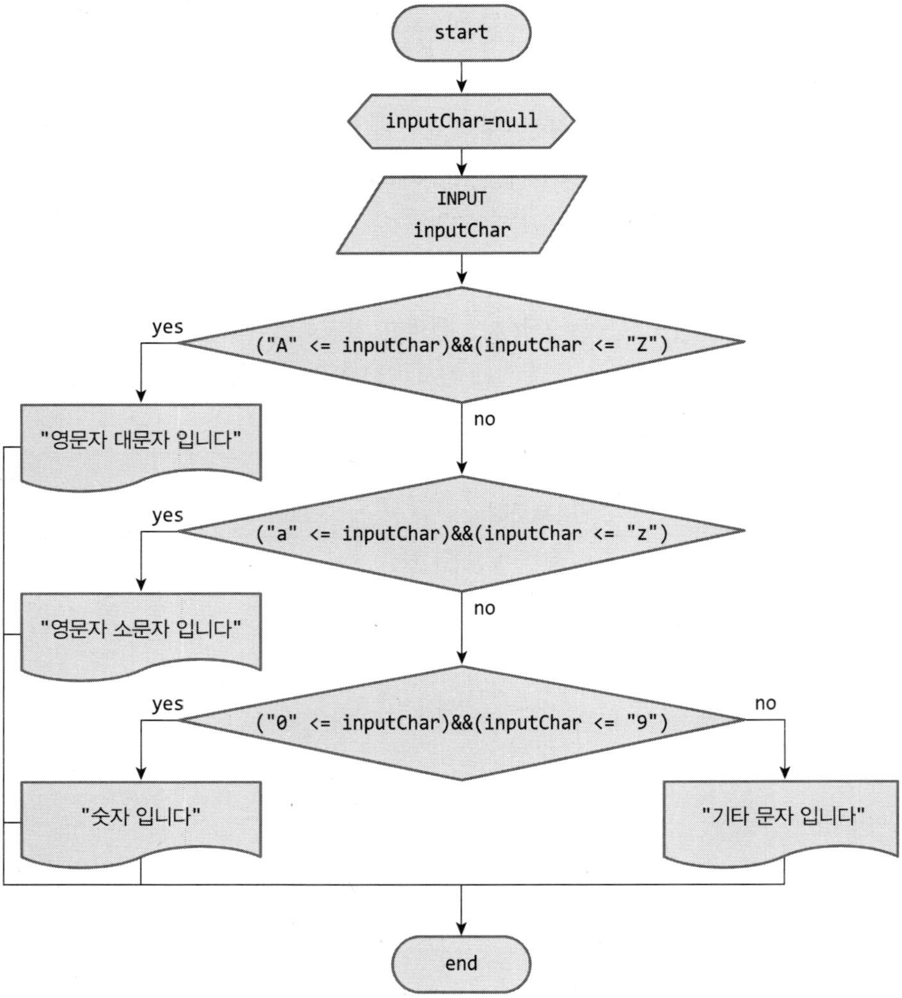

프로그램 ex27_ascii.htm

```
<html>
 <head> <title> ASCII 문자 맞추기  </title> </head>
 <body>
  <script type = "text/javascript">
        document.write("<h2>ASCII 문자 맞추기</h2>");
        document.write("--------------------------------------<br>");
```

```
            var inputChar = null;
            inputChar = prompt("키보드의 문자 하나를 입력하세요", "");

            if(("A" <= inputChar) && (inputChar <= "Z"))
             { document.write(inputChar + "는 ASCII 영문자 대문자입니다 <br>");}
            else if(("a" <= inputChar) && (inputChar <= "z"))
             { document.write(inputChar + "는 ASCII 영문자 소문자입니다 <br>");}
            else if(("0" <= inputChar) && (inputChar <= "9"))
             { document.write(inputChar + "는 ASCII 문자(숫자)입니다 <br>");}
            else
             { document.write(inputChar + "는 ASCII 기타 문자입니다 <br>");}

            document.write("-------------------------------------<br>");
      </script>
    </body>
  </html>
```

실행결과

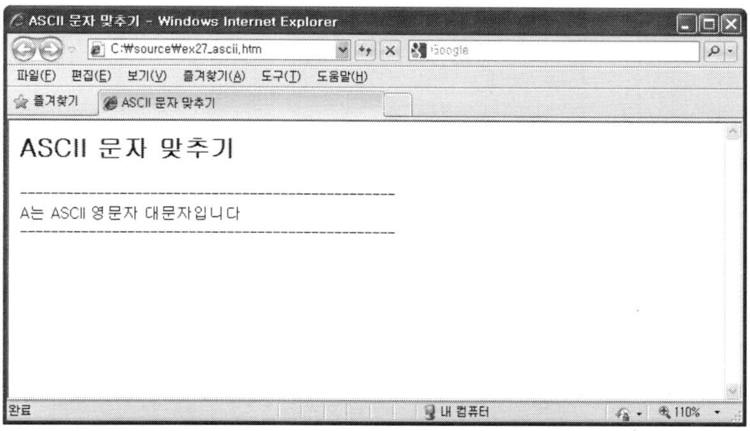

확인문제 사용자로부터 하나의 정수 값을 입력받아 변수 value에 저장한 후 그 값이 0보다 크면 "value는 0보다 큽니다", 0과 같으면 "value는 0입니다", 0보다 작으면 "value는 0보다 작습니다"라고 출력하는 순서도와 프로그램을 다중선택 if문을 사용하여 작성하여라. 이 문제는 앞에서 단일선택 if문 및 양쪽선택 if문을 사용하여 이미 작성해 보았다.

문제해결 논리 "value는 0보다 큽니다", "value는 0입니다", "value는 0보다 작습니다"를 다중 선택 if문의 조건들로 사용한다.

순서도

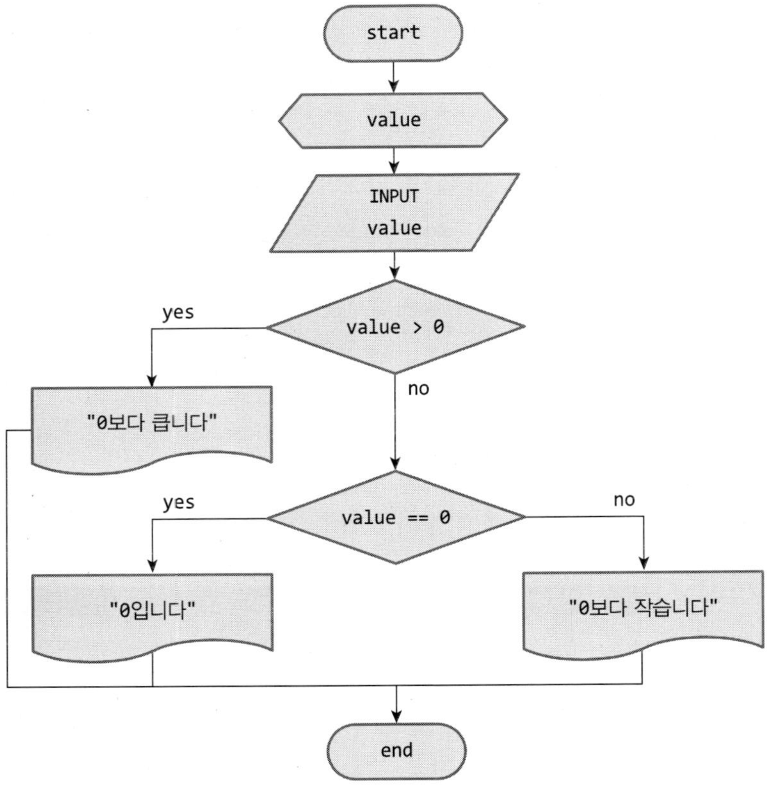

프로그램 ex23_prompt_4_y_z.htm

```
<html>
  <head> <title> 임의의 정수 값 판단 </title> </head>
  <body>
    <script type = "text/javascript">

           var value;

           document.write("------------------------<br>");

```

```
            value = prompt("임의의 정수값을 입력하세요", "0");

            if(value > 0)        document.write(value + "는 0보다 큽니다" + "<br>");
            else if(value == 0) document.write(value + "는 0입니다" + "<br>");
            else                  document.write(value + "는 0보다 작습니다" + "<br>");

            document.write("-------------------------<br>");
        </script>
      </body>
    </html>
```

순서도 및 프로그램에서 보는 것과 같이 단일선택 if문 및 양쪽선택 if문을 이용하여 작성한 것과 조금 다르다는 것을 알 수 있다. 이런 유형의 문제는 다중선택 if문을 이용하여 작성하는 것이 문제 해결을 쉽게 만들며 프로그램도 간결해진다.

실행결과

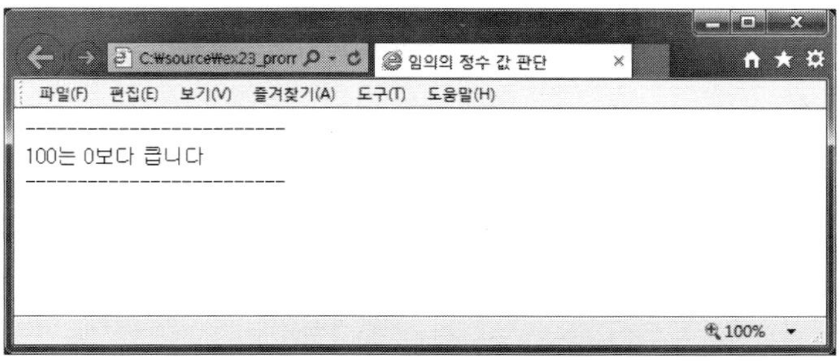

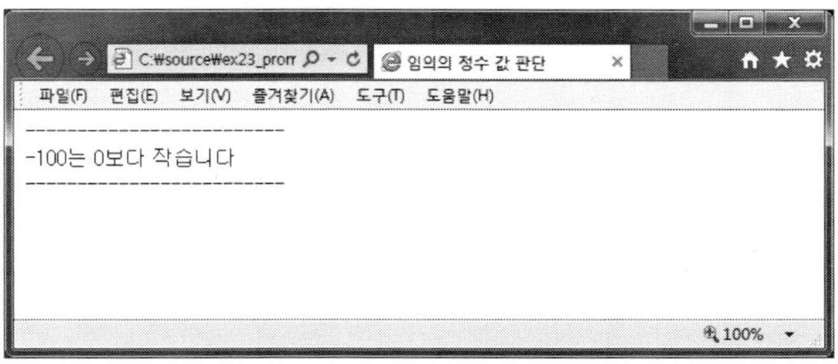

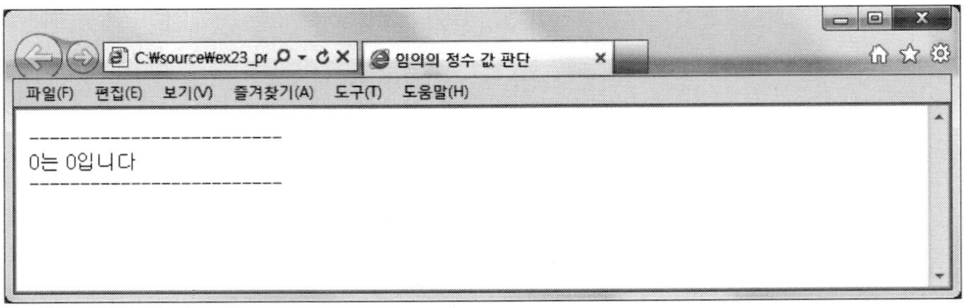

지식추가 이상에서 우리는 선택 논리를 표현하기 위한 3가지의 if문을 살펴보았다. 어떤 if문을 사용할 것인지는 문제의 유형에 따라 적합한 if문을 사용하면 된다. 그렇다면 어떤 경우에 어떤 if문을 사용하는지에 대한 기준이 있는가? 꼭 기준이 있는 것은 아니지만 저자의 경험을 제시하면 이렇다. 만약 판단해야 되는 조건에 의한 선택이 1개라면 단일선택 if문을 사용하고 조건에 의한 선택이 2개이면 양쪽선택 if문을 사용하며, 조건에 의한 선택이 3개 이상이면 다중선택 if문을 사용하는 것이 문제를 해결하는데 쉽고 바람직하다.

다음의 표는 일상생활에서의 하나의 예를 보여준다. 왼쪽 열은 예들을 보여주며, 오른쪽 열은 그 예를 각각 1가지 if문으로 표현하였다.

일상생활의 예	if문으로 표현

지갑에 돈이 5,000원 이상 있는 경우, 택시를 타고 서점에 가서 책을 구매한 후, 집으로 돌아와 휴식을 취한다. 그렇지 않으면 그냥 집으로 돌아와 휴식만 취한다.	단일선택 if문 ← 조건에 의한 서점에 가는 방법이 1가지
	if(돈 >= 5000) { 택시를 타고 서점에 간다;
	책을 구매한다;
	}
	집으로 돌아온다;
	휴식을 취한다;

지갑에 돈이 5,000원 이상 있는 경우, 택시를 타고 서점에 가서 책을 구매한다. 그렇지 않으면 걸어서 서점에 가서 책을 구매한다. 책을 구매한 후에는 집으로 돌아와 책을 읽는다.	양쪽선택 if문 ← 조건에 의한 서점에 가는 방법이 2가지 if(돈 >= 5000) { 택시를 타고 서점에 간다; } else { 걸어서 서점에 간다; } 책을 구매한다; 집으로 돌아온다; 책을 읽는다.

지갑에 돈이 5,000원 이상 있는 경우, 택시를 타고 서점에 가서 책을 구매한다.
그렇지 않고 지갑에 돈이 5,000원 미만 있는 경우, 버스를 타고 서점에 가서 책을 구매한다. 돈이 없다면 걸어가서 책을 구매한다. 책을 구매한 후 집으로 돌아와 책을 읽는다.
	다중선택 `if`문 ← 조건에 의한 서점에 가는 방법이 3가지
	`if(돈 >= 5000) { 택시를 타고 서점에 간다; }`
	`else if(0< 돈 < 5000){ 버스로 서점에 간다; }`
	`else { 걸어서 서점에 간다; }`
	`책을 구매한다;`
	`집으로 돌아온다;`
	`책을 읽는다.`

2.4 if문의 중첩

선택 논리를 표현하기 위한 3가지의 `if`문은 필요시 서로 중첩될 수 있다. 다시 말해서 단일선택 `if`문의 내부 어떤 위치에든 관계없이 양쪽선택 `if`문 또는 다중선택 `if`문이 들어갈 수 있으며, 양자선택 `if`문의 내부 어떤 위치에든 관계없이 단일선택 `if`문 또는 다중선택 `if`문이 들어갈 수 있다. 마찬가지로 다중선택 `if`문의 내부 어떤 위치에든 관계없이 단일선택 `if`문 또는 양쪽선택 `if`문이 들어갈 수 있다. 또한 개수에 상관없이 여러 개가 중첩되어도 되며, 중첩된 `if`문 안으로 들어가면서 계속해서 `if`문이 나타나도 된다.

특히 단일선택 `if`문의 내부 어떤 위치에든 또 다른 단일선택 `if`문이 개수에 상관없이 들어갈 수 있으며 양쪽선택 `if`문의 내부 어떤 위치에든 또 다른 양쪽선택 `if`문이 개수에 상관없이 들어갈 수 있다. 마찬가지로 다중선택 `if`문의 내부 어떤 위치에든 또 다른 다중선택 `if`문이 개수에 상관없이 들어갈 수 있다.

일상생활에서의 하나의 예를 들어 보자. 철수는 오늘 용돈 1,000원을 받았다. 철수는 마트에 가서 빵과 과자 둘 중의 하나를 구매할 예정이다. 잠시 후, 철수는 마트에 간다. 마트를 둘러보니 빵과 과자가 보인다. 빵은 크림빵과 팥빵 두 가지가 있고, 과자도 새우깡, 다이제스티브 두 가지가 있었다. 철수는 1,000원으로 이들 4가지 중 한 가지 만을 구매할 수 있다라고 가정하자. 또한 철수가 구매하는 기준은 "빵을 구매하는 경우 가격이 저렴한 것을 구매할 것이며, 과자를 구매하는 경우는 무게가 많이 나가는 것을 구매한다"라고 가정하자. 이 내용을 순서도로 그려보면 다음과 같이 된다.

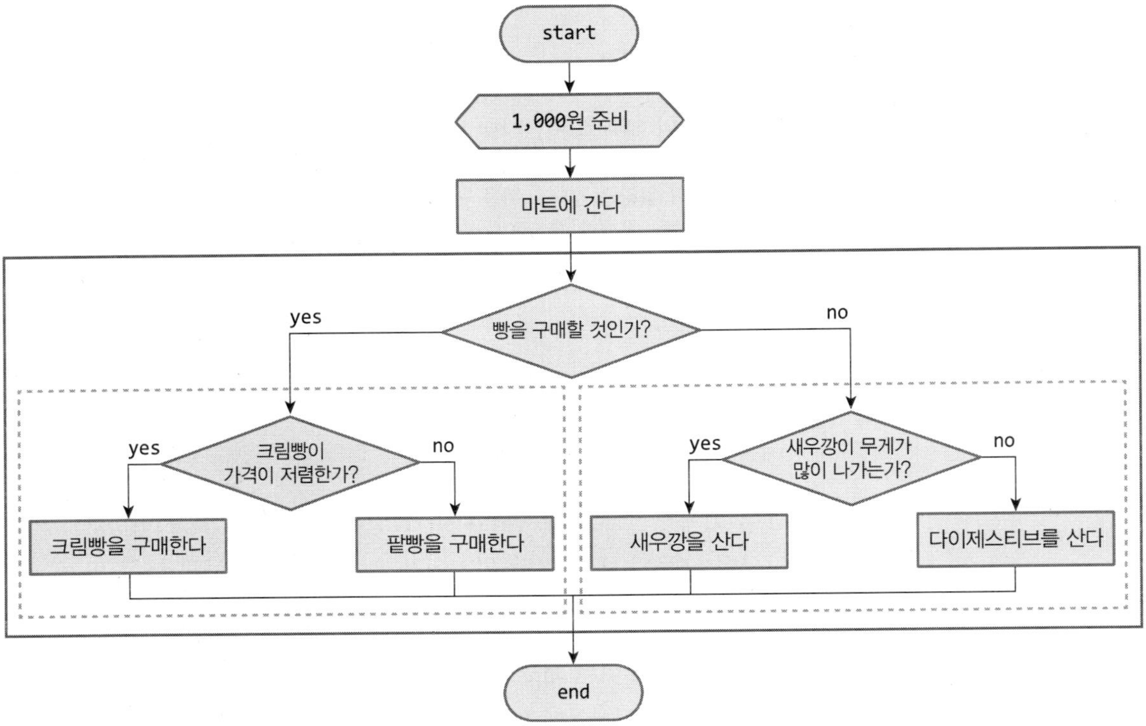

if문을 이용하여 프로그램 논리로 간략하게 나타내면 다음의 표와 같이 표현할 수 있다. 순서도와 다음의 **if**문으로 표현한 것을 보아라. 순서도에서 실선의 바깥쪽 사각형이 하나의 **if-else**문으로 표현되었으며, 실선의 바깥쪽 사각형 안에 점선의 사각형 2개가 다시 **if-else**문 2개로 표현되어 들어가 있는 것을 알 수 있다. 즉, **if**문이 중첩되어 있는 것이다.

조건 부분만을 if문으로 간략하게 표현

<pre>if(빵을 구매할 것인가?) {
            if(크림빵이 가격이 저렴한가?) { 크림빵을 구매한다; }
            else   { 팥빵을 구매한다;   }
}
else
{
            if(새우깡이 무게가 많이 나가는가?) { 새우깡을 구매한다;   }
            else   { 다이제스티브를 구매한다; }
}</pre>

이와 비슷한 유형의 내용들은 주변에서 많이 찾아볼 수 있으며 이런 내용의 문제들을 표현할 때 if문을 중첩하면 쉽게 해결할 수 있다.

실습예제 EXAMPLE

스마트폰으로 대화하는 경우를 일부 가정하여 생각해 보자. 현재 스마트폰 화면에 "v", 그리고 "c"라고 쓰여 있는 아이콘이 있다. 사용자로부터 한 개 또는 두개의 값을 입력받는다. 첫 번째 입력 값은 "v" 또는 "c"를 입력받는다(아이콘을 터치하는 것과 동일). "v"는 음성통화를 의미하며(음성통화 화면으로 이동), "c"는 문자를 주고 받는 것을 의미(문자와 카카오톡 화면으로 이동)한다. 따라서 첫 번째 입력받은 값이 "v"인 경우에는 "음성으로 대화합니다"라고 출력해주고 프로그램을 종료한다. 첫 번째 입력된 값이 "c"인 경우는 다시 사용자로부터 두 번째 입력을 받는다. 두 번째 입력 값은 "1"(첫 번째 메뉴를 터치하는 것과 동일) 또는 "2"(두 번째 메뉴를 터치하는 것과 동일)중 하나이다. "1"인 경우는 일반문자(SMS 문자)로 메시지를 주고받는 것을 의미하며 "2"는 카카오 톡으로 문자를 주고받는 것을 의미한다. 따라서 "1"이 입력된 경우에는 "일반문자로 대화합니다", 그리고 "2"가 입력된 경우에는 "카카오톡으로 대화합니다"라고 출력해주고 프로그램을 종료한다. 순서도와 프로그램을 작성해보자. 단, 이 예제에서 사용자의 입력은 "v", "c", "1", "2"중에서만 입력되며 다른 입력은 없다고 가정한다.

문제해결 논리

첫 번째 입력 값은 "v" 또는 "c"이므로 첫 번째 입력 값이 "v"인지, "c"인지의 조건을 if문(바깥쪽 if문)으로 표현해야 한다. 첫 번째 입력된 값이 "c"인 경우는 다시 사용자로부터 두 번째 입력을 받는데, 두 번째 입력 값은 "1" 또는 "2"중 하나이다. 따라서 첫 번째 입력된 값이 "c"인 경우는 바깥쪽 if문의 내부에 또 다른 if문(안쪽 if문)을 중첩시켜야 한다. 안쪽 if문에 두 번째 입력 값이 "1"인지 아니면 "2"인지를 묻는 조건이 와야 한다.

순서도

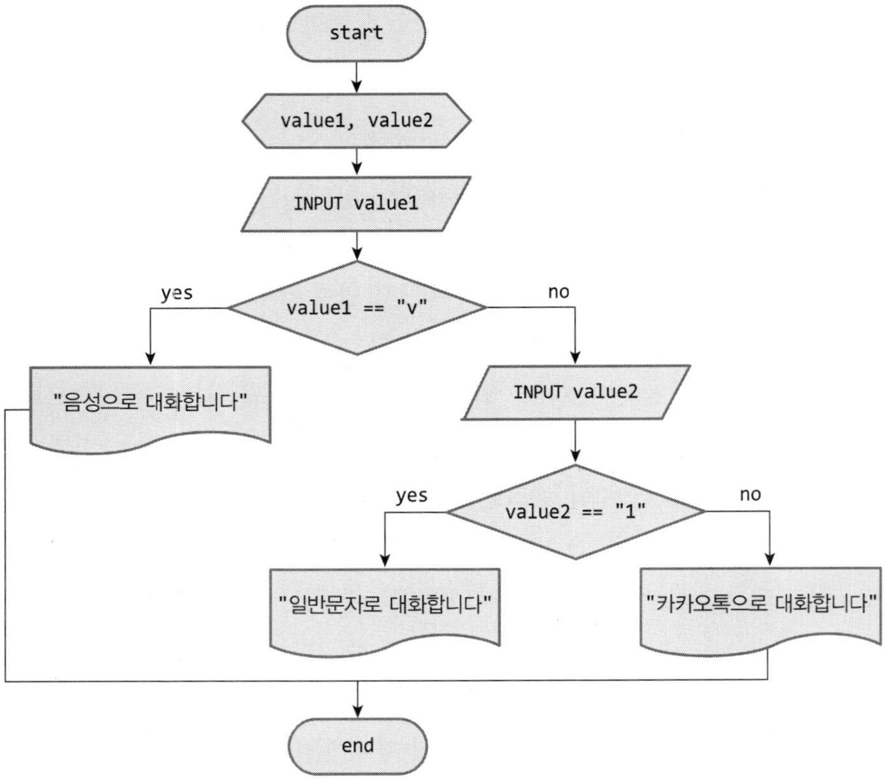

프로그램 ex23_conversation_1.htm

```
<html>
<head> <title> 스마트폰으로 대화 </title>  </head>
  <body>
    <script type = "text/javascript">
            document.write("<h2>스마트폰으로 대화하기</h2>");
            document.write("---------------------------------<br>");

            var  value1, value2;

            value1 = prompt("v 또는 c를 입력하세요", "v");
            if(value1 == "c") {
                value2 = prompt("1 또는 2를 입력하세요", "1");
                if(value2 == "1")  document.write("일반문자로 대화합니다.<br>");
```

```
                else                document.write("카카오톡으로 대화합니다.<br>");
            }
            else
            {
                document.write("음성으로 대화합니다.<br>");
            }
            document.write("--------------------------------<br>");
        </script>
    </body>
</html>
```

실행결과

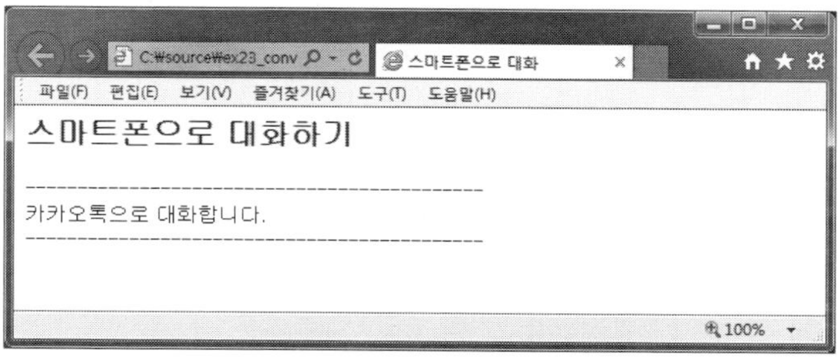

Level Up 문제

음료 자동판매기를 생각해 보자. 이 자동판매기는 500원짜리, 1,000원짜리, 5,000원짜리만을 받아들일 수 있다. 때문에 음료수 구매자는 500원짜리, 1,000원짜리, 5,000원 권의 금액만 입력한다고 가정한다. 또한 이 음료 자동판매기에서 음료수는 1,000원짜리 1종류만 판매한다. 다음의 처리 조건을 만족하는 순서도와 프로그램을 if문을 이용하여 작성하여라. 또한 변수테이블도 그려라.

- 입력은 총 3번을 받는다. 처음 두 번은 금액을 입력받는다. 마지막 한번은 구매할 음료수의 개수를 입력받는다.
- 입금한 금액의 합계보다 구매하고자 하는 음료수의 총 금액(음료수 개수 x 1,000)이 많으면 구매가 불가능 하므로 이때는 “금액이 부족합니다.”라고 출력하고 프로그램을 종료한다.
- 입력한 총 금액을 출력해 준다.

- 구매한 총 금액을 출력해 준다.
- 음료수를 사고 남은 거스름돈을 출력해 준다.
- 구매한 음료수의 개수도 출력한다.

문제해결 논리

입금한 금액의 합계보다 구매하고자 하는 음료수의 총 금액(음료수 개수 x 1,000)이 많은지 적은지가 if문의 조건으로 주어져야 한다. 여기서 입금한 금액들은 prompt 함수에서 문자열로 처리되므로 입금한 금액들의 합계를 계산하기 전에 먼저 eval 함수를 이용하여 숫자로 변환해야 한다.

순서도

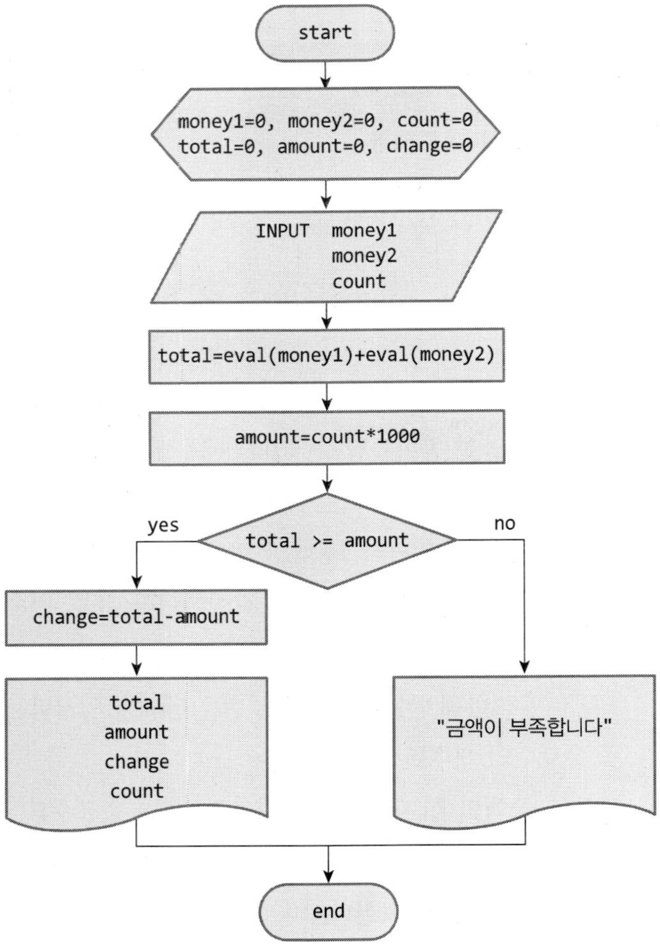

프로그램 level_up_1_autosale_machine.htm

```
<html>
 <head> <title> 음료 자동판매기 </title> </head>
 <body>
  <script type = "text/javascript">
     document.write("<h2> 음료 자동판매기</h2>");
     document.write("-----------------------------------<br>");

     var  money1 = 0, money2 = 0, count = 0;
     var  total = 0, amount = 0, change = 0;

     money1 = prompt("500, 1000, 5000원 권을 넣으세요", "0");
     money2 = prompt("500, 1000, 5000원 권을 넣으세요", "0");
     count = prompt("구매할 음료수의 개수를 넣으세요", "0");

     total = eval(money1) + eval(money2);
     amount = count * 1000;

     if(total >= amount) {
         change = total - amount;
         document.write("지불한 총 금액 :  " + total + "입니다." + "<br>");
         document.write("구매한 총 금액 :  " + amount + "입니다." + "<br>");
         document.write("거스름돈 " + change + "입니다." + "<br>");
         document.write("음료수 " + count + "개 받으세요." + "<br>");
     }
     else
     {
         document.write("금액이 부족합니다." + "<br>");
     }
     document.write("-----------------------------------<br>");
  </script>
 </body>
</html>
```

실행결과

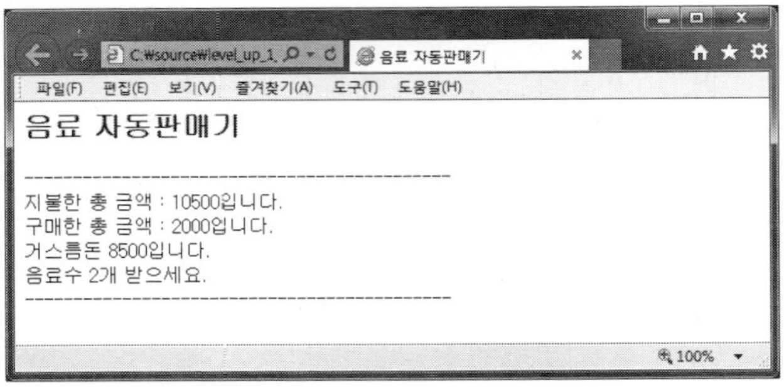

변수테이블

money1	money2	count	total	amount	change	설명
0	0	0	0	0	0	초기 값
5000	500	2	5500	2000	3500	자동판매기에 입력된 돈이 각각 5000원, 500원이고 음료수를 2개 구매한 경우의 예

Level Up 문제

자동차의 출발 전 최초 속도는 0이다. 자동차의 속도를 저장하는 변수를 speed라고 할 때 초기 값을 0으로 부여한 후 사용자로부터 "up"이란 문자열이 입력되면 speed 값을 5만큼 증가시키고, "down"이란 문자열이 입력되면 speed값을 5만큼 감소시키는 순서도와 프로그램을 작성하여라. 단, 이 프로그램에서 사용자의 입력은 총 2회만 입력받도록 프로그램을 작성한다. 그리고 speed의 값이 0미만인 경우는 없으므로 speed의 값이 0미만인지를 검사하여 speed의 값이 0미만인 경우에는 speed의 값을 0으로 변경한다. 또한 이 프로그램에서 사용자의 입력은 "up"과 "down"이란 문자열 둘 중에서 하나만 입력되며 다른 입력은 없다고 가정한다.

문제해결 논리

입력된 값이 "up"이란 문자열인지 "down"이란 문자열인지를 검사하는 부분을 if문의 조건으로 사용하여 if문을 작성한다. 이때 3가지의 if문 중에서 어떤 if문이 적합한지 고려한다. 또한 if문의 중첩이 필요하다면 중첩을 어떻게 하는 것이 효율적인지 생각한다. 또한 이 프로그램에서 사용자의 입력은 총 2회만 입력받아야 하므로 사용자의 입력은 다음과 같이 4가지 경우가 나올 수 있다.

첫 번째 입력	두 번째 입력
"up"	"up"
"up"	"down"
"down"	"up"
"down"	"down"

순서도

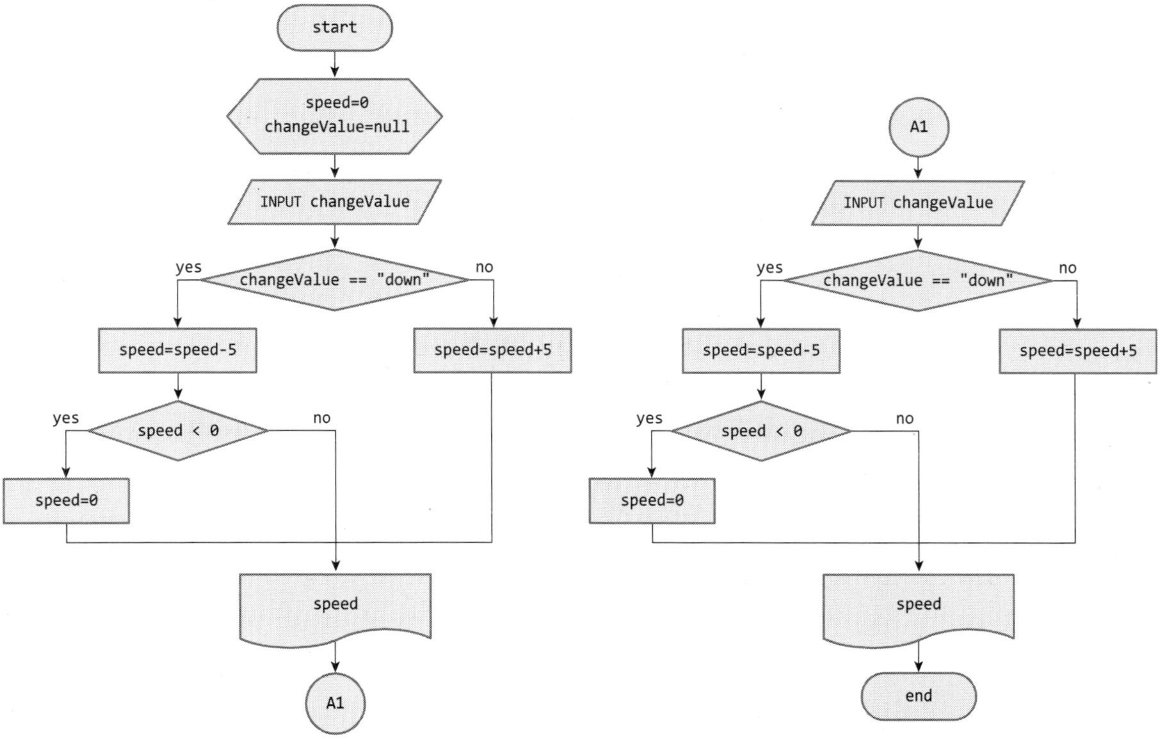

프로그램 level_up_2_car_driving.htm

```
<html>
 <head> <title> 자동차 운전 </title> </head>
 <body>
  <script type = "text/javascript">
    document.write("<h2>자동차 운전하기</h2>");
    document.write("------------------------------<br>");

    var  speed = 0, changeValue = null;
    //첫번째 입력 및 처리
    changeValue = prompt("up 또는 down을 입력하세요", "up");
    if(changeValue == "down") {
       speed = speed - 5;
       if(speed < 0) speed = 0;
    }
    else
    {
       speed = speed + 5;
    }
    document.write("현재 speed는 " + speed + "입니다." + "<br>");

    //두번째 입력 및 처리
    changeValue = prompt("up 또는 down을 입력하세요", "up");
    if(changeValue == "down") {
       speed = speed - 5;
       if(speed < 0) speed = 0;
    }
    else
    {
       speed = speed + 5;
    }
    document.write("현재 speed는 " + speed + "입니다." + "<br>");
    document.write("------------------------------<br>");
  </script>
 </body>
</html>
```

실행결과

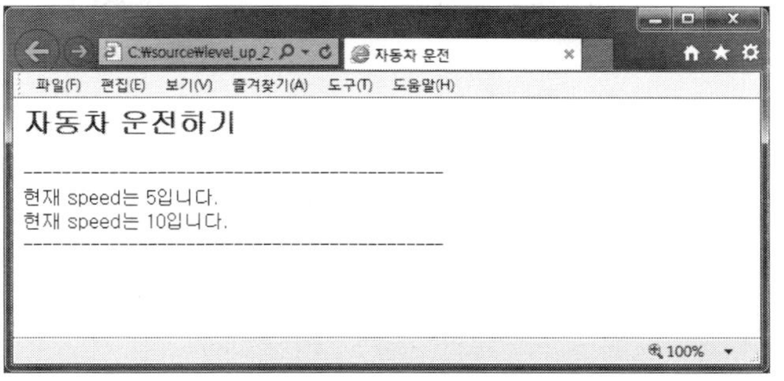
C:\source\level_up_2
자동차 운전
파일(F) 편집(E) 보기(V) 즐겨찾기(A) 도구(T) 도움말(H)
자동차 운전하기

현재 speed는 5입니다.
현재 speed는 10입니다.

100%

요약

SUMMARY

1. 선택 논리의 의미

   선택 논리는 어떤 값을 판단하여 그 판단된 결과에 따라 여러 경우 중 한가지의 경우를 선택하여 수행하기 위한 논리이다.

2. 선택 논리를 위한 제어문

   선택 논리를 위한 대표적인 제어문으로 if문이 있다. if문에는 단일선택 if문, 양자선택 if문, 다중선택 if문의 3가지 종류가 있다.

   단일선택 if문은 가장 간단한 형태의 if문으로 판단해야 되는 조건에 의한 선택방법이 1개인 경우 주로 사용된다.

   양쪽선택(양자선택) if문은 if-else로 구성된다. 이 if문은 조건의 참 또는 거짓에 따라 컴퓨터가 실행할 수 있는 문장들을 다르게 지정하고자 할 때 사용되는 제어문이다. 즉 양쪽선택 if문은 판단해야 되는 조건에 의한 선택방법이 2개인 경우 주로 사용된다.

   다중선택 if문은 여러 개의 조건을 두고 만족하는 조건이 나타나면 해당 명령문들을 실행시킬 때 사용되는 제어문이다. 다중선택 if문은 판단해야 되는 조건에 의한 선택방법이 3개 이상인 경우 주로 사용된다.

3. 함수

   대부분의 프로그래밍 언어에서는 응용 프로그램을 작성할 때, 공통으로 자주 사용되는 기능을 하나의 프로그램으로 미리 만들어 놓고 프로그램 작성자가 그 기능이 필요할 때 새롭게 작성할 필요가 없이 미리 만들어 놓은 프로그램을 가져다 쓸 수 있도록 하고 있다. 이렇게 미리 만들어져 제공되는 프로그램을 함수(Function)이라고 부른다.

   함수는 함수이름과 괄호, 그리고 괄호안의 인수들로 구성된다. 함수는 함수마다 하는 역할이 따로 있다. 또한 함수의 결과 값을 그 함수의 반환 값이라고 부른다.

4. prompt( ) 함수와 eval( ) 함수

   prompt 함수는 사용자로부터 값을 입력받을 수 있는 대화상자를 만들어 주는 함수이다. 따라서 사용자로부터 입력받은 값을 가지고 어떤 일을 하고자 할 때 사용하면 편리하다.

   eval 함수는 숫자 수식으로 구성되어 입력된 문자열 또는 숫자로 구성된 문자열을 계산 가능한 수식 또는 숫자 값으로 변환한 후 반환하여 주는 함수이다.

5. if문의 중첩

   선택 논리를 표현하기 위한 3가지의 if문은 필요시 서로 중첩될 수 있다. 또한 이 경우 개수에 상관없이 여러 개가 중첩되어도 되며 중첩된 if문 안으로 들어가면서 계속해서 if문이 나타나도 된다.

연습문제 EXERCISE

1. 다음에 설명하는 내용이 무엇인지 간단히 답하시오.

설명	답
어떤 값을 판단하여 그 판단된 결과에 따라 여러 경우 중 한가지의 경우를 선택하여 수행하기 위한 논리는?	
선택 논리를 위한 제어문 중에서 if문의 종류를 쓰시오.	
가장 간단한 형태의 if문으로 판단해야 되는 조건에 의한 선택방법이 1개인 경우 주로 사용되는 if문은?	
if-else로 구성되며, 조건의 참 또는 거짓에 따라 컴퓨터가 실행할 수 있는 문장들을 다르게 지정하고자 할 때 사용되는 제어문으로, 주로 판단해야 되는 조건에 의한 선택방법이 2개인 경우 주로 사용되는 제어문은?	
여러 개의 조건을 두고 만족하는 조건이 나타나면 해당 명령문들을 실행시킬 때 사용되는 제어문으로, 판단해야 되는 조건에 의한 선택방법이 3개 이상인 경우 주로 사용되는 if문은?	
대부분의 프로그래밍 언어에서는 응용 프로그램을 작성할 때, 공통으로 자주 사용되는 기능을 하나의 프로그램으로 미리 만들어 놓고 프로그램 작성자가 그 기능이 필요할 때 새롭게 작성할 필요가 없이 미리 만들어 놓은 프로그램을 가져다 쓸 수 있도록 하고 있다. 이렇게 미리 만들어져 제공되는 프로그램을 무엇이라고 부르는가?	
함수의 구성요소 3가지를 써라.	
함수의 결과 값을 무엇이라고 부르는가?	
사용자로부터 값을 입력받을 수 있는 대화상자를 만들어 주는 함수는?	
문자열로 입력된 수식을 계산하여 실수형의 숫자 값으로 변환하여 그 변환된 결과 값을 반환하여 주는 함수는?	
임의의 if문내에 또 다른 if문이 개수에 관계없이 나타날 수 있는데 이를 무엇이라고 부르는가?	

2. 다음에 설명하는 내용이 맞으면 ○, 틀리면 ×로 답하시오.

설명	답
선택 논리의 조건을 표현하기 위해 가장 빈번하게 사용되는 연산자는 관계연산자이다.	
함수는 반드시 인수를 갖는다.	
함수이름은 함수마다 부여한 고유 명칭이며, 함수는 함수마다 하는 역할이 따로 있다.	
인수는 그 함수가 무엇인가를 처리 및 계산할 때 사용하게 되는 자료들이다.	
자바스크립트에서 사용자로부터 입력받은 값을 가지고 어떤 일을 하고자 할 때 주로 prompt( ) 함수가 사용된다.	
prompt( ) 함수는 반드시 2개의 인수를 명시해야 한다. 즉, 인수를 생략할 수 없다.	
eval( ) 함수에서 반환 값은 숫자 값이다.	
다음 if문의 조건은 oddEven 값을 2로 나눈 나머지가 0과 같은지를 묻는 것이다. if((oddEven % 2) = 0)	
자바스크립트에서 문자열을 덧셈연산자(+)의 피연산자로 사용하면 문자열 연산을 하게 된다.	
자바스크립트에서 문자열을 산술연산을 위한 덧셈연산자(+)의 피연산자로 사용하여 수학적 덧셈 결과를 얻으려면 먼저 문자열을 eval( ) 함수를 이용하여 숫자로 변환해야 한다.	
자바스크립트 언어에서 숫자로 구성된 문자열을 나눗셈연산자(/)의 피연산자로 다음의 수식과 같이 변환 없이 바로 사용하면 산술 연산 결과가 올바르게 계산되지 않는다. "숫자" / 숫자	
자바스크립트 프로그램을 작성할 때, 문자열을 연산자의 피연산자로 사용하는 경우에는 오직 덧셈연산자(+)에 사용될 때만 잘 고려하면 별 문제가 없다.	
다중선택 if문에서 else if는 필요시 100개 이상 나타나도 된다.	
판단해야 할 조건이 5개라면 if문들 중에서 다중선택 if문을 사용하는 것이 문제해결에 도움이 된다.	
선택 논리를 표현하기 위한 3가지의 if문은 필요시 서로 중첩될 수 있다.	

3. 사용자로부터 입력받은 임의의 정수 값이 -100이상이고 100보다 작으면 입력된 값과 "잘 입력하셨습니다"라고 출력하며, 그렇지 않으면 입력된 값과 "잘못입력하셨습니다" 라고 출력하는 순서도와 프로그램을 작성하시오.

4. 사용자로부터 하나의 문자를 입력받는다. 다음과 같이 입력받은 값에 따라 문자열을 출력한 후 프로그램을 종료하는 순서도와 프로그램을 작성하여라. 단, 다음의 입력 값 이외에는 어떤 값도 입력되지 않는다고 가정한다.

입력받은 값	출력할 문자열
"1"	"1"을 입력하셨습니다.
"2"	"2"를 입력하셨습니다.
"3"	"3"을 입력하셨습니다.
"4"	"4"를 입력하셨습니다.
"5"	"5"를 입력하셨습니다.
"q" 또는 "Q"	프로그램을 종료합니다

5. 임의의 두 정수를 사용자로부터 입력받아 이 두 수중에서 작은 값과 큰 값을 찾아내어 출력하는 순서도와 프로그램을 작성하여라. 또한 변수테이블로 작성하여라. 단, 입력되는 두 값은 동일하지 않다고 가정한다.

6. 임의의 두 정수를 입력 받은 후 입력받은 두 수의 차가 0보다 큰지, 작은지, 같은지를 파악하여 다음의 내용들을 만족시키는 순서도와 프로그램을 작성하시오.

- 두 수의 차는 (첫 번째 입력 받은 수 - 두 번째 입력 받은 수)로 계산한다.
- 두 수의 차가 0보다 크면 "차이가 0보다 큽니다"라고 출력한다.
- 두 수의 차가 0보다 작으면 "차이가 0보다 작습니다"라고 출력한다.
- 두 수의 차가 0과 같으면 "차이가 0과 같습니다"라고 출력한다.
- 또한 입력받는 두 수와 두 수의 차이 값도 출력한다.

7. 사용자로부터 8개의 임의의 정수들을 입력받는다. 입력받은 숫자들 중에서 −100보다 크고 100미만인 수들만 제외하고 100 이상인 숫자들 또는 -100 이하인 숫자들만을 출력하는 순서도와 프로그램 및 변수테이블을 작성하시오. 또한 입력받은 숫자들 중에서 100 이상인 숫자들 또는 -100 이하인 숫자들의 총 개수도 출력하시오.

CHAPTER

08

반복 논리 I

1. 반복 논리란?

2. 반복 논리를 위한 제어문

CHAPTER 08

반복 논리 I

학습목표

- 반복 논리가 무엇인지 이해하여 설명할 수 있다.
- 반복 논리를 위한 while, do-while문을 이해한다.
- while, do-while 반복문의 차이점을 말할 수 있다.
- 반복 논리에 관련된 문제들을 반복문을 이용하여 표현할 수 있다.

1. 반복 논리란?

이 부분에서는 세 번째 논리로 반복 논리에 대해 상세히 설명한다. 여기서 반복이란 동일한 처리 과정이 여러 번 수행되는 것을 말한다.

앞에서 우리는 위에서 아래로 내려가면서 순차적으로 처리하는 순차 논리에 대하여 알아보았다. 또한 어떤 값을 판단하여 그 판단된 결과에 따라 여러 경우 중 한가지의 경우를 선택하여 수행하기 위한 선택 논리도 학습하였다. 순차 논리 및 선택 논리와 마찬가지로 실생활의 문제들을 보면 매우 다양한 분야들에서 반복 논리가 존재하며 이들을 컴퓨터 프로그램으로 해결하기 위한 논리가 바로 반복 논리라고 보면 된다. 사실 실생활의 문제들은 순차 논리 및 선택 논리만으로 해결할 수 없는 경우가 많이 있다. 따라서 이러한 문제들을 처리하기 위해서는 반복 논리가 필요하게 된다.

하나의 예를 들어 보자. 인원이 35명인 학생들의 시험 성적을 처리하는 경우를 생각해 보자. 이 경우 각 학생이 얻은 합계 점수를 구하기 위해 출석 점수, 레포트 점수, 중간고사 점수, 기말고사 점수를 더하게 된다. 이러한 합의 과정은 35명 각각에 대해 수행되어야 한다. 이를 순서도로 간략하게 나타내면 다음과 같다.

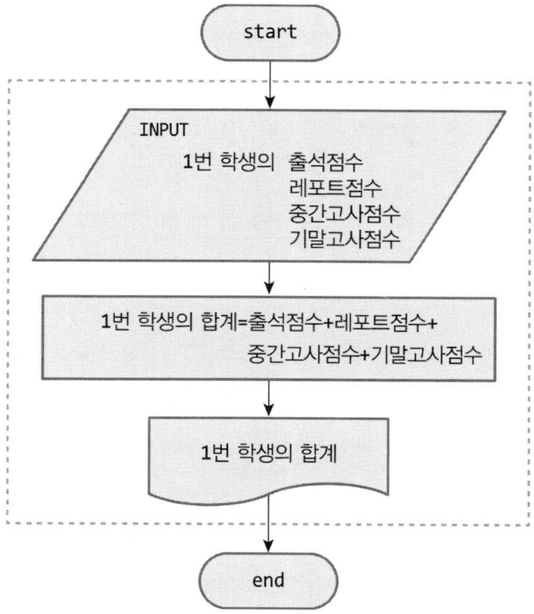

순서도에서 사각형 점선 안의 과정이 반복된다. 언제까지 반복되는가? 바로 학생의 수만큼 동일한 과정이 반복된다. 만약 학생의 수가 100명이면 100번, 200명이면 200번 반복되어야 한다. 즉 학생수가 200명이면 순서도에서 사각형 점선 안의 반복되는 과정이 200번 순서도에 표시되어야 한다. 이것은 매우 번거로우며 학생 수가 더욱 많아지면 거의 불가능에 가까워진다.

다른 방법을 생각할 수 있다. 즉 다음의 순서도와 같이 반복 과정을 표현하기 위해 앞의 순서도를 변경할 수 있다. 다음의 순서도와 같이 학생의 정원이 35명이라면 count라는 변수를 이용하여 학생 한명이 입력될 때마다 count를 1씩 증가시킨다. count가 35가 되면 전체 학생 35명을 모두 처리한 것이므로 프로그램을 종료하며 그렇지 않으면 다시 다음 학생에 대한 입력을 받는 과정을 수행하게 된다.

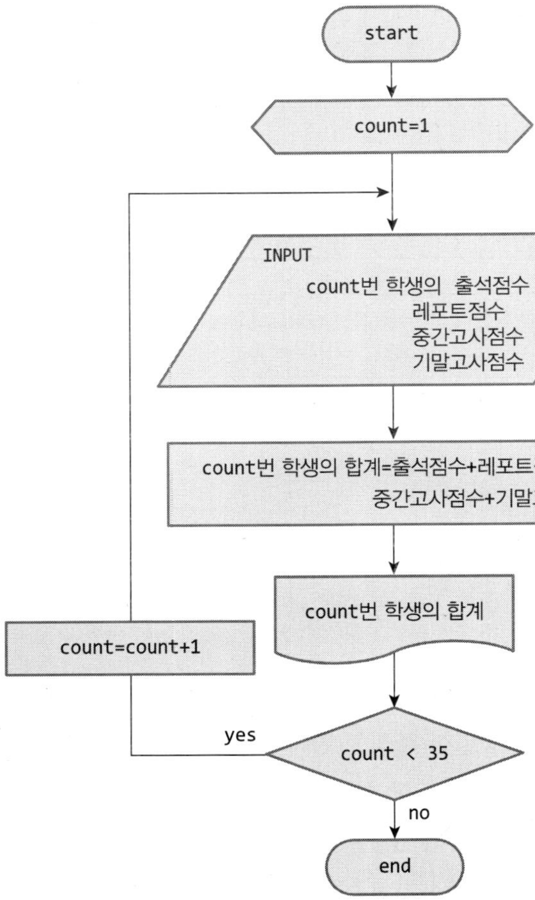

이렇게 반복되는 과정을 프로그램으로 표현할 수 있도록 제공되는 것이 바로 반복 논리이다. 순서도에 있는 것과 같이 반복되는 과정은 언젠가는 종료되어야 하므로 이를 위한 조건(예 count < 35)이 존재하게 된다. 여기서 조건은 앞에서 배운 선택 논리의 조건을 의미한다. 따라서 반복 논리에는 그 반복을 종료하기 위한 선택 논리가 포함된다. 그러므로 반복 논리는 어떤 조건에 따라서 몇몇 특정의 문장들을 반복수행하기 위한 논리이다.

2. 반복 논리를 위한 제어문

반복 논리를 표현할 수 있도록 자바스크립트를 비롯한 대부분의 프로그래밍 언어에서는 while문, do-while문, for문 등의 반복문을 제공하고 있다. 이제부터 이러한 반복문을 하나씩 자세히 살펴보자. 단 반복문은 다양한 예제를 비교해보면서 많은 연습을 해야 익숙해지므로 이번 장에서는 while문, do-while문을 익히고 다음 장에서 for문을 살펴보자.

2.1 while문

while문은 다음의 형식과 같이 주어진 조건이 만족되는 동안(즉, 주어진 조건이 참(true)인 동안)만 while문 내의 문장들을 반복해서 수행한다. while문에서 반드시 알아두어야 하는 것은 while문의 조건에 대한 검사가 while문 내의 문장들을 수행하기 전에 행해진다는 것이다. 다음에 좀 더 자세히 설명하겠지만 이러한 조건 검사가 어느 위치에서 수행되는지는 프로그램의 논리에 있어 매우 중요하다.

형식	순서도

`while(조건) {`
`        문장1;`
`        문장2;`
`          :`
`        문장k;`
`}`
`문장n;`
	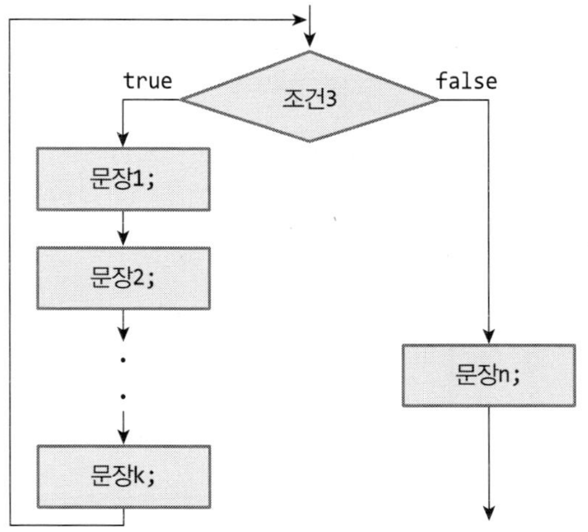

조건을 판별해서 조건이 참(true)이면 while 블록 안의 문장들(문장1, 문장2, … 문장k)을 수행하고 나서 다시 조건을 검사한다. 또 다시 조건이 참이면 while 블록 안의 문장들(문장1, 문장2, … 문장k)을 수행하고 나서 다시 조건을 검사한다. 이와 같은 과정은 조건이 거짓(false)으로 판명될 때까지 계속 반복된다. 만약 조건이 거짓이 되면 while 블록을 빠져나가 문장n을 수행하게 된다.

while문에서 {는 while 블록의 시작을 나타내는 괄호이며, }는 while 블록의 끝을 나타내는 기호이다. while 블록과 while문의 조건을 하나로 묶어 while 루프(loop)라고 부른다. 즉, while 루프라고 하면 반복되는 부분을 모두 의미하므로 while문의 조건도 포함된다. 따라서 앞으로 while 문과 while 루프는 동일한 의미로 사용된다고 생각하면 된다.

while문에서 특히 주목되는 것은 처음에 while문의 조건을 검사했을 때 거짓이 되면 while 블록 내의 어떤 문장도 수행하지 않게 된다는 것이다.

또한 대부분의 경우 while 루프 내에는 while의 조건을 거짓으로 만들기 위한 문장이 들어가 있다. 이 경우 만약 while 루프 내에서 while의 조건을 거짓으로 만들지 못하면 while문은 무한히 반복하게 된다.

실습예제

EXAMPLE

다음의 실행결과와 같이 출력되는 순서도와 프로그램을 while문을 이용하여 작성하여라. 또한 작성된 순서도 또는 프로그램을 보고 변수테이블도 그려라.

문제해결 논리

출력결과를 보면 별표 한 줄, 숫자, 별표 한 줄이 하나의 묶음으로 5번 출력되었음을 알 수 있다. 그리고 숫자는 1씩 증가하였음을 알 수 있다. 따라서 while문의 조건으로 묶음 출력의 횟수가 제시되어야 한다. 이를 위해 count라는 변수를 사용할 수 있겠다. count 변수는 하나의 묶음이 출력될 때마다 1씩 증가하면 될 것이고 이 count 값을 묶음 출력의 숫자 값 1, 2, 3, 4, 5로 사용하여 출력하면 된다.

순서도

다음의 순서도에서 보는 것과 같이 점선의 큰 사각형 부분이 while문으로 구성되어야 하는 부분이고, 점선의 작은 사각형 부분이 while 루프 내에 들어가야 하는 부분이다. 여기서 count <= 5란 조건이 while문의 조건으로 사용되는 부분이고 while 루프 내에 있는 문장, count+=1은 while의 조건을 거짓으로 만들기 위한 문장이다.

점선의 작은 사각형 부분에 들어 있는 4개의 문장들은 while문의 조건(count <= 5)이 참(true)일 동안 실행할 문장들이다. 따라서 while문의 조건이 참일 동안 이 4개의 문장들이 수행되다가 count+=1에 의해 count 값이 증가되어 5보다 크게 되면 while문의 조건이 거짓이 될 것이고 이때 while 루프를 빠져나가게 되어 프로그램이 종료된다.

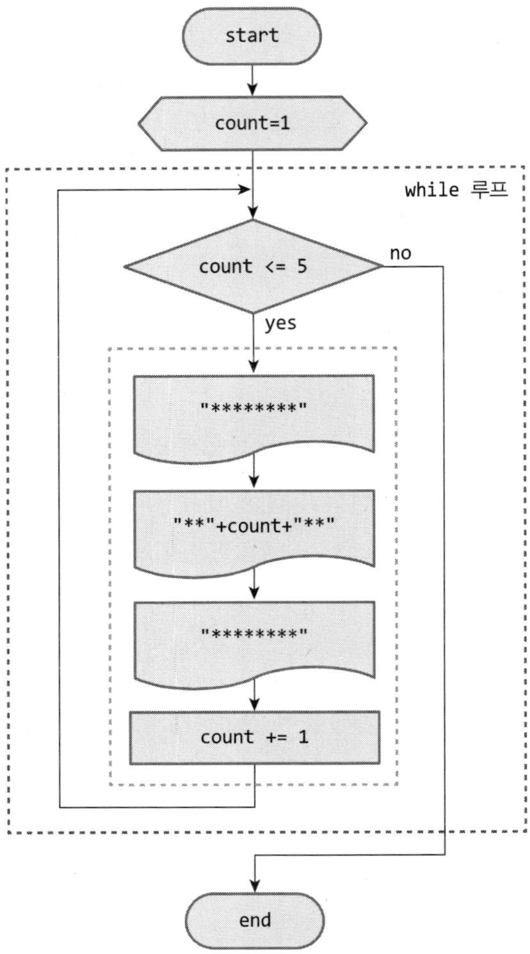

프로그램 ex28_repeat.htm

```
<html>
  <head> <title> 반복 출력하기 </title> </head>
  <body>
    <script type = "text/javascript">
          document.write("<h2>반복 출력하기</h2>");

          var  count = 1;

          while( count <= 5 ) {
              document.write("****************<br>");
```

```
                document.write("**" + count + "**" + "<br>");
                document.write("****************<br>");
                count += 1;  //count = count + 1;과 동일
            }
    </script>
  </body>
</html>
```

변수테이블

count	설명
1	초기 값
2	
3	
4	
5	
6	while이 종료된 후 count의 최종 값

실습예제 EXAMPLE

다음과 같이 1부터 100까지의 정수의 합계를 구하여 출력하는 순서도와 프로그램을 while문을 이용하여 작성하여라. 여기서 출력은 전체 합계만 출력되도록 한다. 또한 작성된 순서도 또는 프로그램을 보고 변수 테이블도 그려라.

1+2+3+4 +5+.................+99+100

문제해결 논리

앞의 수식은 다음과 같이 다시 쓸 수 있다.

0+1+2+3+4 +5+.................+99+100

이 문제는 다음의 단계별 설명과 같이 생각할 수 있다. 다음의 단계별 과정을 살

펴보면 같은 과정이 반복됨을 알 수 있다. 즉 모든 과정은 전 단계의 합에 증가 값을 더한 값이 된다. 여기서 증가 값은 이전 증가 값에 1씩 증가된 값이다. 따라서 증가 값은 1부터 시작해서 1씩 증가해 100까지 증가하면 될 것이고, 이 증가 값을 계속해서 이전의 합에 더해 나가면 된다.

프로그램은 증가 값이 100이 되었을 때 그 100을 전단계의 합에 더한 후 종료하면 된다. 이 때 프로그램의 종료를 위해 1씩 증가된 증가 값을 while문의 조건으로 사용하면 된다.

따라서 프로그램 시작되면 전단계의 합을 저장하는 변수 sum과 증가 값을 저장하기 위한 변수 count를 선언하고 초기 값으로 sum은 0을, count에는 1을 부여한다. 그런 다음, 다음의 단계별 과정에 대한 논리를 표현하면 된다.

단계	합계 구하기	설명
1	0(전단계 합) + 1(증가 값) ------------ 1(새로운 합)	처음에 첫 번째 수인 0과 두 번째 수인 1을 더한다. 합이 1이 된다.
2	1(전단계 합) +2(증가 값) ------------ 3(새로운 합)	두 번째 1단계에서 나온 합인 1과 세 번째 수인 2를 더한다. 합이 3이 된다.
3	3(전단계 합) +3(증가 값) ------------ 6(새로운 합)	세 번째로 2단계에서 나온 합과 네 번째 수 3을 더한다. 합이 6이 된다.
4	6(전단계 합) +4(증가 값) ------------ 10(새로운 합)	네 번째로 3단계에서 나온 합과 다 번째 수 4를 더한다. 합이 10이 된다.
5	10(전단계 합) +5(증가 값) ------------ 15(새로운 합)	다섯 번째로 4단계에서 나온 합과 여섯 번째 수 5를 더한다. 합이 15가 된다.
.....	....	....

순서도

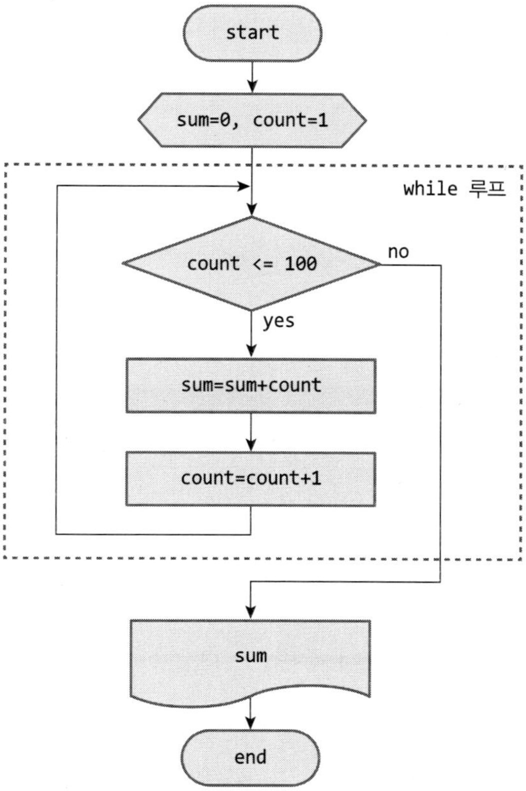

프로그램 ex29_sum.htm

```
<html>
  <head> <title> 1부터 100까지의 합 </title> </head>
  <body>
    <script type = "text/javascript">
          document.write("<h2>1부터 100까지의 합</h2>");
          document.write("------------------------------------<br>");

          var  sum = 0, count = 1;

          while(count <= 100) {
             sum = sum + count;
             count = count + 1;
```

```
        }
        document.write("1부터 100까지의 합 : " + sum + "<br>");

        document.write("-------------------------------------<br>");
    </script>
  </body>
</html>
```

실행결과

변수테이블

count	sum	설명
1	0	초기 값
2	1(0 + 1)	
3	3(1 + 2)	
4	6(3 + 3)	
	10(6 + 4)	
중간 생략		
100	5050	
101		while이 종료된 후 count의 최종 값

실습예제 EXAMPLE

다음의 실행결과와 같이 출력되는 순서도와 프로그램을 while문을 이용하여 작성하여라. 다음의 출력결과는 앞의 실습예제에서 증가 값(count)의 증가 과정과 합계(sum)의 계산과정을 단계마다 모두 출력하고 있다.

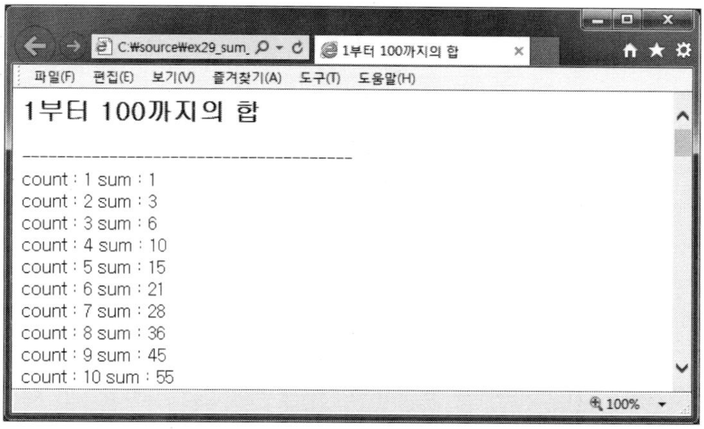

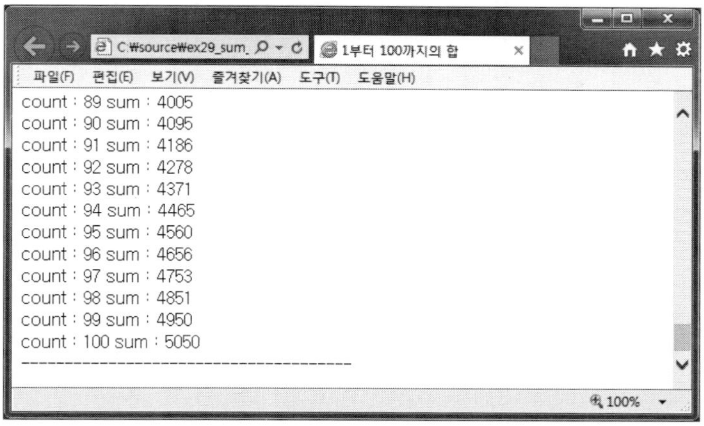

문제해결 논리

증가 값(count)의 증가 과정과 합계(sum)의 계산과정을 단계마다 모두 출력하려면 어떻게 해야 되는지 이전 실습예제의 순서도 또는 프로그램을 보고 생각해 본다. 그렇다. 어떤 계산과정이 단계별로 모두 출력되려면 출력하고자 하는 부분이 반복되도록 while 루프 내에 넣어놓아야 한다.

순서도

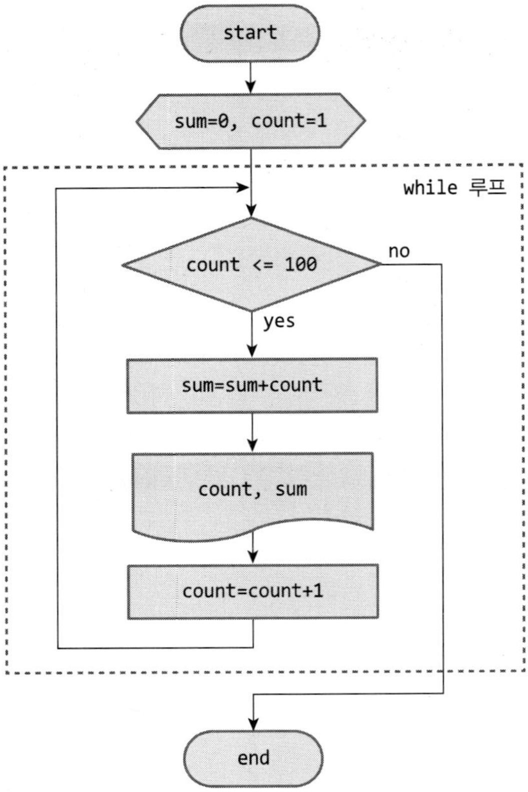

프로그램 ex29_sum_2.htm

```
<html>
  <head> <title> 1부터 100까지의 합 </title> </head>
  <body>
    <script type = "text/javascript">
          document.write("<h2>1부터 100까지의 합</h2>");
          document.write("------------------------------<br>");

          var  sum = 0, count = 1;

          while(count <= 100) {
             sum = sum + count;
```

```
            document.write("count : " + count);
            document.write(" sum : " + sum + "<br>");

            count = count + 1;
        }

        document.write("-----------------------------<br>");
    </script>
  </body>
</html>
```

확인문제

다음과 같이 구구단 중에서 2단을 출력하는 순서도와 프로그램을 while문을 이용하여 작성하여라. 또한 작성된 순서도 또는 프로그램을 보고 변수테이블도 그려라.

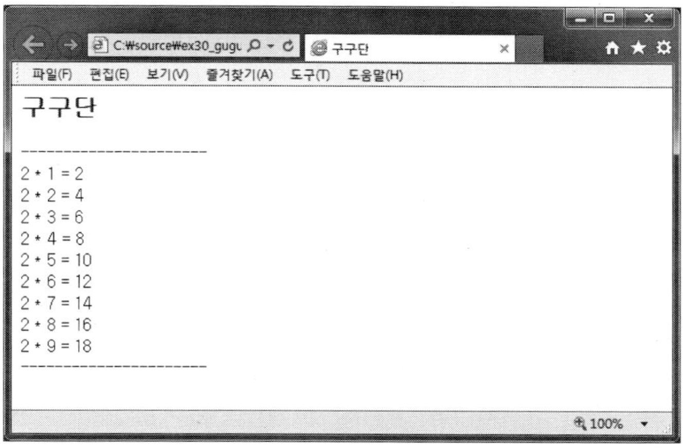

문제해결 논리

구구단의 2단에서 2는 같은 숫자로 고정되어 있다. 고정된 숫자 2에 1부터 9까지 count를 하나씩 증가시키면서 곱해주면 된다. 아홉 번 과정이 반복된다. 따라서 고정된 값 2를 저장하는 변수 dan과 증가 값 count 변수를 선언하고 초기 값을 각각 2와 1로 부여한다. 그런 다음 while문을 사용하여 반복 수행하도록 하면 될 것이다. 여기서 while문의 조건은 증가 값인 count가 9가 되었는지를 검사하면 된다. 프로그램의 종료는 count가 9일 때도 구구단을 계산해야 하므로 count가 10이 되면 종료한다.

순서도

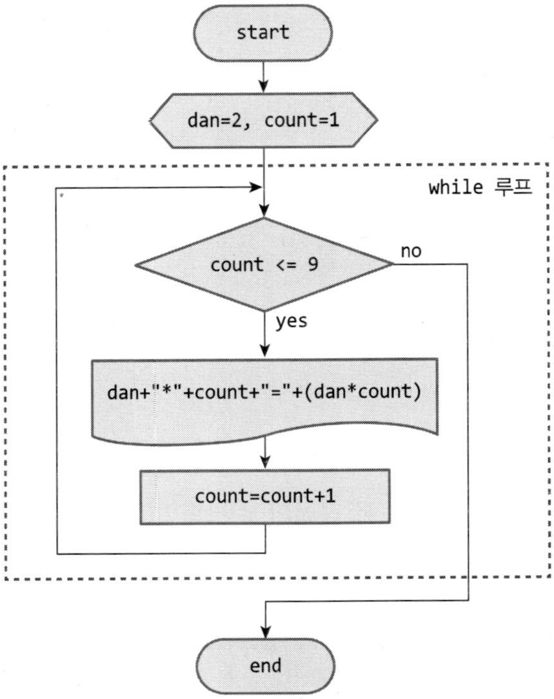

프로그램 ex30_gugudan.htm

```
<html>
 <head> <title> 구구단 </title> </head>
 <body>
  <script type = "text/javascript">
       document.write("<h2>구구단</h2>");
       document.write("--------------------<br>");

       var dan = 2; count = 1;

       while(count <= 9) {
          document.write(dan + " * " + count + " = " + (dan * count));
          document.write("<br>");
          count = count + 1;
       }
       document.write("--------------------<br>");
```

```
    </script>
  </body>
</html>
```

변수테이블

dan	count	출력결과	설명
2	1	2 * 1 = 2	초기 값
	2	2 * 2 = 4	
	3	2 * 3 = 6	
	4	2 * 4 = 8	
	5	2 * 5 = 10	
중간 생략			
	9	2 * 9 = 18	
	10		while이 종료된 후 count의 최종 값

확인문제

1부터 100까지의 정수들 중에서 2의 배수이면서 5의 배수인 수들만 찾아서 출력하는 순서도와 프로그램을 while문을 이용하여 작성하여라. 그리고 2와 5의 배수인 수들의 전체 합계도 출력하여라. 또한 작성된 순서도 또는 프로그램을 보고 변수테이블도 그려라.

문제해결 논리

2의 배수이면서 5의 배수인 수들만 찾아야 한다. 따라서 수들을 2 그리고 5로 나눈 나머지가 모두 0인지를 검사하는 관계식을 만들어 if문의 조건으로 사용한다.

그리고 1부터 100까지의 수들 중에서만 조건을 만족하는 배수를 찾으면 되므로 변수 count를 선언한 후 1부터 시작하여 1씩 증가시키면서 100까지 루프를 돌리면 된다. 따라서 count 변수를 while 루프의 조건으로 사용하면 될 것이다.

순서도

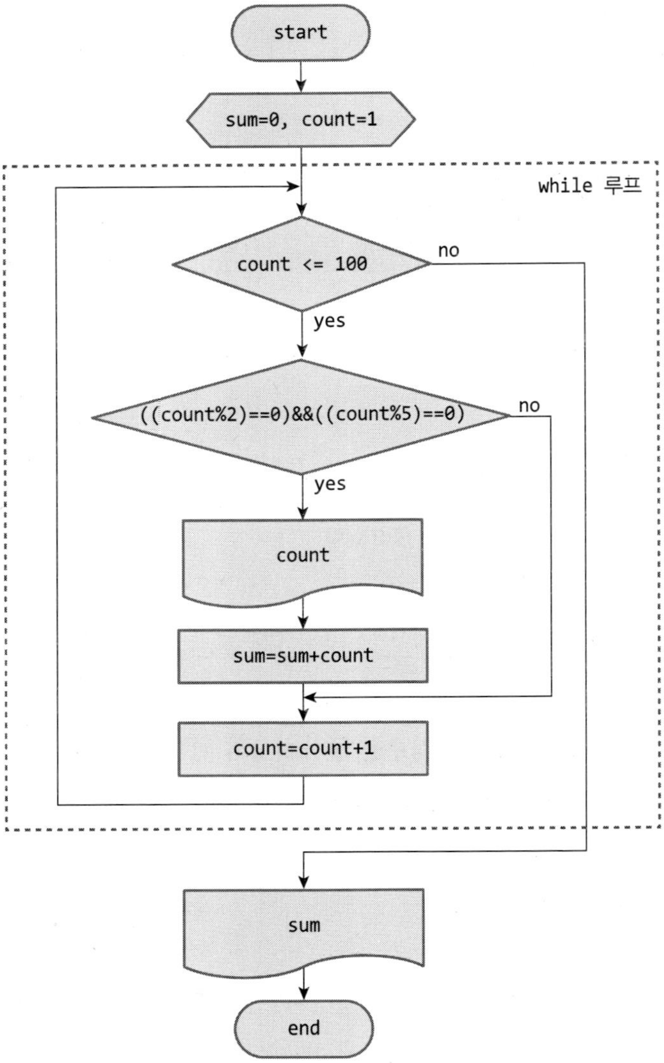

프로그램 ex30_multiple_number.htm

```
<html>
 <head> <title> 2와 5의 배수 구하기 </title>  </head>
 <body>
  <script type = "text/javascript">
        document.write("<h2>2와 5의 배수 구하기</h2>");
```

```
            document.write("-----------------------<br>");

            var  count = 1, sum = 0;

            while(count <= 100) {
               if(((count % 2) == 0) && ((count % 5) == 0)) {
                  document.write("2와 5의 배수 : " + count + "<br>");
                  sum += count;  //sum = sum + count와 동일
               }
               count = count + 1;
            }
            document.write("2와 5의 배수의 합계 : " + sum + "<br>");
            document.write("-----------------------<br>");
      </script>
   </body>
</html>
```

실행결과

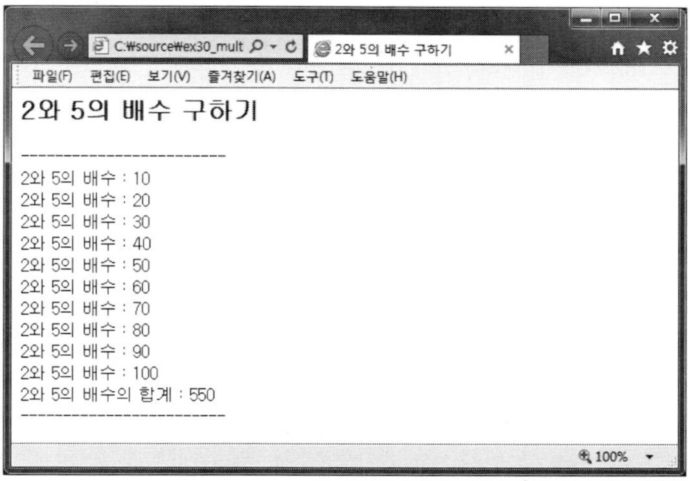

변수테이블

count	sum	출력결과	설명
1	0		초기 값
2			
3			
4			
5			
중간 생략			
10	10(0 + 10)	2와 5의 배수: 10	
중간 생략			
20	30(10 +20)	2와 5의 배수: 20	
중간 생략			
100	550	2와 5의 배수: 100 2와 5의 배수의 합계: 550	
101			while이 종료된 후 count의 최종 값

확인문제 입력된 정수들 중에서 최솟값과 최댓값을 찾아 출력하는 순서도와 프로그램을 while문을 이용하여 작성하여라. 프로그램은 'q' 또는 'Q'라는 문자가 입력되면 종료된다. 여기서 입력되는 숫자는 -10,000~10,000사이의 정수 값만 입력되는 것으로 간주한다. 또한 입력된 모든 정수 값들과 총 개수도 출력하여라. 만약 어떠한 값도 입력되지 않으면(처음에 'q' 또는 'Q'라는 문자가 입력되면) "입력된 모든 정수 값들의 총 개수"만 0으로 출력하고 종료한다.

문제해결 논리 프로그램이 'q' 또는 'Q'라는 문자가 입력되면 종료되어야 하므로 while문의 조건은 다음 둘 중 하나로 하나를 이용하면 될 것이다. 다음의 두 식 중에서 어떤 식을 사용하느냐에 따라 순서도의 분기가 달라질 수 있다.

① (inputValue != "q") && (inputValue != "Q")

② (inputValue == "q") || (inputValue == "Q")

여기서 입력되는 숫자는 -10,000~10,000사이의 정수 값만 입력되므로 최소값을 저장할 변수 min과 최대값을 저장할 변수 max를 선언한 후, 초기값으로 각각 10000과 -10000을 저장한다. 이렇게 초기값을 지정하는 이유는 이후 입력되는 값은 아무리 작아도 -10000을, 아무리 커도 10000을 넘지 않을 것이기 때문이다.

그런 다음 while 루프가 종료될 때까지 입력된 값과 min 값을 비교하여 작은 값을 min에 저장한다. 그러면 결국 min에 가장 작은 값이 저장될 것이다.

마찬가지로 while 루프가 종료될 때까지 입력된 값과 max 값을 비교하여 큰 값을 max에 저장한다. 그러면 결국 max에 가장 큰 값이 저장될 것이다.

여기서 하나 주의해야 할 것이 있다. 변수 min과 max에 inputValue을 저장하기 전에 반드시 eval 함수를 이용하여 숫자로 변환해야 한다.

순서도

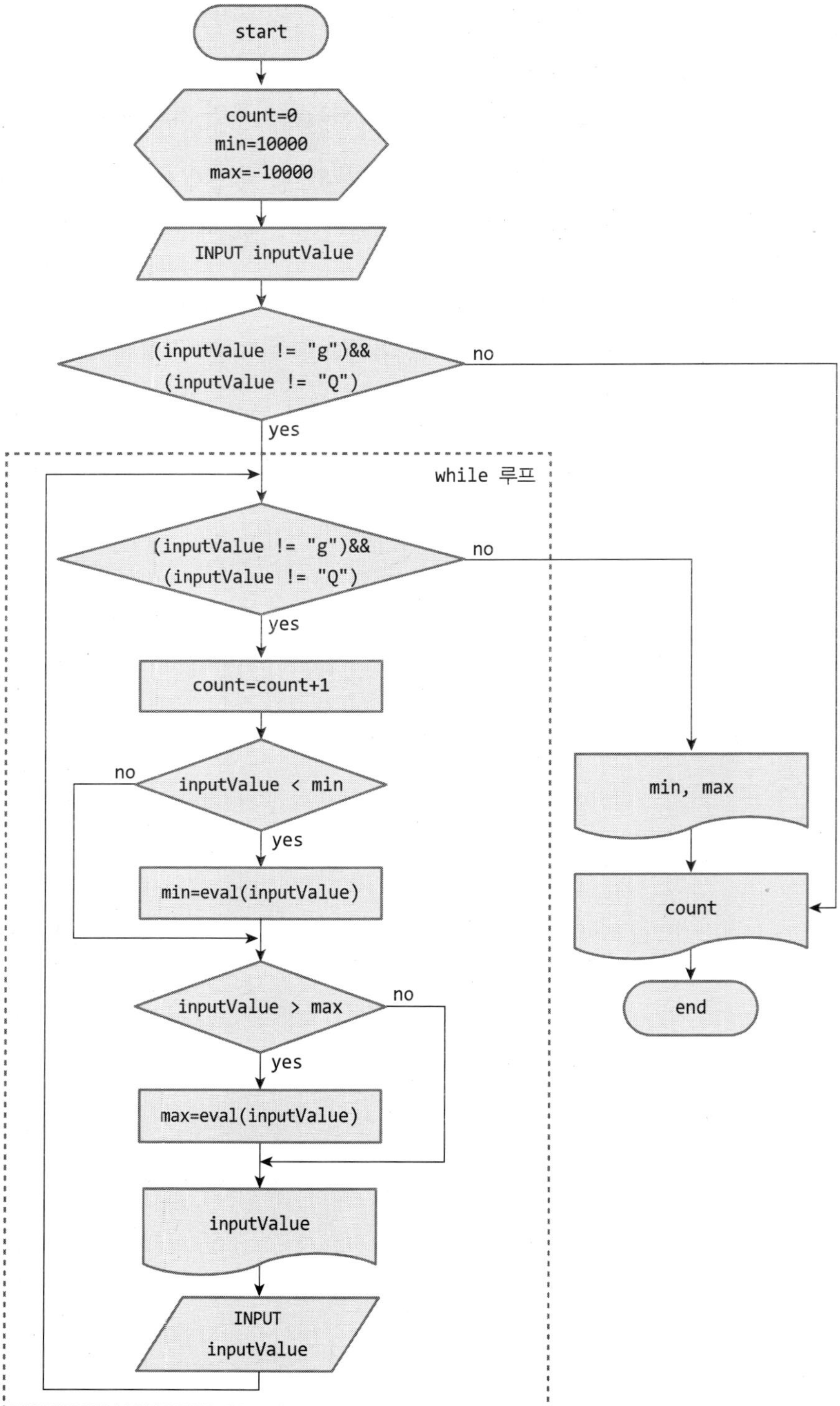
start
count=0
min=10000
max=-10000
INPUT inputValue
(inputValue != "g")&&
(inputValue != "Q")
no
yes
while 루프
(inputValue != "g")&&
(inputValue != "Q")
no
yes
count=count+1
inputValue < min
no
yes
min=eval(inputValue)
inputValue > max
no
yes
max=eval(inputValue)
inputValue
INPUT
inputValue
min, max
count
end

프로그램 ex30_min_max.htm

```
<html>
  <head> <title> 최소 최대값 찾기 </title>  </head>
  <body>
   <script type = "text/javascript">
          document.write("<h2>최소 최대값 찾기</h2>");
          document.write("------------------------<br>");

          var  count = 0, min = 10000, max = -10000;
          var  inputValue = null;

          inputValue = prompt("숫자를 입력하세요", "");

          if( (inputValue != "q") && (inputValue  != "Q") ) {
              while((inputValue != "q") && (inputValue  != "Q")) {
                  count = count + 1;
                  if(inputValue < min) min = eval(inputValue);
                  if(inputValue > max) max = eval(inputValue);
                  document.write("입력받은 값 : " + inputValue + "<br>");

                  inputValue = prompt("숫자를 입력하세요", "");
              }
              document.write("최소값 : " + min + "<br>");
              document.write("최대값 : " + max + "<br>");
          }
          document.write("입력받은 값들의 개수 : " + count + "<br>");

          document.write("------------------------<br>");
    </script>
  </body>
</html>
```

실행결과

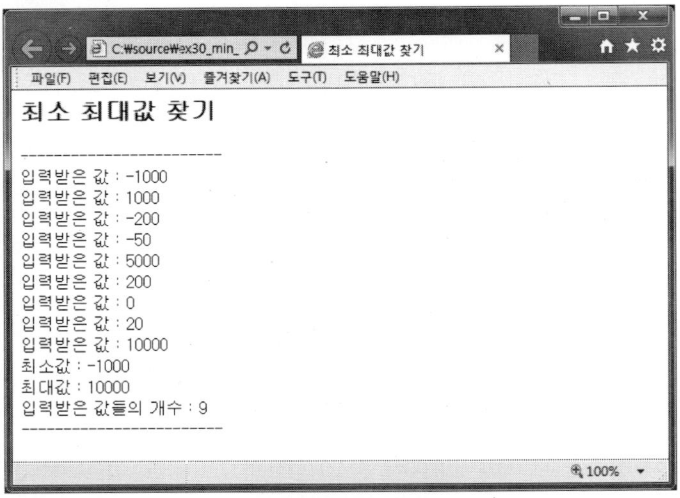

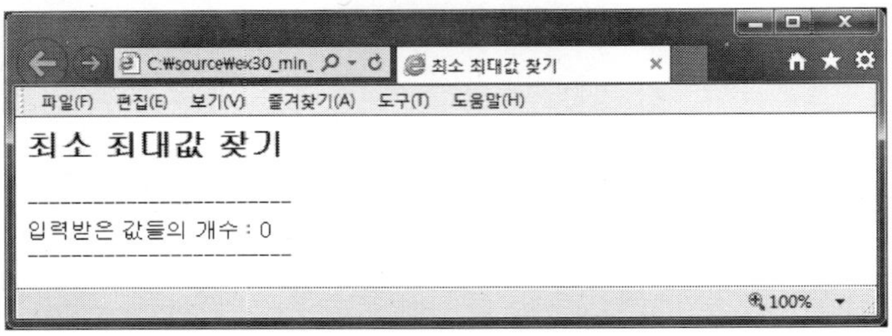

2.2 do-while문

do-while문은 while문과 같이 조건을 검사해서 그 조건이 만족되는 동안(즉, 그 조건이 참인 동안)만 do-while문 내의 문장들을 실행시킨다는 점에서 같다고 볼 수 있다. 그러나 **do-while**문과 **while**문은 한 가지의 중요한 차이점이 있다. 즉, while문은 조건의 검사를 while문의 시작점에서 검사하는 반면에 do-while문은 do-while문 내의 문장들을 일단 한번 수행한 후에 do-while문의 끝 지점에서 조건을 검사한다는 것이다. 따라서 while문에서는 처음에 while문의 조건을 검사했을 때 거짓이 되면 while문 내의 어떤 문장도 수행하지 않게 되지만 do-while문 내의 문장들은 최소한 한번은 수행된다는 것이다.

형식	흐름도

do {
   문장1;
   문장2;
    .
    .
   문장k;
} while(조건);
문장n;
	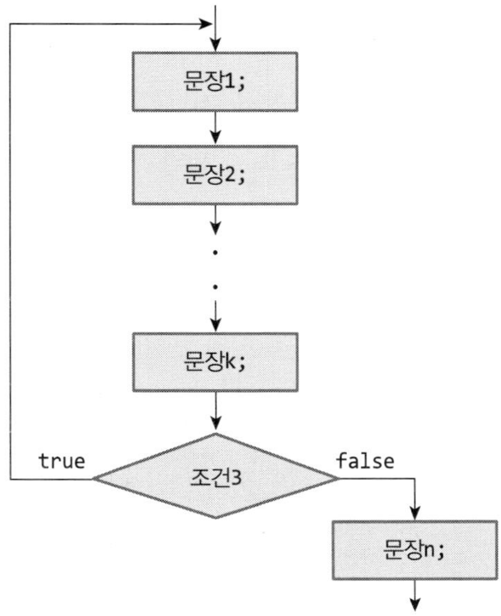

do-while문은 우선 do-while문 내의 문장들(문장1, 문장2, …, 문장k)을 한번 실행한 후 조건을 검사한다. 조건이 참이면 다시 do-while문 내의 문장들을 수행한다. 그리고 다시 조건을 검사한다. 참이면 다시 do-while문 내의 문장들을 수행한다. 이러한 과정은 do-while문의 조건이 참인 동안 계속 반복된다. 만약 조건이 거짓이 되면 do-while문을 빠져나가 문장n을 수행하게 된다.

do-while문에서 {는 do-while 블록의 시작을 나타내는 괄호이며, }는 do-while 블록의 끝을 나타내는 기호이다. do-while 블록과 do-while문의 조건을 하나로 묶어 do-while 루프(loop)라고 부른다. 즉, do-while 루프라고 하면 반복되는 부분을 모두 의미하므로 do-while문의 조건도 포함된다. 따라서 앞으로 do-while문과 do-while 루프는 동일한 의미로 사용된다고 생각하면 된다.

do-while문에서 특히 주목되는 것은 do-while문의 조건을 do-while의 종료점에서 검사하기 때문에 do-while 루프 내의 문장들이 최소한 한번은 수행된다는 것이다.

또한 대부분의 경우 do-while 루프 내에는 do-while의 조건을 거짓으로 만들기 위한 문장이 들어가 있다. 이 경우, 만약 do-while 루프 내에서 do-while의 조건을 거짓으로 만들지 못하면 do-while문은 무한히 반복하게 된다.

실습예제 EXAMPLE

다음과 같이 1부터 100까지의 정수의 합계를 구하여 출력하는 순서도와 프로그램을 do-while문을 이용하여 작성하여라. 여기서 출력은 전체 합계만 출력되도록 한다.

1+2+3+4 +5+.................+99+100

문제해결 논리

앞에서 살펴본 것과 같이 **while**문은 조건의 검사를 **while**문의 시작점에서 검사한다. 따라서 **while**문을 위한 순서도를 작성할 때 **while**문의 조건(**count <= 100**)을 **while** 루프의 시작점에 위치시켰다.

do–while문은 do–while문 내의 문장들을 일단 한 번 수행한 후에 do–while문의 끝 지점에서 조건을 검사해야 한다. 따라서 **do-while**의 조건(**count <= 100**)은 **while**문의 조건 위치와 반대로 **do-while** 루프의 종료지점에 위치시킨다. 다음의 두 순서도를 비교해 보아라.

순서도

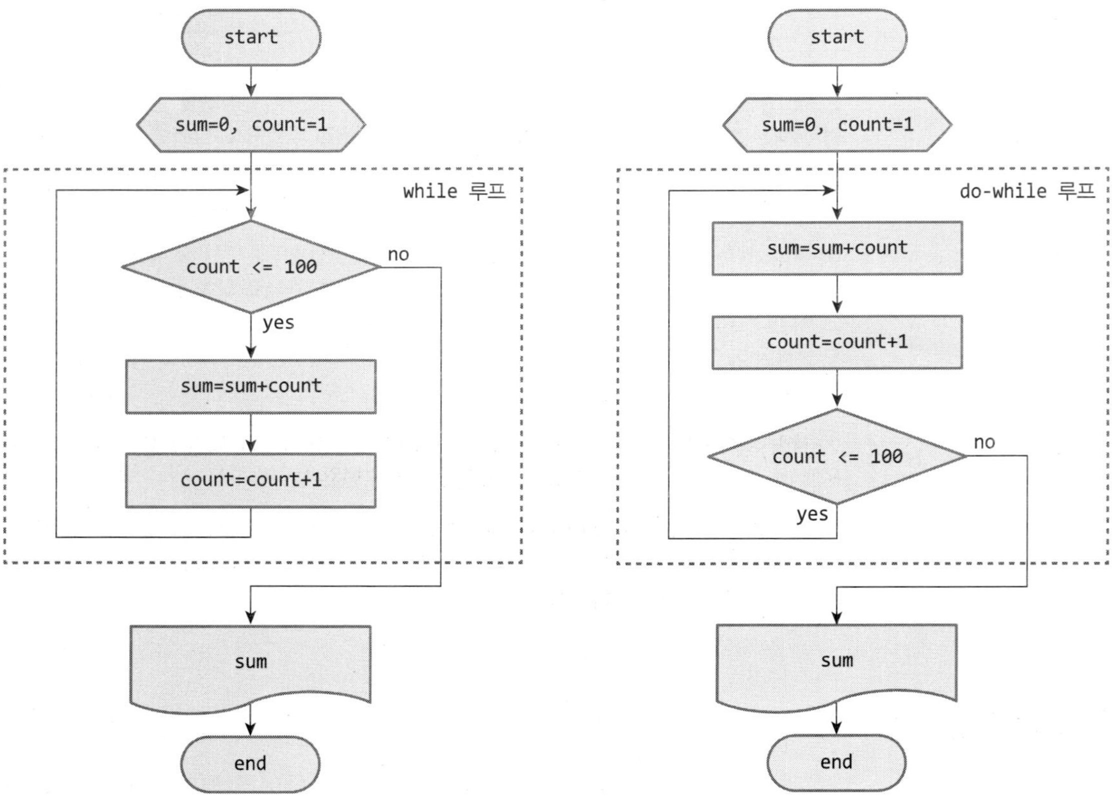

프로그램 ex31_sum_do-while.htm

```
<html>
  <head> <title> 1부터 100까지의 합 </title> </head>
  <body>
    <script type = "text/javascript">
          document.write("<h2>1부터 100까지의 합</h2>");
          document.write("---------------------------<br>");

          var  sum = 0, count = 1;

          do {
               sum = sum + count;
               count = count + 1;
          } while(count <= 100);

          document.write("1부터 100까지의 합 :  " + sum + "<br>");

          document.write("---------------------------<br>");
    </script>
  </body>
</html>
```

실행결과

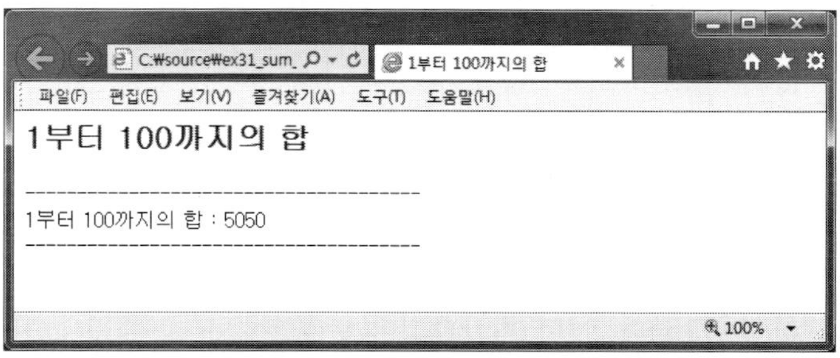

실습예제 EXAMPLE

다음의 실행결과와 같이 출력되는 순서도와 프로그램을 do-while문을 이용하여 작성하여라. 다음의 출력결과는 앞의 실습예제에서 증가 값(count)의 증가 과정과 합계(sum)의 계산과정을 단계마다 모두 출력하고 있다.

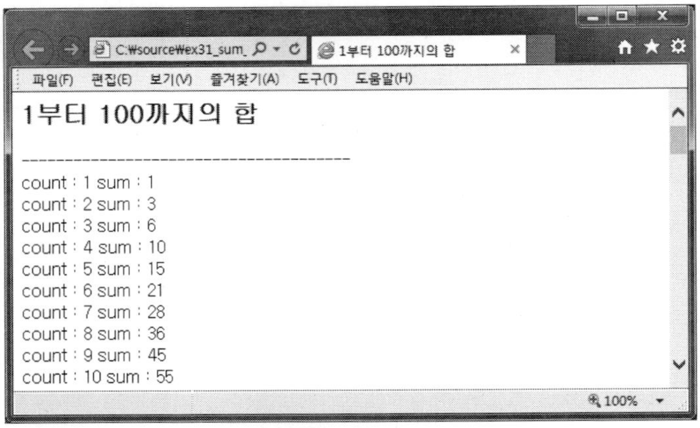

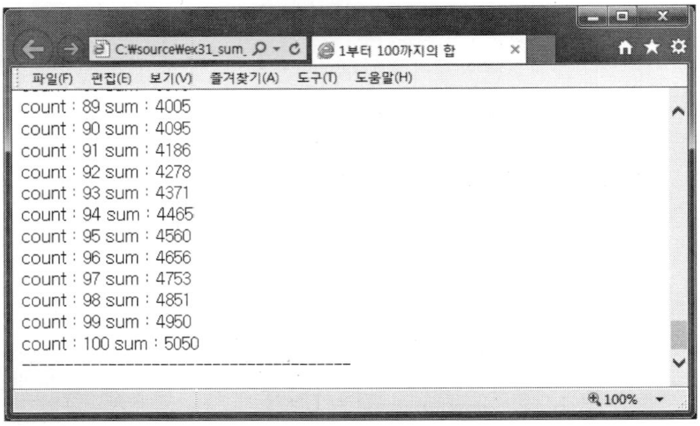

문제해결 논리

증가 값(count)의 증가 과정과 합계(sum)의 계산과정을 단계마다 모두 출력하려면 어떻게 해야 되는지 이전 실습예제의 순서도 또는 프로그램을 보고 생각해 본다. 그렇다. 어떤 계산과정이 단계별로 모두 출력되려면 출력하고자 하는 부분이 반복되도록 do-while 루프 내에 들어 있어야 한다. 다음의 두 순서도를 비교해 보자.

순서도

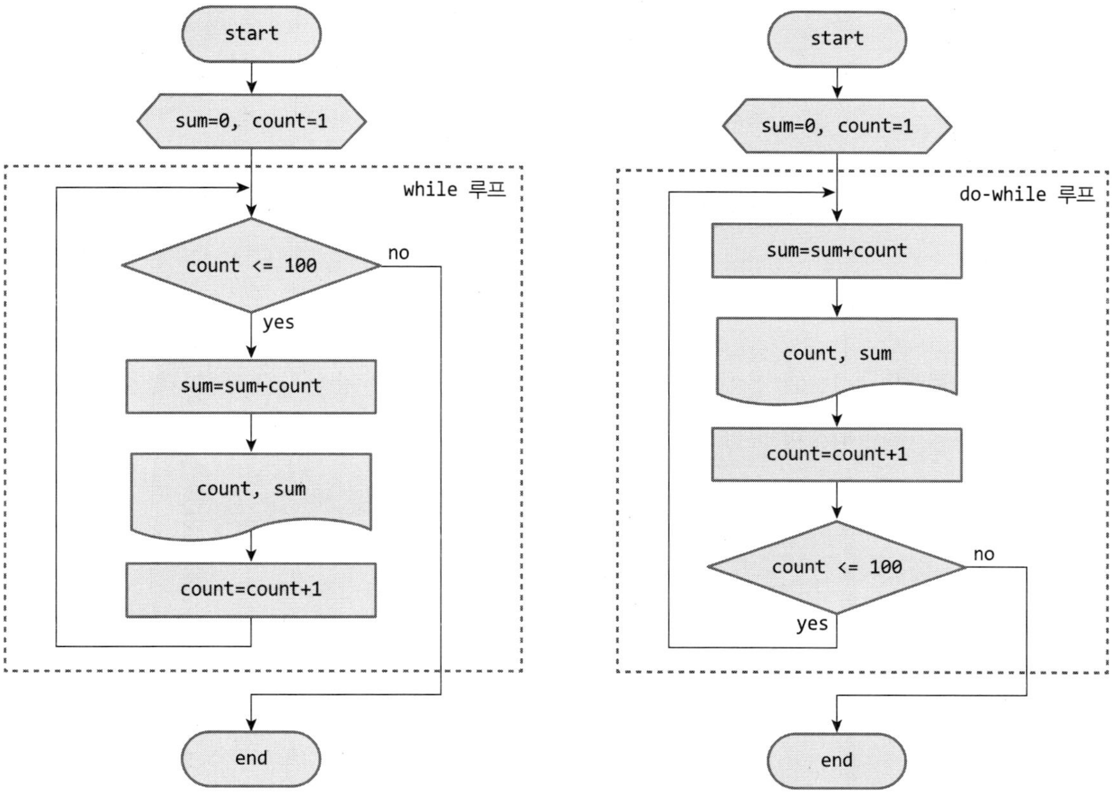

프로그램 ex31_sum_do-while_2.htm

```
<html>
 <head> <title> 1부터 100까지의 합 </title> </head>
 <body>
  <script type = "text/javascript">
      document.write("<h2>1부터 100까지의 합</h2>");
      document.write("---------------------------<br>");

      var sum = 0, count = 1;

      do {
          sum = sum + count;
          document.write("count : " + count);
```

```
            document.write(" sum : " + sum + "<br>");
            count = count + 1;
        } while(count <= 100);

        document.write("---------------------------<br>");
    </script>
  </body>
</html>
```

확인문제 다음과 같이 구구단 중에서 2단을 출력하는 순서도와 프로그램을 do-while문을 이용하여 작성하여라.

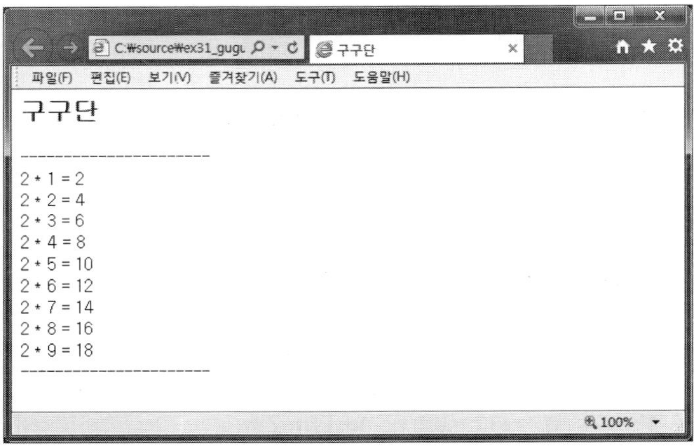

문제해결 논리 구구단의 2단에서 2는 같은 숫자로 고정되어 있다. 고정된 숫자 2에 1부터 9까지 count를 하나씩 증가시키면서 곱해주면 된다. 아홉 번 과정이 반복된다. 따라서 고정된 값 2를 저장하는 변수 dan과 증가 값 count 변수를 선언하고 초기 값을 각각 2와 1로 부여한다. 그런 다음 do-while문을 사용하여 반복 수행하도록 하면 될 것이다. 여기서 do-while문의 조건은 증가 값인 count가 9가 되었는지를 검사하면 된다. 프로그램의 종료는 count가 9일 때도 구구단을 계산해야 하므로 count가 10이 되면 종료한다.

do-while문은 do-while문 내의 문장들을 일단 한번 수행한 후에 do-while문의 끝 지점에서 조건을 검사해야 한다. 따라서 do-while의 조건(count <= 9)은

while문의 조건 위치와 반대로 do-while 루프의 종료지점에 위치시킨다. 다음의 두 순서도를 비교해 보아라.

순서도

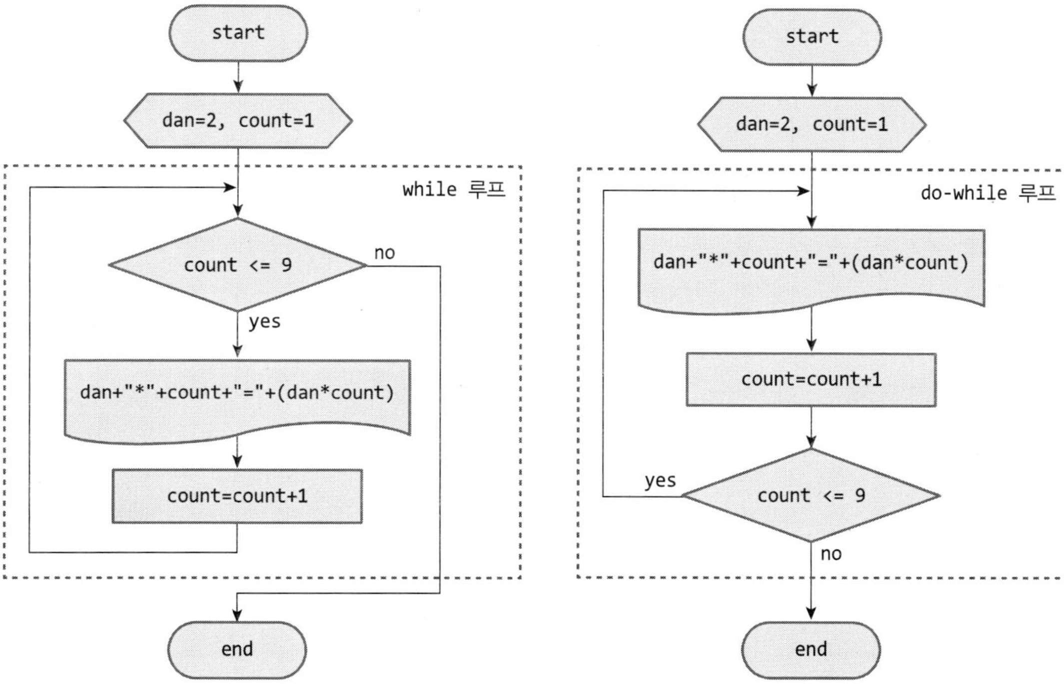

프로그램 ex31_gugudan.htm

```
<html>
  <head> <title> 구구단 </title> </head>
  <body>
    <script type = "text/javascript">
         document.write("<h2>구구단</h2>");
         document.write("----------------------<br>");

         var dan = 2; count = 1;

         do {
             document.write(dan + " * " + count + " = " + (dan * count));
             document.write("<br>");
```

```
            count = count + 1;
        } while(count <= 9);

        document.write("---------------------<br>");
    </script>
  </body>
</html>
```

확인문제

1부터 100까지의 정수들 중에서 2와 5의 배수인 수들만 찾아서 출력하는 순서도와 프로그램을 do-while문을 이용하여 작성하여라. 또한 2와 5의 배수인 수들의 전체 합계도 출력하여라.

문제해결 논리

2의 배수이면서 5의 배수인 수들만 찾아야 한다. 따라서 수들을 2 그리고 5로 나눈 나머지가 모두 0인지를 검사하는 관계식을 만들어 if문의 조건으로 사용한다.

그리고 1부터 100까지의 수들 중에서만 조건을 만족하는 배수를 찾으면 되므로 변수 count를 선언한 후 1부터 시작하여 1씩 증가시키면서 100까지 루프를 돌리면 된다. 따라서 count 변수를 do-while 루프의 조건으로 사용하면 될 것이다.

do-while의 조건(count <= 100)은 while문의 조건 위치와 반대로 do-while 루프의 종료지점에 위치시킨다. 다음의 두 순서도를 비교해 보아라.

순서도

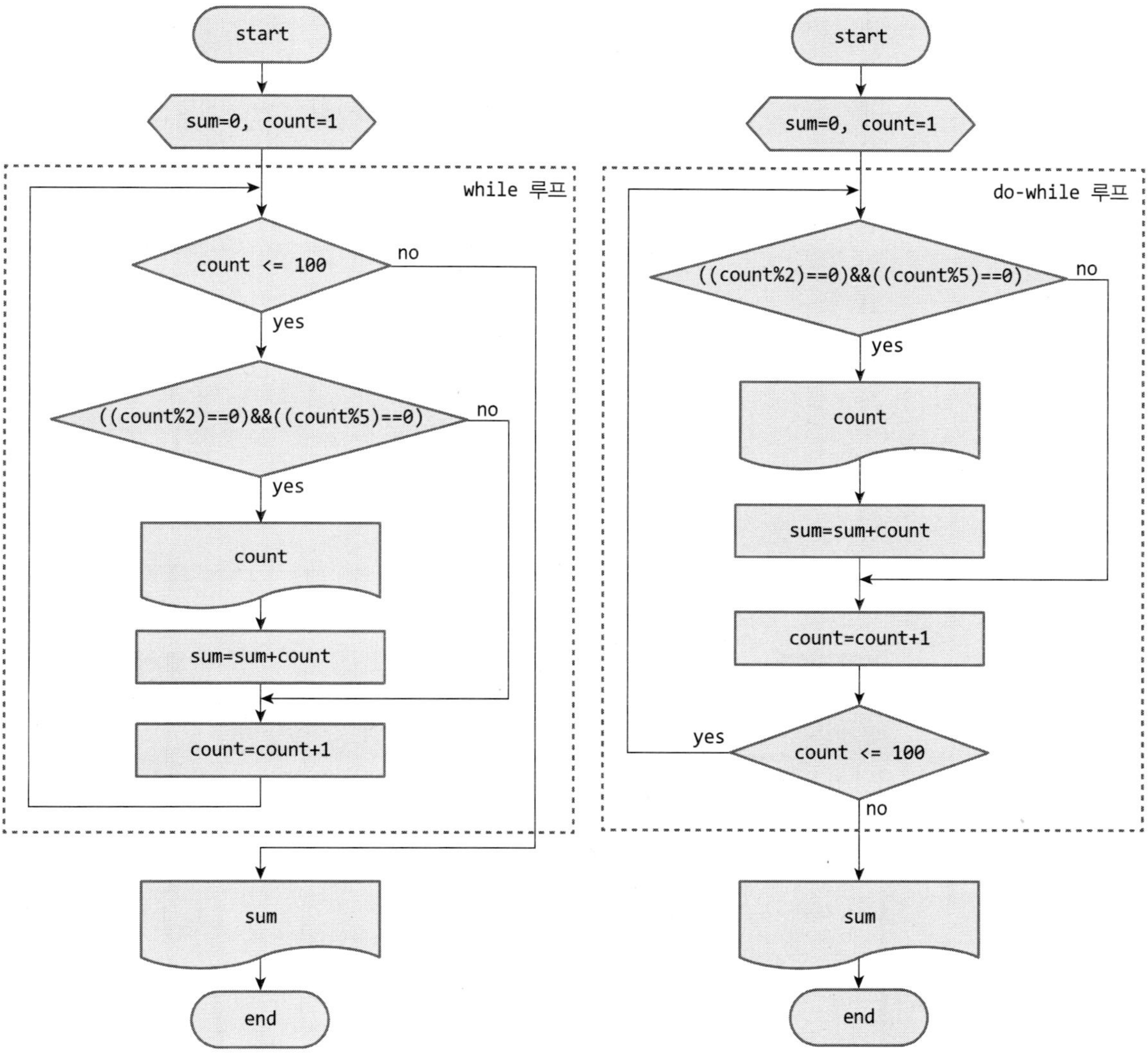

프로그램 ex31_multiple_number.htm

```
<html>
 <head> <title> 2와 5의 배수 구하기 </title> </head>
 <body>
  <script type = "text/javascript">
        document.write("<h2>2와 5의 배수 구하기</h2>");
        document.write("------------------------<br>");
```

```
            var  count = 1, sum = 0;

            do {
                if(((count % 2) == 0) && ((count % 5) == 0)) {
                    document.write("2와 5의 배수 : " + count + "<br>");
                    sum += count;  //sum = sum + count와 동일
                }
                count = count + 1;
            } while(count <= 100);

            document.write("2와 5의 배수의 합계 : " + sum + "<br>");
            document.write("------------------------<br>");
        </script>
    </body>
</html>
```

실행결과

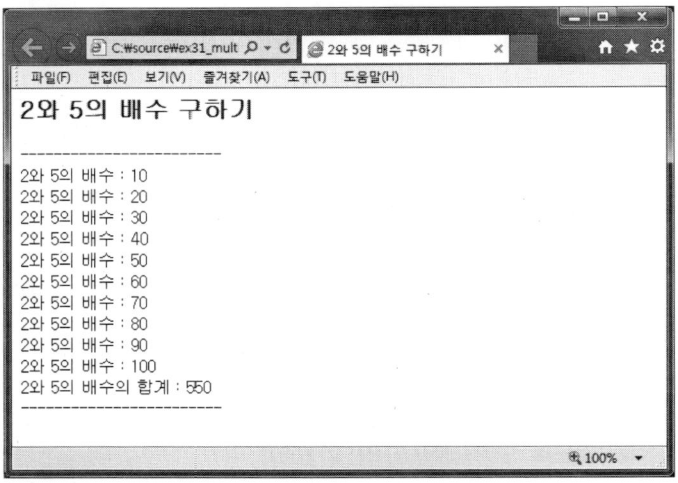

확인문제 입력된 정수들 중에서 최솟값과 최댓값을 찾아 출력하는 순서도와 프로그램을 do-while문을 이용하여 작성하여라. 프로그램은 'q' 또는 'Q'라는 문자가 입력되면 종료된다. 여기서 입력되는 숫자는 -10,000~10,000사이의 정수 값만 입력되는 것으로 간주한다. 또한 입력된 모든 정수 값들과 총 개수도 출력하여라. 만약

어떠한 값도 입력되지 않으면(처음에 'q' 또는 'Q'라는 문자가 입력되면) "입력된 모든 정수 값들의 총 개수"만 0으로 출력하고 종료한다.

문제해결 논리

프로그램이 'q' 또는 'Q'라는 문자가 입력되면 종료되어야 하므로 do-while문의 조건은 다음 둘 중 하나를 이용하면 될 것이다. 다음의 두 식 중에서 어떤 식을 사용하느냐에 따라 순서도의 분기가 달라질 수 있다. 특히 do-while문의 조건은 do-while문의 종료지점에 위치시킨다.

① (inputValue != "q") && (inputValue != "Q")
② (inputValue == "q") || (inputValue == "Q")

여기서 입력되는 숫자는 -10,000~10,000사이의 정수 값만 입력되므로 최소값을 저장할 변수 min과 최대값을 저장할 변수 max를 선언한 후, 초기값으로 각각 10000과 -10000을 저장한다. 이렇게 초기값을 지정하는 이유는 이후 입력되는 값은 아무리 작아도 -10000을, 아무리 커도 10000을 넘지 않을 것이기 때문이다.

그런 다음 do-while 루프가 종료될 때까지 입력된 값과 min 값을 비교하여 작은 값을 min에 저장한다. 그러면 결국 min에 가장 작은 값이 저장될 것이다.

마찬가지로 do-while 루프가 종료될 때까지 입력된 값과 max 값을 비교하여 큰 값을 max에 저장한다. 그러면 결국 max에 가장 큰 값이 저장될 것이다.

여기서 하나 주의해야 할 것이 있다. 변수 min과 max에 inputValue을 저장하기 전에 반드시 eval 함수를 이용하여 숫자로 변환해야 한다. 다음의 두 순서도를 비교해 보아라. 이 문제를 해결하는 데 어느 순서도가 더 합리적인가?

순서도

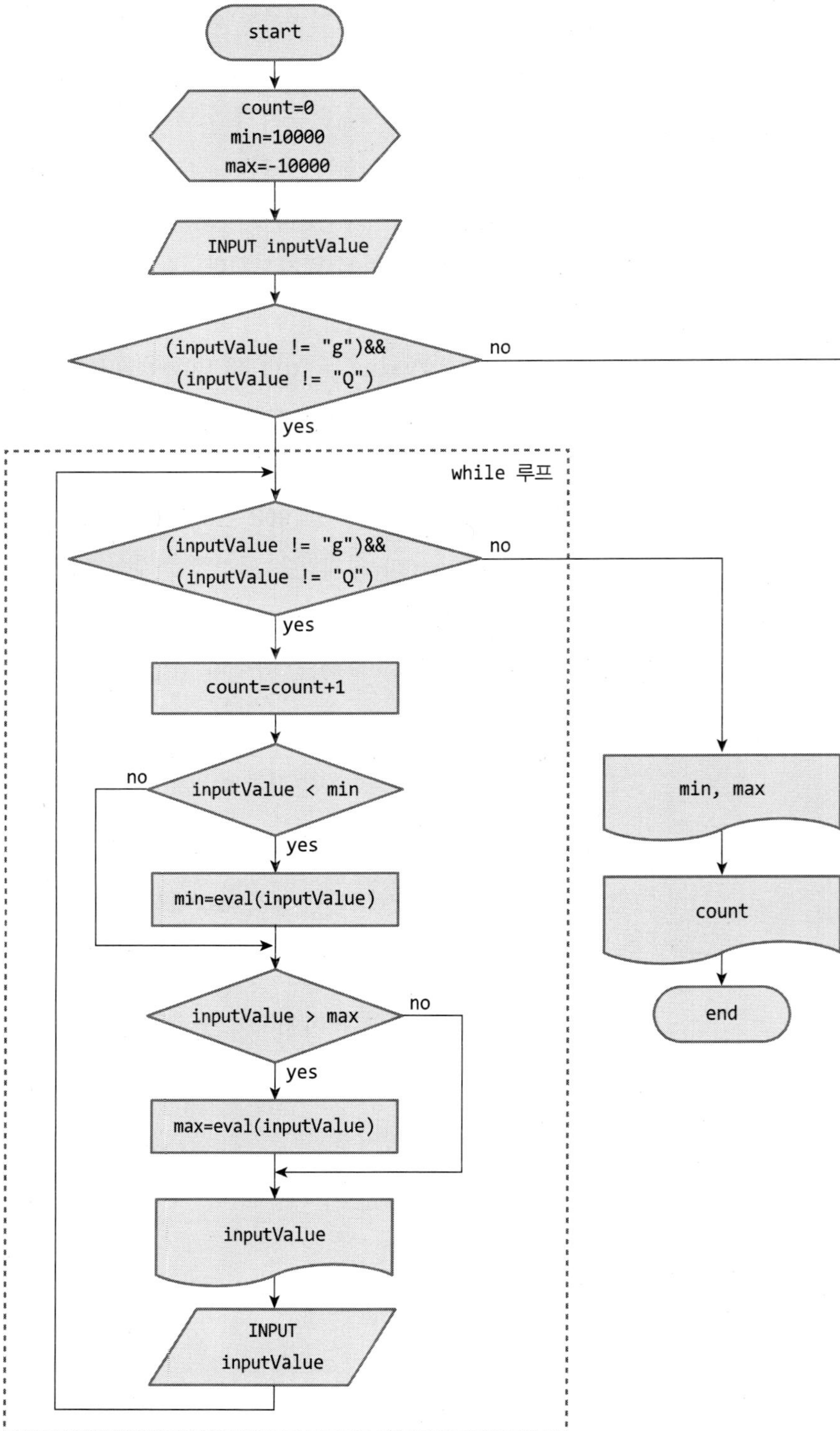
start
count=0
min=10000
max=-10000
INPUT inputValue
(inputValue != "g")&&
(inputValue != "Q")
no
yes
while 루프
(inputValue != "g")&&
(inputValue != "Q")
no
yes
count=count+1
no
inputValue < min
yes
min=eval(inputValue)
inputValue > max
no
yes
max=eval(inputValue)
inputValue
INPUT
inputValue
min, max
count
end

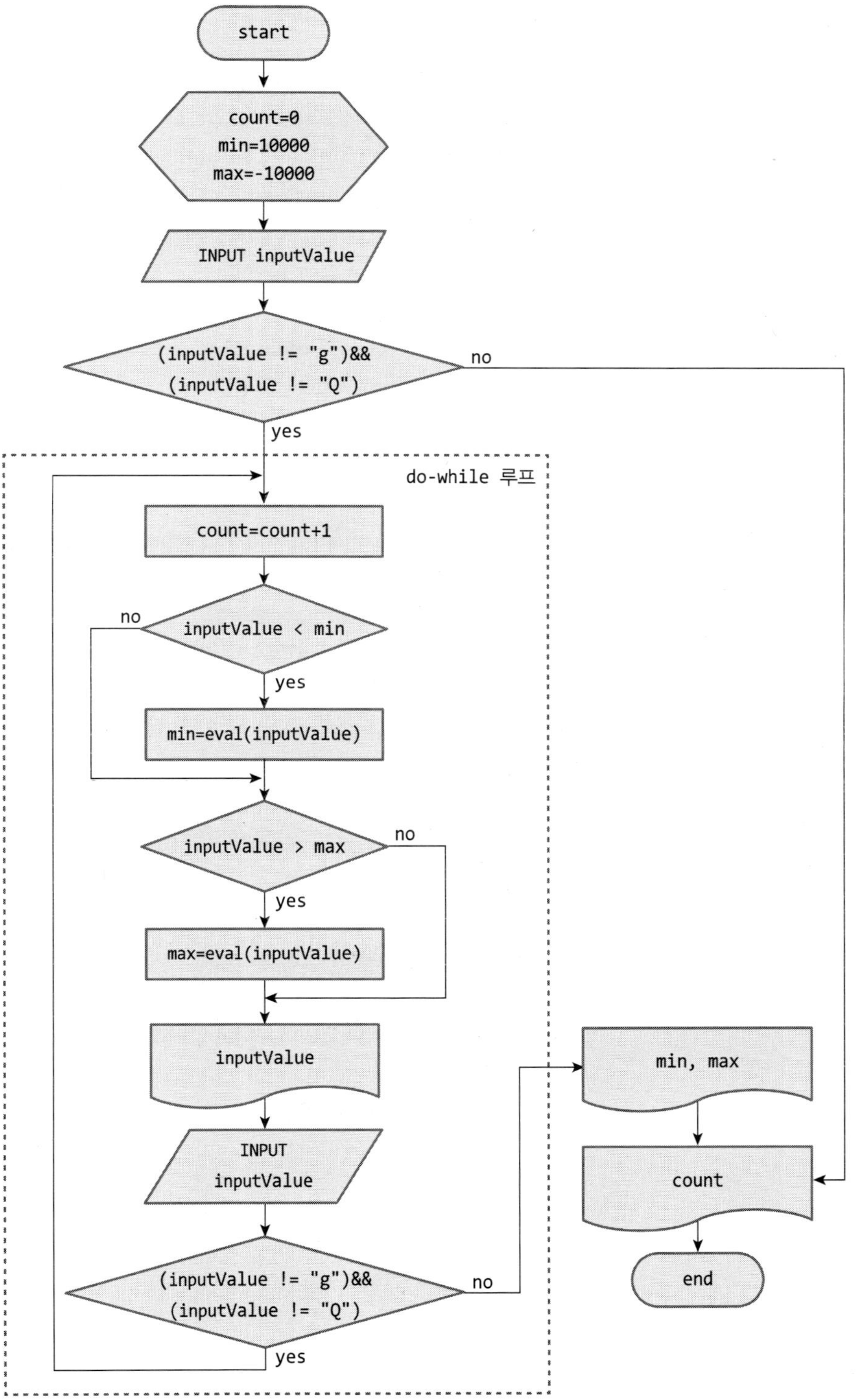
start
count=0
min=10000
max=-10000
INPUT inputValue
(inputValue != "g")&&
(inputValue != "Q")
no
yes
do-while 루프
count=count+1
inputValue < min
no
yes
min=eval(inputValue)
inputValue > max
no
yes
max=eval(inputValue)
inputValue
INPUT
inputValue
(inputValue != "g")&&
(inputValue != "Q")
no
yes
min, max
count
end

프로그램 ex31_min_max.htm

```
<html>
  <head> <title> 최소 최대값 찾기 </title> </head>
  <body>
    <script type = "text/javascript">
        document.write("<h2>최소 최대값 찾기</h2>");
        document.write("-----------------------<br>");

        var  count = 0, min = 10000, max = -10000;
        var  inputValue = null;

        inputValue = prompt("숫자를 입력하세요", "");

        if( (inputValue != "q") && (inputValue  != "Q") ) {
            do {
                count = count + 1;
                if(inputValue < min) min = eval(inputValue);
                if(inputValue > max) max = eval(inputValue);
                document.write("입력받은 값 : " + inputValue + "<br>");

                inputValue = prompt("숫자를 입력하세요", "");
            } while((inputValue != "q") && (inputValue  != "Q"));

            document.write("최소값 : " + min + "<br>");
            document.write("최대값 : " + max + "<br>");
        }
        document.write("입력받은 값들의 개수 : " + count + "<br>");

        document.write("-----------------------<br>");
    </script>
  </body>
</html>
```

실행결과

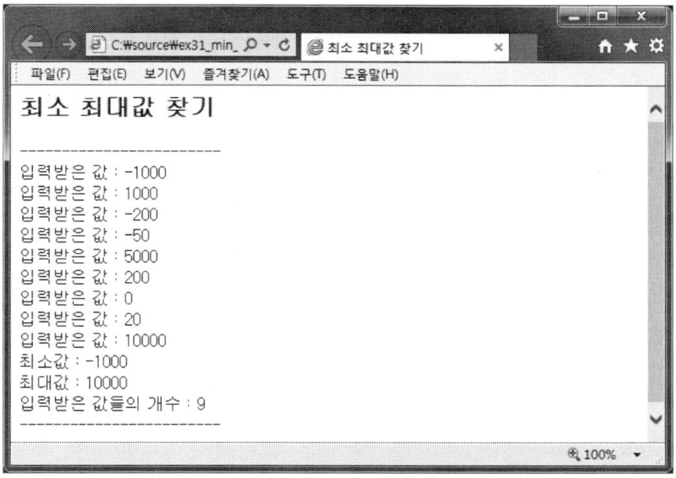

지식추가 자바스크립트에서 빈 공간을 2개 이상 출력하려면 어떻게 해야 하는가? 예로 다음의 문장들을 보아라. SMART와 PHONE 사이에 빈 공란의 개수가 다르게 들어가 있다.

```
document.write("SMART PHONE");          //1개의 공란
document.write("SMART  PHONE");         //2개의 공란
document.write("SMART   PHONE");        //3개의 공란
document.write("SMART    PHONE");   //4개의 공란
document.write("SMART     PHONE"); //5개의 공란
```

이 문자들이 실행되면 어떻게 될까? 모두 1개의 공란만 출력된다. 즉 자바스크립트에서는 키보드의 스페이스 바(Space Bar)를 이용하여 1개 이상의 공란을 넣은 경우 모두 1개의 공란으로 간주하여 처리된다.

그렇다면 어떻게 해야 원하는 개수만큼의 공란을 넣어 출력될 수 있게 할 수 있을까? 자바스크립트에서는 특수문자( )를 이용하여 공란을 넣도록 하고 있다. 다시 말해서 공란을 하나 출력하려면   1개를, 공란을 2개 넣으려면   2개를, 공란을 5개 넣으려면   5개를 다음과 같이 입력해 주면 된다.

```
document.write("SMART PHONE");       //1개의 공란
document.write("SMART  PHONE");       //2개의 공란
document.write("SMART   PHONE");      //3개의 공란
document.write("SMART    PHONE");    //4개의 공란
document.write("SMART     PHONE"); //5개의 공란
```

실습예제 EXAMPLE

다음의 프로그램을 작성하여 실행결과를 확인해 보면 쉽게 이해할 수 있다.

프로그램 ex34_nbsp.htm

```
<html>
  <head> <title> 특수문자로 공란 출력 </title>  </head>
  <body>
    <script type = "text/javascript">
          document.write("<h2>특수문자로 공란 출력</h2>");
          document.write("------------------------------------<br>");

          document.write("SMART PHONE" + "<br>");         //1개의 공란
          document.write("SMART  PHONE" + "<br>");        //2개의 공란
          document.write("SMART   PHONE" + "<br>");       //3개의 공란
          document.write("SMART    PHONE" + "<br>");      //4개의 공란
          document.write("SMART     PHONE" + "<br>");     //5개의 공란

          document.write("------------------------------------<br>");
          document.write("SMART PHONE" + "<br>");
          document.write("SMART  PHONE" + "<br>");
          document.write("SMART   PHONE" + "<br>");
          document.write("SMART    PHONE" + "<br>");
          document.write("SMART     PHONE" + "<br>");

          document.write("------------------------------------<br>");
    </script>
  </body>
</html>
```

실행결과

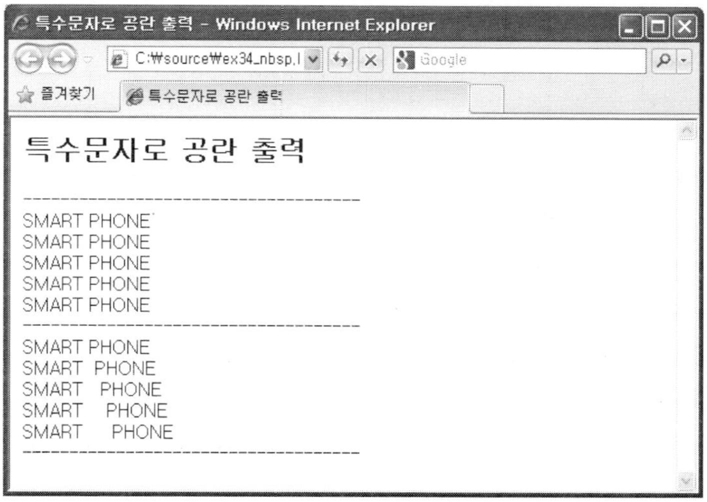

Level Up 문제

전기요금 명세서를 출력하기 위한 순서도와 프로그램을 while문을 이용하여 작성하여라. 입력은 다음과 같이 집 번지수, 구분코드, 월사용량 3가지를 입력으로 받으며 집 번지수로 'g' 또는 'Q'가 입력되면 프로그램을 종료한다.

집 번지수	구분코드	월사용량

이 프로그램은 다음과 같은 처리 조건을 만족시켜야 한다.

- 집 번지수는 예로 1-0001, 1-0002, 1-0003 등과 같은 형식으로 입력한다.
- 구분코드는 '1', '2', '3' 중 하나만 입력된다고 가정한다.
- 구분코드에 따른 기본요금과 할인율을 다음과 같이 적용하여 계산한다.

구분코드	1	2	3
구분의미	가정용	영업용	공공용
기본요금	1000	2000	3000
할인율	20%	10%	50%

- 월 사용량은 kw 단위로 입력되며 1kw당 50원으로 계산한다.
- 할인율은 기본요금과 사용량에 대한 금액의 합계에 대한 할인율이다.

- 예로 100kw을 사용한 가정용 전기요금의 계산은 다음과 같이 된다.

```
( 1000(기본요금) +(100kw * 50원) ) -
( 1000(기본요금) +(100kw * 50원) ) * 0.2
```

- 출력은 다음과 같이 출력되도록 한다.

전기 요금 명세서

집 번지수	구분코드	월사용량	부과요금
-	-	-	-
-	-	-	-
-	-	-	-

총 전기사용량 :
총 전기요금합 :

문제해결 논리

프로그램이 'q' 또는 'Q'라는 문자가 입력되면 종료되어야 하므로 while문의 조건은 다음 둘 중 하나를 이용하면 될 것이다. 다음의 두 식 중에서 어떤 식을 사용하느냐에 따라 순서도의 분기가 달라질 수 있다. 특히 while문의 조건은 while문의 시작점에 위치시킨다.

① (inputValue != "q") && (inputValue != "Q")
② (inputValue == "q") || (inputValue == "Q")

구분코드는 '1', '2', '3' 중 하나만 입력된다고 가정하였으므로 if문을 작성할 때 "1", "2", "3"만을 고려하면 된다. 또한 출력을 위한 자리수를 맞추기 위하여 특수문자 을 사용한다.

순서도

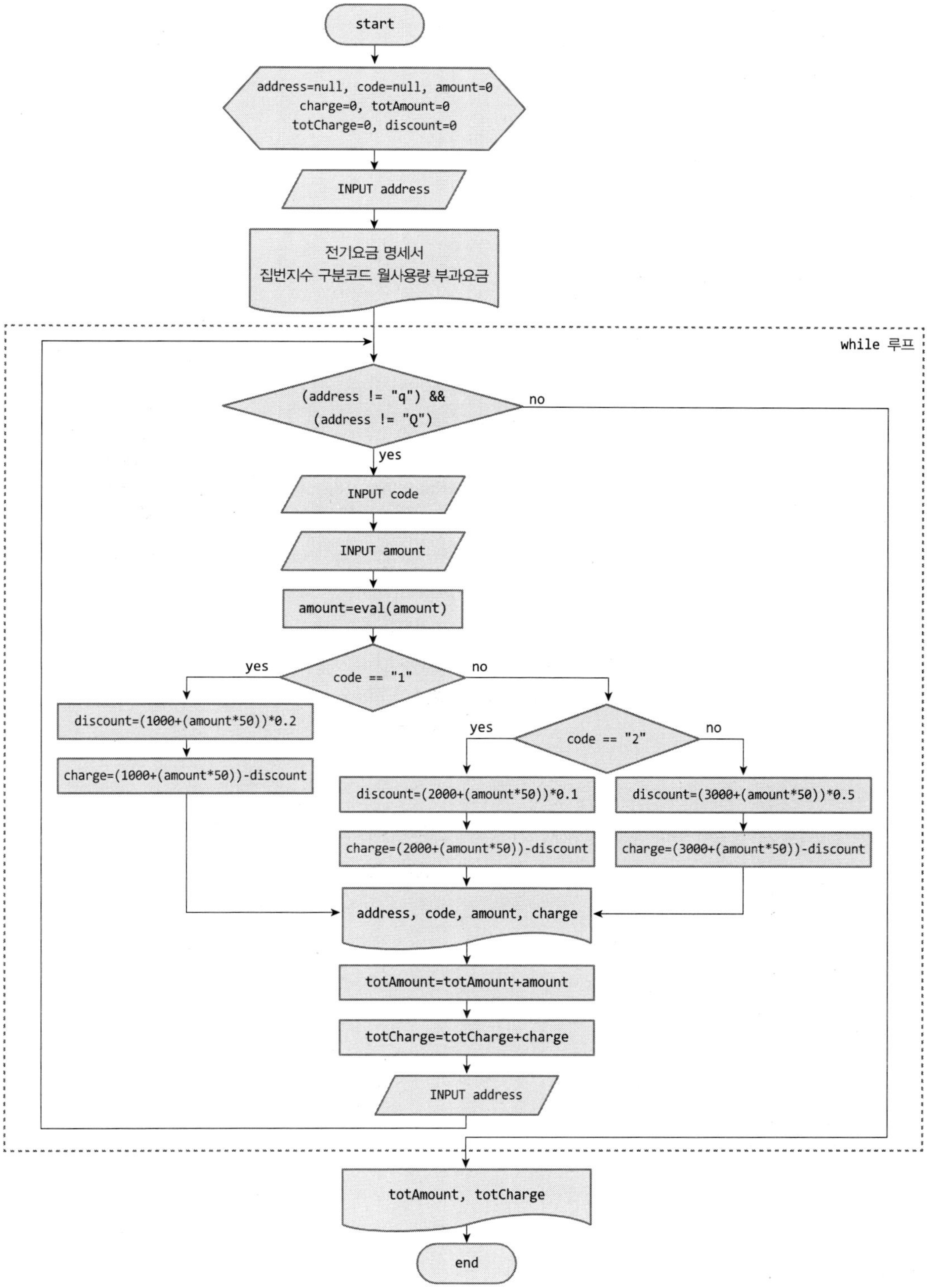
start
address=null, code=null, amount=0
charge=0, totAmount=0
totCharge=0, discount=0
INPUT address
전기요금 명세서
집번지수 구분코드 월사용량 부과요금
while 루프
(address != "q") &&
(address != "Q")
no
yes
INPUT code
INPUT amount
amount=eval(amount)
code == "1"
yes
no
discount=(1000+(amount*50))*0.2
charge=(1000+(amount*50))-discount
code == "2"
yes
no
discount=(2000+(amount*50))*0.1
charge=(2000+(amount*50))-discount
discount=(3000+(amount*50))*0.5
charge=(3000+(amount*50))-discount
address, code, amount, charge
totAmount=totAmount+amount
totCharge=totCharge+charge
INPUT address
totAmount, totCharge
end

프로그램 level_up_1_electronic_fee.htm

```
<html>
  <head> <title> 전기요금 명세서 </title>  </head>
  <body>
    <script type = "text/javascript">
        document.write("<h2>전기요금 명세서</h2>");
        document.write("------------------------------------<br>");

        var  address = null, code = null, amount = 0, charge = 0;
        var  totAmount = 0, totCharge = 0, discount = 0;

        address = prompt("주소를 입력하세요", "");

        document.write("        ");
        document.write("        ");
        document.write("전기요금 명세서<br><br>");
        document.write("집번지수   구분코드  ");
        document.write("월사용량  부과요금<br>");

        while( (address != "q") && (address != "Q") ) {
          code = prompt("구분코드를 입력하세요", "");
          amount = eval( prompt("월사용량을 입력하세요", "") );

          if(code == "1") {
              discount = (1000 + (amount * 50)) * 0.2;
              charge = (1000 + (amount * 50)) - discount;
          }
          else if(code == "2") {
              discount = (2000 + (amount * 50)) * 0.1;
              charge = (2000 + (amount * 50)) - discount;
          }
          else {
              discount = (3000 + (amount * 50)) * 0.5;
              charge = (3000 + (amount * 50)) - discount;
          }

```

```
        document.write("   " +address);
        document.write("       " +code);
        document.write("       ");
        document.write("    " +amount);
        document.write("       ");
        document.write("  " +charge + "<br>");

        totAmount = totAmount + amount;
        totCharge = totCharge + charge;

        address = prompt("주소를 입력하세요", "");
      }
      document.write("<br>총 전기사용량 : " + totAmount + "<br>");
      document.write("총 전기요금합 : " + totCharge + "<br>");

      document.write("-----------------------------------<br>");
    </script>
  </body>
</html>
```

실행결과

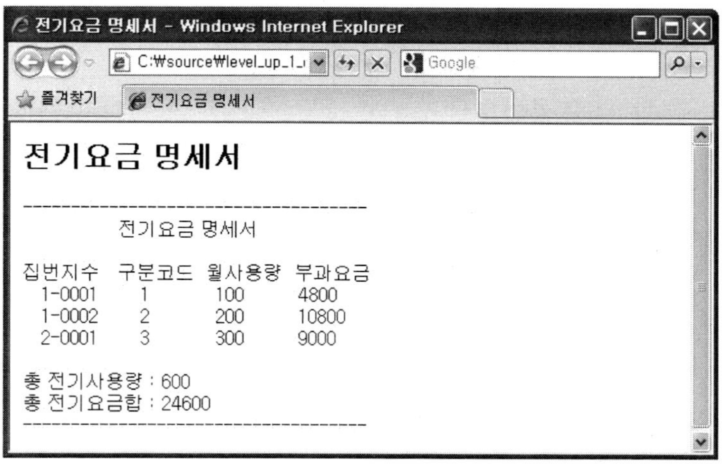

Level Up 문제 매월 휴대폰 요금을 가입자별로 계산해주는 순서도와 프로그램을 while문을 이용하여 작성하여라. 입력은 다음과 같이 가입자 전화번호, 요금종류, 주간 통화시간, 야간 통화시간, 그리고 데이터 사용량을 입력받는다.

가입자 전화번호	요금종류	주간 통화시간	야간 통화시간	데이터 사용량

이 프로그램은 다음과 같은 처리 조건을 만족시켜야 한다.

- 가입자 전화번호는 예로 1234-0001, 1234-0002와 같은 형식으로 입력하며, 가입자 전화번호가 'g' 또는 'Q'가 입력되면 프로그램을 종료한다.
- 요금종류는 '1', '2', '3' 중 하나만 입력된다고 가정한다.
- 주간통화 시간과 야간통화 시간은 모두 분 단위로 입력된다고 가정한다.
- 주간통화 시간과 야간통화 시간은 모두 0이상의 값이 입력된다고 가정한다.
- 데이터 사용량도 0이상의 값이 입력된다고 가정한다.
- 요금의 종류에 따른 기본요금과 전화요금은 다음의 표에 의해 계산한다. 다음의 표에서 데이터 사용량은 라이트인 경우 500M, 이코노미인 경우 1000M, 프리미엄인 경우 2000M까지는 비용 없이 사용할 수 있는 용량이다. 따라서 데이터 사용량은 요금종류별로 각각 500M, 1000M, 2000M가 넘은 경우에만 사용 요금을 1M당 10원으로 부과한다. 특히 요금종류별로 비용 없이 사용할 수 있는 500M, 1000M, 2000M을 다 사용하지 않은 경우에는 10M당 15원씩을 부과금액에서 감해준다.

요금종류	의미	기본요금	1초당 전화요금		데이터 사용량
1	라이트	10,000	주	15원	500M
			야	10원	
2	이코노미	20,000	주	20원	1000M
			야	10원	
3	프리미엄	30,000	주	25원	2000M
			야	15원	

데이터 입력이 다음과 같은 경우 요금계산을 해 보자.

가입자 전화번호	요금종류	주간통화 시간	야간통화 시간	데이터 사용량
1234-0001	1	50분	30분	800M

다음과 같이 계산된다.

10,000(기본요금)+(50분×60초)×15원+(30분×60초)×10원+(800M - 500M)×10원
= 10,000 + 45,000 + 18,000 + 3,000
= 76,000원

- 출력은 다음의 예와 같이 출력되도록 한다.

휴대폰 요금 명세서

전화번호	요금종류	주간통화	야간통화	데이터사용량	부과요금
1234-0001	1	50분	30분	800M	76,000원
1234-0002	2	50분	25분	700M	97,000원
-	-	-	-	-	-
-	-	-	-	-	-

총 주간통화 시간 :
총 야간통화 시간 :
총 데이터 사용량 :
총 부과요금 합계 :

문제해결 논리

프로그램이 'q' 또는 'Q'라는 문자가 입력되면 종료되어야 하므로 while문의 조건은 다음 둘 중 하나를 이용하면 될 것이다. 다음의 두 식 중에서 어떤 식을 사용하느냐에 따라 순서도의 분기가 달라질 수 있다. 특히 while문의 조건은 while

문의 시작점에 위치시킨다.

① (inputValue != "q") && (inputValue != "Q")
② (inputValue == "q") || (inputValue == "Q")

구분코드는 '1', '2', '3' 중 하나만 입력된다고 가정하였으므로 if문을 작성할 때 "1", "2", "3"만을 고려하면 된다. 또한 각 요금종류에 따라 비용 없이 사용할 수 있는 500M, 1000M, 2000M을 다 사용하지 않은 경우에는 10M당 15원씩을 부과금액에서 감해주어야 하므로 이를 if문으로 작성해야 한다. 따라서 if문 내에 if문이 들어가는 구조로 프로그램이 작성되어야 한다.

순서도

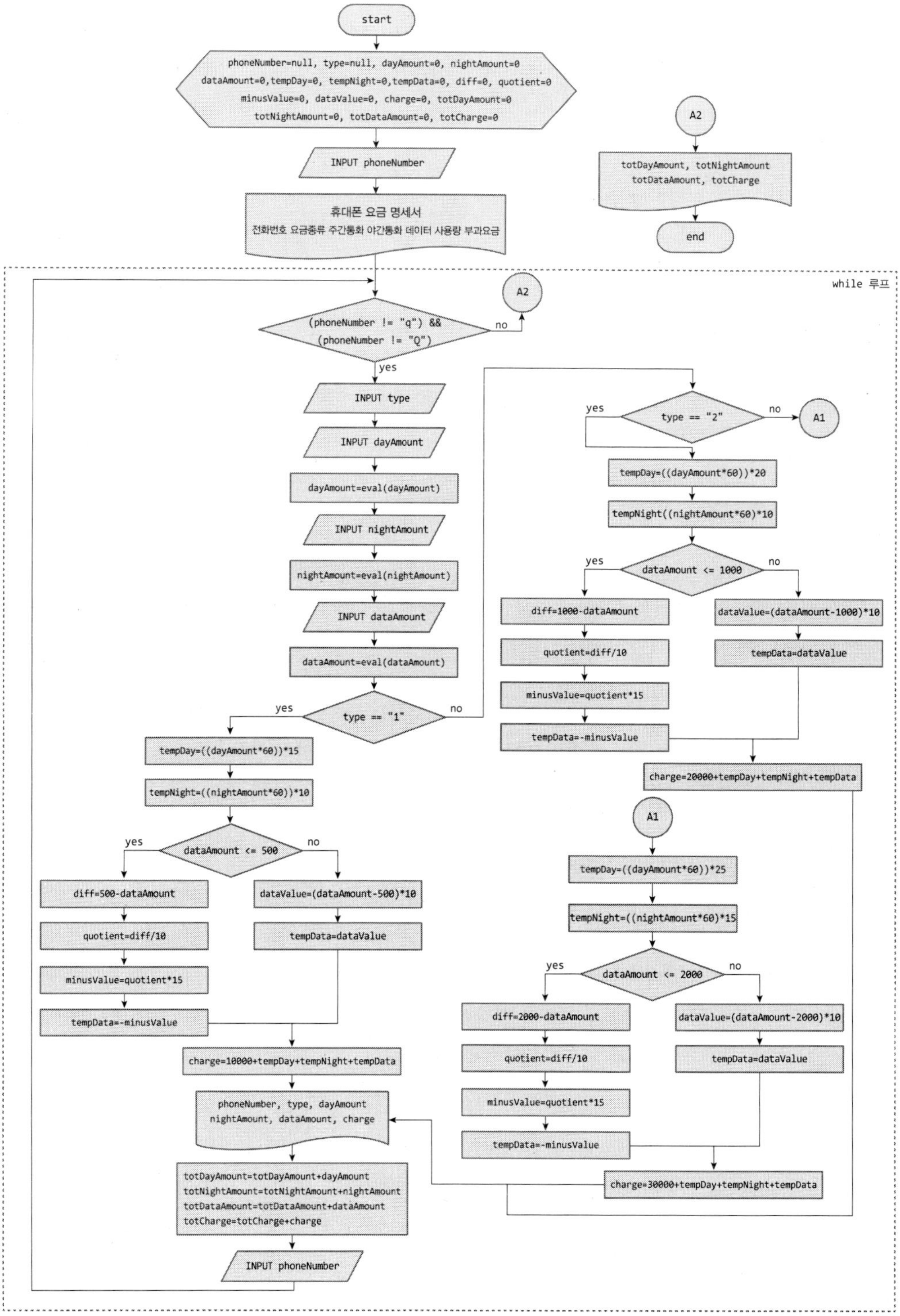
start
phoneNumber=null, type=null, dayAmount=0, nightAmount=0
dataAmount=0,tempDay=0, tempNight=0,tempData=0, diff=0, quotient=0
minusValue=0, dataValue=0, charge=0, totDayAmount=0
totNightAmount=0, totDataAmount=0, totCharge=0
INPUT phoneNumber
휴대폰 요금 명세서
전화번호 요금종류 주간통화 야간통화 데이터 사용량 부과요금
while 루프
(phoneNumber != "q") &&
(phoneNumber != "Q")
INPUT type
INPUT dayAmount
dayAmount=eval(dayAmount)
INPUT nightAmount
nightAmount=eval(nightAmount)
INPUT dataAmount
dataAmount=eval(dataAmount)
type == "1"
tempDay=((dayAmount*60))*15
tempNight=((nightAmount*60))*10
dataAmount <= 500
diff=500-dataAmount
quotient=diff/10
minusValue=quotient*15
tempData=-minusValue
dataValue=(dataAmount-500)*10
tempData=dataValue
charge=10000+tempDay+tempNight+tempData
phoneNumber, type, dayAmount
nightAmount, dataAmount, charge
totDayAmount=totDayAmount+dayAmount
totNightAmount=totNightAmount+nightAmount
totDataAmount=totDataAmount+dataAmount
totCharge=totCharge+charge
INPUT phoneNumber
type == "2"
tempDay=((dayAmount*60))*20
tempNight((nightAmount*60))*10
dataAmount <= 1000
diff=1000-dataAmount
quotient=diff/10
minusValue=quotient*15
tempData=-minusValue
dataValue=(dataAmount-1000)*10
tempData=dataValue
charge=20000+tempDay+tempNight+tempData
A1
tempDay=((dayAmount*60))*25
tempNight=((nightAmount*60)*15
dataAmount <= 2000
diff=2000-dataAmount
quotient=diff/10
minusValue=quotient*15
tempData=-minusValue
dataValue=(dataAmount-2000)*10
tempData=dataValue
charge=30000+tempDay+tempNight+tempData
A2
totDayAmount, totNightAmount
totDataAmount, totCharge
end

프로그램 ex23_y_oddEven2.htm

```
<html>
  <head> <title> 휴대폰 요금 명세서 </title>  </head>
  <body>
    <script type = "text/javascript">
        document.write("<h2>휴대폰 요금 명세서</h2>");
        document.write("---------------------------------------------------------<br>");

        var  phoneNumber = null, type = null, dayAmount = 0, nightAmount = 0;
        var  dataAmount = 0, tempDay = 0, tempNight = 0, tempData = 0;
        var  diff = 0, quotient = 0, minusValue = 0, dataValue = 0;
        var  charge = 0, totDayAmount = 0, totNightAmount = 0, totDataAmount = 0;
        var  totCharge = 0;

        phoneNumber = prompt("전화번호를 입력하세요", "");

        document.write("        ");
        document.write("        ");
        document.write("휴대폰 요금 명세서<br><br>");
        document.write("    ");
        document.write("전화번호   요금종류  ");
        document.write("주간통화  야간통화  ");
        document.write("데이터사용량  부과요금" + "<br>");

        while( (phoneNumber != "q")  && (phoneNumber != "Q") ) {

            type = prompt("요금종류를 입력하세요", "");
            dayAmount = eval( prompt("주간통화시간을 입력하세요", "") );
            nightAmount = eval( prompt("야간통화시간을 입력하세요", "") );
            dataAmount = eval( prompt("데이터사용량을 입력하세요", "") );

            if(type == "1") {
                  tempDay = ((dayAmount * 60) * 15);
                  tempNight = ((nightAmount * 60) * 10);

                  if(dataAmount <= 500) {

```

```
                    diff = 500 - dataAmount;
                    quotient = diff / 10;
                    minusValue = quotient * 15;
                    tempData  = -minusValue;
            }
            else {
                    dataValue = (dataAmount - 500) * 10;
                    tempData = dataValue;
             }
            charge =  10000 + tempDay + tempNight +  tempData;
        }
        else if(type == "2") {
            tempDay = ((dayAmount * 60) * 20);
            tempNight = ((nightAmount * 60) * 10);

            if(dataAmount <= 1000) {
                    diff = 1000 - dataAmount;
                    quotient = diff / 10;
                    minusValue = quotient * 15;
                    tempData  = -minusValue;
            }
            else {
                    dataValue = (dataAmount - 1000) * 10;
                    tempData = dataValue;
             }
            charge =  20000 + tempDay + tempNight +  tempData;
        }
        else {
            tempDay = ((dayAmount * 60) * 25);
            tempNight = ((nightAmount * 60) * 15);

            if(dataAmount <= 2000) {
                    diff = 2000 - dataAmount;
                    quotient = diff / 10;
                    minusValue = quotient * 15;
                    tempData  = -minusValue;
            }
```

```
                    else {
                            dataValue = (dataAmount - 2000) * 10;
                            tempData = dataValue;
                    }
                    charge =  30000 + tempDay + tempNight +  tempData;
            }
            document.write("   " + phoneNumber);
            document.write("       " + type);
            document.write("       ");
            document.write("    " + dayAmount);
            document.write("       ");
            document.write("     " + nightAmount);
            document.write("       ");
            document.write("      " + dataAmount);
            document.write("        ");
            document.write("  ");
            document.write("    " + charge + "<br>");

            totDayAmount = totDayAmount + dayAmount;
            totNightAmount = totNightAmount + nightAmount;
            totDataAmount = totDataAmount + dataAmount;
            totCharge = totCharge + charge;

           phoneNumber = prompt("전화번호를 입력하세요", "");

        } //end of while

        document.write("<br>총 주간통화시간 : " + totDayAmount + "<br>");
        document.write("총 야간통화시간 : " + totNightAmount + "<br>");
        document.write("총 데이터사용량 : " + totDataAmount + "<br>");
        document.write("총 부과요금합계 : " + totCharge + "<br>");

        document.write("----------------------------------------------------------<br>");
    </script>
  </body>
</html>
```

실행결과

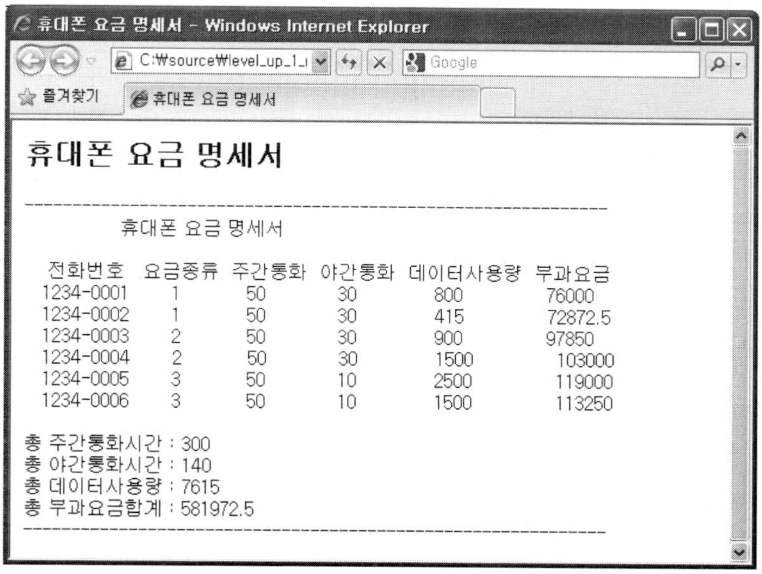

휴대폰 요금 명세서

휴대폰 요금 명세서

전화번호	요금종류	주간통화	야간통화	데이터사용량	부과요금
1234-0001	1	50	30	800	76000
1234-0002	1	50	30	415	72872.5
1234-0003	2	50	30	900	97850
1234-0004	2	50	30	1500	103000
1234-0005	3	50	10	2500	119000
1234-0006	3	50	10	1500	113250

총 주간통화시간 : 300
총 야간통화시간 : 140
총 데이터사용량 : 7615
총 부과요금합계 : 581972.5

요약

SUMMARY

1. 반복 논리
   - 순차논리 및 선택논리와 마찬가지로 실생활의 문제들을 보면 매우 다양한 분야들에서 반복 논리가 존재한다.
   - 반복 논리는 어떤 조건에 따라서 몇몇 특정의 문장들을 반복 수행하기 위한 논리이다.

2. while문
   - 주어진 조건이 만족되는 동안(즉, 주어진 조건이 참[true]인 동안)만 while문 내의 문장들을 반복해서 수행한다.
   - while문에서 반드시 알아두어야 하는 것은 while문의 조건에 대한 검사가 while문 내의 문장들을 수행하기 전에 행해진다는 것이다.
   - while문에서 특히 주목되는 것은 처음에 while문의 조건을 검사했을 때, 거짓이 되면 while문 내의 어떤 문장도 수행하지 않게 된다.
   - 또한 대부분의 경우, while 루프 내에는 while의 조건을 거짓으로 만들기 위한 문장이 들어가 있다.
   - 만약 while 루프 내에서 while의 조건을 거짓으로 만들지 못하면 while문은 무한히 반복하게 된다.
   - while문에서 {는 while 블록의 시작을 나타내는 괄호이며, }는 while 블록의 끝을 나타내는 기호이다.
   - while 블록과 while문의 조건을 하나로 묶어 while 루프(loop)라고 부른다. 즉, while 루프라고 하면 반복되는 부분을 모두 의미하므로 while문의 조건도 포함된다.

3. do-while문
   - do-while문은 while문과 같이 조건을 검사해서 그 조건이 만족되는 동안(즉, 그 조건이 참인 동안)만 do-while문 내의 문장들을 실행시킨다는 점에서 같다.
   - while문은 조건의 검사를 while문의 시작점에서 검사하는 반면에 do-while문은 do-while문 내의 문장들을 일단 한번 수행한 후에 do-while문의 끝 지점에서 조건을 검사한다.
   - while문에서는 처음에 while문의 조건을 검사했을 때, 거짓이 되면 while문 내의 어떤 문장도 수행하지 않게 되지만, do-while문 내의 문장들은 최소한 한번은 수행된다.
   - 대부분의 경우, do-while 루프 내에는 do-while의 조건을 거짓으로 만들기 위한 문장이 들어가 있다.
   - do-while 루프 내에서 do-while의 조건을 거짓으로 만들지 못하면 do-while문은 무한히 반복하게 된다.

4. 자바스크립트에서 빈 칸(blank) 넣기

   자바스크립트에서는 키보드의 스페이스 바(Space Bar)를 이용하여 1개 이상의 빈 칸을 넣은 경우 모두 1개의 빈 칸으로 간주하여 처리된다.
자바스크립트에서는 특수문자( )를 이용하여 빈 칸을 넣도록 하고 있다. 다시 말해서 빈 칸을 하나 출력하려면   1개를, 빈 칸을 두 칸 넣으려면   2개를, 빈 칸을 10칸 넣으려면   10개를 입력해 주면 된다.

연습문제 EXERCISE

1. 다음에 설명하는 내용이 무엇인지 간단히 답하시오.

설명	답
어떤 조건에 따라서 몇몇 특정의 문장들을 반복 수행하기 위한 논리는 무엇이라고 부르는가?	
조건에 대한 검사가 루프의 시작점에서 이루어지는 반복문은 while문과 do-while문 중 어느 것인가?	
조건에 대한 검사가 루프의 종료점에서 이루어지는 반복문은 while문과 do-while문 중 어느 것인가?	
루프 내의 문장들이 최소한 한번은 실행되는 반복문은 while문과 do-while문 중 어느 것인가?	
루프 내의 조건을 평가해서 참이면 루프내의 문장들을 한 번도 실행하지 않을 수도 있는 반복문은 while문과 do-while문 중 어느 것인가?	

다음과 같은 while 루프는 몇 번 수행되는가?
var condition = 0;
while(condition) {
....
}	

다음과 같은 while 루프는 몇 번 수행되는가?
var condition =1;
while(condition) {
....
}	

다음과 같은 do-while 루프는 몇 번 수행되는가?
var condition =1;
do {
....
} while(condition);	

자바스크립트에서 빈 칸(blank)을 넣기 위해 사용되는 특수 문자는?	

다음과 같은 while 루프는 몇 번 수행되는가?
var condition = 100;
while(condition) {
....
}	

다음과 같은 while 루프는 몇 번 수행되는가?
`var condition = -100;`
`while( condition ) {`
`        ............`
`}`	

다음과 같은 do-while 루프는 몇 번 수행되는가?
`var condition =10000;`
`do {`
`        ............`
`} while( condition );`	

2. 다음에 설명하는 내용이 맞으면 ○ 틀리면 ×로 답하시오.

설명	답
어떤 조건에 따라서 몇몇 특정의 문장들을 반복수행하기 위한 논리를 반복 논리라고 한다.	
while문은 조건에 대한 검사가 루프의 시작점에서 이루어진다.	
do-while문에서 루프 내의 문장들은 한 번도 실행되지 않을 수도 있다.	
일반적으로 while, do-while문은 서로 교환하여 사용할 수 있다.	
다음의 두 식은 의미가 다르다. ① (inputValue != "q") && (inputValue != "Q") ② (inputValue == "q") || (inputValue == "Q")	
while문은 while 루프 내의 조건이 거짓이 아닌 동안 while 루프를 반복적으로 수행하는 반복문의 한 종류이다.	
while문의 조건을 상수 값 0으로 주면 while 루프가 한 번도 수행되지 않는다.	
while문의 조건을 0 아닌 상수 값으로 주면 while 루프가 무한히 반복 수행된다.	
do-while문의 조건을 상수 값 0으로 주면 do-while 루프가 한 번도 수행되지 않는다.	
do-while문의 조건을 0 아닌 상수 값으로 주면 do-while 루프가 무한히 반복 수행된다.	
스마트 폰이 켜져 있는 상태에서 임의의 다른 스마트폰 사용자로부터 전화 또는 문자 또는 카카오톡 등이 나의 스마트폰에 왔는지를 감시하는 네트워크 감시 프로그램 있어야 한다면 이 감시 프로그램은 스마트폰이 켜져 있는 동안에는 무한히 루프를 반복하면서 실행 중인 상태에 있어야 한다.	
스마트 폰의 네트워크 감시 프로그램처럼 항상 실행 상태로 무한 루프를 수행해야 하는 경우의 프로그램이 일상에서 사용하는 우리들의 기기에는 많이 있으며 조금만 생각하면 찾을 수 있다.	

3. 사용자로부터 입력받은 임의의 숫자 값이 어느 범위에 있는지를 판단하여 그 개수를 출력하는 순서도와 프로그램을 while문을 이용하여 작성하되 다음의 조건들을 만족시켜야 한다. 또한 변수테이블도 작성하여라.

조건

- 사용자로부터 입력된 값이 "quit"가 아니면 계속 입력을 받는다.
- 사용자로부터 입력된 모든 값은 출력한다.
- 사용자로부터 입력된 숫자 값에 따라 다음과 같이 3가지 범위로 분류하여 각 범위에 해당되는 숫자의 개수를 출력한다.
  ① 입력된 숫자 값 < -100은 경우
  ② -100 <= 입력된 숫자 값 < 100
  ③ 입력된 숫자 값 >= 100인 경우
- 사용자로부터 입력된 모든 값의 전체 개수도 출력한다.
- 사용자로부터 입력된 숫자 값이 하나도 없는 경우(실행 후 처음에 quit를 입력한 경우)는 각 범위에 해당되는 숫자의 개수를 모두 0으로 출력한다. 또한 이 경우 사용자로부터 입력된 모든 값의 전체 개수도 당연히 0으로 출력한다.

4. 사용자로부터 입력받은 임의의 숫자 값이 어느 범위에 있는지를 판단하여 그 개수를 출력하는 순서도와 프로그램을 do-while문을 이용하여 작성하되 다음의 조건들을 만족시켜야 한다.

조건

- 사용자로부터 입력된 값이 "quit"가 아니면 계속 입력을 받는다.
- 사용자로부터 입력된 모든 값은 출력한다.
- 사용자로부터 입력된 숫자 값에 따라 다음과 같이 3가지 범위로 분류하여 각 범위에 해당되는 숫자의 개수를 출력한다.
  ① 입력된 숫자 값 < -100은 경우
  ② -100 <= 입력된 숫자 값 < 100
  ③ 입력된 숫자 값 >= 100인 경우

- 사용자로부터 입력된 모든 값의 전체 개수도 출력한다.
- 사용자로부터 입력된 숫자 값이 하나도 없는 경우(실행 후 처음에 quit를 입력한 경우)는 각 범위에 해당되는 숫자의 개수를 모두 0으로 출력한다. 또한 이 경우 사용자로부터 입력된 모든 값의 전체 개수도 당연히 0으로 출력한다.

5. **연 복리 이율이 10% 일 때 원금 50,000원을 20년간 예금하면 만기에 받는 금액은 얼마인가를 계산하는 순서도와 프로그램을 while문을 이용하여 작성한 후 변수테이블도 작성하여라. 단, 세액공제는 없는 것으로 간주한다. 복리란 매년 원금에 이자를 더한 금액에 대한 이자를 지급하는 방식이다. 예로 첫 해와 두 번째 해 및 세 번째 해의 예금에 대한 원금과 이자의 합계는 복리로 다음과 같이 구한다.**

- 첫 해 : firstYearTotal = 50,000원 + 50,000원 * 0.1
- 두 번째 해 : secondYearTotal = firstYearTotal + firstYearTotal * 0.1
- 세 번째 해 : thirdYearTotal = secondYearTotal + secondYearTotal * 0.1

6. **물품코드, 수량을 읽어들여 물품코드, 수량, 단가와 금액을 출력하는 순서도와 프로그램을 while문을 이용하여 작성하여라. 단, 물품코드, 수량으로 입력되는 값의 범위, 물품코드에 따른 단가와 프로그램의 작성 조건은 다음과 같다.**

- 입력되는 값의 범위

종류	값의 범위
물품코드	C1, C2, C3
수량	1~1,000

- 물품코드에 따른 단가는 다음과 같이 정해져 있다.

물품코드	단가
C1	1000원
C2	2000원
C3	3000원

- 프로그램의 작성 조건
  (1) 금액의 계산은 수량 * 단가로 계산한다.
  (2) 물품코드 3가지(C1, C2, C3)에 따라 각각 입력된 전체 수량과 전체 금액을 출력한다.
  (3) 물품코드 3가지의 총수량과 총금액을 출력한다.
  (4) 값의 입력은 물품코드, 수량 순서로 입력받는다.
  (5) 프로그램은 물품코드 값으로 "quit"가 입력되면 종료한다.

7. 물품코드, 수량을 읽어들여 물품코드, 수량, 단가와 금액을 출력하는 순서도와 프로그램을 do-while문을 이용하여 작성하여라. 단, 물품코드, 수량으로 입력되는 값의 범위, 물품코드에 따른 단가와 프로그램의 작성 조건은 다음과 같다.

- 입력되는 값의 범위

종류	값의 범위
물품코드	C1, C2, C3
수량	1~1,000

- 물품코드에 따른 단가는 다음과 같이 정해져 있다.

물품코드	단가
C1	1000원
C2	2000원
C3	3000원

- 프로그램의 작성 조건
  (1) 금액의 계산은 수량 * 단가로 계산한다.
  (2) 물품코드 3가지(C1, C2, C3)에 따라 각각 입력된 전체 수량과 전체 금액을 출력한다.
  (3) 물품코드 3가지의 총수량과 총금액을 출력한다.
  (4) 값의 입력은 물품코드, 수량 순서로 입력받는다.
  (5) 프로그램은 물품코드 값으로 "quit"가 입력되면 종료한다.

8. 1부터 시작해서 100이하까지의 홀수의 합을 다음과 같이 계산하는 순서도와 프로그램을 while문을 이용하여 작성하여라. 또한 작성된 순서도 또는 프로그램을 보고 변수테이블도 작성하여라.

홀수 : 1-3+5-7+9-11+ … 99

9. 카드 회원들의 등급별 포인트 값을 계산하여 출력하는 순서도와 프로그램을 while문을 이용하여 작성하여라. 입력은 회원번호, 등급, 포인트 점수를 읽어들인다. 회원번호로 "quit"가 입력되면 프로그램은 종료한다. 단, 회원번호, 등급에 따라 입력해야 하는 값, 포인트 점수의 입력 범위, 그리고 출력할 내용과 몇몇 조건은 다음과 같다.

① 회원번호 : A001, A002, ...

② 등급에 따른 입력 값

등급	입력 값
vip1	"1"
vip2	"2"
vip3	"3"

③ 포인트 점수의 입력 범위 : 0 ~ 1,000,000

④ 출력할 내용

- 모든 입력된 값(회원번호, 등급, 포인트)
- 회원등급별 인원수
- 회원등급별 포인트의 합
- 전체 회원수
- 전체 포인트의 합계
- 인원수 대비 평균 포인트 값

⑤ 조건

- 회원번호는 중복 입력되지 않는다.
- 등급에 따른 입력 값은 "1", "2", 또는 "3" 중 하나만 입력한다.

10. **카드 회원들의 등급별 포인트 값을 계산하여 출력하는 순서도와 프로그램을 do-while문을 이용하여 작성하여라. 입력은 회원번호, 등급, 포인트 점수를 읽어들인다. 회원번호로 "quit"가 입력되면 프로그램은 종료한다. 단, 회원번호, 등급에 따라 입력해야 하는 값, 포인트 점수의 입력 범위, 그리고 출력할 내용과 몇몇 조건은 다음과 같다.**

① 회원번호 : A001, A002, ...

② 등급에 따른 입력 값

등급	입력 값
vip1	"1"
vip2	"2"
vip3	"3"

③ 포인트 점수의 입력 범위 : 0 ~ 1,000,000

④ 출력할 내용

- 모든 입력된 값(회원번호, 등급, 포인트)
- 회원등급별 인원수
- 회원등급별 포인트의 합
- 전체 회원수

- 전체 포인트의 합계
- 인원수 대비 평균 포인트 값

⑤ 조건

- 회원번호는 중복 입력되지 않는다.
- 등급에 따른 입력 값은 “1”, “2”, 또는 “3” 중 하나만 입력한다.

CHAPTER 09

반복 논리 II

1. for문

2. while, do-while, for문의 비교

CHAPTER 09 반복 논리 II

학습목표

- 반복 논리를 위한 for문을 이해한다.
- 세 가지의 반복문(while, do-while, for)의 차이점을 말할 수 있다.
- 반복 논리에 관련된 문제들을 3가지 반복문을 이용하여 표현할 수 있다.

1. for문

for문은 앞에서 살펴본 while문 및 do-while문과 마찬가지로 어떤 조건이 만족되는 동안만 for문 내의 문장들을 반복 실행하도록 하는 명령문이다. for문은 for문내의 문장들이 실행될 반복 횟수를 모두 알고 있을 때 주로 사용한다. for문의 형식은 다음과 같다.

<table>
<tr><th>형식</th><th>순서도</th></tr>
<tr><td>

```
for(n1; n2; n3){
        문장1;
        문장2;
          .
          .
        문장k;
}
문장n;
```

</td><td>

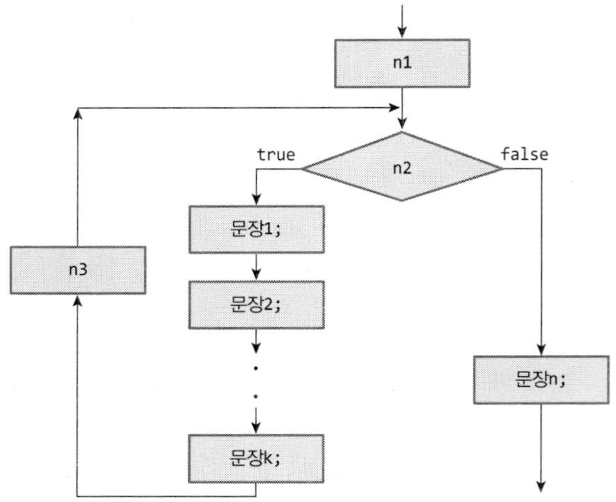

</td></tr>
</table>

for문에서 n1은 초기치, n2는 최종치(또는 종료 조건), n3는 증감치를 나타내는 상수 또는 변수 또는 수식이다. for문이 수행되는 순서는 순서도에서 보여주듯이 다음의 순서를 따른다.

(1) n1(초기치)을 계산한다(즉, 초기치를 대입한다).

(2) n2(최종치 또는 조건)를 검사한다.

㉠ 여기서 조건이 거짓(false)이면 for문내의 문장들(문장1, 문장2, …, 문장k)을 수행하지 않고 for문을 빠져나가 문장n을 수행하게 된다.

㉡ 그렇지 않고 만약 n2(최종치 또는 조건)가 참(true)이면 문장1, 문장 2, …, 문장k를 수행한다. 그런 다음, n3(증감치)을 계산한다. 그리고 (2)로 가서 종료 조건을 만족할 때까지 반복한다.

for문에서 {는 for 블록의 시작을 나타내는 괄호이며, }는 for 블록의 끝을 나타내는 기호이다. for 블록과 for문의 초기치, 최종치, 증감치를 하나로 묶어 for 루프(loop)라고 부른다. 즉 for 루프라고 하면 반복되는 부분을 모두 의미하므로 for문의 초기치, 최종치, 증감치도 포함된다. 따라서 앞으로 for문과 for 루프는 동일한 의미로 사용된다고 생각하면 된다.

for문에서 특히 주목되는 것은 처음에 초기치가 대입(할당)된 후, for문의 조건을 검사했을 때 거짓이 되면 for 블록 내의 어떤 문장도 수행하지 않게 된다는 것이다.

지식추가 for문의 일반적인 주요 특징

(1) 초기치는 for 루프가 시작될 때 한 번만 수행된다.

(2) 초기치, 증감치, 최종치는 세미콜론(;)으로 분리한다.

(3) 최종치는 for루프를 종료할 것인지를 나타내는 종료 조건(식)이다.

(4) 증감치는 증가하는 값(또는 수식) 또는 감소하는 값(또는 수식)이 사용될 수 있다.

(5) 증감치는 매번 일정량을 곱할 수도 있다.

(6) 증감치는 for 루프의 마지막에 실행되며 최종치인 조건식에 변화를 주어 for 루프를 종료할 수 있도록 하는 식으로 구성된다.

(7) for문에서 초기치, 증감치, 최종치는 필요시 각각 생략이 가능하다. 만약 초기치, 증감치, 최종치가 모두 생략되면 for 루프가 끝나지 않고 무한히 반복되는 무한 루프가 된다. 초기치, 증감치, 최종치를 생략할 때 초기치, 증감치, 최종치를 구분하는 구분자인 세미콜론(;)은 생략하지 않고 표기해 주어야 한다.

2. while, do-while, for문의 비교

다음의 표에 있는 while, do-while, for문의 일반적인 비교 내용은 말 그대로 while, do-while, for문의 일반적인 사항을 설명하는 것이며 특별한 경우에는 완전히 일치하지 않을 수도 있다.

while, do-while, for문의 일반적인 비교
(1) for문에서 최종치는 while과 do-while문에 나타나는 조건과 동일하다. (2) 대부분 while과 do-while문의 조건을 언젠가는 거짓으로 만들어 while과 do-while문을 벗어나게 하기 위한 문장이 while과 do-while의 루프 내에 존재한다. 이 문장은 for문에서 증감치와 동일한 역할을 수행한다. 따라서 for문에서의 증감치는 for문의 조건을 언젠가는 거짓으로 만들어 for문을 벗어나게 하는 역할을 가지고 있다.

다음의 예는 1부터 10까지의 합을 계산하는 프로그램으로 이해를 돕기 위해 간략하게 표기한 것이다. 3가지 루프를 분석하면서 while, do-while, for문의 일반적인 비교 내용을 이해하여 보아라.

3가지 루프	1+2+3+4+5+6+7+8+9+10의 합 계산

while문	sum = 0;
	count = 1;
	while(count <= 10) {
	    sum = sum + count;
	    count = count + 1;
	}

do-while문	sum = 0;
	count = 1;
	do {
	    sum = sum + count;
	    count = count + 1;
	} while(count <= 10);

for문	sum = 0;
	for(count = 1; count <= 10; count = count +1)
	{
	    sum = sum + count;
	}

설명	- for문의 초기치인 count = 1;은 for문이 최초로 시작될 때 한번만 수행되므로 while과 do-while문에서의 count=1;과 동일한 역할을 하고 있다. - 조건은 3가지의 루프에서 모두 동일하게 (count <= 10)이다. - while과 do-while문의 조건을 언젠가는 거짓으로 만들어 while과 do-while문을 벗어나게 하기 위한 문장 count = count +1;가 while과 do-while문 내에 존재한다. 이와 동일한 역할을 하는 문장이 for문의 증감치 부분에 위치하고 있다. - 3가지 루프에서 사용된 count는 각 루프의 조건을 거짓으로 만들어 그 루프를 벗어나게 하기 위한 변수이다. 즉, 각 루프의 조건을 참 또는 거짓으로 제어하는 역할을 가지고 있으므로 루프의 제어 변수라고 부른다.

지식추가 **while문, do-while문, for문의 선택**

이상에서 살펴본 것과 같이 while, do-while, for문은 서로 교환될 수 있음을 알 수 있다. 다시 말해서 예로 while문으로 작성한 프로그램은 do-while문 또는 for문으로 대체할 수 있다. 물론 그 역도 가능하다.

따라서 반복 논리를 사용해야 하는 경우 while문, do-while문, for문 중에서 어느 것을 사용할 것인지는 프로그램 작성자의 의지에 달려있다. 예로 프로그램 작성자가 while문의 사용을 선호한다면 while문을 이용하여 프로그램을 작성하면 되는 것이다. 다만 작성된 프로그램이 얼마나 이해하기 쉬운가? 또는 작성된 프로그램이 문제 해결을 위해 얼마나 효율적인가? 등을 고려하여 선택하는 것이 바람직하다.

지식추가

그렇다면 처리 순서면에서 볼 때, 만약 여러분에게 while문과 do-while문 중에서 어느 쪽이 더 for문에 더 가까운가?라고 질문한다면 무엇이라고 답하겠는가? 생각해 보라. 3가지 루프를 모두 이해하였다면 쉽게 답을 말할 수 있다. 그렇다. while문이다. 이유는 while문과 for문은 동일하게 조건을 루프의 시작점에서 검사하기 때문이다. 이와는 반대로 do-while문은 조건을 루프의 종료점에서 검사한다. 즉, 처리하는 순서가 다르다.

실습예제 EXAMPLE

다음과 같이 1부터 100까지의 정수의 합계를 구하여 출력하는 순서도와 프로그램을 for문을 이용하여 작성하여라. 여기서 출력은 전체 합계만 출력되도록 한다. 또한 작성된 순서도 또는 프로그램을 보고 변수테이블도 그려라.

1+2+3+4+5+.................+99+100

문제해결 논리

이 문제는 앞에서 while문 및 do-while문에서 작성해보았다. while문과 do-while문에서 부여한 조건을 for문의 최종치로 부여한다. 또한 while문과 do-while문에서 부여한 count 값의 초기치를 for문의 초기치로 부여하고 while문과 do-while문에서 부여한 count 값의 증가치를 for문의 증가치로 부여한다. 여기에서 while문과 비교해 볼 수 있도록 while문의 순서도를 같이 제시한다.

순서도

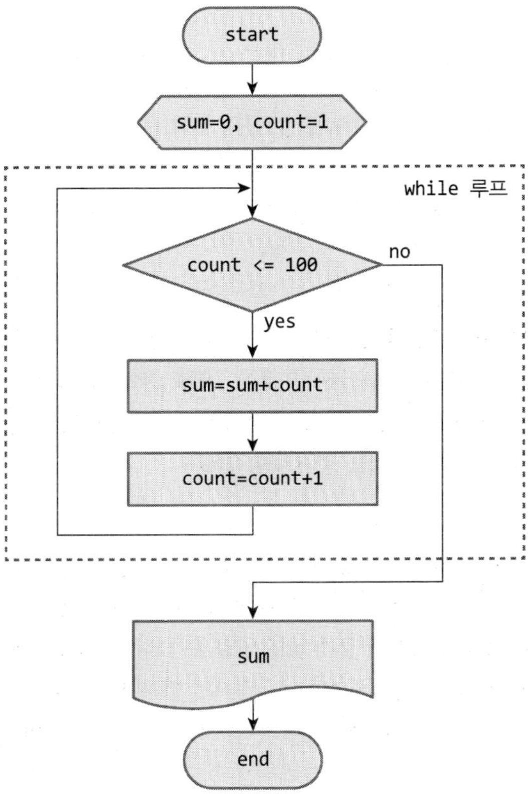

순서도의 for 루프를 보면 while문 보다 좀 더 간결해 보인다. 사실 순서도를 while 루프와 동일하게 그려놓고 프로그램을 작성할 때 필요시 while문으로 코딩해도 되고 for 루프로 코딩해도 된다.

그러나 일반적으로 for 루프로 코딩을 하는 경우에는 while 루프의 순서도와 같이 그리지 않고 다음의 순서도와 같이 for 루프를 그린다. 간결하여 이해하는데 좀 더 좋지 않은가!!! 이 책에서도 앞으로 for 루프의 순서도는 while 루프의 순서도와 구분하여 다음과 같이 사각형으로 그릴 것이다.

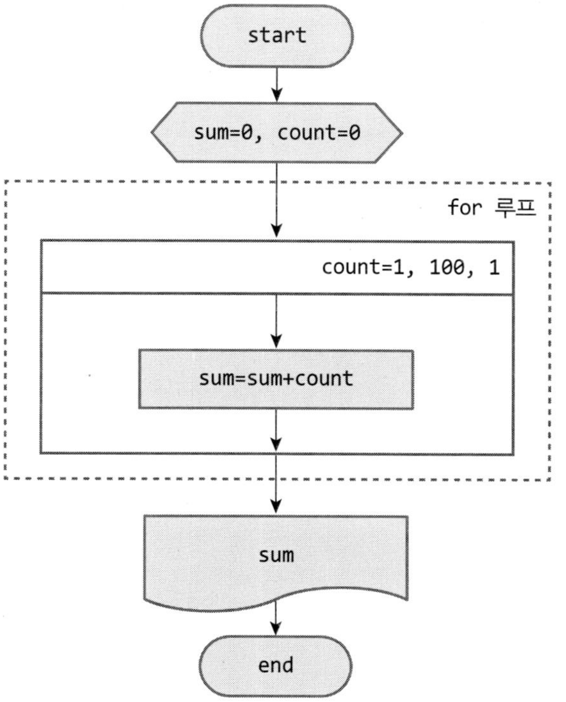

순서도의 for 루프에서 count=1(초기치), 100(최종치), 1(증가치)은 count 변수를 1부터 시작해서 100까지 1씩 증가시켜 가면서 for 루프 내의 문장들을 반복 수행하라는 의미이다. 따라서 이 예에서 for 루프는 100번 수행된다. 그리고 for 문의 반복을 종료하는 시점은 count 변수가 계속 증가되어 100보다 최초로 큰 수가 되었을 때이다. 그러므로 이 예에서는 count 변수가 101이 되었을 때 for 루프의 반복을 종료하게 된다. 이 예에서는 for 루프 내에 하나의 문장(sum=sum+count;)만 있으므로 이 문장이 100번 수행된다. for 루프를 종료하면 for 루프 밖에 존재하는 문장들을 수행한다. 이 예에서는 for 루프를 종료 후 수행할 문장은 sum 값을 출력하는 문장이다. sum 값이 출력되고 나면 프로그램은 end로 종료된다.

프로그램 ex32_sum_for.htm

```
<html>
 <head> <title> 1부터 100까지의 합 </title> </head>
 <body>
  <script type = "text/javascript">
        document.write("<h2>1부터 100까지의 합</h2>");
        document.write("--------------------------------<br>");

        var sum = 0;

        for(count = 1; count <= 100; count++) {
            sum = sum + count;
        }
        document.write("1부터 100까지의 합 : " + sum + "<br>");

        document.write("--------------------------------<br>");
  </script>
 </body>
</html>
```

실행결과

변수테이블

count	sum	설명
0	0	초기 값
1	1(0 + 1)	
2	3(1 + 2)	
3	6(3 + 3)	
4	10(6 + 4)	
중간 생략		
100	5050	
101		for 루프가 종료된 후 count의 최종 값

실습예제 EXAMPLE

다음의 실행결과와 같이 출력되는 순서도와 프로그램을 for문을 이용하여 작성하여라. 다음의 출력 결과는 앞의 실습예제에서 증가 값(count)의 증가 과정과 합계(sum)의 계산과정을 단계마다 모두 출력하고 있다.

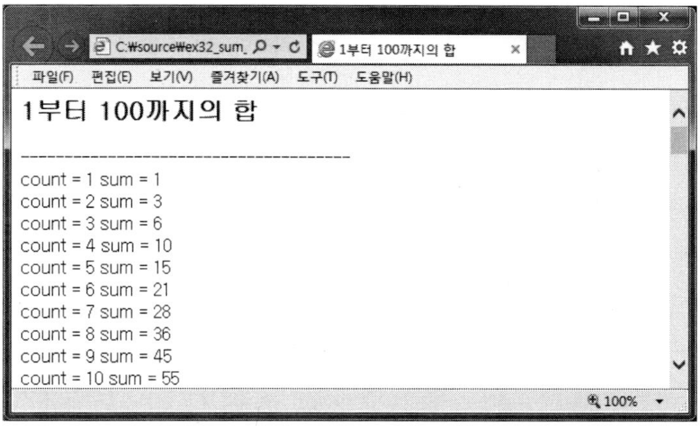

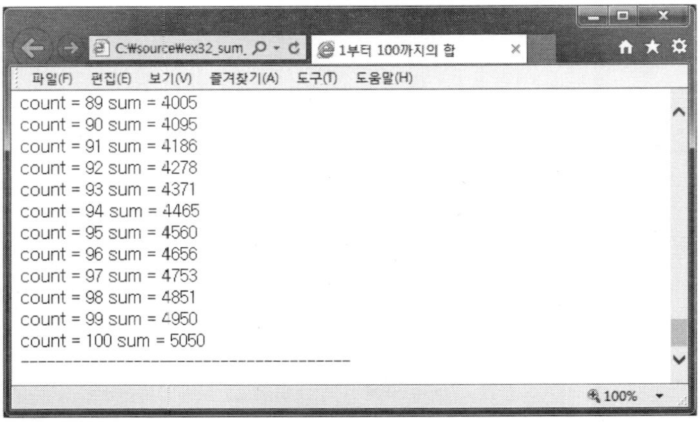

문제해결 논리

증가 값(count)의 증가 과정과 합계(sum)의 계산 과정을 단계마다 모두 출력하려면 어떻게 해야 되는지 이전 실습예제의 순서도 또는 프로그램을 보고 생각해 본다. 그렇다. 어떤 계산과정이 단계별로 모두 출력되려면 출력하고자 하는 부분이 반복되는 for 루프 내에 들어있어야 한다. 다음의 두 순서도를 비교해 보아라.

순서도

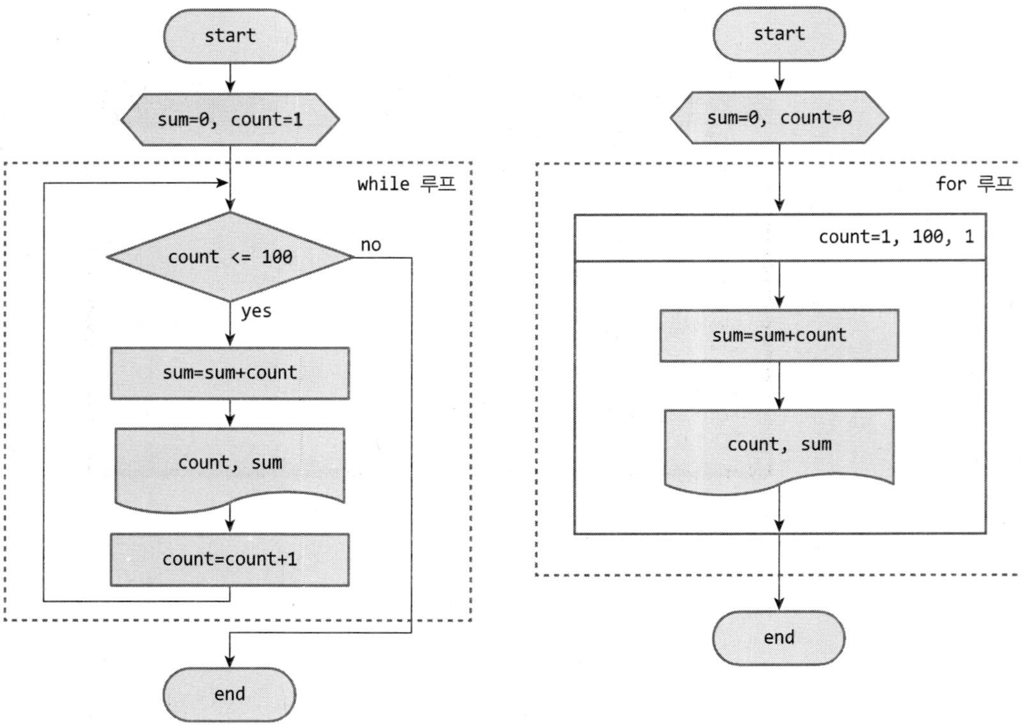

프로그램 ex32_sum_for_2.htm

```
<html>
 <head> <title> 1부터 100까지의 합 </title> </head>
 <body>
  <script type = "text/javascript">
       document.write("<h2>1부터 100까지의 합</h2>");
       document.write("-----------------------------<br>");

       var  sum = 0, count = 0;

       for(count = 1; count <= 100; count++) {
            sum = sum + count;
            document.write("count = " + count);
            document.write(" sum = " + sum + "<br>");
       }

       document.write("-----------------------------<br>");
  </script>
 </body>
</html>
```

확인문제 다음과 같이 구구단 중에서 2단을 출력하는 순서도와 프로그램을 for문을 이용하여 작성하여라. 또한 작성된 순서도 또는 프로그램을 보고 변수테이블도 그려라.

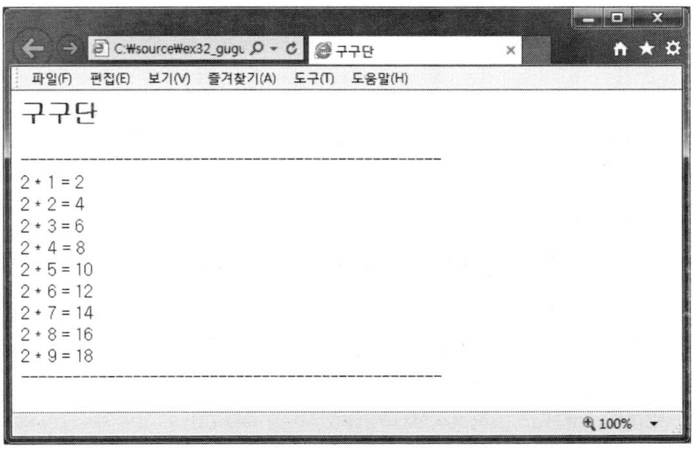

문제해결 논리 구구단의 2단에서 2는 같은 숫자로 고정되어 있다. 고정된 숫자 2에 1부터 9까지 count를 하나씩 증가시키면서 곱해주면 된다. 아홉 번 과정이 반복된다. 따라서 고정된 값 2를 저장하는 변수 dan과 증가 값 count 변수를 선언하고 초기 값을 각각 2와 1로 부여한다. 그런 다음 for문을 사용하여 반복 수행하도록 하면 될 것이다. 여기서 for문의 초기치는 1, 최종치는 9, 증가치는 1로 할당하면 될 것이다.

순서도

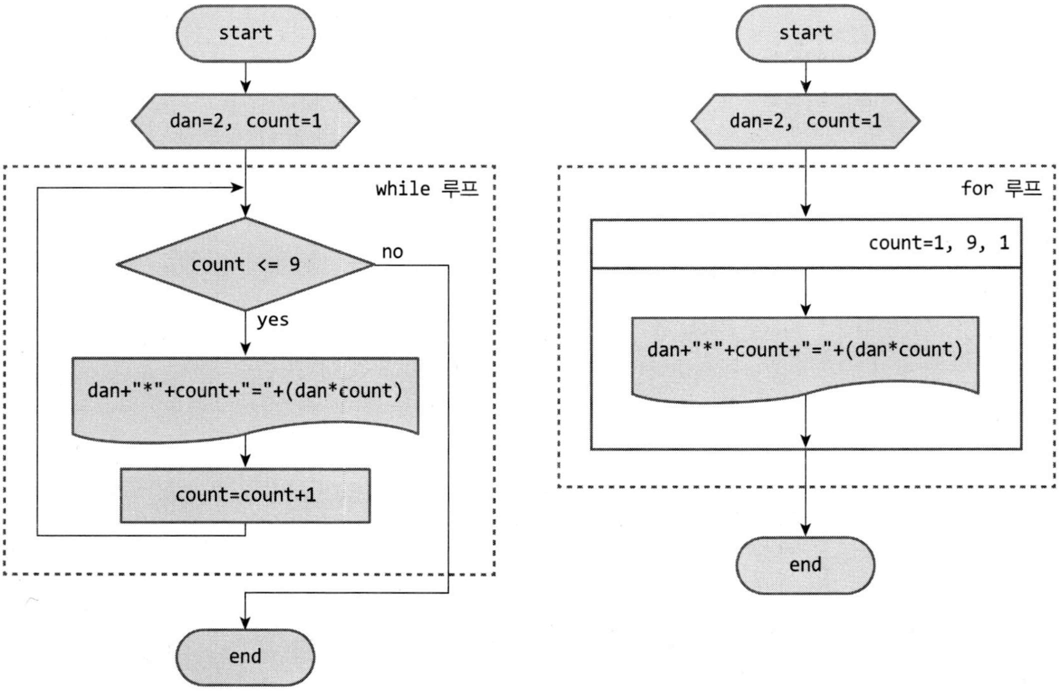

프로그램 ex32_gugudan_for.htm

```
<html>
  <head> <title> 구구단 </title> </head>
  <body>
    <script type = "text/javascript">
          document.write("<h2>구구단</h2>");
          document.write("---------------------------------<br>");
```

```
            dan = 2; count = 1;
            for(count  = 1; count <= 9; count++) {
                document.write(dan + " * " + count + " = " + (dan * count));
                document.write("<br>");
            }
            document.write("--------------------------------<br>");
      </script>
    </body>
  </html>
```

변수테이블

dan	count	출력결과	설명
2	0		초기 값
	1	2 * 1 = 2	
	2	2 * 2 = 4	
	3	2 * 3 = 6	
	4	2 * 4 = 8	
중간 생략			
	9	2 * 9 = 18	
	10		for문이 종료된 후 count의 최종 값

확인문제 1부터 100까지의 정수들 중에서 2와 5의 배수인 수들만 찾아서 출력하는 순서도와 프로그램을 for문을 이용하여 작성하여라. 또한 2와 5의 배수인 수들의 전체 합계도 출력하여라.

문제해결 논리 2의 배수이면서 5의 배수인 수들만 찾아야 한다. 따라서 수들을 2 그리고 5로 나눈 나머지가 모두 0인지를 검사하는 관계식을 만들어 if문의 조건으로 사용한다.

그리고 1부터 100까지의 수들 중에서만 조건을 만족하는 배수를 찾으면 되므로 변수 count를 선언한 후 1부터 시작하여 1씩 증가시키면서 100까지 루프를 돌리면 된다. 따라서 count 변수를 for 루프의 조건으로 사용하면 될 것이다.

순서도

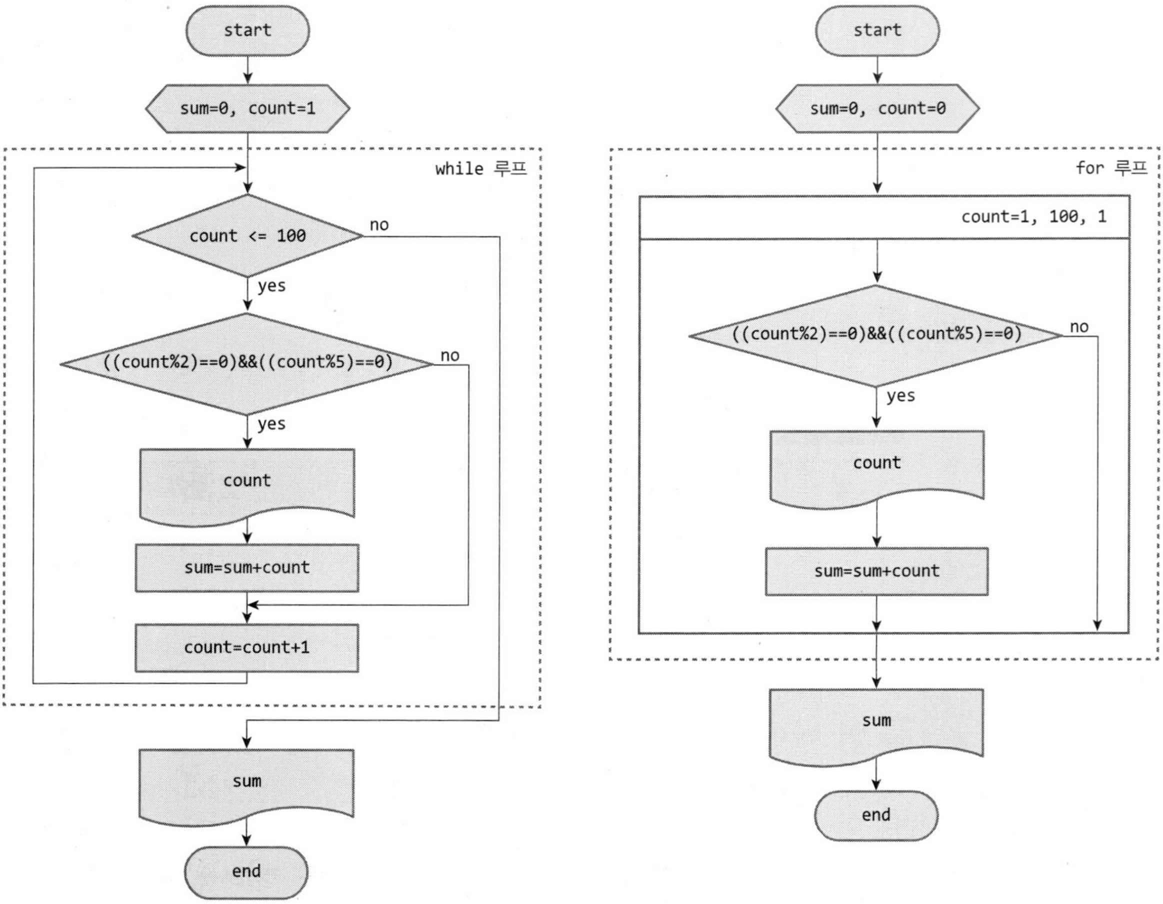

프로그램 ex32_multiple_number.htm

```
<html>
 <head> <title> 2와 5의 배수 구하기 </title>  </head>
 <body>
  <script type = "text/javascript">
       document.write("<h2>2와 5의 배수 구하기</h2>");
       document.write("-----------------------<br>");

       var  count = 0, sum = 0;

       for(count = 1; count <= 100; count++) {
```

```
            if(((count % 2) == 0) && ((count % 5) == 0)) {
                document.write("2와 5의 배수 : " + count + "<br>");
                sum += count;  //sum = sum + count와 동일
            }
        }
        document.write("2와 5의 배수의 합계 : " + sum + "<br>");
        document.write("------------------------<br>");
    </script>
  </body>
</html>
```

실행결과

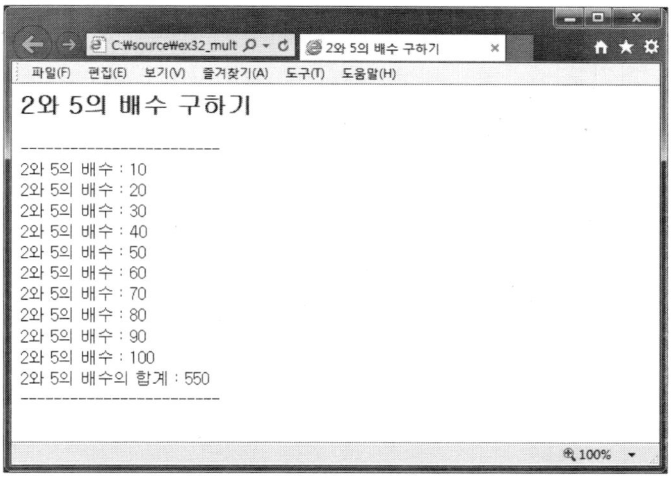

변수테이블

count	sum	출력결과	설명
0	0		초기 값
1			
2			
3			
4			
5			
중간 생략			

10	10(0 + 10)	2와 5의 배수 : 10	
중간 생략			
20	30(10 +20)	2와 5의 배수 : 20	
중간 생략			
100	550	2와 5의 배수 : 100 2와 5의 배수의 합계 : 550	
101			for문이 종료된 후 count의 최종 값

확인문제

입력된 정수들 중에서 최솟값과 최댓값을 찾아 출력하는 순서도와 프로그램을 for문을 이용하여 작성하여라. 프로그램은 "q" 또는 "Q"라는 문자가 입력되면 종료된다. 여기서 입력되는 숫자는 -10,000~10,000사이의 정수 값만 입력되는 것으로 간주한다. 또한 입력된 모든 정수 값들과 총 개수도 출력하여라. 만약 어떠한 값도 입력되지 않으면(처음에 "q" 또는 "Q"라는 문자가 입력되면) 입력된 모든 정수 값들의 총 개수만 0으로 출력하고 종료한다.

문제해결 논리

프로그램이 "q" 또는 "Q"라는 문자가 입력되면 종료되어야 하므로 for문의 조건은 다음 둘 중 하나를 이용하면 될 것이다. 다음의 두 식 중에서 어떤 식을 사용하느냐에 따라 순서도의 분기가 달라질 수 있다.

```
① (inputValue != "q") && (inputValue  != "Q")
② (inputValue == "q")  ||  (inputValue == "Q")
```

여기서 입력되는 숫자는 -10,000~10,000사이의 정수 값만 입력되므로 최솟값을 저장할 변수 min과 최댓값을 저장할 변수 max를 선언한 후 초기 값으로 각각 10,000과 -10,000을 저장한다. 이렇게 초기 값을 지정하는 이유는 이후 입력되는 값은 아무리 작아도 -10,000을, 아무리 커도 10,000을 넘지 않을 것이기 때문이다.

그런 다음 for 루프가 종료될 때까지 입력된 값과 min 값을 비교하여 작은 값을 min에 저장한다. 그러면 결국 min에 가장 작은 값이 저장될 것이다.

마찬가지로 for 루프가 종료될 때까지 입력된 값과 max 값을 비교하여 큰 값을 max에 저장한다. 그러면 결국 max에 가장 큰 값이 저장될 것이다.

여기서 하나 주의해야 할 것이 있다. 변수 min과 max에 inputValue을 저장하기

순서도

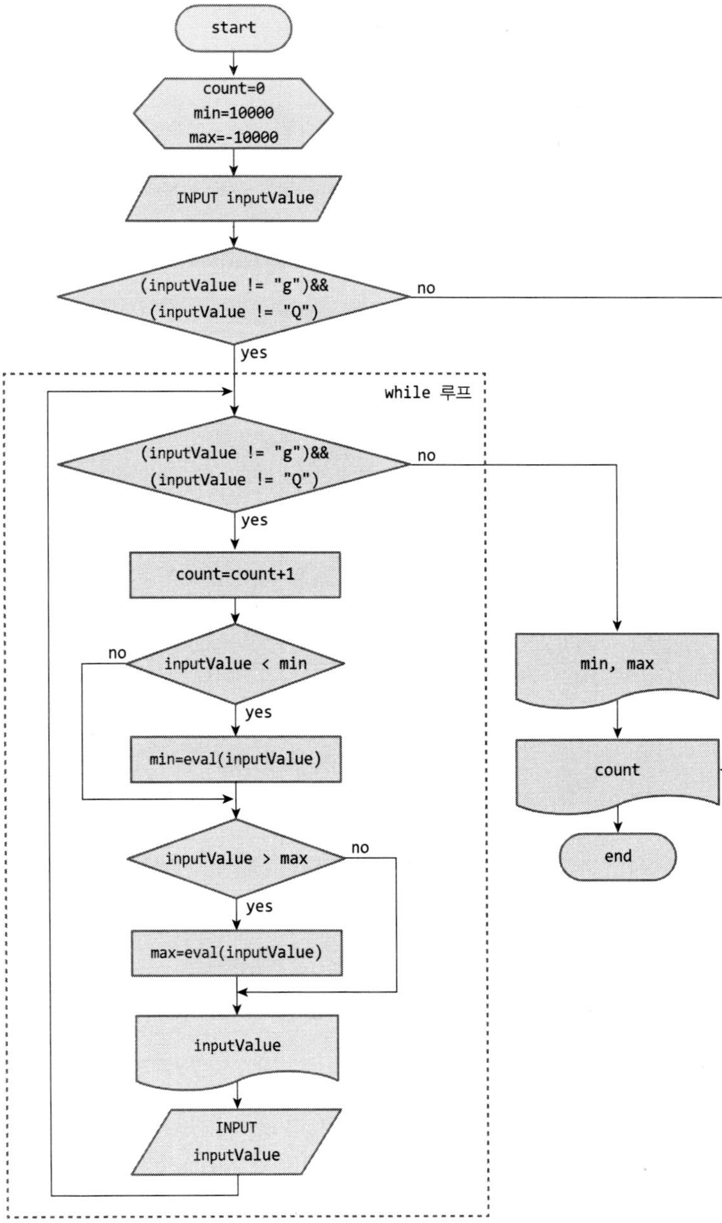

전에 반드시 eval 함수를 이용하여 숫자로 변환해야 한다. 다음의 순서도와 앞페이지의 순서도를 비교해 보아라.

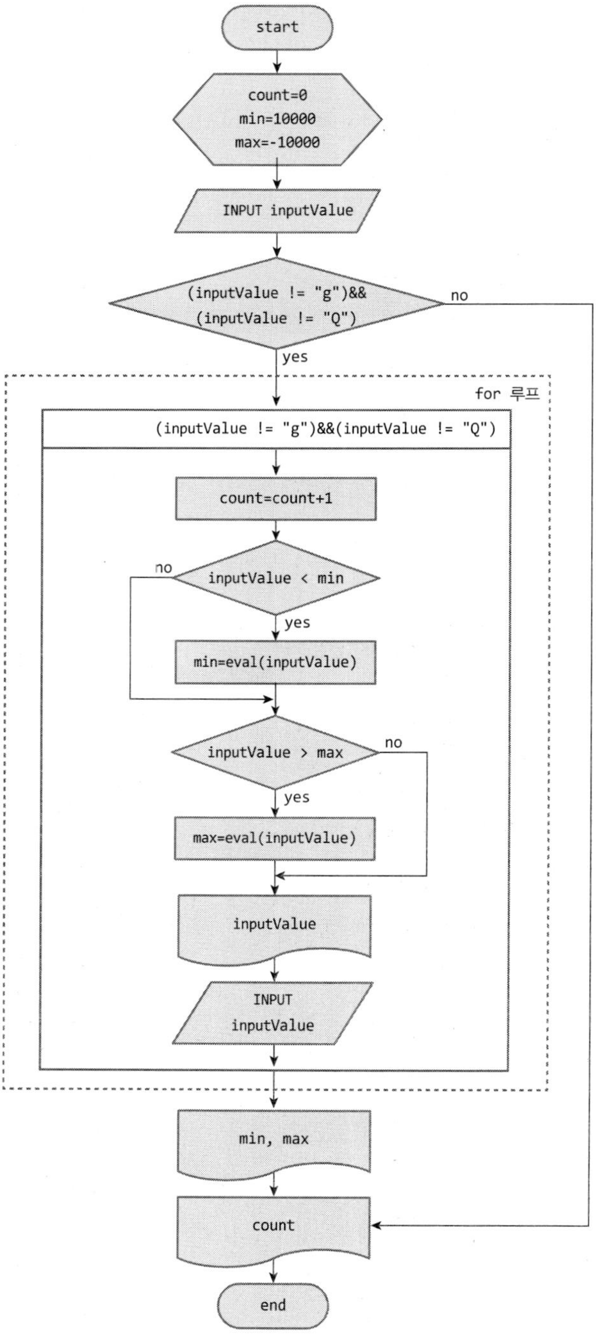

for 루프에서 초기치와 증감치는 생략되고 조건을 나타내는 최종치 ((inputValue != "g") && (inputValue != "Q"))만 표시되어 있다. 즉, 초기치와 증감치는 필요 없어서 생략한 것이다. 그 이유는 루프의 종료 조건은 입력되는 값에 따라 결정되기 때문이다.

이와 마찬가지로 while 루프를 보아라. while 루프에서도 while 루프의 조건을 거짓으로 만드는 문장이 while 루프 내에 따로 존재하지 않는다. 루프의 종료 조건이 입력되는 값에 따라 결정되기 때문이다.

작성된 순서도를 이용하여 코딩한 다음의 프로그램에서도 보면 for문에 조건을 나타내는 최종치만 나타나 있고 초기치와 증감치는 생략되어 있다. 단지 초기치, 최종치, 증감치를 구분하는 구분자(;)만 표시되어 있음을 알 수 있다.

프로그램 ex32_min_max.htm

```
<html>
 <head> <title> 최소 최대값 찾기 </title>  </head>
 <body>
  <script type = "text/javascript">
       document.write("<h2>최소 최대값 찾기</h2>");
       document.write("------------------------<br>");

       var  count = 0, min = 10000, max = -10000;
       var  inputValue = null;

       inputValue = prompt("숫자를 입력하세요", "");
       if( (inputValue != "q") && (inputValue  != "Q") ) {
           for( ; (inputValue != "q") && (inputValue  != "Q"); ) {
               count = count + 1;
               if(inputValue < min) min = eval(inputValue);
               if(inputValue > max) max = eval(inputValue);
               document.write("입력받은 값 : " + inputValue + "<br>");

               inputValue = prompt("숫자를 입력하세요", "");
```

```
            } //end of for loop

            document.write("최소값 : " + min + "<br>");
            document.write("최대값 : " + max + "<br>");
        } //end of if
        document.write("입력받은 값들의 개수 : " + count + "<br>");
        document.write("-----------------------<br>");
    </script>
  </body>
</html>
```

실행결과

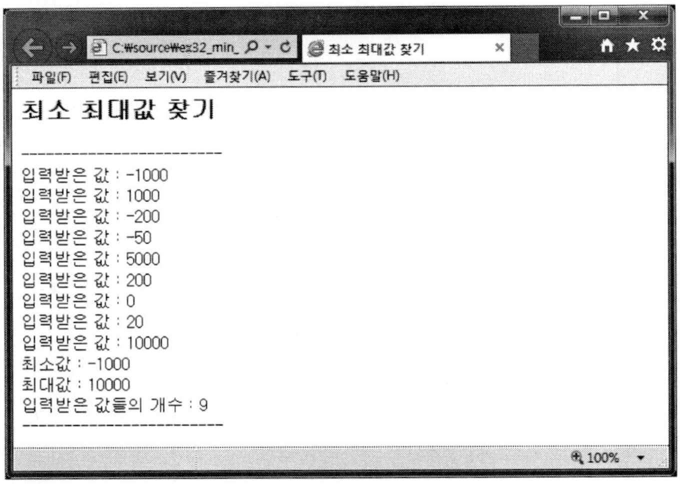

확인문제 1부터 100까지의 홀수의 합과 짝수의 합을 계산하여 출력하는 순서도와 프로그램을 for문을 이용하여 작성하여라. 또한 홀수와 짝수의 전체 합계도 출력하여라. 그리고 작성된 순서도 또는 프로그램을 보고 변수 테이블도 작성하여라.

문제해결 논리 1부터 100까지의 수들 중에서 홀수와 짝수를 구분하면 되므로 변수 count를 선언한 후 1부터 시작하여 1씩 증가시키면서 100까지 루프를 돌리면 된다. 따라서 count 변수를 for 루프의 조건으로 사용하면 될 것이다.

홀수와 짝수를 구분하는 방법은 여러 가지 방법이 있을 수 있다. 여기서는 예로 다음과 같이 2가지의 방법을 제시하며 이 중에서 첫 번째 방법을 사용할 것이다.

① 스위치(sw: switch)를 이용하는 방법이다. 즉, for문의 변수 count가 1부터 100까지 1씩 증가하면서 100번 루프를 반복 수행할 것이므로 count가 1, 3, 5, … 등일 때는 sw를 0으로 하여 홀수를 처리하고 count가 2, 4, 6, … 등일 때는 sw를 1로 하여 짝수를 처리한다. 다시 말해서 sw가 0일 때는 홀수로, sw가 1일 때는 짝수로 처리하는 방법이다.

② 1부터 100까지의 숫자를 각각 2로 나눈 나머지가 0이면 그 수는 짝수이고 그렇지 않으면 홀수이다.

순서도

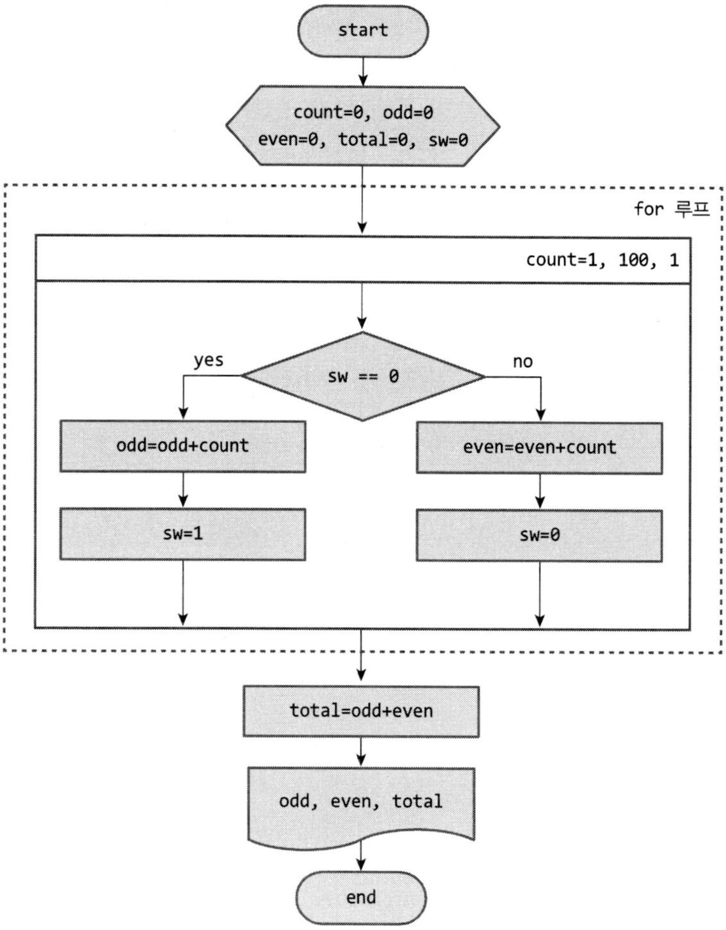

프로그램 ex32_odd_even.htm

```
<html>
  <head> <title> 홀수와 짝수의 합 </title> </head>
  <body>
    <script type = "text/javascript">
         document.write("<h2> 홀수와 짝수의 합  </h2>");
         document.write("------------------------<br>");
         var  count = 0, odd = 0, even = 0;
         var  total = 0, sw = 0;
         for( count = 1; count <= 100; count++ ) {
             if( sw == 0 ) {
                 odd = odd + count;
                 sw = 1;
             }
             else
             {
                 even = even + count;
                 sw = 0;
             }
         }
         total = odd + even;
         document.write("홀수의 합 : " + odd + "<br>");
         document.write("짝수의 합 : " + even + "<br>");
         document.write("전체 합계 : " + total + "<br>");
         document.write("------------------------<br>");
    </script>
  </body>
</html>
```

실행결과

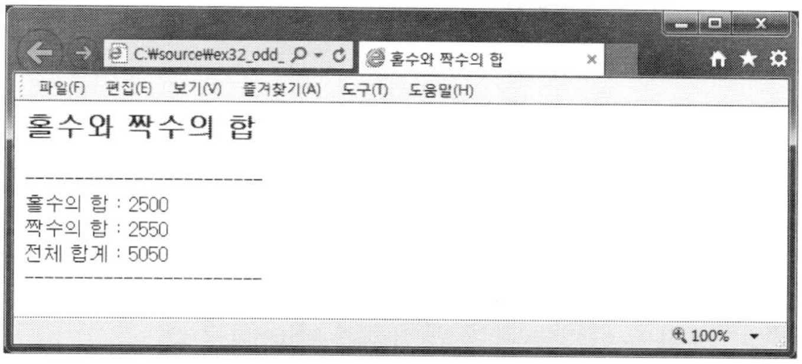

변수테이블

count	odd	even	total	sw	설명
0	0	0	0	0	초기 값
1	1(0 +1)			1	
2		2(0 + 2)		0	
3	4(1 + 3)			1	
4		6(2 + 4)		0	
		중간 생략			
101					for문이 종료된 후 count의 최종 값

확인문제

다음과 같은 8행 8열의 표(Table)가 있다. 1행 왼쪽부터 시작해서 동그라미를 넣고자 한다. 동그라미는 이전 동그라미 개수의 2배 만큼씩 증가한다고 하자. 표의 모든 칸(Cell)을 다 채웠을 때 총 동그라미의 개수를 구하는 순서도와 프로그램을 작성하여라.

○	○○	○○ ○○	8	16	32	64	128
256	512	1024	2048	4096	8192	16384	32768
65536	131072	262144	524288	1048576	2097152	4194304	8388608

출력은 다음과 같이 10단위마다 구분선을 그어 출력하도록 프로그램을 작성한다. 그리고 마지막에 전체 합계를 출력해 준다.

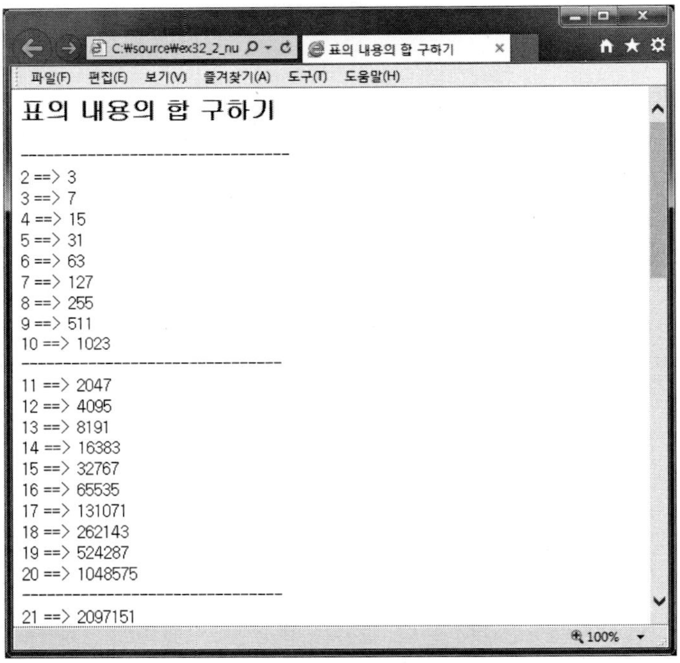

문제해결 논리 표가 8행 8열로 구성되어있으므로 총 셀의 개수는 8×8=64개이다. 따라서 for문의 최종치(조건)를 만들 때 다음과 같이 주어져야 한다. 단 여기서 s는 for문의 제어변수이다.

```
s <= 64
```

또한 이 표의 각 셀에 들어가는 동그라미는 이전 동그라미 개수의 2배만큼씩 증가하므로 다음과 같은 규칙이 존재하게 된다. 즉 이전 결과 값에 2를 곱한다.

$2^0 = 1 = 1$

$2^1 = 2 = (1) \times 2$

$2^2 = 4 = ((1) \times 2) \times 2$

$2^3 = 8 = (((1) \times 2) \times 2) \times 2$

$2^4 = 16 = ((((1) \times 2) \times 2) \times 2) \times 2$

.

.

.

순서도

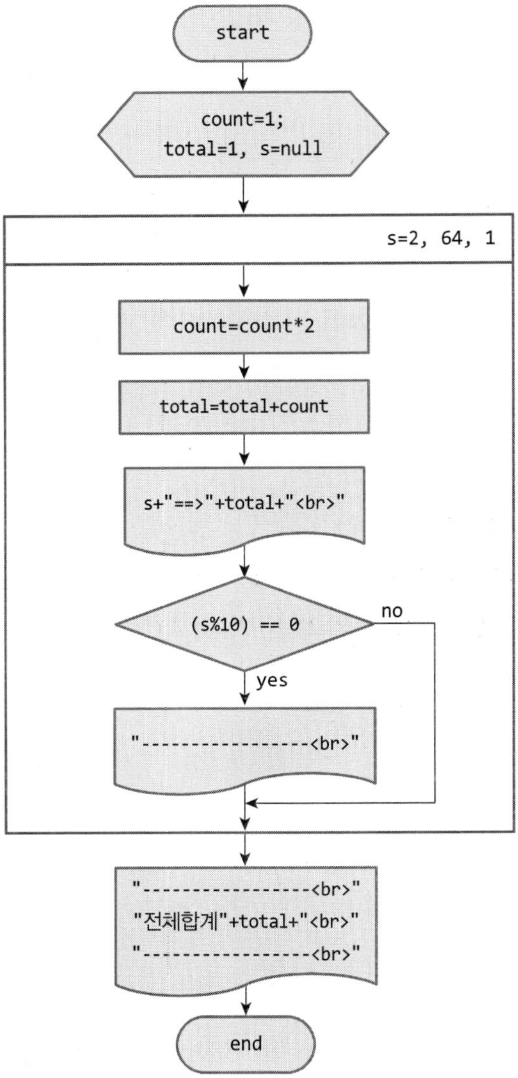

프로그램 ex32_2_numberOfTableContents_for.htm

```
<html>
  <head> <title> 표의 내용의 합 구하기 </title> </head>
  <body>
    <script type = "text/javascript">
          document.write("<h2> 표의 내용의 합 구하기  </h2>");
```

```
        document.write("------------------------------<br>");

        var  count = 1;
        var  total = 1, s = null;

        for( s = 2; s <= 64; s++ ) }
            count = count * 2;
            total = total + count;
            document.write(s + " ==> " + total + "<br>");

            if( (s % 10) == 0) {
                document.write("------------------------------<br>");
            }
        }
        document.write("------------------------------<br>");
        document.write("전체 합계 : " + total + "<br>");
        document.write("------------------------------<br>");
    </script>
  </body>
</html>
```

Level Up 문제

전기요금 명세서를 출력하기 위한 순서도와 프로그램을 for문을 이용하여 작성하여라. 입력은 다음과 같이 집 번지수, 구분코드, 월사용량 3가지를 입력으로 받으며, 집 번지수가 'g' 또는 'Q'가 입력되면 프로그램을 종료한다.

집 번지수	구분코드	월사용량

이 프로그램은 다음과 같은 처리 조건을 만족시켜야 한다.

- 집 번지수는 예로 1-0001, 1-0002, 1-0003 등과 같은 형식으로 입력한다.
- 구분코드는 "1", "2", "3" 중 하나만 입력된다고 가정한다.
- 구분코드에 따른 기본요금과 할인율을 다음과 같이 적용하여 계산한다.

구분코드	1	2	3
구분의미	가정용	영업용	공공용
기본요금	1000	2000	3000
할인율	20%	10%	50%

- 월 사용량은 kw 단위로 입력되며 1kw 당 50원으로 계산한다.
- 할인율은 기본요금과 사용량에 대한 금액의 합계에 대한 할인율이다.
- 예로 100kw을 사용한 가정용 전기요금의 계산은 다음과 같이 된다.

```
( 1000(기본요금) +(100kw * 50원) ) -
( 1000(기본요금) +(100kw * 50원) ) * 0.2
```

- 출력은 다음과 같이 출력되도록 한다.

전기 요금 명세서

집 번지수	구분코드	월사용량	부과요금
-	-	-	-
-	-	-	-
-	-	-	-

총 전기사용량 :
총 전기요금합 :

문제해결 논리 프로그램이 'q' 또는 'Q'라는 문자가 입력되면 종료되어야 하므로 for문의 최종치(조건)은 다음과 같은 조건식을 이용하면 될 것이다.

```
(inputValue != "q") && (inputValue  != "Q")
```

특히 for문을 작성할 때 for문의 초기치와 증감치(for문의 조건을 거짓으로 만드는 문장)는 필요하지 않기 때문에 다음과 같이 for문을 작성하면 되며 대신 for문의 조건을 거짓으로 만드는 문장이 for loop 내에 존재해야 한다. 이 문제에서는 집 번지수를 입력받는 문장이 for문의 조건을 거짓으로 만드는 문장이 되므로 반드시 집 번지수를 입력받는 문장이 for loop 내에 존재해야 한다.

```
for( ; (inputValue != "q") && (inputValue  != "Q") ; )
        inputValue= prompt("집번지수를 입력하세요", "");
```

구분코드는 “1”, “2”, “3” 중 하나만 입력된다고 가정하였으므로 if문을 작성할 때 “1”, “2”, “3”만을 고려하면 된다. 또한 출력을 위한 자리수를 맞추기 위하여 특수문자 을 사용한다.

순서도

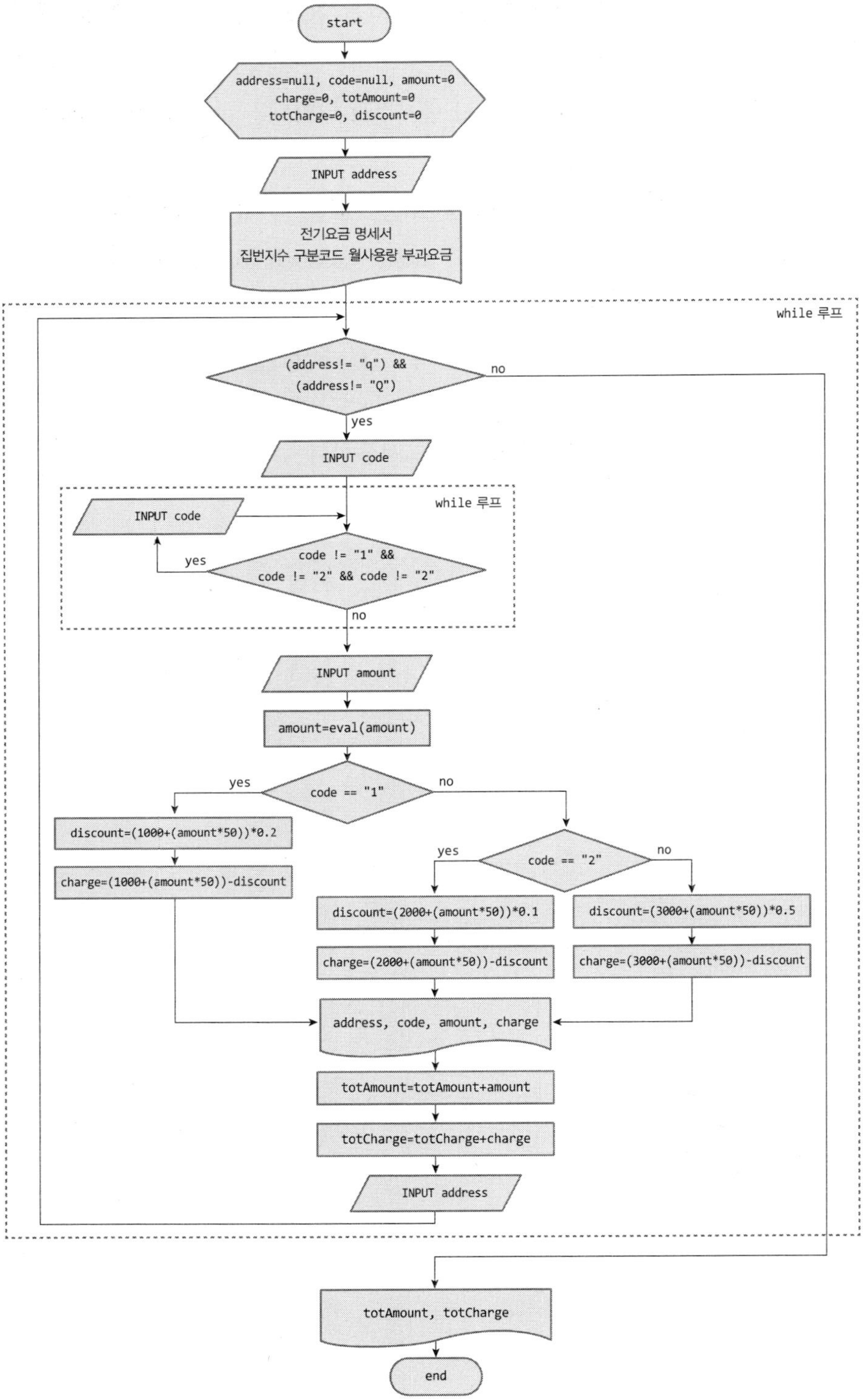
start
address=null, code=null, amount=0
charge=0, totAmount=0
totCharge=0, discount=0
INPUT address
전기요금 명세서
집번지수 구분코드 월사용량 부과요금
while 루프
(address!= "q") &&
(address!= "Q")
no
yes
INPUT code
while 루프
INPUT code
yes
code != "1" &&
code != "2" && code != "2"
no
INPUT amount
amount=eval(amount)
yes
code == "1"
no
discount=(1000+(amount*50))*0.2
charge=(1000+(amount*50))-discount
yes
code == "2"
no
discount=(2000+(amount*50))*0.1
charge=(2000+(amount*50))-discount
discount=(3000+(amount*50))*0.5
charge=(3000+(amount*50))-discount
address, code, amount, charge
totAmount=totAmount+amount
totCharge=totCharge+charge
INPUT address
totAmount, totCharge
end

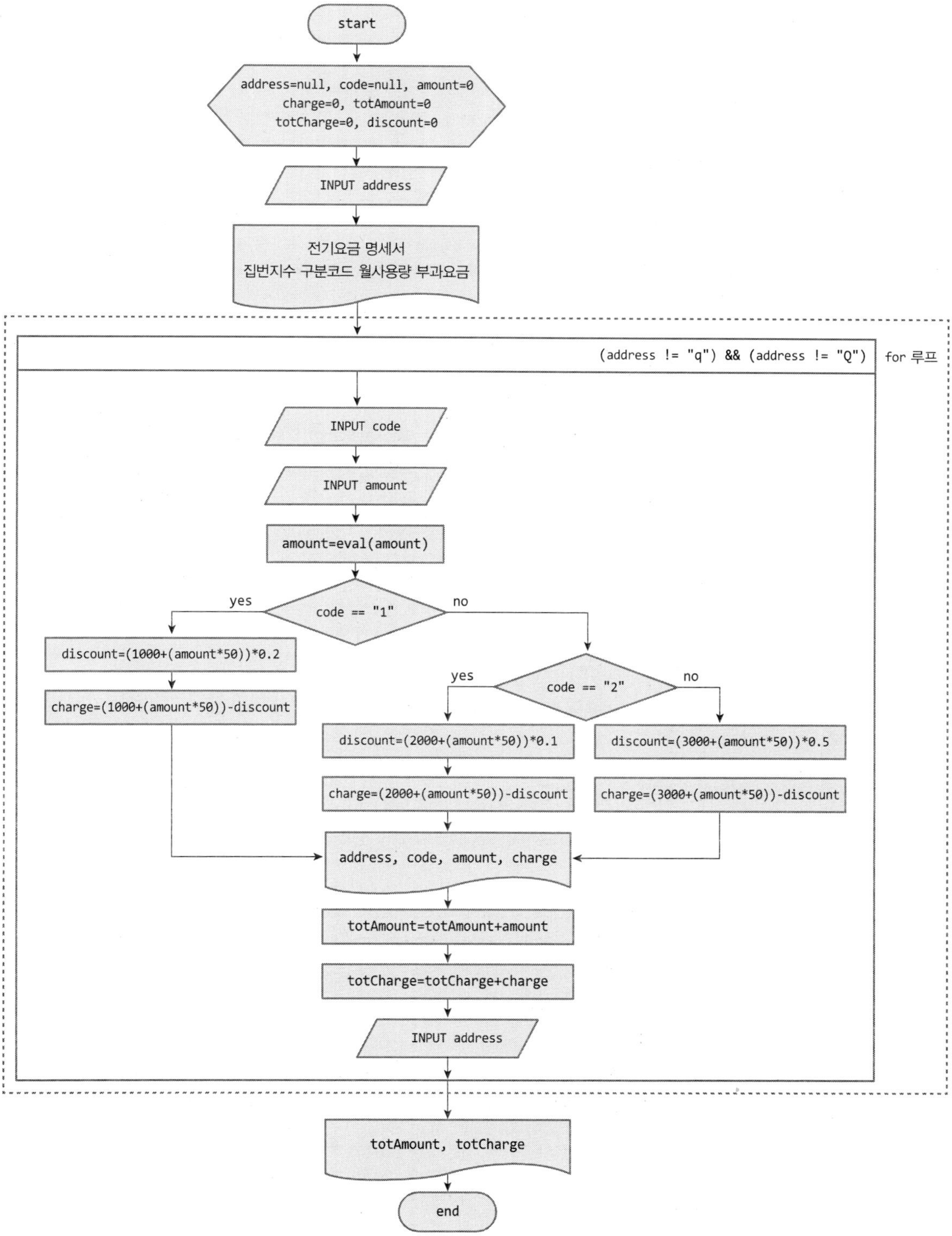
start
address=null, code=null, amount=0
charge=0, totAmount=0
totCharge=0, discount=0
INPUT address
전기요금 명세서
집번지수 구분코드 월사용량 부과요금
(address != "q") && (address != "Q")
for 루프
INPUT code
INPUT amount
amount=eval(amount)
code == "1"
yes
no
discount=(1000+(amount*50))*0.2
charge=(1000+(amount*50))-discount
code == "2"
yes
no
discount=(2000+(amount*50))*0.1
charge=(2000+(amount*50))-discount
discount=(3000+(amount*50))*0.5
charge=(3000+(amount*50))-discount
address, code, amount, charge
totAmount=totAmount+amount
totCharge=totCharge+charge
INPUT address
totAmount, totCharge
end

프로그램 level_up_1_electronic_fee_3.htm

```
<html>
 <head> <title> 전기요금 명세서 </title> </head>
 <body>
  <script type = "text/javascript">
        document.write("<h2>전기요금 명세서</h2>");
        document.write("------------------------------------<br>");

        var  address = null, code = null, amount = 0, charge = 0;
        var  totAmount = 0, totCharge = 0, discount = 0;

        address = prompt("주소를 입력하세요", "");

        document.write("        ");
        document.write("        ");
        document.write("전기요금 명세서<br><br>");
        document.write("집번지수   구분코드  ");
        document.write("월사용량  부과요금<br>");

        for( ; (address != "q")  && (address != "Q") ; ) {
            code = prompt("구분코드를 입력하세요", "");
            amount = eval( prompt("월사용량을 입력하세요", "") );

            if(code == "1") {
                discount = (1000 + (amount * 50)) * 0.2;
                charge = (1000 + (amount * 50)) - discount;
            }
            else if(code == "2") {
                discount = (2000 + (amount * 50)) * 0.1;
                charge = (2000 + (amount * 50)) - discount;
            }
            else {
                discount = (3000 + (amount * 50)) * 0.5;
                charge = (3000 + (amount * 50)) - discount;
            }
```

```
                document.write("   " +address);
                document.write("       " +code);
                document.write("       ");
                document.write("    " +amount);
                document.write("       ");
                document.write("  " +charge + "<br>");

                totAmount = totAmount + amount;
                totCharge = totCharge + charge;

                address = prompt("주소를 입력하세요", "");
            } //end of for

            document.write("<br>총 전기사용량 : " + totAmount + "<br>");
            document.write("총 전기요금합 : " + totCharge + "<br>");

            document.write("-----------------------------------<br>");
      </script>
   </body>
</html>
```

실행결과

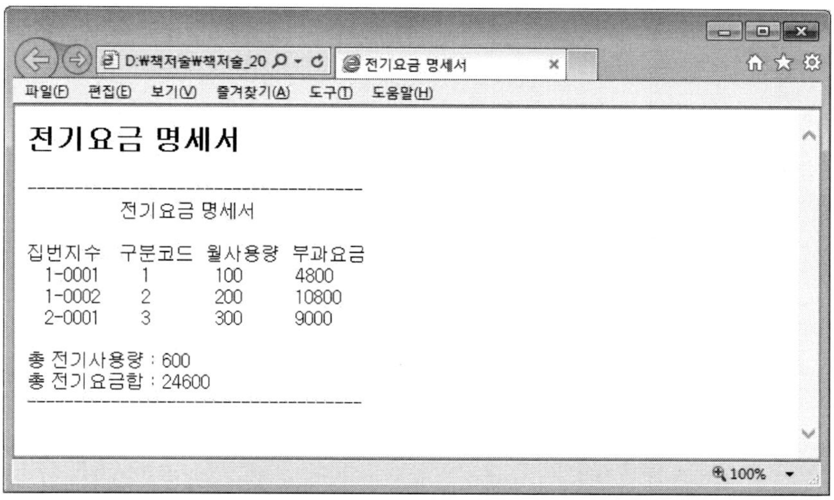

요약

SUMMARY

1. for문
   - while문 또는 do-while문과 마찬가지로 어떤 조건이 만족되는 동안만 for문 내의 문장들을 반복 실행하도록 하는 명령문이다.
   - for문은 while문과 마찬가지로 루프의 종료 조건을 루프의 시작점에서 검사한다.
   - 초기치는 for 루프가 시작될 때 한번만 수행된다.
   - 초기치, 증감치, 최종치는 세미콜론(;)으로 분리한다.
   - 최종치는 for루프를 종료할 것인지를 나타내는 종료 조건(식)이다.
   - 증감치는 증가하는 값(또는 수식) 또는 감소하는 값(또는 수식)이 사용될 수 있다.
   - 증감치는 매번 일정량을 곱할 수도 있다.
   - 증감치는 for 루프의 마지막에 실행되며 최종치인 조건식에 변화를 주어 for 루프를 종료할 수 있도록 하는 식으로 구성된다.
   - for문에서 초기치, 증감치, 최종치는 필요시 각각 생략이 가능하다.
   - 만약 초기치, 증감치, 최종치가 모두 생략되면 for 루프가 끝나지 않고 무한히 반복되는 무한 루프가 된다.
   - 초기치, 증감치, 최종치를 생략할 때, 초기치, 증감치, 최종치를 구분하는 구분자인 세미콜론(;)은 생략하지 않고 표기해 주어야 한다.

2. while, do-while, for문의 일반적인 비교
   - for문에서 최종치는 while과 do-while문에 나타나는 조건과 동일하다.
   - 대부분 while과 do-while문의 조건을 언젠가는 거짓으로 만들어 while과 do-while문을 벗어나게 하기 위한 문장이 while과 do-while의 루프 내에 존재한다. 이 문장은 for문에서 증감치와 동일한 역할을 수행한다. 따라서 for문에서의 증감치는 for문의 조건을 언젠가는 거짓으로 만들어 for문을 벗어나게 하는 역할을 가지고 있다.

3. while문, do-while문, for문의 선택

   while, do-while, for문은 서로 교환 될 수 있다. 따라서 반복 논리를 사용해야 하는 경우 while문, do-while문, for문 중에서 어느 것을 사용할 것인지는 프로그램 작성자가 작성된 프로그램이 얼마나 이해하기 쉬운가? 또는 작성된 프로그램이 문제 해결을 위해 얼마나 효율적인가? 등을 고려하여 선택하여 사용하면 된다.

4. for문이 while문과 do-while문 중 어느 쪽에 더 가까운가?

   순서면에서 볼 때, 만약 여러분에게 while문과 do-while문 중에서 어느 쪽이 더 for문에 더 가까운가? 그렇다. while문이다. 이유는 while문과 for문은 동일하게 조건을 루프의 시작점에서 검사하기 때문이다. 이와는 반대로 do-while문은 조건을 루프의 종료점에서 검사한다. 즉, 처리하는 순서가 다르다.

연습문제 EXERCISE

1. 다음에 설명하는 내용이 무엇인지 간단히 답하시오.

설명	답
어떤 조건에 따라서 몇몇 특정의 문장들을 반복 수행하기 위한 논리는 무슨 논리라고 부르는가?	
조건에 대한 검사가 루프의 시작점에서 이루어지는 반복문을 모두 쓰시오.	
조건에 대한 검사가 루프의 종료점에서 이루어지는 반복문을 모두 쓰시오.	
루프 내의 문장들이 최소한 한번은 실행되는 반복문은?	
while문과 do-while문에서의 조건은 for문에서 어느 위치에 오게 되는가?	
대부분 while과 do-while문의 조건을 언젠가는 거짓으로 만들어 while과 do-while문을 벗어나게 하기 위한 문장이 while과 do-while의 루프 내에 존재한다. 이와 동일한 역할을 하는 문장은 for문에서 어느 위치에 오는가?	
순서면에서 볼 때 while문과 do-while문 중에서 어느 쪽이 더 for문에 더 가까운가?	

2. 다음에 설명하는 내용이 맞으면 ○, 틀리면 ×로 답하시오.

설명	답
while문과 for문은 조건에 대한 검사가 루프의 시작점에서 이루어진다.	
do-while문에서 루프 내의 문장은 한 번도 실행되지 않을 수도 있다.	
일반적으로 while, do-while, 그리고 for문은 서로 교환하여 사용할 수 있다.	
for 루프에서 초기치, 증감치, 최종치는 필요시 각각 생략이 가능하며 for 루프의 최종치(조건)이 거짓(false)이 될 때까지 반복 수행된다.	
for문에서 초기치, 증감치, 최종치를 생략할 때, 초기치, 증감치, 최종치를 구분하는 구분자인 세미콜론(;)은 생략하지 않고 표기해 준다.	
보통 for문에서 최종치는 while과 do-while문에 나타나는 조건과 동일하다.	
보통 for문에서의 증감치는 for문의 조건을 언젠가는 거짓으로 만들어 for문을 벗어나게 하는 역할을 가지고 있다.	

for문에서의 증감치는 증가하는 값(또는 수식) 또는 감소하는 값(또는 수식)이 사용될 수 있다.	
다음의 두 식은 의미가 다르다. ① (inputValue != "q") && (inputValue != "Q") ② (inputValue == "q") || (inputValue == "Q")	
for문에서 초기치, 증감치, 최종치를 생략하고 구분자인 세미콜론(;)만 2개 나타나면 for문을 무한히 수행하는 무한 루프가 된다.	
for문은 do-while문과 마찬가지로 루프의 종료 조건을 루프의 시작점에서 검사한다.	
증감치는 for 루프의 마지막에 실행되며 최종치인 조건식에 변화를 주어 for 루프를 종료할 수 있도록 하는 식으로 구성된다.	
일반적으로 while, do-while, for문은 서로 교환 될 수 있다.	
while문, do-while문, for문 중에서 어느 것을 사용할 것인지는 프로그램 작성자가 임의로 선택하여 사용한다.	

3. 연 복리 이율이 10% 일 때 원금 50,000원을 20년간 예금하면 만기에 받는 금액은 얼마인가를 계산하는 순서도와 프로그램을 for문을 이용하여 작성하고 변수테이블도 만들어라. 단, 세액공제는 없는 것으로 간주한다. 복리란, 매년 원금에 이자를 더한 금액에 대한 이자를 지급하는 방식이다. 예로 첫해와 두 번째 해 및 세 번째 해의 예금에 대한 원금과 이자의 합계는 복리로 다음과 같이 구한다.

- 첫 해 : firstYearTotal = 50,000원 + 50,000원 * 0.1
- 두 번째 해 : secondYearTotal = firstYearTotal + firstYearTotal * 0.1
- 세 번째 해 : thirdYearTotal = secondYearTotal + secondYearTotal * 0.1

4. 1부터 시작해서 100이하까지의 홀수의 합을 다음과 같이 계산하는 순서도와 프로그램을 for문을 이용하여 작성하고 작성된 순서도 또는 프로그램을 보고 변수테이블도 만들어 보시오.

홀수 : 1-3+5-7+9-11+ … 99

5. 다음과 같은 하나의 수식에서 변수 x가 1부터 10까지 변할 때 y의 값을 구하는 순서도와 프로그램을 for문을 이용하여 작성하여라. 결과는 다음의 출력 결과와 같이 표시되도록 한다.

$y = -10x^5 + 2x^4 - 3x^2 + x - 30$

6. 매월 휴대폰 요금을 가입자별로 계산해주는 순서도와 프로그램을 for문을 이용하여 작성하여라. 입력은 다음과 같이 가입자 전화번호, 요금종류, 주간 통화시간, 야간 통화시간, 그리고 데이터 사용량을 입력받는다.

가입자 전화번호	요금종류	주간 통화시간	야간 통화시간	데이터 사용량

이 프로그램은 다음과 같은 처리 조건을 만족시켜야 한다.

- 가입자 전화번호는 예로 1234-0001, 1234-0002와 같은 형식으로 입력하며, 가입자 전화번호가 "g" 또는 "Q" 가 입력되면 프로그램을 종료한다.
- 요금종류는 "1", "2", "3" 중 하나만 입력된다고 가정한다.
- 주간통화 시간과 야간통화 시간은 모두 분 단위로 입력된다고 가정한다.

- 주간통화 시간과 야간통화 시간은 모두 0이상의 값이 입력된다고 가정한다.
- 데이터 사용량도 0이상의 값이 입력된다고 가정한다.
- 요금의 종류에 따른 기본요금과 전화요금은 다음의 표에 의해 계산한다. 다음의 표에서 데이터 사용량은 라이트인 경우 500M, 이코노미인 경우 1000M, 프리미엄인 경우 2000M까지는 비용 없이 사용할 수 있는 용량이다. 따라서 데이터 사용량은 요금종류별로 각각 500M, 1000M, 2000M가 넘은 경우에만 사용요금을 1M당 10원으로 부과한다. 특히 요금종류별로 비용 없이 사용할 수 있는 500M, 1000M, 2000M을 다 사용하지 않은 경우에는 10M당 15원씩을 부과금액에서 감해준다.

요금종류	의미	기본요금	1초당 전화요금		데이터 사용량
1	라이트	10,000	주	15원	500M
			야	10원	
2	이코노미	20,000	주	20원	1000M
			야	10원	
3	프리미엄	30,000	주	25원	2000M
			야	15원	

데이터 입력이 다음과 같은 경우 요금계산을 해 보자.

가입자 전화번호	요금종류	주간통화 시간	야간통화 시간	데이터 사용량
1234-0001	1	50분	30분	800M

다음과 같이 계산된다.

10,000(기본요금)+(50분 × 60초) × 15원+(30분 × 60초) × 10원

+(800M-500M) × 10원

= 10,000+45,000+18,000+3,000

= 76,000원

- 출력은 다음의 예와 같이 출력되도록 한다.

휴대폰 요금 명세서

전화번호	요금종류	주간통화	야간통화	데이터사용량	부과요금
1234-0001	1	50분	30분	800M	76,000원
1234-0002	2	50분	25분	700M	97,000원
-	-	-	-	-	-
-	-	-	-	-	-

총 주간통화 시간 :
총 야간통화 시간 :
총 데이터 사용량 :
총 부과요금 합계 :

CHAPTER 10

반복 논리 III

1. 다중 반복문이란?

2. 다중 for문

3. 다양한 다중 반복문

10 CHAPTER

반복 논리 III

학 습 목 표

- 다중 반복문이 무엇인지 이해하여 설명할 수 있다.
- 다중 for문을 다양한 문제에 응용할 수 있다.
- 다양한 다중 반복문들을 여러 문제에 적용할 수 있다.

1. 다중 반복문이란?

앞에서 우리는 반복논리를 표현하기 위한 3가지 반복문들을 학습하였다. 그 3가지는 바로 while문, do-while문, for문이다. 다중 반복문이란 하나의 반복문 내에 다른 반복문이 포함되어 있는 것을 말한다. 예로 for문 내에 다른 for문이 있다든지, while문 내에 do-while문이 있다든지, 또는 for문 내에 while문이 있는 것과 같은 구조를 말한다.

다중 반복문을 쓰는 이유는 문제 해결을 좀 더 쉽게 하기 위함이다. 실제로 프로그램을 작성할 때 반복문을 다중으로 사용하게 되면 복잡한 논리를 쉽게 표현할 수 있다. 이 장에서는 다중 반복문을 이용하여 주어진 문제를 해결하는 방법을 설명한다.

2. 다중 for문

다중 for문은 for 루프가 여러 개 중첩되어 있는 for문을 말한다. 프로그램을 작성할 때 for 루프를 중첩해서 사용하게 되면 프로그램을 좀 더 간단하게 작성할 수 있다. 다중 for문의 형식은 다음과 같다.

<table>
<tr><th>형식</th><th>순서도</th></tr>
<tr><td>

```
for(n11; n12; n13) {
  (A1)
  for(n21; n22; n23) {
        문장1;
        문장2;
          .
          .
        문장k;
  }
  (A2)
}
문장n;
```

</td><td>

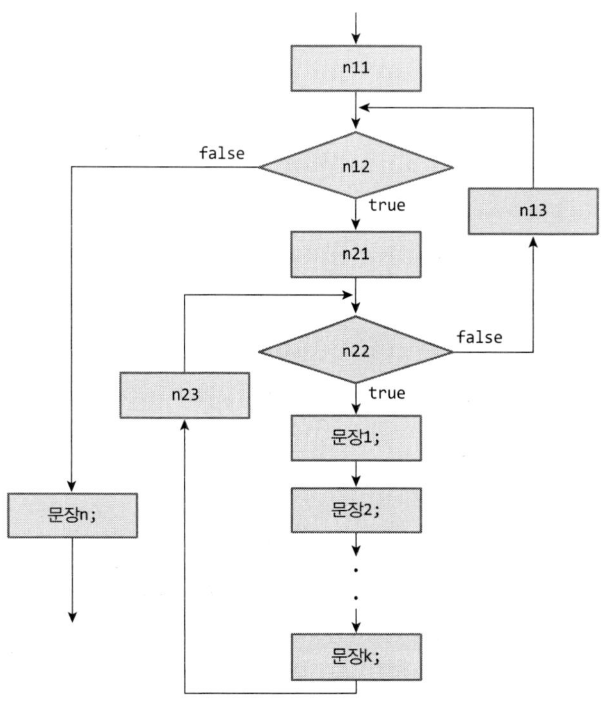

</td></tr>
</table>

여기서 n11, n12, n13은 바깥쪽 for 루프의 초기치, 최종치(또는 조건), 증감치를 나타내는 상수 또는 변수 또는 수식이다. 또한, n21, n22, n23은 안쪽 for 루프의 초기치, 최종치(또는 조건), 증감치를 나타내는 상수 또는 변수 또는 수식이다. 이와 같이 여러 개의 for 루프를 중첩하여 사용할 수 있다. 특히, 형식에 있는 A1부분과 A2부분에는 필요시 여러 개의 문장들이 올 수도 있으며 필요 없다면 하나의 문장도 오지 않을 수 있다.

다중 for문이 수행되는 순서는 순서도에서 보여주듯이 다음의 순서를 따른다.

(1) n11(초기치)을 계산한다(즉, 초기치를 대입한다).

(2) n12(최종치 또는 조건)를 검사한다. 여기서 조건이 거짓(false)이면 바깥쪽 for문 내의 문장들을 아무 것도 수행하지 않고 문장n을 수행하게 된다.

(3) 그렇지 않고 만약 조건(n12)이 참(true)이면 다음과 같이 수행된다.

(3-1) A1부분에 문장들이 있으면 모두 수행한다.

(3-2) 그리고 나서 안쪽 for문의 n21(초기치)을 계산한다(즉, 초기치를 대입한다)

(3-3) n22(최종치 또는 조건)를 검사한다. 여기서 조건이 거짓(false)이면 A2부분의 문장들을 수행한다. 그리고 나서 문장 n13(바깥쪽 for문의 증감치를 계산)을 수행한 후, (2)로 이동한다. 그렇지 않고 n22(최종치 또는 조건)를 검사하여 조건이 참(true)이면 문장1, 문장2, …, 문장k를 수행한 후, n23(증감치를 계산)을 수행한다. 그런 다음, (3-3)으로 이동한다.

실습예제 EXAMPLE

다중 for문을 이해하기 위해 다음의 프로그램을 실행하고 분석하여 보자. 또한 프로그램을 보고 순서도를 작성하여라. 마지막으로 변수테이블을 작성하고 프로그램의 실행결과와 비교하여보아라.

문제해결 논리

우선 프로그램을 실행시켜 보고 바깥쪽 for 루프가 1회 실행될 때 내부 for 루프가 몇 번 실행되는지를 확인한다. 또한 바깥쪽 for 루프와 내부 for 루프의 조건을 각각 거짓으로 만드는 시점에서의 i와 j의 값이 얼마가 되는지 확인한다.

프로그램 ex35_multi_for.htm

```
<html>
 <head> <title> 다중 for문 </title> </head>
 <body>
  <script type = "text/javascript">
        document.write("<h2>다중 for문</h2>");
        document.write("------------------------------<br>");

        var  i = 0, j = 0, count_i =0, count_j = 0;

        for(i = 1; i <= 3; i++)
        {
            for(j = 10; j < 13; j++)
            {
                count_j++;
                document.write("i = " + i + " " + "j = " + j + "<br>");
            }
            document.write("안쪽 for loop의 수행횟수 :" + count_j + "<br>");
            document.write("최종 j의 값 :" + j + "<br><br>");
            document.write("------------------------------<br>");
            count_i++;
        }
        document.write("바깥 for loop의 수행횟수 :" + count_i + "<br><br>");
        document.write("최종 i의 값 :" + i + "<br>");
```

```
            document.write("------------------------------<br>");
    </script>
  </body>
</html>
```

실행결과

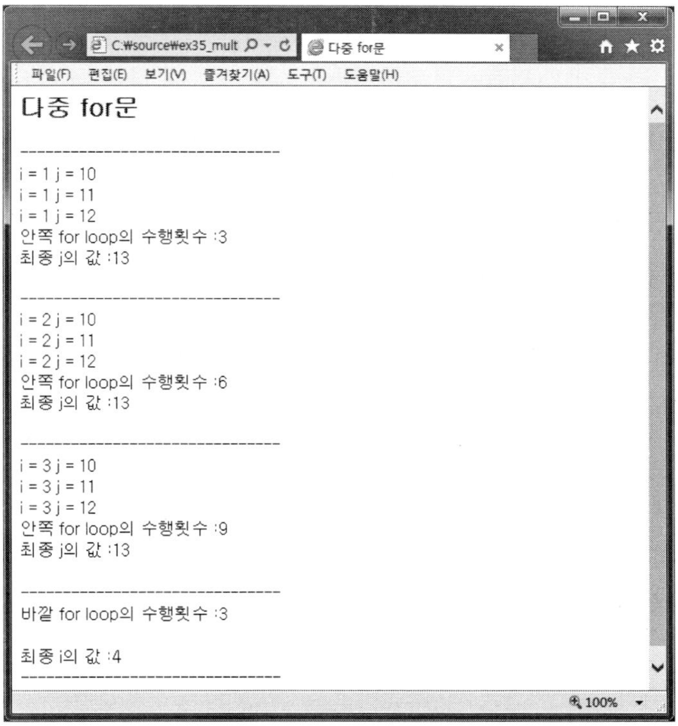

실행결과 화면에서 보는 것과 같이 바깥쪽 for 루프가 1회 수행될 때마다 내부 for 루프는 3번씩 수행되었음을 알 수 있다. 그러므로 for 루프의 총 횟수는 다음과 같이 구해진다.

(바깥쪽 for 루프의 수행 횟수) × (내부 for 루프의 수행 횟수) = 3×3 = 9번

바깥쪽 for 루프를 완전히 빠져나가는 시점은 바깥쪽 for 루프의 최종치인 조건을 거짓으로 만드는 경우이다. 따라서 i값이 3보다 최초로 커지는 4가 되면 바깥

쪽 for 루프를 탈출하게 된다. 그러므로 바깥쪽 for 루프의 탈출 이후 i값을 출력해 보면 4가 됨을 알 수 있다.

또한 내부 for 루프를 완전히 빠져나가는 시점은 내부 for 루프의 최종치인 조건을 거짓으로 만드는 경우이다. 따라서 j값이 12보다 최초로 커지는 13이 되면 내부 for 루프를 탈출하게 된다. 그러나 내부 for 루프를 탈출하였다 할지라도 바깥쪽 for 루프가 종료되지 않았다면 다시 내부 for 루프는 같은 과정을 반복 수행한다. 이러한 반복 수행은 바깥쪽 for 루프가 종료되기 전까지 계속된다. 따라서 바깥쪽 for 루프의 i값이 1, 2, 3일 때 각각 내부 for 루프는 j값이 10, 11, 12로 증가하면서 3번 반복하게 되는 것이다.

순서도

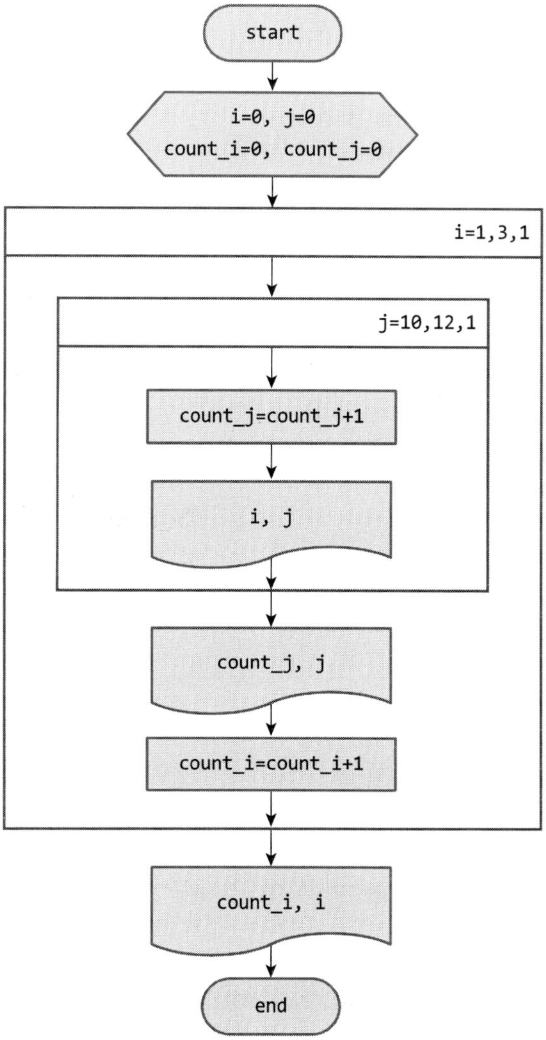

변수테이블

실행결과와 다음의 변수테이블 내용이 일치함을 확인할 수 있다.

i	j	count_i	count_j	설명
0	0	0	0	초기 값
1	10		1	
	11		2	
	12		3	
	13	1		
2	10		4	
	11		5	
	12		6	
	13	2		
3	10		7	
	11		8	
	12		9	안쪽 for 루프의 최종 수행 횟수(9회)
	13	3		바깥쪽 for 루프의 최종 수행 횟수(3회)
4				최종 i의 값

실습예제 EXAMPLE

다음과 같이 문자열을 출력하는 순서도와 프로그램을 다중 for 루프를 이용하여 작성해 보자. 전체는 10줄이고 각 줄 마다 30개씩의 "*" 문자가 출력되어 있다.

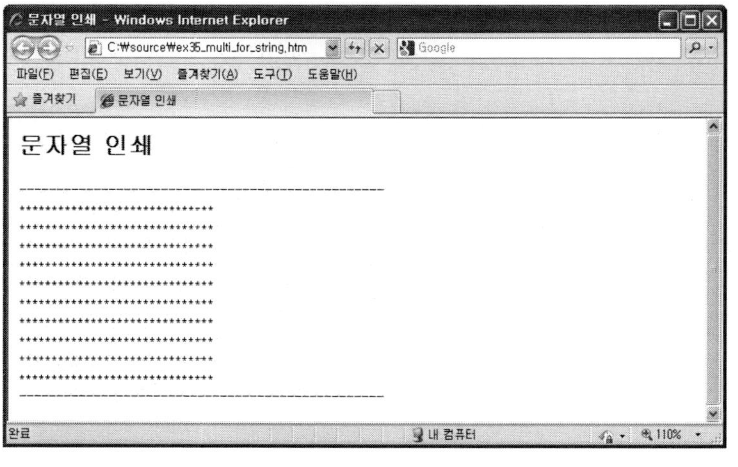

문제해결 논리

전체는 10줄이고 각 줄 마다 30개씩의 "*" 문자가 출력되어 있으므로 2개의 for 문이 필요하다. 즉 10줄을 세는 것(제어)은 바깥쪽 for 루프가 담당하도록 하고 각 줄에 대해 30개씩의 "*" 문자를 세는 것(제어)은 내부의 for 루프가 담당하도록 하면 된다.

바깥쪽 for 루프의 초기치는 1로 부여하고, 증감치는 1씩 증가하도록 하면 된다. 최종치인 조건은 1부터 시작해서 10회 반복해야 하므로 10보다 작거나 같을 동안만 실행하면 된다.

내부의 for 루프는 각 줄 마다 30개씩의 "*" 문자가 출력되어야 하므로 초기치는 1로 부여하고, 증감치는 1씩 증가하도록 하면 된다. 최종치인 조건은 1부터 시작해서 30회 반복해야 하므로 30보다 작거나 같을 동안만 실행하면 된다.

순서도

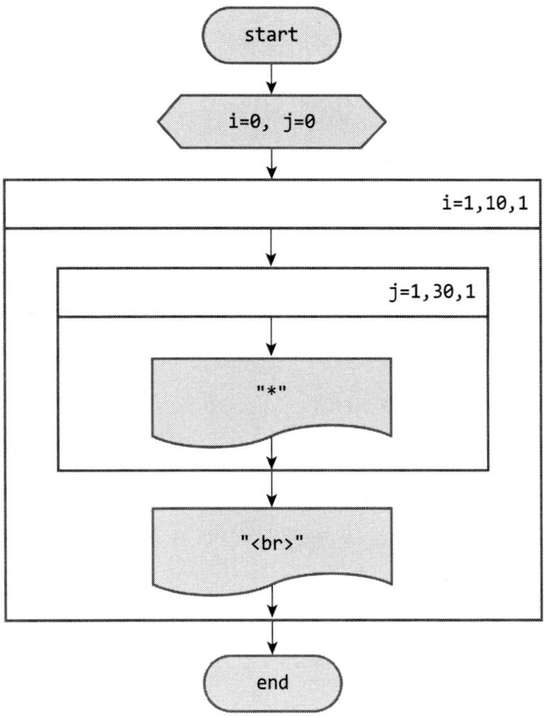

프로그램 ex35_multi_for_string.htm

```
<html>
 <head> <title> 문자열 인쇄 </title> </head>
 <body>
  <script type = "text/javascript">
       document.write("<h2>문자열 인쇄</h2>");
       document.write("------------------------------<br>");

       var i = 0, j = 0;

       for(i = 1; i <= 10; i++)
       {
          for(j = 1; j <= 30; j++)
          {
             document.write("*");
          }
          document.write("<br>");
       }

       document.write("------------------------------<br>");
  </script>
 </body>
</html>
```

실습예제 EXAMPLE

다음과 같이 삼각형 모형을 만들기 위해 문자 A를 출력하는 순서도와 프로그램을 다중 for 루프를 이용하여 작성하여 보자. 작성된 순서도 또는 프로그램을 보고 변수테이블도 그려라.

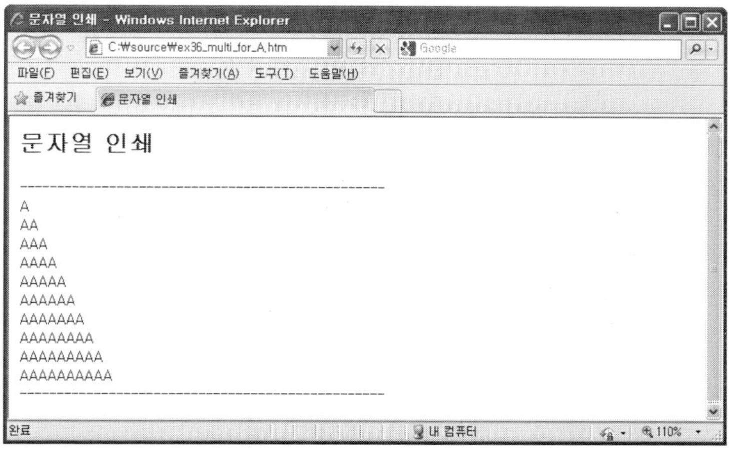

문제해결 논리

전체는 10줄이고 각 줄 마다 "A" 문자가 출력되어 있다. 또한 첫 줄에는 문자 "A"가 1개, 두 번째 줄에는 문자 "A"가 2개, ..., 10번째 줄에는 문자 "A"가 10개가 출력되어 있다. 즉, 각 줄이 하나씩 증가할 때 마다 문자 "A"도 한 개씩 추가하여 출력되어 있다.

따라서 10줄을 세는 것(제어)은 바깥쪽 for 루프가 담당하도록 하고 각 줄에 대해 1개씩 증가하면서 "A" 문자를 세는 것(제어)은 내부의 for 루프가 담당하도록 하면 된다.

바깥쪽 for 루프의 초기치는 1로 부여하고, 증감치는 1씩 증가하도록 하면 된다. 최종치인 조건은 1부터 시작해서 10회 반복해야 하므로 10보다 작거나 같을 동안만 실행하면 된다.

내부 for 루프는 각 줄 마다 1개씩 증가된 수의 "A" 문자가 출력되어야 하므로 초기치는 1로 부여하고, 증감치는 1씩 증가하도록 하면 된다. 또한 각 줄이 하나씩 증가할 때 마다 문자 "A"도 한 개씩 추가하여 출력되어야 하므로 내부 for 루프의 최종치인 조건은 1부터 시작해서 바깥쪽 for 루프의 제어 변수 값까지 반복하면 된다.

순서도

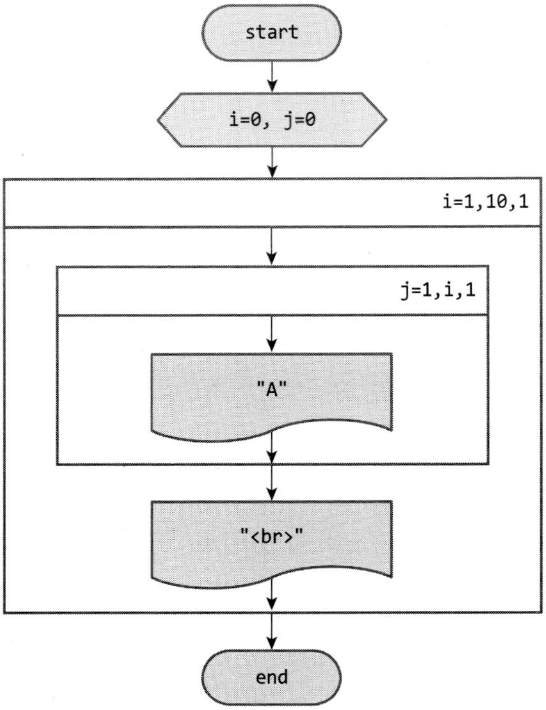

프로그램 ex36_multi_for_A.htm

```
<html>
  <head> <title> 문자열 인쇄 </title> </head>
  <body>
    <script type = "text/javascript">
          document.write("<h2>문자열 인쇄</h2>");
          document.write("----------------------------------<br>");

          var i = 0, j = 0;

          for(i = 1; i <= 10; i++)
          {
              for(j = 1; j <= i; j++)
              {
                  document.write("A");
```

```
            }
            document.write("<br>");
        }

        document.write("---------------------------------<br>");
    </script>
  </body>
</html>
```

변수테이블

i	j	출력 내용	설명
0	0		초기 값
1	1	A	
	2		
2	1	A	
	2	AA	
	3		
3	1	A	
	2	AA	
	3	AAA	
	4		
중간 이하 생략			

실습예제 EXAMPLE

다음과 같은 식의 값을 구하는 순서도와 프로그램을 다중 for루프를 이용하여 작성해 보자. 또한 변수테이블도 작성해 보자.

1+(1+2)+(1+2+3)+ .... +(1+2+3+4+5+6+7+8+9+10)

문제해결 논리

앞의 식은 다음과 같이 세로로 표현할 수도 있다. 즉 전체는 10줄이며, 각 줄은 1부터 시작해서 i까지의 합을 계산하고 있다.

1번째 줄 ： 1+
2번째 줄 ： (1+2)+
3번째 줄 ： (1+2+3)+
i 번째 줄 ： .... +
10번째 줄 ： (1+2+3+4+5+6+7+8+9+10)

따라서 10줄을 세는 것(제어)은 바깥쪽 for 루프가 담당하도록 하고 각 줄에서 1부터 시작해서 i까지의 합을 계산하는 것(제어)은 내부의 for 루프가 담당하도록 하면 된다.

그러므로 바깥쪽 for 루프의 초기치는 1로 부여하고, 증감치는 1씩 증가하도록 하면 된다. 최종치인 조건은 1부터 시작해서 10회 반복해야 하므로 10보다 작거나 같을 동안만 실행하면 된다.

내부의 for 루프는 각 줄 마다 1씩 증가된 수까지의 합을 계산해야 하므로 초기치는 1로 부여하고, 증감치는 1씩 증가하도록 하면 된다. 최종치인 조건은 1부터 시작해서 바깥쪽 for 문의 제어 변수 i까지 반복하면 된다.

순서도

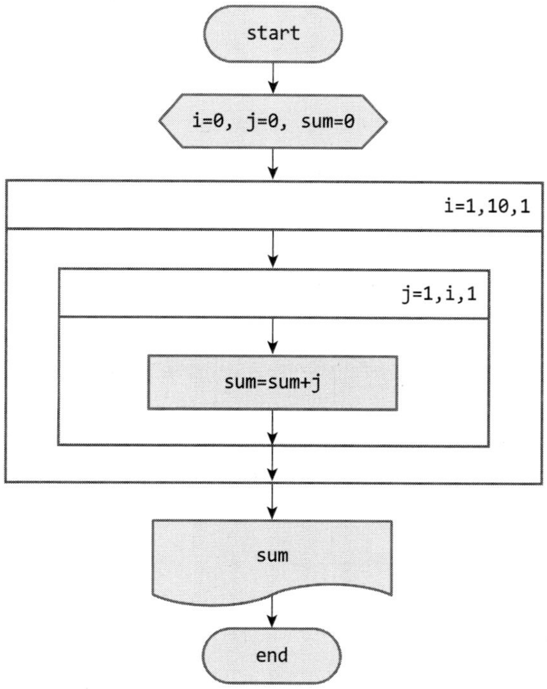

프로그램 ex37_multi_for_sum.htm

```
<html>
  <head> <title> 수열의 합 </title> </head>
  <body>
    <script type = "text/javascript">
            document.write("<h2>수열의 합</h2>");
            document.write("--------------------------------<br>");

            var i = 0, j = 0, sum = 0;
            for(i = 1; i <= 10; i++)
            {
                for(j = 1; j <= i; j++)
                {
                    sum = sum + j;
                }
            }
```

```
        document.write("sum = " + sum + "<br>");

        document.write("------------------------------<br>");
    </script>
  </body>
</html>
```

실행결과

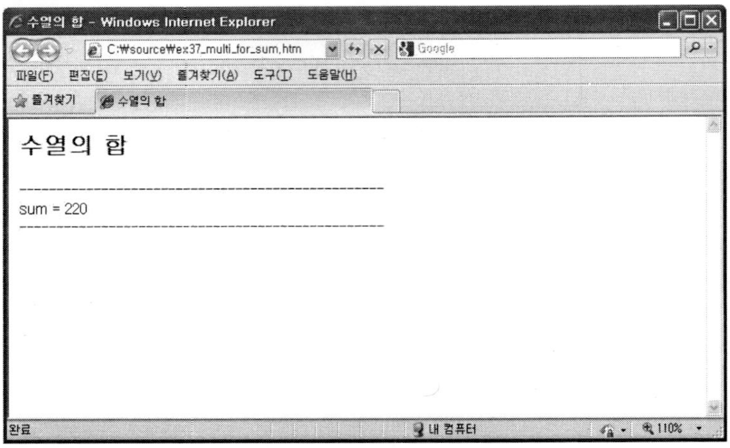

변수테이블

i	j	sum	설명
0	0	0	초기 값
1	1	1(0+1)	
	2		
2	1	2 ← 1(0+1)+1	
	2	4 ← 1(0+1)+3(1+2)	
	3		
3	1	5 ← 1(0+1)+3(1+2)+1	
	2	7 ← 1(0+1)+3(1+2)+3(1+2)	
	3	10 ← 1(0+1)+3(1+2)+6(1+2+3)	
	4		
중간 이하 생략			

확인문제

1부터 30까지의 정수를 대상으로 자신의 약수를 모두 구하여 다음과 같이 출력하는 순서도와 프로그램을 다중 for 루프를 이용하여 작성하여라. 또한 작성된 순서도 또는 프로그램을 보고 변수테이블도 만들어 보아라.

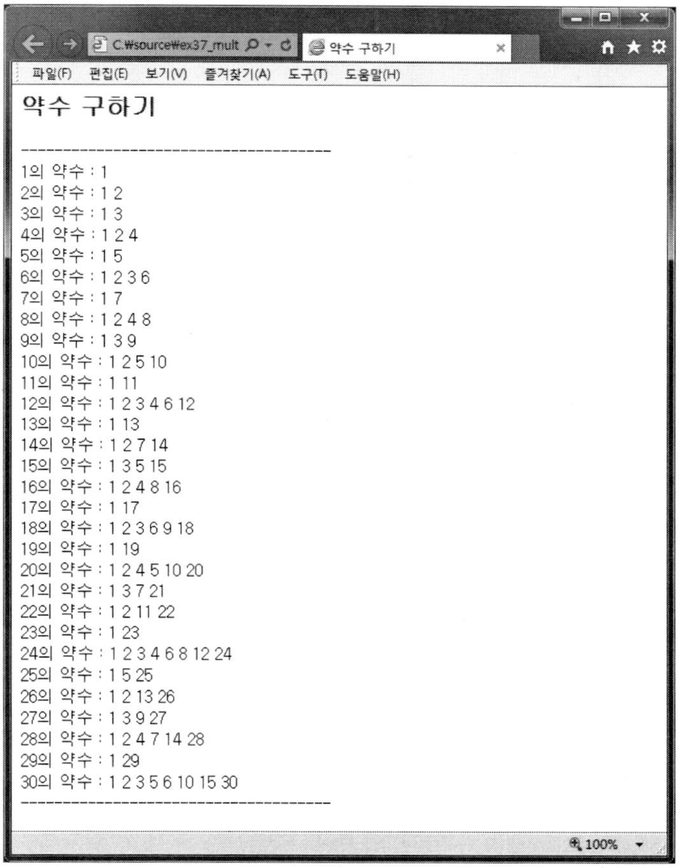

문제해결 논리

임의의 정수 a의 약수는 a를 1부터 a까지의 정수(이 정수를 b라 하자)로 나누었을 때 나머지가 0이면 그 나누는 정수 b는 a의 약수가 된다.

1부터 30까지의 정수를 대상으로 약수를 구해야 하므로 1부터 30까지 세는 것(제어)은 바깥쪽 for 루프가 담당하도록 하고 1부터 30까지의 각 정수에 대해 1부터 시작해서 대상 정수까지의 수로 나누는 것을 세는 것(제어)은 내부의 for 루프가 담당하도록 하면 된다.

따라서 바깥쪽 for 루프의 초기치는 1로 부여하고 증감치는 1씩 증가하도록 하면 된다. 최종치인 조건은 1부터 시작해서 30까지 반복해야 하므로 30보다 작거나 같을 동안만 실행하면 된다.

내부의 for 루프는 초기치는 1로 부여하고, 증감치는 1씩 증가하도록 하면 된다. 최종치인 조건은 1부터 시작해서 바깥쪽 for 문의 제어 변수 i까지 반복하면 된다.

순서도

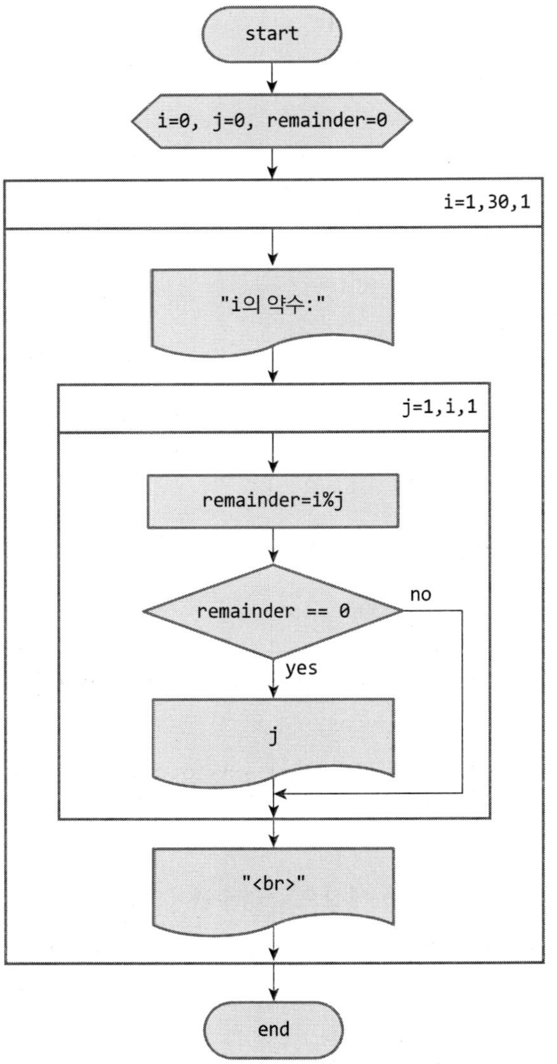

프로그램 ex37_multi_for_divisor.htm

```
<html>
 <head> <title> 약수 구하기 </title> </head>
 <body>
  <script type = "text/javascript">
        document.write("<h2>약수 구하기</h2>");
        document.write("------------------------------------<br>");

        var  i = 0, j = 0, remainder = 0;
        for(i = 1; i <= 30; i++)
        {
            document.write(i + "의 약수 : ");
            for(j = 1; j <= i; j++)
            {
                remainder = i % j;
                if(remainder == 0) document.write(" " + j + " " + " ");
            }
            document.write("<br>");
        }

        document.write("------------------------------------<br>");
  </script>
 </body>
</html>
```

변수테이블

i	j	remainder	출력 내용	설명
0	0	0		초기 값
1	1	0	1	
	2			
2	1	0	1	
	2	0	2	
	3			

3	1	0	1	
	2	1		
	3	0	3	
	4			
4	1	0	1	
	2	0	2	
	3	1		
	4	0	4	
	5			
5	1	0	1	
	2	1		
	3	2		
	4	1		
	5	0	5	
	6			
중간 이하 생략				

확인문제 사용자로부터 입력된 숫자의 2배 만큼의 행에 "A"라는 문자를 출력하는 순서도와 프로그램을 다중 for 루프를 이용하여 작성하여라. 만약 사용자로부터 5를 입력 받으면 다음의 출력 예와 같이 행이 증가할 때마다 "A"의 출력개수가 1개씩 증가하여 5행을 출력한 후, 다시 5개의 행은 행이 증가할 때마다 "A"의 출력개수를 한 개씩 감소시킨다.

출력 예

```
A
A A
A A A
A A A A
A A A A A
A A A A A
A A A A
A A A
A A
A
```

문제해결 논리 사용자로부터 입력된 값이 5라고 가정하자. 이 값을 변수 num에 저장시킨다. 그러면 전체 행의 수는 num×2로 10이 된다. 이 문제는 2개 부분으로 나누어 생각하면 편리하다. 즉, 출력 내용을 보면 10개 행중에서 처음 5개 행에는 문자 A가 1개씩 추가되어 출력되었으며, 6번째 행 이후부터는 문자 A가 1개씩 감소되어 출력되었다. 따라서 1번째 행부터 5번째 행까지를 하나의 다중 for 루프로 작성하고 6번째 행부터 10번째 행까지는 또 다른 다중 for루프로 작성한다.

순서도

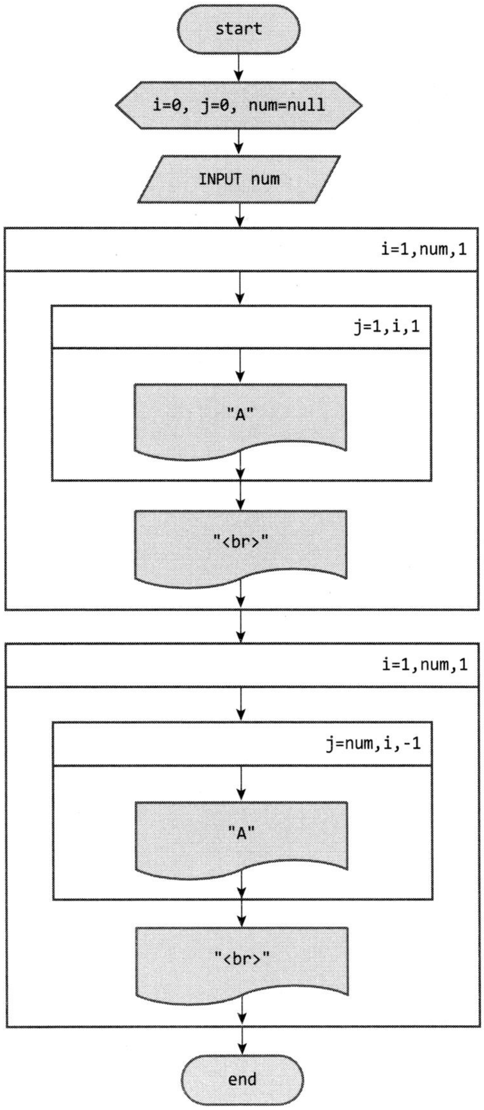

프로그램 ex37_multi_for_A.htm

```
<html>
  <head> <title> 문자 A 테이블 </title> </head>
  <body>
    <script type = "text/javascript">
          document.write("<h2>문자 A 테이블</h2>");
          document.write("--------------------------------<br>");

          var  i = 0, j = 0, num = null;

          num = prompt("임의의 1이상의 정수를 입력하세요", "");

          for(i = 1; i <= num; i++)
          {
              for(j = 1; j <= i; j++)
              {
                  document.write("A ");
              }
              document.write("<br>");
          }
          for(i = 1; i <= num; i++)
          {
              for(j = num; j >= i; j--)
              {
                  document.write("A ");
              }
              document.write("<br>");
          }
          document.write("--------------------------------<br>");
      </script>
  </body>
</html>
```

실행결과

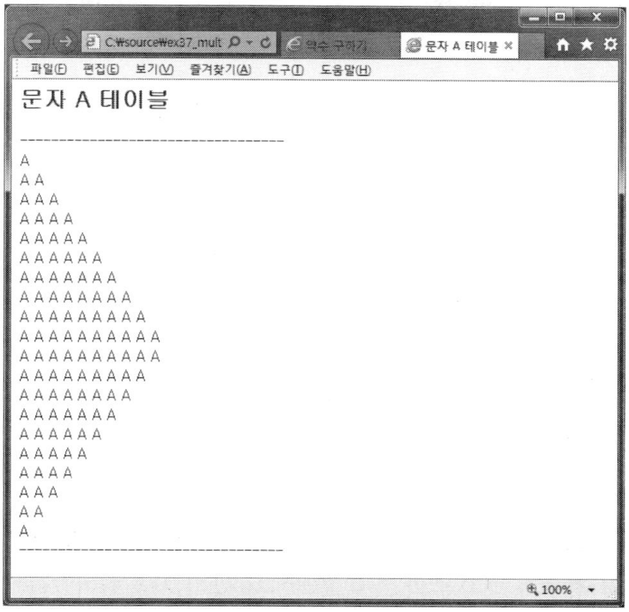

3. 다양한 다중 반복문

앞에서 설명한 것과 같이 다중 반복문이란 하나의 반복문 내에 다른 반복문이 포함되어 있는 것을 말하며 다중 반복문을 쓰는 이유는 문제 해결을 좀 더 쉽게 하기 위함이다.

여러 가지 다중 반복문들 중 하나의 예로 다중 for문에 대해 학습하였다. 이제 어느 정도 다중 반복문이 무엇인지 어떤 문제에 다중 반복문을 사용하는지 감을 잡았을 것이다. 지금부터는 몇몇 다중 반복문의 조합들을 좀 더 살펴보자. 3가지의 반복문(for, while, do-while)을 이용하여 2개의 반복문이 중첩된 조합을 만들면 다음과 같이 9가지의 조합된 반복문을 만들 수 있다.

바깥쪽 반복문	내부 반복문
for 루프	for 루프
for 루프	while 루프
for 루프	do-while 루프
while 루프	while 루프
while 루프	for 루프
while 루프	do-while 루프
do-while 루프	do-while 루프
do-while 루프	for 루프
do-while 루프	while 루프

반복문은 필요시 3개 이상 중첩되어 나타날 수 있다. 보통은 2개의 반복문이 중첩된 경우가 대부분의 프로그램에서 많이 사용되며 가끔은 3개의 중첩된 반복문이 사용되기도 한다. 3개의 중첩된 반복문이 사용되는 하나의 예로는 달력을 만드는 프로그램이다.

여기서는 앞의 다중 for문에서 학습한 실습예제들을 while문 또는 do-while문 등으로 변경해봄으로써 2개의 반복문을 다양하게 중첩시켜 문제를 해결하는 방법을 실습할 것이다.

실습예제 EXAMPLE

다음과 같이 문자열을 출력하는 순서도와 프로그램을 작성해 보자. 전체는 10줄이고 각 줄 마다 30개씩의 "*" 문자가 출력되어 있다. 단, 앞에서는 다중 for문을 이용하여 작성했지만 이번에는 바깥쪽 루프로 for문을, 그리고 내부 루프로 while문을 조합하여 순서도와 프로그램을 작성해 보자.

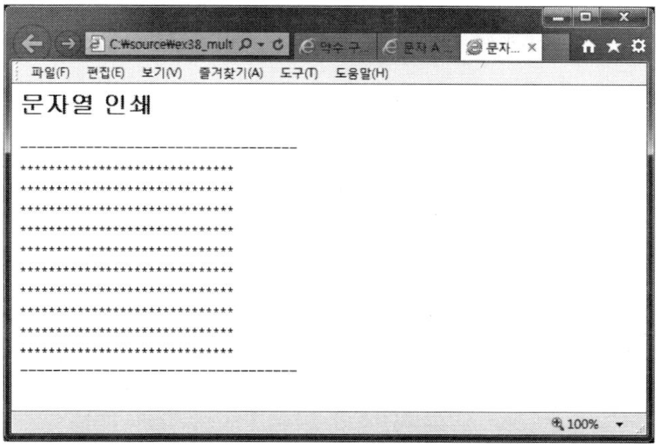

문제해결 논리

전체는 10줄이고 각 줄 마다 30개씩의 "*" 문자가 출력되어 있으므로 2개의 반복문이 필요하다. 즉 10줄을 세는 것(제어)은 바깥쪽 for 루프가 담당하도록 하고 각 줄에 대해 10개씩의 "*" 문자를 세는 것(제어)은 내부의 while 루프가 담당하도록 하면 된다. 이 역도 당연히 가능하다.

바깥쪽 for 루프의 초기치는 1로 부여하고, 증감치는 1씩 증가하도록 하면 된다. 최종치인 조건은 1부터 시작해서 10회 반복해야 하므로 10보다 작거나 같을 동안만 실행하면 된다.

내부의 while 루프는 각 줄 마다 30개씩의 "*" 문자가 출력되어야 하므로 1부터 시작해서 30회 반복해야 한다. 그러므로 while의 조건은 30보다 작거나 같을 동안만 실행하면 된다.

순서도

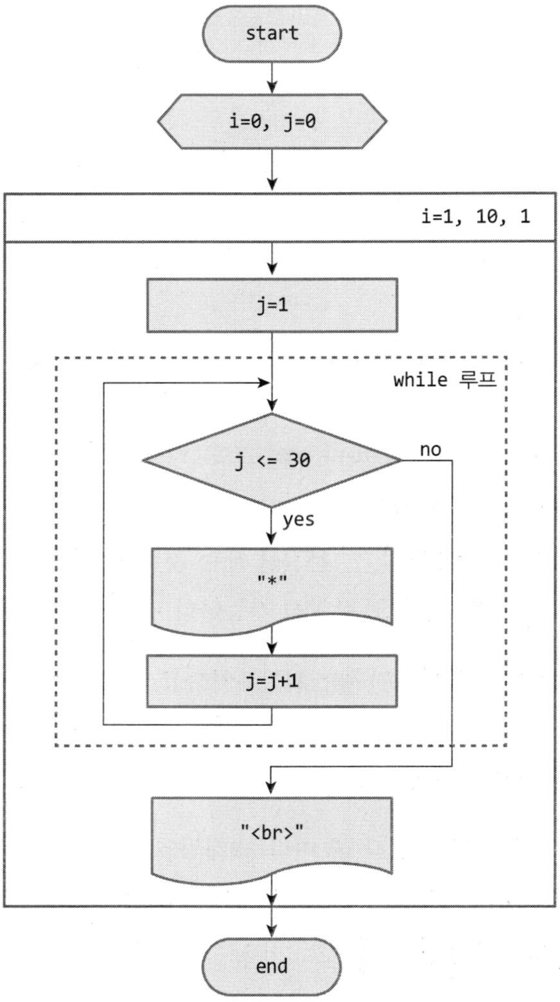

프로그램 ex38_multi_for_while_string.htm

```
<html>
 <head> <title> 문자열 인쇄 </title> </head>
 <body>
  <script type = "text/javascript">
        document.write("<h2>문자열 인쇄</h2>");
        document.write("--------------------------------<br>");
```

```
        var i=0, j = 0;
        for(i = 1; i <= 10; i++)
        {
            j = 1;
            while(j <= 30)
            {
                document.write("*");
                j++;
            }
            document.write("<br>");
        }

        document.write("--------------------------------<br>");
    </script>
  </body>
</html>
```

실습예제 EXAMPLE

다음과 같이 문자 A를 출력하는 순서도와 프로그램을 작성하여 보자. 단, 바깥쪽 루프는 for문으로, 내부 루프는 do-while문을 이용하여 작성해 보자.

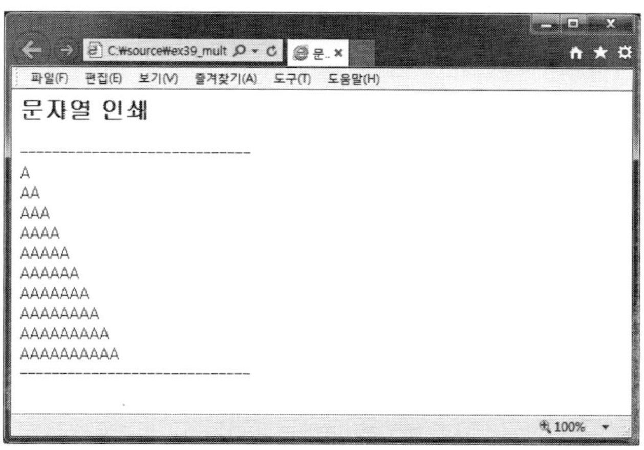

문제해결 논리

전체는 10줄이고 각 줄 마다 "A" 문자가 출력되어 있다. 또한 첫 줄에는 문자 "A"가 1개, 두 번째 줄에는 문자 "A"가 2개, ..., 10번째 줄에는 문자 "A"가 10개가 출력되어 있다. 즉, 각 줄이 하나씩 증가할 때 마다 문자 "A"도 한 개씩 추가하여 출력되어 있다.
따라서 10줄을 세는 것(제어)은 바깥쪽 for 루프가 담당하도록 하고 각 줄에 대해 1개씩 증가하면서 "A" 문자를 세는 것(제어)은 내부의 do-while 루프가 담당하도록 하면 된다.

바깥쪽 for 루프는 1부터 시작해서 10회 반복해야 하므로 조건으로 10보다 작거나 같을 동안만 실행하도록 부여하면 된다.

내부의 do-while 루프는 각 줄 마다 1개씩 증가된 수의 "A" 문자가 출력되어야 하므로 조건으로 1부터 시작해서 바깥쪽 for문의 제어변수 값까지 반복하도록 하면 된다.

순서도

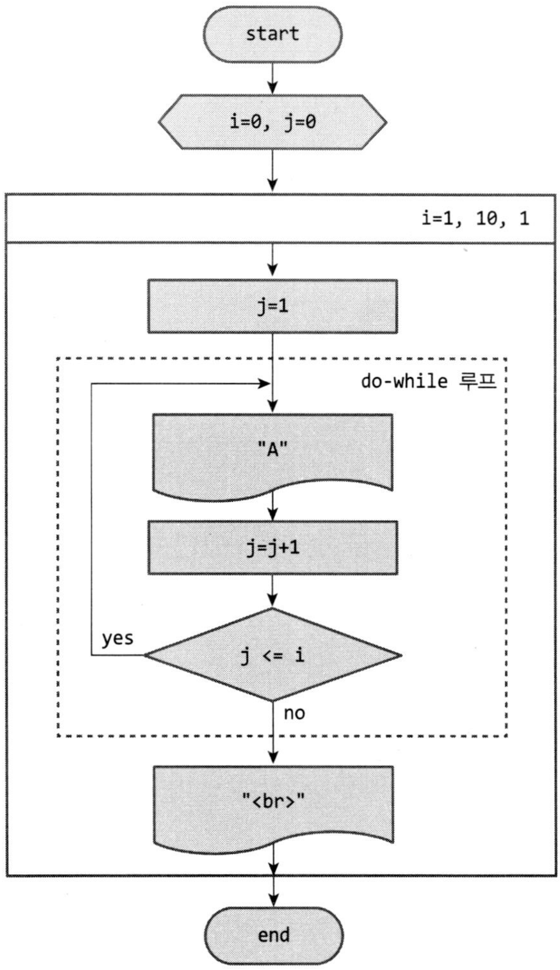

프로그램 ex39_multi_for_dowhile_A.htm

```
<html>
  <head> <title> 문자열 인쇄 </title> </head>
  <body>
    <script type = "text/javascript">
          document.write("<h2>문자열 인쇄</h2>");
          document.write("-----------------------------<br>");

          var i = 0, j = 0;
```

```
            for(i = 1; i <= 10; i++)
            {
                j = 1;
                do {
                        document.write("A");
                        j++;
                } while(j <= i);

                document.write("<br>");
            }

            document.write("-----------------------------<br>");
        </script>
    </body>
</html>
```

실습예제 EXAMPLE

다음과 같은 식(수열 식)의 값을 구하는 순서도와 프로그램을 작성해 보자. 단, 바깥 루프는 while 루프를 사용하고 내부 루프는 do-while 루프를 사용해 보자.

$$(1)+(1+2)+(1+2+3)+ \ldots\ldots\ldots\ldots +(1+2+3+4+5+6+7+8+9+10)$$

출력은 다음과 같이 출력되도록 한다. 즉, 식(수열 식)에서 괄호 단위로 중간 합계가 표시되도록 출력한다.

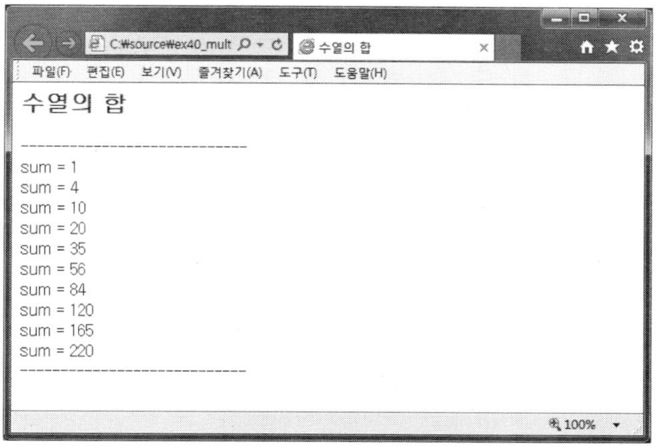

문제해결 논리

앞의 식은 다음과 같이 세로로 표현할 수도 있다. 즉 전체는 10줄이며, 각 줄은 1부터 시작해서 i까지의 합을 계산하고 있다.

```
1번째 줄  : 1 +
2번째 줄  : (1+2) +
3번째 줄  : (1+2+3)+
i 번째 줄 : .................. +
10번째 줄 : (1+2+3+4+5+6+7+8+9+10)
```

따라서 10줄을 세는 것(제어)은 바깥쪽 while 루프가 담당하도록 하고 각 줄에서 1부터 시작해서 i까지의 합을 계산하세는 것(제어)은 내부의 do-while 루프가 담당하도록 하면 된다.

따라서 바깥쪽 while 루프는 1부터 시작해서 10회 반복해야 하므로 10보다 작거나 같을 동안만 실행하면 된다.

내부의 do-while 루프는 각 줄 마다 1씩 증가된 수까지의 합을 계산해야 하므로 1부터 시작해서 바깥쪽 while 문의 제어 변수 i까지 반복하면 된다.

또한 do-while 루프가 끝날 때마다 while 루프로 다시 진행하기 전에 계산된 중간 합계가 출력되는 부분이 있어야 한다.

순서도

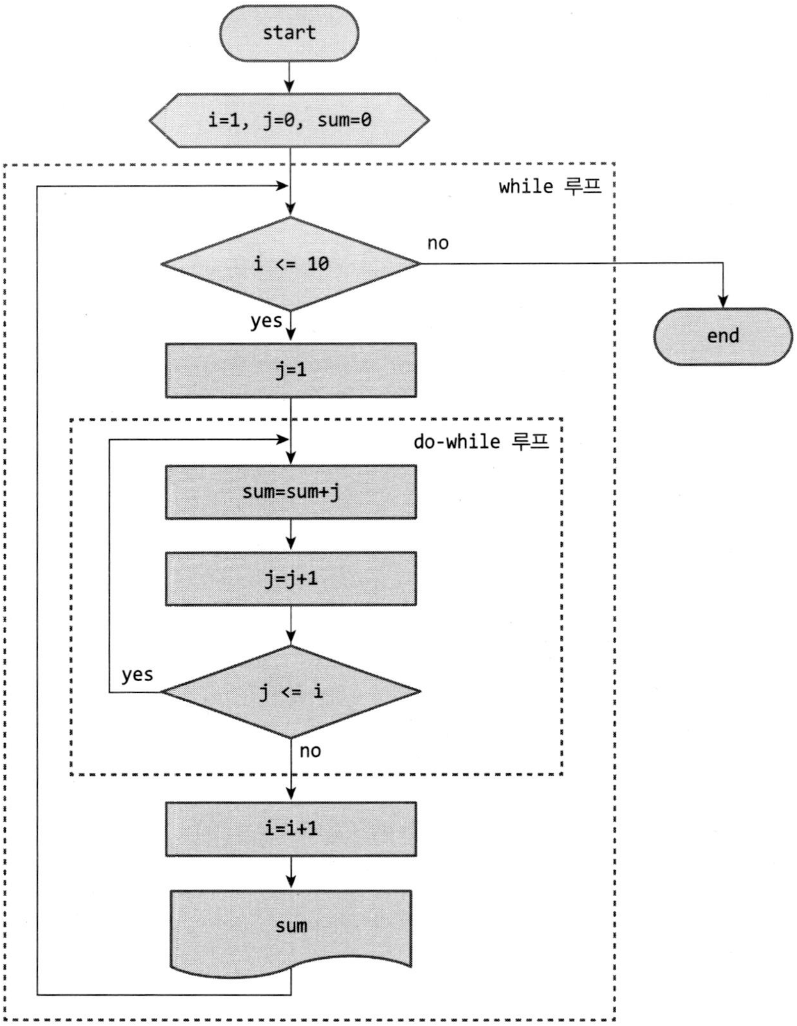

프로그램 ex40_multi_while_dowhile_sum.htm

```
<html>
 <head> <title> 수열의 합 </title> </head>
 <body>
  <script type = "text/javascript">
        document.write("<h2>수열의 합</h2>");
        document.write("---------------------------<br>");
```

```
        var i = 1, j = 0, sum = 0;

        while(i <= 10)
            j = 1;
            do {
                sum = sum + j;
                j++;
            } while(j <= i);
            i++;
            document.write("sum = " + sum + "<br>");
        }
        document.write("---------------------------<br>");
    </script>
  </body>
</html>
```

확인문제 1부터 30까지의 정수를 대상으로 자신의 약수를 모두 구하여 다음과 같이 출력하는 순서도와 프로그램을 작성하여라. 단, 바깥쪽 루프는 do-while 루프를 이용하고 내부 루프는 while문을 사용하여라.

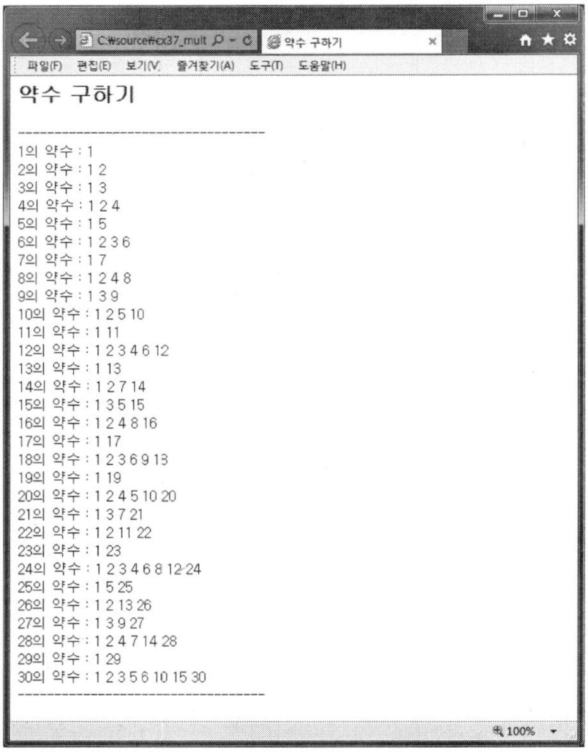

문제해결 논리

임의의 정수 a의 약수는 a를 1부터 a까지의 정수로 나누었을 때 나머지가 0이면 그 나누는 정수는 a의 약수가 된다.

1부터 30까지의 정수를 대상으로 약수를 구해야 하므로 1부터 30까지 세는 것(제어)은 바깥쪽 do-while 루프가 담당하도록 하고 1부터 30까지의 각 정수에 대해 1부터 시작해서 대상 정수까지의 수로 나누는 것을 세는 것(제어)은 내부의 while 루프가 담당하도록 하면 된다.

따라서 바깥쪽 do-while 루프는 1부터 시작해서 30까지 반복해야 하므로 30보다 작거나 같을 동안만 실행하면 된다.

내부의 while 루프는 1부터 시작해서 바깥쪽 do-while 문의 제어 변수 값까지 반복하면 된다.

순서도

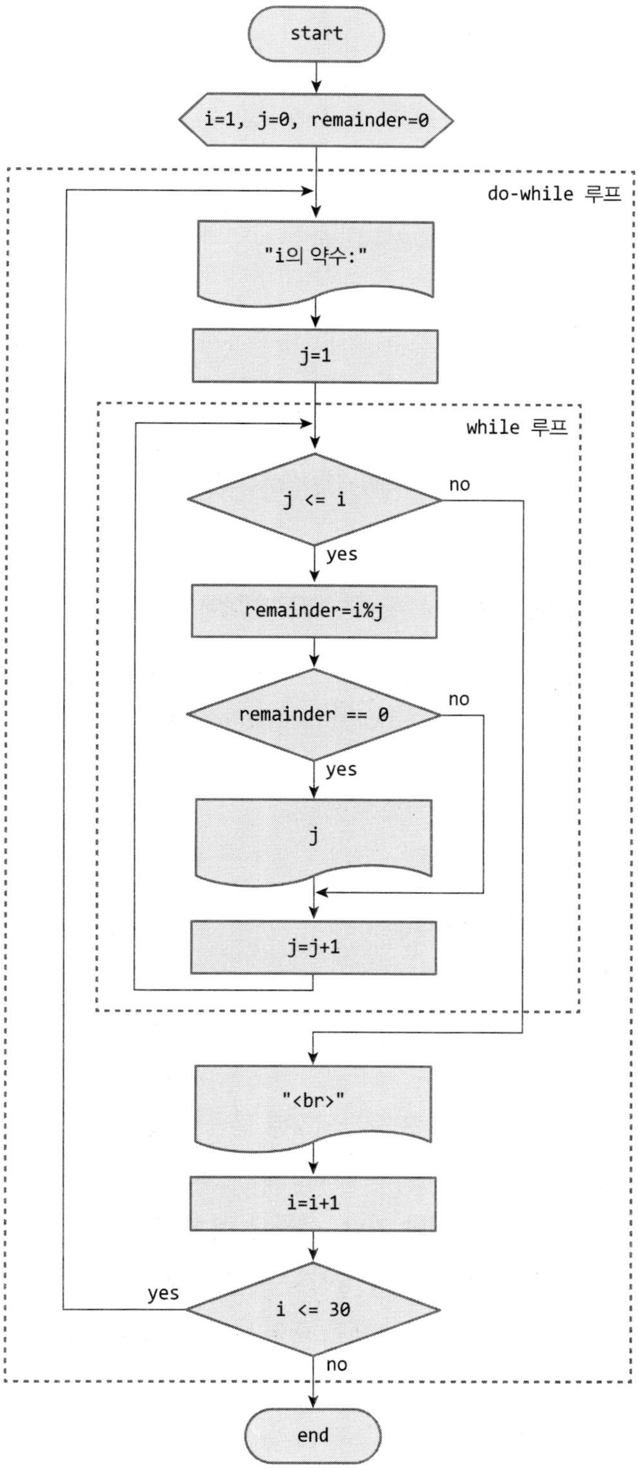
start
i=1, j=0, remainder=0
do-while 루프
"i의 약수:"
j=1
while 루프
j <= i
no
yes
remainder=i%j
remainder == 0
no
yes
j
j=j+1
"<br>"
i=i+1
yes
i <= 30
no
end

프로그램 ex37_multi_dowhile_while_divisor.htm

```
<html>
  <head> <title> 약수 구하기 </title> </head>
  <body>
    <script type = "text/javascript">
          document.write("<h2>약수 구하기</h2>");
          document.write("--------------------------------<br>");

          var  i = 1, j = 0, remainder = 0;
          do {
                  document.write(i + "의 약수 : ");
                  j = 1;
                  while(j <= i)
                  {
                      remainder = i % j;
                      if(remainder == 0) document.write(" " + j + " " + " ");
                      j++;
                  }
                  document.write("<br>");
                  i++;
          } while(i <= 30);

          document.write("--------------------------------<br>");
    </script>
  </body>
</html>
```

확인문제 사용자로부터 입력된 숫자의 2배 만큼의 행에 "A" 라는 문자를 출력하는 순서도와 프로그램을 작성하되 while 루프, do-while 루프, 그리고 for 루프를 반드시 1번 이상 사용하여야 한다. 예를 들어 만약 사용자로부터 5를 입력 받으면 다음의 출력 예와 같이 행이 증가할 때마다 "A"의 출력개수가 1개씩 증가하여 5행을 출력한 후, 다시 5개의 행은 행이 증가할 때마다 "A"의 출력개수를 한 개씩 감소시킨다.

출력 예
A A A A A A A A A A A A A A A A A A A A A A A A A A A A A A

문제해결 논리 사용자로부터 입력된 값이 5라고 가정하자. 이 값을 변수 num에 저장시킨다. 그러면 전체 행의 수는 num×2로 10이 된다. 이 문제는 2개 부분으로 나누어 생각하면 편리하다. 즉, 출력 내용을 보면 10개 행중에서 처음 5개 행에는 문자 A가 1개씩 추가되어 출력되었으며, 6번째 행 이후부터는 문자 A가 1개씩 삭제되어 출력되었다. 따라서 1번째 행부터 5번째 행까지를 하나의 다중 루프로 작성하고 6번째 행부터 10번째 행까지는 또 다른 다중 루프로 작성한다.

순서도

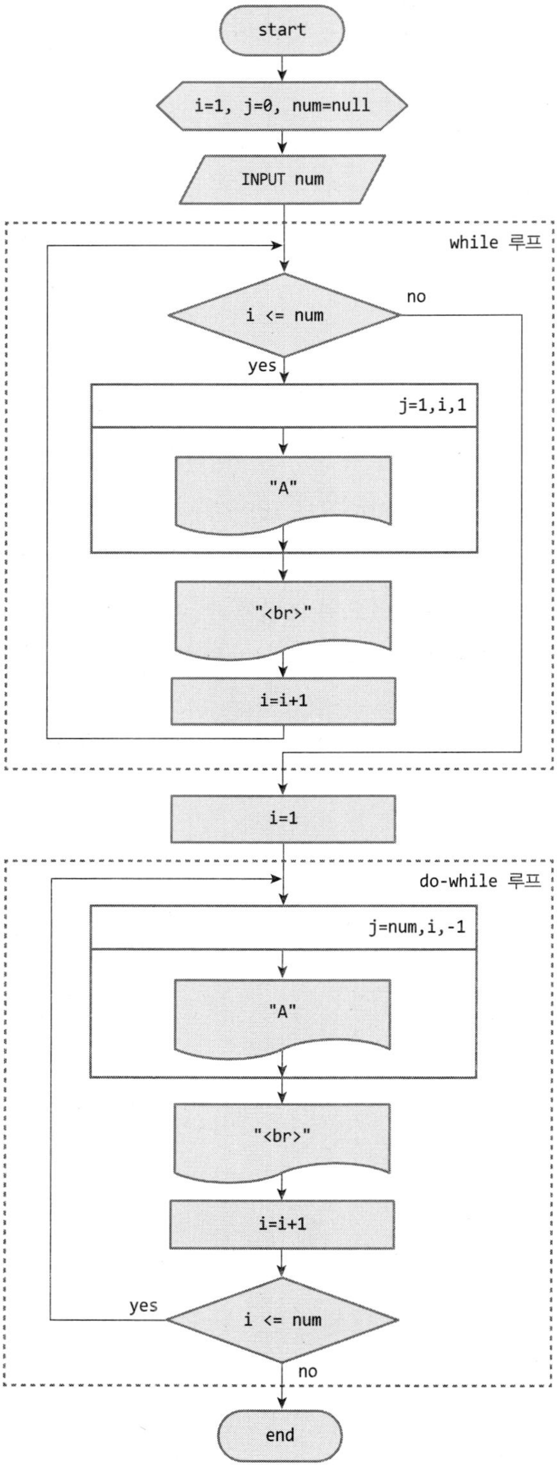
start
i=1, j=0, num=null
INPUT num
while 루프
i <= num
no
yes
j=1,i,1
"A"
"<br>"
i=i+1
i=1
do-while 루프
j=num,i,-1
"A"
"<br>"
i=i+1
yes
i <= num
no
end

프로그램 ex37_multi_for_while_dowhile_A.htm

```
<html>
  <head> <title> 문자 A 테이블 </title> </head>
  <body>
    <script type = "text/javascript">
          document.write("<h2>문자 A 테이블</h2>");
          document.write("------------------------------<br>");

          var  i = 1, j = 0, num = null;

          num = prompt("임의의 1이상의 정수를 입력하세요", "");

          while(i <= num)
          {
              for(j = 1; j <= i; j++)
              {
                  document.write("A ");
              }
              document.write("<br>");
              i++;
          }

          i = 1;
          do {
              for(j = num; j >= i; j--)
              {
                  document.write("A ");
              }
              document.write("<br>");
              i++;
          } while(i <= num);

          document.write("------------------------------<br>");
    </script>
  </body>
</html>
```

실행결과

Level Up 문제

전기요금 명세서를 출력하기 위한 순서도와 프로그램을 다중 `while`문을 이용하여 작성하여라. 입력은 다음과 같이 집 번지수, 구분코드, 월사용량 3가지를 입력으로 받는다.

집 번지수	구분코드	월사용량

이 프로그램은 다음과 같은 처리 조건을 만족시켜야 한다.

- 집 번지수가 "g" 또는 "Q"가 입력되면 프로그램을 종료한다.
- 집 번지수는 예로 `1-0001`, `1-0002`, `1-0003` 등과 같은 형식으로 입력한다.
- 구분코드는 "1", "2", "3" 중 하나이며 만약 다른 값이 입력되면 구분코드만을 다시 입력받는다.
- 구분코드에 따른 기본요금과 할인율을 다음과 같이 적용하여 계산한다.

구분코드	1	2	3
구분의미	가정용	영업용	공공용
기본요금	1000	2000	3000
할인율	20%	10%	50%

- 월 사용량은 kw 단위로 입력되며 1kw 당 50원으로 계산한다.
- 할인율은 기본요금과 사용량에 대한 금액의 합계에 대한 할인율이다.
- 예로 100kw을 사용한 가정용 전기요금의 계산은 다음과 같이 된다.

```
( 1000(기본요금) +(100kw * 50원) ) -
( 1000(기본요금) +(100kw * 50원) ) * 0.2
```

- 출력은 다음과 같이 출력되도록 한다.

전기 요금 명세서

집 번지수	구분코드	월사용량	부과요금
-	-	-	-
-	-	-	-
-	-	-	-

총 전기사용량 :
총 전기요금합 :

문제해결 논리

프로그램이 “q” 또는 “Q”라는 문자가 입력되면 종료되어야 하므로 while문의 조건은 다음 둘 중 하나를 이용하면 될 것이다. 다음의 두 식 중에서 어떤 식을 사용하느냐에 따라 순서도의 분기가 달라질 수 있다. 특히 while문의 조건은 while문의 시작점에 위치시킨다. 이 while 루프는 종료 조건을 검사하는 바깥쪽 반복루프가 된다.

① (inputValue != “q”) && (inputValue != “Q”)
② (inputValue == “q”) || (inputValue == “Q”)

입력된 구분코드가 “1”, “2”, “3” 중 어느 하나인지 아닌지를 검사하여 구분코드가 “1”, “2”, “3” 중 하나가 입력될 때까지 다시 입력을 받아야 한다. 즉 이 부분이 하나의 반복 루프로 처리되어야 한다. 따라서 이 반복루프는 종료 조건을 검사하는 바깥쪽 반복루프 내에 존재해야한다. 그러므로 전체 프로그램 입장에서 볼 때 이 프로그램은 다중루프로 작성되어야 할 것이다.

순서도

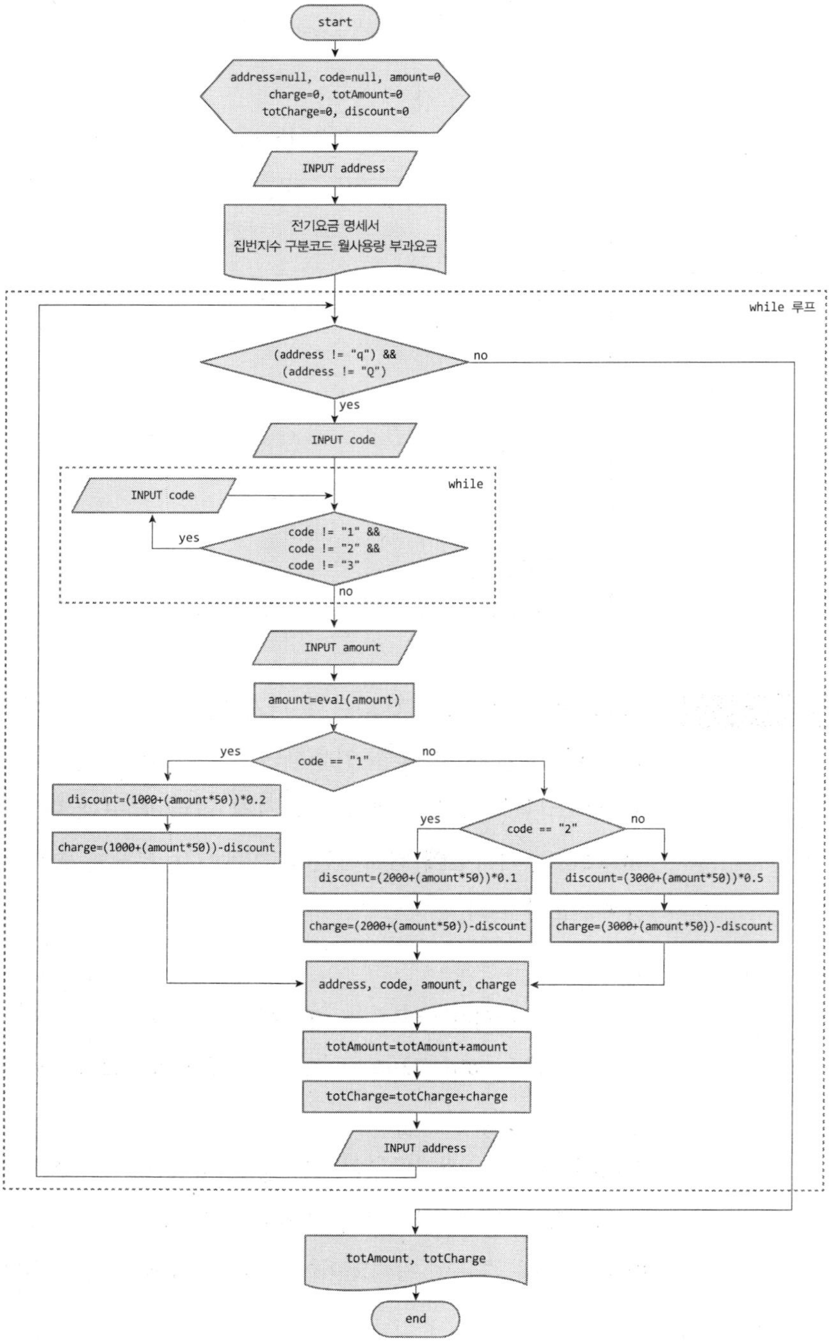

프로그램 level_up_1_electronic_fee_2.htm

```
<html>
 <head> <title> 전기요금 명세서 </title> </head>
 <body>
  <script type = "text/javascript">
       document.write("<h2>전기요금 명세서</h2>");
       document.write("------------------------------------<br>");

       var  address = null, code = null, amount = 0, charge = 0;
       var  totAmount = 0, totCharge = 0, discount = 0;

       address = prompt("주소를 입력하세요", "");

       document.write("        ");
       document.write("        ");
       document.write("전기요금 명세서<br><br>");
       document.write("집번지수   구분코드  ");
       document.write("월사용량  부과요금<br>");

       while( (address != "q")  && (address != "Q") ) {

           code = prompt("구분코드를 입력하세요", "");
           while( code != "1" && code != "2" && code != "3" ) {
               code = prompt("구분코드를 입력하세요", "");
           }

           amount = eval( prompt("월사용량을 입력하세요", "") );
           if(code == "1") {
               discount = (1000 + (amount * 50)) * 0.2;
               charge = (1000 + (amount * 50)) - discount;
           }
           else if(code == "2") {
               discount = (2000 + (amount * 50)) * 0.1;
               charge = (2000 + (amount * 50)) - discount;
           }
           else {
```

```
                discount = (3000 + (amount * 50)) * 0.5;
                charge = (3000 + (amount * 50)) - discount;
            }

            document.write("   " +address);
            document.write("       " +code);
            document.write("       ");
            document.write("    " +amount);
            document.write("       ");
            document.write("  " +charge + "<br>");

            totAmount = totAmount + amount;
            totCharge = totCharge + charge;

            address = prompt("주소를 입력하세요", "");
        }
        document.write("<br>총 전기사용량 : " + totAmount + "<br>");
        document.write("총 전기요금합 : " + totCharge + "<br>");

        document.write("-----------------------------------<br>");
    </script>
  </body>
</html>
```

실행결과

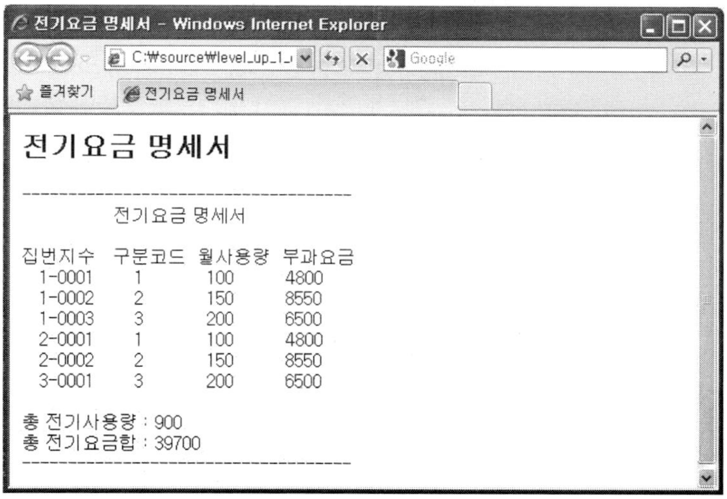

Level Up 문제 매월 휴대폰 요금을 가입자별로 계산해주는 순서도와 프로그램을 while문을 이용하여 작성하여라. 입력은 다음과 같이 가입자 전화번호, 요금종류, 주간 통화시간, 야간 통화시간, 그리고 데이터 사용량을 입력받는다.

가입자 전화번호	요금종류	주간 통화시간	야간 통화시간	데이터 사용량

이 프로그램은 다음과 같은 처리 조건을 만족시켜야 한다.

- 가입자 전화번호가 “g” 또는 “Q” 가 입력되면 프로그램을 종료한다.
- 가입자 전화번호는 예로 1234-0001, 1234-0002와 같은 형식으로 입력한다.
- 요금종류가 “1”, “2”, “3” 중 하나가 아니면 요금종류만을 다시 입력받는다.
- 주간 통화시간과 야간 통화시간은 모두 분 단위로 입력된다고 가정한다.
- 주간 통화시간과 야간 통화시간이 0미만의 값이 입력되면 해당 시간만을 다시 입력받는다.
- 데이터 사용량도 0미만의 값이 입력되면 데이터 사용량만을 다시 입력받는다.
- 요금의 종류에 따른 기본요금과 전화요금은 다음의 표에 의해 계산한다. 다음의 표에서 데이터 사용량은 라이트인 경우 500M, 이코노미인 경우 1000M,

프리미엄인 경우 2000M까지는 비용 없이 사용할 수 있는 용량이다. 따라서 데이터 사용량은 요금종류별로 각각 500M, 1000M, 2000M가 넘은 경우에만 사용요금을 1M 당 10원으로 부과한다. 특히 요금종류별로 비용 없이 사용할 수 있는 500M, 1000M, 2000M을 다 사용하지 않은 경우에는 10M당 15원씩을 부과금액에서 감해준다.

요금종류	의미	기본요금	1초당 전화요금		데이터 사용량
1	라이트	10,000	주	15원	500M
			야	10원	
2	이코노미	20,000	주	20원	1000M
			야	10원	
3	프리미엄	30,000	주	25원	2000M
			야	15원	

데이터 입력이 다음과 같은 경우 요금계산을 해 보자.

가입자 전화번호	요금종류	주간통화 시간	야간통화 시간	데이터 사용량
1234-0001	1	50분	30분	800M

다음과 같이 계산된다.

10,000(기본요금)+(50분×60초)×15원+(30분×60초)×10원+(800M - 500M)×10원

= 10,000 + 45,000 + 18,000 + 3,000

= 76,000원

- 출력은 다음의 예와 같이 출력되도록 한다.

휴대폰 요금 명세서

전화번호	요금종류	주간통화	야간통화	데이터사용량	부과요금
1234-0001	1	50분	30분	800M	76,000원
1234-0002	2	50분	25분	700M	97,000원
-	-	-	-	-	-
-	-	-	-	-	-

총 주간통화 시간 :
총 야간통화 시간 :
총 데이터 사용량 :
총 부과요금 합계 :

문제해결 논리

프로그램이 "q" 또는 "Q"라는 문자가 입력되면 종료되어야 하므로 while문의 조건은 다음 둘 중 하나를 이용하면 될 것이다. 다음의 두 식 중에서 어떤 식을 사용하느냐에 따라 순서도의 분기가 달라질 수 있다. 특히 while문의 조건은 while문의 시작점에 위치시킨다. 이 while 루프는 종료 조건을 검사하는 바깥쪽 반복루프가 된다.

① (inputValue != "q") && (inputValue != "Q")
② (inputValue == "q") || (inputValue == "Q")

입력된 요금종류가 "1", "2", "3" 중 어느 하나인지 아니지를 검사하여 구분코드가 "1", "2", "3" 중 하나가 입력될 때까지 다시 입력을 받아야 한다. 즉 이 부분이 하나의 반복 루프로 처리되어야 한다. 따라서 이 반복루프는 종료 조건을 검사하는 바깥쪽 반복루프 내에 존재해야한다. 그러므로 전체 프로그램 입장에서 볼 때 이 프로그램은 다중루프로 작성되어야 할 것이다.

요금종류와 마찬가지로 주간 통화시간, 야간 통화시간, 데이터 사용량이 각각 0 미만인 경우 해당 데이터만을 다시 입력받는 부분도 각각 하나의 반복루프로 작성되어 바깥쪽 반복루프 내에 존재해야 한다.

각 요금종류에 따라 비용 없이 사용할 수 있는 500M, 1000M, 2000M을 다 사용하지 않은 경우에는 10M당 15원씩을 부과금액에서 감해주어야 하므로 이를 if문으로 작성해야 한다. 따라서 if문 내에 if문이 들어가는 구조로 프로그램이 작성되어야 한다.

순서도

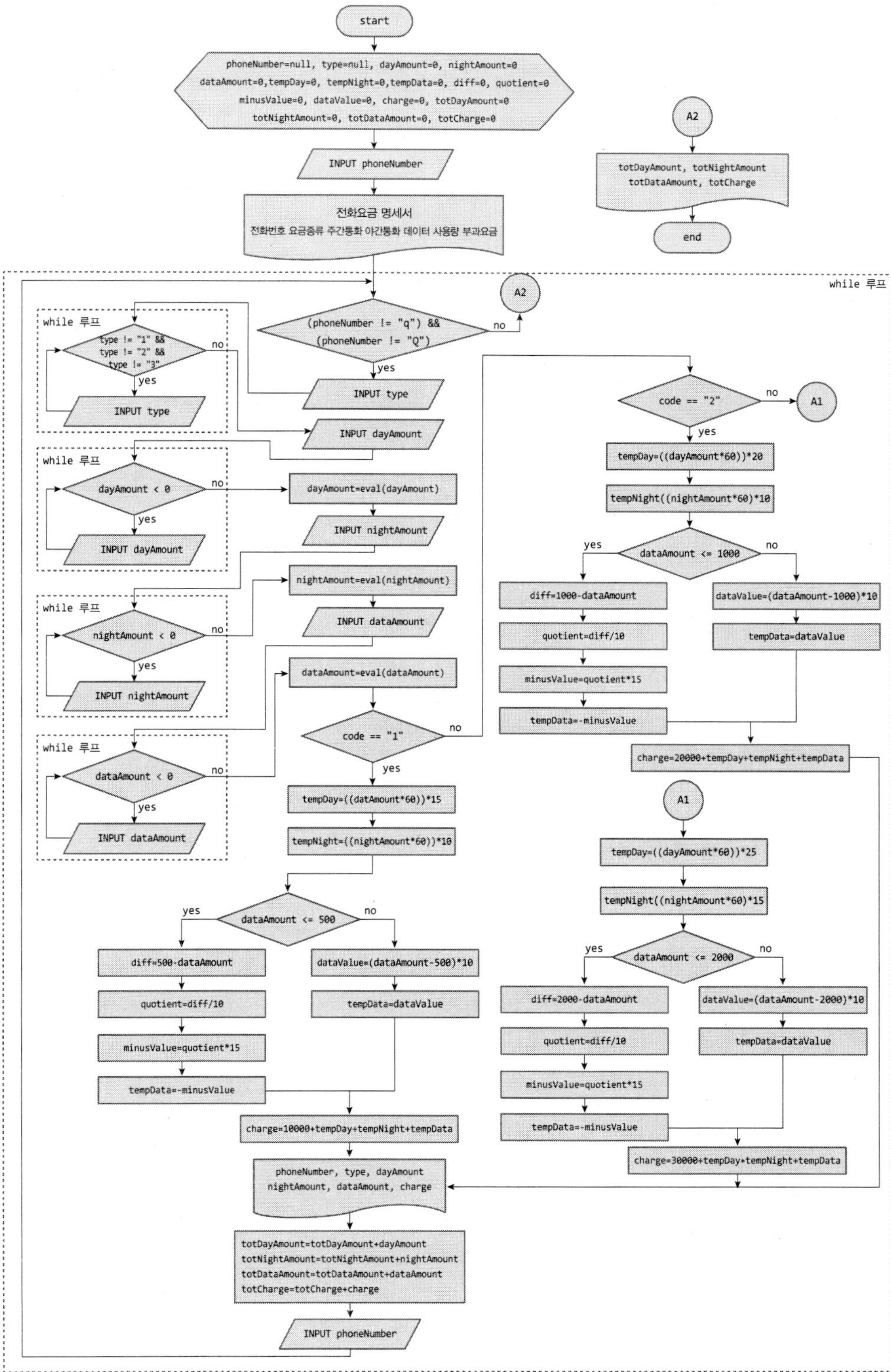

start
phoneNumber=null, type=null, dayAmount=0, nightAmount=0
dataAmount=0,tempDay=0, tempNight=0,tempData=0, diff=0, quotient=0
minusValue=0, dataValue=0, charge=0, totDayAmount=0
totNightAmount=0, totDataAmount=0, totCharge=0
INPUT phoneNumber
전화요금 명세서
전화번호 요금종류 주간통화 야간통화 데이터 사용량 부과요금
while 루프
(phoneNumber != "q") &&
(phoneNumber != "Q")
no
A2
yes
INPUT type
while 루프
type != "1" &&
type != "2" &&
type != "3"
INPUT type
INPUT dayAmount
while 루프
dayAmount < 0
INPUT dayAmount
dayAmount=eval(dayAmount)
INPUT nightAmount
while 루프
nightAmount < 0
INPUT nightAmount
nightAmount=eval(nightAmount)
INPUT dataAmount
while 루프
dataAmount < 0
INPUT dataAmount
dataAmount=eval(dataAmount)
code == "1"
tempDay=((datAmount*60))*15
tempNight=((nightAmount*60))*10
dataAmount <= 500
diff=500-dataAmount
quotient=diff/10
minusValue=quotient*15
tempData=-minusValue
dataValue=(dataAmount-500)*10
tempData=dataValue
charge=10000+tempDay+tempNight+tempData
code == "2"
A1
tempDay=((dayAmount*60))*20
tempNight((nightAmount*60)*10
dataAmount <= 1000
diff=1000-dataAmount
quotient=diff/10
minusValue=quotient*15
tempData=-minusValue
dataValue=(dataAmount-1000)*10
tempData=dataValue
charge=20000+tempDay+tempNight+tempData
A1
tempDay=((dayAmount*60))*25
tempNight((nightAmount*60)*15
dataAmount <= 2000
diff=2000-dataAmount
quotient=diff/10
minusValue=quotient*15
tempData=-minusValue
dataValue=(dataAmount-2000)*10
tempData=dataValue
charge=30000+tempDay+tempNight+tempData
phoneNumber, type, dayAmount
nightAmount, dataAmount, charge
totDayAmount=totDayAmount+dayAmount
totNightAmount=totNightAmount+nightAmount
totDataAmount=totDataAmount+dataAmount
totCharge=totCharge+charge
INPUT phoneNumber
A2
totDayAmount, totNightAmount
totDataAmount, totCharge
end

프로그램 level_up_1_mobile_phone_fee_2.htm

```
<html>
  <head> <title> 휴대폰 요금 명세서 </title> </head>
  <body>
    <script type = "text/javascript">
        document.write("<h2>휴대폰 요금 명세서</h2>");
        document.write("--------------------------------------------------------<br>");

        var  phoneNumber = null, type = null, dayAmount = 0, nightAmount = 0;
        var  dataAmount = 0, tempDay = 0, tempNight = 0, tempData = 0;
        var  diff = 0, quotient = 0, minusValue = 0, dataValue = 0;
        var  charge = 0, totDayAmount = 0, totNightAmount = 0, totDataAmount = 0;
        var  totCharge = 0;

        phoneNumber = prompt("전화번호를 입력하세요", "");

        document.write("        ");
        document.write("        ");
        document.write("휴대폰 요금 명세서<br><br>");
        document.write("    ");
        document.write("전화번호   요금종류  ");
        document.write("주간통화  야간통화  ");
        document.write("데이터사용량  부과요금" + "<br>");

        while( (phoneNumber != "q")  && (phoneNumber != "Q") ) {

            type = prompt("요금종류를 입력하세요", "");
            while( type != "1" && type != "2" && type != "3" ) {
                  type = prompt("요금종류를 입력하세요", "");
            }

            dayAmount = eval( prompt("주간통화시간을 입력하세요", "") );
            while( dayAmount < 0 ) {
                  dayAmount = eval( prompt("주간통화시간을 입력하세요", "") );
            }
```

```
        nightAmount = eval( prompt("야간통화시간을 입력하세요", "") );
        while( nightAmount < 0 ) {
            nightAmount = eval( prompt("야간통화시간을 입력하세요", "") );
        }

        dataAmount = eval( prompt("데이터사용량을 입력하세요", "") );
        while( dataAmount < 0 ) {
            dataAmount = eval( prompt("데이터사용량을 입력하세요", "") );
        }

        if(type == "1") {
            tempDay = ((dayAmount * 60) * 15);
            tempNight = ((nightAmount * 60) * 10);

            if(dataAmount <= 500) {
                diff = 500 - dataAmount;
                quotient = diff / 10;
                minusValue = quotient * 15;
                tempData  = -minusValue;
            }
            else {
                dataValue = (dataAmount - 500) * 10;
                tempData = dataValue;
            }
            charge =  10000 + tempDay + tempNight +  tempData;
        }
        else if(type == "2") {
            tempDay = ((dayAmount * 60) * 20);
            tempNight = ((nightAmount * 60) * 10);

            if(dataAmount <= 1000) {
                diff = 1000 - dataAmount;
                quotient = diff / 10;
                minusValue = quotient * 15;
                tempData  = -minusValue;
            }
            else {
```

```
                    dataValue = (dataAmount - 1000) * 10;
                    tempData = dataValue;
                }
            charge =  20000 + tempDay + tempNight +  tempData;
        }
        else {
            tempDay = ((dayAmount * 60) * 25);
            tempNight = ((nightAmount * 60) * 15);

            if(dataAmount <= 2000) {
                    diff = 2000 - dataAmount;
                    quotient = diff / 10;
                    minusValue = quotient * 15;
                    tempData  = -minusValue;
            }
            else {
                    dataValue = (dataAmount - 2000) * 10;
                    tempData = dataValue;
            }
            charge =  30000 + tempDay + tempNight +  tempData;
        }
        document.write("   " + phoneNumber);
        document.write("       " + type);
        document.write("       ");
        document.write("    " + dayAmount);
        document.write("       ");
        document.write("     " + nightAmount);
        document.write("       ");
        document.write("      " + dataAmount);
        document.write("        ");
        document.write("  ");
        document.write("    " + charge + "<br>");

        totDayAmount = totDayAmount + dayAmount;
        totNightAmount = totNightAmount + nightAmount;
        totDataAmount = totDataAmount + dataAmount;
        totCharge = totCharge + charge;
```

```
            phoneNumber = prompt("전화번호를 입력하세요", "");
        }
        document.write("<br>총 주간통화시간 : " + totDayAmount + "<br>");
        document.write("총 야간통화시간 : " + totNightAmount + "<br>");
        document.write("총 데이터사용량 : " + totDataAmount + "<br>");
        document.write("총 부과요금합계 : " + totCharge + "<br>");

        document.write("----------------------------------------------------------<br>");
    </script>
  </body>
</html>
```

실행결과

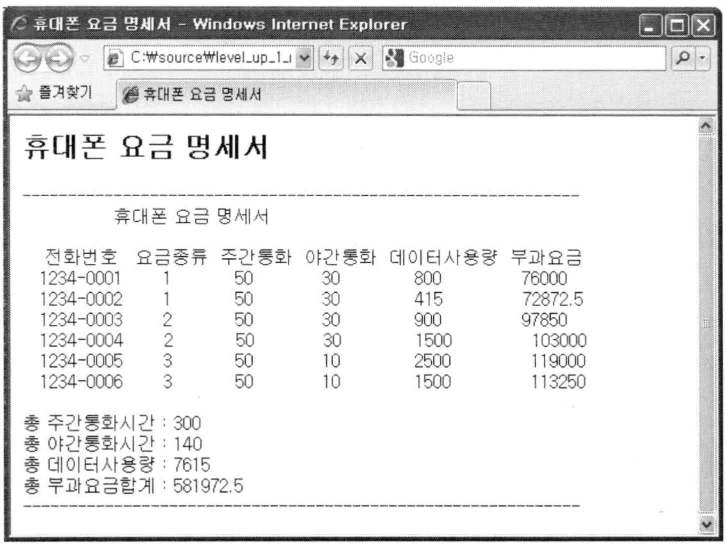

요약

SUMMARY

1. 다중 반복문

   다중 반복문이란 하나의 반복문 내에 다른 반복문이 포함되어 있는 것을 말한다. 예로 for문 내에 다른 for문이 있다든지, while문 내에 do-while문이 있다든지, 또는 for문 내에 while문이 있는 것과 같은 구조를 말한다.

2. 다중 for문

   다중 for문은 for 루프가 여러 개 중첩되어 있는 for문을 말한다.

3. 다중 반복문을 쓰는 주요 이유

   복잡한 논리를 쉽게 표현하여 문제 해결을 좀 더 쉽게 하기 위함이다.

연습문제 EXERCISE

1. 다음에 설명하는 내용이 무엇인지 간단히 답하시오.

설명	답
하나의 반복문 내에 다른 반복문이 포함되어 있는 것을 무엇이라고 부르는가?	
for 루프가 여러 개 중첩되어 있는 for문을 무엇이라고 부르는가?	
for, while, do-while 루프 3가지를 조합하여 2개의 중첩된 다중 반복문을 사용하는 경우, 총 몇 가지의 중첩된 다중 반복문이 만들어 질 수 있는가?	
다중 반복문을 사용하는 주요 이유를 하나 들으시오.	
2개의 루프가 중첩되어 있을 때, 바깥쪽 루프가 1부터 n까지 수행하고 내부 루프가 1부터 (m - 1)까지 수행 한다면 2개의 중첩된 루프가 수행하는 총 루프의 수행 횟수는 몇 번인가?	

2. 다음에 설명하는 내용이 맞으면 ○, 틀리면 ×로 답하시오.

설명	답
일반적으로 다중 반복문을 쓰면 문제 해결을 쉽게 만들고 이해하기도 수월하다.	
for 루프 내에는 while 루프가 나타날 수 있지만 do-while 루프는 나타날 수 없다.	
다중 for 루프에서 내부 루프는 반드시 바깥 루프 내에 포함되어 있어야 한다.	
3개 이상의 반복 루프가 중첩된 다중 반복문도 얼마든지 사용할 수 있다.	
3행 4열로 되어 있는 데이터를 모두 합하여 출력하는 프로그램을 작성할 때 다중 반복문은 프로그램을 쉽게 할 수 있도록 도울 수 있다.	

3. 다음 수식의 합을 구하는 순서도와 프로그램을 다중 for문을 이용하여 작성하여라. 단, 이 프로그램은 다음의 출력결과와 같이 매 10단위마다 중간합의 결과를 출력하여야 한다.

1+(1+2)+(1+2+3)+ …… +(1+2+3+……100)

실행결과

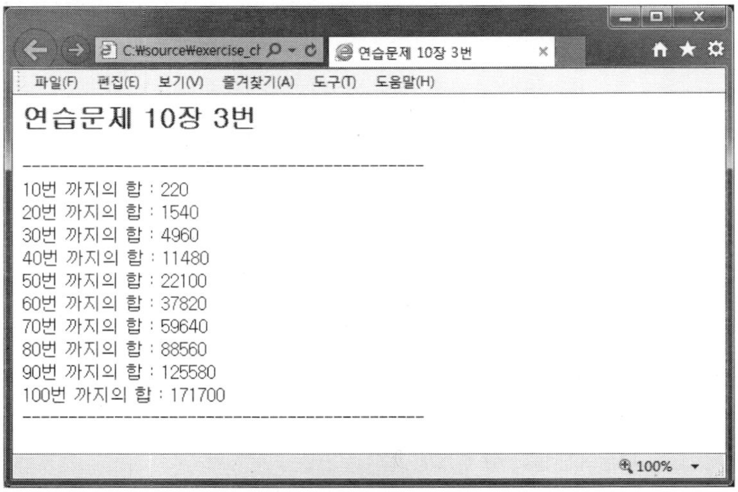

4. 2단부터 9단까지의 구구단을 다음의 출력결과와 같이 출력하는 순서도와 프로그램을 작성하여라. 또한 작성된 순서도 또는 프로그램을 보고 변수테이블도 작성하여라. 단, 바깥쪽 루프는 while루프를 내부의 루프는 for 루프를 사용하시오.

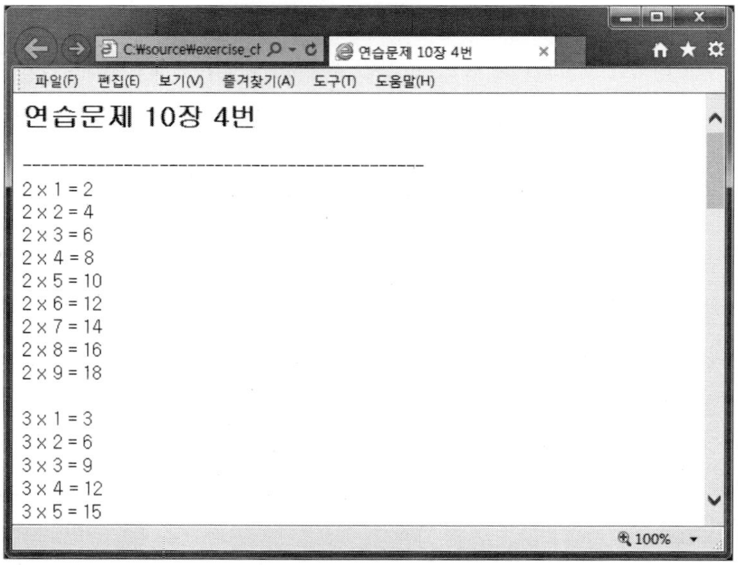

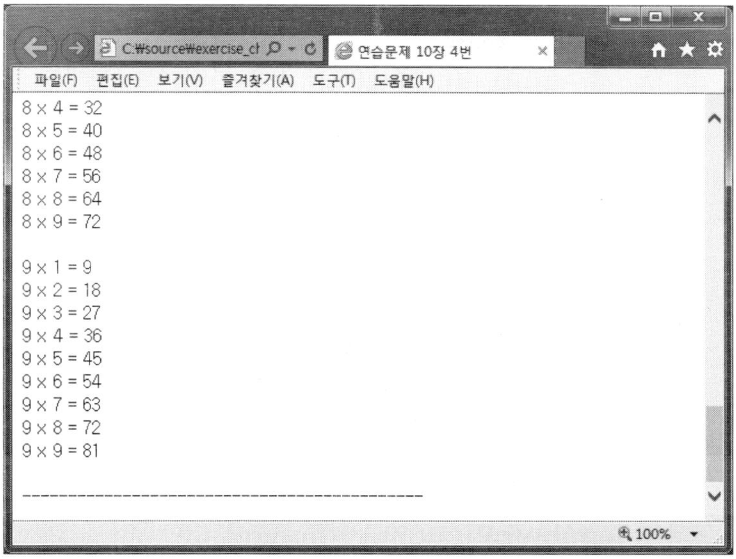

5. 다음의 실행 결과와 같이 문자 "A"를 출력하는 순서도와 프로그램을 작성하여라. 단, 바깥쪽 루프는 do-while 루프, 내부 루프는 for 루프를 사용하시오.

실행결과

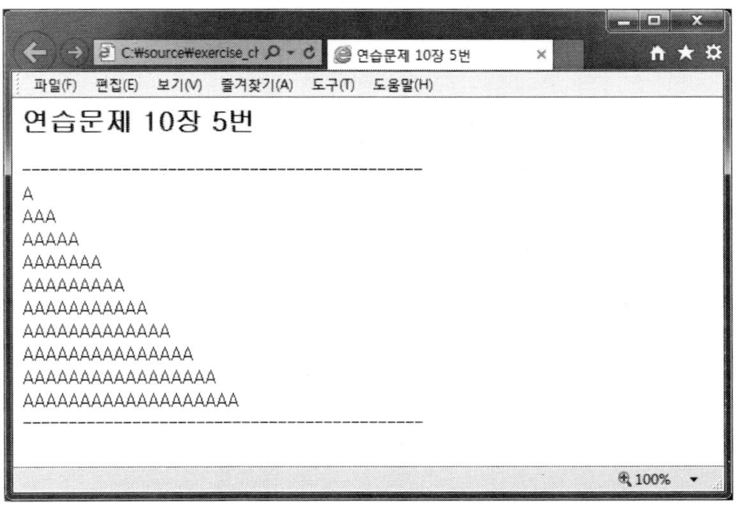

6. 2부터 1000까지의 정수 중에서 소수만을 찾아 출력하는 순서도와 프로그램을 작성하여라. 여기서 소수란 2부터 시작해서 자기 자신보다 작은 수들로 나

누었을 때 나머지가 0이 되지 않는 수이다. 1은 소수가 아니므로 제외된다. 즉, 소수란 1과 자기 자신으로만 나누었을 때 나머지가 0이 된다. 출력은 다음의 실행결과와 같이 1줄에 10개씩의 소수가 출력되도록 하며 바깥쪽은 do-while 루프를 내부는 while 루프를 사용하여 작성하여라. 또한 작성된 순서도 및 프로그램을 보고 변수테이블도 만들어 보시오.

실행결과

CHAPTER 11

반복문의 탈출과 다중 스위치

11 CHAPTER

반복문의 탈출과 다중 스위치

학습목표

- 반복문을 탈출하는 방법을 이해하고 응용할 수 있다.
- 다중 스위치의 의미를 이해하고 응용할 수 있다.

1. 반복문의 탈출

앞에서 우리는 반복논리를 표현하기 위한 3가지 반복문들을 학습하였다. 이 시점에서 확인하고 다음 단계로 가야하는 한 가지가 있다. 그것은 바로 반복문 내에서 반복문을 탈출하는 방법이다. 즉, 더 이상 반복 과정을 실행하지 않기 위해 반복문의 루프를 벗어나는 방법이다.

지금까지는 반복문을 탈출하기 위해 while문, do-while문, for문의 조건을 거짓으로 만들어야만 했다. 이 외에는 탈출할 방법이 없었다. 그러나 반복문의 조건이 거짓이 아닌 상태에서 반복문을 탈출하려면 어떻게 해야 하는가? 즉, 반복문의 조건이 참인 상태에서 어떤 또 다른 조건이 만족되면 반복문을 더 이상 실행할 필요가 없이 탈출해야만 하는 경우가 있을 수 있다. 여기에서는 이런 경우에 사용할 수 있는 break문을 학습할 것이다. 또한 break문과 비슷한 역할을 수행하는 continue문도 설명한다. 특히 break문과 같이 사용되는 switch문에 대해서도 살펴본다.

2. break와 continue

보통 break문과 continue문은 앞에서 배운 반복 제어문(while문, do-while문, for문) 또는 이 장에서 배우게 될 switch문 등과 함께 사용된다. break문과 continue문은 다음과 같이 약간 다른 역할을 수행하게 된다.

break문과 continue문의 차이점	
break문	(1) 프로그램의 실행 중에 break문을 만나면 break문을 포함하고 있는 최초의 반복문을 빠져나간다. 즉, break문과 가장 가까이 있는 반복문만을 탈출하며 반복문이 중첩되어 있을 때 중첩된 반복문을 한 번에 모두 탈출하지 못한다. (2) break문은 모든 반복 제어문(while문, do-while문, for문, switch문)과 함께 사용할 수 있다.
continue문	(1) 프로그램의 실행 중에 반복문 내에서 continue문을 만나게 되면 continue문을 포함하고 있는 반복문 내의 문장들 중에서 continue문 이후의 문장들을 수행하지 않고 반복문(while, do-while, 또는 for문)의 시작 위치로 돌아가 계속하여 반복문을 수행하게 된다. (2) continue문이 다중 반복문 내에 있을 때에는 continue문과 가장 가까이 있는 반복문만 (1)번 규칙이 적용된다. (3) continue문은 반복 제어문(while문, do-while문, for문)과 함께 사용할 수 있지만 switch문과 같이 사용할 수 없다.

실습예제 EXAMPLE

다음의 실행결과와 같이 1부터 25까지의 정수에 대하여 5의 배수를 구하는 순서도와 프로그램을 작성해 보자. 이 문제에 대한 프로그램은 여러 가지 방법에 의해 작성할 수 있다. 여기서는 continue문을 사용하여 해결해 보자. 또한 작성된 순서도 또는 프로그램을 보고 변수 테이블도 작성하여라.

실행결과

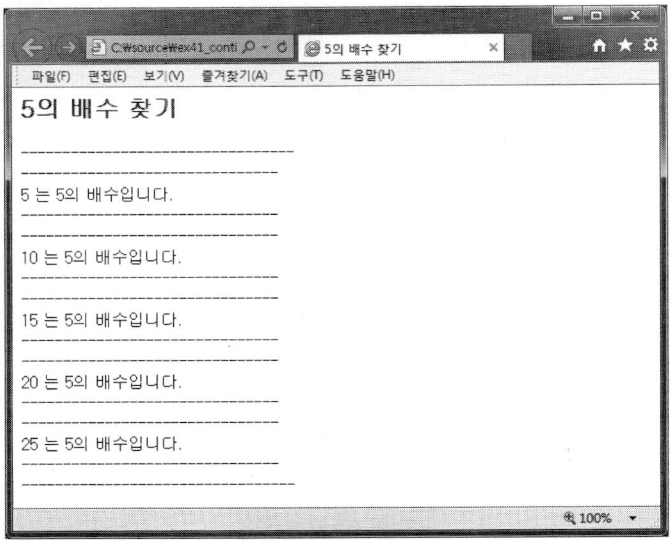

문제해결 논리

어떤 숫자가 5의 배수인지의 여부는 그 숫자를 5로 나누어서 나머지가 0과 같으면 5의 배수이며 그렇지 않으면 5의 배수가 아니다. 1부터 시작해서 1씩 증가시키면서 그 숫자가 5의 배수이면 출력결과와 같이 그 숫자가 5의 배수라고 출력해주어야 하며 그렇지 않으면 다음 숫자가 5의 배수인지를 체크하는 과정이 반복되어야 한다.

다시 말해서 5의 배수가 아닌 경우는 그 숫자가 5의 배수라고 출력할 필요없이 곧바로 다음 숫자를 체크하면 되는 것이다. 이를 위해 continue문을 사용할 수 있겠다.

순서도

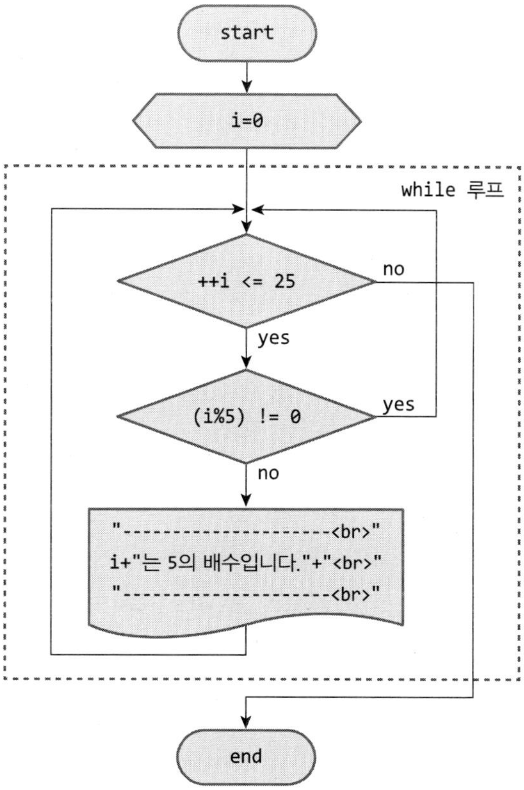

프로그램 ex41_continue_multiple.htm

```
<html>
  <head> <title> 5의 배수 찾기 </title> </head>
  <body>
    <script type = "text/javascript">
          document.write("<h2>5의 배수 찾기</h2>");
          document.write("--------------------------------<br>");

          i = 0;
          while(++i <= 25) //while문의 시작 위치
          { //while문의 시작 괄호
             if((i % 5) != 0) continue;
             document.write("------------------------------<br>");
```

```
            document.write(i + " 는 5의 배수입니다." + "<br>");
            document.write("------------------------------<br>");
            } //while문의 끝 괄호

            document.write("------------------------------<br>");
    </script>
  </body>
</html>
```

이 프로그램에서 while문은 다음과 같은 과정으로 수행된다.

① 처음에 i의 초기 값은 0으로 주어졌으므로 ++i에 의해 1증가되어 i값은 1이 된다.

② i값이 25보다 작거나 같은지 비교한다. 작거나 같으므로 while문 내의 문장들을 수행하기 위해 while문으로 들어간다.

③ if문에 의해 현재의 i값을 5로 나누어 보니 나머지가 0이 아니므로 if문의 조건이 참이 된다.

④ 따라서 continue문을 만나 continue문이 실행된다.

⑤ 그러므로 continue문 이후의 3개의 document.write( )문장들을 수행하지 않고 바로 while문의 시작 위치로 이동한다.

⑥ while문을 다시 시작한다. ++i에 의해 i값이 1증가되어 i값은 2가 된다. 따라서 ②, ③, ④, ⑤가 수행된다. i값이 3, 4가 되었을 경우도 동일한 과정이 반복된다.

⑦ i값이 계속 증가되어 i값이 5가 된 경우를 생각해 보자. i값이 5가 된 경우 나머지는 0이 되어 if문의 조건은 거짓이 된다.

⑧ 따라서 continue문을 만나지 않고 continue문 다음의 3개의 document.write( )문장들을 만나 수행하므로 i값 5는 5의 배수로 출력된다. 그 다음 while문의 끝 괄호(})를 만나게 되어 while문의 시작 위치로 이동한다.

⑨ 다시 i값이 증가하여 이제 i는 6이 된다.

이와 같은 과정들이 i값이 26 미만일 때까지 계속된다. 결국 5의 배수인 경우만을 찾아내게 된다.

변수테이블

i	출력 내용	설명
0		초기 값
1		
2		
3		
4		
5	5는 5의 배수입니다.	
6		
7		
8		
9		
10	10는 5의 배수입니다.	
중간이하 생략		

실습예제 EXAMPLE

사용자로부터 1부터 500 사이의 정수를 입력받는다. 입력받은 값의 합이 950이상이면 사용자의 입력을 더 이상 받지 않고 그 때까지 입력받은 값들의 합을 출력한 후 프로그램을 종료하는 순서도와 프로그램을 작성하여라. 여기서는 break 문을 이용하여 해결하여 보자. 실행결과는 다음과 같다.

실행결과

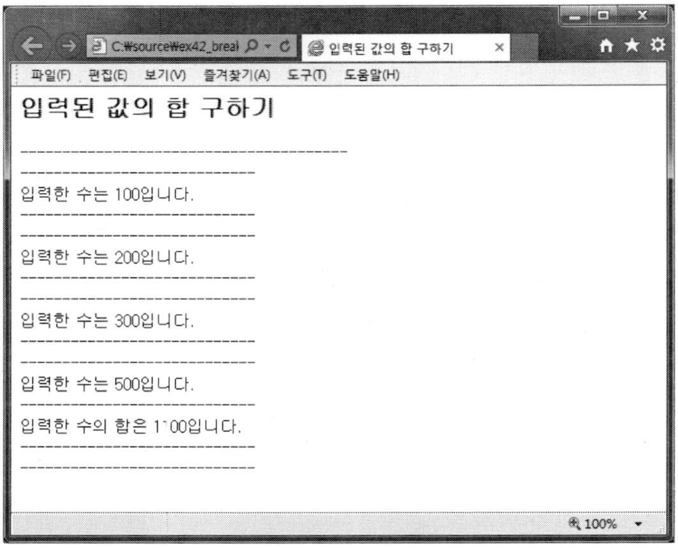

문제해결 논리

사용자로부터 입력받은 값의 합이 **950** 미만일 동안 계속해서 입력을 반복하여 받아야 한다. 이러한 반복논리는 여러 가지 방법으로 표현할 수 있다. 간단한 하나의 방법은 예로 다음과 같이 반복문을 무한히 반복하도록 구성하는 것이다.

```
while( 1 )
{
        .....
        if( sum >= 950) break;
        .....
}
```

즉 while의 조건을 숫자 1로 주어 while문이 무한히 반복되도록 한다. 컴퓨터에서 프로그래밍 언어에서 조건을 검사할 때 0 이외의 숫자는 어느 숫자라도 참으로 간주되기 때문이다. 따라서 여기서는 **while**의 조건을 숫자 **1**로 주었지만 **1**대신 **2**, **100**, **-200** 등으로 부여해도 모두 참으로 간주된다. 0만 아니면 된다.

이렇게 **while**문의 조건이 항상 참이면 **while**문은 영원히 반복된다. 그러면 언제 **while**문을 종료하게 되는가? 그것은 바로 **while**문 내에서 **if**라는 문장으로 조건을 검사하여 sum의 값이 950 이상이 되는지를 검사해본다. sum의 값이 950이상이 되면 if문의 조건이 참이 되고 break문을 만나 break문을 수행하게 된다. 프로그램의 실행 중에 break문을 만나면 break문을 포함하고 있는 최초의 반복문을 빠져나가게 되므로 이 때 while문을 벗어나게 되는 것이다.

순서도

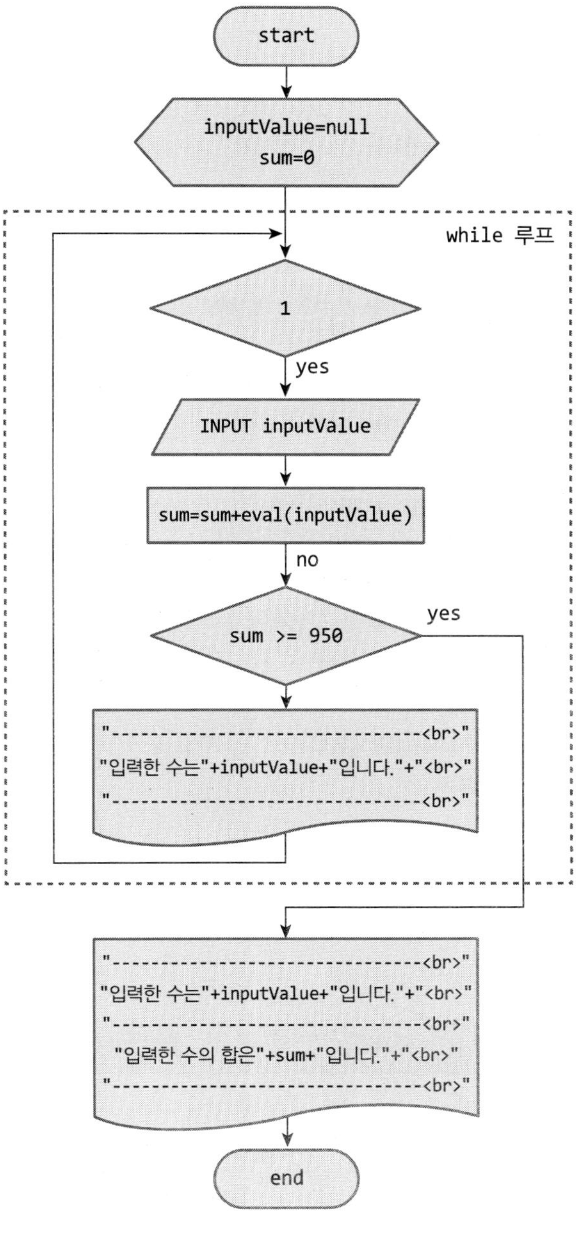

프로그램 ex42_break_statement.htm

```
<html>
  <head> <title> 입력된 값의 합 구하기 </title> </head>
  <body>
    <script type = "text/javascript">
            document.write("<h2>입력된 값의 합 구하기</h2>");
            document.write("----------------------------------------<br>");

            var  inputValue = null,  sum = 0;

            while( 1 )
            {
                inputValue = prompt("1부터 500 사이의 정수를 입력하세요", "");
                sum = sum + eval(inputValue);
                if( sum >= 950 )  break;
                document.write("----------------------------<br>");
                document.write( "입력한 수는 " + inputValue + "입니다." + "<br>");
                document.write("----------------------------<br>");
            }
            document.write("----------------------------<br>");
            document.write("입력한 수는 " + inputValue + "입니다." + "<br>");
            document.write("----------------------------<br>");
            document.write("입력한 수의 합은 " + sum + "입니다." + "<br>");
            document.write("----------------------------<br>");

            document.write("----------------------------<br>");
    </script>
  </body>
</html>
```

변수테이블

inputValue	sum	출력 내용	설명
null	0		초기 값
100	100	입력한 수는 100입니다.	100이 입력되었을 경우

200	300(100 + 200)	입력한 수는 200입니다.	200이 입력되었을 경우
300	600(300 + 300)	입력한 수는 300입니다.	300이 입력되었을 경우
500	1100(600 + 500)	입력한 수는 500입니다. 입력한 수의 합은 1100입니다.	500이 입력되었을 경우 sum의 값이 950보다 크므로 while 루프를 이 시점에서 탈출하게 된다.

3. switch

앞에서 여러 가지 경우 중 한 가지를 선택해야 하는 경우, 즉 다중선택이 필요한 경우 다중선택 if문을 사용하였다. 다중선택 if문과 비슷한 역할을 하는 문법적 요소로 자바스크립트에서는 switch문을 제공한다.

이 switch문은 C언어, JAVA와 같은 많은 프로그래밍 언어에서도 제공하고 있다. 여기서 switch란 키워드는 몇몇 언어에서 select란 키워드로 대신 사용하고 있다. 어째든 switch란 키워드를 사용하든 select란 키워드를 사용하든 역할은 동일하므로 사용법이 같다.

중요한 것은 switch문이 다중선택이 필요한 경우 다중선택 if문 대신 사용할 수 있다는 것이다. 그러나 주의할 점이 있다. 그것은 다중선택 if문과 switch문이 비슷한 역할을 하므로 서로 교환하여 사용할 수 있지만 기능이 완전히 일치하는 것이 아니므로 주어진 문제에 따라서 직접적으로 서로 교환해서 사용할 수 없는 경우도 있다는 것이다.

프로그램을 작성할 때 다중선택 if문을 사용할 것인지 또는 switch문을 사용할 것인지는 문제의 성격에 따라 프로그램 작성자가 선택하여 사용하면 된다. 보통 어떤 문제가 주어졌을 때 다중선택 if문과 switch문으로 동시에 프로그램이 가능할 때에는 switch문을 사용하는데 이것은 다중선택 if문보다는 switch문을 사용했을 때 좀 더 프로그램이 간결해져 이해하기가 쉽기 때문이다. switch문의 형식은 다음과 같다.

형식	순서도

switch(식) {
case value1:
문장1;
break;
case value2:
문장2;
break;
case value3:
문장3;
break;
.....
default: 문장k;
}
문장n;
	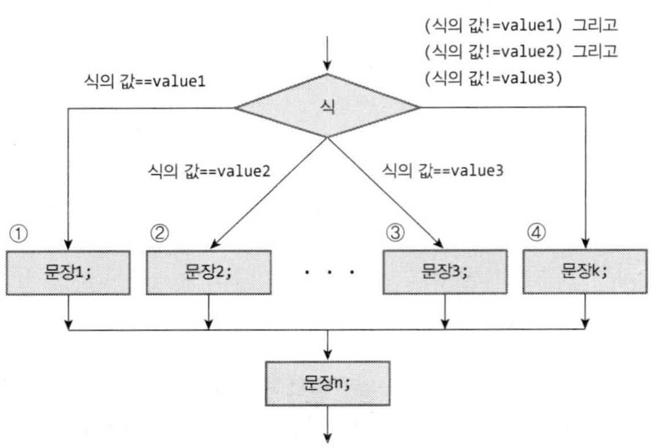

(1) switch문은 순서도에 있는 것과 같이 식(수식 또는 문자식)의 값을 계산(평가)해서 그 값이 value1과 같으면 문장1을 수행하고 break문을 만나 switch문을 빠져나가 문장n을 수행한다.

(2) 평가된 식의 값이 value2와 같으면 문장2를 수행하고 break문을 만나 switch문을 빠져나가 문장n을 수행한다. 그리고 평가된 값이 value3과 같으면 문장3을 수행하고 break문을 만나 switch문을 빠져나가 문장n을 수행한다.

(3) 만약 평가된 식의 값이 value1, value2, value3과 모두 같지 않으면 default에 있는 문장k를 수행하고 switch문을 빠져나가 문장n을 수행한다.

(4) 각각의 case에 있는 break문은 필요시 생략할 수 있다. switch문에서 각 case에 break문을 써주지 않으면 식의 평가 값에 관계없이 break가 나타나는 case문까지 실행된다.

(5) switch문에서 평가된 식의 값은 정수 값 또는 문자형의 값을 가져야 한다. 즉 실수형의 값은 가질 수 없다.

(6) 각 case에 있는 문장들은 필요시 생략하거나 여러 개의 문장이 나타날 수 있다.

실습예제 EXAMPLE

사용자로부터 모두 3개의 데이터를 입력을 받는다. 첫 번째 입력으로는 연산자 5개(+, -, *, /, %) 중 하나 또는 종료를 위한 문자 “q”를 입력받아 변수 inputChar에 저장한다. 두 번째와 세 번째는 두 개의 숫자를 입력받아 각각 inputValue1, inputValue2에 저장한다.

그런 다음 입력된 연산자 5개(+, -, *, /, %)에 따라 입력된 두 수의 합, 차, 곱, 나누기, 나머지를 계산하여 출력해주는 순서도와 프로그램을 작성해보자. 여기서 입력된 연산자가 어떤 연산자인지를 검사하기 위해 if문을 사용할 수 있다. 그러나 여기서는 switch문을 사용해 보자.

사용자로부터의 입력은 첫 번째 입력으로 문자 “q”가 입력될 때까지 계속되어야 한다. 즉, 사용자로부터 첫 번째 입력으로 문자 “q”가 입력되면 프로그램을 종료한다.

만약 사용자로부터 첫 번째로 입력된 문자가 연산자 5개(+, -, *, /, %) 중 하나 또는 종료를 위한 문자 “q”가 아니라면 어떠한 계산도 하지 말고 다시 입력을 받아야 한다. 프로그램의 실행결과는 다음과 같다.

실행결과

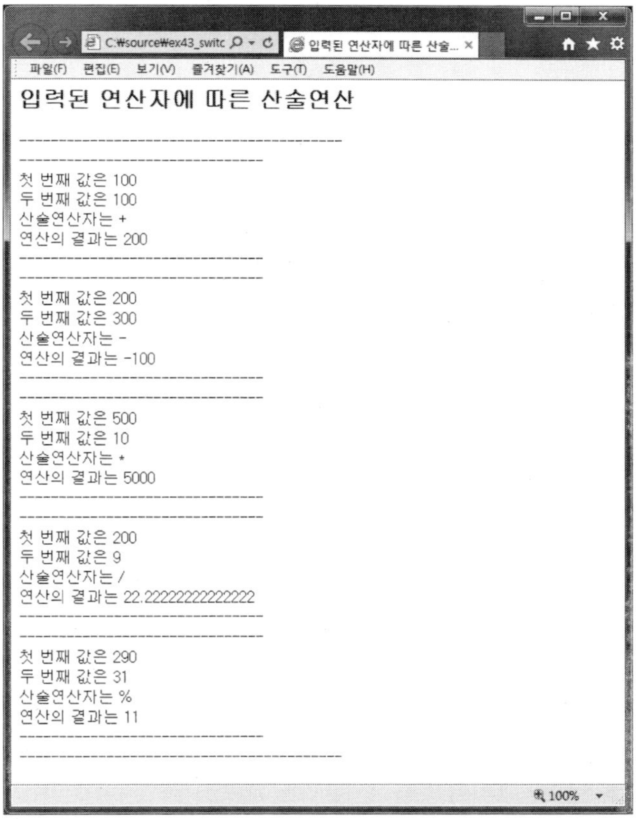

문제해결 논리 사용자로부터 문자 “q”를 입력받을 때까지 반복문이 무한히 반복되도록 반복문의 조건을 구성한다. 또한 입력된 연산자를 구분하기 위해 반복문 내에 switch문

이 포함되어야 한다. switch의 각 case의 값(value1, value2 등)으로 5개의 연산자(+, –, *, /, %)가 하나씩 주어져야 한다. 연산자가 잘못 입력된 경우는 어떠한 계산도 하지 않고 다시 입력을 받아야 하므로 case의 default 부분에는 break문 하나만 있으면 된다.

순서도

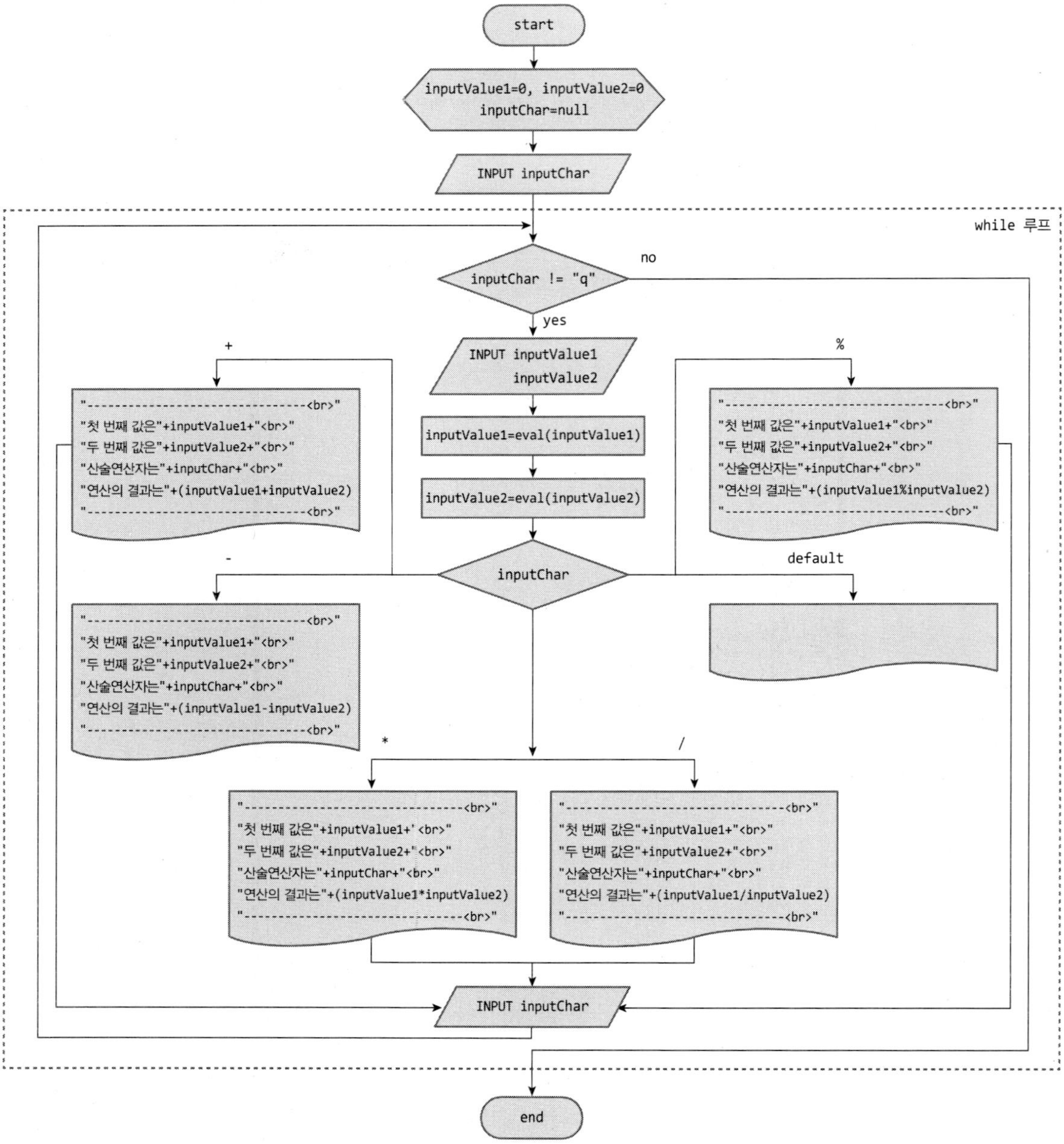

프로그램 ex43_switch_statement_integers_operator.htm

```
<html>
 <head> <title> 입력된 연산자에 따른 산술연산 </title> </head>
 <body>
  <script type = "text/javascript">
     document.write("<h2>입력된 연산자에 따른 산술연산 </h2>");
     document.write("------------------------------<br>");
     var  inputValue1 = 0, inputValue2 = 0, inputChar = null;

     inputChar = prompt("연산자(+, -, *, /, %)나 q를 입력하세요", "");
     while( inputChar != 'q' )
     {
        inputValue1 = prompt("첫 번째 숫자를 입력하세요", "");
        inputValue2 = prompt("두 번째 숫자를 입력하세요", "");

        inputValue1 = eval(inputValue1);
        inputValue2 = eval(inputValue2);

        switch( inputChar ) {
           case '+' :
               document.write("------------------------------<br>");
               document.write("첫 번째  값은 " + inputValue1 + "<br>");
               document.write("두 번째  값은 " + inputValue2 + "<br>");
               document.write("산술연산자는 " + inputChar + "<br>");
               document.write("연산의 결과는 " + (inputValue1 + inputValue2) + "<br>");
               document.write("------------------------------<br>");
               break;

           case '-' :
               document.write("------------------------------<br>");
               document.write("첫 번째  값은 " + inputValue1 + "<br>");
               document.write("두 번째  값은 " + inputValue2 + "<br>");
               document.write("산술연산자는 " + inputChar + "<br>");
               document.write("연산의 결과는 " + (inputValue1 - inputValue2) + "<br>");
               document.write("------------------------------<br>");
               break;
```

```
                case '*' :
                    document.write("------------------------------<br>");
                    document.write("첫 번째  값은 " + inputValue1 + "<br>");
                    document.write("두 번째  값은 " + inputValue2 + "<br>");
                    document.write("산술연산자는 " + inputChar + "<br>");
                    document.write("연산의 결과는 " + (inputValue1 * inputValue2) + "<br>");
                    document.write("------------------------------<br>");
                    break;

                case '/' :
                    document.write("------------------------------<br>");
                    document.write("첫 번째  값은 " + inputValue1 + "<br>");
                    document.write("두 번째  값은 " + inputValue2 + "<br>");
                    document.write("산술연산자는 " + inputChar + "<br>");
                    document.write("연산의 결과는 " + (inputValue1 / inputValue2) + "<br>");
                    document.write("------------------------------<br>");
                    break;

                case '%' :
                    document.write("------------------------------<br>");
                    document.write("첫 번째  값은 " + inputValue1 + "<br>");
                    document.write("두 번째  값은 " + inputValue2 + "<br>");
                    document.write("산술연산자는 " + inputChar + "<br>");
                    document.write("연산의 결과는 " + (inputValue1 % inputValue2) + "<br>");
                    document.write("------------------------------<br>");
                    break;

                default : break;
            }
            inputChar = prompt("연산자(+, -, *, /, %)나 q를 입력하세요", "");
        }
        document.write("------------------------------<br>");
    </script>
  </body>
</html>
```

실습예제 EXAMPLE

다음의 프로그램을 분석하여 보자. switch문이 어떻게 작동되는지 프로그램과 실행결과를 보면서 이해하여 보자.

프로그램 ex44_switch_statement_deep_understanding.htm

```
<html>
 <head> <title> switch문의 좀 더 깊은 이해  </title>  </head>
 <body>
  <script type = "text/javascript">
        document.write("<h2>switch문의 좀 더 깊은 이해  </h2>");
        document.write("----------------------------<br>");
        var s;
        for(s = 0; s < 10; s++) {
            switch(s) {
                case  1: document.write(s + " 는 1, 2, 3, 4중 하나입니다" + "<br>");
                case  2: document.write(s + " 는 1, 2, 3, 4중 하나입니다" + "<br>");
                case  3: document.write(s + " 는 1, 2, 3, 4중 하나입니다" + "<br>");
                case  4: document.write(s + " 는 1, 2, 3, 4중 하나입니다" + "<br>");
                        break;
                case  5:
                case  6:
                case  7:
                case  8: document.write(s + " 는 5, 6, 7, 8중 하나입니다" + "<br>");
                        break;
                case  9: document.write(s + " 는 9입니다" + "<br>");
                        break;
                default: document.write(s + " 는 0입니다" + "<br>");
            }
        }
        document.write("----------------------------<br>");
  </script>
 </body>
</html>
```

실행결과

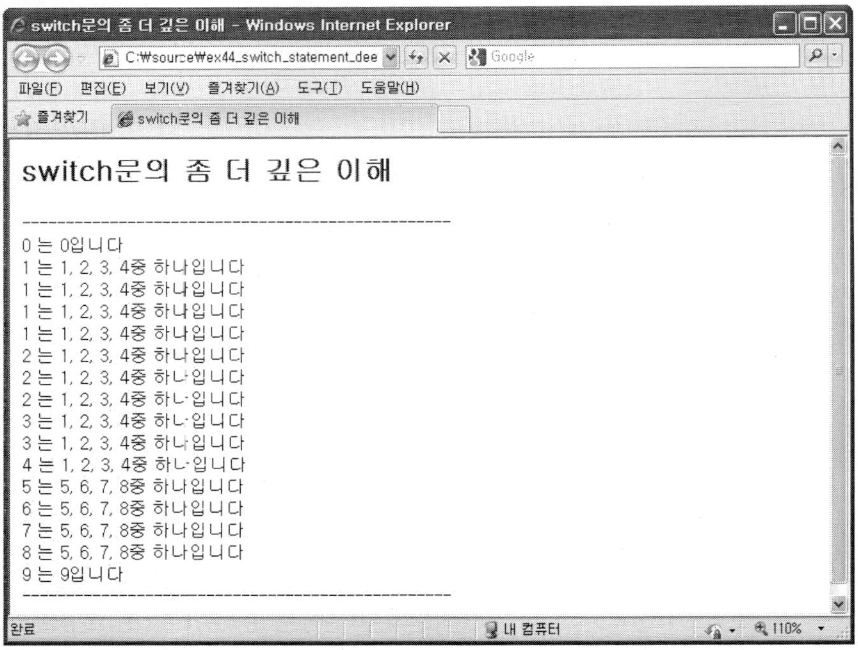

이 프로그램에서 switch문은 다음과 같은 순서로 수행된다.

① s가 0일 때 case1부터 case9까지 중에 일치하는 값이 없으므로 default를 수행한다. 즉, default의 document.write( )를 실행한다. 그런 다음 switch문을 빠져나간다. default는 switch문의 마지막에 나타나므로 break문이 있으나 없으나 결과는 동일하다.

② s가 1일 때 case1에 있는 document.write( )를 실행한다. 그리고 break문이 없으므로 break문이 나올 때까지 실행한다. 따라서 case2, case3, case4의 document.write( )를 실행한다. 그런 다음 case4에서 break문을 만나므로 switch문을 빠져나간다.

③ s가 2일 때 case2에 있는 document.write( )를 실행한다. 그리고 break문이 없으므로 break문이 나올 때까지 실행한다. 따라서 case3, case4의 document.write( )를 실행한다. 그런 다음 case4에서 break문을 만나므로 switch문을 빠져나간다.

④ s가 3일 때 case3에 있는 document.write( )를 실행한다. 그리고 break문

이 없으므로 break문이 나올 때까지 실행한다. 따라서 case4의 document.write( )를 실행한다. 그런 다음 case4에서 break문을 만나므로 switch문을 빠져나간다.

⑤ s가 4일 때 case4에 있는 document.write( )를 실행한다. 그런 다음 case4의 break문을 만나므로 switch문을 빠져나간다.

⑥ s가 5일 때 case5에 있는 문장들을 실행한다. 그러나 현재 어떠한 문장도 없으므로 아무런 실행도 하지 않는다. 그리고 break문이 없으므로 break문이 나올 때까지 실행한다. 따라서 case6, case7을 지나 case8의 document.write( )를 실행한다. 그런 다음 case8에서 break문을 만나므로 switch문을 빠져나간다.

⑦ s가 6일 때 case6에 있는 문장들을 실행한다. 그러나 현재 어떠한 문장도 없으므로 아무런 실행도 하지 않는다. 그리고 break문이 없으므로 break문이 나올 때까지 실행한다. 따라서 case7을 지나 case8의 document.write( )를 실행한다. 그런 다음 case8에서 break문을 만나므로 switch문을 빠져나간다.

⑧ s가 7일 때 case7에 있는 문장들을 실행한다. 그러나 현재 어떠한 문장도 없으므로 아무런 실행도 하지 않는다. 그리고 break문이 없으므로 break문이 나올 때까지 실행한다. 따라서 case8의 document.write( )를 실행한다. 그런 다음 case8에서 break문을 만나므로 switch문을 빠져나간다.

⑨ s가 8일 때 case8에 있는 문장들을 실행한다. 즉, case8에 있는 document.write( )를 실행한다. 그런 다음 case8에서 break문을 만나므로 switch문을 빠져나간다.

⑩ s가 9일 때 case9에 있는 문장들을 실행한다. 즉, case9의 document.write( )를 실행한다. 그런 다음 case9에서 break문을 만나므로 switch문을 빠져나간다.

확인문제 도형의 넓이를 구하는 순서도와 프로그램을 다음의 실행결과와 같이 출력되도록 switch문을 사용하여 작성하여라. 프로그램 작성의 조건은 다음과 같다.

- 입력은 “1”, “2”, “3”, “q” 중 하나의 문자를 받는다.
- “q”가 입력되기 전까지 계속 입력을 받는다.
- “1”이 입력되면 원의 반지름을 입력받아 원의 넓이를 구하여 출력한다.
- “2”가 입력되면 너비와 높이를 입력받아 삼각형의 넓이를 구하여 출력한다.
- “3”이 입력되면 너비와 높이를 입력받아 사각형의 넓이를 구하여 출력한다.
- 이 이외의 문자가 입력되면 어떠한 작업도 하지 않고 다시 입력을 받는다.

실행결과

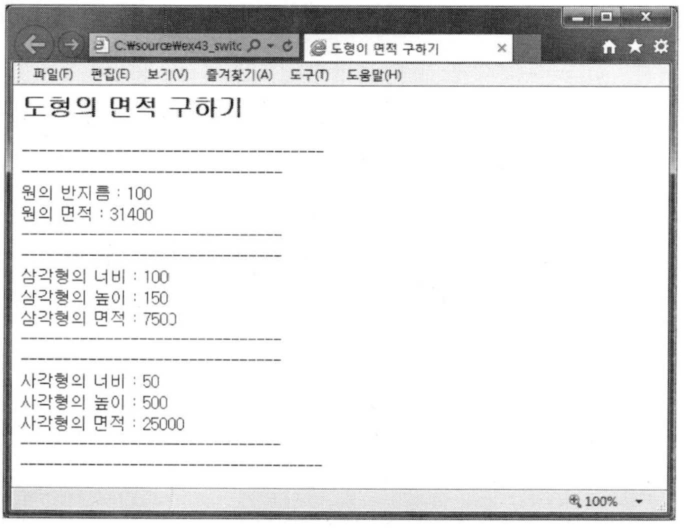

문제해결 논리

사용자로부터 문자 “q”를 입력받을 때까지 반복문이 무한히 반복되도록 반복문의 조건을 구성한다. 또한 입력된 연산자를 구분하기 위해 반복문 내에 switch문이 포함되어야 한다. switch의 각 case의 값(value1, value2 등)으로 3개의 문자(“1”, “2”, “3”)가 하나씩 주어져야 한다. 문자가 잘못 입력된 경우는 어떠한 계산도 하지 않고 다시 입력을 받아야 하므로 case의 default 부분에는 break문 하나만 있으면 된다.

순서도

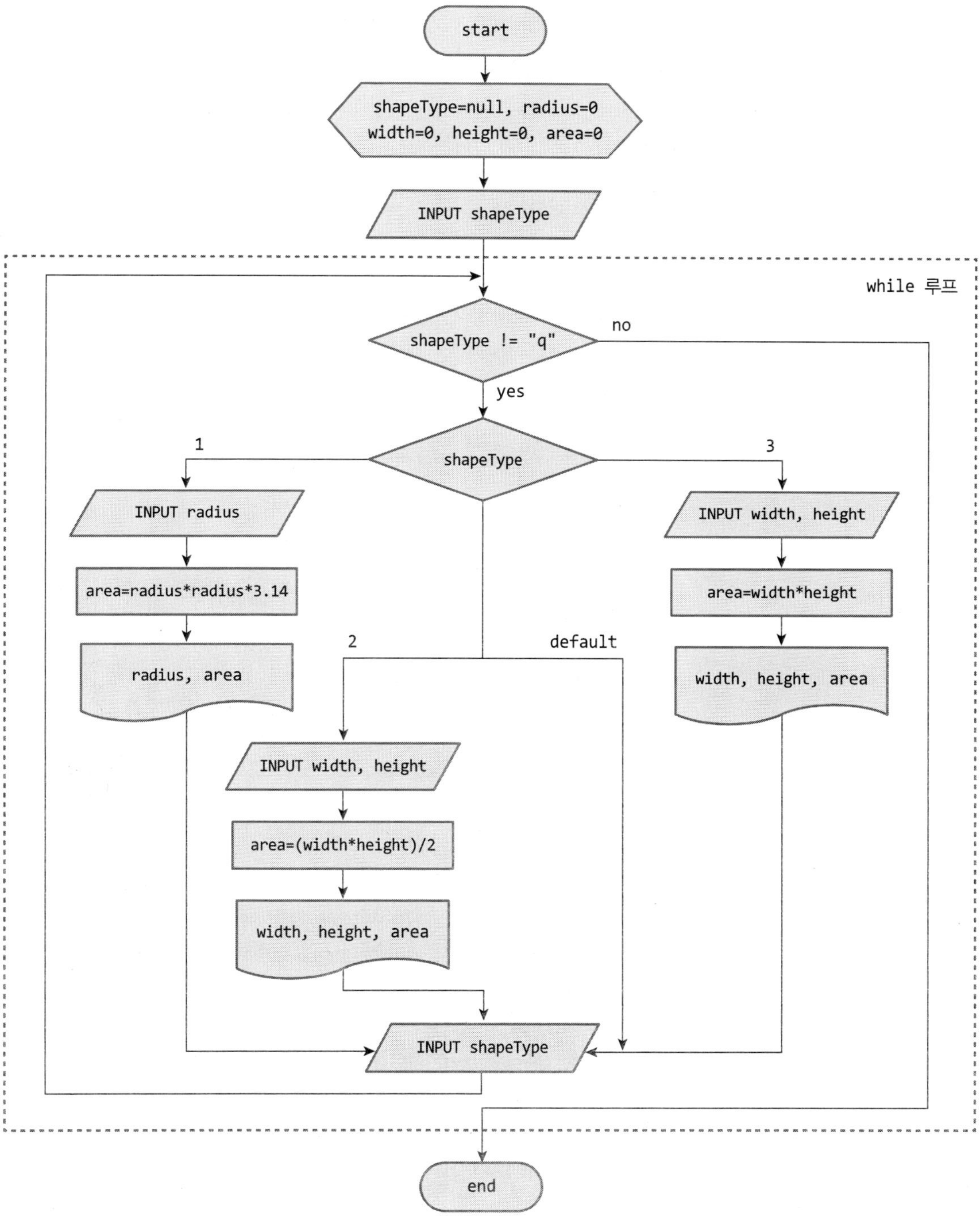
start
shapeType=null, radius=0
width=0, height=0, area=0
INPUT shapeType
while 루프
shapeType != "q"
no
yes
shapeType
1
3
INPUT radius
area=radius*radius*3.14
radius, area
INPUT width, height
area=width*height
width, height, area
2
default
INPUT width, height
area=(width*height)/2
width, height, area
INPUT shapeType
end

프로그램 ex43_switch_shape_area.htm

```
<html>
 <head> <title> 도형의 면적 구하기 </title> </head>
 <body>
  <script type = "text/javascript">
        document.write("<h2> 도형의 면적 구하기 </h2>");
        document.write("-----------------------------------<br>");

        var shapeType = null, radius = 0, width = 0, height = 0, area = 0;
        shapeType = prompt("코드 값(1,2,3) 또는 q를 입력하세요", "");

        while( 1 )
        {
            if( shapeType == 'q' ) break;

            switch( shapeType ) {
            case '1' :
                radius = prompt("반지름(radius)을 입력하세요.", "");
                area = radius * radius * 3.14;
                document.write("------------------------------<br>");
                document.write(" 원의 반지름 : " + radius + "<br>" );
                document.write(" 원의 면적 : " + area + "<br>");
                document.write("------------------------------<br>");
                break;

            case '2' :
                width = prompt("너비(width)를 입력하세요.", "");
                height = prompt("높이(height)를 입력하세요.", "");
                area = (width * height) / 2;
                document.write("------------------------------<br>");
                document.write(" 삼각형의 너비 : " + width + "<br>" );
                document.write(" 삼각형의 높이 : " + height + "<br>" );
                document.write(" 삼각형의 면적 : " + area + "<br>");
                document.write("------------------------------<br>");
                break;

```

```
                case '3' :
                    width = prompt("너비(width)를 입력하세요.", "");
                    height = prompt("높이(height)를 입력하세요.", "");
                    area = width * height;
                    document.write("------------------------------<br>");
                    document.write(" 사각형의 너비 : " + width + "<br>" );
                    document.write(" 사각형의 높이 : " + height + "<br>" );
                    document.write(" 사각형의 면적 : " + area + "<br>");
                    document.write("------------------------------<br>");
                    break;

                default : break;
                }
                shapeType = prompt("코드 값(1,2,3) 또는 q를 입력하세요", "");
            }
            document.write("-----------------------------------<br>");
    </script>
  </body>
</html>
```

확인문제 철수는 스마트폰에 모닝콜을 위한 알람을 설정해 놓았다. 수업이 아침 일찍 시작하는 월요일과 화요일은 아침 7시 30분으로 수요일과 목요일은 8시 00분으로 금요일은 8시 30분으로 설정해 놓았다. 또한 토요일과 일요일은 9시 00분으로 설정해 놓았다. 따라서 스마트폰은 요일별로 다른 시간에 모닝콜을 울려주어야 한다. 스마트폰이 처리해야 하는 과정을 순서도와 프로그램으로 작성해 보자. 여기서는 날짜만 고려하여 switch문을 사용하여 작성해 보자. 처리 조건은 다음과 같다.

처리조건

- 입력되는 값은 날짜로 숫자 1부터 31까지의 정수 값이다.
- 입력되는 값은 day 변수에 저장한다.
- 숫자 1이 일요일, 2는 월요일, …, 7은 토요일이라고 가정한다.
- day 변수에 문자 “q”가 입력되기 전까지 계속 입력을 받아 처리한다.

- 입력되는 값은 날짜(1~31)와 프로그램의 종료 문자 "q"만 있다고 가정한다.
- 실제 모닝콜 소리를 울릴 수 없으므로 대신 요일별로 다음과 같이 문자를 출력해 준다.

요일	출력할 문자
일요일	"It's 9 o'clock, Good Morning"
토요일	"It's 9 o'clock, Good Morning"
금요일	"It's 8:30, Good Morning"
목요일	"It's 8 o'clock, Good Morning"
수요일	"It's 8 o'clock, Good Morning"
화요일	"It's 7:30, Good Morning"
월요일	"It's 7:30, Good Morning"

- 입력된 날짜도 다음의 실행결과와 같이 출력해준다.

실행결과

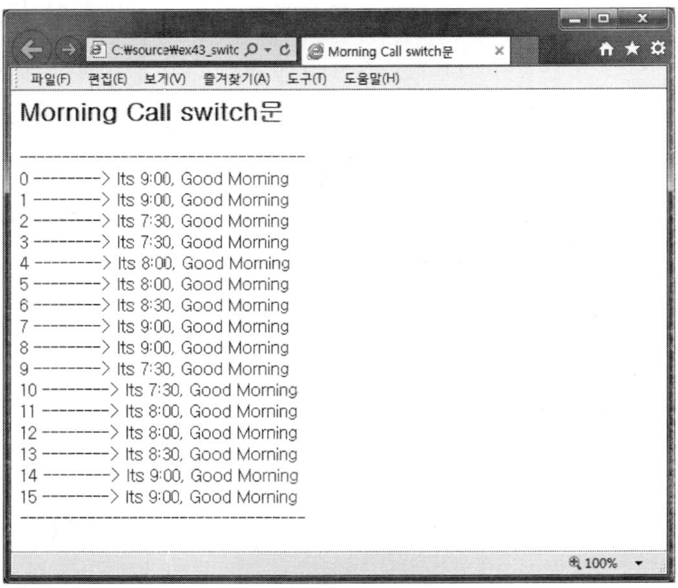

문제해결 논리

숫자 1을 일요일로 가정하였으므로 입력받은 값을 7로 나눈 나머지가 1이면 일요일, 2이면 월요일, 3이면 화요일, 4면 수요일, 5면 목요일, 6이면 금요일, 0이면 토요일이 된다. 즉 나머지 값을 switch문의 각 case의 값으로 활용하면 된다.

순서도

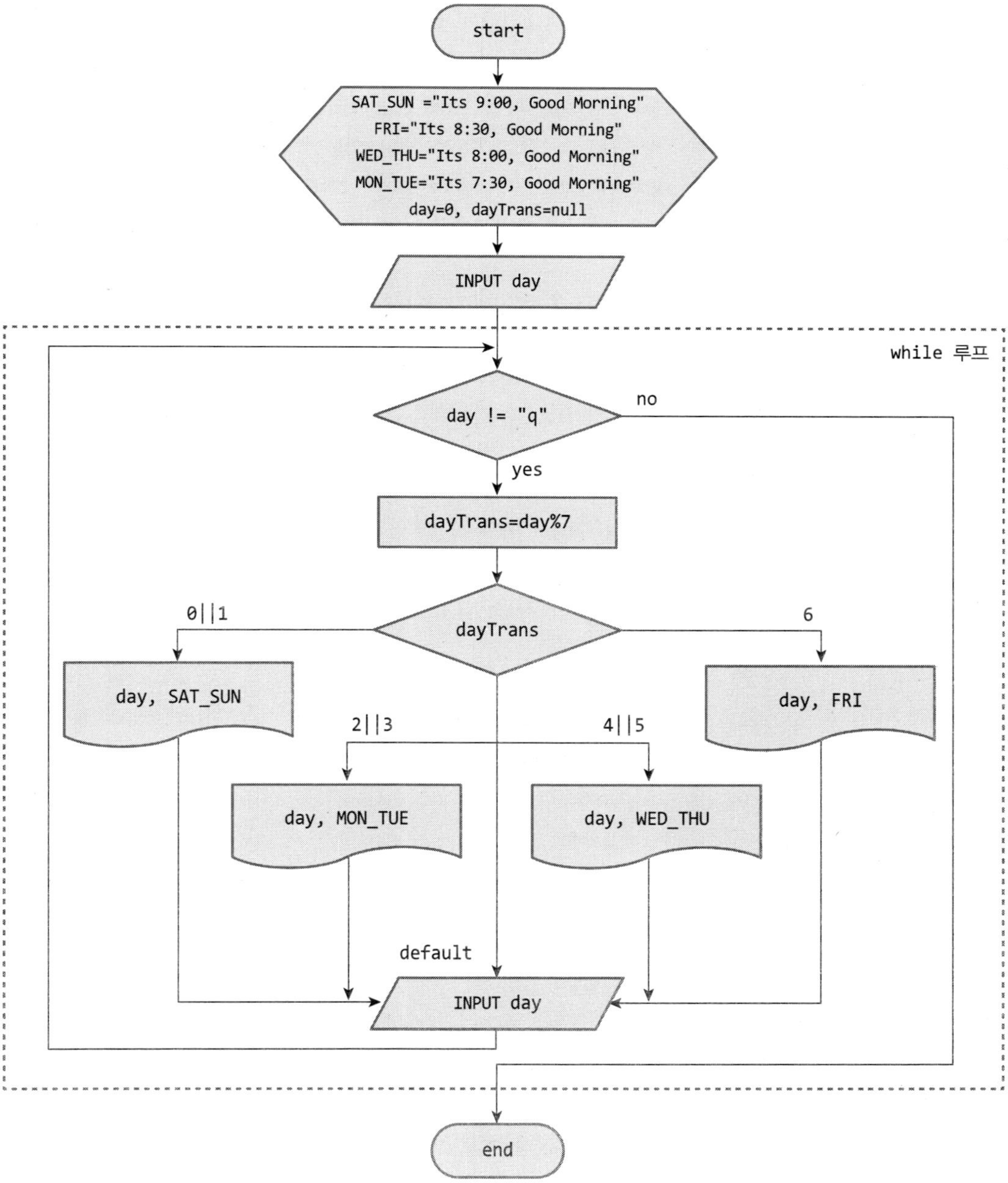

프로그램 ex43_switch_morning_call.htm

```
<html>
 <head> <title> Morning Call switch문 </title> </head>
 <body>
  <script type = "text/javascript">
   document.write("<h2> Morning Call switch문 </h2>");
   document.write("---------------------------------<br>");

   var SAT_SUN = "Its 9:00, Good Morning";
   var FRI  = "Its 8:30, Good Morning";
   var WED_THU = "Its 8:00, Good Morning";
   var MON_TUE = "Its 7:30, Good Morning";

   var day = 0, dayTrans = null;

   day = prompt("날짜 또는 q를 입력하세요", "q");
   while( day != 'q' )
   {

     dayTrans = day % 7;

     switch( dayTrans ) {
       case 0 :
       case 1 :
           document.write( day + " --------> "+ SAT_SUN + "<br>");
           break;
       case 2 :
       case 3 :
           document.write( day + " --------> "+ MON_TUE + "<br>");
           break;
       case 4 :
       case 5 :
           document.write( day + " --------> "+ WED_THU + "<br>");
           break;
       case 6 :
           document.write( day + " --------> "+ FRI + "<br>");
           break;
```

```
            default :
                break;
        }
        day = prompt("날짜  또는 q를 입력하세요", "q");
    }

    document.write("--------------------------------<br>");
  </script>
 </body>
</html>
```

확인문제

0부터 100 사이의 과목 점수를 입력받아 학점이 무엇인지 판별하여 출력하는 순서도와 프로그램을 switch문을 사용하여 작성하여라. 과목 점수와 학점의 관계 및 프로그램 작성의 조건은 다음과 같다.

- 과목 점수와 학점의 관계
  - A학점 : 점수 >= 90
  - B학점 : 90 > 점수 >= 80
  - C학점 : 80 > 점수 >= 70
  - D학점 : 70 < 점수
- 입력은 학점 또는 문자 "q" 중 하나를 받는다.
- 문자 "q"가 입력되기 전까지 계속 입력을 받는다.
- 입력된 점수와 부여된 학점을 출력해 준다.
- 이 프로그램에서 입력은 숫자 0부터 100까지의 숫자 또는 문자 "q"이외에 다른 입력은 없다고 가정한다.

문제해결 논리

점수의 범위가 0부터 100까지 입력될 수 있다. 그러나 switch의 case에 0부터 100까지의 점수를 분류하기 위해 모두 나열하는 것은 합리적이지 못하다. 따라서 0부터 100까지 점수를 4가지 학점에 따라 4가지로 분류하는 방법을 찾아야 한다. 한 가지의 방법을 소개하면 다음과 같은 수식을 이용하여 입력된 점수를 0부터 10까지의 범위로 변경한다. 여기서 입력된 점수는 score란 변수에 저장되었다고 가정하자.

수식 : (score - (score % 10)) / 10

예로 입력된 점수 98, 100은 다음과 같이 변경된다. 따라서 입력된 점수는 수식에 의해 모두 0부터 10까지의 범위로 변경되므로 0부터 10까지의 수를 switch문의 각 case의 값으로 사용하면 된다.

(98 - (98 % 10)) / 10 -----> 9
(100 - (100 % 10)) / 10 -----> 10

순서도

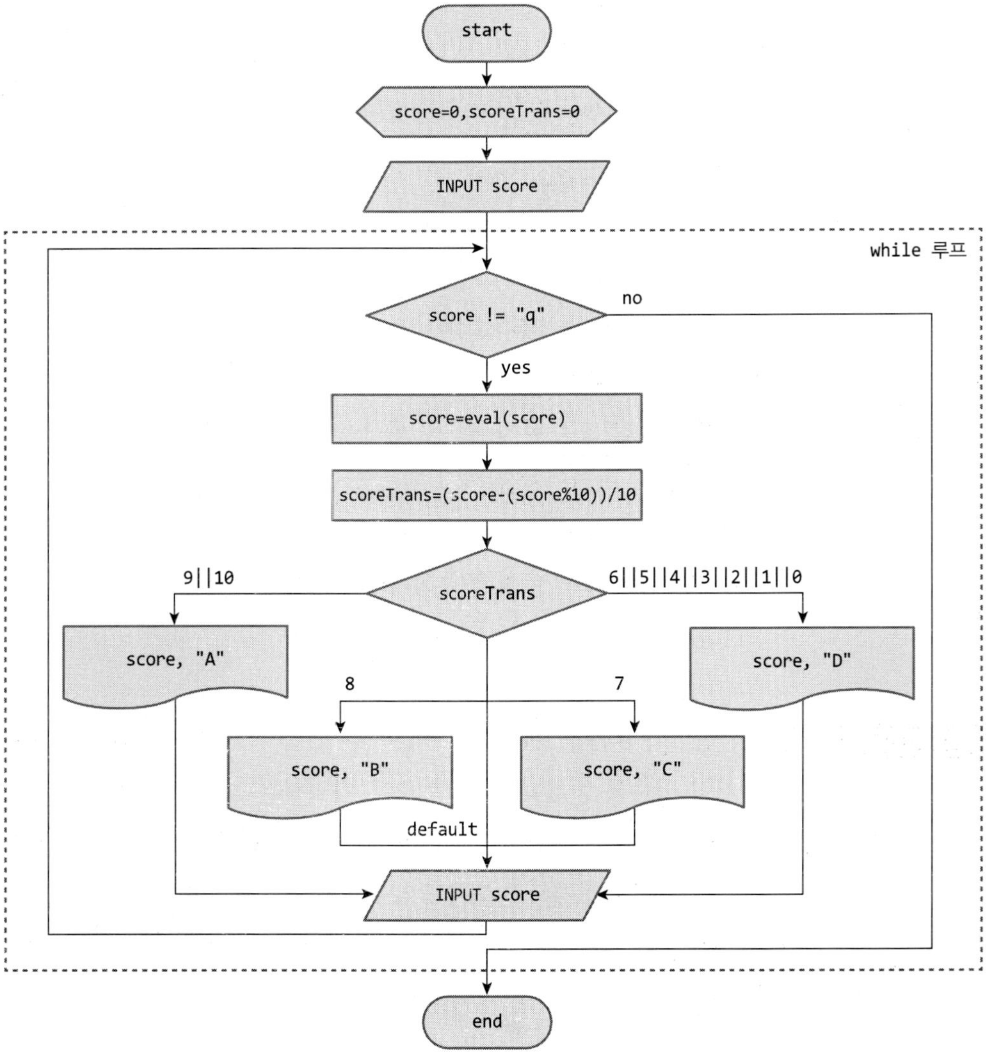

프로그램 ex43_switch_grade.htm

```
<html>
 <head> <title> 학점 구하기 </title> </head>
 <body>
  <script type = "text/javascript">
   document.write("<h2> 학점 구하기 </h2>");
   document.write("--------------------------<br>");
   var  score = 0, scoreTrans = 0;
   score = prompt("점수 또는 q를 입력하세요", "");
   while( score != 'q' )
   {
     score = eval( score );
     scoreTrans = ( score - ( score % 10 ) ) / 10;
     switch( scoreTrans ) {
       case 10 :
       case 9  :
           document.write("--------------------------<br>");
           document.write("점수 : " + score + "<br>");
           document.write("학점 : " + "A" );
           document.write("--------------------------<br>");
           break;

       case 8 :
           document.write("--------------------------<br>");
           document.write("점수 : " + score + "<br>");
           document.write("학점 : " + "B" );
           document.write("--------------------------<br>");
           break;

       case 7 :
           document.write("--------------------------<br>");
           document.write("점수 : " + score + "<br>");
           document.write("학점 : " + "C" );
           document.write("--------------------------<br>");
           break;

```

```
            case 6 :
            case 5 :
            case 4 :
            case 3 :
            case 2 :
            case 1 :
            case 0 :
                document.write("--------------------------<br>");
                document.write("점수 : " + score + "<br>");
                document.write("학점 : " + "D" );
                document.write("--------------------------<br>");
                break;

            default : break;
        }
        score = prompt("점수 또는 q를 입력하세요", "");
      }
      document.write("--------------------------<br>");
    </script>
  </body>
</html>
```

실행결과

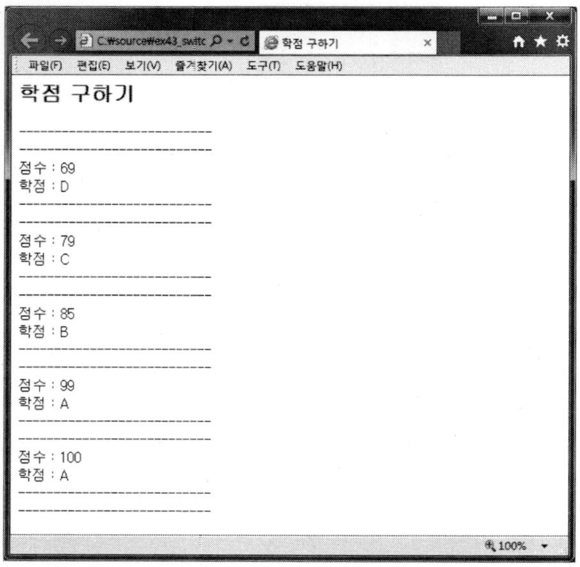

지식추가 **자바스크립트에서 isNaN( ) 함수**

isNaN( ) 함수는 괄호 안의 데이터가 숫자가 아닐 때 true 값을 반환하고 그 외에는 false 값을 반환해 주는 함수이다. isNaN( ) 함수의 형식은 다음과 같다.

형식	isNaN(V)
설명	(1) 이 함수는 인수 V가 숫자가 아니냐? 라고 묻는 함수이다. 따라서 숫자가 아니면 true를 숫자이면 false를 반환한다. (2) NaN은 Not a Number(숫자가 아니다)란 의미의 약자이다. (3) 인수 V가 숫자(정수 또는 실수)로만 구성되어 있으면 false를 반환하며 그 외에는 모두 true를 반환한다. (4) 인수 V로 문자열도 올 수 있다. 이 때 숫자로만 구성된 문자열인 경우 false를 반환하며 그 외에는 모두 true를 반환한다. (5) prompt() 함수로 입력된 데이터가 숫자인지 아니지를 검사할 때 사용하면 유용하다.

실습예제 EXAMPLE

다음의 예제를 분석해 보자. 그리고 **isNaN( )** 함수가 어떻게 작동하는지 이해하여 보자. 또한 **isNaN( )** 함수가 어떤 경우에 활용될 수 있는지 생각해 보자.

프로그램 ex43_function_isNaN.htm

```
<html>
  <head> <title> isNaN 함수 익히기 </title> </head>
  <body>
    <script type = "text/javascript">
        document.write("<h2> isNaN 함수 익히기 </h2>");
        document.write("-------------------------------<br>");
        var  data1 = 100, data2 = 21.8;
        var  data3 = "Thank you so much", data4 = "스마트 폰";
        var  data5 = "100", data6 = "A100", data7 = "100A";

        document.write("100 ----->" + isNaN( data1 ) + "<br>");
        document.write("21.8 ----->" + isNaN( data2 ) + "<br>");
        document.write("Thank you so much ----->" + isNaN( data3 ) + "<br>");

```

```
        document.write("스마트 폰 ----->" + isNaN( data4 ) + "<br>");
        document.write("'100' ----->" + isNaN( data5 ) + "<br>");
        document.write("'A100' ----->" + isNaN( data6 ) + "<br>");
        document.write("'100A' ----->" + isNaN( data7 ) + "<br>");
        document.write("------------------------------<br>");

    </script>
  </body>
</html>
```

실행결과

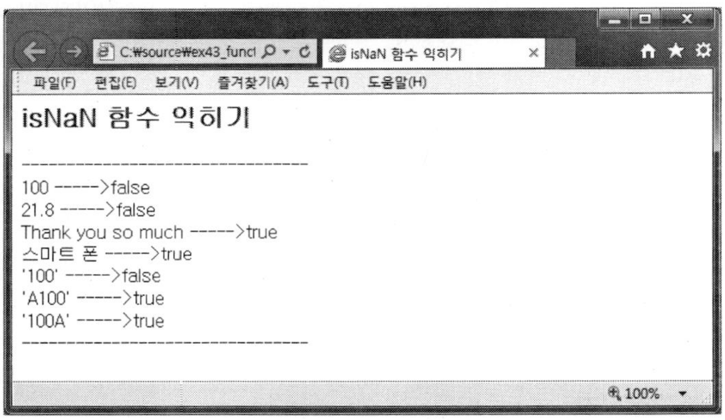

프로그램 및 실행결과에서 보는 것과 같이 첫째로 data1과 data2는 각각 정수형의 값과 실수형의 값을 저장하고 있다. 이 경우 모두 숫자이므로 당연히 false가 반환되었다. 둘째 data3과 data4는 각각 영문자와 한글로 구성된 문자열로 구성되어 있으므로 true가 반환되었다. 셋째 data5는 문자열 100을 저장하고 있다. 비록 100이 문자열이라 할지라도 숫자로만 구성된 문자열이므로 false가 반환되었다. 마지막으로 data6과 data7은 100이라는 숫자와 문자가 섞여 있다. 따라서 숫자로만 구성된 문자열 데이터가 아니기 때문에 true가 반환되었다.

그러므로 만약 prompt( ) 함수에 의해 입력된 데이터가 있을 때, 그 입력된 데이터가 숫자로만 구성된 데이터인지 아닌지를 isNaN( ) 함수는 구별해 낼 수 있게 된다. 다음의 Level Up 문제에서 isNaN( ) 함수를 활용해 보자.

Level Up 문제 코드와 수량을 입력받아 코드에 따른 판매금액을 계산하여 출력하는 순서도와 프로그램을 switch문을 사용하여 작성하여라. 코드별 단가는 다음과 같이 5가지로 정해져 있다.

- 코드별 단가

코드	단가
1	1000
2	1500
3	2000
4	2500
5	3000

또한 판매금액의 계산 방법과 프로그램 작성 조건은 다음과 같다.

- 판매금액의 계산은 다음의 수식으로 계산한다.
  판매금액 = 코드별 단가 × 수량
- 프로그램의 작성 조건
  - 코드 값으로 문자 "q"가 입력되면 프로그램을 종료한다.
  - 입력은 코드 값, 수량 순으로 받는다.
  - 코드 값이 1, 2, 3, 4, 5 중 하나가 아니면 다시 코드 값을 입력받는다.
  - 수량은 1부터 100사이의 정수 값을 받는다.
  - 수량이 숫자가 아닐 경우 수량만을 다시 입력 받는다.
  - 수량이 1미만 또는 100을 초과하면 수량만을 다시 입력을 받는다.
  - 입력된 코드 값과 수량 및 계산된 판매금액을 출력한다.
  - 각각의 코드별 수량의 합계와 판매금액의 합계를 출력한다.
  - 전체 총 판매금액의 합계를 출력한다.

문제해결 논리 prompt( ) 함수에 의해 입력된 수량이 숫자가 아닐 경우 수량만을 다시 입력 받아야 한다. 입력된 수량이 숫자인지 아닌지를 isNaN( ) 함수를 이용하여 검사하면 된다.

순서도

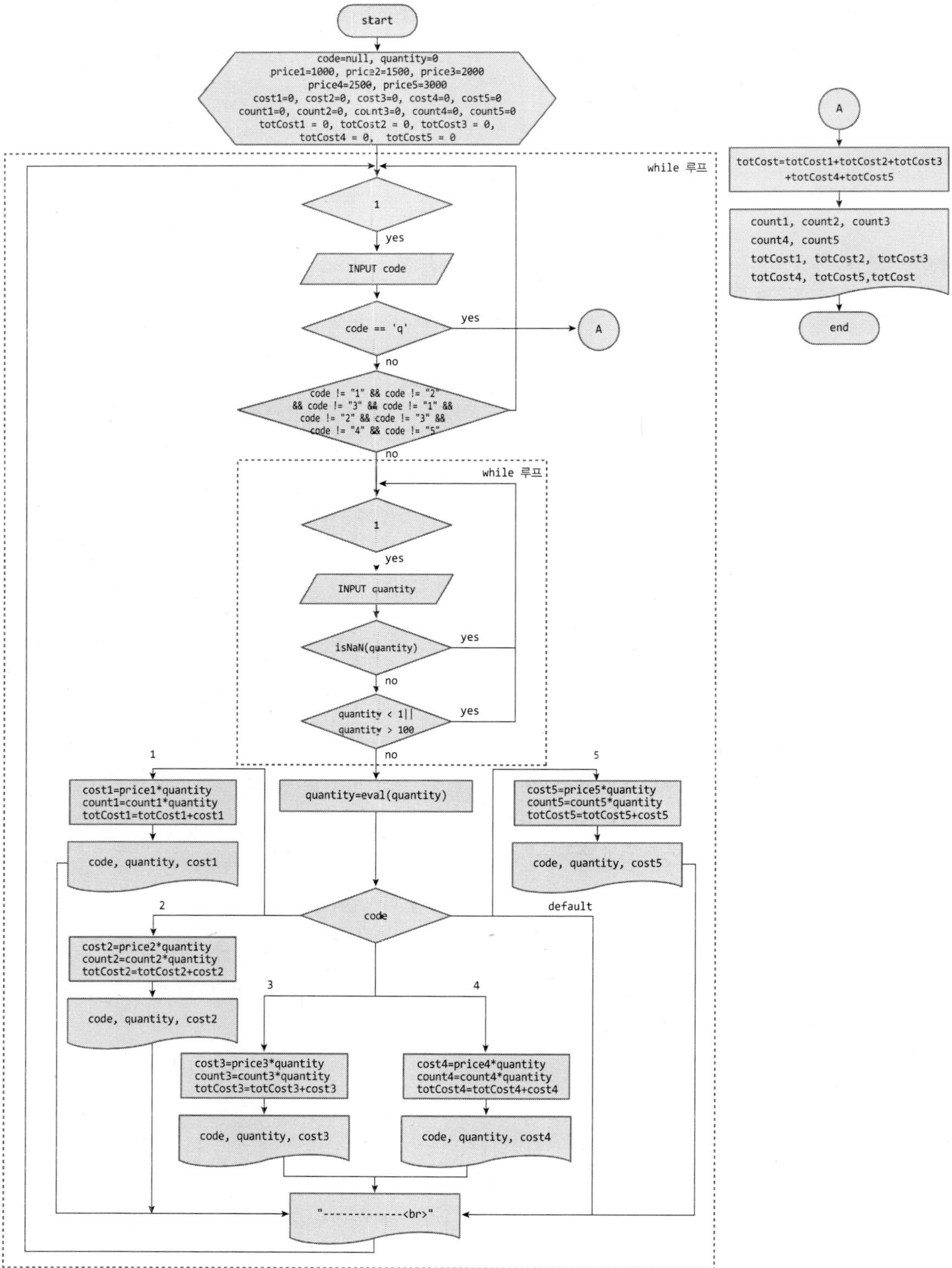
start
code=null, quantity=0
price1=1000, price2=1500, price3=2000
price4=2500, price5=3000
cost1=0, cost2=0, cost3=0, cost4=0, cost5=0
count1=0, count2=0, count3=0, count4=0, count5=0
totCost1 = 0, totCost2 = 0, totCost3 = 0,
totCost4 = 0, totCost5 = 0
while 루프
1
yes
INPUT code
code == 'q'
yes
A
no
code != "1" && code != "2" && code != "3" && code != "1" && code != "2" && code != "3" && code != "4" && code != "5"
no
while 루프
1
yes
INPUT quantity
isNaN(quantity)
yes
no
quantity < 1|| quantity > 100
yes
no
quantity=eval(quantity)
code
1
cost1=price1*quantity
count1=count1*quantity
totCost1=totCost1+cost1
code, quantity, cost1
2
cost2=price2*quantity
count2=count2*quantity
totCost2=totCost2+cost2
code, quantity, cost2
3
cost3=price3*quantity
count3=count3*quantity
totCost3=totCost3+cost3
code, quantity, cost3
4
cost4=price4*quantity
count4=count4*quantity
totCost4=totCost4+cost4
code, quantity, cost4
5
cost5=price5*quantity
count5=count5*quantity
totCost5=totCost5+cost5
code, quantity, cost5
default
"-------------
"
A
totCost=totCost1+totCost2+totCost3
+totCost4+totCost5
count1, count2, count3
count4, count5
totCost1, totCost2, totCost3
totCost4, totCost5,totCost
end

입력된 코드 값(1, 2, 3, 4, 5)는 switch문의 각 case의 값(value1, value2 등)으로 사용하면 된다. 코드 값이 1, 2, 3, 4, 5 중 하나가 아니면 다시 코드 값을 입력받아야 하므로 case의 default 부분에는 break문 하나만 있으면 된다.

프로그램 level_up_1_switch_sales_cost.htm

```
<html>
  <head> <title> 판매금액 구하기 </title> </head>
  <body>
    <script type = "text/javascript">
      document.write("<h2> 판매금액 구하기 </h2>");
      document.write("---------------------------------<br>");

      var  code = null, quantity = 0;
      var  price1 = 1000, price2 = 1500, price3 = 2000;
      var  price4 = 2500, price5 = 3000;
      var  cost1 = 0, cost2 = 0, cost3 = 0, cost4 = 0, cost5 = 0;
      var  count1 = 0, count2 = 0, count3 = 0, count4 = 0, count5 = 0;
      var  totCost1 = 0,  totCost2 = 0,  totCost3 = 0,  totCost4 = 0,  totCost5 = 0;
      var  totCost = 0;

      while( 1 )
      {
         code = prompt("코드 값(1,2,3,4,5) 또는 q를 입력하세요", "");
         if( code == 'q' ) break;
         if(code != "1" && code != "2" && code != "3" && code != "4" && code != "5")
            continue;

         while( 1 ) {
            quantity = prompt("수량으로 1~100을 입력하세요", "");
            if( isNaN(quantity) ) continue;
            if(quantity < 1 || quantity > 100) continue;
            break;
         }
         quantity = eval(quantity);

```

```
        switch( code ) {
          case '1' :
              cost1 = price1 * quantity;
              count1 = count1 + quantity;
              totCost1 = totCost1 + cost1;
              document.write(" 코드 값 : " + code + " 수량 : " + quantity);
              document.write(" 판매금액 : " + cost1 + "<br>");
              break;
          case '2' :
              cost2 = price2 * quantity;
              count2 = count2 + quantity;
              totCost2 = totCost2 + cost2;
              document.write(" 코드 값 : " + code + " 수량 : " + quantity);
              document.write(" 판매금액 : " + cost2 + "<br>");
              break;
          case '3' :
              cost3 = price3 * quantity;
              count3 = count3 + quantity;
              totCost3 = totCost3 + cost3;
              document.write(" 코드 값 : " + code + " 수량 : " + quantity);
              document.write(" 판매금액 : " + cost3 + "<br>");
              break;
          case '4' :
              cost4 = price4 * quantity;
              count4 = count4 + quantity;
              totCost4 = totCost4 + cost4;
              document.write(" 코드 값 : " + code + " 수량 : " + quantity);
              document.write(" 판매금액 : " + cost4 + "<br>");
              break;
          case '5' :
              cost5 = price5 * quantity;
              count5 = count5 + quantity;
              totCost5 = totCost5 + cost5;
              document.write(" 코드 값 : " + code + " 수량 : " + quantity);
              document.write(" 판매금액 : " + cost5 + "<br>");
              break;
          default : break;
```

```
        }
        document.write("----------------------------------<br>");
      }
      totCost = totCost1 + totCost2 + totCost3 + totCost4 + totCost5;
      document.write(" 코드 1의 총 판매수량 : " + count1 + "<br>");
      document.write(" 코드 2의 총 판매수량 : " + count2 + "<br>");
      document.write(" 코드 3의 총 판매수량 : " + count3 + "<br>");
      document.write(" 코드 4의 총 판매수량 : " + count4 + "<br>");
      document.write(" 코드 5의 총 판매수량 : " + count5 + "<br>");
      document.write("----------------------------------<br>");
      document.write(" 코드 1의 총 판매금액 : " + totCost1 + "<br>");
      document.write(" 코드 2의 총 판매금액 : " + totCost2 + "<br>");
      document.write(" 코드 3의 총 판매금액 : " + totCost3 + "<br>");
      document.write(" 코드 4의 총 판매금액 : " + totCost4 + "<br>");
      document.write(" 코드 5의 총 판매금액 : " + totCost5 + "<br>");
      document.write("----------------------------------<br>");
      document.write(" 전체 총 판매금액 : " + totCost + "<br>");
      document.write("----------------------------------<br>");
    </script>
  </body>
</html>
```

실행결과

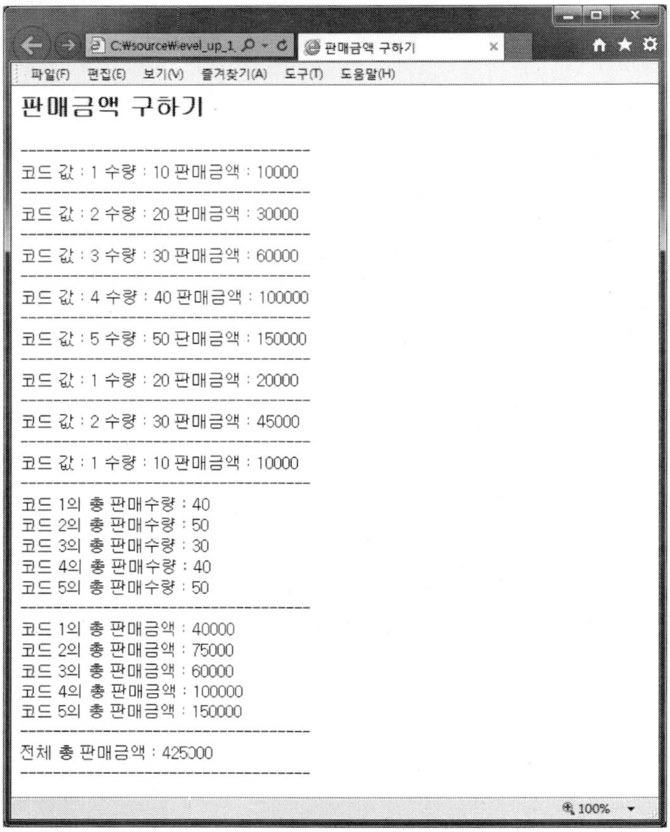
C:\source\level_up_1.
판매금액 구하기
파일(F) 편집(E) 보기(V) 즐겨찾기(A) 도구(T) 도움말(H)
판매금액 구하기

코드 값 : 1 수량 : 10 판매금액 : 10000

코드 값 : 2 수량 : 20 판매금액 : 30000

코드 값 : 3 수량 : 30 판매금액 : 60000

코드 값 : 4 수량 : 40 판매금액 : 100000

코드 값 : 5 수량 : 50 판매금액 : 150000

코드 값 : 1 수량 : 20 판매금액 : 20000

코드 값 : 2 수량 : 30 판매금액 : 45000

코드 값 : 1 수량 : 10 판매금액 : 10000

코드 1의 총 판매수량 : 40
코드 2의 총 판매수량 : 50
코드 3의 총 판매수량 : 30
코드 4의 총 판매수량 : 40
코드 5의 총 판매수량 : 50

코드 1의 총 판매금액 : 40000
코드 2의 총 판매금액 : 75000
코드 3의 총 판매금액 : 60000
코드 4의 총 판매금액 : 100000
코드 5의 총 판매금액 : 150000

전체 총 판매금액 : 425000

100%

요약

SUMMARY

1. 반복문의 탈출
   반복문은 2가지 방법으로 탈출할 수 있다. 하나는 while문, do-while문, 또는 for문의 조건을 거짓으로 만들어 탈출하는 방법이다. 두 번째 방법은 반복문 내에 if문을 두어 조건이 만족되면 break문을 실행하여 탈출하는 방법이다.

2. break와 continue문의 주요 차이점
   프로그램의 실행 중에 break문을 만나면 break문을 포함하고 있는 최초의 반복문을 빠져나간다. 반면에 프로그램의 실행 중에 반복문 내에서 continue문을 만나게 되면 continue문을 포함하고 있는 반복문 내의 문장들 중에서 continue문 이후의 문장들을 수행하지 않고 반복문의 시작 위치로 돌아가 계속하여 반복문을 수행하게 된다.

3. 다중선택을 위한 문법적 요소
   자바스크립트를 비롯한 많은 프로그래밍 언어에서는 다중선택 논리를 컴퓨터 프로그램으로 표현하기 위한 2가지 방법을 제공한다. 하나는 다중선택 if문이고 다른 하나는 switch문이다.
   다중선택 if문과 switch문은 비슷한 역할을 하므로 서로 교환하여 사용할 수 있지만 기능이 완전히 일치하는 것이 아니므로 주어진 문제에 따라서 직접적으로 서로 교환해서 사용할 수 없는 경우도 있다. 프로그램을 작성할 때 다중선택 if문을 사용할 것인지 또는 switch문을 사용할 것인지는 문제의 성격에 따라 프로그램 작성자가 선택하여 사용하면 된다.

연습문제 EXERCISE

1. 다음에 설명하는 내용이 무엇인지 간단히 답하여라.

설명	답
반복문을 탈출하는 2가지 방법은?	
프로그램의 실행 중에 반복문 내에서 이 명령문을 만나게 되면 그 명령문을 포함하고 있는 반복문내의 문장들 중에서 그 명령문 이후의 문장들을 수행하지 않고 반복문의 시작 위치로 돌아가 계속하여 반복문을 수행하게 된다. 여기서 명령문의 이름은?	
프로그램의 실행 중에 이 명령문을 만나면 그 명령문을 포함하고 있는 최초의 반복문을 빠져나간다. 여기서 명령문의 이름은?	
자바스크립트를 비롯한 많은 프로그래밍 언어에서는 다중선택 논리를 컴퓨터 프로그램으로 표현하기 위해 제공하고 있는 2가지 방법은?	
반복문의 조건이 거짓이 아닌 상태에서 반복문을 탈출하려면 어떻게 해야 하는가? 즉, 반복문의 조건이 참인 상태에서 어떤 또 다른 조건이 만족되면 반복문을 더 이상 실행할 필요가 없이 탈출해야만 하는 경우에 사용해야 하는 명령문 2가지는?	
switch문의 평가 식의 값으로 올 수 있는 데이터 유형 2가지는?	

2. 자동 분류 기계의 테이블 위에 오렌지를 올려놓는다. 그러면 자동 분류 기계가 무게를 측정하고 그 측정된 무게에 따라 과일을 자동으로 분류하여 종이 상자로 옮겨 담는다. 이 분류 기계가 수행하는 순서도와 프로그램을 if문을 사용하여 작성하여라. 이 자동 분류 기계가 분류하는 무게 기준과 처리 조건 및 실행결과는 다음과 같다.

무게기준

입력받은 값 (오렌지의 무게(weight) : 단위 gram)	출력할 문자열
weight < 50	1번 박스로 이동
50 <= weight < 70	2번 박스로 이동
70 <= weight < 90	3번 박스로 이동
weight >= 90	4번 박스로 이동

처리조건

- weight 변수에 문자 "q"가 입력되기 전까지 계속 입력을 받아 처리한다.
- 입력된 오렌지의 weight를 모두 출력한다.
- 각 박스로 이동된 오렌지의 총 개수와 총 무게를 계산하여 출력한다.
- 입력된 전체 오렌지의 총 개수와 전체 오렌지의 총 무게를 출력한다.
- 입력되는 값은 오렌지의 무게(1~100gram)와 프로그램의 종료 문자 "q"만 있다고 가정한다.

실행결과

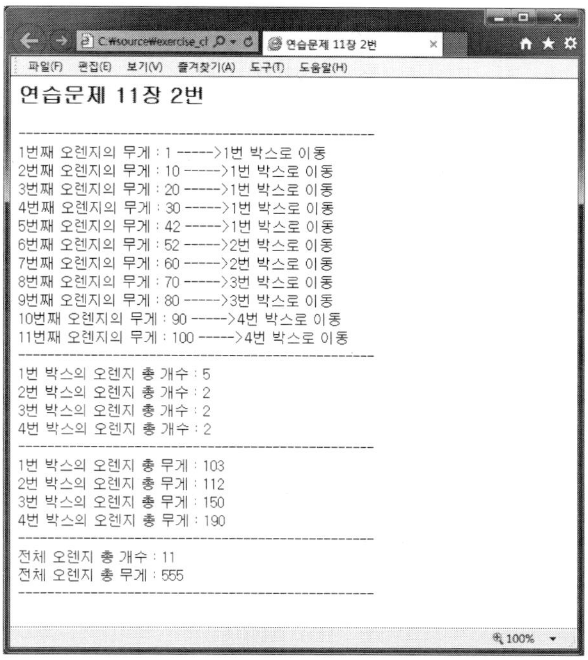

3. 자동 분류 기계의 테이블 위에 오렌지를 올려놓는다. 그러면 자동 분류 기계가 무게를 측정하고 그 측정된 무게에 따라 과일을 자동으로 분류하여 종이 상자로 옮겨 담는다. 이 자동 분류 기계가 분류하는 무게 기준과 처리 조건 및 실행결과는 다음과 같다. 이 분류 기계가 수행하는 순서도와 프로그램을 switch문을 사용하여 작성하여라.

무게기준

입력받은 값 (오렌지의 무게(weight) : 단위 gram)	출력할 문자열
weight < 50	1번 박스로 이동
50 <= weight < 70	2번 박스로 이동
70 <= weight < 90	3번 박스로 이동
weight >= 90	4번 박스로 이동

처리조건

- weight 변수에 문자 “q”가 입력되기 전까지 계속 입력을 받아 처리한다.
- 입력된 오렌지의 weight를 모두 출력한다.
- 각 박스로 이동된 오렌지의 총 개수와 총 무게를 계산하여 출력한다.
- 전체 오렌지의 총 개수와 전체 오렌지의 총 무게를 출력한다.
- 입력되는 값은 오렌지의 무게(1~100gram)와 프로그램의 종료 문자 “q”만 있다고 가정한다.

실행결과

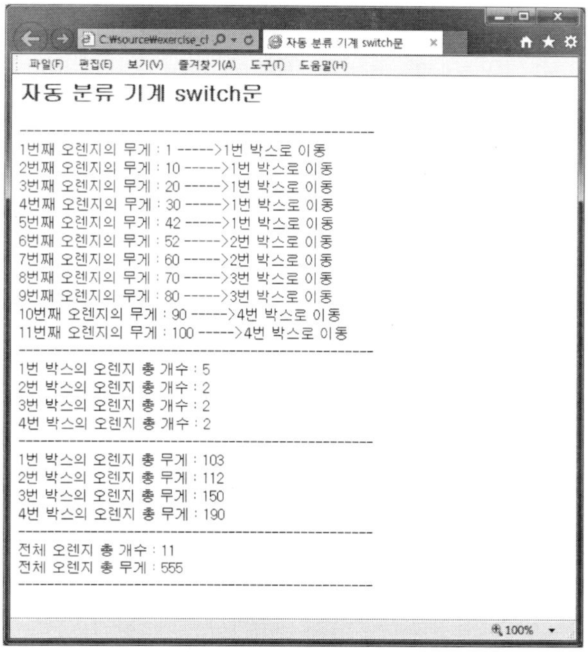

4. 공연 관람 요금의 정상 요금은 15,000원이다. 이 요금을 다음과 같이 입력된 나이에 따라 할인해주는 순서도와 프로그램을 if문을 사용하여 작성하여라.

입력된 나이의 범위(1~500살)	할인율
20미만(미성년층)	10% 할인
20이상 ~ 50미만(생산연령층)	5% 할인
50이상 ~ 60미만(중년층)	15% 할인
60이상(장년층)	20% 할인

처리조건

- 입력된 나이는 age 변수에 저장한다.
- age 변수에 문자 "q"가 입력되기 전까지 계속 입력을 받아 처리한다.
- 입력되는 값은 나이(1~500살)와 프로그램의 종료 문자 "q"만 있다고 가정한다.

- 다음의 항목을 계산하여 출력한다.
  - 미성년층에 판매된 티켓 수
  - 생산연령층에 판매된 티켓 수
  - 중년층에 판매된 티켓 수
  - 장년층에 판매된 티켓 수
  - 미성년층에 판매된 수입
  - 생산연령층에 판매된 수입
  - 중년층에 판매된 수입
  - 장년층에 판매된 수입
  - 판매된 총 티켓 수
  - 전체 총 수입

실행결과

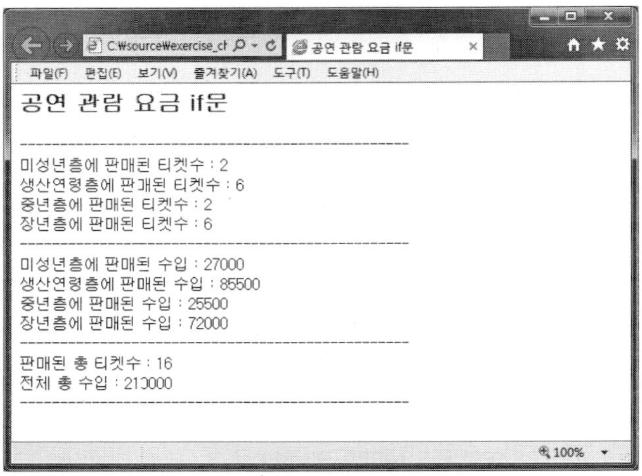

5. 공연 관람 요금의 정상 요금은 15,000원이다. 이 요금을 다음과 같이 입력된 나이에 따라 할인해주는 순서도와 프로그램을 switch문을 사용하여 작성하여라.

입력된 나이의 범위(1~500살)	할인율
20미만(미성년층)	10% 할인
20이상 ~ 50미만(생산연령층)	5% 할인
50이상 ~ 60미만(중년층)	15% 할인
60이상(장년층)	20% 할인

처리조건

- 입력된 나이는 age 변수에 저장한다.
- age 변수에 문자 "q"가 입력되기 전까지 계속 입력을 받아 처리한다.
- 입력되는 값은 나이(1~500살)와 프로그램의 종료 문자 "q"만 있다고 가정한다.
- 다음의 항목을 계산하여 출력한다.
  - 미성년층에 판매된 티켓 수
  - 생산연령층에 판매된 티켓 수
  - 중년층에 판매된 티켓 수
  - 장년층에 판매된 티켓 수
  - 미성년층에 판매된 수입
  - 생산연령층에 판매된 수입
  - 중년층에 판매된 수입
  - 장년층에 판매된 수입
  - 판매된 총 티켓 수
  - 전체 총 수입

실행결과

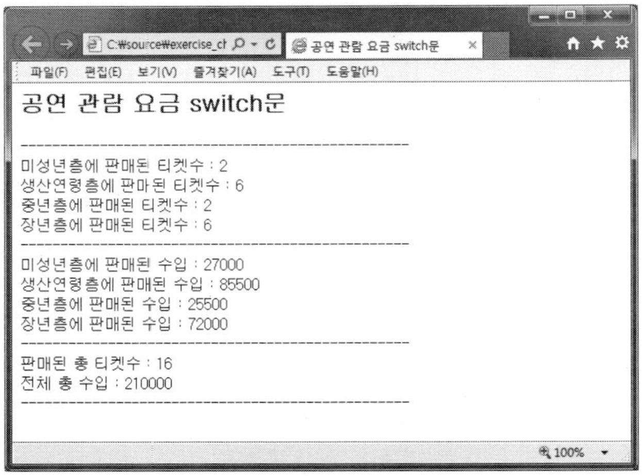

6. 카드 회원들의 등급별 포인트 값을 계산하여 출력하는 순서도와 프로그램을 switch문을 이용하여 작성하여라. 순서도와 프로그램 작성 시 고려할 사항들은 다음과 같다.

- 입력은 회원번호, 등급, 포인트 점수를 읽어들인다.
- 회원번호, 등급에 따라 입력해야 하는 값, 포인트 점수의 입력 범위는 다음과 같다.
  - 회원번호 : A001, A002, ...
  - 등급에 따른 입력 값

등급	입력 값
vip1	"1"
vip2	"2"
vip3	"3"

  - 포인트 점수의 입력 범위 : 0 ~ 1,000,000

- 출력할 내용은 다음과 같다.
  - 모든 입력된 값(회원번호, 등급, 포인트 점수)
  - 회원등급별 인원수

  - 회원등급별 포인트의 합
  - 전체 입력된 회원수
  - 전체 포인트의 합계
  - 인원수 대비 평균 포인트 값

- 기타 사항
  - 회원번호는 중복 입력되지 않는다.
  - 등급에 따른 입력 값은 "1", "2", 또는 "3" 중 하나만 입력한다.
  - 회원번호, 등급, 포인트 점수 순으로 입력받는다.
  - 회원번호로 문자 "q"가 입력되면 프로그램을 종료한다.
  - 등급에 따른 입력 값이 "1", "2", 또는 "3" 중 하나가 아니면 등급에 따른 입력 값만을 다시 입력받는다.
  - 포인트 점수가 숫자가 아닐 경우 포인트 점수만을 다시 입력받는다.
  - 포인트 점수가 0 미만 또는 1,000,000을 초과하면 포인트 점수만을 다시 입력받는다.

7. 카드 회원들의 등급별 포인트 값을 계산하여 출력하는 순서도와 프로그램을 switch문 대신 if문을 이용하여 작성하여라. 또한 do-while 루프를 하나 이상 사용하여라. 순서도와 프로그램 작성 시 고려할 사항들은 다음과 같다.

- 입력은 회원번호, 등급, 포인트 점수를 읽어들인다.
- 회원번호, 등급에 따라 입력해야 하는 값, 포인트 점수의 입력 범위는 다음과 같다.
  - 회원번호 : A001, A002, ...
  - 등급에 따른 입력 값

등급	입력 값
vip1	"1"
vip2	"2"
vip3	"3"

- 포인트 점수의 입력 범위 : 0 ~ 1,000,000

- 출력할 내용은 다음과 같다.
  - 모든 입력된 값(회원번호, 등급, 포인트 점수)
  - 회원등급별 인원 수
  - 회원등급별 포인트의 합
  - 전체 입력된 회원 수
  - 전체 포인트의 합계
  - 인원수 대비 평균 포인트 값

- 기타 사항
  - 회원번호는 중복 입력되지 않는다.
  - 등급에 따른 입력 값은 "1", "2", 또는 "3" 중 하나만 입력한다.
  - 회원번호, 등급, 포인트 점수 순으로 입력받는다.
  - 회원번호로 문자 "q"가 입력되면 프로그램을 종료한다.
  - 등급에 따른 입력 값이 "1", "2", 또는 "3" 중 하나가 아니면 등급에 따른 입력 값만을 다시 입력받는다.
  - 포인트 점수가 숫자가 아닐 경우 포인트 점수만을 다시 입력받는다.
  - 포인트 점수가 0 미만 또는 1,000,000을 초과하면 포인트 점수만을 다시 입력받는다.

CHAPTER 12

1차원 배열

1. 배열이란?
2. 배열의 선언과 초기화
3. 1차원 배열

CHAPTER 12

1차원 배열

학습목표

- 배열이 무엇인지 이해한다.
- 1차원 배열을 선언하고 초기화 할 수 있다.
- 변수와 배열의 차이점을 이해한다.
- 1차원 배열이 메모리를 할당받는 방법과 순서를 이해한다.
- 1차원 배열을 이해하고 응용할 수 있다.

1. 배열이란?

배열(Array)은 일종의 변수이다. 이에 따라 배열은 변수와 마찬가지로 기억장소에 붙여진 이름이다. 즉 배열은 변수와 동일하게 자료를 기억시키기 위해 사용한다. 또한 변수와 마찬가지로 배열은 이름을 가지고 있다. 배열 이름은 앞에서 이미 설명한 변수 이름의 작성 규칙에 따라 만들어 사용하면 된다. 이와 같이 배열은 변수와 거의 동일한 역할을 가지고 있다. 그러나 사용의 편리성 입장에서 볼 때 약간의 차이점을 가지고 있다. 이 장을 학습하고 나면 그 차이점을 이해할 수 있다.

배열은 많은 프로그래밍 언어에서 기본적으로 제공하고 있다. 자바스크립트에서 배열의 사용법은 몇 가지가 존재한다. 그러나 이 책에서는 대부분의 프로그래밍 언어에서 제공하는 공통적인 방법을 이용한 사용법을 설명한다. 이유는 이 방법이 가장 일반적으로 많이 사용되는 방법이기 때문이다.

2. 배열의 선언과 초기화

일반적으로 자바스크립트에서 변수를 사용하려면 변수를 선언하고 초기화해야 한다. 이와 마찬가지로 배열을 사용하기 위해서 배열을 선언하고 초기화해야 한다. 자바스크립트에서 배열을 선언하고 초기화하는 방법을 예를 통해 살펴보자. 자바스크립트에서 배열의 선언과 초기화는 다음과 같은 형태를 사용한다. 다음의 표는 배열과 변수의 선언 및 초기화 방법을 비교하기 위해 배열의 선언 및 초기화 방법과 함께 배열 대신 변수로 어떻게 선언하고 초기화하는지를 동시에 보여준다.

배열과 변수 선언의 비교		설명
배열	① var n = [1, 2, 3, 4, 5];	- 초기 값을 1 ~ 5까지 부여한 배열을 선언하였다. - n은 변수명과 마찬가지로 배열 이름, 즉 배열명이다.

변수	① var n0 = 1;
	var n1 = 2;
	var n2 = 3;
	var n3 = 4;
	var n4 = 5;
		- 배열과 같이 5개의 초기 값을 저장하기 위해서는 5개의 변수 선언이 필요하다.

배열	② var yoil = ["Sun", "Mon", "Tue", "Wed", "Thu", "Fri", "Sat"];	- 초기 값을 문자열로 지정한 배열을 선언하였다. - yoil은 배열 이름이다.
변수	② var yoil1 = "Sun"; var yoil2 = "Mon"; var yoil3 = "Tue"; var yoil4 = "Wed"; var yoil5 = "Thu"; var yoil6 = "Fri"; var yoil7 = "Sat";	- 배열과 같이 7개의 초기 값을 저장하기 위해서는 7개의 변수 선언이 필요하다.
배열	③ var myBook = [];	- 초기 값이 주어지지 않은 비어있는 배열을 선언하였다. - myBook은 배열 이름이다. - 이 경우, 이후 비어있는 배열에 필요 값을 저장하면 된다. 이에 대한 내용은 다음에 설명한다.
변수	③	- myBook 배열의 개수가 정해지지 않았으므로 현재 상태로는 변수로 동일하게 선언할 수 없다.

그러면 ①의 배열 선언을 가지고 변수 선언과 비교해 보자. 우선 앞에서 이미 설명한 것과 같이 컴퓨터 시스템은 프로그램에서 선언된 모든 변수에 적절한 위치의 주기억장소를 알아서 자동으로 할당해 준다. 따라서 예로 변수를 사용한 방식은 컴퓨터 시스템에 의해 자동으로 다음과 같이 주기억장소를 할당 받는다. 이전에도 살펴본 것과 같이 변수를 사용한 방식은 변수들이 연속적으로 기억장소를 할당받지 않는 경우가 많다.

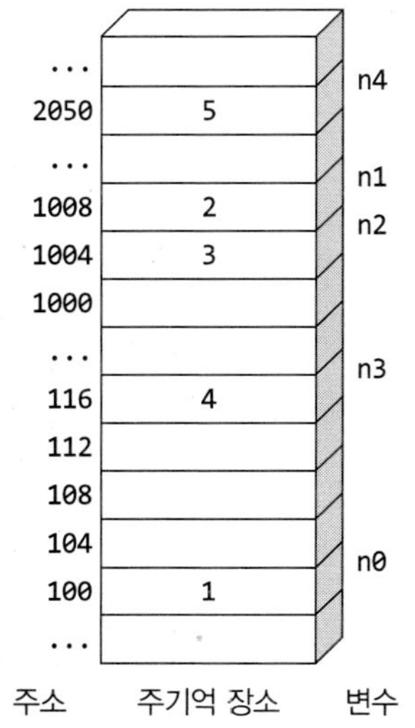

이 예에서 단지 5개의 기억장소만이 필요하므로 큰 문제가 되지 않는다. 그러나 예로 프로그램에서 a1부터 a1000까지 1000개의 변수가 필요하다거나, 또는 그 이상의 기억장소가 필요할 경우 어떻게 하겠는가? 이런 경우 좀 더 쉽게 기억장소에 이름을 붙이는 방법은 배열(Array)을 사용하는 것이다.

그러면 이제 ①의 배열 선언이 주기억장소에 어떻게 할당되는지 살펴보자. 배열도 변수와 마찬가지로 기억장소에 붙여진 이름이기 때문에 변수와 동일하게 다음과 같이 기억장소를 컴퓨터시스템에 의해 자동으로 할당받는다.

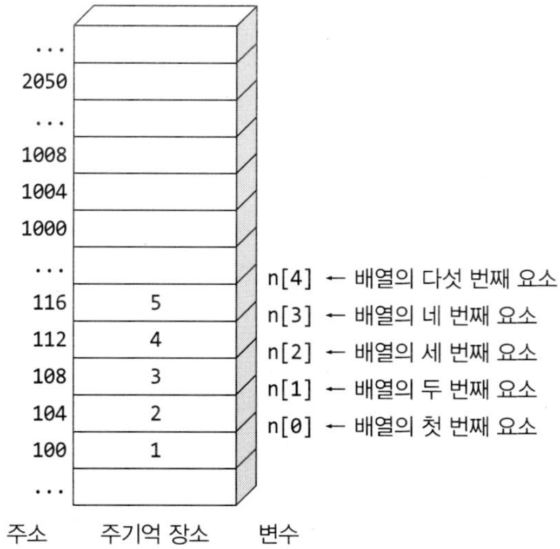

그러나 그림과 같이 배열은 변수와 다르게 기억장소가 연속적으로 할당 받았음을 알 수 있다. 또한 n이란 배열은 1~5까지 5개의 초기 값이 주어졌으므로 기억장소를 5개 할당받는다. 앞의 그림은 다음과 같이 오른쪽으로 90도 회전시켜 수평으로 표현할 수도 있다.

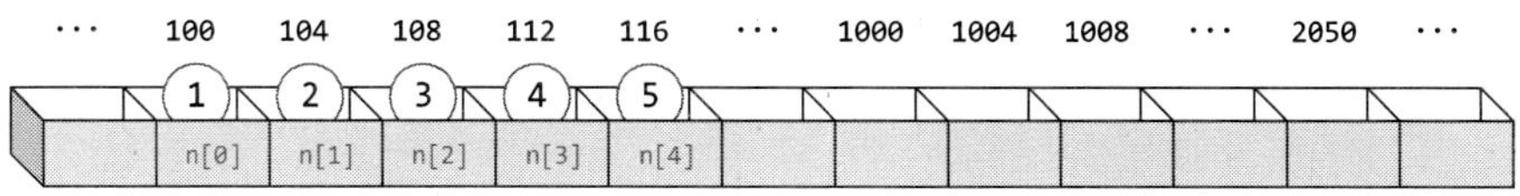

앞의 그림에서 주기억장소의 번지를 제외하고 실제로 배열의 값이 할당된 부분만 그리면 다음과 같이 다시 그릴 수 있다. 보통 배열을 그릴 때 다음과 같이 주기억장소의 주소를 생략하고 간략하게 다음과 같이 그린다.

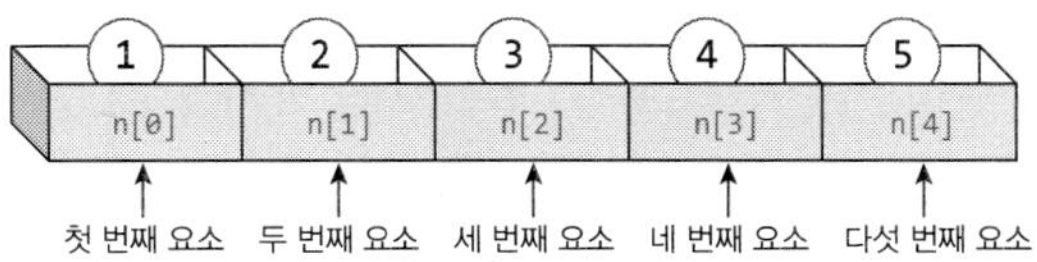

이상의 설명에서와 같이 배열을 "var n = [1, 2, 3, 4, 5];"와 같이 선언하고 초기 값을 부여하면 앞의 그림과 같이 기억장소를 할당받는다. 즉, 배열은 값들을 순서적으로 저장하는 기억장소라고 볼 수 있다. 여기서 **배열이름 n을 배열명 또는 대**

표 **배열명**이라고 부른다. 또한 기억장소 각각에 붙게 되는 **명칭들(n[0], n[1], n[2], n[3], [4])을 배열의 원소 또는 요소**라고 부른다. 즉, 배열의 기억장소 각각에 붙게 되는 명칭들은 다음과 같이 붙여진다.

배열명[번호]

이 예에서 배열명은 n이 되며, 번호는 0~4가 된다. 여기서 **번호를 배열의 색인 번호(Index Number), 색인(Index) 또는 첨자**라고 부른다. 이와 같이 자바스크립트에서 배열의 색인은 항상 0부터 시작하여 1씩 증가된 값을 갖는다. 따라서 n이라는 배열의 요소의 수는 5가 된다. **배열의 요소 수를 그 배열의 크기**라고 부른다. 즉 **배열의 요소 수가 5라는 의미는 그 배열의 크기가 5란 의미**가 된다.

이제 좀 감이 잡히는가? 사실 잠시 관찰해 보면 변수 n1~n5까지를 n[0]~n[4]라는 이름으로 1대 1로 대응시켜 명칭을 변경한 것에 불과하다고 생각하지 않는가? 그렇다. 결국 배열도 일종의 변수이다.

그러면 왜 이렇게 배열을 사용하는 것일까? 그것은 크게 2가지의 이유가 있다. 첫째는 예로 a1부터 a1000까지 1000개의 변수가 필요하다거나 또는 그 이상의 기억장소가 필요할 경우 변수를 일일이 선언하는 것은 매우 번거롭다. 즉, 이 경우 변수의 선언을 배열로 선언함으로써 간단히 해결할 수 있다. 둘째는 기억장소를 참조(Reference)할 때 매우 편리하게 참조할 수 있다는 것이다. 여기서 **참조라는 말은 기억장소에 임의의 값을 저장한다든지 또는 기억장소에 저장된 값을 읽어오는 것**을 말한다.

그러면 배열이라는 기억장소를 어떻게 참조하는지를 자세히 살펴보자. 그럼으로써 얼마나 편리한지 느껴보자. 우선 지금까지 프로그램에서 사용했던 것과 같이 n1이라는 변수(기억장소)에 숫자 10을 저장하는 명령문은 다음과 같이 쓸 수 있다.

```
n1 = 10;
```

또한 n1이라는 변수(기억장소)에 저장된 값을 읽어 출력하는 명령문은 다음과 같이 쓸 수 있다.

```
document.write("n1 = " + n1 + "<br>");
```

변수와 동일하게 배열도 다음과 같이 참조할 수 있다. 즉 배열에서는 배열에 어떤 값을 저장하거나 배열에 저장된 값을 읽을 때 색인번호를 이용한다.

```
//n이라는 배열의 두 번째 요소에 숫자 10을 저장하라
        n[1] = 10;

//n이라는 배열의 두 번째 요소에 저장된 값을 출력하라
        document.write("n[1] = " + n[1] + "<br>");

//yoil이라는 배열의 세 번째 요소에 문자열 "Sun"을 저장하라
        yoil[2] = "Sun";

//yoil이라는 배열의 세 번째 요소에 저장된 값을 출력하라
        document.write("yoil[2] = " + yoil[2] + "<br>");

//n이라는 배열의 모든 요소 값들을 출력하라.
        for( i=0; i<=4; i++ ) {
            document.write(n[i] + "<br>");
        }
```

이제까지 설명한 것을 바탕으로 변수와 배열을 비교해 보자. 변수와 배열은 둘 다 자료를 저장하는 기억장소의 역할을 동일하게 담당하고 있지만 서로 다른 특징을 가지고 있다. 주요 특징을 정리하면 다음과 같다.

구분	변수	배열
공통점	궁극적으로 자료를 저장하는 기억장소이다.	변수와 마찬가지로 궁극적으로 자료를 저장하는 기억장소이다.
차이점	각각의 변수는 메모리를 할당받을 때 보통 비연속적으로 할당받는다.	배열의 요소들은 인접된 메모리를 연속적으로 할당받는다.
	성질이 서로 다른 자료를 저장하는데 주로 사용한다.	같은 성질의 자료를 연속적으로 저장하는데 주로 사용한다.
	프로그램에서 변수를 참조할 때, 각각의 변수 이름을 지정해야 한다.	프로그램에서 변수를 참조할 때, 배열의 색인[번호]를 이용할 수 있어 매우 편리하다.

실습예제 EXAMPLE

다음과 같이 출력하는 순서도와 프로그램을 작성해보자. 단, 배열 이름을 yoil로 하며 배열 원소의 수는 7로 한다. 각 배열의 원소에는 초기 값으로 "Sun", "Mon", "Tue", "Wed", "Thu", "Fri", "Sat"을 yoil[0]에서부터 순서대로 저장한 후, 배열에 저장된 데이터를 출력한다.

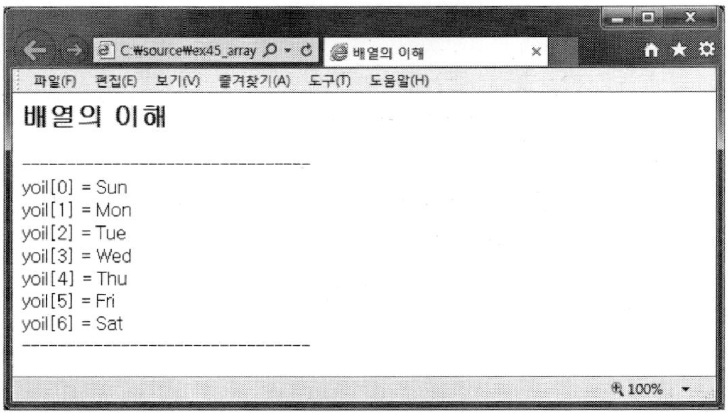

문제해결 논리

다음과 같이 배열 이름을 yoil로 하여 변수를 선언하고 선언과 동시에 초기치를 "Sun", "Mon", "Tue", "Wed", "Thu", "Fri", "Sat"로 부여한다. 그런 다음 for, while 등의 반복문을 이용하여 배열 요소의 내용을 출력한다. 출력할 때 색인번호를 이용하여 배열에 접근하면 된다.

```
var yoil = ["Mon", "Tue", "Wed", "Thu", "Fri", "Sat"];
```

참고적으로 다음과 같이 빈 배열을 선언한 후, 초기치를 부여해도 된다. 즉, 결과는 동일하다.

```
var yoil = [];
        yoil[0] = "Sun";
        yoil[1] = "Mon";
        yoil[2] = "Tue";
        yoil[3] = "Wed";
        yoil[4] = "Thu";
        yoil[5] = "Fri";
        yoil[6] = "Sat";
```

순서도

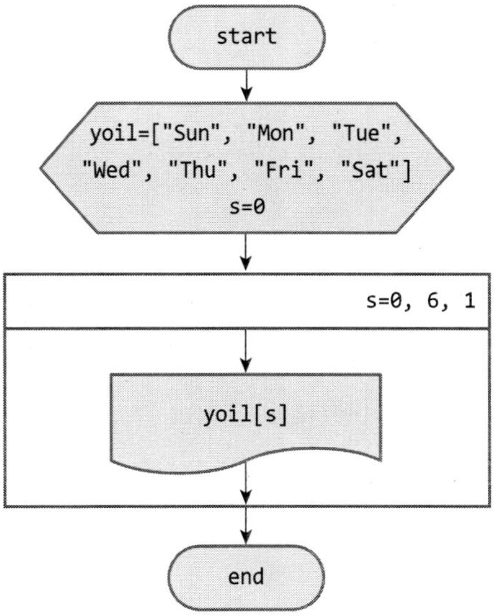

프로그램 ex45_array_understanding.htm

```
<html>
  <head> <title> 배열의 이해 </title> </head>
  <body>
    <script type = "text/javascript">
          document.write("<h2> 배열의 이해  </h2>");
          document.write("--------------------------------<br>");

          var  yoil = ["Sun", "Mon", "Tue", "Wed", "Thu", "Fri", "Sat"];
          var  s = 0;

          for(s = 0; s <  7; s++) {
              document.write("yoil" + "[" + s + "]" + " = " + yoil[s] + "<br>");
          }

          document.write("--------------------------------<br>");
    </script>
  </body>
</html>
```

실습예제 EXAMPLE

10개의 배열 요소를 갖는 배열을 하나 선언하고 초기 값으로 1~100 사이의 임의의 초기 값으로 부여한다. 그런 다음 이 배열에 부여한 배열 요소 값들의 합계와 평균을 구하여 출력하는 순서도와 프로그램을 작성해 보자. 또한 작성된 순서도 또는 프로그램을 보고 변수테이블도 그려라. 물론 프로그램에서 출력 시 배열 요소에 부여한 초기 값도 출력하여야 한다. 실행 결과는 다음과 같다.

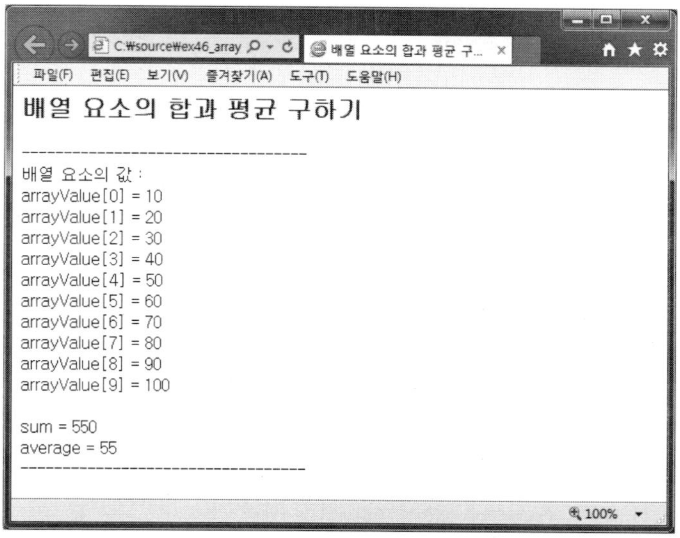

문제해결 논리

예로 배열 이름을 **arrayValue**로 하여 변수를 선언하고 선언과 동시에 초기치를 **10, 20, 30, 40, 50, 60, 70, 80, 90, 100**으로 부여한다. 그런 다음 **for, while** 등의 반복문을 이용하여 배열 요소의 내용을 출력한다. 출력할 때 색인번호를 이용하여 배열의 내용을 읽으면 되며 반복문 내에서 배열 요소의 합을 구해놓는다. 반복문이 종료된 후 평균을 구한다. 마지막으로 합계와 평균을 출력하면 된다.

순서도

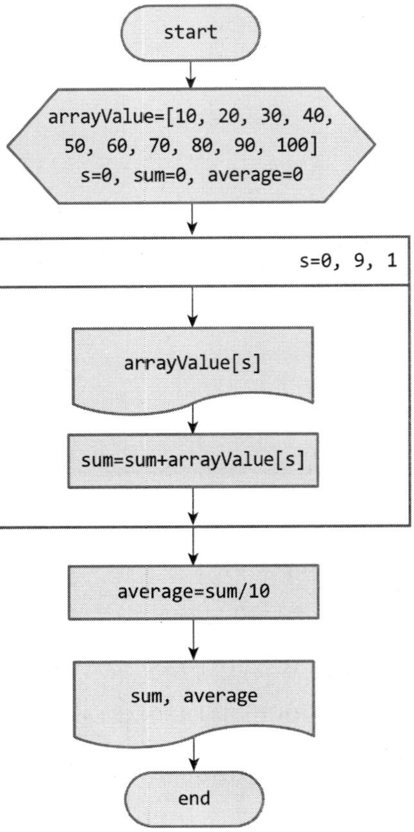

프로그램 ex46_array_sum_average.htm

```
<html>
  <head> <title> 배열 요소의 합과 평균 구하기 </title> </head>
  <body>
    <script type = "text/javascript">
          document.write("<h2> 배열 요소의 합과 평균 구하기  </h2>");
          document.write("---------------------------------<br>");

          var  arrayValue = [10, 20, 30, 40, 50, 60, 70, 80, 90, 100];
          var  s= 0, sum = 0, average = 0;

          document.write("배열 요소의 값 : <br>");
          for(s = 0; s <  10; s++) {
```

```
            document.write("arrayValue" + "[" + s + "]" + " = ");
            document.write(arrayValue[s] + "<br>");
            sum = sum + arrayValue[s];
        }
        average = sum / 10;
        document.write("<br>");
        document.write("sum = " + sum + "<br>");
        document.write("average = " + average + "<br>");

        document.write("--------------------------------<br>");
    </script>
  </body>
</html>
```

변수테이블

arrayValue

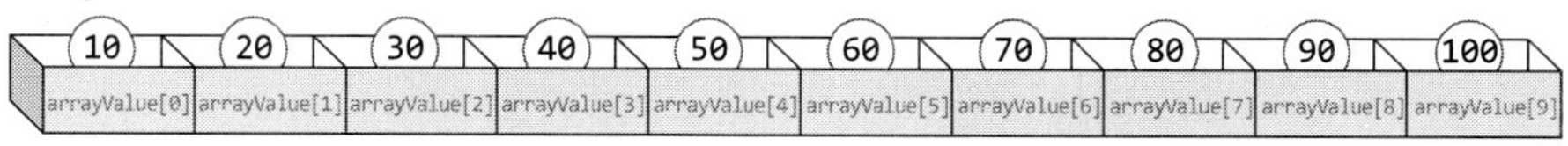

s	sum	average	설명
0	0	0	초기 값
0	10(0+10)		
1	30(10 + 20)		
2	60(30 + 30)		
3	100(60 + 40)		
4	150(100 + 50)		
5	210(150 + 60)		합계 계산
6	280(210 + 70)		
7	360(280 + 80)		
8	450(360 + 90)		
9	550(450 + 100)		
10		55	평균 계산

실습예제 EXAMPLE

10개의 배열 요소를 갖는 배열을 하나 선언하고, 초기치로 1~100 사이의 임의의 값으로 부여한다. 그런 다음 이 배열에 부여한 배열 요소 값들을 정렬하여 작은 값부터 가장 큰 값까지 출력하는 순서도와 프로그램을 작성해보자. 단, 선택 정렬 방법으로 프로그램을 작성해보자. 또한 작성된 순서도 또는 프로그램을 보고 변수테이블도 그려라.

문제해결 논리

정렬(Sort)이란 숫자 또는 문자들이 있을 때 크기순으로 나열하는 것을 말한다. 정렬이란 정렬 방식에 따라 오름차순 정렬과 내림차순 정렬로 분류한다. 오름차순 정렬은 작은 수부터 큰 수까지 순차적으로 나열하는 방법이며 반대로 내림차순 정렬은 큰 수부터 작은 수까지 순차적으로 나열하는 방법을 말한다.

또한 정렬은 정렬을 수행하는 방식에 따라 선택 정렬, 퀵 정렬 등의 여러 방법이 있다. 여기서는 가장 기본적인 선택 정렬 방법을 이용하여 오름차순으로 정렬하는 방법을 소개한다. 물론 선택 정렬 방법을 이용하여 내림차순으로 정렬할 수도 있다.

정렬은 매우 빈번히 사용된다. 예로 학생들의 성적에 따라 등수 순으로 나열한다든지, SK와 같은 통신회사에서 스마트 폰 사용자들을 대상으로 스마트 폰의 데이터 용량을 가장 많이 사용한 상위 10,000명에게 선물을 주기를 원할 때 정렬은 필수적으로 사용된다.

그러면 이제부터 **선택정렬 방법**을 단계별로 살펴보자. 예를 들어 다음과 같이 배열에 숫자 데이터가 저장되어 있다고 가정하자.

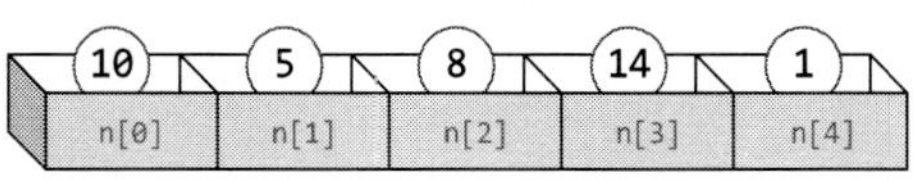

1단계

배열의 첫 번째 원소를 기준으로 나머지 원소들과 비교하여 가장 작은 값을 배열의 첫 번째 요소에 저장한다. 이를 위해 각 스텝마다 배열에서 가장 작은 값의 위치(색인번호)를 저장할 변수를 하나 선언한다. 예로 position이라 선언한 후 다음과 같은 과정을 수행하면 된다.

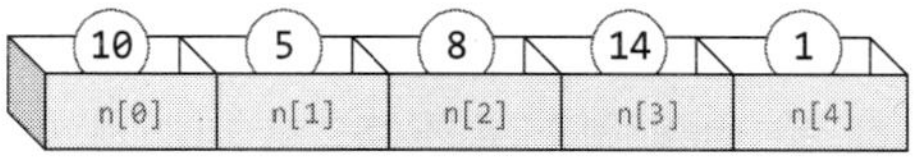

1) 스텝1
- 처음에 position은 0으로 부여한다.
- 배열의 첫 번째 요소 값10과 두 번째 요소 값 5를 비교한다.
- 5가 10보다 작으므로 5가 저장된 배열의 위치를 저장한다. 즉 position = 1;이다.

2) 스텝2
- 이번에는 5와 8을 비교한다.
- 5가 더 작으므로 position 값은 그대로 1로 유지한다.

3) 스텝3
- 이번에는 5와 14를 비교한다.
- 마찬가지로 5가 더 작으므로 position 값은 그대로 1로 유지한다.

4) 스텝4
- 5와 1을 비교한다.
- 이번에는 1이 더 작으므로 position 값이 4로 변경한다. 즉 position = 4;이다.

5) 스텝5
- 배열의 끝 지점까지 비교해 보았더니 n[position] 위치의 값인 1이 가장 작다는 것을 알게 되었으므로 배열의 첫 번째 값 10과 배열의 n[position] 위치의 값인 1을 교환한다. 결과는 다음과 같다.

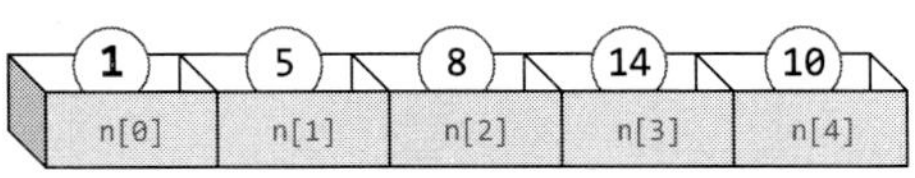

이제 n[0] 값은 배열 요소의 값들 중에서 가장 작은 값임이 판명되었으므로

다음 단계에서는 n[0]의 값을 제외한 나머지 배열 요소들만 정렬하면 된다.

2단계

이번에는 배열의 두 번째 원소를 기준으로 나머지 원소들과 비교하여 가장 작은 값을 배열의 두 번째 요소에 저장한다. 이를 위해 다음과 같은 과정을 수행한다.

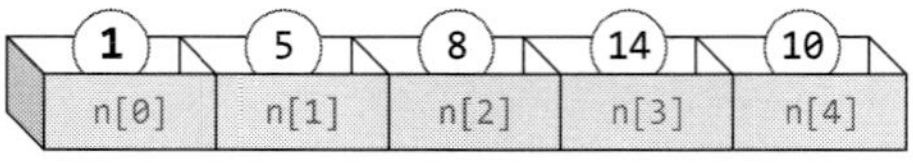

1) 스텝1
- 처음에 position은 1로 부여한다.
- 5와 8을 비교한다.
- 5가 8보다 작으므로 position 값은 그대로 1로 유지한다.

2) 스텝2
- 이번에는 5와 14를 비교한다.
- 5가 더 작으므로 position 값은 그대로 1로 유지한다.

3) 스텝3
- 이번에는 5와 10을 비교한다.
- 마찬가지로 5가 더 작으므로 position 값은 그대로 1로 유지한다.

4) 스텝4
- 배열의 끝 지점까지 비교해 보았더니 n[position] 위치의 값인 5가 가장 작다는 것을 알게 되었으므로 배열의 두 번째 요소 값 5와 배열의 n[position] 위치의 값인 5를 교환한다. 결과는 다음과 같다. 즉 이번 단계에서는 배열의 두 번째 요소 값 5와 배열의 n[position] 위치의 값인 5가 같은 값임을 알 수 있다. 다시 말해서 5는 배열 요소 중에서 두 번째로 작은 수임을 알 수 있다.

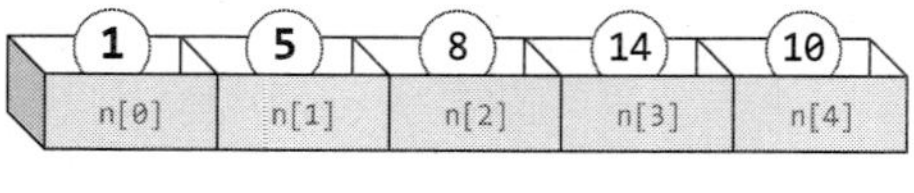

3단계

이번에는 배열의 세 번째 원소를 기준으로 나머지 원소들과 비교하여 가장 작은 값을 배열의 세 번째 요소에 저장한다. 이를 위해 다음과 같은 과정을 수행한다.

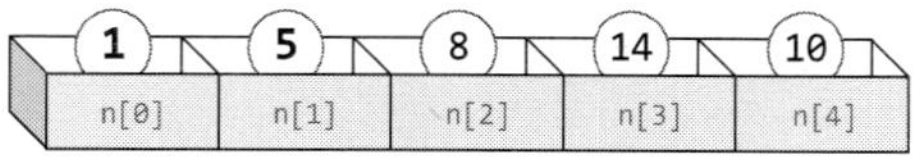

1) 스텝1

- 처음에 position은 2로 부여한다.
- 8과 14를 비교한다.
- 8이 14보다 작으므로 position 값은 그대로 2로 유지한다.

2) 스텝2

- 이번에는 8과 10을 비교한다.
- 8이 더 작으므로 position 값은 그대로 2로 유지한다.
- 배열의 끝 지점까지 비교해 보았더니 n[position] 위치의 값인 8이 가장 작다는 것을 알게 되었으므로 배열의 세 번째 요소 값 8과 배열의 n[position] 위치의 값인 8을 교환한다. 결과는 다음과 같다.

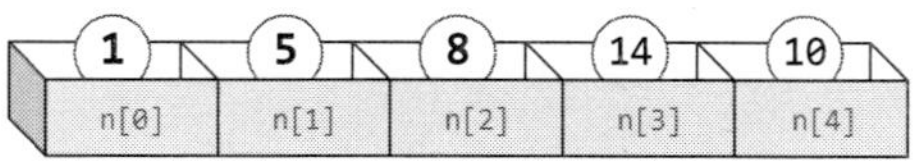

4단계

이번에는 배열의 네 번째 원소를 기준으로 나머지 원소들과 비교하여 가장 작은 값을 배열의 네 번째 위치에 저장한다. 이를 위해 다음과 같은 과정을 수행한다.

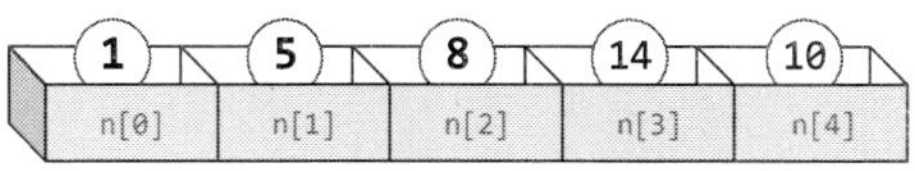

1) 스텝1

- 처음에 position은 3으로 부여한다.

- 14와 10을 비교한다.
- 14가 10보다 크므로 position 값을 4로 변경한다.
- 배열의 끝 지점까지 비교해 보았더니 n[position] 위치의 값인 10이 가장 작다는 것을 알게 되었으므로 배열의 세 번째 요소 값 14와 배열의 n[position] 위치의 값인 10을 교환한다. 결과는 다음과 같다.

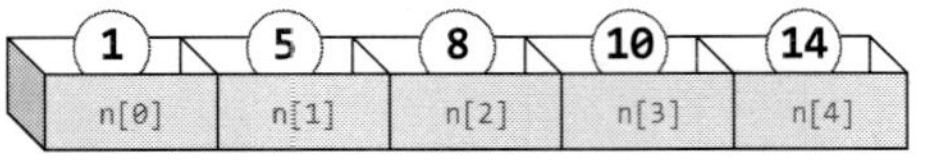

이제 모든 배열 요소들이 정렬되었음을 알 수 있다. 즉 "배열 요소의 전체 수 -1" 단계만큼 수행하면 최종적으로 정렬된 결과를 얻게 된다. 이제 정렬된 결과를 출력만하면 되는 것이다.

순서도

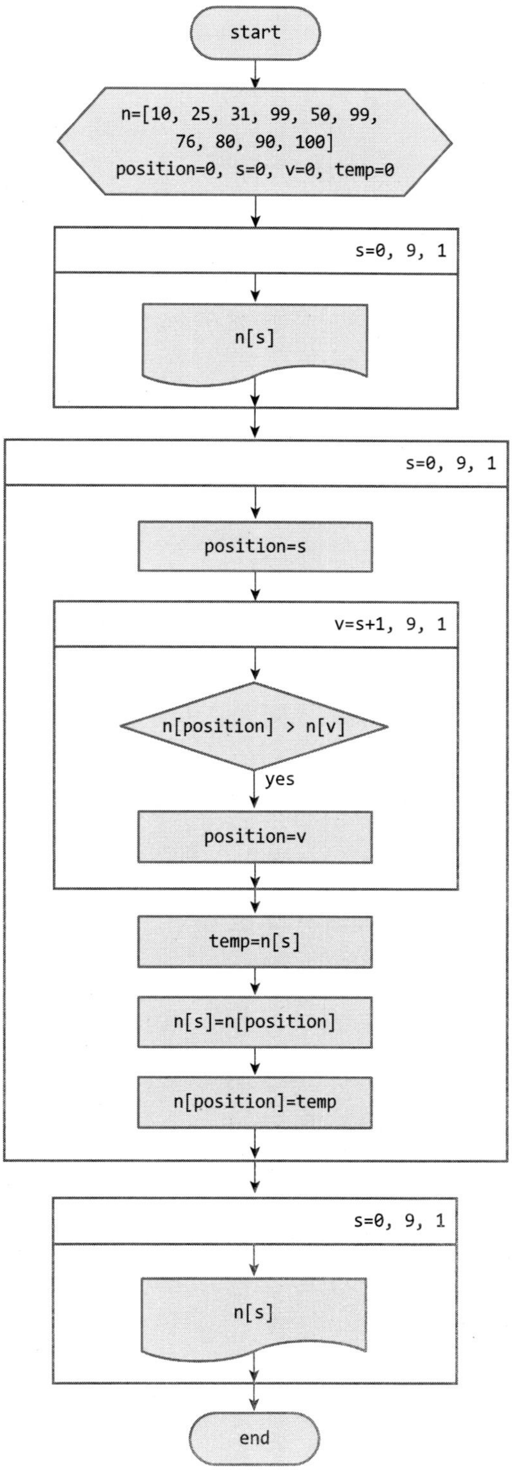
start
n=[10, 25, 31, 99, 50, 99,
76, 80, 90, 100]
position=0, s=0, v=0, temp=0
s=0, 9, 1
n[s]
s=0, 9, 1
position=s
v=s+1, 9, 1
n[position] > n[v]
yes
position=v
temp=n[s]
n[s]=n[position]
n[position]=temp
s=0, 9, 1
n[s]
end

프로그램 ex47_array_sort.htm

```
<html>
  <head> <title> 배열 요소의 정렬 </title> </head>
  <body>
    <script type = "text/javascript">
         document.write("<h2> 배열 요소의 정렬  </h2>");
         document.write("------------------------------");
         document.write("-----------------<br>");
         var  n = [10, 25, 31, 99, 50, 99, 76, 80, 90, 100];
         var  position = 0;
         var  s = 0, v = 0, temp = 0;
         document.write("정렬 전 배열 요소의 값 : ");

         for(s = 0; s <  10; s++) {
             document.write(n[s] + "  ");
         }

         for(s = 0; s <  10; s++)
             position = s;
             for(v = s+1; v <= 9; v++) {
                if( n[position] > n[v] )  position = v;
             }
             temp = n[s];
             n[s] = n[position];
             n[position] = temp;
         }

         document.write("<br> 정렬 후 배열 요소의 값 : ");
         for(s = 0; s <  10; s++) {
             document.write(n[s] + "  ");
         }
         document.write("------------------------------");
         document.write("-----------------<br>");
    </script>
  </body>
</html>
```

실행결과

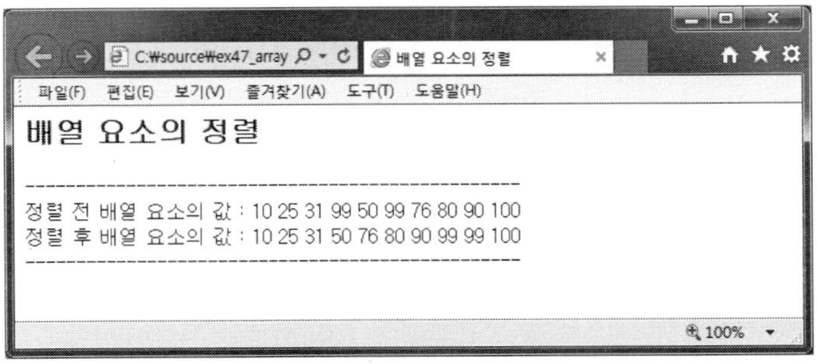

변수테이블

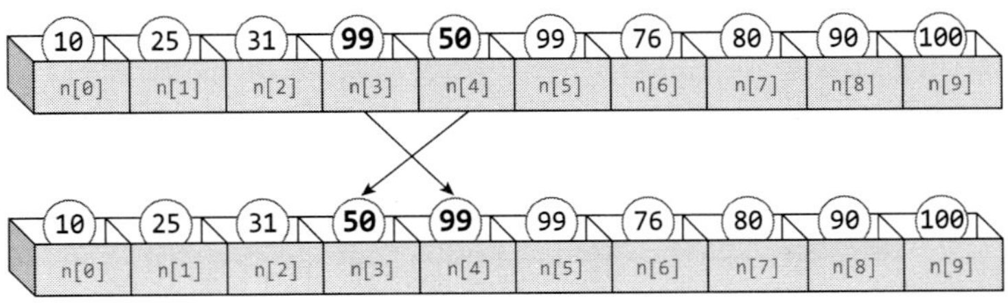

초기값

다음의 변수테이블에서 정렬 4단계에서 99와 50이 서로 교환된다.

position	s	v	temp	설명
0	0	0	0	초기 값
0	0 ~ 9 10			정렬 전 배열 출력
0	0	1 ~ 9 10	10	정렬 1단계
1	1	2 ~ 9 10	25	정렬 2단계
2	2	3 ~ 9 10	31	정렬 3단계

3 4	3	1 ~ 9 10	99	정렬 4단계
. . .	. . .	. . .	. . .	. . .
	0 ~ 9 10			정렬 후 배열 출력

3. 1차원 배열

배열은 크게 1차원 배열과 다차원 배열로 분류된다. 다차원 배열은 2차원 배열, 3차원 배열, …, n차원 배열 등과 같이 2차원 이상의 배열을 의미한다. 그러나 보통 프로그램을 작성할 때 주로 사용되는 배열은 1차원 및 2차원 배열이며 가끔 3차원 배열을 사용하게 된다. 이 책에서는 1차원 배열과 2차원 배열만을 학습한다.

그러면 1차원 배열을 살펴보자. 앞에서 살펴본 다음의 배열을 다시 한 번 생각해보자.

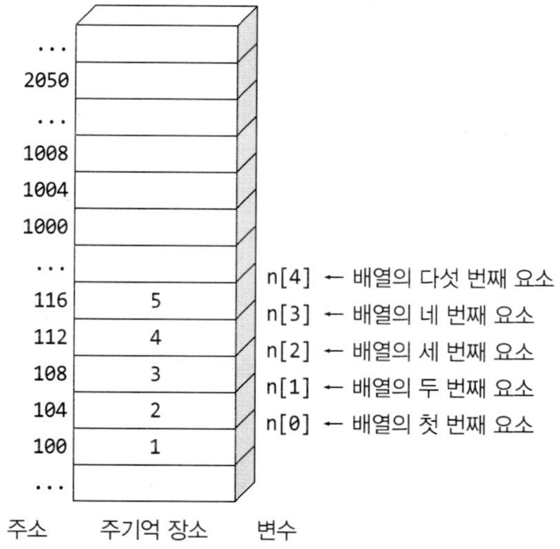

이전에 설명한 것과 같이 이 그림은 다음과 같이 오른쪽으로 90도 회전시켜 수평으로 표현할 수도 있다.

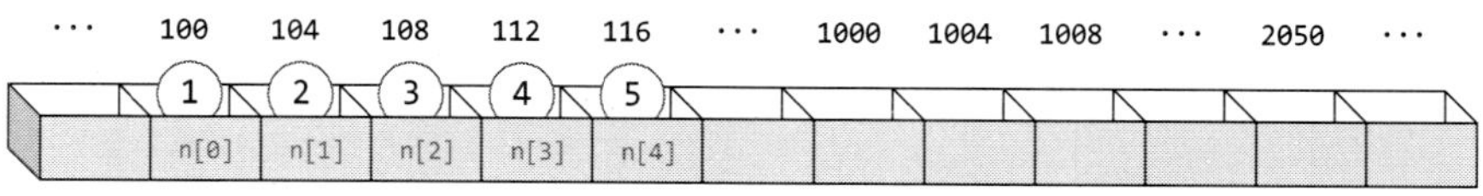

앞의 그림에서 주기억장소의 번지를 제외하고 실제로 배열의 값이 할당된 부분만 그리면 다음과 같이 다시 그릴 수 있다. 보통 배열을 그릴 때 다음과 같이 주기억장치의 주소를 생략하고 간략하게 다음과 같이 그린다.

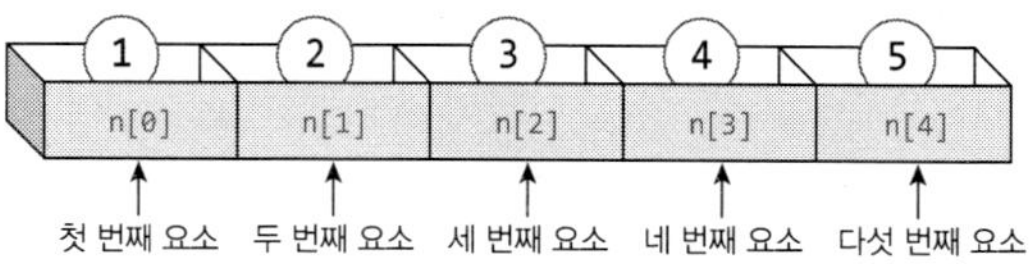

이 배열을 표현한 그림을 보면 세로로 표현하였든지 또는 가로로 표현하였든지 모두 하나의 행 또는 열로 구성된 배열이다. 이와 같이 사람의 관점에서 바라보았을 때 한 개의 행 또는 한 개의 열로 구성된 배열을 1차원 배열이라고 부른다. 즉, 이제까지 살펴본 모든 배열은 1차원 배열들인 것이다.

확인문제

사용자로부터 5개의 숫자 데이터를 입력받아 배열의 첫 번째 요소부터 순서대로 저장한다. 그런 다음 배열에 저장된 값들의 합계와 평균을 구하여 출력하는 순서도와 프로그램을 작성하여라. 프로그램의 처리 조건은 다음과 같다.

- 입력되어 배열에 저장된 모든 값들을 출력하여야 한다.
- 입력되는 자료가 숫자가 아니면 다시 입력을 받는다.
- 입력되는 숫자 데이터는 반드시 5개 이어야 한다.
- 5개의 입력을 받기 위해 반복문을 사용하여라.

문제해결 논리

반복문 내에서 prompt( ) 함수를 이용하여 값을 입력받는다. 반복문 내에는 반드시 2가지의 처리 과정이 있어야 한다. 하나는 입력되는 숫자 데이터 5개만을 입력 받기 위해 입력되는 데이터의 개수를 세는 변수가 필요하다. 두 번째는 입력된 자료가 숫자인지를 검사하는 과정이 필요하다. 입력된 자료가 숫자인지 아닌지를 검사하기 위해 isNaN( ) 함수를 이용한다.

순서도

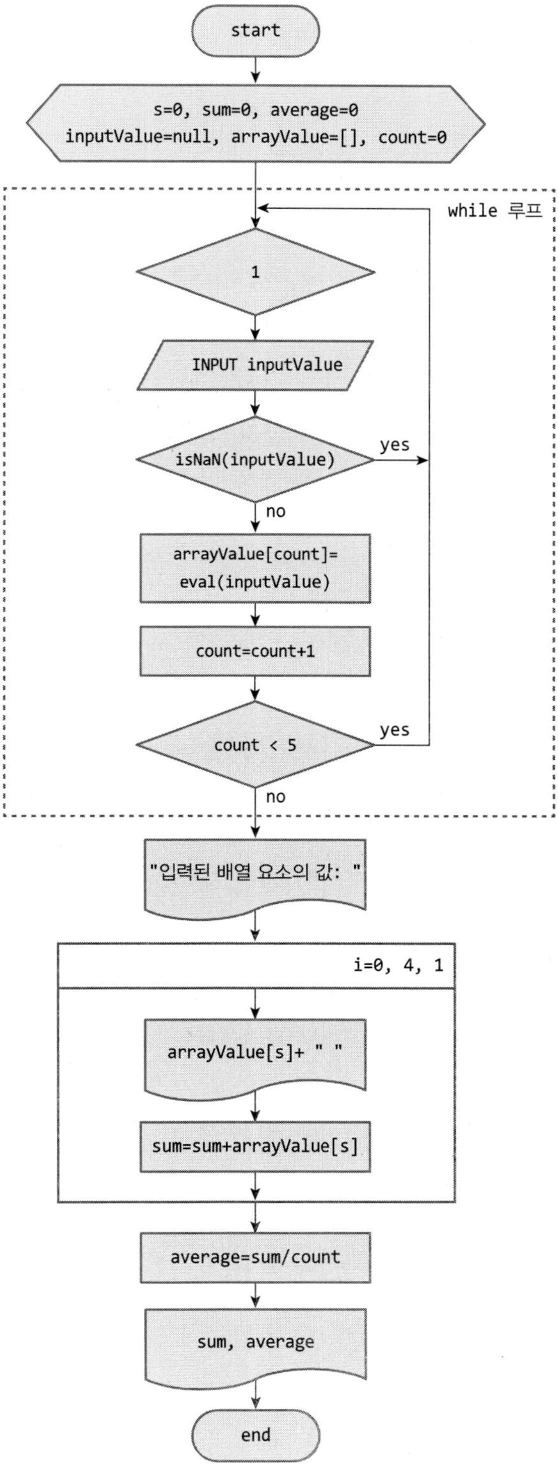
start
s=0, sum=0, average=0
inputValue=null, arrayValue=[], count=0
while 루프
1
INPUT inputValue
isNaN(inputValue)
yes
no
arrayValue[count]=
eval(inputValue)
count=count+1
count < 5
yes
no
"입력된 배열 요소의 값: "
i=0, 4, 1
arrayValue[s]+ " "
sum=sum+arrayValue[s]
average=sum/count
sum, average
end

프로그램 ex47_1_array_sum_average.htm

```
<html>
  <head> <title> 1차원 배열의 합과 평균 </title> </head>
  <body>
    <script type = "text/javascript">
          document.write("<h2> 1차원 배열의 합과 평균  </h2>");
          document.write("------------------------------------<br>");
          var  s = 0, sum = 0 , average = 0, inputValue = null;
          var  arrayValue = [], count = 0;

          while( 1 ) {
               inputValue = prompt("숫자를 입력하세요", " ");
               if( isNaN( inputValue ) ) continue;

               arrayValue[count] = eval( inputValue );
               count = count + 1;
               if( count < 5 ) continue;
               break;
          }
          document.write("입력된 배열 요소의 값 : ");
          for(s = 0; s <  5; s++) {
               document.write(arrayValue[s] + "  ");
               sum = sum + arrayValue[s];
          }
          average = sum / count;
          document.write("<br>배열 요소의 합계 :  " + sum);
          document.write("<br>배열 요소의 평균 :  " + average);

          document.write("<br>------------------------------------");
    </script>
  </body>
</html>
```

실행결과

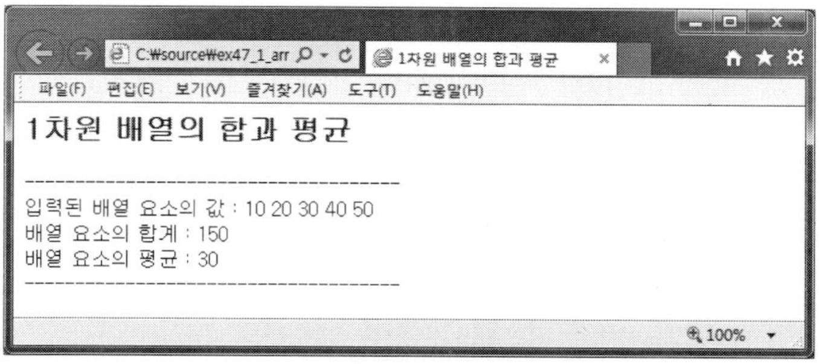

확인문제

배열 요소가 **10**개인 배열을 선언하고 초기치를 **1~100**사이의 임의의 정수 값으로 부여한다. 배열 요소 값들의 평균을 구하고 이 평균에 가장 근접한 배열 요소의 값을 찾는 순서도와 프로그램을 작성하여라. 단, 모든 배열 요소의 값들은 서로 다른 수들로 구성된다고 가정한다. 또한 작성된 순서도 또는 프로그램을 보고 변수테이블도 그려라. 이 프로그램은 다음과 같이 4가지 항목을 출력해야 한다.

- 배열에 저장된 모든 값
- 배열 요소의 합계
- 배열 요소의 평균
- 평균에 가장 근접한 배열 요소의 값

예로 다음과 같이 배열에 값이 저장된 경우를 살펴보자. 배열에 저장된 값들의 합은 **470** 이므로 평균은 **470/10=47**이다. 그러므로 **47**과 가장 가까운 수로 **37**이 된다.

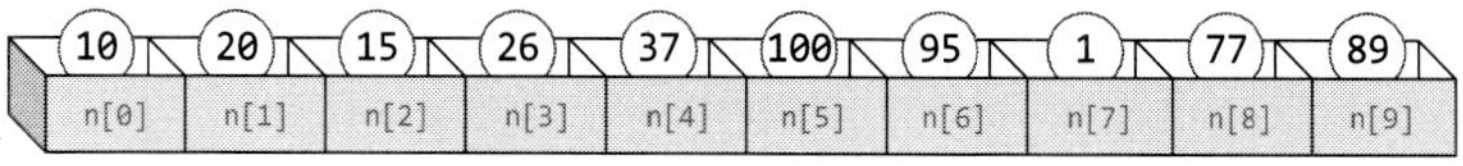

문제해결 논리

배열의 값이 **1~100** 사이의 임의의 정수 값이므로 **평균값과의 차이는 최대** 100을 넘지 않는다. 따라서 **minDiff**란 변수를 하나 선언하고 초기 값을 **100**으로 부여한다. 루프를 수행하면서 배열의 각 요소 값과 평균값의 차이를 구하여 변수 **diff**에 저장한다. 그런 다음 **minDiff**와 비교한다. **diff**가 **minDiff**보다 작으면

minDiff에 diff를 저장한다. 그리고 이때의 배열 색인 번호를 minIndex 변수에 저장해 놓는다. 따라서 루프가 종료되고 나면 minDiff에 평균값과의 차이가 가장 작은 값이 저장되며 minIndex 변수에는 평균값과의 차이가 가장 작은 값이 저장된 배열 요소의 색인번호가 저장되게 된다.

순서도

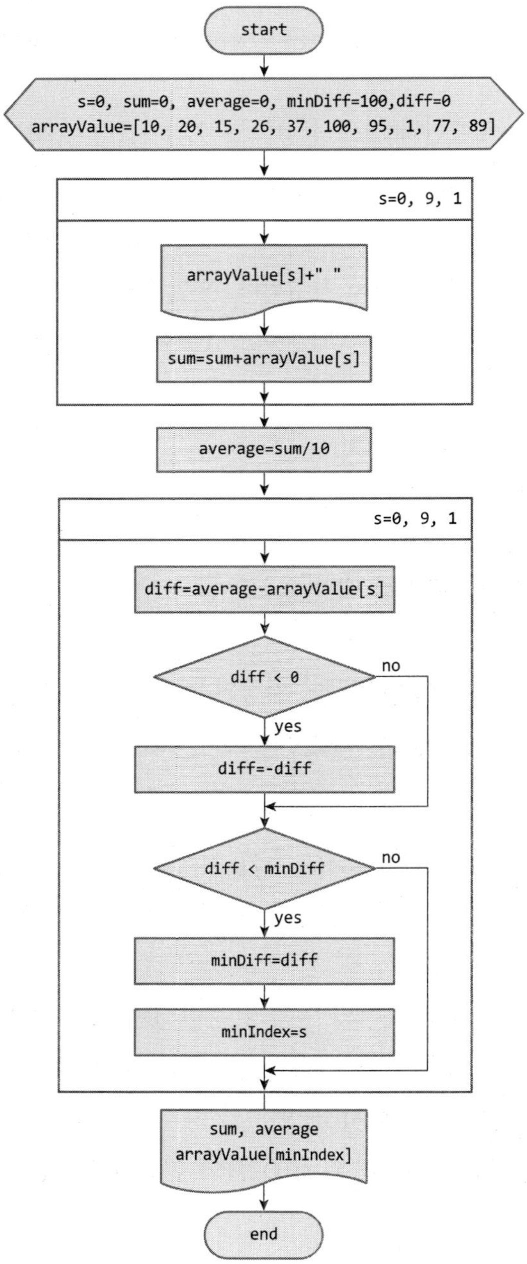

프로그램 ex47_2_array_minimum_difference.htm

```
<html>
  <head> <title> 배열에서 가장 근접한 수 찾기 </title> </head>
  <body>
    <script type = "text/javascript">
        document.write("<h2> 배열에서 가장 근접한 수 찾기 </h2>");
        document.write("----------------------------------------<br>");
        var s = 0, sum = 0 , average = 0, minDiff = 100, diff = 0;
        var arrayValue = [10, 20, 15, 26, 37, 100, 95, 1, 77, 89];

        document.write("배열 요소의 값 : ");
        for(s = 0; s < 10; s++) {
        document.write(arrayValue[s] + " ");
        sum = sum + arrayValue[s];
        }
        average = sum / 10;

        for(s = 0; s < 10; s++)
           diff = average - arrayValue[s];
           if( diff < 0 ) diff = -diff;
           if( diff < minDiff )
             minDiff = diff;
             minIndex = s;
           }
        }
        document.write("<br>배열 요소의 합계 : " + sum);
        document.write("<br>배열 요소의 평균 : " + average);
        document.write("<br>평균에 가장 근접한 값 : " + arrayValue[minIndex]);
        document.write("<br>----------------------------------------");
    </script>
  </body>
</html>
```

실행결과

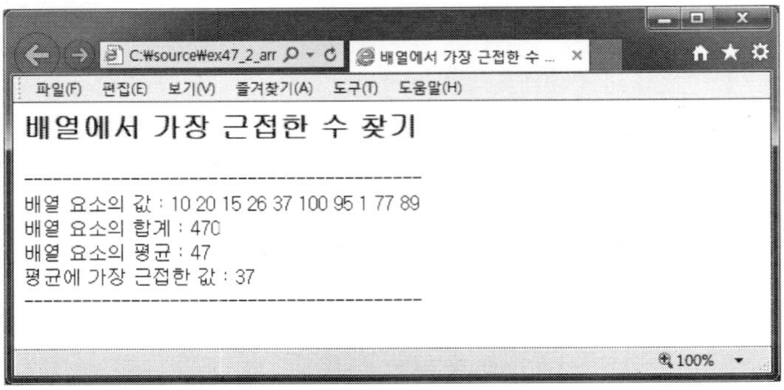

변수테이블

arrayValue

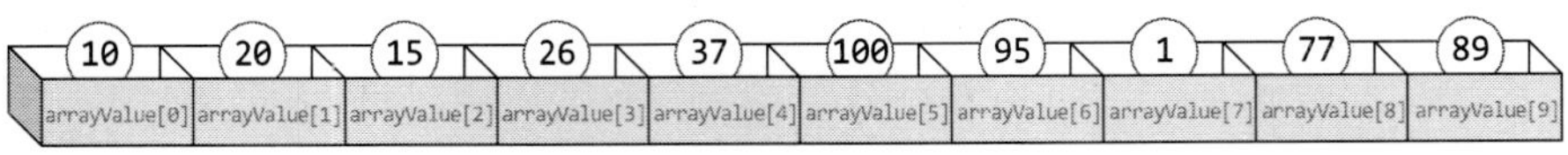

s	sum	average	minDiff	diff	minIndex	설명
0	0	0	100	0		초기 값
0	10					합계 계산
1	30					
2	45					
3	71					
4	108					
5	208					
6	303					
7	304					
8	381					
9	470					
10		47				평균 값 계산

0			37	37	0	
1			27	27	1	
2				32		
3			21	21	3	
4			10	10	4	
5				-53 53		평균에 가장 가까운 값 찾기
6				-48 48		
7				46		
8				-30 30		
9				-42 42		
10						s의 최종 값

확인문제 1차원 배열에 다음과 같이 문자들을 저장하고 이를 이용하여 알파벳 테이블을 만드는 순서도와 프로그램을 작성하여라.

1차원 배열

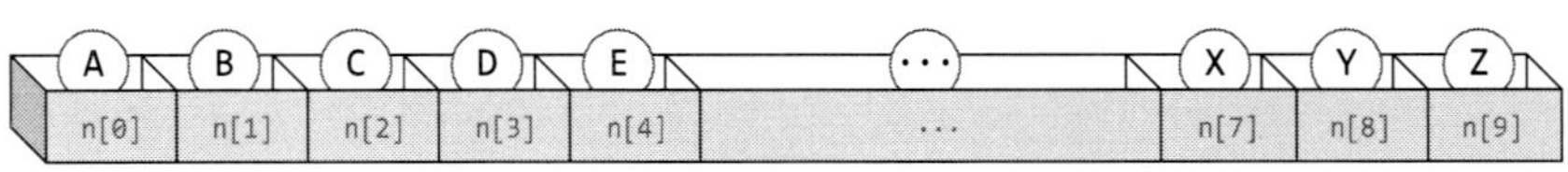


```
            Alphabetic Table
A
AB
ABC
ABCD
ABCDE
.
.
.

A  .....................  XY
A  .....................  XYZ
```

문제해결 논리

Alphabetic Table을 보면 1행에 A, 2행에 AB, 3행에 ABC와 같은 식으로 행이 증가하면서 문자 하나씩을 추가하여 출력하였다. 또한 전체 행의 수는 26행이다. 따라서 다중반복문을 구성하되 바깥쪽 루프는 0부터 25까지 26번 반복하도록 하며 내부 루프는 0부터 바깥쪽 제어변수까지 수행하도록 하면 된다. 이때 내부 루프의 제어변수를 배열의 각 요소를 참조하는 색인번호로 사용하여 배열에 저장된 문자를 출력한다.

순서도

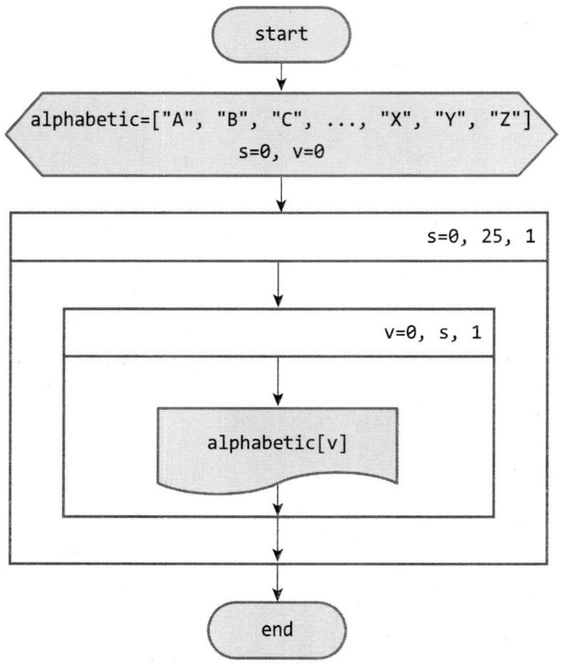

프로그램 ex47_3_alphabetic_table.htm

```
<html>
 <head> <title> Alphabetic Table </title> </head>
 <body>
  <script type = "text/javascript">
       document.write("<h2> Alphabetic Table  </h2>");
       document.write("----------------------------------------<br>");
       var alphabetic = ["A", "B", "C", "D", "E", "F", "G", "H",
```

```
                              "I", "J", "K", "L", "M", "N", "O", "P",
                              "Q", "R", "S", "T", "U", "V", "W", "X",
                              "Y", "Z"];
            var s = 0, v = 0;

            for(s = 0; s < 26; s++) {
                for(v = 0; v <= s; v++) {
                    document.write( alphabetic[v] );
                }
                document.write("<br>");
            }
            document.write("<br>--------------------------------------");
        </script>
    </body>
</html>
```

실행결과

Level Up 문제

SS라는 통신회사는 회원들의 이름과 전화번호 및 포인트 점수를 3개의 1차원 배열에 저장하고 관리한다. 3개의 1차원 배열은 각각 name, phone, point라는 이름을 가지고 있다. name 배열에는 회원이름을 저장하고 phone이라는 배열에는 회원이름에 대응하는 전화번호를 저장한다. 또한 point라는 배열에는 0점부터 10000점까지의 범위에서 각 회원의 포인트 점수를 저장한다.

이 상태에서 사용자로부터 포인트 확인을 위해 검색할 이름을 입력하면 검색된 회원에 해당되는 전화번호를 확인 한 후 포인트 점수를 알려주는 순서도와 프로그램을 작성하여라. 프로그램의 처리조건은 다음과 같다.

- 회원이름과 전화번호 및 포인트는 모두 문자열로 입력을 받아 저장한다.
- 입력은 회원이름, 전화번호, 포인트 순으로 입력을 받는다.
- 회원이름, 전화번호의 입력은 오류가 없다고 가정한다.
- 회원이름 및 전화번호는 중복하여 입력되지 않는다고 가정한다.
- 포인트가 0~10000까지의 숫자가 입력되지 않으면 포인트 점수만을 다시 입력받는다.
- 더 이상 입력할 회원이 없다면 회원이름으로 "q"라는 문자를 입력한다.
- 회원이름으로 "q"라는 문자가 입력되면 회원 입력을 종료한다.
- "q"라는 문자가 입력되면 회원 입력을 종료하고 모든 배열의 마지막 배열 요소에 문자 "-1"을 저장한다. 여기서 "-1"은 각 배열의 끝을 의미하는 문자로 넣는 것이다.
- 그런 다음 검색할 회원이름을 입력받아 회원을 검색한 후, 검색된 회원의 전화번호와 포인트 점수를 찾아 알려준다(여기서는 음성으로 알려주지 못하므로 출력해준다). 이 때 회원이름도 함께 출력해 준다.
- 여기서 회원의 전화번호 확인은 단순히 전호번호를 출력해주는 것으로 대신한다.
- 회원이 아니면 입력된 이름과 함께 "회원이 아니다"라고 출력하고 다시 입력을 받는다.
- 검색할 회원이름으로 "q"라는 문자가 입력되면 프로그램은 종료한다.

문제해결 논리

검색할 회원이름이 입력되면 그 이름이 배열 name의 요소 중 하나와 일치하는지를 반복문 내에서 검사한다. 만약 일치하는 이름이 있다면 회원이 맞는 것이고 그렇지 않으면 회원이 아닌 것이다. 회원으로 검색된다면 변수 sw="yes"로, 그러지 않으면 sw="no"로 할당하여 반복문을 빠져나간다. 여기서 sw="no"인 경우는 반복문 내에서 name 배열의 마지막 요소에 저장된 데이터 "-1"을 만났을 때이다. 반복문을 벗어나면 sw의 값에 따라 출력을 다르게 처리하면 된다.

순서도

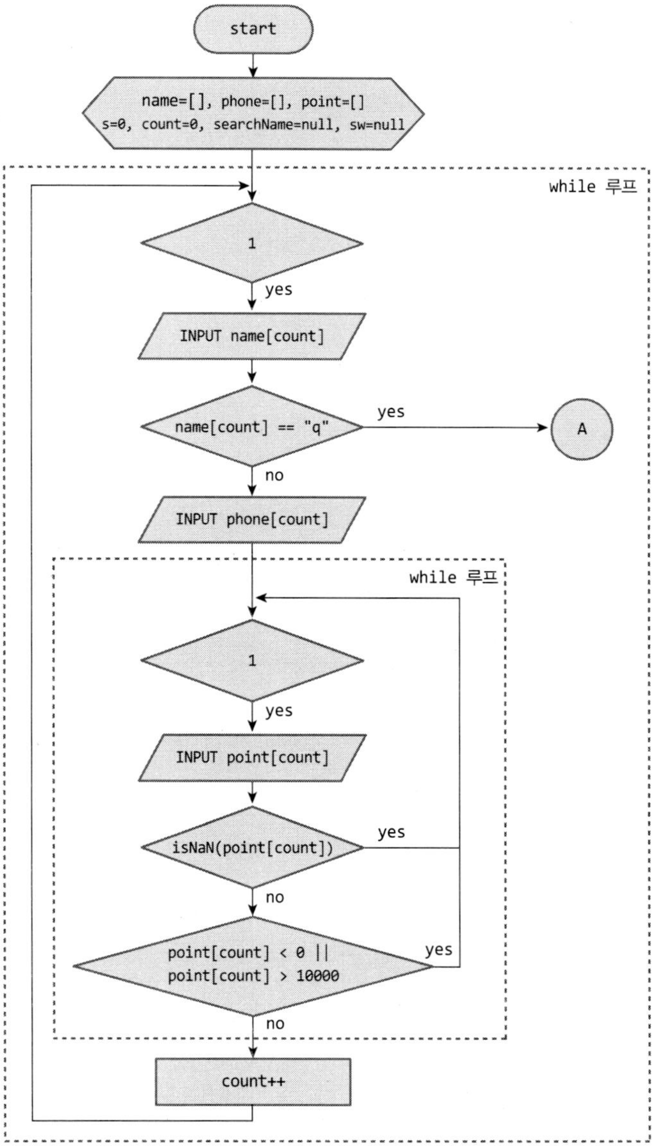

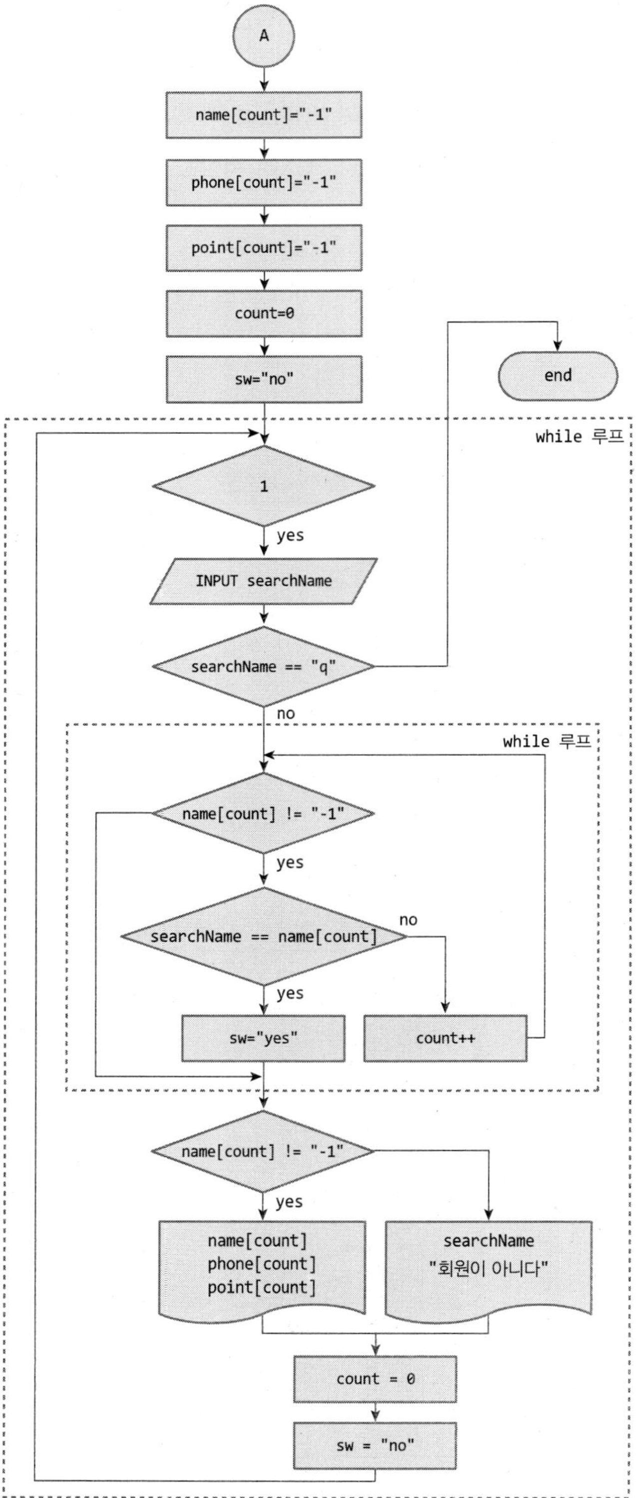
A
name[count]="-1"
phone[count]="-1"
point[count]="-1"
count=0
sw="no"
end
while 루프
1
yes
INPUT searchName
searchName == "q"
no
while 루프
name[count] != "-1"
yes
searchName == name[count]
no
yes
sw="yes"
count++
name[count] != "-1"
yes
name[count]
phone[count]
point[count]
searchName
"회원이 아니다"
count = 0
sw = "no"

프로그램 level_up_1_SS_company_member_management.htm

```
<html>
 <head> <title> SS 회사의 회원 검색 </title> </head>
 <body>
  <script type = "text/javascript">
        document.write("<h2> SS 회사의 회원 검색 </h2>");
        document.write("-----------------------------<br>");

        var  name = [], phone = [], point = [];
        var  s = 0, count = 0, searchName = null, sw = null;

        while( 1 ) {
            name[count] = prompt("회원이름을 입력하세요", "");
            if( name[count] == "q" ) break;
            phone[count] = prompt("전화번호을 입력하세요", "");

            while( 1 ) {
                point[count] = prompt("포인트을 입력하세요", "");
                if( isNaN( point[count] ) ) continue;
                if( point[count] < 0 || point[count] > 10000 ) continue;
                break;
            }
            count++;
        }
        name[count]  = "-1";
        phone[count] = "-1";
        point[count]  = "-1";
        count = 0;
        sw = "no";

        while( 1 ) {
            searchName = prompt("검색을 원하는 회원이름을 입력하세요", "");
            if( searchName == "q" ) break;
            while( name[count] != "-1" ) {
                if( searchName == name[count] )  sw = "yes"; break;
                count++;
            }
```

```
                if( sw == "yes" ) {
                    document.write("-----------------------------<br>");
                    document.write("회원의 이름 : " + name[count]  +  "<br>");
                    document.write("회원의 전화 : " + phone[count] + "<br>");
                    document.write("회원 포인트 : " + point[count]   + "<br>");
                    document.write("-----------------------------<br>");
                }
                else
                {
                    document.write("-----------------------------<br>");
                    document.write("회원의 이름 : " + searchName  +  "<br>");
                    document.write("회원이 아니다." +  "<br>");
                    document.write("-----------------------------<br>");
                }
                count = 0;
                sw = "no";
            }

            document.write("-----------------------------<br>");
    </script>
  </body>
</html>
```

실행결과

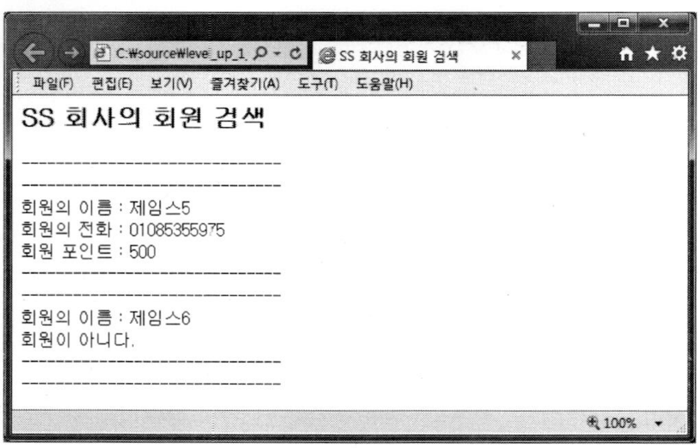

Level Up 문제 다음과 같이 3개의 1차원 배열이 있다. a와 b, 2개의 배열에 0이상의 정수 값을 저장한다. 그런 다음 a와 b배열을 하나로 합하여 c배열을 만드는 순서도와 프로그램을 작성하여라. 여기서 두 개의 배열을 정렬된 하나의 배열로 합치는 것을 병합(Merge)이라고 부른다. 배열의 병합을 위해 다음의 조건들이 만족되어야 한다.

① 병합 조건

- a와 b배열에 저장된 값들은 오름차순으로 정렬되어 있어야 한다.
- a와 b배열의 배열 요수의 개수는 50개 이하로 가정한다.
- a와 b배열의 마지막 데이터는 -1이 저장된다. -1은 각 배열에 실제 데이터(0 이상의 정수 값)의 끝을 의미하는 용도로 사용되는 데이터이다. 즉 각 배열의 끝을 의미한다. 그러므로 a와 b배열의 배열 요소의 개수는 각각 실제 데이터를 위해 최대 50개, -1을 저장하기위해 1개, 합하여 51개로 확보하면 된다.
- c배열은 최대 101개(실제 데이터를 위해 최대 100개, -1을 저장하기 위해 1개)의 배열 요소를 저장할 기억장소를 확보하면 된다.

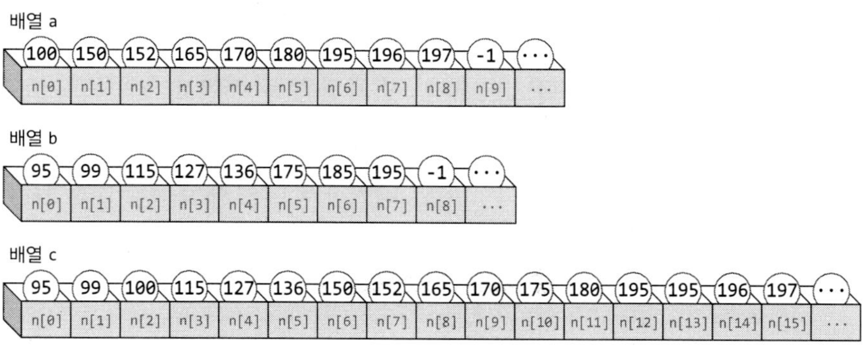

② 프로그램 처리조건

- 병합 조건 중 정렬 조건을 만족시키기 위해 여기서는 a와 b배열에 데이터를 저장할 때 수동으로 내림차순 또는 오름차순으로 저장한다. 그렇지 않고 만약 배열 a와 b에 저장된 값이 정렬이 되어 있지 않은 경우에는 병합 전에 정렬 과정이 선행되어야 한다.
- a, b, c배열 모두를 출력한다.

- 다음과 같이 배열 a, b의 첫 번째 요소의 값이 모두 -1인 경우도 고려하여 프로그램을 작성한다. 즉, 배열에 전혀 데이터가 저장되어 있지 않은 경우도 고려한다. 이 경우는 병합할 데이터가 없으므로 프로그램을 바로 종료한다.

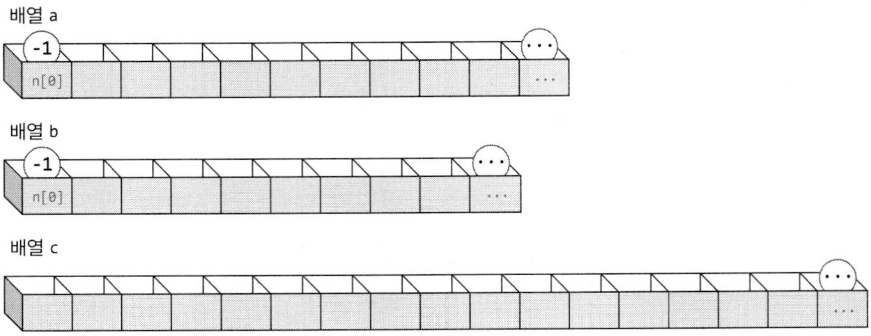

문제해결 논리

우선 두 배열 a, b의 첫 번째 요소의 값이 모두 -1인 경우 프로그램을 종료해야 하므로 처음에 if문으로 검사한다. 만약 어느 하나라도 -1이 아닌 경우는 하나 이상의 데이터가 존재한다는 의미이므로 병합 과정을 수행하면 된다.

병합 과정에서는 두 배열 a, b의 요소들을 비교해가면서 작은 값을 순차적으로 배열 c에 저장하면 된다. 이 과정은 두 배열 a, b의 배열 요소 중에서 하나의 배열 요소가 -1이 될 때까지 계속된다. 만약 두 배열 a, b의 배열 요소 중에서 하나의 배열 요소가 -1이 되면 나머지 하나의 배열 요소들을 -1이 나오기 전까지 c배열로 복사하기만 하면 된다. 그런 다음 c배열의 마지막 요소로 -1을 저장하고 모든 배열의 요소 값들을 출력한다.

순서도

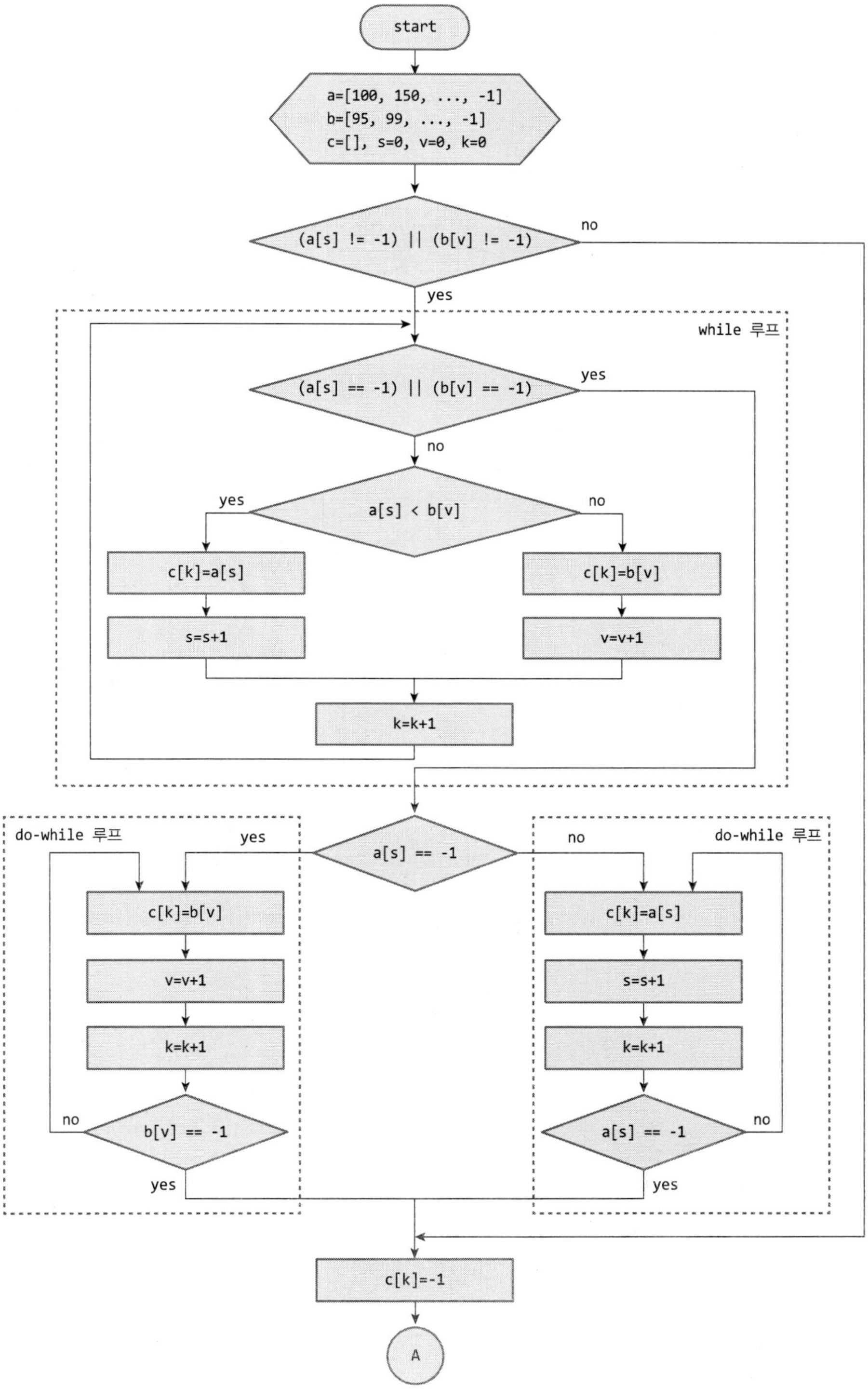
start
a=[100, 150, ..., -1]
b=[95, 99, ..., -1]
c=[], s=0, v=0, k=0
(a[s] != -1) || (b[v] != -1)
no
yes
while 루프
(a[s] == -1) || (b[v] == -1)
yes
no
a[s] < b[v]
yes
no
c[k]=a[s]
s=s+1
c[k]=b[v]
v=v+1
k=k+1
a[s] == -1
do-while 루프
yes
c[k]=b[v]
v=v+1
k=k+1
b[v] == -1
no
yes
no
do-while 루프
c[k]=a[s]
s=s+1
k=k+1
a[s] == -1
no
yes
c[k]=-1
A

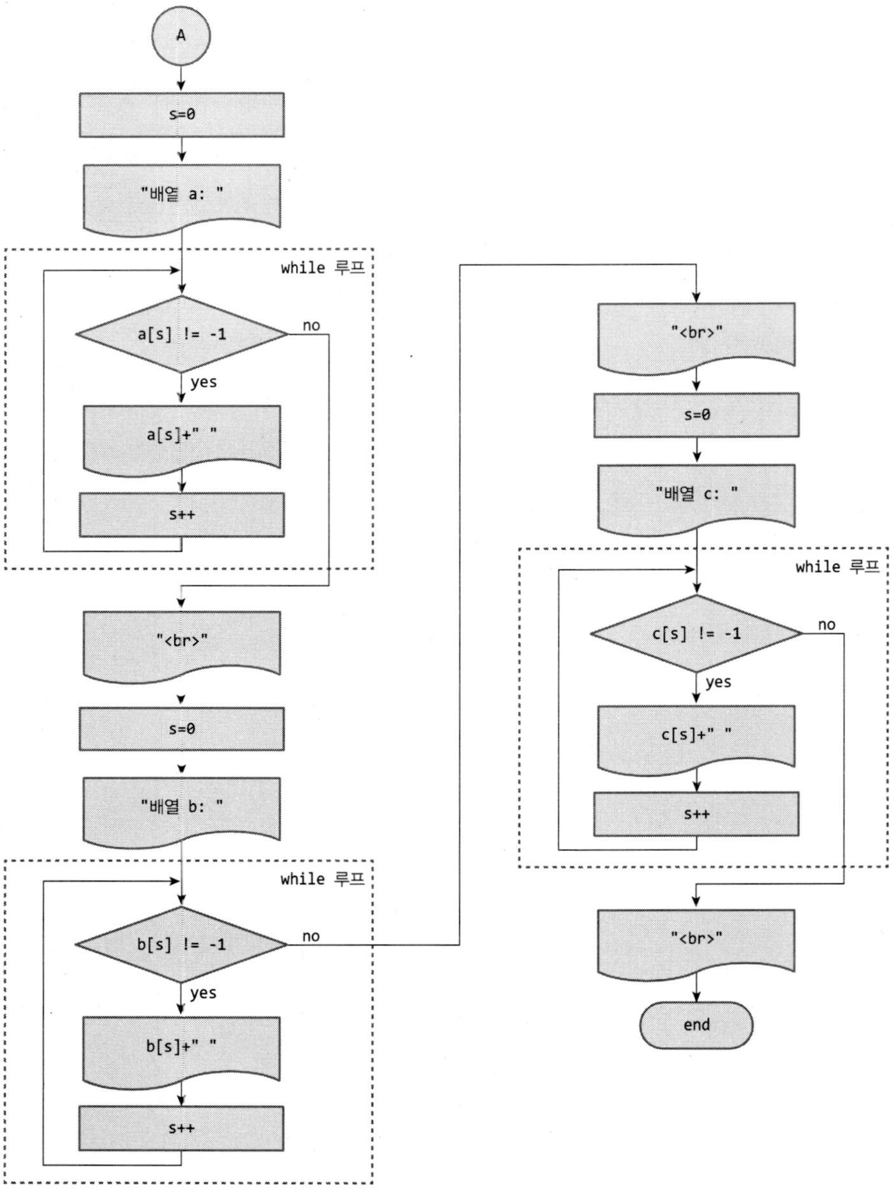
A
s=0
"배열 a: "
while 루프
a[s] != -1
no
yes
a[s]+" "
s++
"<br>"
s=0
"배열 b: "
while 루프
b[s] != -1
no
yes
b[s]+" "
s++
"<br>"
s=0
"배열 c: "
while 루프
c[s] != -1
no
yes
c[s]+" "
s++
"<br>"
end

프로그램 level_up_1_data_merge.htm

```
<html>
 <head> <title> 데이터의 병합 </title> </head>
 <body>
  <script type = "text/javascript">
        document.write("<h2> 데이터의 병합 </h2>");
        document.write("-----------------------------------");
        document.write("------------------------------<br>");

        var  a = [100, 150, 152, 165, 170, 180, 195, 196, 197, -1];
        var  b = [95, 99, 115, 127, 136, 175, 185, 195, -1];
        //var  a = [-1];
        //var  b = [-1];
        var  c = [], s= 0, v=0, k=0;

        if( (a[s] != -1) || (b[v] != -1) ) {

            while( (a[s] != -1) && (b[v] != -1)  )
                if( a[s] < b[v] ) {
                    c[k] = a[s];
                    s = s + 1;
                }
                else {
                    c[k] = b[v];
                    v = v + 1;
                }
                k = k + 1;
            } //---------------- end of while ---------------

            if( a[s] == -1 ) {
                    do {
                        c[k] = b[v];
                        v = v + 1;
                        k = k + 1;
                    }while( b[v] != -1 );
            }
            else {
```

```
                do {
                    c[k] = a[s];
                    s = s + 1;
                    k = k + 1;
                while( a[s] != -1 );
            }//---------------- end of if -------------------
        }//------------------- end of if -------------------

        c[k] = -1;
        s = 0;
        document.write("배열 a : ");
        while( a[s] != -1 ) {
            document.write( a[s] + " " );
            s++;
        }
        document.write("<br>");

        s = 0;
        document.write("배열 b : ");
        while( b[s] != -1 ) {
            document.write( b[s] + " " );
            s++;
        }
        document.write("<br>");

        s = 0;
        document.write("배열 c : ");
        while( c[s] != -1 ) {
            document.write( c[s] + " " );
            s++;
        }
        document.write("<br>");

        document.write("------------------------------------");
        document.write("------------------------------<br>");
    </script>
  </body>
</html>
```

실행결과

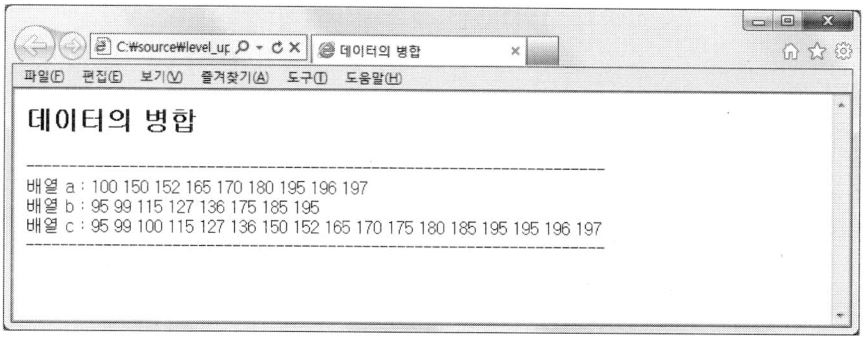

Level Up 문제

배열 요소가 8개인 a라는 배열에 2진수가 저장되어 있다. 배열의 값 2진수를 10진수로 변환하여 출력하는 순서도와 프로그램을 작성하여라. 배열의 가장 왼쪽 요소는 최상위 비트로 부호 비트이며 이 최상위 비트가 0이면 양수, 1이면 음수이다. 음수인 경우 2의 보수로 저장되어 있다고 가정한다. 출력은 2진수와 10진수 모두를 출력하도록 한다.

문제해결 논리

3bits, 8bits인 경우 저장할 수 있는 값의 범위는 각각 다음과 같다.

-4 ~ 0 ~ +3

-128 ~ 0 ~ +127

예로 다음과 같은 8bits로 구성된 2진수의 경우 부호 비트가 1이므로 음수이다. 따라서 10000000는 2의 보수로 변경하면 10000000가 되므로 10진수로 -128이다.

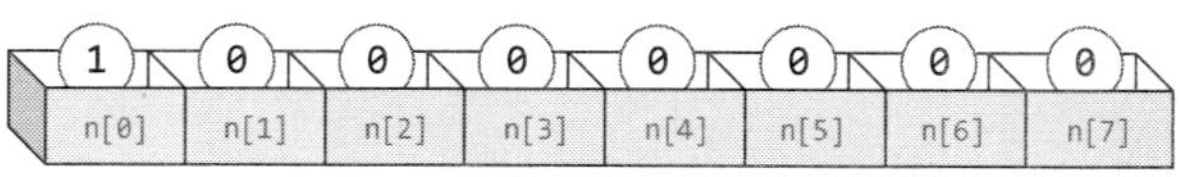

결과 값 −128은 (128-y) * (-1)와 같다. 여기서 y는 부호비트를 제외한 나머지 비트에 대한 10진수 값이다. 이 예에서 y는 0이 된다. 그러므로 128은 (128-0)*(-1)과 같게 된다.

다른 예로 다음의 2진수를 살펴보자. 이 경우도 부호 비트가 1이므로 음수이다. 따라서 11111111는 2의 보수로 변경하면 00000001가 되므로 10진수로 -1이다.

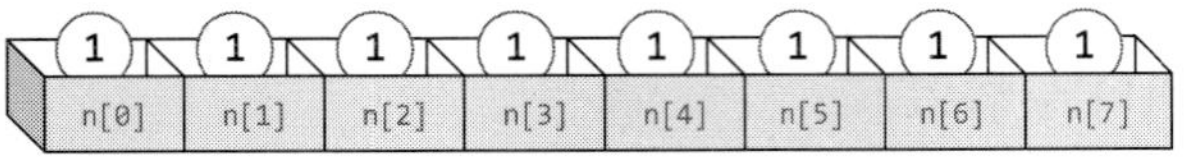

결과 값 -1은 (128-y) * (-1)과 같다. 이 예에서 y는 127이 된다. 그러므로 -1은 (128-127) * (-1)과 같게 된다.

결론적으로 부호 비트가 음수인 경우는 수식 (128–y) * (–1)에 의해 10진수를 쉽게 구할 수 있다. 여기서 y는 부호 비트를 제외한 나머지 비트에 대한 10진수 값이다. 또한 부호 비트가 양수인 경우는 부호 비트를 제외한 나머지의 모든 비트들을 10진수로 변경한 값이 그대로 10진수 값이 된다.

순서도

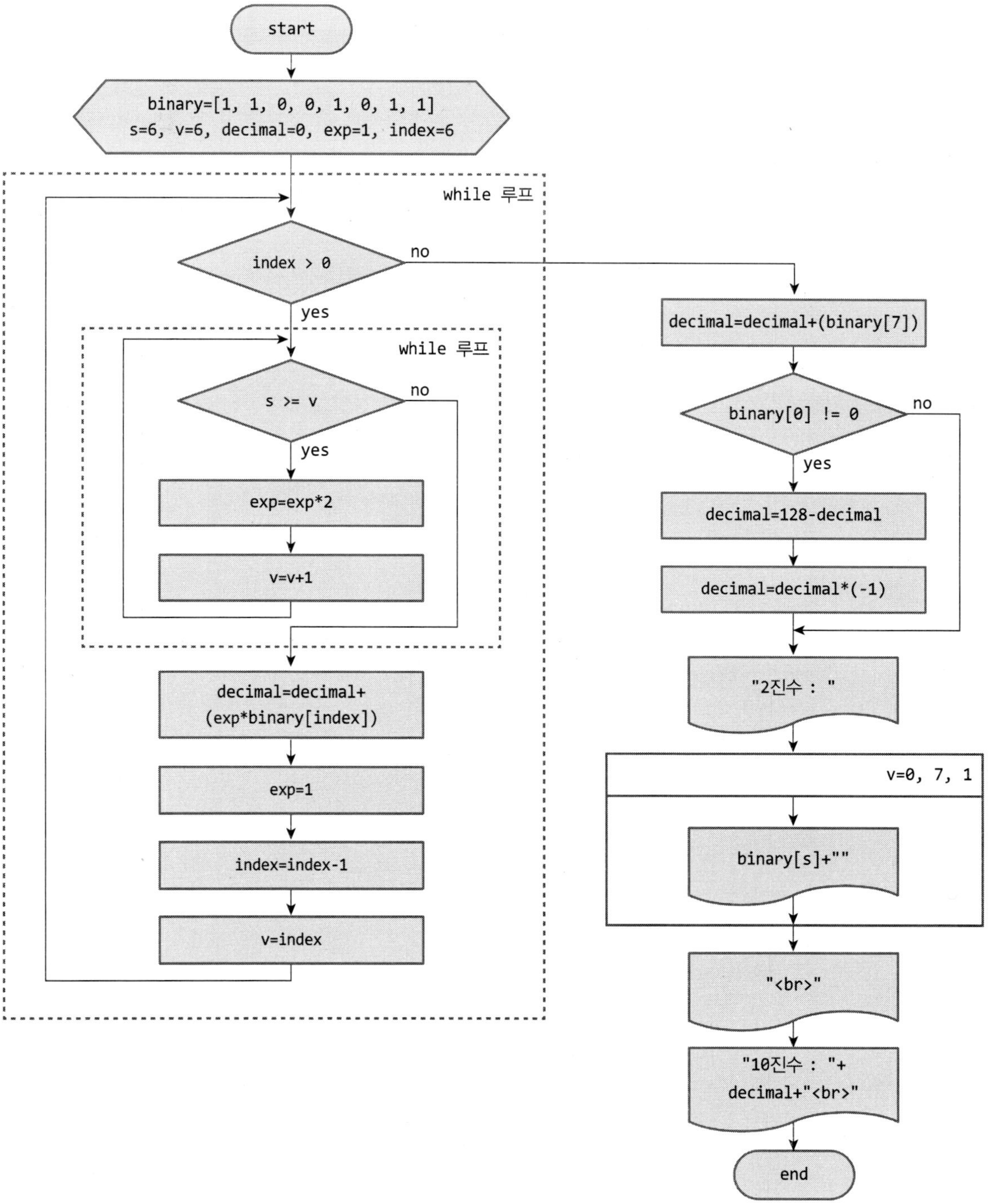
start
binary=[1, 1, 0, 0, 1, 0, 1, 1]
s=6, v=6, decimal=0, exp=1, index=6
while 루프
index > 0
no
yes
while 루프
s >= v
no
yes
exp=exp*2
v=v+1
decimal=decimal+
(exp*binary[index])
exp=1
index=index-1
v=index
decimal=decimal+(binary[7])
binary[0] != 0
no
yes
decimal=128-decimal
decimal=decimal*(-1)
"2진수 : "
v=0, 7, 1
binary[s]+""
"<br>"
"10진수 : "+
decimal+"<br>"
end

프로그램 level_up_1_binary_to_decimal.htm

```
<html>
  <head> <title> 2진수를 10진수로 변환하기 </title> </head>
  <body>
    <script type = "text/javascript">
          document.write("<h2> 2진수를 10진수로 변환하기 </h2>");
          document.write("---------------------------<br>");

          //var  binary = [1, 0, 0, 0, 0, 0, 0, 0];     //-128
          //var  binary = [1, 1, 1, 1, 1, 1, 1, 1];     //-1
          var  binary = [1, 1, 0, 0, 1, 0, 1, 1];      //-53
          var  s = 6, v = 6, decimal = 0, exp = 1, index = 6, count = 1;

          while( index > 0 ) {
              // for( s = 6; s >= v; v++ )  exp = exp * 2;
              while( s >= v ) {
                  exp = exp * 2;
                  v = v + 1;
              }
              decimal = decimal +  ( exp * binary[index] );
              exp = 1;
              index = index - 1;
              v = index;
          }

          decimal = decimal + binary[7];

          if( binary[0] != 0 ) {
              decimal = 128 - decimal;
              decimal = decimal * (-1);
          }
          document.write("2진수 : ");
          for(s = 0; s < 8; s++) document.write(binary[s] + " ");
          document.write("<br>");
          document.write("10진수 : " + decimal + "<br>");
```

```
        document.write("--------------------------<br>");
    </script>
  </body>
</html>
```

실행결과

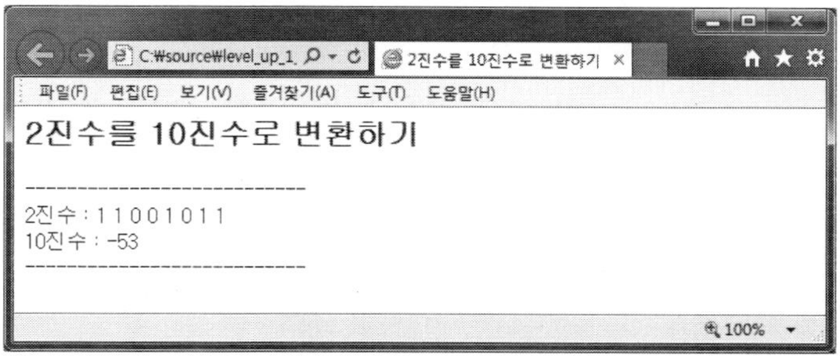

요약

SUMMARY

1. 배열

배열(Array)은 변수와 마찬가지로 기억장소에 붙여진 이름이다. 즉 배열은 변수와 동일하게 자료를 기억시키기 위해 사용한다. 또한 변수와 마찬가지로 배열은 이름을 가지고 있으며 배열 이름도 변수 이름과 마찬가지로 변수 만드는 규칙에 의해 만들어 사용하면 된다.

2. 1차원 배열의 참조

1차원 배열은 '배열명[색인번호]'와 같이 색인번호를 이용하여 참조할 수 있다.

3. 자바스크립트에서 배열의 선언 시 자료형과 크기 지정

자바스크립트에서는 변수 선언과 마찬가지로 배열을 선언할 때 자료형을 지정하지 않는다. 배열의 크기는 지정하는 방법이 있지만 지정하지 않아도 관계없으므로 보통은 지정하지 않는다.

4. 1차원 배열

1차원 배열은 하나의 행 또는 열로 구성된 배열을 말한다.

5. 배열과 메모리

1차원 배열도 변수와 마찬가지로 컴퓨터시스템에 의해 자동으로 메모리를 할당받는다.

6. 배열 선언의 예

```
var n = [1, 2, 3, 4, 5];
```

이 배열에서 n은 배열 이름(배열명)이며 원소(요소)의 수는 5이다. 첫 번째 원소의 값은 1이다. 또한 자바스크립트에서 배열의 색인[번호]은 항상 0부터 시작하며 n 배열의 2번째 원소의 값을 10으로 변경하는 식은 다음과 같이 참조하게 된다.

```
n[1] = 10;
```

7. 배열을 사용하는 주된 이유

배열은 변수에 비해 선언이 용이하고 기억장소를 참조할 때 매우 편리하다. 여기서 참조(Reference)라는 말은 해당 기억장소에 임의의 값을 저장한다든지 또는 해당 기억장소에 저장된 값을 읽어 오는 것을 의미한다.

8. 변수와 배열의 주요 공통점

변수와 배열은 궁극적으로 상수 값을 저장하기 위한 기억장소이다.

연습문제 EXERCISE

1. 다음에 설명하는 내용이 무엇인지 간단히 답하시오.

설명	답
변수와 마찬가지로 기억장소에 붙여진 이름이며, 주로 같은 유형의 데이터를 저장하는 용도로 사용되는 것은?	
1차원 배열의 일반적인 참조 방법은?	
하나의 행 또는 열로 구성된 배열은 몇 차원 배열인가?	
1차원 배열은 메모리를 몇 차원으로 할당받는가?	
자바스크립트에서 배열의 시작 색인번호는?	
자바스크립트에서 배열을 선언할 때 자료형과 배열의 크기 표시는 어떻게 하는가?	
해당 기억장소에 임의의 값을 저장한다든지 또는 해당 기억 장소에 저장된 값을 읽어 오는 것을 무엇이라고 부르는가?	
다음의 배열에서 배열의 크기는 얼마인가? `var n = [1, 2, 3, 4, 5, 6, 7, 8, 9, 10];`	
변수와 배열의 주요 공통점은 무엇인가?	
배열이름 n의 10번째 요소 값을 –20으로 변경하는 코드를 써라.	
배열이름 n의 100번째 요소 값을 출력하는 코드를 써라.	

2. 다음과 같이 배열 요소의 개수가 10인 a라는 배열과 b라는 배열을 선언하고 a라는 배열에 10~19까지 값을 저장한다. 그런 다음 a 배열의 내용을 b라는 배열로 다음과 같이 복사하여 저장한 후 a, b 배열의 내용을 모두 출력하는 순서도와 프로그램을 작성하시오. 단, a 배열에 값을 저장할 때 배열 선언시 초기 값으로 부여하지 말고 반복문을 이용하여 저장하여라. 또한 작성된 순서도 또는 프로그램을 보고 변수테이블도 작성하시오.

배열 a

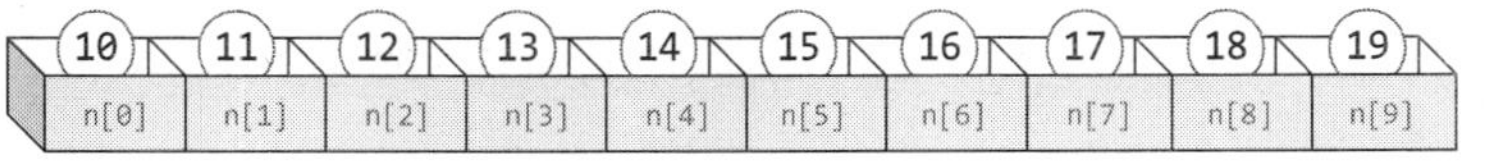

배열 b

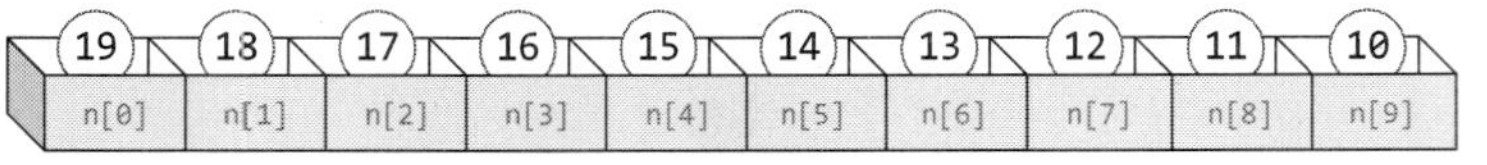

3. 배열을 하나 선언하고 배열 요소의 초기 값으로 임의의 값을 부여한다. 그리고 배열에 저장된 요소 값들을 내림차순(큰 값부터 작은 값까지)으로 정렬하는 순서도와 프로그램을 작성하시오. 여기서 배열의 크기는 10으로 하고 정렬 방법은 선택정렬 방법을 사용하시오. 또한 배열의 정렬 전 요소 값들과 정렬 후 요소 값들을 모두 출력하시오. 실행결과는 다음과 같다.

실행결과

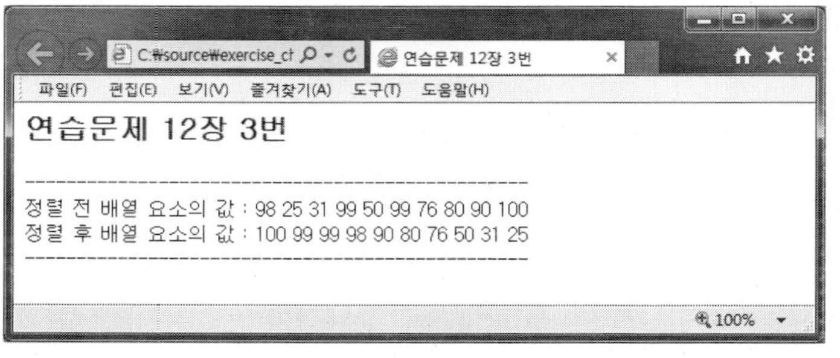

4. 1차원 배열에 다음과 같이 알파벳 문자들을 저장하고 이 배열을 이용하여 알파벳 테이블을 다음의 실행결과와 같이 출력하는 순서도와 프로그램을 작성하여라. 또한 작성된 순서도 또는 프로그램을 보고 변수 테이블도 만들어 보시오.

1차원 배열

실행결과

5. 어느 회사에서 생산되는 물품의 종류가 5가지가 있다. 이 물품 번호가 각각 1, 2, 3, 4, 5라고 할 때 예로 다음과 같은 item이라는 1차원 배열에 물품 번호를 입력받아 저장한다. item 배열에서 -1은 배열의 끝을 나타내는 기호로 사용된다.

배열 item

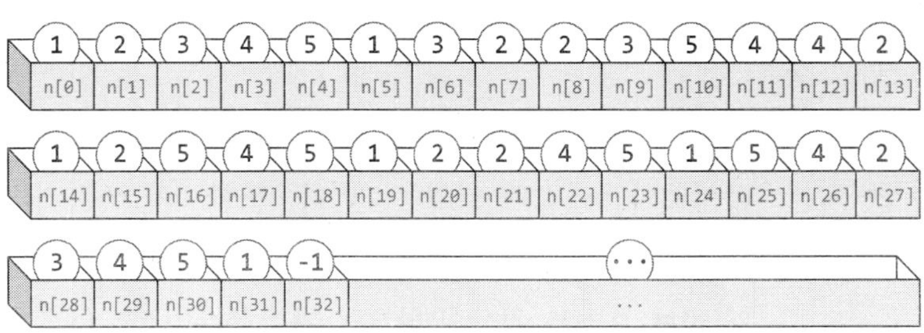

배열 countTable

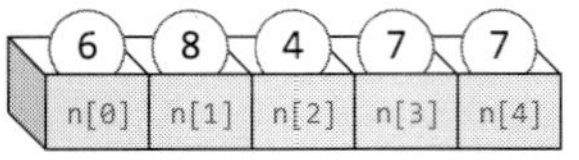

item 배열을 읽어 CountTable라는 1차원 배열에 물품 번호별로 개수를 누적하여 저장한 후 CountTable의 누적 개수에 따라 물품 번호별 누적 그래프를 "*"기호로 그리는 순서도와 프로그램을 작성하시오. 만약 물품 번호가 10개면 10개의 "*"기호를 출력한다. 예로 출력결과는 다음과 같다. 또한 변수테이블도 만들어 보시오.

물품 번호 누적 그래프
1번(6개) : ******   2번(8개) : ********   3번(4개) : ****   4번(7개) : *******   5번(7개) : *******

프로그램 처리 조건

- 1차원 배열 item에 저장되는 물품 번호는 prompt( ) 함수를 이용하여 입력받는다.
- 물품 번호는 20개 이상을 입력으로 받는다.
- 문자 "q"가 입력되면 입력을 끝내고 배열의 마지막 요소 값으로 -1을 저장한다.
- 물품 번호가 1, 2, 3, 4, 5중 하나가 아니면 입력된 값을 무시하고 새로 입력을 받는다.

6. 두 배열 a와 b에는 8bits를 의미하는 8개의 2진수가 저장되어 있다. 따라서 a와 b배열의 크기는 8이다. 또한 a와 b에 저장된 2진수 값의 범위는 00000000~11111111까지로 부호 비트는 없다고 가정한다. 배열의 가장 왼쪽 첫 번째 요소를 최상위 비트로 간주한다. 예로 다음과 같이 a와 b배열에 2진

수 값이 저장되어 있을 수 있다.

배열 a

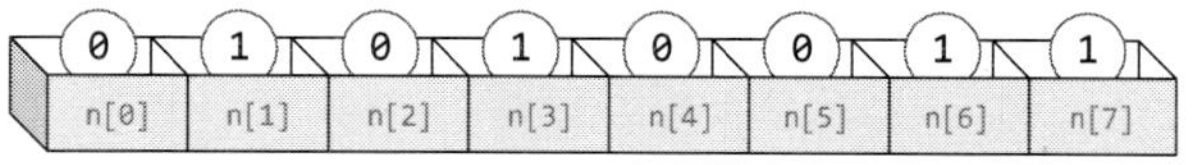

배열 b

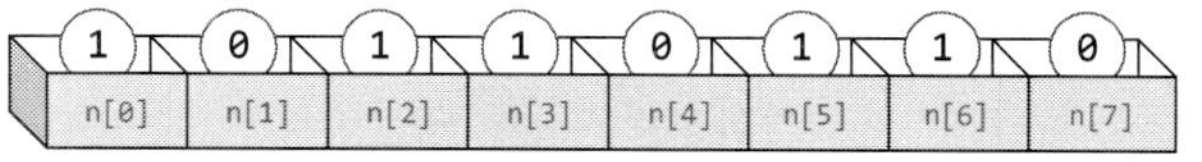

배열 a와 b의 2진수 덧셈을 수행하여 그 결과 값을 result 배열에 저장한 후 출력하는 순서도와 프로그램을 작성하여라. 또한 변수테이블도 작성해 보시오.

프로그램 처리조건

- a배열과 b배열에 저장된 2진수 값도 출력한다.
- 최상위 비트에서 올림수가 발생하면 결과 값과 함께 "overflow"라고 출력해 준다.

CHAPTER 13

2차원 배열

13 CHAPTER 2차원 배열

학습목표

- 2차원 배열이 메모리를 할당받는 방법과 순서를 이해한다.
- 2차원 배열을 이해하고 응용할 수 있다.

1. 2차원 배열

2차원 배열은 1차원 배열이 여러 개 모여 있는 배열로 다음과 같이 행과 열로 구성된 배열을 말한다. 즉 다음의 배열은 행이 3개, 열이 5개로 구성된 3행 5열의 2차원 배열이다. 이것을 간단히 3×5의 2차원 배열이라고도 부른다. 또한 왼쪽에 세로로 붙어있는 `0`, `1`, 2는 행 번호라고 부르며, 위쪽에 가로로 붙어있는 `0`, `1`, `2`, `3`, 4는 열 번호라고 부른다.

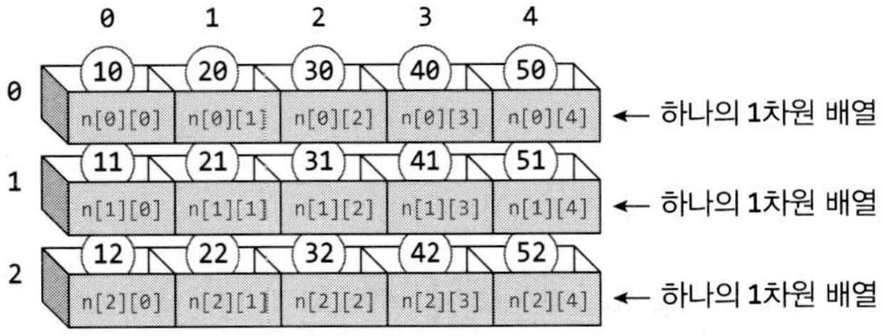

그림에서 각각의 행은 하나의 행으로 구성된 1차원 배열이라고 볼 수 있다. 이러한 1차원 배열 3개가 모여 2차원 배열을 구성한 것이다. 즉 2차원 배열은 1차원 배열을 모아놓은 것이라고 볼 수 있다.

2. 2차원 배열의 선언과 초기화

우선 자바스크립트에서 2차원 배열을 선언하고 초기화하는 방법을 예를 통해 살펴보자. 자바스크립트에서 2차원 배열의 선언과 초기화는 다음과 같은 형태를 사용한다.

```
var 배열명 = [[값1, 값2, …, 값n], [      ], [      ], …… ];
```

예를 들면 다음과 같이 2차원 배열 n을 선언하고 초기치를 부여할 수 있다.

```
var n = [[1, 2, 3, 4, 5], [6, 7, 8, 9, 10], [11, 12, 13, 14, 15]];
```

배열명 n이라는 배열은 다음과 같이 그림으로 표현할 수 있다. 즉, n은 3행 5열의 2차원 배열이다. 다시 말해서 n은 1행 5열의 1차원 배열을 3개 모아놓은 2차원 배열을 나타낸다. 배열 n의 배열 요소의 수는 3(행의 수) × 5(열의 수) = 15개가 된다. 이 배열을 간단히 3행 5열의 2차원 배열이라고 부른다.

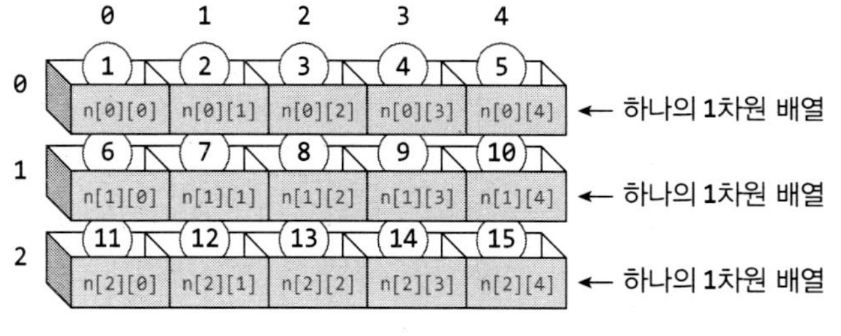

3. 2차원 배열의 원소 표현과 접근 방법

2차원 배열의 각 원소(요소)는 n[0][0], n[0][1] 등과 같이 표현하면 된다. 다시 말해서 배열의 각 원소에 접근하기 위해서는 n[행 번호][열 번호]와 같은 식으로 표현하면 된다. 행 번호가 앞에, 열 번호가 뒤에 붙으며, 행 번호와 열 번호는 각각 0부터 시작한다. 예로 2차원 배열 n의 두 번째 요소의 값을 100으로 변경하기 위해 배열 요소에 접근하려면 다음과 같이 표현하면 된다. 여기서 행 번호 및 열 번호는 1차원 배열에서 색인[번호]와 같은 것이다.

```
n[0][1] = 100;
```

그러면 어느 배열 요소가 배열의 첫 번째 요소인지 또는 두 번째 요소인지 등을 나타내는 배열 요소의 순서에 대해 알아보자. 다음의 그림을 살펴보자.

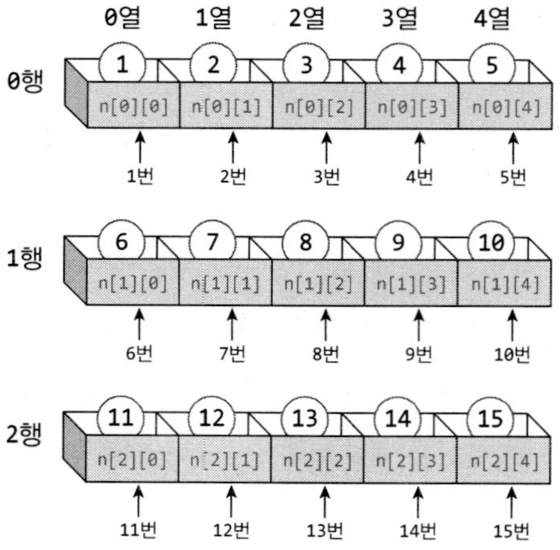

살펴보았는가? 그림에서 살펴본 것과 같이 2차원 배열은 행 단위로 기준을 삼는가? 아니면 열 단위로 기준을 삼는가? 그렇다. 결론부터 말하면 **행 단위로 기준을 삼는다**. 따라서 2차원 배열 요소의 순서는 행 우선 순으로 우선순위가 결정된다. 즉, 그림에서 보듯이 1번부터 15번까지가 바로 행 단위로 증가하면서 붙여져 있다. 이 번호 순으로 배열 요소의 순서가 정해진다. 그러므로 배열의 첫 번째 요소는 n[0][0], 두 번째 요소는 n[0][1], 세 번째 요소는 n[0][2], 네 번째 요소는 n[0][3], 다섯 번째 요소는 n[0][4], 여섯 번째 요소는 n[1][0], 그리고 마지막 요소는 n[2][4]가 된다. 그러면 왜 이렇게 순위가 행 단위로 증가하는가? 그 이유를 알기 위해 계속 읽어 보자.

n이라는 2차원 배열이 주기억장소에 할당되는 방식은 1차원 배열과 동일하다. 즉, n이라는 배열의 배열 요소 각각은 컴퓨터 시스템에 의해 자동으로 다음과 같이 주기억장

소를 할당받게 된다. 단, 여기서 배열의 첫 번째 요소가 할당받는 기억장소의 시작 번지는 100번지라고 가정한다.

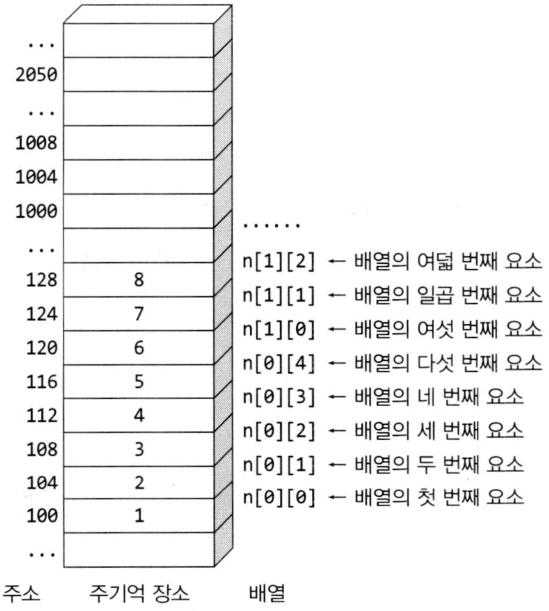

이 그림에서 보는 것과 같이 2차원 배열과 주기억장소의 관계에서 세 가지 사실을 알아야 한다. 첫 번째는 2차원 배열이 주기억장소의 어딘가에 메모리는 할당받을 때, 1차원 배열과 같이 연속적으로 할당받는다.

둘째는 2차원 배열은 1차원 배열과 같이 1차원적으로 메모리를 할당받는다. 즉, 메모리는 2차원적으로 할당받지 않는다. 그 이유는 컴퓨터의 메모리는 1차원으로 구성되어 있기 때문이다. 이 그림과 같이 2차원 배열의 행과 열이라는 2차원 구조는 사람이 머릿속에서 이해를 빠르게 하기 위해 구성한 개념이지 실제 메모리에서 2차원 구조로 표현되는 것은 아니다. 2차원 배열은 실제 메모리에서 앞의 그림과 같이 1차원으로 기억장소를 할당받아 표현된다. 다시 말해서 2차원 이상의 다차원 배열은 1차원 배열과 동일하게 메모리를 1차원적으로 할당받는다. 다만 주어진 문제를 사람의 입장에서 쉽게 이해하고 해결하기 위해서 다차원으로 머릿속에서 해석하고 프로그램 언어로 표현할 뿐이다.

세 번째 배열 요소들이 메모리를 할당받는 순서는 n[0][0]부터 시작해서 n[0][4]로, 그 다음 순서는 n[1][0], n[1][1], n[1][2], … 순으로 배치된다. 즉 행 방향으로 증가하면서 메모리를 할당받는다. 이제 2차원 배열의 순서가 행 단위로 증가되는 이유를 알았는가? 모르면 다시 한 번 읽어보아라.

프로그램 작성 시 1차원으로 선언할 것이지, 2차원으로 선언할 것인지는 프로그램 작성자에 의해 편리한 방법을 선택하면 된다. 일반적으로 몇 차원을 선택하여 프로그램 할 것인지는 어떤 문제를 해결할 때 그 문제를 쉽게 이해하고 해결할 수 있는 방법에 따라 선택하여 사용하게 된다. 예를 들어 수학 및 공학 분야의 행렬(Matrix)을 계산하려면 1차원보다는 2차원 배열을 쓰는 것이 훨씬 편리할 것이다.

이와 같이 2차원 이상의 배열 구조는 사람이 머릿속에서 이해를 빠르게 하기 위해 구성한 개념이지 실제 메모리에서 2차원 이상의 구조로 표현되는 것은 아니다. 사실 몇 차원 배열이든 2차원 이상의 다차원 배열은 모두 1차원 배열로 바꾸어 선언할 수 있으며 실제로 몇 차원이든 배열은 모두 메모리상에서 1차원 구조로 표현된다.

추가적으로 다음의 배열 n은 3행의 배열을 선언한 것이며, 열의 수는 정해지지 않은 2차원 배열을 선언한 것이다. 열의 수는 프로그램 실행시 실제로 n 배열에 몇 개의 값을 저장하느냐에 따라 결정된다.

```
var n = [[], [], []];
```

실습예제 EXAMPLE

2차원 배열을 다음과 같이 선언하고 초기치를 부여한 후 2차원 배열에 저장된 값을 출력하는 순서도와 프로그램을 작성하여 보자. 또한 출력은 다음의 실행결과와 같이 출력해 보자.

```
var n = [[1, 2, 3, 4, 5], [6, 7, 8, 9, 10], [11, 12, 13, 14, 15]];
```

실행결과

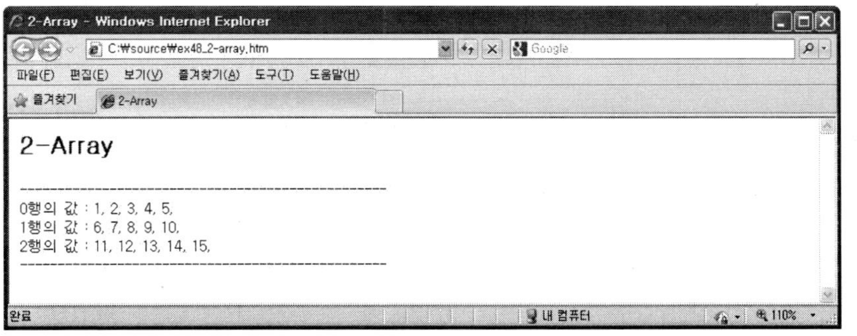

문제해결 논리

2차원 배열 n을 선언하고 초기 값을 부여한 후, n[s][v]와 같은 방법으로 2차원 배열의 배열 요소를 각각 참조하여 행 단위로 출력한다. 이를 위해 다중 for문을 사용한다. 여기서 s와 v는 다중 for문의 제어변수들로 사용하면 된다. 즉 1차원 배열의 배열 요소를 참조하기 위해서는 하나의 반복문과 하나의 제어변수가 필요하지만 2차원 배열의 배열 요소를 참조하기 위해서는 2개의 반복문과 2개의 제어변수가 필요하다.

순서도

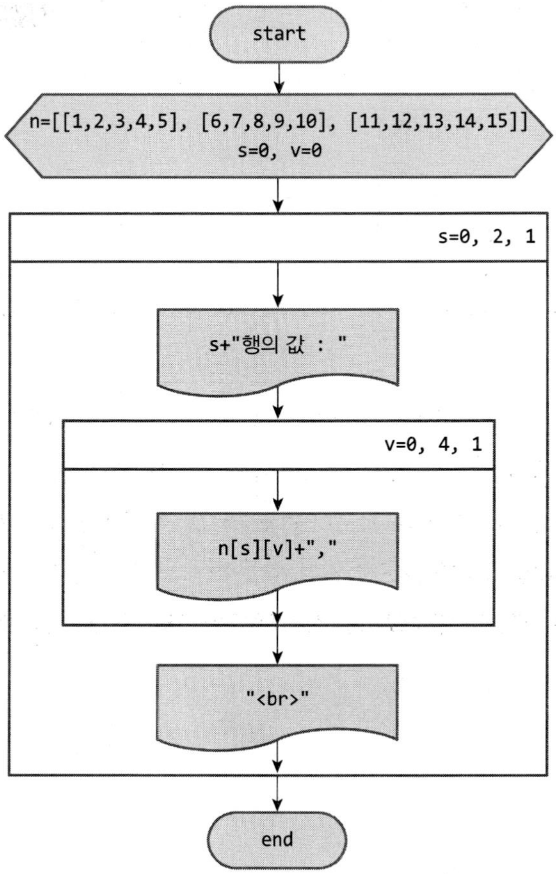

프로그램 ex48_2-array.htm

```
<html> <head> <title> 2-Array </title> </head>
 <body>
   <script type = "text/javascript">
         document.write("<h2> 2-Array </h2>");
         document.write("---------------------------<br>");

         var n = [[1, 2, 3, 4, 5], [6, 7, 8, 9, 10], [11, 12, 13, 14, 15]];

         var s = 0, v = 0;

         for(s = 0; s < 3; s++) {
```

```
            document.write(s + "행의 값 : ");
              for(v = 0; v < 5; v++) {
              document.write( n[s][v] + ", " );
            }
            document.write("<br>");
        }

        document.write("---------------------------<br>");
    </script>
  </body>
</html>
```

실습예제 EXAMPLE

다음과 같은 그림의 2차원 배열을 선언하고 초기 값을 부여한 후 배열에 저장된 모든 값들의 합계와 평균을 구하는 순서도와 프로그램을 작성해보자. 출력은 다음의 실행결과와 같이 출력되도록 하자.

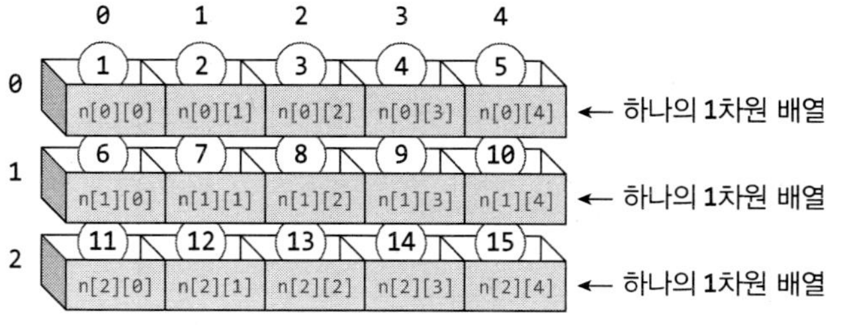

실행결과

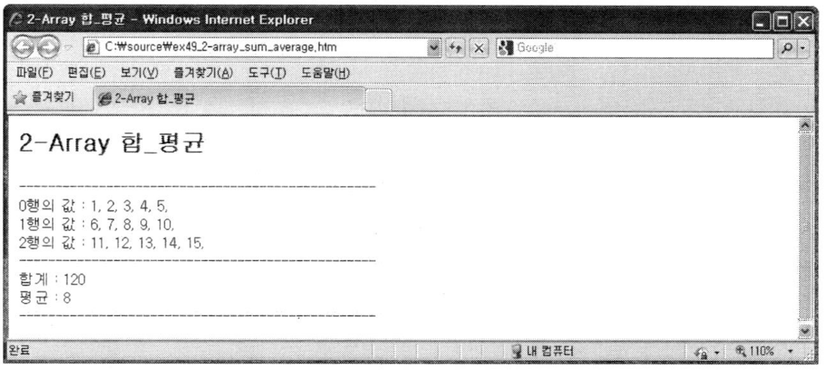

문제해결 논리

첫 번째로 2차원 배열 n을 선언하고 초기 값을 부여한 후, 다중루프를 사용하여 n[s][v]와 같은 방법으로 2차원 배열의 배열 요소를 각각 참조하여 행 단위로 출력한다. 이 때 루프 내에서 2차원 배열의 모든 요소의 합도 계산한다. 다중루프 종료 후 평균을 계산하고 합계와 평균을 출력한다.

순서도

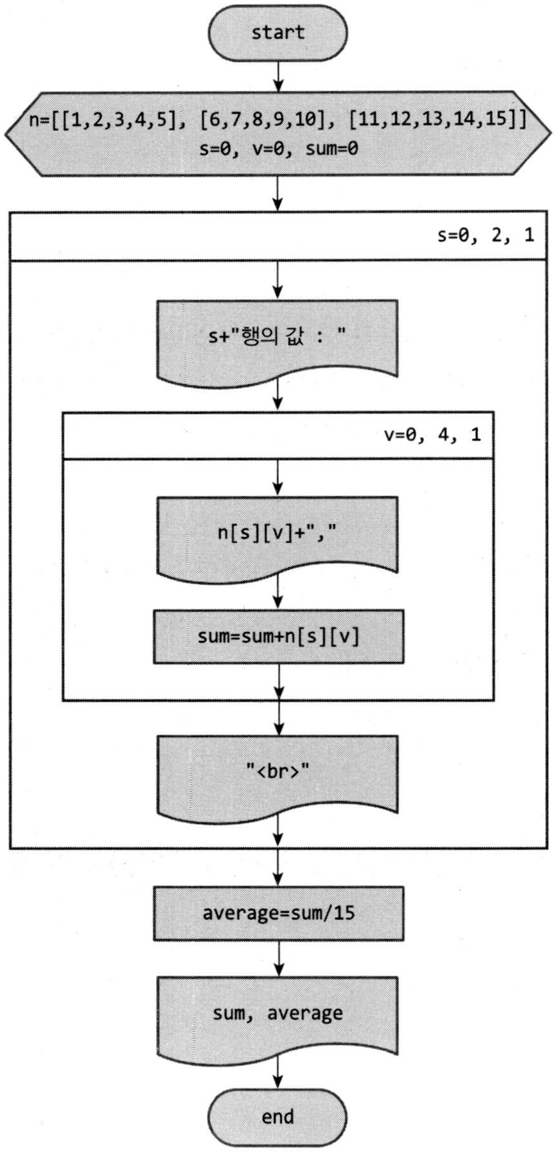

프로그램 ex49_2-array_sum_average.htm

```
<html>
 <head> <title> 2-Array 합_평균 </title> </head>
 <body>
  <script type = "text/javascript">
       document.write("<h2> 2-Array 합_평균 </h2>");
       document.write("----------------------------<br>");
       var n = [[1, 2, 3, 4, 5], [6, 7, 8, 9, 10], [11, 12, 13, 14, 15]];
       var s = 0, v = 0, sum = 0;

       for(s = 0; s < 3; s++) {
          document.write(s + "행의 값 : ");
          for(v = 0; v < 5; v++) {
             document.write( n[s][v] + ", " );
             sum = sum + n[s][v];
          }
          document.write("<br>");
       }
       document.write("----------------------------<br>");
       average = sum / 15;
       document.write("합계 : " + sum + "<br>");
       document.write("평균 : " + average + "<br>");
       document.write("----------------------------<br>");
  </script>
 </body>
</html>
```

변수테이블

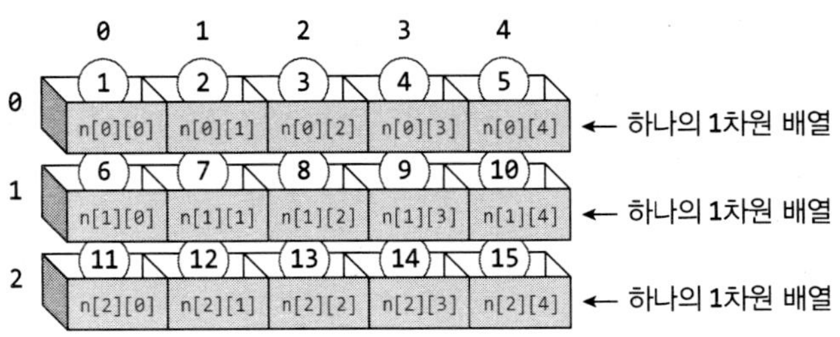

s	v	sum	average	설명
0	0	0		초기 값
0	0	1		합계 계산
	1	3		
	2	6		
	3	10		
	4	15		
	5			
1	0	21		
	1	28		
	2	36		
	3	45		
	4	55		
	5			
2	0	66		
	1	78		
	2	91		
	3	105		
	4	120		
	5			
3			8	평균 계산

실습예제 EXAMPLE

다음과 같이 2개(배열 a와 배열 b)의 2차원 배열을 선언하여 초기 값을 부여한 후 같은 행 번호와 열 번호에 해당되는 두 배열(배열 a와 배열 b)의 요소를 합하여 동일한 크기의 배열 c에 저장하는 순서도와 프로그램을 작성하여라. 출력은 배열 c의 요소 값들을 모두 출력해야 한다.

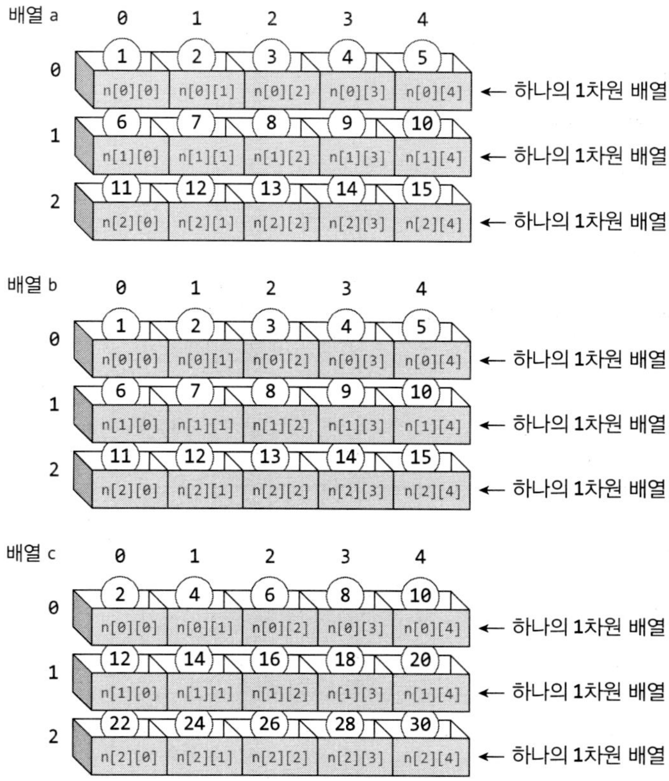

실행결과

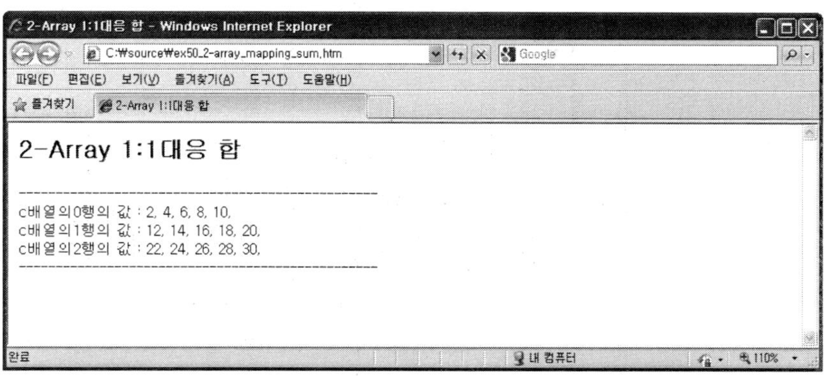

문제해결 논리

a, b, c 세 개의 배열은 모두 동일한 크기이다. 다중루프를 사용하여 다음의 수식과 같이 같은 위치의 배열 a와 배열 b의 요소들을 참조하여 더한 후 같은 위치의 배열 c에 저장한다.

c[s][v] = a[s][v] + b[s][v]

순서도

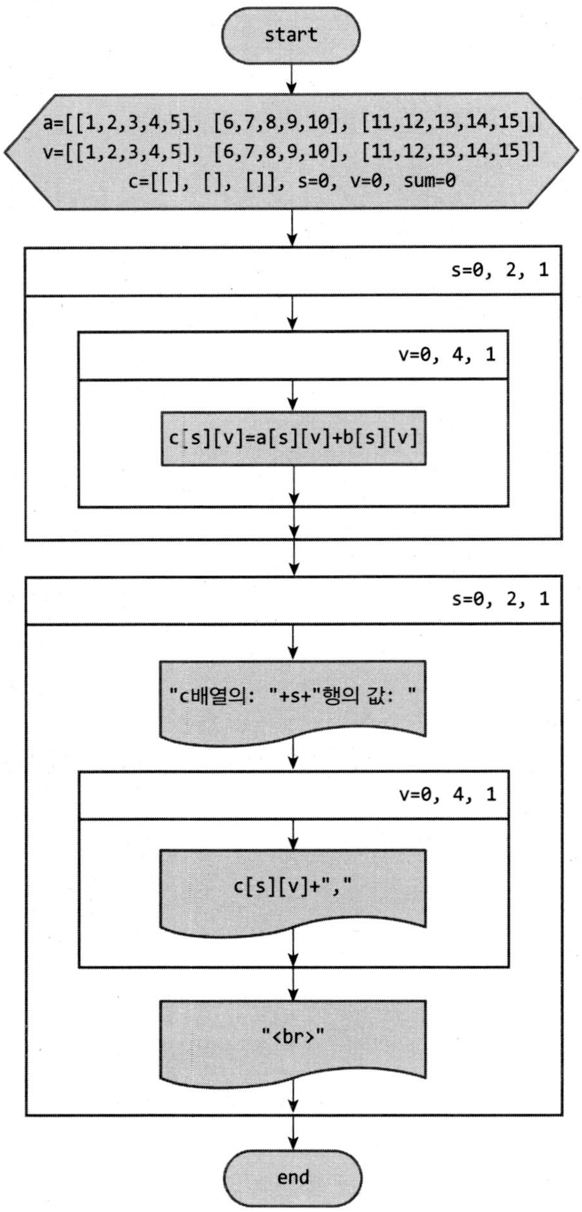

프로그램 ex50_2-array_mapping_sum.htm

```
<html>
 <head> <title> 2-Array 1:1대응 합 </title> </head>
 <body>
  <script type = "text/javascript">
       document.write("<h2> 2-Array 1:1대응 합 </h2>");
       document.write("----------------------------<br>");
       var  a = [[1, 2, 3, 4, 5], [6, 7, 8, 9, 10], [11, 12, 13, 14, 15]];
       var  b = [[1, 2, 3, 4, 5], [6, 7, 8, 9, 10], [11, 12, 13, 14, 15]];
       var  c = [[], [], []];
       var  s = 0, v = 0, sum = 0;

       for(s = 0; s <  3; s++) {
           for(v = 0; v < 5; v++) {
               c[s][v] = a[s][v] + b[s][v];
           }
       }
       for(s = 0; s <  3; s++) {
           document.write("c배열의" + s + "행의 값 : ");
           for(v = 0; v < 5; v++) {
                   document.write( c[s][v] + ", " );
           }
           document.write("<br>");
       }
       document.write("----------------------------<br>");
  </script>
 </body>
</html>
```

확인문제 다음과 같이 배열(5행 5열)에 1~15까지의 수들을 저장하는 순서도와 프로그램을 작성하여라. 또한 작성된 순서도 또는 프로그램을 보고 변수테이블을 그려라.

15				
14	13			
12	11	10		
9	8	7	6	
5	4	3	2	1

문제해결 논리 우선 빈 5행의 2차원 배열 n을 선언한다. 그런 다음 다중루프를 사용하여 배열 n의 각 요소에 내부 루프가 수행될 때마다 count값을 0부터 시작해서 1씩 증가시켜 가면서 count값을 저장시킨다. 바깥쪽 루프는 행(1~5행)을 제어하고 내부 루프는 열(1~5열)을 제어하되 바깥쪽 루프의 제어변수는 4부터 0까지 –1씩 감소시키고 내부 루프의 제어변수는 바깥쪽 루프의 제어변수부터 0까지 –1씩 감소시킨다. 마지막으로 저장된 값들을 출력한다.

순서도

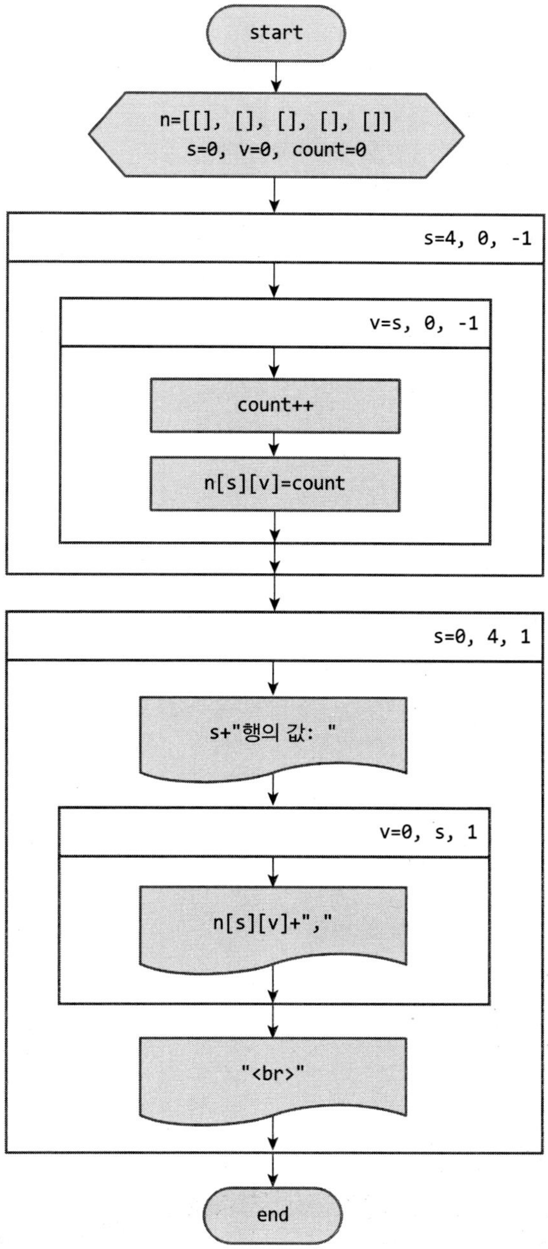
start
n=[[], [], [], [], []]
s=0, v=0, count=0
s=4, 0, -1
v=s, 0, -1
count++
n[s][v]=count
s=0, 4, 1
s+"행의 값: "
v=0, s, 1
n[s][v]+","
"<br>"
end

프로그램 ex51_2-array_number_store.htm

```
<html>
 <head> <title> 2-Array 숫자 저장 </title> </head>
 <body>
  <script type = "text/javascript">
       document.write("<h2> 2-Array 숫자 저장 </h2>");
       document.write("-----------------------<br>");

       var  n = [[], [], [], [], []];
       var  s = 0, v = 0, count = 0;

       for(s = 4; s >= 0; s--) {
           for(v = s; v >= 0; v--) {
               count++;
               n[s][v] = count;
           }
       }

       for(s = 0; s < 5; s++) {
           document.write(s + "행의 값 : ");
           for(v = 0; v <= s; v++) {
               document.write( n[s][v] + "  " );
           }
           document.write("<br>");
       }
       document.write("-----------------------<br>");
  </script>
 </body>
</html>
```

실행결과

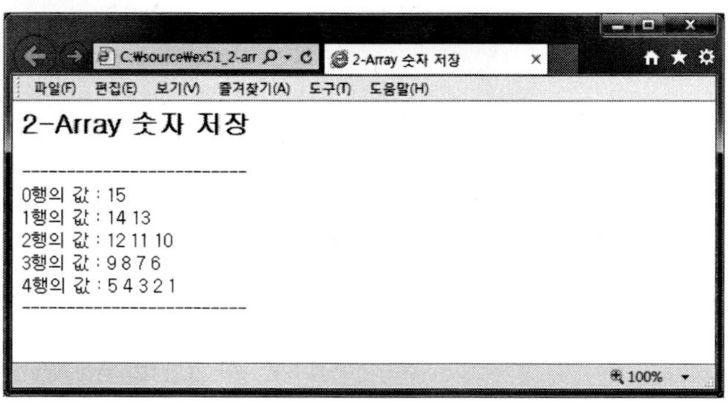

변수테이블

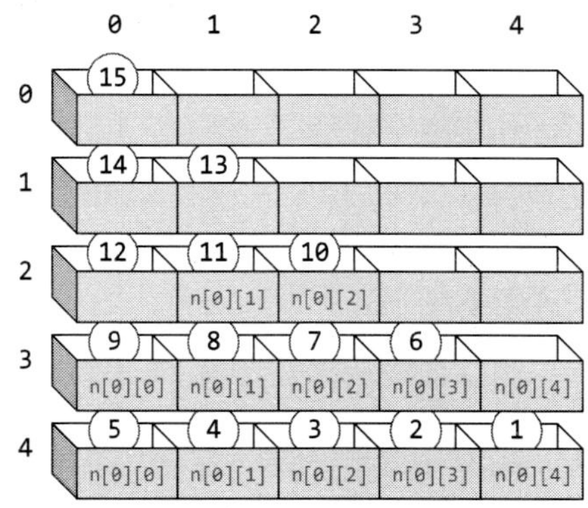

s	v	count	설명
0	0	0	초기값
4	4	1	
	3	2	
	2	3	
	1	4	
	0	5	
	-1		
3	3	6	
	2	7	
	1	8	
	0	9	
	-1		
2	2	10	
	1	11	
	이하 생략		

확인문제 다음과 같이 2차원 배열에 상반기(1월부터 6월까지) 스마트폰의 모델별 판매량을 입력받아 저장시킨 후 각 열의 합계 및 평균을 구하여 저장한다. 그런 다음 배열의 모든 내용을 행 단위로 출력하는 순서도와 프로그램을 작성하여라. 단, 입력은 행 단위로 받는다.

모델 \ 판매량	1월	2월	3월	4월	5월	6월
SS 4G-V1						
SS 4G-V2						
SS 4G-V3						
SS 4G-V4						
SS 4G-V5						
합계						
평균						

문제해결 논리

우선 7행으로 구성된 빈 배열을 선언하고 값을 입력받아 배열에 저장한다. 두 번째로 6번째 행의 각 열에 월별 합계를 구하여 저장한다. 동시에 7번째 행에는 평균을 구하여 저장한다. 세 번째로 배열 전체의 요소 값들을 출력한다.

순서도

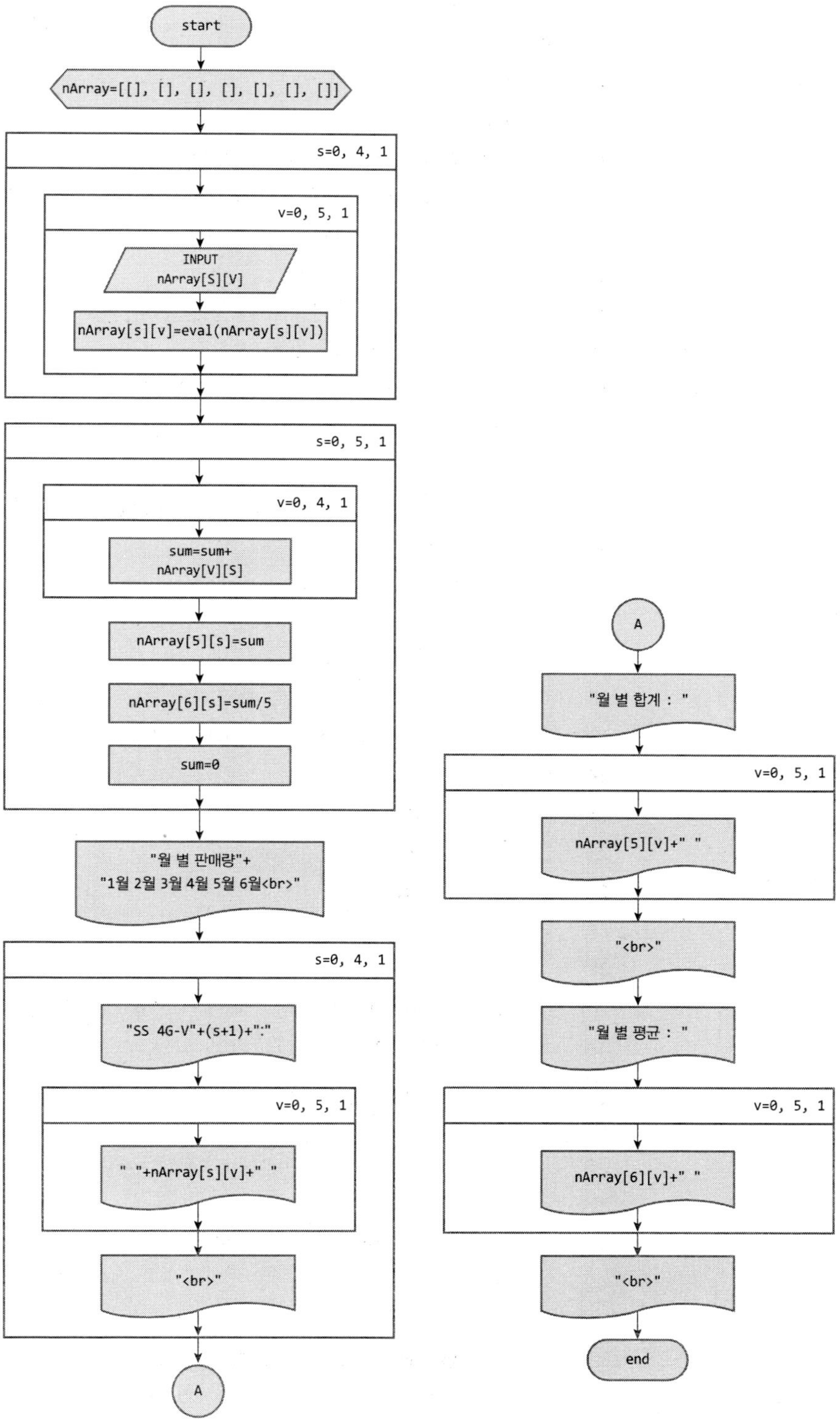
start
nArray=[[], [], [], [], [], [], []]
s=0, 4, 1
v=0, 5, 1
INPUT
nArray[S][V]
nArray[s][v]=eval(nArray[s][v])
s=0, 5, 1
v=0, 4, 1
sum=sum+
nArray[V][S]
nArray[5][s]=sum
nArray[6][s]=sum/5
sum=0
"월 별 판매량"+
"1월 2월 3월 4월 5월 6월
"
s=0, 4, 1
"SS 4G-V"+(s+1)+":"
v=0, 5, 1
" "+nArray[s][v]+" "
"<br>"
A
A
"월 별 합계 : "
v=0, 5, 1
nArray[5][v]+" "
"<br>"
"월 별 평균 : "
v=0, 5, 1
nArray[6][v]+" "
"<br>"
end

프로그램 ex52_2-array_stmartphone_sales.htm

```
<html>
 <head> <title> Smart Phone 판매량 </title> </head>
 <body>
  <script type = "text/javascript">
        document.write("<h2> Smart Phone 판매량 </h2>");
        document.write("-----------------------------<br>");

        var  nArray = [[], [], [], [], [], [],[]];
        var  s = 0, v = 0, sum = 0;

        for(s = 0; s < 5; s++) {
            for(v = 0; v < 6; v++) {
                nArray[s][v]= eval(prompt("월별 판매량을 입력하세요", "0"));
            }
        }

        for(s = 0; s < 6; s++) {
            for(v = 0; v < 5; v++) {
                sum = sum + nArray[v][s];
            }
            nArray[5][s] = sum;
            nArray[6][s] = sum / 5;
            sum = 0;
        }

        document.write("월별판매량" + "1월 2월 3월 4월 5월 6월<br>");
        for(s = 0; s < 5; s++) {
            document.write("SS 4G-V" + (s+1) + " : ");
            for(v = 0; v < 6; v++) {
                document.write( " " + nArray[s][v] + " " );
            }
            document.write("<br>");
        }

        document.write(" 월별 합계 : ");
```

```
            for(v = 0; v < 6; v++) {
                document.write( nArray[5][v] + "  " );
            }
            document.write("<br>");

            document.write(" 월별 평균 : ");
            for(v = 0; v < 6; v++) {
                document.write( nArray[6][v] + "  " );
            }
            document.write("<br>");

            document.write("-----------------------------<br>");
    </script>
  </body>
</html>
```

실행결과

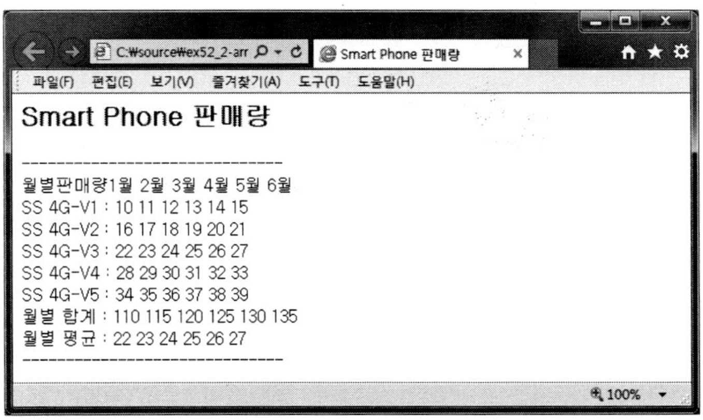

지식추가 Math.floor( ) 함수

자바스크립트의 Math.floor( ) 함수는 다음과 같은 형식을 가지고 있다.

Math.floor(x)

이 함수는 인수로 주어진 x값보다 작거나 같은 값들 중에서 최대로 큰 정수 값을 반환해 주는 함수이다. 즉 이 함수는 x가 양수인 경우 소수점 이하를 무조건 삭제하고 정수 값을 반환하게 되며 x가 음수인 경우는 소수점 이하 값들을 무조건 올림하여 정수 값을 반환하는 함수이다.

예1 : Math.floor(8.7) ==〉 8

예2 : Math.floor(−2.78) ==〉 −3

실습예제 EXAMPLE

다음의 실습예제와 실행결과를 분석하여 floor 함수의 사용법을 이해하여 보자.

프로그램 ex53_floor_function.htmm

```
<html>
 <head> <title> Math.floor 함수 </title> </head>
 <body>
  <script type = "text/javascript">
      document.write("<h2> Math.floor 함수 익히기 </h2>");
      document.write("---------------------------<br>");

      document.write("8.7 =====> " + Math.floor(8.7)  + "<br>");
      document.write("8.128 =====> " + Math.floor(8.128)  + "<br>");
      document.write("8.019 =====> " + Math.floor(8.019)  + "<br>");

      document.write("-2.78 =====> " + Math.floor(-2.78)  + "<br>");
      document.write("-2.18 =====> " + Math.floor(-2.18)  + "<br>");
      document.write("-2.09 =====> " + Math.floor(-2.09)  + "<br>");

      document.write("---------------------------");
  </script>
 </body>
</html>
```

실행결과

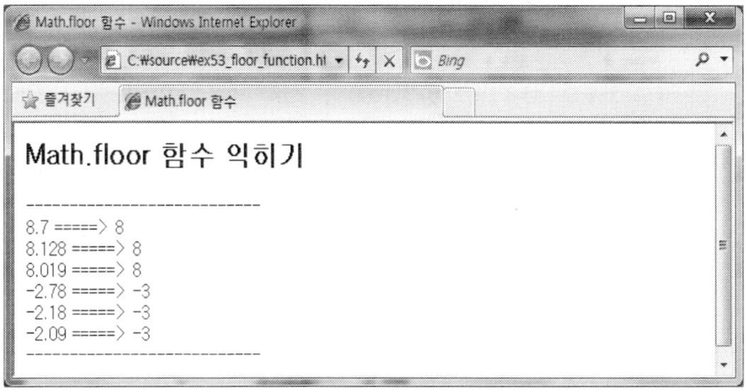

Level Up 문제 10층인 빌딩이 있다. 이 빌딩에 입주해 있는 각 사무실에 대해 한 달 관리비용과 임대료를 계산하여 출력해주는 순서도와 프로그램을 작성하여라. 즉 사용자가 층별 호수를 입력하면 해당되는 사무실의 월별 관리비용(일반 관리비+전기료+수도료)과 기본 임대료를 항목별로 다음과 같이 출력해 준다.

- 사무실별 면적, 전기사용량 및 수도사용량은 2차원 배열 각각에 다음과 같이 저장되어 있다고 가정한다.

각 사무실별 면적(단위: 평)

	0	1	2	3	4
0	250	150	150	200	250
1	100	150	150	350	250
2	250	250	250	100	150
3	200	200	200	200	200
4	200	200	200	150	250
5	100	100	100	350	350
6	200	250	200	200	150
7	150	150	250	250	200
8	150	150	250	200	250
9	250	200	200	100	250

각 사무실별 전기사용량(단위: kw)

	0	1	2	3	4
0	250	105	105	200	205
1	100	158	158	350	205
2	250	125	125	110	105
3	200	205	200	200	208
4	208	201	202	159	250
5	101	120	128	305	135
6	210	205	280	290	195
7	150	185	225	235	200
8	150	175	205	200	250
9	250	290	201	100	250

각 사무실별 수도사용량(단위: 리터)

	0	1	2	3	4
0	25	15	15	20	20
1	19	15	58	35	20
2	25	12	35	61	32
3	20	20	21	23	20
4	28	21	22	59	25
5	11	12	28	35	35
6	21	20	28	29	19
7	15	85	22	23	20
8	15	75	20	20	25
9	25	29	21	10	25

층별 사무실 호수

	0	1	2	3	4
0	000	001	002	003	004
1	100	101	102	103	104
2	200	201	202	203	204
3	300	301	302	303	304
4	400	401	402	403	404
5	500	501	502	503	504
6	600	601	602	603	604
7	700	701	702	703	704
8	800	801	802	803	804
9	900	901	902	903	904

처리조건은 다음과 같다.

- 사무실별 면적, 전기사용량 및 수도사용량은 2차원 배열에 저장되어 있다고 가정한다.

- 사무실별 면적에 따라 일반 관리비는 다음과 같은 조건에 의해 처리한다.

  100 <= 사무실별 면적 < 200 : 사무실별 면적 × 1500원
  200 <= 사무실별 면적 < 250 : 사무실별 면적 × 2000원
  250 <= 사무실별 면적 < 300 : 사무실별 면적 × 2500원
  300 <= 사무실별 면적 : 사무실별 면적 × 3000원

- 전기료와 수도요금은 다음과 같은 수식에 의해 각각 계산한다.

  전기료 : 각 사무실별 전기사용량 × 1000원
  수도료 : 각 사무실별 수도사용량 × 1500원

- 각 사무실별 기본 임대료는 다음과 같은 조건에 의해 처리한다.

  1층인 경우 : 사무실별 면적 × 30000원
  2층인 경우 : 사무실별 면적 × 20000원
  3~9층인 경우 : 사무실별 면적 × 10000원
  10층인 경우 : 사무실별 면적 × 35000원

- 이상의 조건에 의해 각 사무실별 월별 기본 임대료와 관리비용의 총 합계는 다음과 같이 계산한다.

  월별 총 합계 : 일반 관리비 + 전기료 + 수도료 + 기본 임대료

- 입력되는 값은 q 또는 Q 또는 층별 호수의 3개 중 하나만 입력된다고 가정한다. 프로그램은 q 또는 Q가 입력되었을 때만 종료한다. 또한 이 사무실에 없는 층별 호수는 입력되지 않는다고 가정한다.

문제해결 논리

사용자로부터 관리비 및 임대료를 계산하기를 원하는 층별 호수(예로 801호)를 입력받으면 이 값이 9층 2호라는 것을 프로그램 내에서 인지해야 한다. 왜냐하면 전기 사용량 및 수도사용량 등이 모두 동일한 2차원 배열에 저장되어 있기 때문이다. 즉 801호가 9층 2호라는 것을 프로그램이 알고 있다면 전기 사용량 및 수도사용량 등의 배열 각각에서 9행(배열의 색인번호로는 8) 2열(배열의 색인번호로는 1)에 저장되어 있는 값을 참조하여 계산하면 되기 때문이다.

그러면 입력된 801호를 어떻게 9층 2호로 변환할 수 있을까? 그렇다. 한 가지 방법은 다음과 같이 계산하면 된다.

```
층의 계산 : s = Math.floor(801/100)
              = Math.floor(8.01)
              = 8

호의 계산 : v = 801-Math.floor(801/100)*100
          = 801 - Math.floor(8.01)*100
          = 801 - 8*100
          = 801 - 800
          = 1
```

순서도

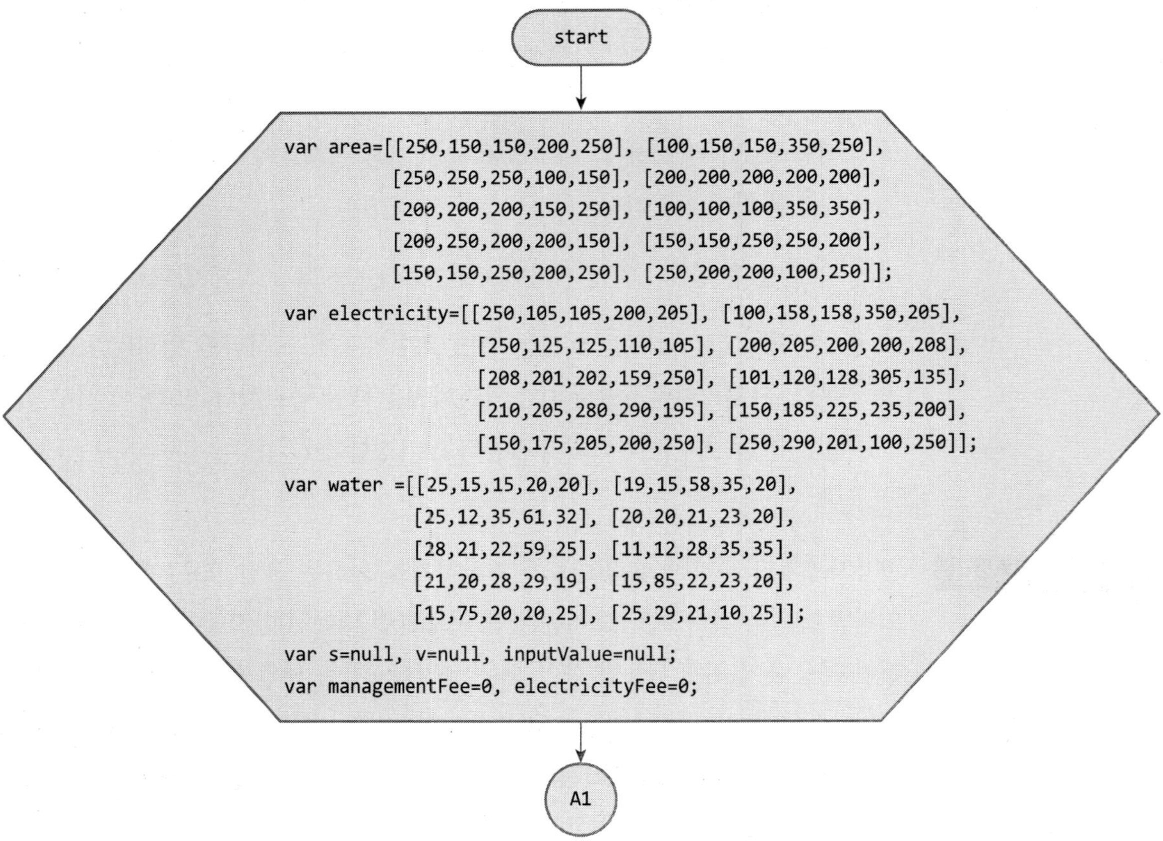

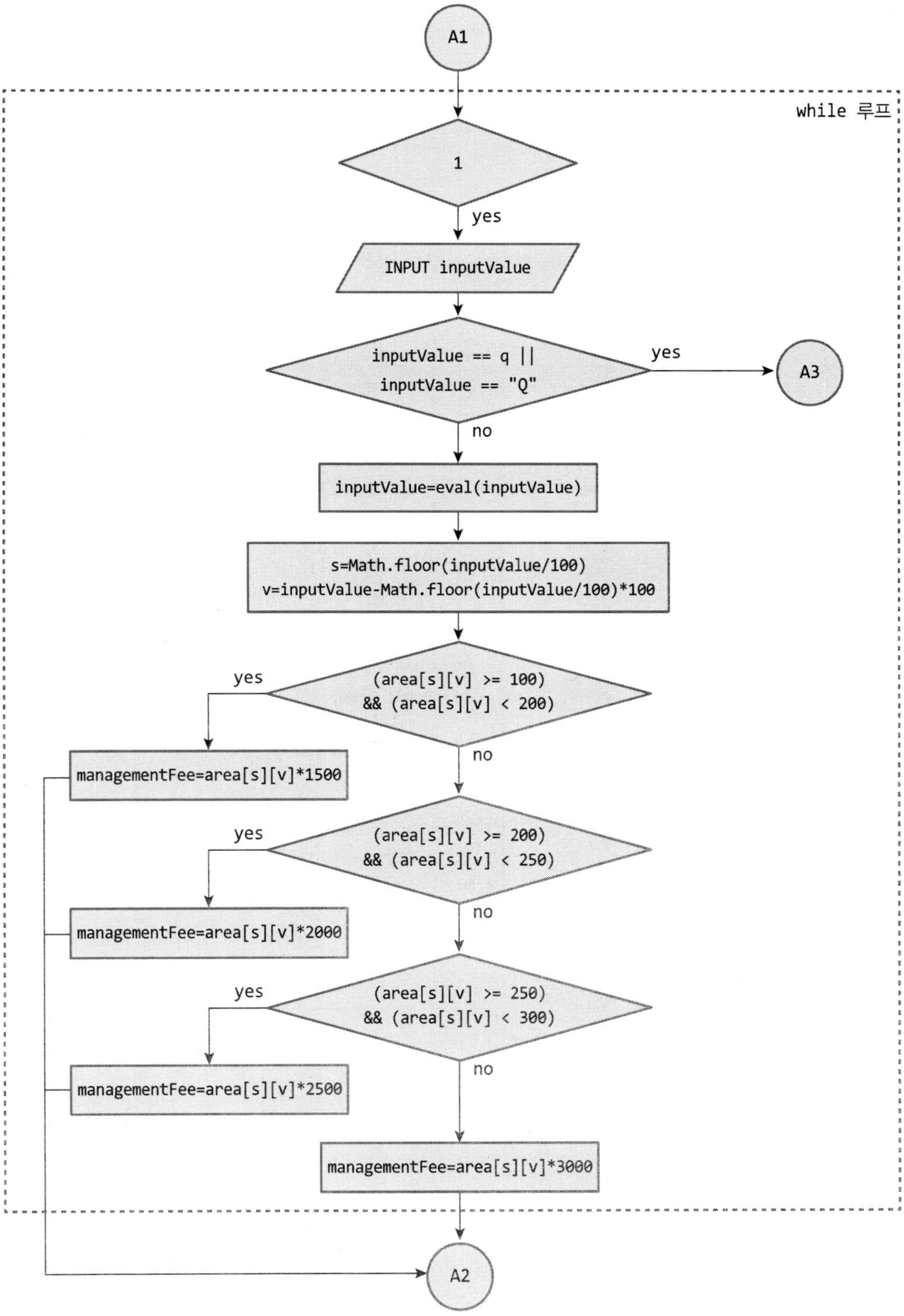
A1
while 루프
1
yes
INPUT inputValue
inputValue == q ||
inputValue == "Q"
yes
A3
no
inputValue=eval(inputValue)
s=Math.floor(inputValue/100)
v=inputValue-Math.floor(inputValue/100)*100
yes
(area[s][v] >= 100)
&& (area[s][v] < 200)
managementFee=area[s][v]*1500
no
yes
(area[s][v] >= 200)
&& (area[s][v] < 250)
managementFee=area[s][v]*2000
no
yes
(area[s][v] >= 250)
&& (area[s][v] < 300)
managementFee=area[s][v]*2500
no
managementFee=area[s][v]*3000
A2

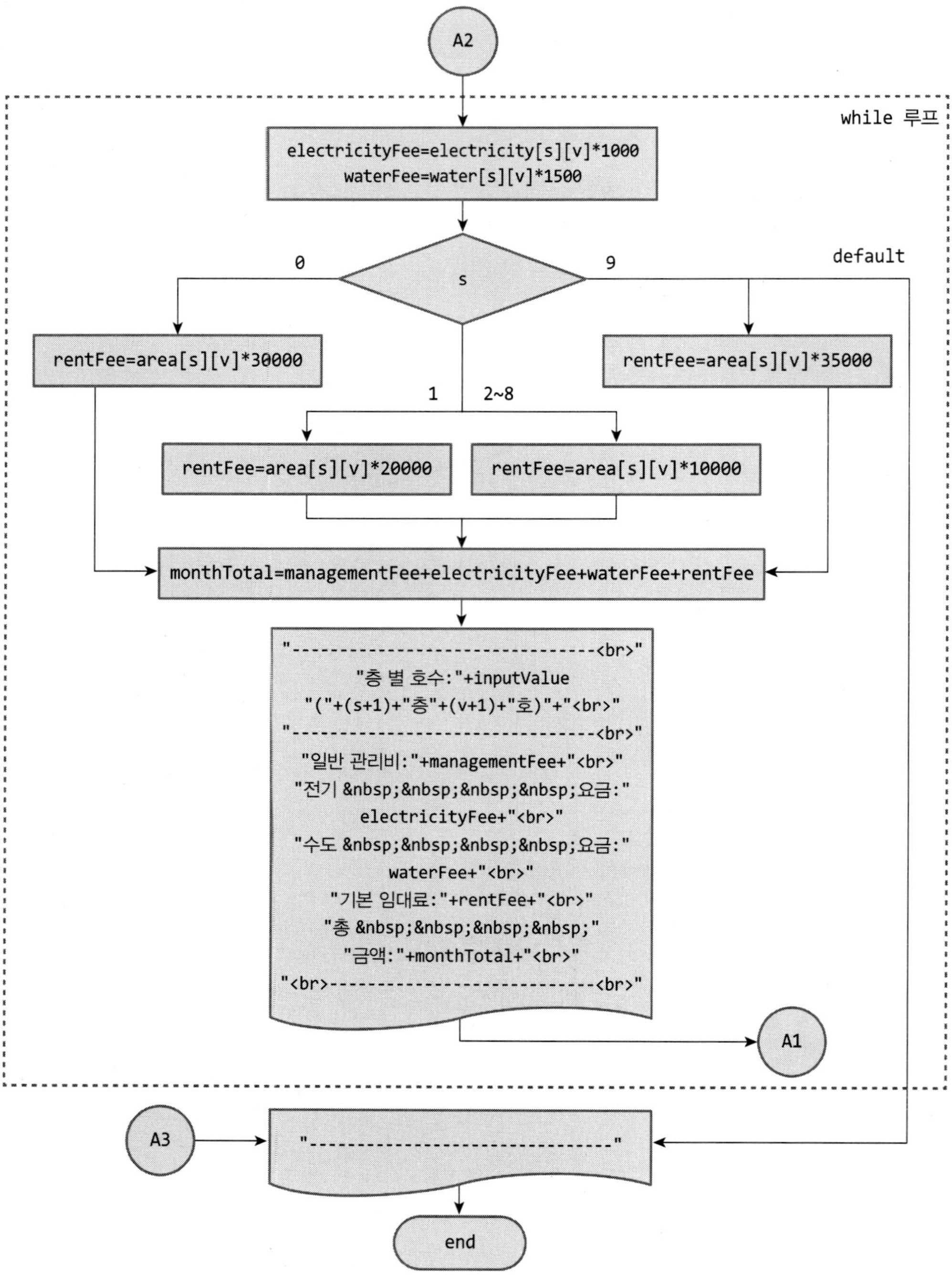
A2
while 루프
electricityFee=electricity[s][v]*1000
waterFee=water[s][v]*1500
s
0
9
default
rentFee=area[s][v]*30000
rentFee=area[s][v]*35000
1
2~8
rentFee=area[s][v]*20000
rentFee=area[s][v]*10000
monthTotal=managementFee+electricityFee+waterFee+rentFee
"--------------------------------
"
"층 별 호수:"+inputValue
"("+(s+1)+"층"+(v+1)+"호)"+"<br>"
"--------------------------------
"
"일반 관리비:"+managementFee+"<br>"
"전기   요금:"
electricityFee+"<br>"
"수도   요금:"
waterFee+"<br>"
"기본 임대료:"+rentFee+"<br>"
"총   "
"금액:"+monthTotal+"<br>"
"

"
A1
A3
"--------------------------------"
end

프로그램 level_up_1_office_fee.htm

```
<html>
 <head> <title> Office Fee </title> </head>
 <body>
  <script type = "text/javascript">
        document.write("<h2> Office Fee </h2>");
        document.write("------------------------------------<br>");

        var area = [[250, 150, 150, 200, 250], [100, 150, 150, 350, 250],
                    [250, 250, 250, 100, 150], [200, 200, 200, 200, 200],
                    [200, 200, 200, 150, 250], [100, 100, 100, 350, 350],
                    [200, 250, 200, 200, 150], [150, 150, 250, 250, 200],
                    [150, 150, 250, 200, 250], [250, 200, 200, 100, 250]];

        var electricity = [[250, 105, 105, 200, 205], [100, 158, 158, 350, 205],
                           [250, 125, 125, 110, 105], [200, 205, 200, 200, 208],
                           [208, 201, 202, 159, 250], [101, 120, 128, 305, 135],
                           [210, 205, 280, 290, 195], [150, 185, 225, 235, 200],
                           [150, 175, 205, 200, 250], [250, 290, 201, 100, 250]];

        var water = [[25, 15, 15, 20, 20], [19, 15, 58, 35, 20],
                     [25, 12, 35, 61, 32], [20, 20, 21, 23, 20],
                     [28, 21, 22, 59, 25], [11, 12, 28, 35, 35],
                     [21, 20, 28, 29, 19], [15, 85, 22, 23, 20],
                     [15, 75, 20, 20, 25], [25, 29, 21, 10, 25]];

        var  s = null, v = null, inputValue = null;
        var managementFee = 0, electricityFee = 0;
        var waterFee = 0, rentFee = 0; monthTotal = 0;

        while( 1 ) {
            inputValue = prompt("층별 호수를 입력하세요", "");
            if( inputValue == "q" || inputValue == "Q" ) break;
            inputValue = eval( inputValue );

            s = Math.floor( inputValue / 100 );
            v = inputValue - Math.floor( inputValue / 100 ) * 100;

```

```
//일반 관리비 계산
if( (area[s][v] >= 100) && (area[s][v] < 200) )
    { managementFee = area[s][v] * 1500; }
else if( (area[s][v] >= 200) && (area[s][v] < 250) )
    { managementFee = area[s][v] * 2000; }
else if( (area[s][v] >= 250) && (area[s][v] < 300) )
    { managementFee = area[s][v] * 2500; }
else { managementFee = area[s][v] * 3000; }

//전기료 및 수도료 계산
electricityFee = electricity[s][v] * 1000;
waterFee  = water[s][v] * 1500;

//사무실 기본 임대료 계산
switch( s ) {
      case 0  : rentFee = area[s][v] * 30000; break;
      case 1  : rentFee = area[s][v] * 20000; break;
      case 2  :
      case 3  :
      case 4  :
      case 5  :
      case 6  :
      case 7  :
      case 8  : rentFee = area[s][v] * 10000; break;
      case 9  : rentFee = area[s][v] * 35000; break;
      default  : break;
}
//총계 계산
monthTotal = managementFee+electricityFee+waterFee+rentFee ;

//인쇄하기
document.write("------------------------------<br>");
document.write("층별 호수 : " + inputValue);
document.write("(" + (s+1) + "층 " + (v+1) + "호 )" + "<br>");
document.write("------------------------------<br>");

document.write("일반 관리비 : " + managementFee  + "<br>");
```

```
                document.write("전기    요금 : ");
                document.write(electricityFee + "<br>");

                document.write("수도    요금 : ");
                document.write(waterFee + "<br>");

                document.write("기본 임대료 : " + rentFee + "<br>");

                document.write("총       ");
                document.write("금액 : " + monthTotal);

                document.write("<br>---------------------------------<br>");
            } //end of while
            document.write("------------------------------------------");
        </script>
    </body>
</html>
```

요약 SUMMARY

1. 배열의 분류

배열은 크게 1차원 배열과 다차원 배열로 분류된다. 다차원 배열은 2차원 배열, 3차원 배열, …, n 차원 배열 등과 같이 2차원 이상의 배열을 의미한다.

2. 1차원 배열과 2차원 배열

1차원 배열은 하나의 행 또는 열로 구성된 배열이며 2차원 배열은 1차원 배열이 여러 개 모여 있는 배열이다.

3. 배열과 메모리

1차원 배열이든 2차원 이상의 다차원 배열이든 모든 배열은 변수와 마찬가지로 컴퓨터 시스템에 의해 자동으로 메모리를 할당받는다. 특히 2차원 이상의 다차원 배열의 구조는 사람이 머릿속에서 이해를 빠르게 하기 위해 구성한 개념이지 실제 메모리에서 2차원 이상의 구조로 표현되는 것은 아니다.

다시 말해서 2차원 이상의 다차원 배열은 1차원 배열과 동일하게 메모리를 1차원적으로 할당받는다. 다만 주어진 문제를 사람의 입장에서 쉽게 이해하고 해결하기 위해서 다차원으로 머릿속에서 해석하고 프로그램 언어로 표현할 뿐이다.

4. 2차원 배열의 선언과 초기화 방법

2차원 배열의 선언과 초기화는 다음의 형식으로 한다.

```
var 배열명 = [[값1, 값2, …, 값n], [          ], [          ], … ];
```

예를 들어 3행 5열의 2차원 배열은 다음과 같이 선언하여 초기화 할 수 있다.

```
var n = [[1, 2, 3, 4, 5], [6, 7, 8, 9, 10], [11, 12, 13, 14, 15]];
```

5. 열의 수가 정해지지 않은 2차원 배열 선언

열의 수를 미정으로 하는 3행의 2차원 배열은 다음과 같이 선언할 수 있다.

```
var n = [ [ ], [ ], [ ] ];
```

연습문제 EXERCISE

1. 다음에 설명하는 내용이 무엇인지 간단히 답하시오.

설명	답
2차원 배열의 일반적인 참조 방법은?	
2차원 이상의 다차원 배열은 메모리를 몇 차원으로 할당받는가?	
자바스크립트의 2차원 배열에서 행과 열의 시작 색인번호는?	
배열은 크게 2가지의 차원의 배열로 분류된다. 무엇인가?	
2차원 배열에서 행의 수가 5, 열의 수가 10일 때, 배열 요소의 전체 개수는?	
자바스크립트의 2차원 배열에서 2차원 배열 요소가 실제 메모리를 할당받는 순서는 행우선 순위인가? 아니면 열우선 순위인가?	
1차원 배열이 여러 개 모여 있는 배열로 행과 열로 구성된 배열을 몇 차원 배열이라고 부르는가?	
3행 5열의 2차원 배열을 그림으로 그려 각 원소의 값을 10부터 1씩 증가시켜 행우선 순위로 저장해 보아라.	
3행 5열의 2차원 배열에서 2행 3열의 값을 20으로 변경하는 코드를 써라. 배열 이름은 n이라고 가정한다.	
3행 5열의 2차원 배열에서 3행 5열의 값을 출력하는 코드를 써라. 배열 이름은 n이라고 가정한다.	
배열 이름 n으로 하여 5행의 배열을 선언해 보아라. 단 열의 수는 미정으로 한다.	

2. 다음과 같은 2차원 배열이 있을 때 0의 총 개수와 1의 총 개수를 구하여 다음의 출력결과와 같이 출력하는 순서도와 프로그램을 작성하여라. 또한 작성된 순서도 또는 프로그램을 보고 변수테이블도 작성하시오.

	0	1	2	3	4	5
0	0	1	1	1	1	0
1	1	0	1	0	0	1
2	1	1	0	1	1	0
3	0	0	1	0	0	1
4	1	1	1	1	1	1
5	0	1	0	0	0	0
6	1	0	1	1	1	0
7	1	1	0	1	1	1
8	1	1	0	1	0	1

2차원 배열

실행결과

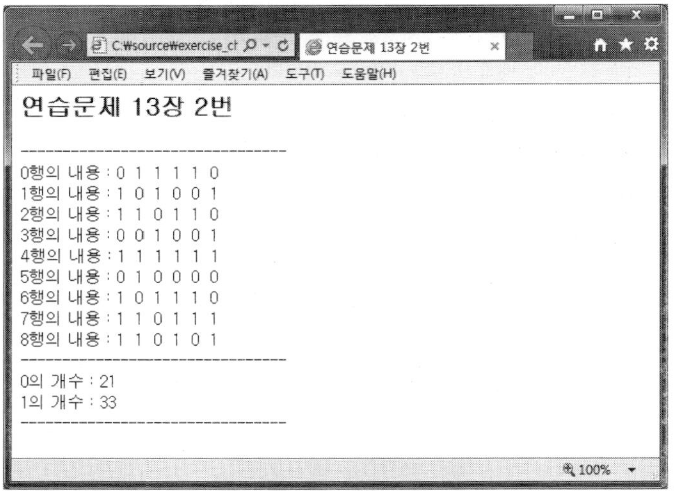

3. 앞의 2번 문제에서 각 행의 0과 1의 개수도 다음의 실행결과와 같이 출력하는 순서도와 프로그램을 작성하시오.

실행결과

4. 다음과 같이 배열(6행 6열)에 1~21까지의 수들을 저장하여 다음의 실행결과와 같이 인쇄되도록 하는 순서도와 프로그램을 작성하시오. 또한 순서도 또는 프로그램을 보고 변수테이블도 그리시오.

	0	1	2	3	4	5
0						10
1					16	11
2				21	17	12
3			25	22	18	13
4		28	26	23	19	14
5	30	29	27	24	20	15

실행결과

5. 10층인 빌딩이 있다. 이 빌딩에 입주해 있는 각 사무실의 월별 총 합계(일반 관리비+전기료+수도료+기본 임대료)를 계산하여 다음의 실행결과와 같이 출력해주는 순서도와 프로그램을 작성하시오.

실행결과

- 사무실별 면적, 전기사용량 및 수도사용량은 2차원 배열 각각에 다음과 같이 저장되어 있다고 가정한다.

각 사무실별 면적(단위: 평)

	0	1	2	3	4
0	250	150	150	200	250
1	100	150	150	350	250
2	250	250	250	100	150
3	200	200	200	200	200
4	200	200	200	150	250
5	100	100	100	350	350
6	200	250	200	200	150
7	150	150	250	250	200
8	150	150	250	200	250
9	250	200	200	100	250

각 사무실별 전기사용량(단위: kw)

	0	1	2	3	4
0	250	105	105	200	205
1	100	158	158	350	205
2	250	125	125	110	105
3	200	205	200	200	208
4	208	201	202	159	250
5	101	120	128	305	135
6	210	205	280	290	195
7	150	185	225	235	200
8	150	175	205	200	250
9	250	290	201	100	250

각 사무실별 수도사용량(단위: 리터)

	0	1	2	3	4
0	25	15	15	20	20
1	19	15	58	35	20
2	25	12	35	61	32
3	20	20	21	23	20
4	28	21	22	59	25
5	11	12	28	35	35
6	21	20	28	29	19
7	15	85	22	23	20
8	15	75	20	20	25
9	25	29	21	10	25

층별 사무실 호수

	0	1	2	3	4
0	000	001	002	003	004
1	100	101	102	103	104
2	200	201	202	203	204
3	300	301	302	303	304
4	400	401	402	403	404
5	500	501	502	503	504
6	600	601	602	603	604
7	700	701	702	703	704
8	800	801	802	803	804
9	900	901	902	903	904

처리조건은 다음과 같다.

- 사무실별 면적에 따라 일반 관리비는 다음과 같은 조건에 의해 처리한다.

100 <= 사무실별 면적 < 200 : 사무실별 면적 × 1500원
200 <= 사무실별 면적 < 250 : 사무실별 면적 × 2000원
250 <= 사무실별 면적 < 300 : 사무실별 면적 × 2500원
300 <= 사무실별 면적 : 사무실별 면적 × 3000원

- 전기료와 수도요금은 다음과 같은 수식에 의해 각각 계산한다.
  전기료 : 각 사무실별 전기사용량 × 1000원
  수도료 : 각 사무실별 수도사용량 × 1500원

- 각 사무실별 기본 임대료는 다음과 같은 조건에 의해 처리한다.
  1층인 경우 : 사무실별 면적 × 30000원
  2층인 경우 : 사무실별 면적 × 20000원
  3~9층인 경우 : 사무실별 면적 × 10000원
  10층인 경우 : 사무실별 면적 × 35000원

- 이상의 조건에 의해 각 사무실의 월별 기본 임대료와 관리비용의 총 합계는 다음과 같이 계산한다.
  각 사무실의 월별 총 합계 : 일반 관리비 + 전기료 + 수도료 + 기본 임대료

찾아보기 INDEX

한글

영 문

컴퓨터 프로그래밍 문제해결기법

〈수정판〉

최명복 지음

초 판 발 행 : 2014. 3. 3
제 1 판 3 쇄 : 2017. 2. 10
발 행 인 : 김 승 기
발 행 처 : (주)생능출판사
신 고 번 호 : 제406-2005-000002호
신 고 일 자 : 2005. 1. 21
I S B N : 978-89-7050-790-3(93000)

10881
경기도 파주시 광인사길 143
대표전화 : (031)955-0761, FAX : (031)955-0768
홈페이지 : http://www.booksr.co.kr

* 파본 및 잘못된 책은 바꾸어 드립니다.

정가 23,000원